Rüdiger Schütt

Dichter gibt es nur im Himmel

Leben und Werk von Hans Leip – Biographie und Briefedition 1893 – 1948

Dölling und Galitz Verlag

Deutsche Bibliothek - CIP-Einheitsaufnahme

Schütt, Rüdiger:
Dichter gibt es nur im Himmel : Leben und Werk von Hans Leip - Biographie und Briefedition 1893 - 1948 / Rüdiger Schütt. - Hamburg : Dölling und Galitz, 2001
ISBN 3-935549-01-6

Der Titel „Dichter gibt es nur im Himmel" ist ein Zitat von Hans Leip und entstammt einem Brief an seine Lektorin Kläre Buchmann vom 21.10.1938, wiedergegeben im editorischen Teil dieser Arbeit als Brief Nr. 99

Gedruckt mit freundlicher Unterstützung der
Axel Springer Stiftung und der Hans-Leip-Gesellschaft

Impressum

Ehrenbergstr. 62, 22767 Hamburg
Kreuzweg 2, 82067 Ebenhausen bei München
Umschlag- und Innengestaltung: Birgit Binder
Druck und Bindung: Druckhaus Köthen, Köthen
Printed in Germany
1. Auflage 2001
ISBN 3-935549-01-6

INHALT

ZWEITER TEIL: BRIEFE

Maß für Maß

Für Hans Leip

Wir haben
gegessen
wir haben
getrunken
wir haben
die Zeit
für uns gehabt.
wir haben
Schiffe gebaut
mit weißen Segeln
und die Fracht verladen
ohne Wiederkehr.

Die Schiffe
sind gesunken
die Träume
in alle Winde
verstreut.
wir haben
getrunken
uns bleibt
nichts mehr.

(Hans Biel)

The last time we saw you, you looked so much older
Your famous blue raincoat was torn at the shoulder
You'd been to the station to meet ev'ry train
You came home without Lili Marlene.

(Leonard Cohen: Famous blue raincoat, 1971)

Vorwort

„...Dichter gibt es nur im Himmel" schrieb Hans Leip 1938 an seine Lektorin und Vertraute Kläre Buchmann.[1] Leip selber sah sich gern mit beiden Beinen im Leben stehend und gab vor, eine außerordentlich unverklärte Sicht auf seinen Beruf zu haben: „In wenigen Jahrzehnten ist sowieso alles vorbei, und wenn von mir dann nichts als die Nächtezettel der Sinsebal (in Auswahl) übrig bleiben, will ich mir unter oder über der sterblichen Ebene ins Fäustchen lachen."[2] Leips Sammlung früher Texte, die *Nächtezettel der Sinsebal*, ist heute vergessen. Statt dessen haben andere seiner Werke überzeitliche Qualitäten bewiesen.

Allen voran *Lili Marleen*: Hans Leip verfaßte den Text 1915 als junger Rekrut in Berlin, kurz bevor er seinen Marschbefehl an die Karpatenfront erhielt. Erst 1937 veröffentlicht und 1938 von Norbert Schultze vertont, verkam *Lili Marleen* im Zweiten Weltkrieg zur Landser-Schnulze — und verdeckt bis heute das umfangreiche und vielgestaltige literarische Werk eines der produktivsten Hamburger Schriftsteller und Künstler.

An erster Stelle danke ich meiner Familie: Meiner Freundin und Frau Birgit Binder für ihre tatkräftige Unterstützung bei der Eingabe der Leip-Briefe und Gestaltung dieses Buches, meiner Tochter Hannah Zoe (für viel Ablenkung!) und meinen Eltern. Ausdrücklich möchte ich mich bei meinem Vater Uwe Schütt für seine engagierte Unterstützung bedanken und das Wohlwollen, mit dem er das Projekt von Beginn an begleitet hat. Ihm widme ich diese Arbeit.

Meinem Lehrer und Betreuer Prof. Gunter Martens sowie Prof. Hans-Gerd Winter, Dr. Wolfgang Beutin und Prof. Franklin Kopitzsch.

Von bibliothekarischer Seite unterstützten das Projekt Dr. Petra Blödorn-Meyer, Helmut Glagla, Dr. Marlene Grau, Prof. Horst Gronemeyer, Dr. Harald Weigel; als bewährte Lektoren standen mir Mirko Nottscheid und Dr. Kai-Uwe Scholz zur Seite — Danke!

Weiterhin gilt mein Dank: Dr. Maike Bruhns, Anne Büchler, Kay Dohnke, Prof. Dorothea Frede, Victoria Fuchs, Marie-Luise Hahn, Ingeborg Hecht-Studniczka, Dr. Annegret Hoberg, Ursula Hummel, Andrea Keller, Gaby Köster, Udo Matzen, Prof. Hubert Orlowski, Juliane Reck-Malleczewen, Dr. Cornelia Töpelmann, Sabine Wolf.

Mein besonderer Dank gilt der Axel Springer Stiftung für das großzügige Stipendium und der Hans-Leip-Gesellschaft für ihre Unterstützung bei der Drucklegung meiner Arbeit. Ausrücklich bedanke ich mich bei Rosemarie Lehmitz-Richter und Herbert Lehmitz, deren unermüdliche Anteilnahme und Hilfe erst die Voraussetzung schuf, aus der diese Arbeit entstehen konnte.

Einleitung

I.

„Schwer auszudenken ist, wieviel Hans Leips Ingenium hineingewoben hat in unser Vorstellungsbild von Hamburg, seinem Hafen, dem Meer und der Küste", schrieb Hamburgs Kultursenator Biermann-Ratjen in einer Festschrift zu Leips 65. Geburtstag.[3] In der Tat sind wesentliche Werke des 1893 geborenen Autors mit seiner Heimatstadt verbunden: Sowohl die ersten Erzählungen und die frühe Lyrik als auch das expressionistische Roman-Debüt *Der Pfuhl* haben die Stadt an Alster und Elbe zum Hintergrund und Schauplatz; Leips Arbeiten standen auf den Leseplänen der Hamburger Schulen; sein erfolgreichster Roman *Jan Himp und die kleine Brise* und seine Gedichtsammlung *Die Hafenorgel* sind fast jedem Hamburger ein Begriff und erzielten hohe Auflagen.

Die breite Rezeption solch populärer Texte überlagerte jedoch die Wirkung anderer, gewichtigerer Werke aus der Feder Leips. Mit sicherem Gespür hatte Axel Eggebrecht Mitte der 20er Jahre den Lesern der *Literarischen Welt* den jungen Hans Leip als „die große Hamburger Hoffnung" vorgestellt – und noch Hans Henny Jahnn vorgeordnet! Leip sei einer der „schöpferisch unruhigsten Menschen", die er kennengelernt habe, lautete das Fazit von Eggebrechts *literarischem Streifzug nach Hamburg*.[4]

Nicht von ungefähr war Leip in den 20er Jahren Mittelpunkt eines kleinen Kreises hanseatischer Avantgarde-Künstler, die in Literatur und bildender Kunst, in Schauspiel und Tanz Anschluß an die Strömungen der Zeit suchten, aber auch – zum Beispiel mit den Inszenierungen der legendären Hamburger Künstlerfeste – über ihre elitären Zirkel hinauswirkten. Leips künstlerische Experimente kamen vor allem seinem literarischen Werk zugute und schlugen sich zum Beispiel in einer neuartigen Gedichtform nieder. Denn neben seinen epigonalen frühen Gedichten, den historisch ausgerichteten, aber von expressionistischem Sprachduktus geprägten umfangreichen Romanwerken, schuf Leip sogenannte „Kadenzen" – hochartifizielle lyrische Gebilde mit freien Reimpaaren. In den 60er Jahren griff der Philologe Friedrich Beißner die neuartige Form auf und widmete ihr eine eingehende Untersuchung.[5] Doch blieben solche Forschungsansätze die Ausnahme.

Bis heute liegt keine Monographie vor, die Leips Leben und Werk in seinen vielgestaltigen Ausprägungen untersucht und zur Darstellung bringt. Nur aufgrund der spezifisch hamburgischen Bedingungen literarischer Produktion und Rezeption läßt sich erklären, daß Leips künstlerisches Profil weitgehend auf regionale, zuweilen trivial literarische Aspekte reduziert wurde. In vielen Untersuchungen des ‚literarischen Feldes' Hamburgs fehlt eine Beschäftigung mit Leip vollkommen. Zu nennen sind hier vor allem die beiden umfangreichen Sammelbände der Arbeitsstelle für literarische Kultur in Hamburg aus den Jahren 1990 und 1999.[6] Aufgrund der hierin vorgenommenen Gewichtung der Forschung im

Bereich der Hamburg-Literatur mußte ein einseitiges Bild von der Bedeutung einzelner Autoren entstehen. So präsentieren die beiden genannten Publikationen insgesamt vier Beiträge über Hans Erich Nossack, dessen Werk zwar zurecht von der Literaturwissenschaft wiederentdeckt worden ist, das aber bis 1950 kaum Einfluß genommen hat, weil es zu dieser Zeit nur wenigen überhaupt bekannt war. Aufgrund nachträglicher Bedeutungszuweisungen wird leicht übersehen, daß nicht Nossack oder etwa Peter Martin Lampel die mächtigsten Exponenten innerhalb Hamburgs ‚literarischem Feld' verkörperten, sondern vor allem Hans Leip.[7] So waren es die Texte Leips, die Wolfgang Borchert zu seinem *Janmaaten*-Kabarett anregten und aus ihm „einen leidenschaftlichen Hamburger machten."[8]

Selbst Leips Bedeutung für Hamburgs kulturellen ‚Durchbruch zur Moderne' nach dem Ersten Weltkrieg ist nie recht gewürdigt worden. Dabei kann sie nicht hoch genug eingeschätzt werden: Als Organisator der Künstlerfeste schuf er Gesamtkunstwerke, die wiederum Berliner und Münchner Künstler zu eigenen Veranstaltungen anregten; als Gründer und Leiter der *Hamburger Puppenspiele* belebte er traditionelle Kunstformen neu und stellte sie in moderne Zusammenhänge; als Kopf der Schriftstellervereinigung *Hamburger Gruppe* versuchte er zwischen Staat und Kunst zu vermitteln und half Gegensätze zu überbrücken; als Mitglied des PEN-Club trat er als charismatischer Redner auf und engagierte sich für reformpolitische Bestrebungen zugunsten von Kunst und Kultur; als Kunstkritiker und -förderer setzte er sich für Begabungen ein, indem er sie mit Herausgebern und Verlegern zusammenbrachte, ihre Bücher illustrierte oder rezensierte. So ist Hans Leip nicht nur in seiner Bedeutung als Autor und Maler wahrzunehmen, sondern auch in seiner Funktion als kulturpolitischer Impulsgeber, in seiner Rolle als Anreger und Förderer und nicht zuletzt als Vermittler und Chronist hamburgischer Kulturgeschichte.

II.

Leip liebte es, sich selbst darzustellen. In vielen seiner autobiographischen Texten offenbart sich seine Lust am Gefeiertwerden. Auf Spuren von Selbstreflexion oder gar -kritik stößt man selten. Schon sein Leitspruch „concedo nulli"[9] weist darauf hin, daß er wenig Anlaß sah, sich zu hinterfragen.

Der vorliegenden Arbeit liegt zum einen die Absicht zugrunde, Problemfelder aufzuzeigen und anzureißen, zum anderen, Leips intensiv betriebener Selbst-Mystifizierung, seiner eigenen autobiographischen Legenden- und Anekdotenbildung, mit einer kritischen und an den vorhandenen Quellen orientierten Darstellung zu begegnen.

Im wesentlichen fußt die vorliegende Biographie auf bislang unerschlossenen Quellen aus dem Nachlaß Leips sowie Dokumenten aus den Nachlässen vieler seiner Korrespondenzpartner. Darüber hinaus wurden zeitgenössische Zeitungen und Zeitschriften mit vielfach unbekanntenTexten von und über Leip herangezogen und ausgewertet.

Der Band besteht aus zwei Teilen, einem biographischen und einem editorischen. Beide Teile stehen in engster Verbindung miteinander. Dabei kommt der Biographie Hans Leips insofern die kommentierende Funktion zu, als fast alle in ihr wiedergegebenen Briefzitate Leips im Editionsteil vollständig wiederzufinden sind. Aufgrund der so erreichten Verzahnung kann der erste Teil in vielen Fällen als eine Art erweiterter Überblickskommentars fungieren, dem der zweite als wesentliche Quelle zugrunde liegt. Die Edition präsentiert Briefe aus den Jahren 1916 bis 1952, die entweder in die Arbeit eingeflossen sind oder aus denen wesentliche Informationen zu Leips Leben und Werk innerhalb des behandelten Zeitraumes hervorgehen.

III.

Die Wahl des Jahres 1948 als Einschnitt und Schlußpunkt der Arbeit stützt sich sowohl auf den Lebenslauf Leips als auch auf die Entstehungsgeschichte seiner Werke. Der behandelte Zeitraum, also die Jahrzehnte, in denen Leip in Hamburg lebte, sind die produktivsten in seinem literarischen Schaffen. So erschienen seit 1920 fast 50 selbständige Publikationen (Romane, Erzählungen, Lyrik, Bühnenwerke, Hörspiele, Monographien). In dieser Zeit entwickelte Leip außerdem die „Kadenz", schrieb Filmdrehbücher und entfaltete den Großteil seines kulturpolitischen Engagements.

Besondere Aufmerksamkeit gilt denjenigen Aspekten, die bisher weniger beachtet wurden, was entweder mit der schlechten Quellenlage zusammenhängt oder aber damit, daß sie von Leip und seinem Kreis kategorisch ignoriert wurden. Zur ersten Kategorie zählen die Themenfelder ‚Hamburger Puppenspiele' oder ‚Leip als Kunstkritiker', zur zweiten vor allem die wenig oder nicht bekannten Aktivitäten Leips während des ‚Dritten Reichs' und unmittelbar nach 1945.

Anders als der Verfasser einer Biographie über Thomas Mann, muß der Leip-Biograph in jeder Hinsicht sehr weit ausholen. Es konnte nicht darum gehen, eine Werkmonographie mit erschöpfenden Detailanalysen zu verfassen. Vielmehr sollte ein biographischer Rahmen gesetzt werden, mit dem sich Fenster zum Werk von Leip öffnen ließen. So werden in erster Linie Verzahnungen von Werk und Biographie sowie Zusammenhänge zwischen Werken aufgezeigt. Und es wird die Rezeption präsentiert. Außerdem sind Entstehungszusammenhänge und Einflüsse beleuchtet. Anstelle der Bereitstellung umfassender Textinterpretationen sollten durch einen weiten Blick erst einmal Interesse geweckt und Anknüpfungspunkte zu forschungsrelevanten Aspekten aufgezeigt werden. Damit sind Schneisen in ein Werk geschlagen, die ein weiteres Vordringen erleichtern werden.

Erster Teil – Biographie

Hans Leips

I. Kindheit und Jugend (1893 – 1914)

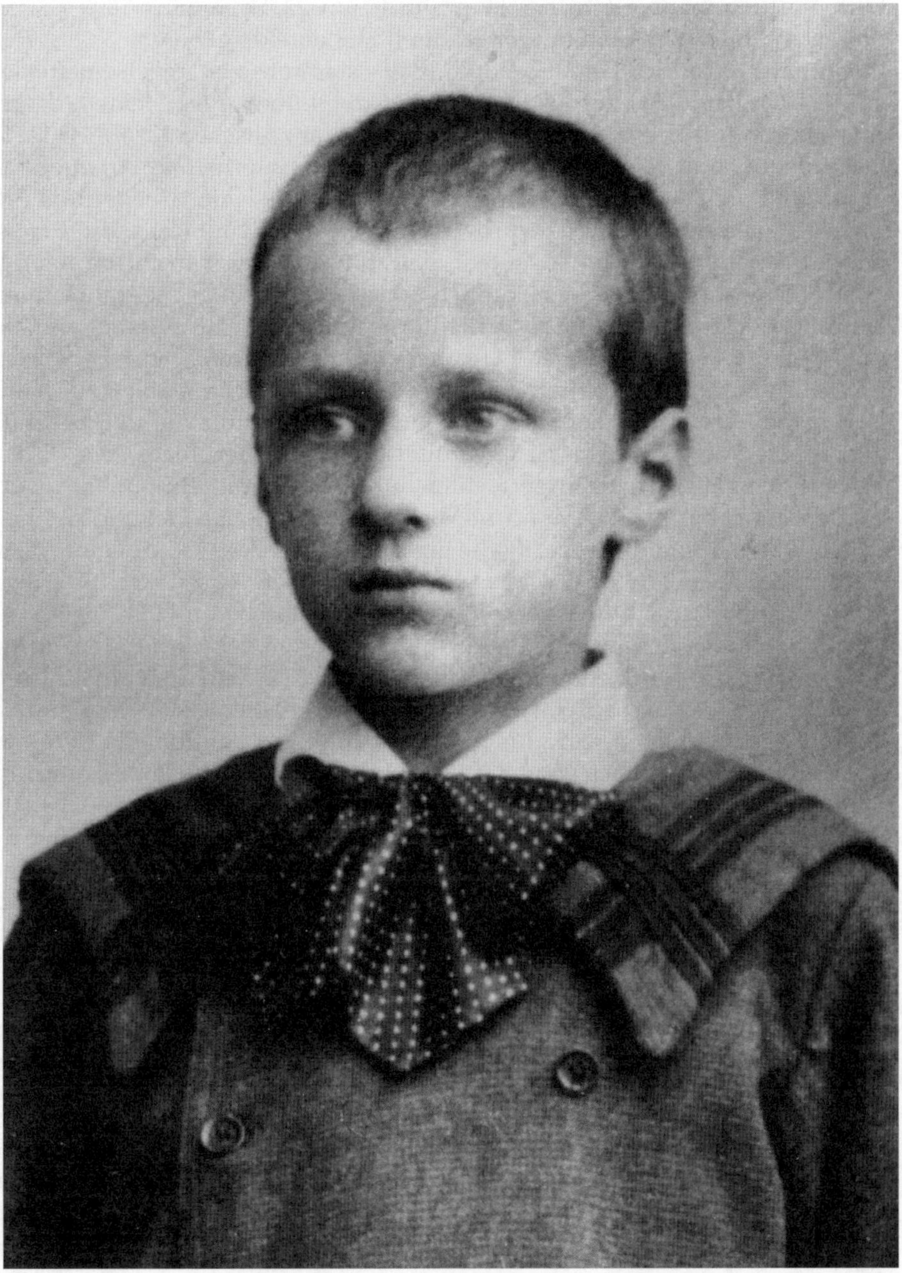

I.I. Zwischen Alster und Gewerkschaftshaus

Kindheit in St. Georg

Hans (Karl Hermann Gottfried) Leip wurde am 22. September 1893 als viertes von sechs Kindern im Hamburger Stadtteil Hohenfelde geboren.

Sein Vater, Friedrich Leip - geboren 1849 - stammte aus Trebel, einem kleinen Ort im Wendland am nordöstlichen Rand der Lüneburger Heide. Als junger Mann fuhr er zur See und nahm am Deutsch-Französischen Krieg 1870/71 teil. Nach seiner Heirat 1878 verdiente er den Familienunterhalt als Arbeiter bei der englischen Porzellanfirma Davenport, später auch als Hafenarbeiter und Schauermann. Auf eigenen Antrag wurde er 1879 in den Hamburgischen Staatsverband aufgenommen.[10] Das bedeutete, daß ihm das Heimatrecht im hamburgischen Staate zustand; er war somit nicht mehr Preuße, sondern Hamburger Staatsangehöriger. Ein richtiger Hamburger ‚Bürger', ausgestattet mit politischen Rechten, wurde Friedrich Leip aber erst später. Am 7. Februar 1902 erhielt er den Hamburger Bürgerbrief, der ihn berechtigte, an den Wahlen zur hamburgischen Bürgerschaft teilzunehmen.[11] Hans Leip war stolz auf den beurkundet hanseatischen Vater und dessen Affinität zur See. Aber auch wenn Friedrich Leip mit den Hamburger Bürgerrechten ausgestattet war, ein politisch denkender Mensch war er nicht. Er schirmte sich ab, „nahm keine Stellung zu erregenden Vorfällen."[12] Auf diese spezifische Eigenschaft des Vaters führt Leip schließlich auch sein eigenes politisches Desinteresse zurück: „Ich stand seit je abseits jeder Partei, war nie Rebell und Verfechter, sondern mehr Beobachter und Darleger."[13]

Die Erziehung der Kinder lag ganz in den Händen der Mutter. 1860 in einem Dorf bei Kraak in Mecklenburg geboren, war sie in einfachen Verhältnissen als Kind einer Dienstmagd aufgewachsen. Sie sei die uneheliche Tochter eines adligen Gutsherrn gewesen, ein „Jus-primae-noctis-Kind", mutmaßte Leip später. Nominell fungierte ein befreundeter Knecht als Vater.[14] Nach ihrer Konfirmation ging Maria Dreckmann nach Hamburg, wo sie bis zu ihrer Heirat als Dienstmädchen arbeitete. Ihre Kinder hätte sie „allein durch Sanftmut erzogen und durch ihr rührendes Vorbild an Fleiß und Umsicht und - notgedrungener - Sparsamkeit."[15] Ansonsten beschreibt Leip seine Mutter als wenig dominant, ja ängstlich: „wo andere gingen, huschte sie."[16] Sie existierte ausschließlich für ihre Kinder und ihren Ehemann und blieb mit ihrer eigenen Persönlichkeit so völlig im Hintergrund, daß ihre Existenz sich in Leips Augen manchmal auf bloßes „Vorhandensein" reduzierte.[17] Leips Zweifel an seinen Vorfahren mütterlicherseits gekoppelt mit seinem Orientierungsbedürfnis und dem Wunsch nach Glamour, Abenteuer und Romantik führten früh zu einer Überhöhung des Vaters und einer Konzentration auf das väterliche, das hanseatisch-maritime Erbe.

Die Familie zog bald nach der Geburt ihres Sohnes in den Stadtteil St. Georg. Der ehemalige Vorort Hamburgs war nach der Öffnung der Torsperre 1860 schnell gewachsen. Bis zur Jahrhundertwende entstanden hier die meisten der für St. Georg typischen vier- und fünfgeschossigen gründerzeitlichen Wohnhäu-

Die Eltern Hans Leips, um 1900.

ser. Parallel zur großbürgerlichen Allee An der Alster verlief eine von kleinen Gewerbetreibenden dominierte Straße: die Lange Reihe. Hier wohnte von 1895 bis 1912 Friedrich Leip mit seiner Familie und betrieb einen kleinen Laden für Brot, Fettwaren und „Bier in Flaschen".[18] Für den Erwerb des Bürgerbriefs hatte er nachweisen müssen, über fünf Jahre lang ein Einkommen von mindestens 1200 Mark versteuert zu haben. Ab etwa 1900 trug auch die älteste Tochter Margarethe (1879–1967) zum Unterhalt der Familie bei, sie war Lehrerin; später auch der 1881 geborene Sohn Wilhelm, der in der Senatsdruckerei gelernt hatte. Die zweitälteste Tochter Else (1889–1974) besuchte ebenso wie die jüngsten Geschwister, Lilly (1896–1984) und Walter (1899–1974) noch die Schule.

Der in Alsternähe gelegene nördliche Teil St. Georgs, wo Hans Leip aufwuchs, zeichnete sich in seiner sozialen Zusammensetzung durch eine relative Mischstruktur bei Dominanz des Kleinbürgertums aus.[19] Der Stadtteil „war damals reich an Gegensätzen", wie Leip sich erinnerte, „es gab dort Villen mit vielen reichen Ausländern in Pension und gute Bürgermietshäuser, in deren einem wir wohnten, und finstere Hinterhöfe [...]."[20] Für Kinder gab es zahlreiche attraktive Spielmöglichkeiten. Die Nebenstraßen waren wenig befahren, die Alster in unmittelbarer Nähe. An der Lombardsbrücke lag eine Badeanstalt, etwas weiter entfernt, am Schwanenwik, eine zweite.

In der Barockkirche von St. Georg gehörte Leip von seinem zehnten Lebensjahr an vier Jahre lang dem Jungenchor an. Die minderjährigen Sänger wurden scherzhaft die „Drachenkälber" genannt, weil die goldene Wetterfahne auf der Kirchturmspitze die Umrisse eines Drachens wiedergab.[21] Sehr engagiert brachte der dortige Kantor Georg Aleff seinen Schülern die Musik „von Bach bis Reger" nahe und wurde so zu einer der prägenden Persönlichkeiten in Leips Jugendzeit.[22] In seinem 1949 erschienenen Roman *Drachenkalb singe* hat sich Leip an diese Zeit erinnert.

Mit dem Bau des Hauptbahnhofs (Eröffnung 1906) und den begleitenden rasanten Veränderungen, wandelte sich auch das soziale Profil der Einwohner von St. Georg. 1910 zählte der nördliche Teil schon zu den gehobenen Wohnvierteln mit überdurchschnittlichem Einkommen. Der Stadtteil wurde zur Drehscheibe für Zehntausende von Auswanderern, die am Bahnhof ankamen und sich über die hier ansässigen zentralen Einrichtungen vermitteln ließen. Seine frühen Eindrücke vom multikulturellen Flair St. Georgs hat Leip in seinem ersten Roman *Der Pfuhl* verarbeitet:

> Man sieht den schulterfetten Amerikaner den Unterkiefer hart und kalt durch die Menge stoßen, mit hüftgeweiteten Hosenschnitten und biertellergroßen Absätzen unbewegt an der Seite seiner mageren Gattin. Lederhäutige Brasilianer, in den Knien schwingend, brillantengespickt, schlendern vorüber, mit kurzen Gelenken funkelnd; den schwarzen Boysklaven einen Schritt hinterher, wie angekettet, des Herrenpfiffs gewärtig, die kanariengelbe Jacke mit kleinen, eleganten Paketen behängt. Italiener, wie Spatzen schwatzend, schlagen die sentimentalen Augen mit Ballerinapose ins Weite. Die schmalverzogene Nase des Südfranzosen schnüffelt höflich und eifersüchtig die Kostüme der Vorübergehenden durch. Der indische Turban und der moslemi-

> sche Fez sind hier so häufig wie der Melonenhut des Provinzbegüterten. Japaner gleiten gruppenweise wie vom Sommerulster bemäntelte Affen in Ellenbogenhöhe vorbei. Eckige Engländer hängen ihre lange Gesichtsmischung aus Rugbyball und Tatarensteak ungerührt über die duftigen Hüte der Villenbackfische [...].[23]

In St. Georg wurde es hektisch und laut. Restaurations- und Hotelbetriebe wie das Atlantic-Hotel (1909) und der Reichshof (1910) bestimmten zunehmend das Bild und drückten dem Stadtteil ihren von Durchgangsverkehr und -publikum geprägten Stempel auf. Begleitet wurde die Urbanisierung von der Eröffnung zahlreicher Kulturtempel, von der Kunsthalle 1869 über das Museum für Kunst und Gewerbe 1876 und das Hansa-Theater 1894 bis hin zum Deutschen Schauspielhaus im Jahre 1900. Die nicht weit entfernte Parallelstraße zur Langen Reihe, der Steindamm, entwickelte sich zu einer der belebtesten Einkaufsstraßen und zum Kino- und Caféhauszentrum der Hansestadt.

Aber auch in politischer Hinsicht, als Zentrale der gewerkschaftlichen Arbeiterbewegung, spielte St. Georg eine wichtige Rolle. Carl Legien, der erste Vorsitzende des 1892 gebildeten gewerkschaftlichen Dachverbandes leitete von hier aus für mehrere Jahre die Generalkommission der Gewerkschaften Deutschlands. 1906 wurde das Gewerkschaftshaus am Besenbinderhof vom sozialdemokratischen Parteiführer August Bebel eingeweiht. Bebels Reichstagswahlbezirk war der sich südlich an St. Georg anschließende extrem einkommensschwache Stadtteil Hammerbrook, wo der populäre Politiker zeitweise bis zu 88% der Stimmen auf sich vereinigen konnte.

I.2. Unterwegs zum ‚Ganzen Menschen'

Schüler bei Heinrich Wolgast – im Lehrerseminar – erste literarische Veröffentlichungen

Von April 1900 bis September 1905 besuchte Leip die Volksschule für Knaben in der Capellenstraße in St. Georg. Der dortige Hauptlehrer war seit 1901 Heinrich Wolgast, einer der führenden Männer der Hamburger Reformpädagogik. Von ihm gingen entscheidende Impulse für einen neuen, besseren Lesestoff in der Volksschule aus. Er gab Märchen- und Sagensammlungen heraus, ließ Kinderreime erscheinen und schrieb das wegweisende Buch *Ganze Menschen*.[24] Wolgast setzte sich für die Entfaltung aller Begabungen im Menschen mittels einer künstlerischen Erziehung ein. Seine Forderung: Die alte ‚Lernschule' müsse durch eine soziale ‚Arbeitsschule' ersetzt werden. In der Lernschule ordne sich das Kind zwar auch einem ‚Ganzen' unter, doch geschehe dies passiv aufgrund der geforderten Schuldisziplin. Eigene Kreativität würde kaum gefördert. In der Arbeitsschule hingegen fühle jeder einzelne Schüler durch verstärkt eigenverantwortliches Arbeiten seine Verpflichtung dem ‚Ganzen' gegenüber. Dadurch würde das soziale Pflichtbewußtsein besser und zeitiger entwickelt. Wolgast konnte seine Vorstellungen nur ansatzweise realisieren. Und nicht einmal an seiner eigenen Schule gelang es ihm, die notwendigen Reformen so weit durchzusetzen, daß die

Hans Leip als Schüler. Oben: An der Volksschule für Knaben in St. Georg, ca. 1901. Leip steht rechts über dem Lehrer (mit weißem Latz). Unten: Auf der Präparandenanstalt in Hamburg-Hohenfelde, 1907 (Leip ist der 2. Schüler von links oben).

Lehrer in seinem Sinne unterrichtet hätten.[25] So war Leips Klassenlehrer „ein sichtlich und hörbar schwindsüchtiger Prügler."[26] Wolgast selber bemühte sich, seinen Schülern neue Anregungen zu bieten: Vor Leips Klasse las er zum Beispiel Texte von Theodor Storm, dessen *Pole Poppenspäler* er für die Schule herausgegeben hatte.[27] Vor allem aber die Lektüre des in Hamburg-Rahlstedt lebenden literarischen Bohemiens und ‚Neutöners' Detlev von Liliencron stellte an deutschen Schulen eine Ausnahme dar. Wegen seiner literarischen Exzeptionalität und seines schillernden Rufs fand Leip in dem bekannten Bürgerschreck ein frühes Vorbild, das er zeitlebens bewunderte.

Die Klassenstärke in der Volksschule bewegte sich zwischen 50 und 55 Schülern. Leip belegte während seiner gesamten Volksschulzeit den „Klassenplatz 1", so daß er schließlich in die Selekta aufgenommen wurde, in der die besten Schüler von mehreren Schulen zusammengefaßt waren.[28] Aus diesen Elite-Klassen nahmen die Hamburger Kaufleute gerne ihre Lehrlinge, und auch die Volkshochschullehrerschaft rekrutierte aus ihnen ihre Referendare.

Dem Wunsch seiner Mutter gemäß hätte Leip Pastor werden sollen. Aber die Mittel reichten nur zu einer Ausbildung auf der ‚Universität des kleinen Mannes', dem Lehrerseminar. So besuchte Leip von Oktober 1905 bis Dezember 1907 die Präparandenanstalt Wallstraße in Hamburg-Hohenfelde. Hier waren die Klassen mit zirka 30 Schülern zwar wesentlich kleiner als in der Volksschule, aber sie waren Sammelplatz auch anderer hochbegabter Schüler, so daß Leip mit einem Notendurchschnitt von 1,7 auf „Klassenplatz 12" abrutschte: „Ich fügte mich dort schwer ein. Indes übten meine Lehrer Nachsicht und ließen mir oft freie Hand, Fastnachtsschwänke zu inszenieren, Plakate zu entwerfen und eigene Verse mit Melodien zu versehen."[29] Angeregt von einem anspruchsvollen Deutschunterricht verfaßte Leip erste eigene literarische Texte. Zahlreiche Notizhefte füllte er mit Tagebuchaufzeichnungen, Gedichten, Prosaskizzen und -entwürfen. Seine Vorbilder waren in dieser Zeit neben Liliencron vor allem Gottfried Keller, Conrad Ferdinand Meyer, Eduard Mörike und Theodor Storm.[30] 1910 gelang es Leip, zwei seiner Gedichte in der Zeitschrift *Junge Geister* unterzubringen.[31] Doch war deren Verbreitung so gering, daß diese frühen Texte wohl nur im privaten Kreis wahrgenommen wurden. Sie sind der Lyrik Liliencrons verpflichtet. *Auf dem Friedhof* erinnert nicht nur aufgrund seines Titels an *Auf dem Kirchhof* von Liliencron, das durch die Vertonung von Johannes Brahms sehr populär war.

I.3. Soviel das Auge sieht

Freundschaft zu Frieda Dudler – Begegnung mit Alfred Lichtwark

Im Lehrerseminar lernte Leip Frieda Dudler kennen. Die Tochter eines Schweizer Zimmermanns sah ihre Lebensperspektive nicht in der Rolle einer Hausfrau und Mutter, sondern wollte ihre eigenen künstlerischen Ambitionen verwirklichen. Leip freundete sich mit der selbstbewußten jungen Frau an. Gemeinsam

Oben: Hans Leip mit Eltern und Geschwistern in der Wohnung Alexanderstraße/St. Georg, 1910.
Unten: Leip war in seiner Jugend aktives Mitglied der Wandervogel-Bewegung.

gingen sie zu Tanzveranstaltungen und Vorträgen, ins Theater oder zu Dichterlesungen. Außerdem besuchten sie regelmäßig die Vorlesungen des Kunsthallendirektors Alfred Lichtwark. Sie fanden an Werktagen nachmittags oder am Sonntagvormittag im großen Makart-Saal der Kunsthalle statt und waren meistens bis auf den letzten Platz gefüllt.[32]

Lichtwark ging es um die ‚Erziehung des Auges' in einem das ganze individuelle und gemeinschaftliche Leben umfassenden Sinn. Das Wahrnehmungsvermögen des Kunstbetrachters sollte entwickelt und gestärkt werden. Seine Devise lautete: Nicht Wissen anhäufen, sondern Kräfte wecken! Lichtwarks Wirken stand in engem Zusammenhang mit der Kunsterziehungsbewegung um die Jahrhundertwende, die mit Hilfe der Kunst alte Normlieferanten wie Religion oder Patriotismus ablösen wollte. Und seine Botschaft war politisch. Mittels der Befähigung aller Bevölkerungsschichten zum ästhetischen Genuß sollten Klassenschranken überwunden werden und alle sich in einer Gemeinde durch Kunst veredelter Menschen wiederfinden.[33] Lichtwarks Überlegungen über Kunst-‚Dilettantismus' (ein Begriff, der bei ihm nicht negativ besetzt ist), und künstlerische Selbsterziehung sowie sein Interesse an Hamburg-spezifischer Kunst bestärkten Leip darin, sein eigenes Schaffen ernst zu nehmen und erste Ansätze weiterzuverfolgen: „Die frühen Begegnungen mit Alfred Lichtwark kamen mir zustatten. Der funkelnde darlegende Geist, die schöpferische Rede, die noble Haltung, die tiefgründigen Kenntnisse dieses Weltmannes und Lebemeisters blieben mir Wegweiser zu kaum Erreichbarem."[34]

Auf regelmäßigen Unternehmungen vertiefte sich die Beziehung zwischen Leip und Frieda Dudler. Beide hatten literarische Ambitionen. Wenn sie sich trafen, diskutierten sie über ihre Arbeiten, kritisierten die Texte des anderen aber auch. Als Leip seiner Freundin einige selbstverfaßte Gedichte überließ, gab sie diese an einen anderen Freund, den Abiturienten Carl Albert Lange, weiter. Den Texten Leips fügte sie eine sehr persönliche Einschätzung über den Verfasser bei:

> Ich kenne einen jungen Poeten, der keinen einzigen wahren Freund auf Erden besitzt und der doch, wie selten einer, solchen Freund verdient. Ich kenne ihn schon zwei Jahre, doch erst in der letzten Zeit, da ich viel mit ihm in Vorträge ging, habe ich ihn wirklich erkannt. Ich bin ganz entsetzlich schlecht zu ihm gewesen, während der ganzen zwei Jahre, doch trotzdem hat er mit so inniger Liebe an mir gehangen, weil er wußte, daß einmal der Tag kommen mußte, da ich ihn verstehen würde. Und nun, da ich ihn verstehe, wünsche ich ihm nichts sehnlicher als einen guten Kameraden. Ich habe sofort an Sie gedacht, doch Sie haben ja genug Freunde. Aber ich weiß, daß Sie ihn verstehen würden. Ich will Ihnen einige Gedichte von ihm aufschreiben, weil ich glaube, daß es Sie interessiert.[35]

Der Antwortbrief von Lange, der mit fester Entschlossenheit „ein Dichter"[36] werden wollte, folgte prompt und enthält eine schonungslose Wertung. Hauptkritikpunkt: Leips Gedichte seien zu sehr der Lyrik Detlev von Liliencrons nachempfunden. Allerdings gab er zu, daß es sich wahrscheinlich um eine eher „unbewußte Reminiszenz" handle.[37]

Oben: Hans Leip, 1913.
Unten: Frieda Dudler und
Carl Albert Lange, 1914.

I.4. Leicht genug?

Vorbild Liliencron – Gedanken über Kunst und Künstler – Begegnung mit Lina Stellmann – Hilfslehrer in Rothenburgsort

Die Bewunderung, die Leip dem 1909 gestorbenen Liliencron entgegenbrachte, beschränkte sich nicht allein auf die Dichtung, sondern betraf vor allem dessen Lebensart.[38] Aus der Einleitung zu Leips 1938 erschienener Liliencron-Biographie geht hervor, was seine Sympathie vor allem ausmachte: „Es soll denn von dem wackeren Liliencron erzählt werden, der ein ganzer Kerl war und alles in sich vereinte, was dazu gehört, der ein Knabe und Schwärmer, Abenteurer, Entbehrer, Genießer, Edelmann und Haudegen war und ein Sucher nach dem höchsten Gut sein Leben lang und überdies ein wahrhafter Dichter."[39]

Ganz im Sinne Wolgasts also stand für Leip bei der Beurteilung Liliencrons der ‚ganze Kerl' im Vordergrund. Dieser Ansatz ist für Leips Kunstverständnis kennzeichnend: Niemals darf die Kunst für sich und isoliert betrachtet, sondern muß immer im engen Zusammenhang mit der Persönlichkeit des Künstlers bewertet werden. In einer seiner ersten Kunstkritiken für die *Neue Hamburger Zeitung* präzisiert Leip seine Auffassung:

> Künstler sind Horchposten vor flutenden Weltanschauungen, bedingt, vorempfindlich und voller Unruhe, die Sturmzeichen zurückzumelden. Sie sind so weit vorgeschoben, daß sie meistens ganz einsam sind. Mit harter, oft quälender, verzweifelnder Verantwortung verbindet das Menschheitliche sie der Menge hinter ihnen. Wie oft rufen sie, und wie oft antwortet niemand, wo doch alle antworten sollten. Es finden sich die Meldegänger der Kritik, deren Amt nicht ernst genug aufgefaßt werden kann.[40]

Kunst und Künstler bilden für Leip eine untrennbare Einheit:

> Das Werk, das ist der Künstler. Es zu lesen, zu deuten und zu übertragen, das ist aufregend und unendlich verantwortungsvoll. Richtigkeit, Gerechtigkeit des Urteils! Welch ungeheure und welch bitternotwendige Forderung! Und wo liegt letzten Endes der Maßstab für das Werk, als in den Gesetzen der Seele, welche die Zeitalter schaffen.[41]

Der ‚neue Künstler' könne mit seiner Kunst nur dann bestehen und mit ihrer Hilfe zu einer ‚Neuordnung' der Welt beitragen, wenn es ihm gelänge, das „Joch der alten Dinge und Ordnungen" abzustreifen. Leips Forderungen an den Künstler der Gegenwart waren hochgesteckt:

> Wir, die wir die Last und Lust des Körpers tragen und dem Blick der Sinne glauben, die wir uns nach Wetter und Nachrichten drehen und das Blut der Zeit wie peinliche Flecke an den Kleidern spüren, wir Talwohner, die wir ertrinken, ohne zu wissen, wann und wie, Springwellen spritzen uns an, und wir schütteln sie ab, unwillig vor Unwissenheit, als hätten wir in eine Pfütze getreten. Und wir andern, die klug sich zu retten meinen, wir kühnen, spürnasigen, die vertraut mit den Wassern plätschern, zu spät erspähen wir, daß wir in einer Pfütze liegen, und hoch über uns der schäumende Tanz neu eine Welt und junges Leben trägt. Wer wird mittanzen im neuen Licht? Wer wird das Joch der alten Dinge und Ordnungen wegschütteln können, wer wird leicht, leicht genug sein?[42]

Oben: Hans Leip als Hilfslehrer in Hamburg-Rothenburgsort, 1914.
Unten: „Liane" (Lina Stellmann), um 1914.

Leips Künstlerbild ist extrem stilisiert und bedient sich zugleich der gängigen Klischees: Qual, Verzweiflung, Einsamkeit, Unruhe charakterisieren den Künstler, der auf vorgeschobenem Posten gewissermaßen als gesellschaftlicher Seismograph fungiert. Die Verbindung von Elitär-geniehaftem und Einsamkeit ist kennzeichnend für das Bild, das der junge Hans Leip auch von sich selber vermitteln möchte. Dabei beinhaltet die selbstgewählte Isolation keineswegs nur tragische Aspekte. Vielmehr müsse sie für den Künstler sogar erstrebenswert sein, weil sie allein seine gesellschaftliche Unabhängigkeit garantieren könne. Der Künstler ist in jeder Hinsicht ein Ausnahmemensch, der nicht mit herkömmlichen Maßstäben gemessen werden darf. Noch im Alter von 77 Jahren vertrat Leip diese Überzeugung: „Ich lebte gern abseits und fühlte mich ohne Anmaßung oder Kummer als Außenseiter."[43]

Leip verurteilte Künstler, die „mit einem Bauchladen an der Hauptstraße stehen wollen und den ‚sensationellen Massenartikel' an die Leute reden".[44] Die Exzeptionalität des Künstlers verlange ein hohes Maß an gesellschaftlicher Isolation; das künstlerische Werk könne nur auf der Grundlage einer fundierten (durchaus auch autodidaktischen) Kunsterziehung entstehen: „Mit dem Stilisieren und Karikieren darf man nicht anfangen, sondern höchstens aufhören. Man muß jedes Kleinste erst richtig sehen und zeichnen können, dann erst darf man weglassen, darf großzügig sein."[45]

Leips Lebensauffassung, seine Neigung zum Geniekult scheint unvereinbar mit der angestrebten Beamtenlaufbahn als Lehrer. Trotzdem nahm er im März 1908 an der Aufnahmeprüfung für das Lehrerseminar am Steinhauerdamm teil, das er dann von April 1908 bis zur Abschlußprüfung im Februar 1914 besuchte. Am Seminar galt Leip als verschlossener Einzelgänger.[46]

Zum zehnjährigen Bestehen der Lehranstalt wurde Leip 1912 angeboten, ein Theaterstück anläßlich der Jubiläumsfeier zu inszenieren. Nachdem zwei andere Regieaspiranten kurzfristig abgesprungen waren, ergriff Leip die Gelegenheit und brachte das Fastnachtspiel *Der Kaiser und der Abt* von Hans Sachs auf die Bühne. Bei der Einstudierung des 24-Personenstücks bewies er Kreativität, Ausdauer und organisatorisches Geschick. Leip verfaßte einen Prolog und komponierte musikalische Einlagen. Vom Mädchenseminar engagierte er eine Laien-Tanzgruppe, die historischen Kostüme lieh er sich beim Thalia-Theater. Außerdem malte er Plakate und produzierte die Programme. Im Mai 1912 fand die einzige Aufführung statt: „Alles gelang wie ein Puppenspiel an unirdisch gelenkten Fäden".[47] Der Erfolg seines Regiedebüts beflügelte Leip nur kurz. Schon bald sah er sich zurückgeworfen „in die gewohnte Teilnahmslosigkeit" des Seminaralltags.[48]

Leips besondere Begabung lag schon damals im Verknüpfen der verschiedenen Kunstsparten. Interdisziplinäre Kreativität war ihm als „kindlich selbstverständliches Miteinander der Künste"[49] erhalten geblieben. Bereits seine ersten Gedichte versah er mit Noten und Illustrationen. Das ergänzende Ineinandergreifen der unterschiedlichen Kunstgattungen war ihm von Anfang an vertraut. Dieses zunächst spielerisch angewandte Prinzip bekam im Laufe der Jahre immer größeres Gewicht für Leip und wurde prägend für seine Kunst. „Jeder künstlerische Vorwurf warf sich aus dem Grenzenlosen uns vor die Füße, fordernd, zu grenzenloser Darstellung erhoben zu werden."[50] Um sich dem adäquaten Ausdruck zu nähern, entwickelte er polyphone Arbeitsweisen, bei denen er seine vielfältigen Talente voll entfalten konnte.

„Bescheidenes Dasein. Der Himmel möge es bessern"[51], schrieb Leip an seinem 19. Geburtstag im September 1912 ins Tagebuch und bezeichnete seinen damaligen Zustand als eine „Art Schlafwandel".[52] Die Ausbildung lief seinen eigentlichen Interessen zuwider. Außerdem war die Beziehung zu Frieda Dudler in die Brüche gegangen. Nach einem Wiedersehen mit ihr notierte er: „Sie war so fett! Und so emanzipiert."[53] Was ihn zuvor für sie eingenommen hatte, ihre Unabhängigkeit und ihr selbstbewußtes Auftreten, stieß ihn immer stärker ab.

Noch im Herbst 1912 lernte Leip auf einem Jahrmarkt in Wandsbek ein Mädchen kennen, das ihm wie das genaue Gegenteil von Frieda vorkam. Lina Stellmann war Büroangestellte bei einer Hamburger Zigarrenfirma. Sie wirkte zart und zerbrechlich und benahm sich völlig unemanzipiert. Künstlerische Ambitionen hatte sie keine, an kulturellen Dingen zeigte sie wenig Interesse. Leip verliebte sich sofort in sie. Er nannte sie sein „Träumekind", sein „seltsames Wesen": „Das Mädchen ist lebendig in ihr und alles Geheimnisvolle der Wälder und versteckten Gärten, der Nacht, des Windes und der Blumen und der Wolken und Wellen."[54] In den Liebesgedichten, die er ihr gewidmet hat, ist von starken Männern die Rede, die ihre Frauen vor dem „Leid der Erde" beschützen wollen.[55]

Am 10. Februar 1914 bestand Leip die Abschlußprüfung am Lehrerseminar mit guten bis durchschnittlichen Noten. Während er in Zeichnen und ‚sittlicher Führung' mit ‚sehr gut' abschloß, wurden seine Leistungen in Algebra und Geometrie mit ‚ungenügend' bewertet. Am 24. März 1914 absolvierte Leip zusätzlich eine Schwimmlehrerprüfung.

Unmittelbar nach seinem Abschluß bekam Leip eine Stellung als Hilfslehrer an der Volksschule Vierländerstraße in Hamburg-Rothenburgsort, die er am 1. April 1914 antrat:

> Ab Ostern 1914 also hatte ich einen Beruf, ohne die Berufung dafür zu fühlen. Was an Jahren zuvor in gefaßter Benommenheit hin vertorkelt war, ballte sich nun zur Bedrängnis. [...] Die Behörde wies mich in den Stadtteil Rothenburgsort. Tröstlich war das nicht. Zuviel Fabrikqualm, öd-graue-beton-Wohnkasernen, zu den Elbbrücken lärmend wachsender Autoverkehr. Der Schulleiter ein kleinlicher Pedant. Gebäude und Einrichtung nicht besser als zu meiner Kinderzeit. Die Klassen überhäuft, die Knaben, Söhne von Hafenarbeitern, Handwerkern, Zöllnern, kleinen Angestellten und Geschäftsleuten, waren zumeist brav und säuberlich, einige aber mit Recht leicht aufsässig. Denn was der Lehrplan ihnen zumutete, war noch weitab von Vorstellungen Heinrich Wolgasts.[56]

Leip unterrichtete in acht Fächern: Religion, Anschauung, Erdkunde, Heimatkunde, Englisch, Zeichnen, Singen und Turnen. Er verdiente 1700 Mark im Jahr und wohnte noch immer bei seiner Familie, die inzwischen aus St. Georg fort, in den ruhigeren und mietgünstigeren Stadtteil Hohenfelde gezogen war. Nach seinem Berufseintritt verlobte sich Leip 1914 mit Lina Stellmann. Unzufrieden mit seiner Arbeitsstelle, blieb er auch im Lehrerkollegium ein Außenseiter.[57]

2. Soldat (1914–1917)

Das Paradebild eines Prachtkerls: Gardefüsilier Hans Leip im Jahre 1915, ehe er in den Osten ausrückte.

2.1. Anders werden

Rekrut in Berlin – Kunststudien

Als Leip im September 1914 volljährig wurde, war bereits Krieg. Am 16. November folgte er der Einberufung zum Wehrdienst. Wahrscheinlich aufgrund seiner überdurchschnittlichen Körpergröße von 1,89 Metern wurde Leip Rekrut bei der Preußischen Garde in Berlin anstatt beim Hamburger Infanterie-Regiment. Leips Reaktionen auf den Kriegsausbruch waren ambivalent. So vertrat er zwar einerseits Standpunkte von Pazifisten wie dem Hamburger Schulreformer Wilhelm Lamszus[58], erkannte aber andererseits in seinem Wechsel nach Berlin die persönliche Chance. Leip beurteilte seinen Aufenthalt in der Reichshauptstadt nicht nur negativ, als Vorbereitung auf einen baldigen Kriegseinsatz, sondern konnte ihm auch positive Seiten abgewinnen: Endlich bekam er die Möglichkeit, seinem ungeliebten Brotberuf zu entkommen. Außerdem hoffte er darauf, seinen kulturellen Horizont erweitern zu können. Die bevorstehenden kriegerischen Auseinandersetzungen betrachtete er zunächst nur als rein künstlerische Herausforderung: „Zugleich aber wuchs mein Entschluß, der Sachlage nicht auszuweichen, sondern sie als Vorwurf anzusehen, sie zu betrachten wie der Maler sein Objekt, als etwas im doppelten Sinne Vorgeworfenes, es zu bewältigen, zu widerlegen und darzustellen."[59]

„Du bist Betrachter und enthältst dich des lauten Urteils"[60], diesem Credo wollte Leip in keinem Fall zuwider handeln. Von blinder Kriegseuphorie war bei ihm keine Spur. Trotzdem half er mit, das verklärte Bild vom ‚lustigen Soldatenleben' zu verbreiten. Noch während seiner Militärausbildung veröffentlichte er im März 1915 eine illustrierte Feldpostkarte, die er aus Berlin an seine Schwester geschrieben hatte. Der faksimilierte Nachdruck erschien in der Sonntagsbeilage eines Lüneburger Anzeigenblattes und mußte wie ein fröhlicher Urlaubsgruß wirken.[61] Leip ergriff die Gunst der Stunde für Eigenwerbung und versuchte, sie für die Umsetzung seiner eigenen Interessen zu nutzen. Die Fähigkeit, auf sich aufmerksam zu machen und sich veränderten Situationen blitzschnell anzupassen, lassen ihn auch später immer wieder geeignete Strategien entwickeln, mit denen er sich effektiver als seine ‚Konkurrenten' im literarischen Feld durchsetzen kann.

Wie fast alle jungen Soldaten - Berufssoldaten, Wehrpflichtige und Reservisten - hoffte Leip auf kurze, siegreiche Schlachten. Stolz ließ er sich in feldmarschmäßiger Ausrüstung und mit Gewehr porträtieren.[62] Er erwartete eine schnelle Rückkehr. Bald, so glaubte er, würde Hamburg ihn wieder willkommen heißen. Zunächst brachte der Krieg noch Abwechslung. Zu der Anziehungskraft von Ruhm und soldatischer Ehre kamen die Versicherungen der gekrönten Häupter und Staatsmänner, daß das Recht auf der eigenen Seite sei. In Berlin befahl der in Feldgrau gekleidete Kaiser: „Jetzt geht in die Kirche, kniet nieder vor Gott und bittet ihn um Hilfe für unser braves Heer."[63] Und die deutschen Hochschullehrer riefen das gebildete Deutschland auf zu erkennen, daß der Krieg, den ihr Kaiser vom Zaun gebrochen hatte, keine Aggression, sondern ein Abwehrkampf sei.

Die Führer der Jugendbewegung riefen ihre Anhänger zum Kampf auf. So zogen denn auch die Intellektuellen und Künstler begeistert in den Krieg.
In Hamburg waren es der schon 50-jährige selbsternannte ,Volkserzieher' Richard Dehmel und der junge Gorch Fock, die als Vorzeigepatrioten an die Front gingen.

Leips Verhältnis zum eigentlichen Repräsentanten der Moderne in Hamburg, Richard Dehmel, war nach anfänglicher Bewunderung stark abgekühlt. Der in Blankenese lebende Dichter, der mit seinen Texten und seiner Lebensweise die bürgerliche Doppelmoral bloßstellen wollte, hatte in Leips Augen an Glaubwürdigkeit verloren. Nach dem Besuch der Uraufführung von Dehmels dramatischem Debüt *Michel Michael* 1911 am Deutschen Schauspielhaus Hamburg zeigte sich Leip durch dessen künstlerische Banalität enttäuscht: „Operettenwirtschaft ohne Musik. D.[ehmel] macht sich gemein. Dirne des Pöbels."[64] Dehmel hatte für Leip an Authentizität verloren, war zu „salonkommunistisch" geworden.[65]

Das Nebeneinander von Euphorie, Angst und Ernüchterung zu Beginn des Krieges schildert Leip in einigen seiner 1920 veröffentlichten Erzählungen. Über die Hoffnungen auf den Anbruch einer ,neuen Zeit' dominiert das Mißtrauen gegenüber der unreflektierten Übernahme der damals üblichen Schlagworte: „Geschwöge über Vaterland, Manneserlösung von der Kultur und Rassentreue [...]".[66] Den Pauschalverurteilungen der Kriegsgegner mag sich Leip nicht anschließen; der plötzlichen Flut von kriegsverherrlichenden Texten steht er ablehnend gegenüber.[67]

In Berlin wurde Leip dem Ersten Gardegrenadier-Regiment in Potsdam zugeteilt. Nach einem Tausch gelang es ihm aber, zu den Gardefüsilieren zu kommen, deren Garnison zentral lag, im Bezirk Berlin-Mitte. Die Ausbildung diente weniger der Vorbereitung auf den Fronteinsatz als dem Einüben bestimmter Abläufe „für die erwarteten Siegesfeiern": „Zum Einsatz an der Front würde dieser Novemberhaufen bestimmt nicht mehr gelangen. So dachte man bis in den Generalstab [...]".[68] Leip fand sogar die Zeit, kunsthistorische Vorlesungen an der Universität zu besuchen. Fest entschlossen, nach dem Krieg „Maler oder Kunstwissenschaftler"[69] zu werden, trieb er in Berlin seine Kunststudien voran und plante sogar, eine Dissertation über den flämischen Maler Jacob de Gheyn (1565–1629) in Angriff zu nehmen.[70]

Schon zu Weihnachten war Leip in Hamburg auf Urlaub. Mit seiner Verlobten unternahm er einen Ausflug in die Lüneburger Heide. Doch dämpften Linas Vorstellungen von einer gemeinsamen bürgerlichen Zukunft Leips Gefühle für sie. Er sah sich in seiner Freiheit bedroht und empfand ihre Anhänglichkeit nunmehr als belastend: „Ich spürte die immer drückendere Umrankung durch diese Liane, ihre saugend erstickenden Küsse, ihre Unersättlichkeit, ihren jähen Umschwung von Märchen-Niedlichkeit ins Triviale."[71] Leips Vorstellungen von seiner Zukunft, sonst noch völlig unpräzis, waren vor allem von der Angst vor Bürgerlichkeit geprägt. Denn durch sie verkomme der Künstler zum bloßen Produzenten von ,Massenartikeln'. Linas Wunsch, eine Familie zu gründen, lief Leips Zukunftsplänen diametral entgegen: „Der Mensch will leben, darum hökert er. Ich will anders werden. Meine Kunst muß anders werden."[72]

Zurück in Berlin nahm Leip an einem Offizierskursus teil. Wegen Überfüllung der Kaserne mußten einige der Offiziersanwärter in Privatquartiere umziehen. Gemeinsam mit seinem Stubenkameraden Klaas Deterts, der ebenfalls Lehrer war, mietete sich Leip ein Zimmer in unmittelbarer Nähe der Kaserne, gegenüber dem Friedrich-Wilhelm-Städtischen Theater: „Wir zahlen jeder 15 Mark im Monat mit Kaffee, Klavier und Schreibtisch, zwei Betten und Diwan", meldete er im Februar 1915 seiner Schwester.[73]

2.2. Lili, Marleen und Lili Marleen

Entwicklung zum Freizeitbohemien – „Lili Marleen" entsteht

Mit Freunden aus der Kaserne entwickelte sich Leip zu einem Freizeitbohemien. Er besuchte Bars und Cafés, trank und feierte ausgiebig. Und in Berlin erlebte Leip auch seine sexuelle Befreiung. Der junge Soldat fühlte sich als Draufgänger, der „von Kaffee und Zigaretten" lebte und sich mit „halbwüchsigen süß aussehenden, grundverdorbenen H.[uren]" umgab.[74] Der Gedanke an den bevorstehenden Fronteinsatz wirkte bei allen Unternehmungen gleichermaßen stimulierend wie dämpfend und führte zu einer fast fatalistischen Wahrnehmung von Lebenswirklichkeit. Von Januar bis April 1915 befanden sich die Offiziersschüler ständig auf Abruf an die Front. Der Stimmung aus Schwermut und entfesselter Lebenslust versuchte Leip vor allem in lyrischer Form Ausdruck zu geben. Fast beiläufig entstanden volksliedhafte Verse und kurze Erzählungen mit unübersehbar autobiographischer Färbung. Zu ihnen zählt *Lili Marleen*, geschrieben nach dem Wacheschieben in der Nacht vom 3. auf den 4. April 1915. Der Text ist unmittelbar an zwei seiner Berliner Freundinnen gerichtet, an die Gemüsehändlertochter Betty, die Nichte seiner Zimmerwirtin (genannt Lili, nach Goethes Gedicht *Lilis Park*) und an seine kapriziöse und bildungsbeflissene ‚Ausgehfreundin' Marleen, einer Arzttochter aus Rostock:

> Der von Kindheit geläufige Singsang rankte sich um die beiden Namen, die mir zugeflogen waren hier in der Fremde Berlins [...]. Sie verschmolzen in eins und wurden fast gestaltlos zu einer einzigen Lust und Bedrängnis, liebreich neugeboren zu einer einzigen Erscheinung, nicht Lili, nicht Marleen, sondern Lili Marleen. [...] Und nach mechanischer Ableistung der Vergatterung von meinem Posten erlöst, begann ich's, noch stehend ins Notizbuch zu kritzeln und setzte es auf der Pritsche des Wachlokals fort, und es war später daran nichts zu ändern und blieb, wie es entstanden war.[75]

Sehr gezielt hat Leip die Stilmittel des Volksliedes eingesetzt: die Parataxe („und steht sie noch davor"), die direkte Rede („Kam'rad ich komm' ja gleich"), das Symbol („unser beider Schatten"), die Personifizierung („Alle Abend brennt sie, mich vergaß sie lang").

Wie viele seiner frühen Texte vertonte Leip sein Gedicht zunächst selbst. Erst 1938 komponierte Norbert Schultze die bekannte Melodie dazu, nach der Lale

Oben: Gruppenbild mit Hans Leip auf einer Stube in der Berliner Kaserne der Gardegrenadiere („Maikäferkaserne“), 1915. Unten: Hans Leip in Uniform.

Andersen es dann sang und auf Schallplatte brachte. So spontan wie der Text entstanden ist, hatte Leip beim Abfassen sicher nicht an Veröffentlichung gedacht. Und er war keineswegs als Gesellenstück für seinen Eintritt ins literarische Leben vorgesehen. Weder kommerzielle noch idealistische Gründe können für das Entstehen von *Lili Marleen* herangezogen werden.[76]

2.3. Im Menschenschlachthaus

Ostfront

Am 6. April 1915 startete der Transport des Ersatzbataillons der Berliner Gardefüsiliere in Richtung Ostfront nach Ungarn. Leips Freunde waren anderen Einheiten zugeteilt worden: „Vor, hinter, neben mir, ich kannte niemanden."[77] Von Munkacs aus, einem kleinen Ort am Fuße der ukrainischen Karpaten, die damals zu Österreich-Ungarn gehörten, begann ein beschwerlicher Fußmarsch zu den Stellungen. Tiefer Schlamm auf allen Wegen, die Nässe des tauenden Schnees und das Bewußtsein der zahlreichen Verluste wirkten ernüchternd. Obwohl die Neuankömmlinge vorerst in Reserve blieben, genügten die empfangenen Eindrücke vom Krieg, Leips Beobachtungsgabe so zu „vernebeln"[78], daß er seinen Vorsatz „alles mit Maleraugen genau aufzunehmen, ungerührt, wie ein geprüfter Chirurg"[79] schnell aufgab. Trotzdem registrierte er die Brutalität des Kriegsgeschehens weiterhin, schilderte sie aber aus einer gewissen „Dumpfheit"[80] heraus, ohne wirkliche innere Teilnahme:

> Verwundete müssen auf Zeltbahnen zu Tal geschleift werden, aber meistens sterben sie vorher oder bleiben gleich sowieso im metertiefen Tauschlamm stecken, wo die, die den Winter über gefallen sind, langsam herauskommen, eine schwarze Hand erst, dann ein Knie, dann das schwarze arme Gesicht. [...] Die ganze Front riecht schaurig süßlich nach den Verwesenden.[81]

Bei dem Auftrag, Gefangene in ein nahe gelegenes Dorf zu überführen, stürzt Leip von einer Behelfsbrücke und zieht sich eine Rückgratverletzung zu. Noch im April 1915 wird er wegen starker Gehbeschwerden und Krämpfen nach Deutschland überwiesen.

2.4. Zarathustra in der Oberlausitz

Patient im Lazarett Löbau – Begegnung mit dem Werk Nietzsches – erste Veröffentlichung im „Simplicissimus" – wieder Lehrer in Hamburg

Den Sommer über mußte Leip im Lazarett Löbau in der Oberlausitz behandelt werden. Dort lernte er den Leipziger Lehrer Wilhelm Fuß kennen, der, „musisch beschlagen, innerst beweglich und mitteilsam,"[82] Leip vor allem das Werk Fried-

Oben: Im Lazarett Löbau, Juli 1915.
Unten: Leip mit seinem Freund Klaas Deterts und Lina Stellmann.

Gardefüsilier und Ruthenin. Kreidezeichnung von Hans Leip, 1915.

rich Nietzsches näherbrachte: „Beim Lesen des ‚Zarathustra' schreien wir manchmal auf vor Entzücken. Ich kannte so etwas nie vorher, weder Nietzsche noch solch Vergnügen, bin erhoben und wieder niedergeschmettert, daß mir die Seele weh tut."[83] Die Lektüre des *Zarathustra* beeindruckte Leip vor allem deshalb so stark, weil er dadurch sein Streben nach Genialität legitimieren konnte. Hier fand er Bestätigung für seinen Geniekult, der eine depressive Komponente schon immer mit beinhaltet. Fuß war vielseitig interessiert und allen modernen Strömungen gegenüber aufgeschlossen. In der Isolation des Lazaretts fand Leip die Zeit, seine neuen Kenntnisse über Philosophie, Musik und Tanz zu vertiefen.

Fuß bestärkte Leip in dem Vorhaben, seine Texte zu veröffentlichen. Nach gemeinsamer Sichtung sandte Leip schließlich eines seiner Gedichte, *Musik im Lazarett*, an die Münchner Satirezeitschrift *Simplicissimus*, wo es am 6. Juli 1915 erschien. In dem einfach gebauten Text wird keinerlei Kritik am Krieg geübt. Selbst die Figur eines einarmigen Lazarettinsassen fügt sich so harmonisch ins übrige Personal, daß ihre Beschreibung den humoristischen Tenor des Textes nicht durchbricht. Trotzdem wird Leip vom Generaloberarzt des Lazaretts jede weitere Mitarbeit an dem „moralisch zweifelhaften" Blatt verboten.[84]

Später verarbeitete Leip seine Lazarettzeit in der kurzen Erzählung *Rote Flamme*. Von der gelösten Stimmung des *Simplicissimus*-Gedichts ist hier nichts mehr zu spüren. In düsteren Bildern wird davon berichtet, wie ein Soldat seinen schwerverwundeten Kameraden am Krankenbett besucht, der verbittert auf den Tod wartet: „Daß ich Russen und Engländern in die Fresse schlug, war Ablenkung. Irrtum in der Richtung."[85] In tiefer Enttäuschung über das Land, für das er gekämpft hat, stirbt er.

Gegen Ende des Sommers 1915 wurde Leip nach Hamburg ins Eppendorfer Krankenhaus überwiesen, um dort wegen einer Kriegsneurose behandelt zu werden. Die diagnostizierte ‚Hysterie auf traumatischer Grundlage' sollte mit Hilfe von Hypnose und Elektroschocks kuriert werden. Die moderne Behandlungsmethode zeigte nur allmählich Wirkung. Aber nach einigen Monaten ging es dem Patienten soweit besser, daß er entlassen werden konnte. Das Ende des Jahres 1915 verbrachte Leip wieder in Berlin, wo „trotz Krieg und Elendbeginn [...] der Silvesterbums aus allen Lokalen [...] schäumte."[86] Seit dem 11. Dezember darf Leip Zivil tragen und hat die Erlaubnis, seinen Beruf wieder auszuüben. An eine Schwesternschülerin, die er im Krankenhaus kennengelernt hat, schreibt er Anfang 1916 über seine neuen Lebensumstände:

> Ja, ich bin seit dem 1. Januar vom Militär entlassen + bin wieder Schulmeister. Doch habe ich es sehr gut, ich gebe die ganze Woche nur 10 Stunden, ohne daß mein Gehalt gekürzt wird. Gesundheitlich geht es immer besser mit mir [...][87]

Leip ist zurück in Hamburg. Er wohnt wieder bei seinen Eltern und unterrichtet als Hilfslehrer an der Knabenschule in der Hammerbrooker Reginenstraße. Seine reduzierte Zahl an Unterrichtsstunden begründet sich durch seine noch nicht völlig geheilte Kriegsneurose. Außerdem hat er sich von dem Direktor der Kunstgewerberschule am Lerchenfeld eine „außerordentliche künstlerische Begabung" bescheinigen lassen.[88] So wird ihm weitere Befreiung vom Unterricht gewährt, um an drei Tagen in der Woche Zeichenkurse bei Ernst Eitner und Arthur Siebelist besuchen zu können. Sein Lehrergehalt, inzwischen 1900 Mark im Jahr, bekommt er voll ausgezahlt. Trotzdem ist Leip unzufrieden:

> Schule wenig Reiz. Jungens faul und dumm. Liegt manchmal an mir, müde, unvorbereitet. Jungens geht jedes sprachliche und schöne Gefühl ab. Rektor steif und ohne Anteilnahme. Mitarbeiter mit Schranken wie alle Gebildeten. [...] Wissenschaft lockt. Klassiker. Goethe. Kleist. Und dann Kunstwissenschaft. Lichtwark, du Großer! – Schreibe Kunstbesprechungen für die N.H.Z. Möchte lieber frei schreiben.[89]

3. Journalist und Maler (1917–1919)

3.1. Modern und völlig dilettantisch

Kunstkritiker bei der „Neuen Hamburger Zeitung“

Für die ‚N. H. Z.‘, die *Neue Hamburger Zeitung*, schrieb Leip seit Oktober 1917.[90] Das Blatt bezog im damaligen Spektrum Hamburger Zeitungen eine liberale, gemäßigt progressive Position. Herausragend war sein Feuilleton, das vom Journalisten und Schriftsteller Hans W. Fischer geleitet wurde. Unter seiner Ägide war es zu einem lebendigen Forum geworden, das allem Modernen offenstand. So wagte Fischer auch immer wieder Nicht-Journalisten an sein Feuilleton zu binden: „Ich hatte die Jungen [...], die noch keinen Markt hatten und bei ihrer Eigenwilligkeit auch keinen finden konnten; hatte die Kämpfer, die eine Sache durchzufechten hatten und darum nicht auf hohe Honorare sahen."[91] Fischers Nachwuchsförderung orientierte sich nicht an traditionellen journalistischen Maßstäben; vielmehr fahndete er „nach den literarischen Bürgen einer besseren Zukunft".[92] Auch Leip brachte keinerlei journalistische Erfahrungen mit. Trotzdem betraute Fischer ihn mit der Aufgabe des Kunstkritikers, weil „dessen gelenker, blitzender Stil und oft bizarre, immer aber eigentümlich geschlossene Form ganz unjournalistisch waren und gerade darum auch den Gegenstand ganz neu aufleuchten ließen."[93] Bei der Auswahl seiner Themen hatte Leip weitgehend freie Hand. Mit Vorliebe schrieb er über Hamburger Künstler und begann eine Artikelserie, in der er *Hamburger Künstler in ihren Werkstätten* vorstellen wollte.[94] In seinen Beiträgen ging es ihm um Künstler, „deren Wesen noch wenig bekannt ist, die aber Menschen der Verheißung sind."[95] Nicht das schon Bekannte und Etablierte erregte Leips Interesse, sondern vor allem das Neue, Junge, Moderne. Publizistisch begleitete er die Künstler der eben gegründeten *Hamburgischen Sezession* oder schrieb über die *Graphik der Kampfbühne*.[96] Daneben lieferte er aber auch Kritiken zu überregional bekannten Malern wie Max Beckmann, Käthe Kollwitz, Emil Nolde oder Karl Schmidt-Rottluff. Dabei waren seine Texte oftmals eher expressionistische Kleinkunstwerke als stringent argumentativ. Durch seine Arbeit bei der Zeitung kam Leip in Kontakt mit den wichtigsten Hamburger Künstlerpersönlichkeiten und der ‚Kulturschickeria‘ der Hansestadt. Fischer setzte sich für seinen jungen Kunstkritiker ein und parierte die zahlreichen Angriffe, denen Leip, „der völlige Dilettant", an seinem Blatt ausgesetzt war.[97] „Für H.W. Fischer zu schreiben hieß, nichts von seiner Eigenart unterdrücken brauchen. Er war ein ausgezeichneter Erzieher, weil er keiner war!"[98]

3.2. Tafelrunde zum minnigen Seil

Mitglied der „Tafelrunde“

Fischer nahm aber nicht nur in seiner Rolle als Journalist und Schriftsteller Einfluß auf das kulturelle Leben Hamburgs. Schaffende aller Sparten versammelte er in der *Tafelrunde*, einer zwanglosen Gemeinschaft, die zu einem wöchentlichen Jour fixe zusammenkam. Man traf sich in der Konditorei von Minna Seiler an der Esplanade gegenüber vom Neuen Jungfernstieg. Daraus entstand die Bezeichnung *Tafelrunde zum minnigen Seil*. Hier fanden literarische Lesungen und kleine Konzerte, Tanzdarbietungen und Diskussionen, kurzum Begegnungen zwischen den Künsten und verschiedenen Künstlern statt. Fischer war die zentrale Figur dieses Künstlerkreises, der von 1918 bis 1922 bestand. Für die Veranstaltungen der *Tafelrunde* produzierte Leip sämtliche Plakate. Hier wurde die Entstehung seiner ersten literarischen Arbeiten wohlwollend und mit wertvollen Ratschlägen begleitet. Und hier konnte Leip - erstmals vor größerem Publikum - aus den Manuskripten seiner unveröffentlichten Werke lesen.[99] Für Leips künstlerische Selbstfindung waren Fischer und sein Kreis von enormer Bedeutung. In der zwanglosen, experimentierfreudigen Atmosphäre konnte Leip seine Fähigkeiten ausloten. Hier fand er kritische Resonanz und Bestätigung. Hier knüpfte er soziale Kontakte, die für spätere Projekte nützlich waren und auf die er noch Jahrzehnte später zurückgreifen konnte. Und nicht zuletzt kamen die geknüpften Beziehungen auch seiner Karriere zustatten. Als Mitglied der *Tafelrunde* wurde Leip erstmals nicht mehr nur als Maler, sondern auch als Schriftsteller wahrgenommen. Der ebenfalls dem Künstlerkreis angehörende Hans Harbeck, Schriftsteller und Dramaturg der Hamburger Kammerspiele, machte im Mai 1919 in der *Hamburger Theater-Zeitung* auf das junge Talent aufmerksam und brachte dessen Texte erstmals mit dem Begriff ‚Expressionismus' in Verbindung:

> Hans Leip, Graphiker und Dichter dazu, hat Verse geschrieben, die mit herzhafter Unbekümmertheit einem natürlichen Gefühlserlebnis zu einem ebenso natürlichen Ausdruck verhelfen. Auch Skizzen von praller Anschaulichkeit sind seiner Feder entflossen. Neuerdings nähert er sich bedenklich jenem Expressionismus, von dem man gesagt hat, daß er Katarakte kotze. Immerhin hoffe ich, daß von seiner triebkräftigen Natur die Modekrankheit abgleiten wird.[100]

3.3. Underground und Oberfläche

Erste Achtungserfolge mit literarischen Texten – unterwegs als Bürgerschreck

Neben der Porträtaufnahme und einer kurzen Selbstbiographie von Leip hatte die *Theater-Zeitung* seine kurze Erzählung *Lula-ho* abgedruckt. An diesem *Scherenschnitzel zwischen Krieg und Frieden* wird deutlich, warum Harbeck Expressionismus als Gefahr verstand. Denn Leips Hang zum gewaltsam übersteigerten Ausdruck ist hier teilweise bis an den Rand der - ungewollten - Parodie vorangetrieben: „Nun schlitzten die Augen ein wenig, stumpfsinnig wie Briefkästen [...]. Schleimhäute der Nahrungsaufnahme begannen mechanisch zu arbeiten."[101] Indem Leip seiner sprachlichen Experimentierfreude freien Lauf läßt, versucht er, sein Kardinalthema anschaulich zu machen. Wie in *Lula-ho* geht es in so vielen

Abende der Tafelrunde
Hans Leip
Unveröffentlichtes
mitwirkend:
Frau Winternitz-Dorda
Arnold Winternitz
Ursula Falke
Otto Tuegel
Wilhelmine Rhey
10. Januar 21
7 ½
Hansa-Werkst.
Gr. Bleichen
Karten dort
33 M

Hans Leip: Plakate für die „Tafelrunde". Linke Seite: Linolschnitt, 10. Januar 1921. Rechte Seite von oben links: Drei Linolschnitte. 25. Oktober 1920, 22. November 1920, 18. April 1921.

von Leips frühen Prosastücken um die Schwierigkeit, das Kriegserlebnis zu verarbeiten. Zwei Typen von Kriegsüberlebenden finden sich im Figurenensemble: Der eine geht, verfolgt von seinen schrecklichen Fronterlebnissen, zugrunde, während der andere sein Kriegstrauma mit Hilfe einer hedonistischen Lebensweise zu verdrängen sucht, die sich durch übermäßigen Zigaretten-, Alkohol- und Drogenkonsum sowie rücksichtslose Befriedigung seines Sexualtriebes auszeichnet. Leips Hedonisten verhöhnen alle bürgerlichen Moralvorstellungen, indem sie sie bewußt ignorieren. Sie haben mit den Konventionen und Idealen der Vätergeneration gebrochen:

> Mein Alter schrieb. Was ich aufzuweisen hätte. Was? Ist das nicht genug, daß ich vorhanden bin? Bin ich m e i n Erzeugnis? Und jetzt solch Zimt von „Vorwärtskommen" und „Zukunftspläne" und „Ehre einlegen". Ehre, ein anrüchiges Wort, du riechst mir zu sehr nach Achselstücken, die aus sicheren Hintergründen mit Zeißobjektiven den Heldentod bewundern.[102]

Hans Leips ‚Helden' sind niemals bürgerliche Helden. Tagsüber segeln sie am liebsten in Begleitung schöner Mädchen auf Alster oder Elbe, des abends wird mit Prostituierten zu Ragtime-Musik gefeiert und getanzt[103] – angeheizt durch reichlich Alkohol, Kokain oder Opium.[104] Nach dem harmlosen Vorspiel am Tage: „Man lag teilweise auf dem Fußboden, hatte die Kissen aus den Booten geholt, trank und rauchte, schwadronierte, knutschte"[105], schildert Leip den Verlauf des Abends:

> Sie drückten sich eine Weile herum, von plötzlicher Langeweile beschämt [...] und fielen ohne Lust, fast gewaltsam über die Mädchen her. Mangeskords runder Wanst wälzte sich wie eine verendende Sonne zwischen den langen Dünenkanten der beiden anderen. Die Mädchen moussierten gleich wohlberechneten Sturzseen, stopften in jähen Pausen die abgeluxten Scheine in ihre Strumpfsohlen. Ein Inferno tobte über den Fußboden. Die angestachelte Natur ließ die Peitschenschnüre ins Rückenmark sausen.[106]

Leips Protagonisten sind ganz und gar unbürgerliche Bohemiens, die zwischen Künstleratelier und Unterwelt pendeln.

Die Beschreibungen des hanseatischen ‚Underground' waren so plastisch und anschaulich geraten, daß sie teilweise als authentisch aufgefaßt wurden. Mit Hilfe seiner frühen Texte konnte Leip zum Repräsentanten und Sprecher der ‚Lost Generation' in Hamburg aufsteigen. So wurde er auch für den in der Jugendbewegung um Walter Hammer engagierten Erich Lüth zu einer frühen Identifikationsfigur:

> Seine Freunde [...] gerieten unter die Suggestion seiner elementaren Potenz. Sein Temperament, sein Charme, sein Witz, seine Beweglichkeit, seine Burschikosität, die Vielschichtigkeit seiner Einfälle, das Unkonventionelle seiner Haltung, seine Verschmitztheit und die Fülle des Wissens, das ihn gewissermaßen anflog und das er mit kaum zu fassender Leichtigkeit und Vereinfachung weitergab, und das doch hintergründig und fundiert war, nahm uns völlig für ihn ein. Wir bewunderten seine Offenheit, aber es bereitete uns, die er akzeptierte, große Genugtuung, daß er wählerisch in der Wahl seiner Gefährten war.[107]

Schlafzimmer II. Lithographie von Hans Leip, 1921.

Leip präsentierte sich der staunenden Öffentlichkeit als genialer Künstler, schillernder Faun und provozierender Bürgerschreck. Er entsetzte seine Zeitgenossen „durch ausgesprochene Unbürgerlichkeit", wie Hans W. Fischer 1923 feststellte.[108] Schwankend zwischen naiver Weltschwärmerei und desillusionierender Welterkenntnis entwickelte Leip einen ungeheuren Erlebnis- und Schaffensdrang, mit dem er auch andere begeistern konnte. Leip schrieb in der Sprache der Kriegsheimkehrer; er sprach Themen an, die sie beschäftigten. Denken und Empfinden, sämtliche Moralbegriffe und somit auch die Sprache der Kunst hatten sich mit dem Krieg verändert. Mit seiner unverblümten Art, sich auszudrücken, traf Leip den Zeitgeist und galt deshalb innerhalb Hamburgs Künstlerschaft als der Modernste unter den Modernen.

3.4. Vollkommen echt

Heirat mit Lina Stellmann – Erfolge als Maler

Mit den Revolutionswirren der unmittelbaren Nachkriegszeit und der langsam voranschreitenden politischen Neuordnung, ging in Hamburg eine Erneuerung der Kunst- und Kulturszene einher: Vor allem im Bereich des Ausdruckstanzes spielte die Hansestadt eine zentrale Rolle. So wirkten hier neben vielen regionalen Größen auch die prominenten Begründer des modernen Tanzes, Rudolf von Laban und Mary Wigman.

Im August 1918 eröffnete Erich Ziegel mit den Hamburger Kammerspielen eine der experimentierfreudigsten Bühnen der Weimarer Republik. Zu den Höhepunkten von Ziegels Regiearbeit zählten die Uraufführungen von Ernst Barlachs *Der arme Vetter* (1919) und *Die echten Sedemunds* (1921). Ziegel verpflichtete die Hamburger Schriftsteller Hans Harbeck und Arthur Sakheim als Dramaturgen und förderte zum Beispiel Fritz Kortner und Gustaf Gründgens, die beide zu seinem Ensemble gehörten.

In der bildenden Kunst war es die 1919 gegründete Künstlervereinigung *Hamburgische Sezession*, die aus der hanseatischen Kunstszene hervorstach. Das Schaffen der 52 Mitglieder stand im weitesten Sinne unter dem Zeichen des Expressionismus. Man wolle der Kunst „mit den oft schwer erkämpften Mitteln unserer Zeit dienen", schrieb Gründungsmitglied Friedrich Ahlers-Hestermann[109] an Leip, der als Kunstkritiker die Aktivitäten der ‚Sezessionisten' anerkennend begleitete. Unterstützung erfuhr die Vereinigung auch durch die Direktoren der Kunsthalle und des Museums für Kunst und Gewerbe Gustav Pauli und Max Sauerlandt.

Am 20. Juli 1918 heiratete Leip seine Jugendfreundin Lina. Er verließ die elterliche Wohnung und bezog mit seiner Frau ein kleines möbliertes Zimmer im Stadtteil Hamm.[110] Lina gab ihren Beruf auf und wurde Hausfrau. Schon nach kürzester Zeit fühlte sich Leip eingeengt. Krisen stellten sich ein. Leips Vorstellungen von einer freiberuflichen Existenz als Künstler standen in scharfem Kontrast zum Sicherheitsbedürfnis seiner Frau.

Oben und unten rechts: Hans Leip mit Lina Stellmann. Unten links: Von Leip gestaltete Einladungskarte zur Hochzeit.

Plünderung. Kreidezeichnung von Hans Leip, 1918.

Trotz privater Spannungen und dem gehaßten Lehrerdasein, gelang es Leip, als Graphiker auf sich aufmerksam zu machen. Im Dezember 1918 stellte er insgesamt 48 Holzschnitte und Zeichnungen in der angesehenen Galerie Maria Kunde im Bieberhaus am Hauptbahnhof aus. Neben Hamburger Stadtansichten und Holzschnitten in Erinnerung an seine Lazarettzeit bildeten einige großformatige Skizzen auf Packpapier den Mittelpunkt der Ausstellung. Sie waren während der Hamburger Unruhen entstanden, wenige Tage vor der Ausrufung der ‚Deutschen Republik' durch Philipp Scheidemann. Wie Schnappschüsse wirken die Kohlezeichnungen. Es sind Momentaufnahmen, „flax hingeworfene Wirklichkeitsbilder, ausgezeichnet in der Bewegung. Wie das plündernde Volk auf den Waffenladen zurast, wie der Matrose und Infanterist revolutionsbewußt vorüberschreiten - Haltung und Ausdruck sind vollkommen echt", heißt es in einer Besprechung der *Neuen Hamburger Zeitung*.[111] Um größtmögliche Authentizität bemüht, ist es Leip hier gelungen, seinem Grundsatz ‚beobachten, nicht werten' geradezu beispielhaft umzusetzen. Bei dem Vorhaben, seine Bilder zu verbreiten und selber bekannter zu werden, war er nicht wählerisch. So vermeldete er noch Jahrzehnte später voller Stolz, daß Wilhelm Stapel einige seiner Zeichnungen in der völkisch-konservativen Zeitschrift *Deutsches Volkstum* abgedruckt hätte.[112] Andere waren als Illustrationen in der rechten Tendenzschrift *Die hamburgische Revolution* erschienen.[113]

Die Revolutionsskizzen sind ein frühes Beispiel dafür, wie mühelos sich ein Teil von Leips Werk für vielerlei politischen Zweck instrumentalisieren läßt. Dabei leistete Leips eigener Standpunkt der allgemeinen Kompatibilität seiner Kunst noch Vorschub, demzufolge ihm die politische Revolution (im Gegensatz zur gesellschaftlichen) „schnurz" gewesen sei.[114] Die absolute Indifferenz vieler seiner Werke - bildnerischer wie literarischer - ihr Potential an Unbestimmtheit, Offenheit und Polyvalenz, ebneten einer Vereinnahmung von verschiedensten Seiten den Weg. Der positive Effekt bestand in seiner schnellen Verbreitung in avantgardistisch-unbürgerlichen bis völkisch-konservativen Kreisen. Andererseits verlor Leip leicht jede Kontrolle über sein Werk und hatte keinerlei Einfluß mehr auf dessen Rezeption. Ihren Höhepunkt erreichte diese Entwicklung mit dem Bekanntwerden von *Lili Marleen* im Zweiten Weltkrieg.

Die positive Resonanz auf diese erste Ausstellung, die Tatsache, daß Gustav Pauli für die Hamburger Kunsthalle einige seiner Bilder erworben hatte, ließen Leip zu der Überzeugung gelangen, seine Berufung läge in der Malerei. Der Autodidakt, der bei den Freilichtmalern gelernt hatte, dann als Gast die Kunstschule besuchte, um schließlich als Kunstkritiker das Aufblühen der Hamburger Avantgarde zu begleiten, schuf Anfang der 20er Jahre eine Reihe vielbeachteter expressiver Bilder mit magisch-hintergründigen Themen. Zwischen 1920 und 1925 sah Leip seine Bilder nicht nur in Hamburg und Altona ausgestellt, sondern auch in Dresden, London und Kopenhagen. Leip schien auf dem Weg zu sein, ein international anerkannter Künstler zu werden.

3.5. Zeitlose Dämmerung

Künstlerfeste – Interesse an ‚primitiver' Kunst

Über die politische Situation der letzten Kriegsmonate und der ersten Nachkriegszeit äußerte sich Leip nur selten. Und auch in den folgenden Jahren bewegte er sich in einer mehr oder weniger politikfreien Sphäre. Streiks und Putschversuche, aber auch das Heraufkommen des Nationalsozialismus wurden von ihm nur am Rande registriert.

Sein Engagement widmete er lieber den Ereignissen von Kunst und Gesellschaft. Als Herold der legendären Hamburger Künstlerfeste bewies Leip sein Talent als geschickter und einfallsreicher Organisator aufsehenerregender populärer Spektakel und festigte damit seinen Ruf als enfant terrible der Hamburger Moderne.

Hamburger Künstlerfeste gab es nicht erst seit 1919.[115] Das erste war 1914 von Schülern der Kunstgewerbeschule am Lerchenfeld gefeiert worden. „Von den jungen Männern, die damals ihre Mädchen bis zum Schwindel drehten, schwenkten und bogen, sind eine ganze Anzahl tot - und zu Krüppeln geschossen worden", konstatierte Hans W. Fischer, „die zurückkamen, ausgehungert nach Lebensfreude, veranlaßten das erste große Nachkriegsfest [...]."[116] Unter dem Motto *Dämmerung der Zeitlosen* ging dieses „Kostüm-, Künstler- und Mäzenatenfest" am 27. März 1919 über die Bühne des Curiohauses, einem der renommiertesten Veranstaltungsorte der Hansestadt. Es begründete eine lange Reihe von Künstlerfesten, die zunächst von der Hamburger Künstlerhilfe und ab 1921 vom Verein *Künstlerfest Hamburg e.V.* im Curiohaus veranstaltet wurden.[117]

Die ersten Künstlerfeste waren Veranstaltungen einer Gruppe von Kreativen, die sich zur Avantgarde zählte. Als künstlerisches Experimentierfeld galt die Devise, auch jungen, noch unbekannten Talenten Auftrittsmöglichkeiten zu bieten. Es entstand eine Art Gesamtkunstwerk, an dem sich Künstler aller Sparten beteiligten. Einladungskarten und Plakate wurden entworfen, und seit 1920 gab man aufwendig gestaltete Almanache heraus, an denen vorwiegend Künstler aus Hamburg mitarbeiteten.

Von Beginn an zählte Leip zu den wichtigsten Ideengebern dieser hanseatischen Faschings-Spezialität. Als Mitglied des Festausschusses beteiligte er sich an den Veranstaltungen mit Inszenierungen oder Raumdekorationen und als Herausgeber oder Mitverfasser der Begleitpublikationen. Hier konnte er seinen kreativen Expansionsdrang ungehindert ausleben. Für die *Dämmerung der Zeitlosen* besorgte Leip sowohl die graphische Gestaltung wie auch das Schreiben der Texte, wobei er die Informationen in Form eines Dada-Gedichtes verpackte. Der Titelholzschnitt mit dem Motiv dreier stilisierter Südseetänzer ist der damals in Europa weit verbreiteten sogenannten ‚Negerkunst' verpflichtet. Die Kunst der Naturvölker Afrikas und der Südsee-Inseln war für viele Künstler wichtige Inspirationsquelle. In der ursprünglichen Nacktheit und den archaischen Formen sahen sie die erstrebenswerte Möglichkeit einer Rückbesinnung auf den Kern des Menschen. Auch Leip verstand die ‚Primitive Kunst' als eine Art Therapie für zivilisationsmüde Europäer, mit der sich über die verstellte Wirklichkeit hinwegzusetzen sei:

Von Leip gestaltete Einladungskarten zur „Dämmerung der Zeitlosen", 1919. Unten: Aufnahme vom ersten Hamburger Künstlerfest „Futurubumbum", 1914.

Oben: Hans und Lina Leip und dem Künstlerfest „Dämmerung der Zeitlosen", 1919.
Unten: „Karneval". Holzschnitt von Hans Leip zum Künstlerfest „Dämmerung der Zeitlosen", 1919.

Man wollte nach der Zerstörung vieler Ideale von vorn beginnen, nachdem schon vor dem Kriege der Zerfall des bloß Augenbaren und des gemeisterten Naturausschnittes eingesetzt hatte. [...] Man schulte sich an Frühzeit und Exotik, das Unschuldsvolle dort, das verlorene Paradies erwitternd, den Ursprung, den belebenden Urquell.[118]

3.6. Freikorpsleben

Freikorpssoldat in Neuruppin

Leips Unzufriedenheit mit seiner bürgerlichen Existenz als Ehemann und Lehrer verstärkte sich. Als er von Lina erfuhr, daß sie schwanger sei, setzte er sich Hals über Kopf nach Berlin ab. Dort schloß er sich spontan einem Freikorpsregiment an, das in Neuruppin stationiert war:

> Wir gehörten zu einem der noch eine Weile gestatteten Freikorps, die zusammen mit einigen heimgekehrten Baltikumern eine Ergänzung zu der eigentlichen und sehr straff gehaltenen Reichswehr bedeuteten, auch nur so lange, als sich die Spartakisten noch rührten. Und das geschah hin und wieder vor allem im überstopften Gewirr der Hauptstadt. Dann zogen wir, auf Lastwagen gepfercht, hinter einigen Panzerwagen über Kremmen und Hennigsdorf nach Pankow hinein, kamen aber nie zum Einsatz, da das Gerangel stets schon durch Polizeikräfte erstickt war.[119]

Die Freikorps setzten sich aus Soldaten zusammen, die davor zurückscheuten, einen bürgerlichen Beruf zu ergreifen, oder aber hofften, die Geschehnisse des Novembers 1918 rückgängig machen zu können. Anfangs stießen auch manche republikanisch Gesinnte zu ihnen, die eine bolschewistische Machtergreifung verhindern wollten. Mit diesen Freiwilligen-Regimentern sollten kommunistische Umsturzversuche unterdrückt werden; sie kämpften aber auch im Baltikum und in den von Polen bedrohten Gebieten. Ihr Einsatz war notwendig geworden, weil die Regierung nicht genug schlagkräftige Truppen aus ihren eigenen Gefolgsleuten besaß. Waren sie zunächst eine willkommene Unterstützung gewesen, stellten die Freikorps bald auch eine enorme Belastung für den Staat dar. Sie wurden zum Sammelbecken verbitterter ‚Landsknechte'; aus ihnen gingen Rechtsputschisten und ein Teil der späteren Kampfgenossen Hitlers hervor.

Nicht etwa aus „patriotischen" Gründen, sondern als ‚Rettung vor sich selber' sei er dem Freikorps beigetreten, beteuert Leip später.[120] Ein Brief an Lina bestätigt diese Erklärung:

> Es mag sein, daß ich die meiste Schuld trage. Meine Seele ist unruhig und unzufrieden seit langem. Ich fürchtete oft, nicht gesund an meinen fünf Sinnen zu bleiben. Ich denke diese Schule der Einfachheit, der körperlichen Arbeit und der Fremde wird mir mein Gleichgewicht wiedergeben. Zuerst war ich in der Nähe Berlins, jetzt werde ich nach Würtemberg gelangen. Suche mich nicht vorzeitig zu einer zweifelhaften Rückkehr zu bewegen. Ich bin auf 3 Monate vorläufig verpflichtet. Stöbere auch nicht bei den Hamburger Behörden umher. Es würde nur den ~~Eintritt~~ Wiedereintritt in meinen

> Beruf in Frage stellen. [...] Solltest Du versuchen, zu mir zu gelangen, werde ich über die Grenze gehen und in die Fremdenlegion eintreten. Ich muß so hart gegen mich und Dich sein, um unserer besseren Zukunft willen.[121]

Während des Sommers 1919 gehörte Leip etwa zweieinhalb Monate lang dem Freikorps-Regiment ‚Grote' an, derweil er in Hamburg als verschollen galt und nur Hans W. Fischer Kenntnis vom Aufenthaltsort seines Kunstkritikers wußte.[122] Zu der Zeit als das Neuruppiner Regiment aufgelöst werden sollte, erreichte Leip eine Nachricht von seinem Hausarzt, daß seine Frau einen Herzanfall erlitten hätte und im Sterben läge. Vage Pläne, sich auf einer Potsdamer Fliegerschule ausbilden zu lassen, schob Leip daraufhin beiseite und kehrte erst einmal nach Hause zurück. Obwohl sich Linas Krankheit als harmlos entpuppte, entschloß sich Leip, in Hamburg zu bleiben und nahm sich vor, „bürgerlich und häuslich zu werden."[123]

Anfang August 1919 erlitt Leip einen „nervösen Zusammenbruch".[124] Ein Urlaubsgesuch bei der Schulbehörde hatte Erfolg, so daß Leip bis Ende des Jahres bei vollem Gehalt - inzwischen 2600 Mark jährlich - vom Schuldienst befreit war. Die freie Zeit nutzte er, um gemeinsam mit Lina einen Spätsommerurlaub an der schleswig-holsteinischen Ostseeküste zu verbringen.

3.7. Sturmreiter-Trab

Aufträge als Buchgestalter – Mitarbeit am „Sturmreiter"

Leip profilierte sich weiter als bildender Künstler und begann auch, als Buchgestalter tätig zu werden: Für Hans W. Fischers *Weiberbuch* zeichnete er zwei nackte Frauengestalten in expressiv übersteigerter Pose. Diese Art der Menschendarstellung ist Prototyp und Vorlage für Leips zahlreiche Porträts, die in immer neuen Variationen in den nächsten Jahren entstehen werden. Feste Vorgaben sind dabei: in die Länge gestreckte Körper, dünne, schlenkrige Extremitäten und kleiner Kopf.

Aber auch in literarischer Hinsicht fand Leip endlich ein Forum für seine Arbeiten. Er wurde Mitarbeiter der seit Oktober 1919 in Hamburg erscheinenden *Monatsschrift für Literatur und Kunst*: *Der Sturmreiter*.[125] Schon der Titel legt nahe, daß ihr Vorbild der von Herwarth Walden in Berlin herausgegebene *Sturm* war. Zwei der Herausgeber, der Philologie-Student Hans Haalck und der Autor Hans Ochs, sowie einige Mitarbeiter der Zeitschrift (Hans Harbeck, Joseph Hunck, Karl Lorenz, Karl Opfermann, Albert Wöbke) standen Fischers *Tafelrunde* nahe:

> Immerhin, für die konservative Hansestadt war der kleine Sturmreiter ein einmaliges Ereignis. Wenn auch sein Hufschlag und Schlachtgeschnaube kaum die Mahagonitüren der Überseekontore durchdrang, hatten doch die wenigen Entflammten hierorts, die zu stetigem Untergrund verurteilten Schöpferischen dieser Lieferanten- und Kundenzentrale, ihren Sattel und Steigbügel gefunden und tummelten sich vergnügt.[126]

Neben so prominenten Mitarbeitern wie Klabund, Mynona, Heinrich Vogeler oder Alfred Wolfenstein konnte Leip endlich einmal mit seiner Doppelbegabung

Lina und Hans Leip
während ihres Bade-
urlaubs an der Ostsee,
September 1919.

Hans Leip:
Einbandzeichnungen zu Büchern von Hans Harbeck, „Sonette an Sonja“,1924 und „Die Jungfrau“, 1923.
Einbandentwurf zu Hans W. Fischers „Das Weiberbuch“, 1919.

DER

STURMREITER

MONATSSCHRIFT FÜR LITERATUR u. KUNST

HERAUSGEBER: HANS OCHS - WALTER KÖNIG - HANS HAALCK

HEFT 1 OKTOBER 1919 1. JAHRG.

DRUCK UND VERLAG:
W. BIELEFELD, ALTONA/ELBE, KLEINE FREIHEIT 24

Titel von der ersten Ausgabe des „Sturmreiters", 1919.

glänzen. Die Zeitschrift hielt sich nur ein Jahr lang, bis zum Oktober 1920. In dieser Zeit erschienen zwei seiner Zeichnungen und drei Gedichte.[127] In *Aufklang* beschwört Leip emphatisch den Beginn einer ‚neuen Zeit'. Der ‚neue', der ‚erwachende' Mensch zwingt seine Umwelt aus ihrer scheinbaren Ruhe, um sich an ihr zu berauschen:

O tanzende Bäume! O Ränder der Hügel!
O aufgeschleudert Herz! O ungeheurer Raum!

Dem Zeitgeist verpflichtet, erinnert Leips Text zum Beispiel an die frühe Lyrik Franz Werfels, der bereits 1916 ausgerufen hatte: O Morgen, Morgen, Brüder, / O täglich neu tauendes Haupt! / O täglich neu erschaffener Mensch!".[128] Leip knüpft verhältnismäßig spät an den expressionistischen Aufschrei an und schafft Figuren, die stark geprägt sind vom damals weit verbreiteten ‚Oh-Mensch'-Pathos. Aufbruchsstimmung und Depression sind die Koordinaten, in denen sich seine Lyrik bewegt. Sie schwankt zwischen bedingungsloser Daseinsbejahung und ekstatischer Erlösungssehnsucht. Hinzu kommt ein auf die Spitze getriebener Hedonismus wie im Gedicht *Rausch*, einer Glorifizierung von Alkohol und Drogen:

Rausch,
Warum flatterst du ab?
Verschillert, verschäkert, verschatzt,
Mit dem Morgengraukater davongekatzt.

Dagegen bietet der Alltag keinerlei Reize: „Grämlicher Tausch / Ist der Tage Trabtrab". Drogenkonsum wird zum obligaten Mittel der Entfesselung von Lebenslust und der Befreiung verborgener kreativer Kräfte:

Funkelndes Blut!
Aufgetolltes Blut!
Freude ist aus Freude gut!
Die berstende Fackel,
Der Wirbel,
Der Schrei!
Frei sein!
Frei!

Schon in frühen Rezensionen zu Leips literarischem Werk taucht der Begriff ‚Bekenntnisliteratur' oder ‚Befreiungslyrik' auf. Eine Kongruenz von Text und Lebenslauf des Verfassers wurde bei Leip von Anfang an immer vorausgesetzt. Willy Seidel schrieb im *Hamburger Fremdenblatt*:

> Hans Leip ist hell, hart und klar. Ein hochgewachsener Mann mit scharfgeschnitt'nem Gesicht. Ein Demokrat von reinstem Wasser, der allen Schichten, in denen es ehrlich zugeht, Bruder, Beichtvater und Kumpan ist. Und der einen großen zornigen Haß hat: das Spießertum und die Gesinnungssklaverei. Soviel zu seinem Chrarakter, der aus seinen Büchern hervorleuchtet. Denn seine Bücher sind Bekenntnisbücher; selten hat man das Gefühl: hier mußte sich einer befreien.[129]

4. Puppenspieler (1919/20)

4.1. Groteske Aktualität

Bekanntschaft mit Cläre Popp – Aufbau der „Hamburger Puppenspiele"

Im Oktober 1919 lernte Leip die Puppenspielerin Cläre Popp kennen. Sie war eine Schülerin des Bildhauers August Henneberger, der an der Altonaer Handwerker- und Kunstgewerbeschule lehrte: „Sie war nur wenig jünger als ich, während des Krieges Flugzeugtechnikerin in Leipzig, dann Mitarbeiterin bei der Puppenbühne von Schlopsnies in München. Und nun erstmal arbeitslos."[130] Auf Initiative Fischers, der in einem programmatischen Zeitungsartikel den Wunsch geäußert hatte, „Hamburg möge ein Puppentheater von eigener künstlerischer Prägung bekommen"[131], entwickelte Leip gemeinsam mit seiner neuen Freundin das Projekt *Hamburger Puppenspiele*. Anregungen hatten sie sich beim Gastspiel des Marionettentheaters von Ivo Puhonny im Curiohaus und bei einer Vorstellung des Zirkus Sarrasani auf dem Heiligengeistfeld geholt.[132] Andere Projekte wie das politisch-satirische Puppenspiel *Einfach klassisch*, das 1920 von George Grosz und John Heartfied in Berlin aufgeführt wurde, mögen ebenfalls anregend gewirkt haben. In einem Raum der Kunstgewerbeschule entstand eine Puppenbühne, die der befreundete Architekt Kurt F. Schmidt baute. Mit Hilfe des Malerkollegen Jan Lass wurden Figuren geschnitzt, Kostüme entworfen und genäht.

Leip verfaßte das Puppenspiel *Der betrunkene Lebenskelch oder Wider Willen ins Grab zurück*, das 1921 bei Hammerich & Lesser veröffentlicht wurde. Unter Berufung auf Heinrich von Kleists Text *Über das Marionettentheater*[133] sollte das Stück an das traditionelle Puppenspiel anknüpfen, dabei gleichzeitig aber nach neuer Form und modernem Ausdruck streben. Denn Kleist zufolge, der sich in seinem Text mit Freiheit und Naturgesetzlichkeit, mit Bewußtheit und Unbewußtheit auseinandergesetzt hat, ist die Puppe dem Menschen, etwa durch ihre „naturgemäßere Anordnung der Schwerpuncte",[134] immer überlegen. „Groteske Aktualität" wollte Leip vermitteln.[135] Um diesem Anspruch gerecht zu werden, mußten ein eigener Sprechstil entwickelt und die passenden Stimmen für die Marionetten gefunden werden. Verschiedene Schauspieler wurden als Sprecher in Betracht gezogen. Aber selbst Arnold Risch, arrivierter und populärer Darsteller an der Niederdeutschen Bühne von Richard Ohnsorg, entsprach den hohen Anforderungen der jungen Puppenspieler nicht: „Hat Organ, sicher. Doch da er fertig ist, kommt er für eine neue Entwicklung nicht in Betracht. Wir werdens selber versuchen."[136] Leips Tagebuchnotiz unterstreicht die Ambitioniertheit des Projekts.

Die anspielungsreiche Komödie um den durch Selbstmord geendeten expressionistischen Dichter Ovelahuvi war zwar in erster Linie ein literarischer Spaß, sollte aber auch Zeichen setzen. Sich der Sprache des Expressionismus bedienend, wirkt das Stück in der Häufung damals moderner Schlagworte und Termini tatsächlich außerordentlich ‚grotesk' und wird so zur Parodie auf den Expressionismus wie überhaupt auf alles Moderne. Schon im ersten Aufzug wird klar, welcher Sorte Dichtern der wiederauferstandene Ovelahuvi zuzurechnen ist:

Hans Leip: Marionettenentwurf „Zippe Semmelzeh", Bleistift und Wasserfarben, 1920. Einbandentwurf zu „Der betrunkene Lebenskelch", Tuschezeichnung, 1920. Unten rechts: Tee bei Hans W. Fischer (Puppentheater), Lithographie, 1921.

O schauere, Mark und Knochen,
dies ist der jüngste Tag,
nun träuft aus Himmelsschlünden
Wagschalenzeigerschlag.
Wagschalensünderzittern,
Sündschalenzitterwagen.
Oho, ich kann's ertragen,
das Paradies zu wittern,
Ich Dichter erster Größe,
der Meister der Tintisten,
Ovelahuvi, ich, ich bin geweiht,
am höchsten Thron zu nisten.
Na, kommt es nicht? Nanu?
I was, ich bin allein?
Soll ich meine Ekstase
ohne Gemeinde wegschrein?[137]

Der kurze Dialog zwischen dem Maler Röterich und Ovelahuvi verdeutlicht Leips Standpunkt in knappen Worten: Röterich: „Halt die Kiste, du Expressioniste." Ovelahuvi: „Expressionismus ist..." Röterich: „Mist!"[138]

Unterstützung fand das Projekt bei Walter Teich, den Leip aus der *Tafelrunde* kannte und der im bürgerlichen Leben ebenfalls Lehrer war. Teich setzte Schreiben an potentielle Geldgeber auf und vermittelte den *Hamburger Puppenspielen* als ‚geschäftlichen Leiter' einen seiner Lehrerkollegen, der die erwarteten Finanzen verwalten und Buch führen sollte. Der Kostenplan war hoch angesetzt: 18.000 Mark waren für die Realisierung vorgesehen, dazu ein Gehalt von 500 Mark monatlich für Cläre Popp. Von der angestrebten Summe kam aber lediglich ein Bruchteil zusammen, der gerade mal zur Fertigstellung der Puppenbühne und für eine Aufführung auf dem Künstlerfest *Die Gelbe Posaune der Sieben* am 7. Februar 1920 im Curiohaus reichte. Obwohl der Bildhauer Friedrich Wield soufflierte, wurde die Darbietung ein Flop: „Auf der Gelben Posaune haben wir das Stück nicht zu Ende gespielt. Wir waren besoffen, konnten auch nichts Rechtes."[139] Außerdem war es im Festsaal dermaßen unruhig, daß von dem Stück so gut wie nichts zu verstehen war.

> Der wilde Dichter warf seine Wortkaskaden von der Bühne, sie stürzten in das Gebrause und Gemurmel des Saals, der nicht zur Ruhe zu bringen war, und gingen dort unter. Es erwies sich als unmöglich, die Stille herzustellen. So mußte schließlich auf das Wort ganz verzichtet werden, und die vier Puppen tanzten und gestikulierten stumm, aber mit eindrucksvoller Zappeligkeit.[140]

4.2. Bohemien und Bohemiene

Zusammenleben mit Cläre Popp – Abschied von der „Neuen Hamburger Zeitung"

Mit Cläre Popp, die er „Prinz Muj", „Musch" oder auch „Sinse" nannte, setzte sich Leip in eine ungesicherte, bohemeartige Existenz ab. Die Freundin wurde

Oben: Von Leip gestaltete Ankündigungskarte zur Geburt von Grita, der Tochter von Lina und Hans Leip. Unten: Grita etwas älter mit ihrer Mutter.

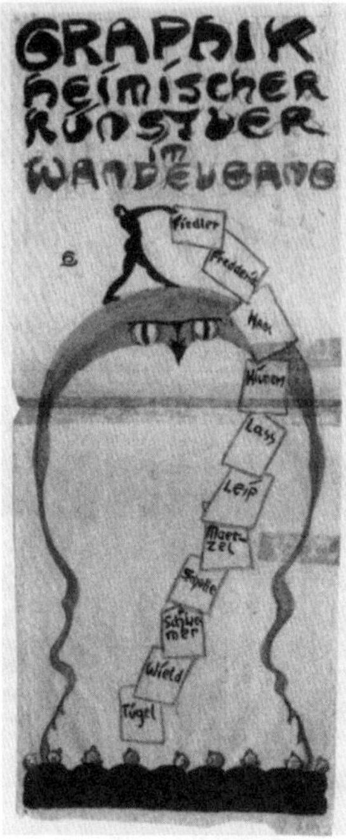

Plakate von Hans Leip –
Oben links: Graphik-Ausstellung Hamburger Künstler im Wandelgang der Hamburger Kammerspiele, 1920.
Oben rechts: Plakat zu einer Wohltätigkeitsversammlung der Hamburger Blindenhilfe, 1922.
Unten: Kunstausstellung „Die Bastion“, 1920.

ihm zur Geliebten und Muse: „Sie hatte in mir die rechte Lebensbegier entfacht, mich auch in meiner Leistung mehr noch bestärkt als Fischer."[141] Auch wenn er offiziell noch immer mit seiner nunmehr hochschwangeren Frau zusammenlebte (erst im November 1919 waren sie nach Hamburg-Wandsbek umgezogen), verbrachte er doch den Großteil seiner Zeit mit der Puppenspielerin:

> Übernachteten in fremden Ateliers, bei zufälligen Bekannten, in Wartesälen, Bahnwagen, Pavillons und Treppenhäusern. Das Wo war nebensächlich, das Wie ein einziges Ineinander-Verschweben. Darin das endgültige Verkommen sich als bang-lüsterne Ahnung mit einschloß.[142]

Schließlich verließ Leip seine Frau endgültig. Außer einem Teil seines Lehrergehalts verblieben Lina nur einige bejahrte Möbel und Zeichnungen ihres Mannes:

> Damit Du für die großen Unkosten, die durch mich entstanden sind, vorläufig eine halbwege Entschädigung hast, nimm die paar Sachen, die ich als Junggeselle hatte und die mir sichtlich gehören. Du kannst sie ja verkaufen [...]. Für die sonstigen Summen – mein Gott, wo soll ich es jetzt hernehmen! Für zehn Jahre ist Dir mein Gehalt verpflichtet, so ich es behalten werde. Ich werde so durchkommen. Was soll ich tun. Ich muß dies alles tun.[143]

Nach über zwei Jahren Kritikertätigkeit schied Leip Ende 1919 bei der *Neuen Hamburger Zeitung* aus. Er hatte statt des üblichen Zeilenhonorars, das ihm bei durchschnittlich drei Kritiken pro Woche monatlich 200 bis 300 Mark eintrug, eine Pauschalvergütung von 500 Mark im Monat gefordert.[144] Als sein Wunsch nicht erfüllt wurde, beschloß Leip, sich ein Leben als freier Künstler aufzubauen. Er fing an, Plakate zu malen. Etwa für den Hamburger Zigarrenimporteur *Hacifa* (*Hamburger Cigarrenfabrik*) oder die Kunstausstellung *Die Bastion* im renommierten Kaufhaus von Rudolph Karstadt.[145] Kunst und Kommerz waren für ihn schließlich doch vereinbar geworden.

Seinem Lehrerberuf mußte er dennoch weiter nachgehen – 1921 an der ‚Versuchsschule' Borgesch und ab 1922 an der Schule Brackdamm. 1924 wurde er in den einstweiligen Ruhestand versetzt. Von da an erhielt Leip ein jährliches ‚Wartegeld' in Höhe von fast 900 Mark.[146] Davon unterstützte er Lina, von der er 1922 geschieden wird, und seine am 26. Februar 1920 geborene Tochter Grita. Leips Lehrerakte offenbart ein gespanntes Verhältnis zu seinen Kollegen. Wegen seines ständigen Fehlens hatte er regelmäßig Mehrarbeit verursacht und so das Lehrerkollegium gegen sich aufgebracht. Mit immer neuen Argumenten und Attesten begründete Leip seine Fehltage. Es gelang ihm sogar, ein volles Jahr Urlaub genehmigt zu bekommen, wegen „Horizonterweiterung".[147] Ausgestattet mit einem Teilgehalt als ‚Wirtschaftsbeihilfe' wurde Leip für den Zeitraum vom 1. April 1922 bis zum 31. März 1923 vom Dienst freigestellt. Kaum zurück, fiel er ab Mai 1923 schon wieder für sechs Wochen aus – „nervöse Erschöpfung" lautete die Diagnose diesmal.[148] Schließlich wandte sich das Kollegium an die Schulbehörde und bat darum, Leips ohnehin geringe Stundenzahl noch weiter zu reduzieren.[149] Der potentielle Störfaktor sollte so unschädlich wie nur möglich gemacht werden. Leip hat aus seinem schlechten Verhältnis zu seinem bürgerlichen Beruf nie einen Hehl gemacht. Doch hat ihm sein erlernter aber unregelmäßig ausgeübter Beruf einen kleinen finanziellen Rückhalt für seine spätere freiberufliche Existenz gegeben. Und das wußte Leip sehr wohl zu schätzen: „Äußerlich unabhängig zu sein, ist nicht wesentlich. Die Grundlage eines bürgerlichen Berufs mit gesichertem Einkommen, ohne damit seine Seele zu verkaufen, scheint mir für jeden Schöpferischen, zumal mit Familie, empfehlenswert."[150]

5. Autor und Künstlerfest-Aktivist (1920–1924)

5.1. Inwendige Begebenheiten

Frühe Lyrik – Joachim Ringelnatz – mit Cläre Popp in Övelgönne – „Laternen, die sich spiegeln" – „Die Segelfähre"

Neben mehr oder weniger epigonalen Naturgedichten und ‚expressionistischer Bekenntnislyrik' verfaßte Leip seit Anfang der 20er Jahre eine Reihe teilweise sehr humorvoller Gedichte. Sie erinnern in ihrer Mischung aus Lokalkolorit, erotischer Derbheit und zart-melancholischen Tönen an die Texte von Joachim Ringelnatz, den Leip für den „saftigsten und zartesten Lyriker" hielt, den „Deutschland je besaß."[151] Mit ihm verband ihn eine Freundschaft, deren Spuren sich auch in der Lyrik von Ringelnatz finden lassen. In den *Reisebriefen eines Artisten* schildert er seine Ankunft am Hamburger Dammtor-Bahnhof, bei der er von Leip und Cläre Popp sowie Leips späterem Mäzen und ‚Hauswirt' Carl M. H. Wilkens (von Ringelnatz „Kaptein Muckelmann" genannt) empfangen wird:

Denn dies Hamburg liegt nicht weit vom Meere,
Wohinein der Binnenländer sticht.
Und am Dammtor stehen Leip und Kläre,
Die wie Whiskysoda zu mir spricht.
Und ich melde dann
Mich bei dir an Deck,
Dicker, treuer Kaptein Muckelmann.
Und du lächelst über mein Gepäck.
Abends lassen wir uns hin und her
Bis nach Altona
Durch die Hafenkneipen treiben
Nur damit wir unsrem Peter Scher
Nach Amerika
Eine schöne Ansichtskarte schreiben.[152]

Ringelnatz wie Leip arbeiteten oftmals mit Wortneuschöpfungen und benutzten Begriffe aus Slang und Mundart. Und beide Autoren sprachen in ihren parodistischen, in antibürgerlichem Gestus gehaltenen Texten aus der Perspektive von Außenseitern. Dabei finden sich viele Beispiele, in denen sich Leip ganz eindeutig an den Gedichten von Ringelnatz orientierte. Was Leip an den Texten seines Freundes so bewunderte, war, daß sie auf den ersten Blick zwar einfach und anspruchslos wirkten aber dennoch (und gerade dadurch) sehr viel über „die Schönheit der Welt und die Erbärmlichkeit der Kreatur"[153] aussagten: Ringelnatz hätte „seine Verse in der Maske eines einfachen Kulis sich selbst karikierend dargeboten und damit eine neue, weil über die Grenzen bewunderte Kabarett-Type" geschaffen.[154] Leip verließ sich auf die herkömmlichen und populären Formen der deutschen Lyrik, zumal auf die vierzeilige und sechszeilige Strophe mit Reim und regelmäßigem Rhythmus. Die formale Erneuerung der Poesie war seine Sache nicht. Trotzdem konnten Leips Gedichte aufgrund ihres sehr spezifischen Humors eine eigene Qualität erreichen, die ihnen breite Anerkennung sicherte. In *Der Pelikan* von 1920 ist die Nähe zu Ringelnatz unverkennbar:

Oben: Von Hans Leip gestaltete Einbände zu „Laternen, die sich spiegeln" und „Die Segelfähre", 1920. Unten: Almanach zum Künstlerfest „Die Gelbe Posaune der Sieben". Umschlagholzschnitt von Emil Maetzel, 1920.

Da fingen sie auch einen Pelikan,
dem haben sie irgendwas Schlimmes getan;
denn man soll ja die Tiere und Menschen lieben,
aber sie haben damit ihren Schweinkram getrieben.
Da mußten sie alle zu Grunde gehn,
denn das Segeln und das muß ein Seemann verstehn.
Wo sind sie, wer findt sie, wer nimmt sie oho
und so schön wie auf See und Sankt Pauli und so.[155]

Im Frühjahr 1920 bezogen Leip und Cläre Popp ein Zimmer in Övelgönne,[156] einem kleinen Lotsendorf an der Elbe zwischen Altona und Blankenese. Derweil hatte Leip einen weiteren Prosatext veröffentlicht.[157] Im Almanach zum Künstlerfest *Die Gelbe Posaune der Sieben* war seine Kurzgeschichte *Madonna im Dreck* erschienen.[158] Mit Hilfe phantastisch-surrealer Elemente beschreibt Leip die verzerrten Wahrnehmungen eines traumatisierten Kriegsheimkehrers. So entsteht eine beklemmende Atmosphäre, die an die shortstories Edgar Allen Poes erinnern läßt. Typisch für Leips frühe Prosa, die Frontstellung gegen alles Bürgerlich-Spießige und die Mystifizierung der Großstadt: „Um ihn herum, von den Füßen dumpf schon angefangen, schachtelten sich die düsteren Stockwerke, unendlich spießig vermümmelte Höhlungen, vollgestopft mit schnarchenden Kadavern."[159]

1920 erschienen bei Hammerich & Lesser zwei Bändchen mit Kurzgeschichten von Leip, denen der Verfasser eigene Illustrationen beigefügt hatte: *Laternen, die sich spiegeln* mit noch sehr engmaschigen und versponnenen Federzeichnungen sowie *Die Segelfähre* mit vom Stock gedruckten kraftvollen Holzschnitten. Während die Zeichnungen zum Teil deutliche Jugendstilanklänge aufweisen, bedient sich die sprachliche Form beider Prosawerke ganz eindeutig der Gestaltungsmittel des Expressionismus. „Es sind Augenblicksbilder, inwendige Begebenheiten, Prospekte mit expressionistischer Deutung", schrieb Paul Leppien über *Laternen, die sich spiegeln*.[160] Alle Texte sind stark autobiographisch: Alltagserlebnisse, Gedanken von Männern und Mädchen beim Segeln, „Märchen aus der grauen Dämmerung des Kanals".[161] Und vor allem immer wieder Reflexionen über den Krieg. Wenn der Maler Johann te Braaren in der Erzählung *Das Schwert* seine Soldatenlaufbahn Revue passieren läßt, sind die Bezüge zu Leips eigener Militärzeit unverkennbar:

War ich nicht zwei volle, dumpfe Jahre Soldat? War ich nicht fünf Monate draußen? Gerade sollte ich zum Offizierskursus. Fast fünf Monate weniger zwei Wochen Kriegslazarett, um die Fleischritze am Oberschenkel zu stopfen, und weniger dreieinhalb Wochen zur Beobachtung meines Geisteszustandes?[162]

Schon 1919 war Leip als Buchgestalter für Hammerich & Lesser tätig gewesen. Der traditionsreiche Altonaer Verlag war 1909 von Hinrich Springer, dem Vater Axel Springers, übernommen worden. Hier erschien die *Altonaer Bürger-Zeitung*. Aber Springer war bemüht, sich auch in buchverlegerischer Hinsicht zu profilieren. So hatte er zwei Bücher aus der Feder des ehemaligen Theaterkritikers Kurt Küchler verlegt und ein weiteres von Adolph Wittmaack, der durch den 1915 erschienenen Hamburg-Roman *Konsul Möllers Erben* bekannt geworden war. Für Wittmaacks Erzählband *Kleine Geschichten zur Hebung der Moral* hatte Leip eine Titelvignette in Form eines Januskopfes, halb Mensch und halb Teufel, entworfen.[163] Wittmaack kannte Leip von Fischers *Tafelrunde* her und schätzte ihn als Maler und Graphiker:

> Als der Krieg zu Ende war [...] tauchte unter denen, die unsere gelichteten Reihen füllen halfen, ein Neuer von starkem genialen Einschlag auf: Hans Leip. Er trug ziviliertes Militärzeug, war lang wie das bekannte Kind von Leverenz und verstieß gegen den Merkschen Kanon durch seine in der Proportion noch längeren wohlgeformten Beine, genau wie die Menschen, die er uns - damals noch vorwiegend als Maler und Graphiker tätig - mit seinen schönen klarlinigen Künstlerhänden auf Karton und Leinwand zauberte.[164]

In einer späteren Auflage von *Konsul Möllers Erben* verewigte Wittmaack seinen jüngeren Kollegen als den „kommenden Dichter" Cornelius Kopf.[165]

Leips erste Buchveröffentlichungen erzielten nicht mehr als Achtungserfolge. Die jeweils 1000 Exemplare plus 100 vom Verfasser signierten ‚Luxusausgaben' konnten keine weite Verbreitung finden. Und auch in finanzieller Hinsicht brachten die Bücher nicht viel ein. Leip mußte sich mit einem Honorar von insgesamt 1000 Mark begnügen. „Die ganz ausserordentlich hohen Herstellungskosten und Propagandakosten erschweren es ungemein, Ausgaben und Einnahmen zum Decken zu bringen, geschweige denn einen Nutzen zu erzielen", rechtfertigte Hinrich Springer das niedrige Honorar seines Autors.[166] „Obwohl ich Ihnen gern ein höheres Honorar zubilligen möchte, vermag ich es unter diesen Verhältnissen nicht."[167] Trotzdem blieb Leip Springer zunächst treu, dessen Sohn Axel das Unternehmen nach dem Zweiten Weltkrieg zu Deutschlands größtem Verlagsimperium ausbauen sollte.[168]

5.2. Bumm Tsching! Ha!

Künstlerfest „Die Götzenpauke"

Nach der geringen Resonanz auf sein literarisches Debüt verlegte sich Leip erst einmal wieder auf das Malen. In schneller Folge entstanden zahlreiche Bilder in unterschiedlichen Techniken. Zwischen den graphischen Möglichkeiten der Handzeichnungen im Klischeedruck, dem Holz- oder Linolschnitt und der Lithographie hat Leip immer wieder gewechselt und sich die unterschiedlichen Wirkungen nutzbar gemacht. Für die geplante Veröffentlichung von *Der betrunkene Lebenskelch* fertigte Leip elf lithographierte Pinselzeichnungen an und führte den Umschlag aus.

Nach einem gemeinsamen Wanderurlaub an der Lahn wechselten Cläre Popp und Leip zum Winter ihre Unterkunft und zogen von Övelgönne nach Hamburg-St. Georg in eine „zweifelhafte" Pension am Steindamm.[169]

Emil Maetzel: Plakat zu „Die Götzenpauke", 1921.

Leip war jetzt vollauf mit den Vorbereitungen für das bevorstehende Künstlerfest *Die Götzenpauke* beschäftigt, das im Februar 1921 im Curiohaus gefeiert werden sollte. Als einer der Festleiter war er für „Propaganda und Texte"[170] zuständig, dazu gehörte die Schriftleitung für den Festalmanach. Daneben entwarf er eine ganze Kollektion von Kostümen in großen aquarellierten Zeichnungen, die von Cläre Popp umgesetzt wurden:

> Wieviel Zeit, Nerven und Grips wurde da für ein paar Februarnächte in Flitterglitz und Glorie vergeudet. Aber was sich da an feenhaften Augenschmäusen ergab, übertraf alle Anregungen aus München oder rheinischen Karnevalen, zumindest an genialen Einfällen und künstlerischer Güte."[171]

Das Fest war extrem erfolgreich und wurde in Hamburg schon bald zur Legende. Der Andrang am ersten Abend überstieg alle Erwartungen und machte *Die Götzenpauke* zu einem der am stärksten besuchten Künstlerfeste der 20er Jahre überhaupt. Der große Saal des Curiohauses war als flammend-rotes Kuppelzelt ausgestaltet. Galerien und Loggien kontrastierten dazu in kaltem blauen Licht. Meterhohe Götzenfiguren aus Pappe flankierten die Bühne. Hans W. Fischer schreibt in seiner Besprechung begeistert:

> Vielleicht ist das gerade das Richtige, daß man durch diese Gänge und Säle schwimmt wie durch eine phantastische Szenerie, von der Flut der Menge getragen, Teil eines schiebenden, drängenden und wirbelnden Stroms [...]. Die Kostüme quirlten auf, fabelhafte Grotesken und zierliche Anmut durcheinander [...]. Das Fest selbst war die Schau. Jeder spielte mit. Und als Otto Tügel mit seinen Tigertänzern den Duk-Duk-Tanz der Südsee vorführte [...] schlug die Schwingung von der Bühne in den ganzen Saal.[172]

Das Künstlerfest fiel mitten in den Hamburger Bürgerschaftswahlkampf. Die KPD zog erstmals ins Parlament ein. Wenige Tage später wurde das Werksgelände von Blohm & Voss bei der sogenannten ‚Märzaktion' von Kommunisten besetzt. Für die Texte des Festalmanachs spielten die gesellschaftlichen und politischen Umbrüche in Hamburg aber keine Rolle. Höchstens boten sie einen weiteren Anlaß dafür, eine heiter-skurrile Gegenwelt zu entwerfen. In die ekstatische Atmosphäre des Festes fügte sich auch der Almanach mit Leips dadaistischem *Vorwirbel*:

> Rrrumms! Die Götzenpauke! Bumm Tsching! Ha! – Die Gelbe Posaune, der siebenmal schmetternde Dolch in das zeitlose Dämmerungsfirmament! Tattrata!!! Baal, Baby-Bumann, Butzemann und Babockarakkaka schieben gierig ihre Wänste ans Licht. Dulíöh! Lachend poltert ihr Zwerchfell. Die Sonne, hep, ein besoffener Klöppel, hochgeschleudert und niedergetrimmt, wrumms! [...][173]

In seinem Festalmanach versammelte Leip die Créme der Hamburger Avantgarde aus Literatur und Kunst. Freunde aus der *Tafelrunde* – Ludwig Beil, Hans W. Fischer, Hans Harbeck, Carl Albert Lange, Arthur Sakheim, Adolph Wittmaack – und vom *Sturmreiter* – Hans Haalck, Joseph Hunck, Hans Ochs – hatten Beiträge

Raumdekoration für das Künstlerfest „Die Götzenpauke" im Curiohaus, 1921.

Künstlerfest „Die Götzenpauke", 1921. Oben: Szenen aus dem Stück „Im Bauche des Götzen Kaababuku" mit Mascha Fichte, Hans Glißmann und Werner Zeppenfeld. Unten: Gruppenbild mit Hans W. Fischer (ganz rechts), Hans Leip (links neben Fischer), Otto Tügel (sitzend, im Kostüm) und anderen.

geliefert. Für den graphischen Teil waren von den Mitgliedern der *Hamburgischen Sezession* Holzschnitte geschaffen worden, die das Büchlein zu einer bibliophilen Kostbarkeit haben werden lassen.

Dada-Einflüsse spiegeln sich nicht nur in Leips *Vorwirbel*, sondern prägten auch Festdarbietungen wie die Spielszene *Umwunden, Unterwunden, Dada oder Liebe* von Paul Schwemer. Für die Tanznummer *Götzenbumbum* mit den Hamburger Ausdruckstänzerinnen Gertrud und Ursula Falke hatte Leip gemeinsam mit dem Multitalent und Heinrich-Vogeler-Freund Otto Tetjus Tügel die Regieanweisungen entwickelt:

> Wand mit gemalten, abstrakten Körpern, auf die Köpfe durchgesteckt werden. [...] Geräusche aller Kulturproduktionen zum anschwellenden Chaos. Schalltrichterstimmen. Antwort im Saal. [...] Wortverwechselung. Licht erlöscht. Götze der Bühne Urlaute. Götze im Saal Antwort. Letzte Stimme: Es ist!!![174]

Leips Interesse für den Dadaismus lag ein Erlebnis besonderer Art zugrunde: Im Februar 1920 hatte er einen spektakulären Dada-Abend im Curiohaus miterlebt, auf dem der selbsternannte Berliner „Oberdada" Johannes Baader und sein Kollege Raoul Hausmann aufgetreten waren. Das turbulent-tumulthafte Spektakel mußte unter Einsatz von Soldaten der Reichswehr vorzeitig abgebrochen werden, weil sich einige Zuschauer von den Dadaisten provoziert gefühlt und die Bühne gestürmt hatten.[175] Der antibürgerliche Gestus der Dada-Bewegung und ihr Sinn für das Groteske müssen Leip sofort beeindruckt haben. Spuren von Dada finden sich auch in seinen Bildern, vor allem in einigen Collagen und Fotomontagen wieder, die an Arbeiten von Kurt Schwitters oder Hannah Hoech erinnern.

5.3. Zu zart

Cläre Popp und Carl M. H. Wilkens – „Die Nächtezettel der Sinsebal"

Während eines von Steinway & Sons veranstalteten Gesellschaftsabends im Atlantic Hotel lernte Leip den jungen und sehr vermögenden Juwelier und Kunstliebhaber Carl M.H. Wilkens kennen. Als Filialleiter und späterer Inhaber führte er seit 1919 die Filiale der Hemelinger Silberwarenfabrik M.H. Wilkens & Söhne, deren Hamburger Dependance an der Nordwestecke Neuer Wall und Jungfernstieg lag. Wilkens war nur zwei Jahre älter als Leip und zeichnete sich durch seinen ausgeprägten Hang zu einem extravagant-exzentrischen Lebensstil aus. Als Kunstsammler fühlte er sich von der avantgardistischen Hamburger Künstlerschaft stark angezogen. Kurz entschlossen, engagierte Wilkens seinen neuen Bekannten Leip für die Aufgabe, ihn für die *Götzenpauke* passend einzukleiden. Als er sich auf dem Fest von seinem Kostümbildner in die Szene einführen ließ, verliebte er sich in Cläre Popp. Cläre Popp schloß sich dem vermögenden Lebemann an, um an seiner Seite die Existenzgrundlage für ihr Leben zu finden. Zu einer Heirat kam es indes nie.

Kostümentwürfe von Hans Leip zum Künstlerfest „Die Götzenpauke“. Oben: Kostümentwurf für sich selbst. Unten: Entwurf für einen Götzen, 1920 und Cläre Popp als Page, 1920.

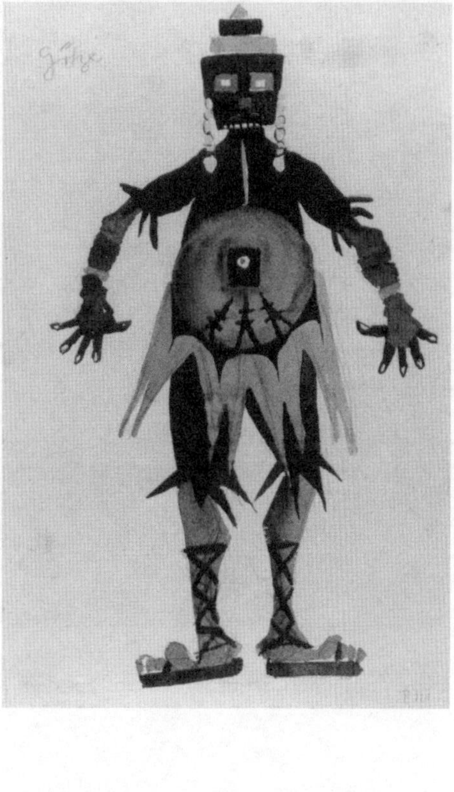

Cläre Popp und Carl M. H. Wilkens auf dem Künstlerfest „Die Götzenpauke“, 1921.

Von Hans Leip gestaltete Einladungskarte zum Ballfest „Hinter den Kulissen", 1921.

Trotz seiner Eifersucht zeigte Leip auch Verständnis für den Entschluß seiner Freundin und Muse, sich von ihm zu trennen, denn Wilkens bot „stabile Gegenwart statt fadenscheiniger Zukunft".[176] Außerdem hatte er die enge Bindung zu Cläre Popp immer stärker auch als Gefahr empfunden, weil sie seine „bürgerlichen Haltetaue mancher Zerreißprobe" zu unterwerfen drohte.[177]

> Sie hatte Macht über mich und war haltlos [...]. Und haltlos in ihrer Erotik. Und das vor allem knebelte uns zusammen. Und das vor allem mußte absehbar unser beider Vernichtung bedeuten. [...] Deshalb war der gute Wilkens unsere Rettung vor einander und vor uns selber.[178]

Anstelle der Liebesbeziehung trat eine lebenslange herzliche Freundschaft.

An die Zeit seines gemeinsamen Lebens mit Cläre Popp erinnern zahlreiche Zeugnisse in Leips Werk. In der Erzählung *Madonna im Dreck* trägt die zu Leben erwachte Tonfigur, den Spitznamen Cläre Popps: „[...] ihre Augen glänzten wie Lapislazuli. Sie hatte Hände wie Espenblätter, ihre Hüften waren genau eine Spanne seiner Hand breit, und ihr Mund war eine Abendrot-Welle. Sinse hieß sie. Sinse."[179] Mit dem gleichen Thema beschäftigen sich die Gedichte *Oevelgönne* und das zarte, melodische Liebesgedicht *Muschemusch*, vor allem aber die *Nächtezettel der Sinsebal*, Stimmungsbilder in Lyrik und Prosa aus den Jahren 1919 bis 1921. Im Druck erschienen sie erstmals 1927. In das Widmungsexemplar für Cläre Popp schrieb Leip die an „Prinz Muj" gerichteten Worte: „dies ist das nicht nur von damals, sondern das, was immer ist, aber es ist, wenn ich es jetzt bedenke, alles viel zu zart für eine Veröffentlichung und geht im Wesentlichen nur Dich an!".[180] Mit den *Nächtezetteln* schuf Leip das imaginäre Tagebuch der Tänzerin Sinsebal: „Sie war schön und begabt, lebte einsam, wünschte sich einen Liebsten, fand ihn, verlor ihn und bekam ein Kind. Danach verließ sie diese Erde."[181] Der Text greift tatsächliche Begebenheiten und Erlebnisse des Paares auf. Es wird von den Hamburger Revolutionsunruhen berichtet: „Da trank der graue Garten unter mir das rote Blut,"[182] vom Künstlerfest *Die Götzenpauke*: „noch spür' ich lächelnd das zaghafte Beben der Freien- und Hanse-Lenden"[183] oder von Övelgönne: „letzte Tatze Einsamkeit vor der brüllenden Stadt."[184] Die atmosphärische Dichte dieser verklärt-autobiographischen Skizzen entsteht durch ihre inhaltlichen Bezüge. In anderen Texten treten an die Stelle autobiographischer Bezüge Reflexionen seelischer Zustände, in denen sich Leip sprachlich ganz hemmungslos ausleben kann. Brutale Stellen stehen neben sehr zarten und innig-versonnenen. „Ein in jeder Hinsicht maßloses Werk der expressionistischen Periode", urteilte Rudolf Ibel über die *Nächtezettel der Sinsebal*.[185] Auszüge aus den *Nächtezetteln* stellte Leip 1921 den Gästen der *Tafelrunde* vor. Rezitiert wurden sie von Anni Mewes, dem für seine Schönheit berühmten Mitglied des Ensembles der Hamburger Kammerspiele.[186] Das im Hamburger Kreis-Verlag erschienene Büchlein sprach anscheinend vor allem weibliche Leser an, wie zahlreiche Briefe von Verehrerinnen belegen. Auch die junge Schauspielerin Elisabeth Flickenschildt, Tochter eines Lotsen aus Blankenese, wandte sich begeistert an den Verfasser:

Sie bekommen nochmal ein Standbild! Von Frauen gestiftet und errichtet. Die Anzeichen mehren sich. Meine Freundinnen schätzen Sie alle als rettenden Kenner der verkannten Frauenseele – Das kommt von der Sinsebal. Junge Schauspielerinnen reissen sich um Vortragsabende.[187]

5.4. Gruß von Schnitzler

Ballfest „Hinter den Kulissen"

Nach dem großen Erfolg der *Götzenpauke* beteiligte sich Leip am 5. März 1921 an einem Fest etwas kleineren Maßstabes, dem Ballfest *Hinter den Kulissen*, veranstaltet von der Hamburger *Theater-Rundschau*. Die Feier fand in Sagebiels Etablissement an der Drehbahn, Nähe Gänsemarkt statt. In verschiedenen Kabarettnummern stellte Leip hier vor allem sein komisches Talent zur Schau. In der vom Regisseur der Hamburger Kammerspiele Erich Engel inszenierten Parodie von Arthur Sakheim auf Arthur Schnitzlers ‚Skandalkomödie' *Reigen*, spielte Leip die Hauptrolle, nämlich Schnitzler selbst; und Cläre Popp trat als „Frau Schnitzler" auf. Die anderen Rollen waren so besetzt, daß die weiblichen Figuren von männlichen Darstellern und umgekehrt, die männlichen Figuren von Frauen übernommen wurden. An der „literarisch-gespenstisch-skurril-gewaltig-parodistischen"[188] ‚Travestie-Show' waren außer Leip und Popp ausschließlich Schauspieler der Hamburger Kammerspiele beteiligt, darunter die für ihre Exzentrik bekannten Maria Loja und Wolf von Beneckendorff. Das Stück griff die erste öffentliche Aufführung des *Reigen* im Kleinen Schauspielhaus in Berlin am 23. Dezember 1920 auf, bei der es schon im Vorfeld zu Konfrontationen gekommen war. Obwohl die Aufführung polizeilich verboten worden war, hatte die Direktorin Gertrud Eysoldt das Stück trotzdem auf die Bühne gebracht.

5.5. Himmelsecke

Unterkunft im Haus von Carl M. H. Wilkens – „Sechs Steinzeichnungen zu Friedrich von Schillers Denkwürdigkeiten des Marschalls Vieilleville"

Vom Kritikerpublikum der *Tafelrunde* bestärkt, plante Leip weitere literarische Projekte. Vor allem wollte er einen großen Hamburg-Roman schreiben. Die Möglichkeiten für einen solchen kreativen Kraftakt sah er in seiner derzeitigen Unterkunft am Steindamm aber nicht gegeben. Deshalb setzte er im April 1921 ein Schreiben an die Direktion des Atlantic Hotels auf, mit der Bitte um Überlassung eines Arbeitszimmers:

Ich habe gerade einen Roman in der Feder, dessen Mittelpunkt die Außenalster ist. Auch will ich eine Reihe Radierungen dazu schaffen. Darum muß ich eine Zeitlang an der Alster wohnen. Ihr Haus liegt für mich am günstigsten. Sehr gern würde ich

Oben: Das Haus von Carl M. H. Wilkens als Fotografie und Zeichnung von Hans Leip.
Unten: „Blick aus meinem Fenster (Alster) vom Jungfernstieg zu Hamburg“, Linolschnitt von Hans Leip, 1922.
Gegenüberliegende Seite: Aufnahmen von der Innengestaltung des Wilken'schen Hauses. Oben: Das Musikzimmer und die Bar. Unten: Die Lichtkuppel des Treppenhauses.

BAR-BAR-BAR

gleich einem Großindustriellen oder einem Fürsten alten Regimes zu Ihnen ziehen. Aber ich bin Künstler! Meine Aktiva liegen im Gehirn und im Werk. Die Ihrigen liegen für mich im Besitze des Hotels Atlantic. Fügen wir beides ⌈zusammen⌋, ohne einander auf die Seele zu treten, (oder besser: Auf die Brieftasche!) so würden wir beide nicht schlecht dabei fahren. Ich brauche: – keinen Komfort – sondern ein möglichst hoch und hell gelegenes Gelaß, wenn angängig mit kleinem Nebenraum. Einrichtung: soldatenhaft einfach! Ich brauche den Schauplatz und die Aussicht zum Arbeiten![189]

Leips Bitte wurde nicht entsprochen. Doch hörte Cläre Popps neuer Freund Wilkens vom Mißerfolg des Wohnungssuchenden und stellte ihm spontan eine Atelierwohnung in seinem Geschäftshaus Ecke Neuer Wall und Jungfernstieg mietfrei zur Verfügung. Im Gegenzug sollte Leip die Schriftleitung für eine geplante Werbezeitschrift des Juweliergeschäftes übernehmen. Natürlich ergriff Leip die Gelegenheit. Er bezog sein neues Domizil im obersten Stockwerk des Wilkens-Hauses auf der Seite zum Jungfernstieg hin, mit Blick auf die Binnenalster. Mit Wandmalereien und selbstgezimmerten Möbeln richtete er seine neue Unterkunft wohnlich ein und nannte sie seine ‚Himmelsecke'.[190] Zehn Jahre lang, bis 1931, lebte und arbeitete er dort. 1925 ließ Wilkens sein Haus zu einer Art Gesamtkunstwerk umgestalten. Unter der Leitung des Architekten Kurt F. Schmidt wurde die Fassade von Plastiken Richard Kuöhls verschönert; am Umbau der Innenräume beteiligten sich zahlreiche namhafte Künstler: Kurt Schwitters versah das Treppenhaus mit der Visualisierung seiner *Ursonate*;[191] in den neugestalteten Wohnbereich wurden Plastiken von Richard Haizmann, Bilder von Otto Dix und Emil Nolde integriert, die zu dem ungewöhnlichen Gesamteindruck beitrugen. Der Auftrag, mit dem Leip bedacht wurde, betraf nicht die Wohnräume, sondern das neu entstandene Kontor über dem Laden. Hier versah er ein Nebenkabinett, die „Likörecke", mit einem „anspielungsreichen" Wandgemälde.[192] Im extravaganten Ambiente seines umgebauten Hauses inszenierte Wilkens spektakuläre Partys, mit Auftritten seiner Künstlerfreunde. An einem dieser Abende trat auch Joachim Ringelnatz auf. Anläßlich einer „Toplastigen Stunde" präsentierte Ringelnatz eigene Texte, die Leip am „Seemanns-Klavier" begleitete.[193] Ringelnatz hatte bei Wilkens sein Hamburger Standquartier, und zwar schon zu der Zeit, als dieser noch am Mittelweg wohnte. Ringelnatz und Wilkens standen sich ihrem Wesen nach nahe. Hinter ihrer exzentrischen, betont antibürgerlichen Haltung versteckte sich eine extrem empfindsame und eben auch „selbstquälerische"[194] Gemütsart.

Das Juweliergeschäft am Neuen Wall wurde zu einem Podium künstlerisch ambitionierter Feste und ein Treffpunkt von Hamburgs Avantgarde. Bei alldem war Leip nicht nur Zaungast, sondern oft genug im Mittelpunkt stehender Akteur. Hier knüpfte er Kontakte und sammelte Anregungen. Hier fand er, noch immer schwankend zwischen bildender Kunst und Literatur, schließlich zu seiner Berufung. Nach seinem Einzug ins Atelier trat die Arbeit am geplanten Roman aber erst einmal in den Hintergrund. Leip fühlte sich „richtig als Maler".[195] In einem wahren Schaffensrausch fertigte er zahlreiche Holz- und Linolschnitte an, aber auch Handzeichnungen und Aquarelle. Wichtigstes Produkt dieser An-

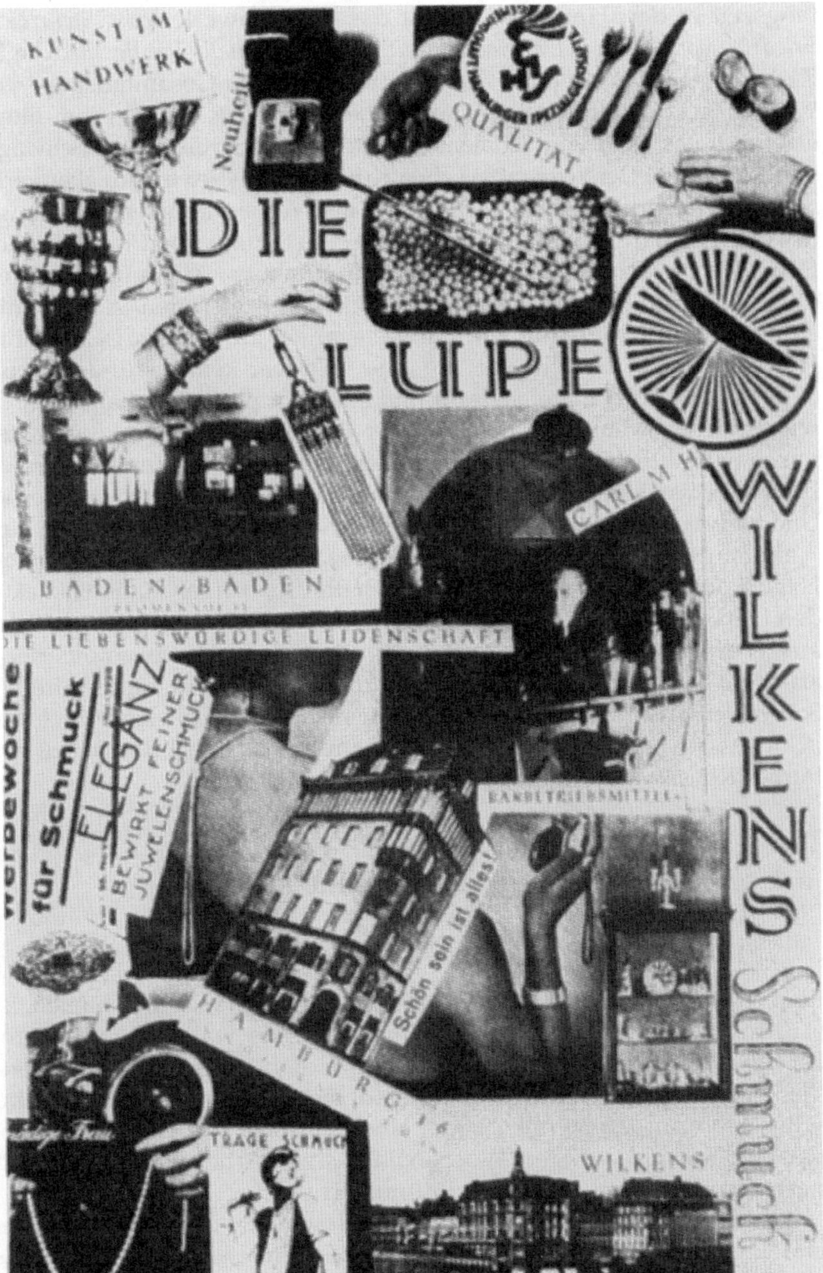

Umschlag der Werbezeitschrift „Die Lupe", um 1928.

fangszeit in der ‚Himmelsecke' ist das Mappenwerk *Sechs Steinzeichnungen zu Friedrich von Schillers Denkwürdigkeiten des Marschalls Vieilleville*. Die Idee zu den Zeichnungen war Leip bei der Lektüre der Cotta-Gesamtausgabe von Schillers Werken gekommen. Dabei hatte er übersehen, daß der von ihm illustrierte Text eigentlich gar nicht von Schiller stammte, sondern von dessen Schwager Wilhelm von Wolzogen. Der zeitgenössischen Kritik blieb dieser Irrtum aber verborgen.[196]

Seinen Lebensunterhalt bestritt Leip als Werbegraphiker und Designer für das Juweliergeschäft Wilkens. Aufträge zur Gestaltung von Plakaten und Inseraten, Entwürfe für Schmuckdosen und Parfümflakons, Zigarettenetuis und anderes mehr enthoben ihn weitgehend der täglichen Brotsorgen. Außerdem übernahm er die Schriftleitung der vornehm-eleganten und literarisch anspruchsvollen Hauszeitschrift von Wilkens, *Die Lupe*. „Es war keine Gründung von mir, sondern [...] als Werbemittel gedacht und etwas zu populär gehalten [...]."[197] Das vom renommierten Münchner Buchkünstler Fritz Helmuth Ehmke gestaltete Blatt erschien halbjährlich seit 1925 und enthielt Beiträge namhafter Autoren wie Johannes Baader, Hans Henny Jahnn, Joachim Ringelnatz, Kurt Schwitters oder Willy Seidel. Und natürlich steuerte auch Leip selbst den einen oder anderen Text bei.

Stammgäste in der ‚Himmelsecke' waren die Schwestern Gretel und Ilse Haalck aus Wandsbek. Den Kontakt hatte ihr Bruder Hans Haalck hergestellt, den Leip seit seiner Mitarbeit am *Sturmreiter* kannte. Der Mitbegründer und Herausgeber der kurzlebigen Zeitschrift war inzwischen promovierter Jurist und arbeitete bei der Iduna-Versicherung in Hamburg. Gretel, die ältere der beiden Schwestern, war ausgebildete Zeichen- und Handarbeitslehrerin, Leip nannte sie „Gobe". Ilse (von Leip „Isle" genannt) wurde 1923 volljährig, sie ließ sich am Hamburger Konservatorium zur Klavierlehrerin ausbilden.

5.6. Kult und Chaos

„Der Pfuhl"

Leips erster Roman, 1923 bei Albert Langen in München erschienen, ist ein Großstadtroman. Schon seine Entstehungsumstände waren denkbar großstädtisch: *Der Pfuhl* wurde geschrieben, weil der mit dem Verfasser befreundete Leiter der Buchabteilung des Kaufhauses Karstadt sich einen modernen Hamburg-Roman wünschte und versprochen hatte, einen Großteil der Auflage abzunehmen. So entstand in nur wenigen Wochen intensiver Arbeit ein Zeitgeist-Roman, der nach Erscheinen für vielfältigen Zündstoff sorgte.

Im Mittelpunkt des Buches steht die Geschichte des aufkommenden Modearchitekten und Designers Pirre Bo, eines Bohemiens und Tagträumers, von braven Bürgern wie von seinem Onkel unverstanden: „Du machst das jeden Tag und jede Nacht, was sich zufällig ab und zu mal ergeben kann. [...] Du kommst morgens und gehst abends."[198] Pirre Bo bewegt sich im Halbweltmilieu und gerät im Sog der Zeit von der Novemberrevolution bis zur Inflation in die Verstrik-

Von Hans Leip gestalteter Einband zur Taschenbuch-Ausgabe von „Der Pfuhl", 1923.

Oben links: „Der besoffene Lee aus Der Pfuhl", Linolschnitt von Hans Leip, 1923.
Oben rechts: Illustration zu „Der Pfuhl" von Otto Larsen, Holzschnitt, 1923.
Unten: Linolschnitt von Hans Leip, um 1920.

kungen dubioser Gestalten und Banden. Leip entwirft phantastisch-surreale Szenarien: Das unterirdische Refugium des Schieberbosses Geeln Katter, vom Senat geöffnete Fleetspeicher, in denen sich Nomadenstädte von Boheme und Unterwelt einquartiert haben, die unheimliche Gilde der Bettler, die bei der Katharinen-Brücke ihr Unwesen treibt, orgiastische Partys, auf denen die Gäste sich bei Ragtime-Musik mit Sex und Drogen unterhalten. Das schillernde Personal setzt sich aus dubiosen Börsenspekulanten, Politprovokateuren und Gesundheitsaposteln sowie allen Arten von ‚Underground-Künstlern' zusammen. So gleicht der Text einem kaleidoskopartig zusammenlaufenden und sich sofort wieder verwandelnden Bild immer neuer Konstellationen. Autobiographische Bezüge müssen bemerkt werden: Der Protagonist als Wunschbild seines Verfassers: wilde Künstlerfeste und kaum verschlüsselte Anspielungen auf Persönlichkeiten der Hamburger Kunstszene. „Leip verzerrt seinen Lebensumkreis, leitet die vertrauten Ingredienzien ins Groteske über, entrückt das eigene Selbstbild ins Expressiv-Ungreifbare."[199]

Vor allem aber gibt *Der Pfuhl* Zeugnis von Leips Haßliebe zur Großstadt Hamburg, die im Roman „Mulemutt" heißt. In einem einzigen Satz beschreibt er sie als einen lebendigen Organismus, der in Symbiose mit seinen ‚mechanisierten' Bewohnern ausschließlich der Produktion von Warengütern diene:

> Die Gebirgsblöcke der City, vibrierend von der Brandung der Schreibmaschinen, dem Getümmel der Telephone, den Turbinen der Zahlen, der unübersehbare Wald von Schächten der Treppenhäuser, Fahrstühle und Rohrpostleitungen, durchfädelt den sausenden Kränzen der Schnellbahnen, die unzähligen Schichten übereinander gestapelter Kompagnien mechanisierter menschlicher Körper, dem unermüdlichen Strome der Waren dieser Erde hingegeben, den die im Nebel verschwimmenden Hafenrampen mit tausend Lungen ein- und ausatmen, dieser rastlos gepeitschte, wehrlos tosende Mahlgang eines an Wirtschaftlichkeit erkrankten Volkes, verläuft gegen den See in ein dezentes Lächeln."[200]

Für seine kreative Arbeit konnte Leip „das Geräusch der Großstadt"[201] nicht entbehren. Doch gleichzeitig schwingt im Hochgefühl der modernen ‚City' die Enttäuschung über ein nur auf materiellen Fortschritt bedachtes Zeitalter mit. Die erdrückende Brutalität der Metropole fördert eine zweifelhafte Moral, die dem Prinzip folgt: ‚Nur der Stärkste überlebt'. Aber auch der Anpassungsfähige bringt gute Voraussetzungen zum Überleben mit. So formt die Großstadt neben wenigen individuellen Kämpfern und kreativen Köpfen ein großes Heer uniformer Arbeitssklaven. *Der Pfuhl* wirkt stellenweise wie der Text zu Bildern von Otto Dix oder George Grosz, die in ihren Werken die Entladungen, Zusammenstöße, Ausdünstungen und Abgründe der Großstadt ins Bild gesetzt haben. Sie wird in den 20er Jahren zur Kulisse für eine neue Art Mensch: der kunst- und kulturbeflissenen Bohemiens und Gigolos. Dieser Typ prägt denn auch das Figurenensemble des *Pfuhls*. Dagegen setzt Leip den ungebildeten ‚Pöbel' den ‚Mann von der Straße': „Die Sonntagstoilette der Fabrikvorstadt, die Konfektion auf vorletzten Schnitt, etwas grell, etwas verrutscht, die gestärkten Kragen zu hoch, die Binder knallig, die breitverholzten Hände wie Lastpferde vorm Dogcart."[202]

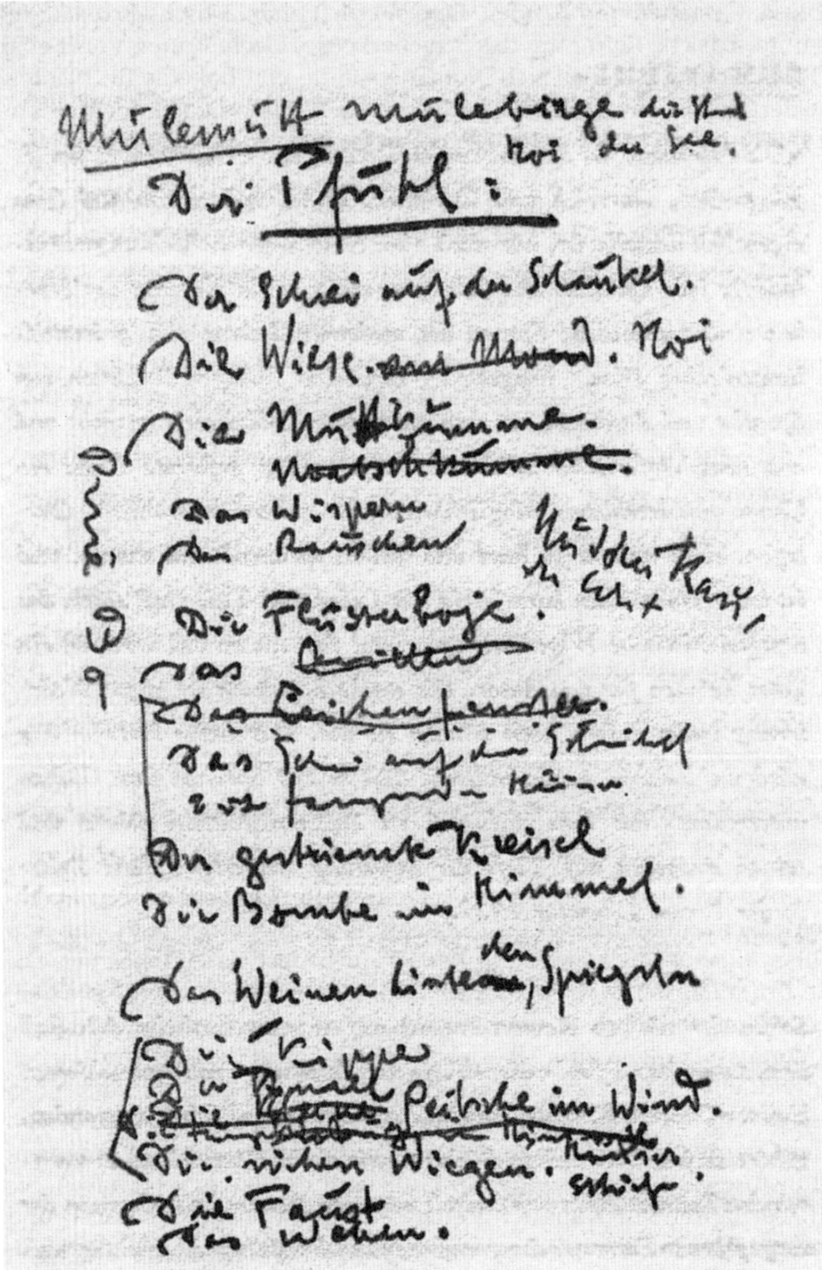

Hans Leip: Erster Entwurf zu „Der Pfuhl", 1922.

Die Großstadt bot ihren Bewohnern die Freiheit der Selbstverwirklichung und übernahm völker- und rassenübergreifende Schmelztiegelfunktion. Andererseits waren die negativen Aspekte nicht zu übersehen: Karrierismus und Einsamkeit veränderte, beschleunigte Zeit und ‚Robotermenschentum'. Der Filmregisseur Fritz Lang machte darauf 1926 in seinem legendären Meisterwerk *Metropolis* aufmerksam. Für sein Buch hatte sich Leip ebenfalls von einem Fritz-Lang-Werk anregen lassen. Nach der Romanvorlage von Norbert Jacques[203] kam 1922 *Dr. Mabuse der Spieler* in die Kinos. Handlung und Atmosphäre des Stummfilms weisen deutliche Parallelen zum *Pfuhl* auf. Mabuse ist ein Despot, der mit Hilfe einer Geheimorganisation den größten Teil der Menschheit vernichten will, um so die Weltherrschaft zu erlangen. Sicher gehen die Figuren der Gangster Geeln Katter und Nudden Kau auf die *Mabuse*-Lektüre zurück. Gleich Mabuse beherrschen sie unterhalb der Organisation des Staates ein eigenes autonomes Reich mit eigenen Strukturen und Gesetzen. Während es bei Jacques aber zu einem guten Schluß kommt, endet Leips Roman im Chaos. Es stellt sich heraus, daß eine Bettlergilde das zerbrechende Gemeinwesen in ihre Gewalt bringen und eine närrisch-merkantile Anarchie errichten will. Obwohl die Handlung voller Widersprüche endet, wird eines deutlich: Das vermeintliche Chaos ist in Wirklichkeit von der katholischen Kirche geschürt und von ihr kontrolliert.

Axel Eggebrecht sah im *Pfuhl* einen der „ganz wenigen Versuche [...], Revolution in Deutschland wenigstens in der Gestaltung deutlicher als in der steckengebliebenen Wirklichkeit zu entwickeln."[204] Ein visionäres Werk, das „auf jene untergründigen Zusammenhänge, die nachher in den Debattekapiteln des ‚Zauberbergs' eine so große Rolle spielen", hinweise und „auf Möglichkeiten, die angesichts des allerorten fühlbaren Vordringens der Kirche immer bedeutsamer werden müssen."[205] Als „Stimmungsspiegel jener konfusen Zeit"[206] und gelungener Reflex auf das ‚moderne Leben' fand Leips Roman auch überregional Anklang. Kritikpunkte waren hingegen seine sprachliche Unausgewogenheit und seine Zeitgebundenheit: „Hier [...] herrscht noch das Chaos der Kunstformen von 1918 mit viel ‚futuristischer' Unverdaulichkeit", urteilte Willy Seidel.[207] Die Sprache sei eine Mischung aus „expressionistischem Wortraketengeprassel" und „nordischem Volksdialekt".[208] In dieser Kombination wirkt sie niemals heimattümelnd und paßt zu den ebenso skurrilen wie bodenständigen Typen. Denn Leips Figuren sind keine Weltbürger: „Pirre Bo fühlte sich [...] gebunden. Gebunden an die Stadt, gebunden an den See. [...] Die Sprache der Heimat klammerte sich ihm an."[209]

Erich Kästner übernahm in der Charakterisierung von Leips Debüt den schon vorher von Hans W. Fischer für den *betrunkenen Lebenskelch* geprägten Begriff der „grotesken Aktualität", [210] und erweitert ihn in Anwendung auf die Literatur von Bertolt Brecht, Arnolt Bronnen, Alfred Döblin, Joachim Ringelnatz und Gustav Sack:

> Joachim Ringelnatz ist einer, der diesen Weg in die Zukunft hinaus aus Charakter beschreiten mußte. Genau so, wie es neben ihm Brecht und Bronnen, Leip und Döblin getan haben. Und wie es vor ihnen allen Gustav Sack begann. So verschieden eben die

> mit Namen genannten Menschen und Dichter untereinander sein mögen - und außer ihnen sind noch genug, für die gleiches gilt -, individuelle Unterschiede besagen nichts gegenüber dem allen gemeinsamen Wissen und Verlangen zur grotesken Aktualität.[211]

Für Kästner war Leip vor allem deshalb ein Moderner, weil er in seinem Werk die „Groteske als Zeitgefühl"[212] zu formen versuchte. In seinen Überlegungen zum Themenfeld ‚Groteske' hat Arnold Heidsiek darauf hingewiesen, daß die Groteske sehr wohl eine „realistische Darstellungsintention" verfolge.[213] Sie dürfe nicht auf den ästhetischen Wertmaßstab willkürlich subjektivistischer Verzerrung reduziert werden, denn sie bedeute vielmehr die „Darstellung der äußersten Möglichkeit eines Realen, eines gerade noch Faßbaren."[214] Die Groteske antworte auf den Extremzustand realer Perversion, wie etwa auf die vom Menschen verübte Unmenschlichkeit. Somit verweise der das Groteske kennzeichnende Doppelaspekt von Grauen und Lächerlichkeit auf den Zustand der Wirklichkeit. Mit den typischen Strukturmerkmalen der Groteske (Verzerrung, Entstellung usw.) läßt sich also umso effektiver auf die konkrete Mißgestaltung objektiver Realität hinweisen. „Die Groteske denunziert die entstellte Wirklichkeit nicht durch unmittelbare Anklage, sondern indem es sie in schockierender Selbstverständlichkeit darstellt."[215]

Am meisten Aufsehen erregte *Der Pfuhl* innerhalb der Hamburger Künstlerschaft, vor allem im Kreis um Hans Henny Jahnn. Als Gründer der lebensreformerischen ‚Glaubensgemeinde Ugrino', als Orgelbauer und Schriftsteller regte der Kleist-Preisträger von 1920 Leips Phantasie an. Vielerlei Gerüchte rankten sich um Jahnn und seine Anhängerschaft. Leip hatte gehört, daß Jahnn „gewisse sakrale Naturtagungen in der Nähe seines Asyls zu veranstalten pflegte".[216] Aus dem Gerücht zog er den Stoff für eine der amüsantesten Episoden des Romans. In der Beschreibung der „Eros-Gemeinde" ist unschwer eine Karikatur der ‚Ugrino-Gemeinde' zu erkennen. Als Kopf der „Eros-Gemeinde" tritt eine Jahnn nachgezeichnete Figur namens Doktor Disselspeck auf, der in seiner Schrift „Eros" „die Gesundung der Menschheit durch einen hygienischen Kommunismus und durch eine der reinen Natur verbrüderten Freiheit der Liebe" einfordert.[217] So heizte Leip mit seinem Roman die Gerüchteküche um Jahnns Homosexualität noch an. Deshalb sah sich Jahnn im *Pfuhl* „als eine der übelsten Figuren eingeführt."[218] Darüber hinaus vermutete er in der Figur des Zatt Buse eine fast unverschlüsselte Anspielung auf einen seiner engsten Freunde, den Bildhauer Franz Buse.

> Man muß also an einen sehr unfreundlichen Zufall glauben, wenn ein anderer, eben nur eine Romanfigur gemeint gewesen sein sollte. - Der sonderbare Einfall, durch ein bestimmtes Verfahren wirkliche Leichen verkleinert zu abgemagerten Statuen einschrumpfen zu lassen, konnte durch den „Totentanz", den mein Freund modelliert hatte, angeregt worden sein.[219]

Leip selber ließ offen, inwieweit es sich beim *Pfuhl* um einen Schlüsselroman handelt. Wohl aber kokettierte er gern damit, mit seinem Romandebüt, die „Prophetie einer kommenden Zerstörung", der des Zweiten Weltkriegs, geschaffen zu haben.[220]

6. Durchbruch als Autor (1925)

6.1. Der Geist von Minna Seiler

Neugründung der „Tafelrunde"

Nach der Veröffentlichung des *Pfuhls* gönnte sich Leip einen längeren Erholungsurlaub auf den Nordseeinseln. Er besuchte Trischen, Neuwerk und Scharhörn. Die meiste Zeit verbrachte er auf Pellworm, wo sein Vorbild Detlev von Liliencron einst als Hardesvogt gewirkt hatte. Es entstand eine Reihe Aquarelle und sein erstes Ölgemälde, das in seiner subjektiv gesteigerten Farbgebung an Bilder Emil Noldes erinnert.[221] Im August 1924 unternahm er gemeinsam mit Gretel Haalck Wanderungen durch Südtirol und in die Dolomiten. Außerdem besuchte das Paar den Gardasee.

Einen tiefen Einschnitt bedeutete für Leip der Fortgang seines einstigen Förderers. Als Hans W. Fischer nach dem Konkurs der *Neuen Hamburger Zeitung* 1923 zurück nach Berlin gezogen war, ging der jungen Hamburger Künstlerschaft damit eine Integrationsfigur verloren, die nicht zu ersetzen war.

Trotzdem versuchte Leip die *Tafelrunde* zu reanimieren. Gemeinsam mit dem Schriftsteller Carl Albert Lange organisierte er im Herbst 1924 ein erstes Treffen in der *Teestube Alsterarkaden*.[222] Leip hatte dem aus russischer Kriegsgefangenschaft heimgekehrten Lange seinerzeit einen Volontärposten bei der *Neuen Hamburger Zeitung* vermittelt. Inzwischen war Lange mit Frieda Dudler verheiratet und hatte 1921 den vielbeachteten Gedichtband *Sibirien* veröffentlicht. Durch seine Kontakte sollten der wiedererweckten *Tafelrunde* neue Kräfte zugeführt werden. Neben ehemaligen Mitgliedern wie Ludwig Beil oder Paul Schurek wurden Erich Lüth und Hugo Sieker zur Gründungssitzung geladen. Aber trotz des großen Engagements aller Beteiligten gelang es nicht, den früheren Geist noch einmal zu beschwören: zu sehr war Fischer Zentrum und Identifikationsfigur des Künstlerkreises gewesen. Noch lange Zeit blieb er das künstlerische Gewissen vieler. Er hatte seinen Schülern und ‚Jüngern' ein Ethos eingepflanzt, an das sich die meisten noch bis weit in die 20er Jahre hinein gebunden fühlten. Den Plan, Hamburgs Künstlerschaft unter seiner eigenen Führung zu organisieren, verfolgte Leip zwar weiter. Nur fehlte es ihm an Macht und Einfluß, ihn auch effektiv umsetzen zu können.

6.2. Seeräuber und Kommunisten

„Godekes Knecht"

Zwischen seinen Reisen beteiligte sich Leip an zwei Künstlerfesten im Curiohaus, die aufgrund der politischen und wirtschaftlichen Einbrüche notgedrungen bescheidener ausfallen mußten als in den Vorjahren.[223] Am 23. Oktober 1923 kam es im Rahmen des Hamburger Aufstandes – getragen von der KPD – zu Krawallen und Plünderungen. Als Folge dieser Unruhen wurde bis zum 1. März

Hans Leip: Einbandentwurf zu „Godekes Knecht", Feder- und Tuschezeichnung, 1926.

1924 ein reichsweites KPD-Verbot verhängt. Erst mit der Stabilisierung der Währung im November 1923 beruhigten sich die politischen Verhältnisse wieder.

In dieser Zeit entstand, „aufflackernd aus dem matten Geiste der deutschen Revolution",[224] Leips neuer Roman: *Godekes Knecht*. Dem Zeitgeist nur noch insofern verpflichtet, als seine Protagonisten - Seeräuber und Likedeeler - nicht als „saufende Gesellen" zu verstehen seien, sondern als „Außenseiter, Aufrührer, Umstürzler, Schwärmer und Sektierer [...]", und somit, wie der Autor im Nachwort klarstellt, „unbedingt den ‚Kommunisten' aller Jahrhunderte" zuzurechnen seien.[225]

Als wissenschaftliches Forschungsprojekt begonnen, wollte Leip das fertige Buch an der Kieler Universität als Dissertation einreichen. Seinem Anspruch, „getreulich Geschichte" zu schreiben,[226] versuchte er mit umfangreicher Recherchearbeit in Bibliotheken und Archiven gerecht zu werden. Zeit seines Lebens war Leip bemüht, akademische Grade zu ergattern. Mit *Godekes Knecht* gelang ihm dies nicht. Erst 1973 sollte er den Titel eines Professors h. c. durch die Hansestadt Hamburg verliehen bekommen.[227]

Systematisch und „klar bewußt"[228] begann Leip mit der Arbeit am neuen Roman und erlag dabei einer „Diktatur des Schaffens",[229] die ihn unerbittlich vorantrieb: „Als ich den Roman ‚Godekes Knecht' schrieb, [...] schien mir zuweilen mein ganzes Innere ausgebrannt zu sein und neu gefüllt mit einer unheimlich bedrängenden Gewalt [...]".[230] Während der Niederschrift wurde gerade das Wilkenssche Haus umgebaut, so daß Leip beständig im Halbdunkel arbeiten mußte, weil ein Baugerüst sein Fenster verdeckte. Das erste Halbjahr 1924 widmete er sich fast ausschließlich der Ausarbeitung des Manuskripts:

> An Berufsbindungen war nicht mehr zu denken, ich schrieb nur noch, war völlig versessen und verrückt, malte und zeichnete nicht mehr, kein Plakat für Zigarettenfirmen, keine Inserate mehr für Wilkensschen Luxusschmuck, keine Entwürfe mehr für Puderdosen und Zigarettenetuis und auch nichts mehr für Ausstellungen, keinen Holzschnitt, kein Litho, kein Bild. Ich schrieb das Manuskript dreimal mit der Hand, in der wilden Meinung und Hoffnung, daß es endlich richtig werde. Essen und Trinken vergaß ich, hatte auch bald kein Geld mehr dafür [...].[231]

Nach der Fertigstellung bekam Leip den Hinweis auf einen vom Verlag der *Kölnischen Zeitung* veranstalteten Romanwettbewerb, bei dem ein hoher Geldpreis zu gewinnen sei. Mit Hilfe einer geliehenen Schreibmaschine erstellte er das einzusendende Typoskript und schickte es an die Redaktion. Den Durchschlag erhielt der Verlag Albert Langen, bei dem ja schon der *Pfuhl* erschienen war. Aber Langen lehnte ab. Eigentlich hatte schon der *Pfuhl* nicht mehr so ganz in das seit dem Ersten Weltkrieg veränderte Profil des ehemals der Moderne gegenüber aufgeschlossenen Münchner Verlages gepaßt. Anstelle von Autoren wie Björnson, Dauthendey, Thoma oder Wedekind dominierte zunehmend politisch-konservative Literatur das Programm. Autoren wie Hans Grimm, Hanns Johst oder Erwin Guido Kolbenheyer bestimmten den Verlag in den 20er Jahren politisch-ideologisch.[232] Leip wandte sich an den Rowohlt-Verlag. Dort ging das Manuskript verloren.

> Ich hatte also von der unmäßigen Anstrengung nichts als die kaum leserlichen Handschriften, war auch drauf und dran, verzweifelt diese zu vernichten und mit mir selber Schluß zu machen, ausgesogen und [...] völlig mittellos.[233]

Wenige Tage vor Weihnachten 1924 erhielt Leip die Nachricht, er habe das Preisausschreiben der *Kölnischen Zeitung* in der ‚Gruppe III – Romane und Erzählungen großen Umfangs' gewonnen. Die Jury, bestehend aus den Schriftstellern Thomas Mann, Detmar Heinrich Sarnetzki, Wilhelm Schäfer, Wilhelm Schmidtbonn und dem Professor für ältere deutsche Philologie und Märchenexperten Friedrich von der Leyen, hatte ihm für *Godekes Knecht* den ersten Preis zuerkannt: 10.000 Mark in der neuen Rentenwährung.[234] In der Begründung Thomas Manns heißt es: „Ein brutaler Stoff, von Zartheit durchleuchtet, Leidenschaft der Handlung und des Wortes, sich speisend aus Ursprüngen, die dem modernen Empfinden romantisch anmuten möchten und dennoch erschreckend klar gegenwärtig ins Gemüt greifen."[235] Mit seinem Sieg hatte Leip immerhin 230 Mitbewerber aus dem Feld schlagen können und so bekannte Autoren wie den Österreicher Robert Hohlbaum und den Kleist-Preisträger von 1922 Paul Gurk auf den zweiten beziehungsweise dritten Platz verwiesen.

1925 erschien *Godekes Knecht* im Leipziger Verlag Grethlein & Co. und verhalf dem Verfasser zum Durchbruch als Autor. In der Form einer Chronik erzählt Leip die Geschichte der als Seeräuber berüchtigten ‚Likedeeler' (Gleichteiler), nach der Hinrichtung ihres Anführers Klaus Störtebeker im Jahre 1402. „Mein ist auch dein" lautet ihr Motto und ihr Ziel ist es, „arm und reich gleichzumachen", „denn es gäbe dann weder Besitz noch Armut".[236] Ihre Gegner sind die frühkapitalistischen Kaufleute, von denen weltliche wie geistliche Machthaber längst abhängig sind: „Richtschwert und Hochaltar bauen sich vor seinem Schmalznapf, dem Ansatz seines Doppelkinns Gewähr zu leisten: denn sie fressen beide aus des Krämers Hand."[237] Die Zeit ist noch nicht reif, um das Streben der ‚Likedeeler' nach Freiheit und Gleichheit zuzulassen.[238] Aber gerade diese schwärmerisch-anarchistischen Vorstellungen und das daraus resultierende antibürgerliche Leben sind das eigentliche Anliegen des Romans.

Mit ihren Überfällen haben die Seeräuber ihre Gegner so sehr provoziert, daß ihr Stützpunkt, die Nordseeinsel Helgoland, nicht mehr sicher genug für sie ist. So bemühen sie sich um einen Friedensschluß mit der Hanse. Mit Hilfe eines verkrachten Intellektuellen, des ehemaligen Magisters Wikbold, den seine Abenteuerlust zu den Piraten getrieben hat, und der nun als Schreiber und nautischer Berater des Anführers Godeke Michel fungiert, gelingt eine Art Friedenspakt mit der Hansestadt Hamburg. Nach dem gescheiterten Versuch, sich mit seiner Geliebten Begine Hilgesill seßhaft zu machen und wieder als Gelehrter zu arbeiten, treibt Wikbolds Sehnsucht zum Meer ihn abermals zu den Likedeelern. Begine folgt ihm heimlich, als Mann verkleidet. Beide nehmen an einer Fahrt über das ‚Westmeer' teil. Das Ziel der Reise sind die Phantasieinseln Zipangu (=Japan) und Antilia (=Antillen). Dort soll ein Reich des Friedens, das irdische Paradies errichtet werden. Gerade als sie das ersehnte

Land aber erblicken, geraten sie in ein Unwetter, das sie an die europäische Küste zurückschlägt. Dort werden sie von der hansischen Flotte überwältigt und gefangengenommen.

Die drei Hauptkapitel des Romans kennzeichnen das jeweilige Verhältnis des Protagonisten zur bürgerlichen Gesellschaft: *Der Wind* beschreibt die unruhige, aber tatenlose Zeit auf Helgoland. In *Triebsand* geht es um den Versuch, seßhaft zu werden und eine eigene Familie zu gründen. Im Kapitel *Die See* sind beide zu den Seeräubern zurückgekehrt und erleben deren letzte Ausfahrt, während der Hilgesill ertrinkt. Mit der Enthauptung von Godeke und seinem Knecht endet der Roman.

Godekes Knecht kann als Manifest für ein rauschhaftes diesseitiges Leben gelesen werden. Der expressionistisch-bildhafte Duktus der Sprache dient nicht der Überhöhung eines religiösen Pathos oder der Propagierung moralischer Imperative. Er ist vielmehr Ausdruck von Wikbolds Gefühlsschwankungen und der starken äußeren Eindrücke, die er empfängt. Der Leser wird in die Lage versetzt, sich mit dem schwachen und ganz und gar nicht heldenhaften Wikbold zu identifizieren. Die Ich-Form lädt zum Mitfühlen mit dem Protagonisten ein.

Godekes Knecht ist ein historischer Roman. Doch anders als manche dieses Genre bedienende Verfasser, lehnt Leip die moderne Großstadt nicht ab. Besonders das chaotisch geschäftige Hamburg ist in buntesten Farben geschildert. Die spätmittelalterliche Stadt „brummte vor Lastwagen"; eine Geißlerprozession wird zum überwältigenden Erlebnis.[239] Für Leip ist die Wende vom 14. zum 15. Jahrhundert von einschneidenden historischen Veränderungen geprägt, die unausweichlich das Ende des feudalistischen Mittelalters herbeiführen.[240] In konzentrierter Form finden sich die menschlichen Nöte und Sehnsüchte der Zeit in den Großstädten und Metropolen. Und deshalb entwickeln sich schließlich auch hier die Zentren revolutionärer Bewegungen: „Da waren viele Hände von Weinen und Streit so gierig als milde und langten nach Brot und schlugen die Reichen und verschwemmten in den Städten und wurden wieder still."[241]

Widmet sich der historische Roman normalerweise mit Vorliebe den Schlachtenschilderungen, so erlebt Wikbold die einzige Seeschlacht krank und elend unter Deck. Und auch die Beziehung zu Hilgesill ist nicht immer romantisch geschildert. Dort wo Pathos zu erwarten wäre – bei Hilgesills Tod –, berichtet Wikbold knapp und bilanzierend:

> [...] alles andere hatte die See geholt, und es waren das 18 Mann, und sowohl der Zimmermann als auch der Segelmacher, dazu zwei Kanarenweiber, drei Leichname, und der Schreibknecht Hilgesill.[242]

Leips Roman ist nicht nur ein Gegenbeispiel zur wertsetzenden völkisch-konservativen Literatur, sondern auch zur bürgerlichen, neuromatischer Ausprägung. Was ihn davon abhebt, ist seine totale Diesseitigkeit, die Absage an allgemeingültige Werte und der schwache und deshalb umso menschlichere Held. Pathos und Innerlichkeit werden durch lakonische oder ironische Bemerkungen entkräftet. Der Roman verfolgt nicht mehr die Selbstverwirklichung eines Individuums, sondern zeigt vielmehr dessen ‚Geworfensein' in eine sinnlose, brutale Welt, in der es, in seinem Streben nach dem absoluten Glück, zugrunde gehen muß.

Das absolute Glück als Zentrum menschlicher Sehnsucht, das ist nicht nur in *Godekes Knecht* das Paradies auf Erden. Das Motiv des Paradiessuchers, der aus seinem bürgerlichen Leben ausbricht, um sein Verlangen nach einem utopischen Reich des Friedens zu stillen, taucht in Leips Werk – vor allem in lyrischer Form – immer wieder auf. Beispiele hierfür sind etwa die Gedichte *Das Schiff zu Paradeis* oder *Falado*, das als Liedfassung in den Kreisen der Jugendbewegung sehr beliebt war: „Jeder wollt es, keiner fand / Falado, das Wunderland."[243] Allerdings wird das Paradies in keinem Fall je erreicht, sondern jedesmal knapp verfehlt. Hier wie dort sterben die Paradiessucher kurz vor Erreichen ihres ersehnten Zieles.

„Einer der ganz wenigen großen Abenteuer-Romane, die wir in deutscher Sprache besitzen", äußerte sich begeistert die Kritik zu *Godekes Knecht* und stellte den Verfasser zwischen Joseph Conrad und Jack London.[244] Spannung wird vor allem dadurch erzeugt, daß der Text wie ein unmittelbarer Tatsachenbericht erscheint. Der Autor gibt sich selbst als Herausgeber der Aufzeichnungen Wikbolds aus. Charakteristisch ist die häufige Verwendung von Begriffen aus Seemanns- und Alltagssprache. Dazu kommen niederdeutsche Wendungen und Anglizismen, außerdem zahlreiche Wortneuschöpfungen. „Leip ist Neuschöpfer: er erfindet Worte, besonders wo es sich um Geräusche handelt, und man fragt sich ganz erstaunt: warum besaßen wir die Worte nicht längst?"[245] Dem Roman ist eine umfangreiche Liste mit „Wort- und Sacherklärungen" beigefügt, die über 300 Begriffe umfaßt. Leips Vorliebe für ungewöhnliche Ausdrücke brachte ihm aber nicht nur das Lob der Kritik, sondern auch ihren Spott. Am ausführlichsten beschäftigte sich der für seine bissigen Parodien bekannte österreichische Schriftsteller Robert Neumann mit der Sprache in *Godekes Knecht*. In dem 1927 erschienenen Parodien-Band *Mit fremden Federn* werden auf sehr geschickte Weise die Schwächen von Leips Roman aufgedeckt. Neumanns Text beginnt mit einem wörtlichen Zitat aus *Godekes Knecht*, um dann in scheinbar gleicher Sprache fortzufahren. So kann Neumanns Kunst-Produkt stellenweise fast ‚echter' wirken als die Vorlage. Nachfolgend der erste (wörtlich von Leip übernommene) und der letzte (wie das Mittelstück von Neumann frei hinzuerfundene) Teil von *Aus dem Preisroman „Godekes Knecht"*:

> Oihoi! Peilte ich aus den Luken gegen den Dämmerwind: auf den Sänden in Lee stand die Brandung. Schon flogen Seil und Treil unter die Marsen, die krenkten wie blanke Kerlsköpfe über dem Prielgischt, der auf den Sänden bebte wie flandrische Hemdsäume. [...]
>
> Oder du, Klauke Dahmskuttel, des Godeke riesiger Steuermann! Pühü, wie der kolke Wind durch die Pallinge pfiff! Du aber drücktest den hulkigen Stoppelbart gegen die Keke und sangst das alte Lied von den Künneken. Hoh, tau leipte es unser Leip. Priek, klünke Tween. Nur immer keelgischts über die Himmung! Oihoi! Und so ging der Sommer vorüber [...].[246]

Neumann führt in seinem Text das „regionalnaturverbundene Urwüchsigseinwollen"[247] Leips vor. Leip fühlte sich tief getroffen und reagierte vollkommen überzogen. In einem von Robert Neumann später veröffentlichten Brief äußerte er sich abfällig über dessen Roman, obwohl der Adressat seiner Rache bisher noch keinen einzigen veröffentlicht hatte. Anzunehmen ist deshalb, daß Leip den österreichischen Autor mit seinem deutschen Namensvetter, Alfred Neumann, verwechselt hat. Alfred Neumann hatte sowohl 1927 als auch 1928 Romane publiziert.

> Herr Neumann!
>
> Was ich schon immer über Sie gedacht habe, bestätigt sich: Sie sind ein kleiner verkappter Oberlehrer! Sie fummeln so prächtig mit dem Zeigestock umher, so richtig aschbeutelig. Immerhin sollte ich Ihnen womöglich dankbar sein, daß Sie Ihre Nase überhaupt in ein paar Anfangsseiten eines Buches von mir geklemmt haben. Achgott, Parodieren ist leicht. Dafür ist ja auch Ihr Roman ein recht bescheidener margarinehafter italienischer Salat!
>
> Hans Leip[248]

In seinem Antwortschreiben machte Neumann Leip auf seine peinliche Verwechslung Aufmerksam:

> Ich muß Ihnen gestehen, dass Ihr Brief mich irgendwie gerührt hat: er ist noch mehr hilflos als unverschämt. Dass ein kesser Junge Ihres Schlages im Polemischen so sehr versagt, dass er dem Gegner die Freude macht, ihm zu zeigen, wie sehr er sich ärgert - nein, Leip, ich kann Ihnen wirklich nicht böse sein. Mit Ihrem Satz „dafür ist Ihr Roman u. s. w." haben Sie mir und meinen Freunden sogar ein paar wirklich heitere Minuten bereitet - nicht nur durch die liebenswerte Schulbubenhaftigkeit dieses „dafür", sondern mehr noch durch eine Ignoranz, die einen Roman Alfred Neumanns beschimpft, weil Robert Neumann Ihre Arbeit genug ernst genommen hat, sich mit ihr zu beschäftigen. [...][249]

Was Neumann parodierte, hoben andere Kritiker als Stärke hervor: Leips Bodenständigkeit, sein Bekenntnis zur niederdeutschen Sprache, zum ‚Niederdeutschtum'. Im „heimatlichen Element"[250] sahen einige sogar den Dreh- und Angelpunkt des Leipschen Werkes und die Quelle seines Schaffens. Als „ein norddeutsches Buch, [...] männlich stark und künstlerisch zart - deutsch im besten Sinne"[251] wurde *Godekes Knecht* vermarktet, der Verfasser als ein „beispielhaft Deutscher"[252] etikettiert. Auf die Gefahr der Vereinnahmung durch völkisch-konservative Interpreten hatte schon Axel Eggebrecht in der *Literarischen Welt* aufmerksam gemacht. In seiner Rezension sprach er die Befürchtung aus, „daß Adolf Bartels diesen zweifellos arischen Autor begeistert begrüßen" würde.[253] Der Literarhistoriker Bartels war Verfasser mehrerer Literaturgeschichten, denen eine völkische, antisemitische Weltanschauung zugrunde liegt. In einer Fülle von Aufsätzen klassifizierte er Literatur und Kunst nach ‚jüdischen' und ‚nicht-

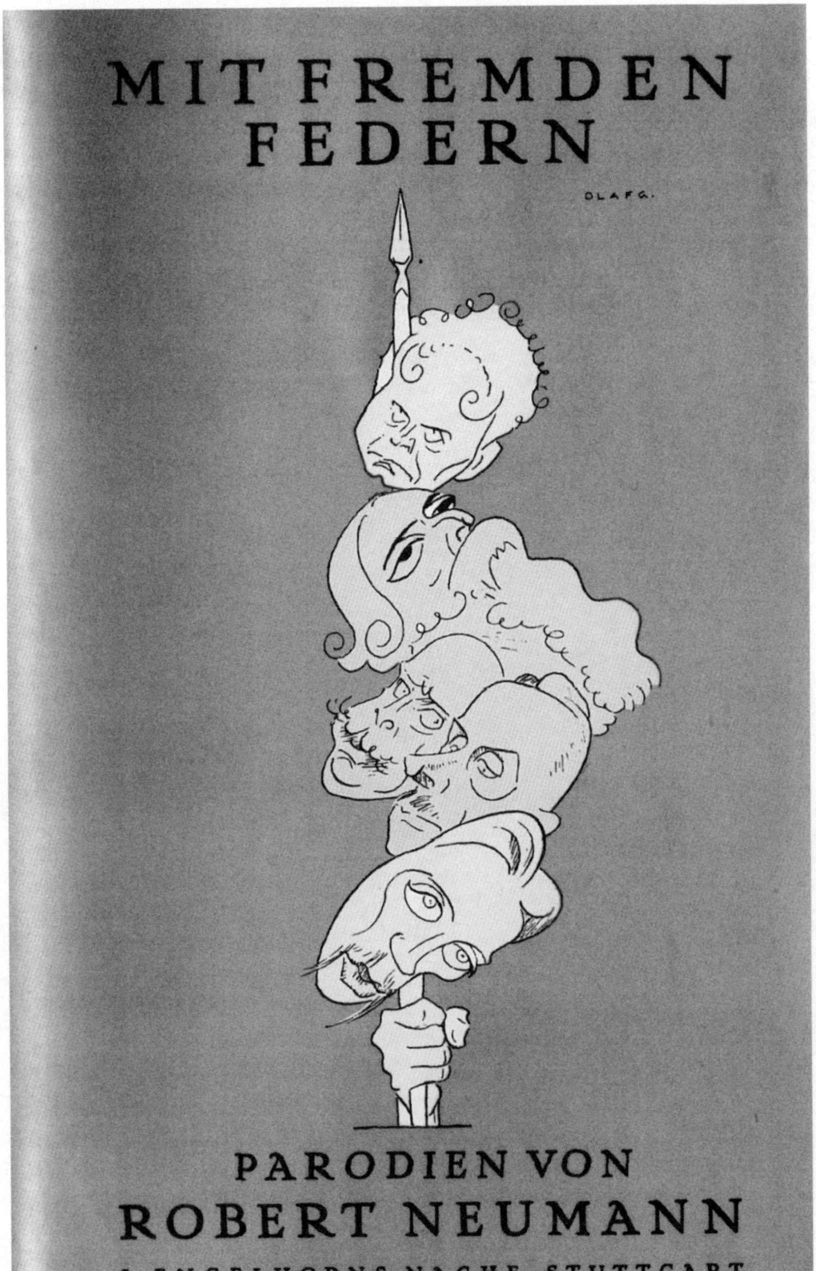

Umschlag von Robert Neumanns Parodienband „Mit fremden Federn" mit einer Zeichnung von Olaf Gulbransson, 1927.

jüdischen' Urhebern. Bartels vertrat das Programm einer spezifisch norddeutschen ‚Heimatkunst'. Im Niederdeutschen zeige sich ein „scharf ausgeprägtes und gesund entwickeltes Volkstum."[254] Danach beinhaltete auch der plattdeutsche Dialekt die Werte des „Völkischen".

Trotz seiner Modernität und Exzentrizität war *Godekes Knecht* also auch von konservativer Seite vereinnahmbar. Nicht nur seine Landsknechtthematik mochten Leser vom Schlage Bartels' begeistern, sondern natürlich auch die Frontstellung gegen alle Bürgerlichkeit und die lustvolle Einschätzung des Kampfes. Vor allem aber wohl die im Nachwort getroffene Feststellung, die Hanse hätte die Tatkraft der Vitalienbrüder zu einer eigenen Kolonialpolitik benützen sollen.[255]

7. Lokalgröße (1925–1934)

7.1. In Fühlung mit den ‚Goethe-Menschen'

Bekanntschaft mit Robert Hohlbaum – Annäherungsversuche der Nationalsozialisten

Anstelle von Adolf Bartels wurden andere - nicht weniger fragwürdige - Persönlichkeiten auf den Preisträger aufmerksam: Eine von ihnen war Börries von Münchhausen, der gerade die Schriftleitung für die literarische Beilage der im Münchner J. F. Lehmanns Verlag erscheinenden Zeitschrift *Volk und Rasse* übernommen hatte: „Die Beilage soll Novellen und Gedichte bringen [...], die das rassisch und volklich Kennzeichnende in Schrifttum, Malerei und Musik behandeln."[256] Und Leip sollte als Mitarbeiter angeworben werden:

> Es ist so gut wie sicher, daß Sie beim Schreiben des „Godeke" Abfall und Späne gehabt haben, aus denen heraus Sie mir irgend eine Erzählung, die gar nichts mit Rasse zu tun haben braucht, schreiben können.[257]

Leip behielt seinen „Abfall" lieber für sich und lehnte die Mitarbeit an dem ihm suspekten Zeitschriftenunternehmen ab.

Gegenüber Avancen von Seiten des österreichischen Schriftstellers Robert Hohlbaum, der mit seinem Roman *Der Weg nach Emmaus* beim Preisausschreiben der *Kölnischen Zeitung* den zweiten Preis (7500 Mark) gewonnen hatte, verhielt sich Leip weniger resistent. Der Unterlegene nutzte die Gelegenheit, mit dem Sieger in Kontakt zu treten, um ihm gänzlich „neidlos" zu gratulieren: „Ich erkenne die Rangordnung, die unsere Preisrichter bestimmten auch innerlich neidlos an und bewundere Ihre kraftvolle quellende Urkraft. Es gehört zu den größten Freuden dieses verklingenden Jahres, daß ich mit Ihnen in nähere Fühlung kam."[258] Der in Wien lebende Hohlbaum war ein Verfechter nationalsozialistischen Gedankenguts und machte sich schon früh für einen ‚Anschluß' Österreichs an Deutschland stark. Er verfaßte historische Romane und rechte Tendenzschriften, in denen er über „das Wirken des deutschen Geistes" und den „deutschen Menschen" im allgemeinen nachdachte. Seine Vorstellung von der „Vollendung des deutschen Menschen im Goethe-Menschen"[259] sah er insbesondere durch die Nationalsozialisten verwirklicht. In einer umfangreichen Korrespondenz, die bis ins ‚Dritte Reich' anhielt, versuchte er, auch Leip von seinen Ideen zu überzeugen. Auf Hohlbaums Anregung hin biederte sich Leip sogar bei der österreichischen NSDAP an und schenkte 1927 seine bis dato veröffentlichten Schriften der Partei-Bücherei in Wien-Leopoldstadt. Der zuständige NSDAP-‚Obmann' bedankte sich und versprach, in seinen Kreisen für Leip zu werben:

> Durch die uns erwiesene Liebenswürdigkeit haben Sie sich, hochverehrter Herr Leip, in den Kreisen eines treuen, werktätigen Ostmarkdeutschtums unvergängliche Verdienste geschaffen, die wir allerzeiten zu würdigen wissen werden. Wir werden alles daran setzen, Ihren weit über die deutschen Grenzpfähle reichenden, wohlklingenden Namen in unserer Mitgliedschaft der allergrößten Verbreitung zuzuführen [...].[260]

Von der Partei ausgehend war ein erster Kontakt hergestellt. Schon bald folgten weitere Versuche der Fühlungnahme. Von der NSDAP-Ortsgruppe Hamburg bekam Leip eine Ehrenkarte für eine Parteiversammlung im Blankeneser Veranstaltungslokal Sagebiel geschenkt, auf der am 16. Februar 1928 Adolf Hitler sprechen sollte: „[...] darum bitten wir Sie, zu uns zu kommen und nicht nur der Rede zu lauschen, sondern auf den inneren Rhythmus der Massen zu achten, die langsam wieder einen neuen Glauben und eine neue Hoffnung finden."[261]

7.2. Jude oder Hakenkreuzler?

Eintreten für jüdische Bekannte

Wie sich Leip gegenüber diesen frühen Versuchen nationalsozialistischer Kontaktaufnahme im einzelnen verhalten hat, ist nicht überliefert. Fest steht aber, daß er ganz genau wußte, welche Gefahr Hitlers Partei für die Freiheit von Kunst, Literatur und Wissenschaft bedeutete. In einem verzweifelten Brief bat ihn sein Verlagskollege Gustav Meyrink, er möge sich für ihn einsetzen, weil er wegen seines bei Grethlein & Co. erschienenen Romans *Der Engel vom westlichen Fenster* Angriffen von ‚Hakenkreuzlern' ausgesetzt sei.

> Das Berliner Tageblatt, die B. Z., der Börsenkurier, das Hamburger Fremdenblatt und viele kleine Zeitungen haben bereits Vorabdrucke von Kapiteln daraus [aus *Der Engel vom westlichen Fenster*] gebracht und mir ihre Hülfe gegen die neuerlichen Angriffe der hiesigen Hakenkreuzler, die aus mir unerfindlichen Gründen eine Hetze gegen mich in Gang setzen, versprochen.
>
> Es wäre mir nun eine große Ehre und Freude, wenn Sie, sehr geehrter Herr, gelegentlich in einem Feuilleton mein Buch besprechen wollten! Ich wäre Ihnen zu grösstem Dank verpflichtet.
>
> Am meisten würde ich mich freuen, wenn Sie - vorausgesetzt, dass Sie meine Bitte erfüllen wollen und können - Ihre Kritik in einem deutschnationalen Blatt erscheinen liessen, denn gerade solche Blätter werden von den Hakenkreuzlern am meisten gegen mich gehetzt.[262]

Leip hat sich wiederholt für Freunde und Kollegen eingesetzt. So auch für den in Hannover lebenden Schriftsteller und Philosophieprofessor Theodor Lessing, der das Opfer einer Hetzkampagne geworden war.[263] Vorgeblicher Grund der Angriffe war eine von ihm verfaßte und 1925 veröffentlichte umstrittene psychologische Studie über den Reichspräsidenten Hindenburg. Hinzu kam Lessings Rolle als Gerichtsberichterstatter in dem Prozeß um den vielfachen Mörder Fritz Haarmann. Ihm wurde vorgeworfen, er habe Hindenburg in seiner Studie beleidigt. Außerdem hätte er im Haarmann-Prozeß für den Mörder Partei ergriffen, indem er gefordert habe, einen Psychologen mit einzubeziehen. Deutsch-nationale Verbindungsstudenten bezogen im Schulterschluß mit der Hannoverschen Universitätsleitung Stellung gegen Lessing. Wochenlang kolportierten Zeitungen die Vorwürfe gegen den jüdischen Professor. Schließlich setzte am 22. Juni

1926 ein Erlaß des Preußischen Ministers für Wissenschaft, Kunst und Volksbildung der Lehrtätigkeit Lessings an der Technischen Hochschule Hannover ein Ende. Entsetzt über die Vorgänge in Hannover schrieb Leip an den Staatsrat und Direktor der staatlichen Pressestelle in Hamburg, Alexander Zinn:

> Könnten Sie nicht Ihre Einflüsse verwenden, so daß der Hannover Prof. Dr. Theodor Lessing einen Ruf an die hiesige Universität erhält? Wir würden damit einen der klügsten Deutschen und Europäer zu uns gesellen, und ich denke, es würde Hamburg zum großen Ruhme gereichen, soviel Aufsehen es auch ⌈anfangs⌉ erregen würde![264]

Wenn es ihm möglich war, half Leip. Dabei war es ihm gleichgültig, ob jemand Jude war. Nicht wenige seiner Freunde und Kollegen waren jüdischer Abstammung. Zum Beispiel Felix Hecht, der als Leips Rechtsanwalt tätig war und ihn auch 1924 bei einer Klage gegen seinen Verleger Max Leichssenring vertreten hatte. Die Beziehung zwischen Jurist und Schriftsteller ging über die rein berufliche Sphäre weit hinaus. Hecht veranstaltete in den Räumen der väterlichen Antiquitätenhandlung in den Colonnaden regelmäßig Ausstellungen und Lesungen junger Hamburger Künstler, an denen sich auch Leip beteiligen durfte. Ab 1925 fungierte Hecht außerdem als Rechtsbeistand der *Hamburger Gruppe*.[265]

Zum Chemiker Oscar Isey hatte Leip ein fast freundschaftliches Verhältnis. Iseys Haus in der Blankeneser Schillerstraße war Treffpunkt von Kunstsammlern und Künstlern und auch Leip war dort häufiger Gast: „Er ist es, der vielen Künstlern ermöglicht hat, etwas zu werden. Auch ich wäre in trüben Jahren einfach verhungert, wenn nicht Dr. Isey mir beigestanden hätte [...]."[266]

Aus der Kommission für die Künstlerfeste war Leip mit dem Bildhauer Paul Hamann befreundet und hatte gute Kontakte zu den Malern Willy Davidson und Kurt Löwengard. Der jungen Schriftstellerin Alice Ekert-Rotholz verschaffte er Publikationsmöglichkeiten in Künstlerfestalmanachen und ebnete ihr über Axel Eggebrecht den Weg zur *Weltbühne*, deren Mitarbeiterin sie wurde.[267]

7.3. „Es ist nicht alles Gold, was blunckt ..."

Kontakte zu Hans Friedrich Blunck

Seine Beziehungen zu später verfemten oder verfolgten Persönlichkeiten des Hamburger Kulturlebens hielten Leip aber nicht davon ab, ebenso die Nähe zu völkisch-konservativen Kulturfunktionären zu suchen, sofern sie ihm für seine Karriere nützlich erschienen. Mit dem späteren Reichsschrifttumskammerpräsidenten Hans Friedrich Blunck, der von 1925 bis 1928 als Syndikus der Hamburger Universität fungierte und der den PEN-Club in Hamburg leitete, verkehrte er sogar regelmäßig.[268] Allerdings gab sich Blunck Mitte der 20er Jahre noch nicht ganz eindeutig als Nationalsozialist zu erkennen, ja, er war in völkisch-konservativen Kreisen sogar umstritten.[269] So stellte Adolf Bartels in seiner Literaturgeschichte klar, daß Blunck „durch sein Eintreten für die Juden die Geltung in völkischen Kreisen verloren"[270] habe. Blunck kannte Leip zwar schon seit den frühen 20er Jahren,[271] doch erst mit der Auszeichnung von *Godekes Knecht* nahm er den Verfasser ernst und lobte dessen Roman als eine „hochkünstlerische Arbeit", die ihn „geradezu erschüttert" hätte.[272]

7.4. Arbeitertänzer und andere Linke

Kontakte zu Axel Eggebrecht und Jean Weidt – Mitglied der SPD

Leip lavierte. Politischen Stellungnahmen ging er wenn möglich aus dem Weg. Er legte sich nicht fest, um es sich mit niemandem zu verderben. Dabei unterhielt er auch zu engagierten Kommunisten und Sozialisten zum Teil freundschaftliche Beziehungen. So zählt Axel Eggebrecht zu den frühen Förderern und Bewunderern Leips. Nach seinem Austritt aus der KPD war der nunmehr ‚parteilose Linke' Mitarbeiter der *Weltbühne* geworden. Für die *Literarische Welt* rezensierte Eggebrecht zahlreiche Bücher Leips. 1926 veröffentlichte er in derselben Zeitschrift einen *Literarischen Streifzug nach Hamburg*.[273] Darin ist ein überschwengliches Porträt von Leip enthalten, der als literarischer Hoffnungsträger Hamburgs vorgestellt wird:

> Hans Leip aber ist einer, der wirklich über seine Kraft hinaus will. Er ist einer der schöpferisch unruhigsten Menschen, die ich kenne. Wie weit dieses produktive Temperament Gestalt werden wird, kann heute niemand sagen: Daß Leip nach seinen ersten Romanen die große Hamburger Hoffnung ist, scheint sicher.[274]

Mit einem anderen KPD-Mitglied, dem Tänzer Jean Weidt (alias Hans Weidt), arbeitete Leip mehrere Male erfolgreich zusammen. Auf zwei von ihm organisierten Künstlerfesten trat der ‚Arbeitertänzer' auf: 1927 auf der *Silbergrünen Dschunke* als Revolutionär in Leips Pantomime *Der Gaukler und das Klingelspiel* und 1928 auf dem *Novemberball,* wo er einen Maskentanz aufführte. Weidt war vom Ausdruckstänzer Sigurd Leeder ausgebildet worden und unterrichtete seit Mitte der 20er Jahre auch selber. Er lebte in einer großen Fabrikhalle, die er ‚Zementklotz' nannte und die ihm gleichermaßen zum Wohnen, Proben und Unterrichten diente. Hier trafen sich der KPD nahestehende Künstler; es fanden politische Diskussionen und Lesungen statt, und Maler stellten ihre Bilder aus. Auch Leip zählte zu den Besuchern. Anläßlich eines Tanzabends von Weidt steuerte Leip Texte für das Programmheft bei. Trotz der Zusammenarbeit entstand zwischen den Künstlern aber keine engere Bindung. Zu gegensätzlich waren ihre Lebenswelten:

> Hans Leip, der später „Lili-Marlen" gedichtet hat, kam und wollte Näheres über meine Arbeit wissen. Er wollte ein Gedicht für ein Programmheft schreiben, was er dann auch tat. Aber ich merkte bald, daß er mir nichts zu sagen hatte. Er war mehr in der bürgerlichen Gesellschaft verankert als in der proletarischen. Ich fand weder zum Menschen noch zu seiner Arbeit eine Beziehung.[275]

Weidts Aussage verdeutlicht Leips emotionale Distanz zur Arbeiterklasse, von deren ‚Ruch' er sich lösen wollte. Wenn er auch gern damit kokettierte, Sohn eines Arbeiters zu sein, so ließ er für sich selber doch keinerlei gesellschaftliche Klassifizierungen zu. Denn er sah sich ja außerhalb der Gesellschaft stehend, wollte sich an ihren Maßstäben nicht messen lassen. Dazu kommt, daß Leips häufig beschriebene ‚Großmannssucht'[276] und seine Vorliebe für einen extravagant-elitären Lebensstil mit kommunistischen Positionen unvereinbar waren. Auch Versuche von Seiten der Sozialdemokraten, Leip an sich zu binden, scheiterten letztlich. Von dem Vorsitzenden der SPD-Fraktion in der Hamburger Bürgerschaft, Hans Podeyn, der gemeinsam mit Leip das Lehrerseminar besucht hatte, wurde der Kontakt zum mittlerweile prominenten Schriftsteller hergestellt. Und Leip zeigte sich zunächst sogar interessiert. Nach langem Hin und Her wurde er dann 1930 Mitglied der SPD – allerdings für nur einen Tag:[277]

> Als ich das Parteilokal in der Wexstraße zu Hamburg aufsuchte, saßen da die Genossen im Dunst dicker Zigarren bei Bier und Kartenspiel. Ich fragte den ersten besten, wie man sich mit den Nazis und den Kommunisten abzufinden gedenke. Er lachte knurrend: Da können wir geruhig warten, bis die sich gegenseitig die Kehle zugedrückt haben. – Mir war nicht wohl in dieser Sorte des Wartens, und ich gab anderntags mein Parteibuch zurück. Merkte allzu bedrängend, wie sehr ich Einsiedler sei und dem eigenen Schlafwandel verhaftet, der mich bislang gnädig an mancher Fährnis hatte hingleiten lassen und mich auf brüchigem Sims noch Halt finden ließ, was mir erst nachher klar wurde.[278]

Leips Unverständnis gegenüber jeglicher Art von Parteipolitik resultierte zum einen aus seinem Bedürfnis nach raschen Ergebnissen, zum anderen aus dem Drang, immer im Mittelpunkt stehen zu müssen. Sich unterzuordnen, nur ein Rädchen innerhalb eines großen Getriebes zu verkörpern, lief seinen Neigungen zuwider. Um seine kulturpolitischen Ideen durchzusetzen, gründete er deshalb lieber kleine ‚Stoßtrupps' Gleichgesinnter, die er selber leiten konnte. Sein Ziel, das Ansehen der Literatur in Hamburg zu fördern, stand ihm dabei immer klar vor Augen. Der Hamburger Literatur sollte auf die Beine geholfen werden, damit er selbst Karriere machen konnte.

7.5. Reisen, Prassen, Heiraten

Reise nach Paris – Heirat mit Gretel Haalck

Die 10.000 Mark aus dem Romanwettbewerb – für damalige Verhältnisse ein kleines Vermögen – waren schnell aufgebraucht. Einen Teil der Summe verlieh er, mit einem anderen bezahlte er offene Schulden. Außerdem unternahm er zusammen mit Gretel Haalck im Januar und Februar 1925 eine mehrwöchige Reise nach Paris.[279] Das Paar stieg in einem teuren Luxushotel ab und verfiel nach Aussagen Leips in einen wahren Konsumrausch.[280] Leip kam aber nicht nur als Vergnü-

Gretel Haalck, Fotografie aus der Zeit um 1923.

gungsreisender, sondern vor allem als Kunstinteressierter nach Paris. Er hatte sich nicht in den Malakademien eingeschrieben und ging auch nicht in den Louvre zum Kopieren, wie es die meisten, von auswärts kommenden jungen Maler seit jeher taten. Statt dessen besuchte er die Galerien und malte in einem der Ateliers an der Rue des Dragons. Die täglich wechselnden Eindrücke der Großstadt hielt er in seinem Skizzenblock fest. Die erhofften Kontakte zu französischen Schriftstellern blieben hingegen aus. Seine Französischkenntnisse waren zu bescheiden, als daß er sich „in ein Musenbistro oder in einen Schriftstellerklub getraut hätte."[281] Einzig den bekannten Treffpunkt der Künstlerboheme, das Café du Dôme, besuchte er. Dort verkehrten ebenfalls Bekannte aus Hamburgs Künstlerkreisen, wie die Maler Paul Hamann oder Kurt Löwengard und der Komponist Hans Heinz Stukkenschmidt. Für einen anderen Gast, den Direktor des Museums für Kunst und Gewerbe Max Sauerlandt, stellte das Café eine herbe Enttäuschung dar:

> Es wimmelt dort schon wieder von deutschen Tageskünstlern. [...] Dann saß da noch der Bildhauer Hamann; aber ich hatte doch von den meisten den Eindruck kleiner Leute, Tagesgrößen im besten Fall. Für all diese Bohémiens ist das Café du Dôme, das aus einem kleinen Winkelcafé sich inzwischen zu einem großen Eckinstitut entwickelt hat [...].[282]

Nach der Rückkehr aus Frankreich wurde der Entschluß gefaßt, zu heiraten. Gretel Haalck mußte sich verpflichten, ihrem Zukünftigen alle Freiheiten zu lassen, „mir mein Atelier weiter zu gönnen, auf kein Modell, keine Freundin eifersüchtig zu sein usw."[283] Die Trauung fand am 2. Mai 1925 in der Wandsbeker Christuskirche statt. Noch im selben Jahr kam die Tochter Lore („Mule") zur Welt und 1928 die Tochter Hilke („Lille"). Seiner geschiedenen ersten Ehefrau Lina schrieb er: „Ich hab mich übrigens aus mancherlei Gründen wieder verheiratet, für wie lange, weiß ich noch nicht genau. An meinen Lebensgewohnheiten, jetzt gerade schon eremitischen Einsamkeit, hat sich nichts geändert. Ich wohne auch nach wie vor allein in der alten Bude."[284]

Auch nach der Heirat behielt Leip sein sehr inniges Verhältnis zur Schwägerin Ilse Haalck bei. Über Jahre wohnte sie als eine Art Hausdame mit der Familie zusammen. Sie liebte und bewunderte ihren Schwager und wünschte sich sogar ein Kind von ihm. Und Leip scheint ihre Gefühle erwidert zu haben: „Ich habe niemals so heftig gewünscht, mich verdoppeln zu können. [...] O mein kleines Isle! Wenn ich Dir doch sagen könnte, wie gern ich Dich habe, so gern, daß es mir sehr recht wäre, wenn - und sogar, wenn es ein Sohn - [...]"[285]

Ein Jahr nach dem Tod ihrer Schwester trat Ilse 1940 deren Nachfolge an und wurde Leips dritte Ehefrau. Die hanseatische Menage á trois gab sogar in vermeintlich aufgeschlossenen Künstlerkreisen Anlaß zu Spekulationen und Klatsch und stärkte Leips Ruf als Frauenheld und Schürzenjäger. Und selbst so ‚unbürgerliche' Existenzen wie die Ehefrau des ‚pansexuellen' ‚Skandalpoeten' Hans Henny Jahnn, die Gymnastiklehrerin Ellinor Philips, zeigten für Leips Verhalten keinerlei Verständnis. Nach dem Austritt aus der von Leip geführten *Hamburger Gruppe* erklärte Jahnn gegenüber Hans Friedrich Blunck: „Meine Frau wird sich freuen, dass ich von der Geschichte mit Leip und seinen zwei Frauen los bin, sie hat sich schon immer darüber empört."[286]

Oben: Von Hans Leip entworfenes Stempelmotiv, 1925.
Unten: Porträt von Hans Much, 1914.

Ein Familienmensch und treusorgender Vater ist Leip nie gewesen. Er war ein egozentrischer ‚Womanizer', der seinen Frauen gegenüber stets kompromißlos war und rücksichtslos seine eigenen Wege verfolgte. Nach der Heirat zog Familie Leip erst einmal in die Haynstraße im vornehmen Stadtteil Eppendorf. Den Weg zu seinem Atelier in der ‚Himmelsecke' konnte Leip von dort aus bequem zu Fuß bewältigen. Als die erste Tochter geboren war, erwies sich die günstige Bleibe sehr schnell als zu eng. Leip fand eine geräumigere Wohnung in Övelgönne. Nicht etwa in seiner ehemaligen Unterkunft im Lotsenhaus, sondern in einer kleinen Villa, auf der Mitte zwischen der Landungsbrücke Neumühlen und dem Schulberg. Da ihm die Wohnung aber keinen geeigneten Arbeitsraum bot, behielt Leip sein Atelier im Haus von Wilkens vorerst bei und wohnte die Woche über auch dort. Seine Familie besuchte er meistens nur an den Wochenenden.

7.6. Schmutz und Schund: Flora fina beim Staatsanwalt

Tagung des „Deutschen Schriftsteller-Verbandes" – Kampf gegen das „Schmutz- und Schundgesetz"

Nach dem Erfolg von *Godekes Knecht* war Leip zur Hamburger Lokalgröße avanciert. Seine Ambitionen, sich auch überregional einen Namen zu machen, bestimmten in den folgenden Jahren sein Leben wie seine Arbeit. Leips Suche nach Kontakten und Verbindungen führte ihn zum traditionsreichen *Deutschen Schriftsteller-Verband* (DSV), in dem so etablierte Autoren wie Herbert Eulenberg, Gustav Frenssen, Julius Hart, Gerhart Hauptmann, Hermann Sudermann oder Ernst von Wolzogen organisiert waren. Der Verein unterhielt ein Büro zur Verwertung literarischer Produkte, außerdem hatte er ein in Rechtsfragen tätiges Syndikat und ein Schiedsgericht eingerichtet. Zwei Schriftstellerheime wurden von ihm betrieben; auf den alljährlich stattfindenden Schriftstellertagungen standen aktuelle Themen zur Debatte. Mit der Gründung des *Schutzverbandes Deutscher Schriftsteller* im Jahre 1910 verlor der DSV an Bedeutung. Er galt als konservativ und überaltert und war für jüngere Autoren wenig attraktiv.

In diesem Defizit sah Leip seine Chance. Kurzerhand reiste er nach Wiesbaden und nahm dort vom 12. bis zum 15. September 1925 an der Tagung des Schriftsteller-Verbandes teil. Leip lernte Gerhart Hauptmann kennen, vor dem er „seit Knabentagen große Ehrfucht"[287] hatte; die Abende verbrachte er mit Joachim Ringelnatz, der im Rahmen seiner Lesetournee gerade in Wiesbaden Station machte.[288] Zentrales Tagungsthema war das geplante Gesetz zur *Bewahrung der Jugend gegen Schund- und Schmutzschriften*, das viele Schriftsteller für ein Zensurgesetz hielten.[289] Am 6. August 1925 war der Gesetzesentwurf in den Reichstag eingebracht worden. In Hamburg organisierte die Witwe Richard Dehmels, Ida Dehmel, Protestveranstaltungen gegen das Gesetz und auch Leip verwahrte sich im *Hamburger Anzeiger* gegen staatliche Eingriffe:

> [...] so kann es doch niemand, der heute im geistigen Schöpferwerk des deutschen Volkes eine ganz einerlei wie wichtige Rolle spielt, gleichgültig sein, wie weit und rasch sich die Gefahr der Bevormundung, der „Zensur", von oben herab verdichten wird. [...] Die bestehenden Prüfstellen für die Reichsschundliste scheinen ihre [...] Tätigkeit [...] auch durchaus auf ernsthafte Literatur ausdehnen zu wollen, sowohl in „moralischer" als in „politischer" Beziehung, letzteres in Anwendung des Paragraphen zum Schutze der Republik.[290]

Leip konnte aus eigener Erfahrung sprechen, denn er war bereits selber mit den Prüfstellen in Konflikt geraten. Eine anstößige Zeichnung zu seiner im *Simplicissimus* erschienenen Erzählung über die Prostituierte *Flora fina* hatte die Staatsanwaltschaft auf den Plan gerufen, so daß der damalige Schriftleiter, Peter Scher, vernommen wurde. Zu einer Gerichtsverhandlung kam es schließlich aber doch nicht, der Vorwurf wurde fallengelassen.[291]

Andere Schriftsteller hatte es härter getroffen. Ihre Bücher wurden verboten, die Verleger mußten sich vor Gericht verantworten.[292] Der *Schutzverband Deutscher Schriftsteller*, dem auch Leip angehörte, gab im August 1925 eine *Protest-Erklärung an den Reichsjustizminister und den Oberreichsanwalt zu den gerichtlichen Verfolgungen deutscher Schriftsteller* ab, die in der Verbandszeitschrift veröffentlicht wurde.[293] An gleicher Stelle erschien unter dem Titel *Einkreisung des Schriftstellers* im September 1925 eine zusammenfassende Darstellung der Beschlagnahmung literarischer Werke.[294] Auch die Hamburger Tagespresse widmete sich dem Thema ausführlich. Leidenschaftliche Bekenntnisse für und wider das Gesetz wurden veröffentlicht. Die stark emotional geführte Debatte schürte die Ängste der Künstler und Intellektuellen und machte eine objektive Einschätzung des tatsächlichen Gefahrenpotentials kaum mehr möglich. Aus dem Gefühl der Bedrängnis heraus rückten die Schriftsteller zusammen; viele versuchten, sich gemeinschaftlich gegen vermeintliche staatliche Bevormundung und Justizwillkür zu wehren.

7.7. Kulturpolitik von unten: Die Besten ins Kröpfchen

Gründung der „Hamburger Gruppe" – ‚hansischer Geist' – „Seils inne Nacht"

In Wiesbaden wurde Leip neben Herbert Eulenberg als Vertreter des ‚Freien Schrifttums' in den Gesamtvorstand des DSV gewählt. Zurück in Hamburg ließ er von seinem Schwager Hans Haalck eine Pressemitteilung von seiner Wahl verbreiten und begann mit den Vorbereitungen, eine Hamburger Gruppe des *Deutschen Schriftsteller-Verbandes* zu konstituieren.[295] Auf einem Treffen der Hamburger PEN-Club-Mitglieder im Hause Hans Friedrich Bluncks stellte Leip seine Idee vor. Besonderes Interesse an einer Zusammenarbeit zeigte der Medizinprofessor und Autor Hans Much, der als Tuberkuloseforscher eine internationale Berühmtheit war. Neben seiner Arbeit als Direktor des Serologischen Instituts am Eppendorfer Krankenhaus setzte sich Much besonders engagiert für die norddeutsche Heimatschutzbewegung ein. Er war Herausgeber der Schriftenreihe *Hansische Welt* und zugleich Verfasser medizinischer wie buddhistischer Bücher. Gemeinsam mit Leip trieb er das Projekt *Hamburger Gruppe* voran. Much verlangte nach öffentlicher Aufmerksamkeit. Er stand in dem Ruf eitel und ehrgeizig zu sein, aber auch genial. Jedoch verbarg sich hinter der Maske des erfolgreichen Wissenschaftlers eine höchst labile Persönlichkeit. Und es war kein Geheimnis, daß der ‚schöne Hans', wie er im Bekanntenkreis genannt wurde, schon seit geraumer Zeit ein Morphinist war.

Um ihre Vorstellungen einer Autorenvereinigung zu verwirklichen, die das „erlesene ausgesiebte Hamburger Schrifttum"[296] repräsentieren sollte, formulierten Much und Leip im November 1925 die „Richtlinien" der zu gründenden *Hamburger Gruppe*. Den Vorsitz sollten Much als erster (wegen seines Professorentitels!) und Leip als zweiter Vorsitzender bilden. Mit der geschäftlichen Leitung wurde Hans Haalck betraut, als juristischer Berater fungierte Leips Rechtsanwalt Felix Hecht. Der Klub sollte der „Zusammenfassung der hervorragenden, künstlerisch-schöpferischen, namentlich dichterischen Begabungen Gross-Hamburgs" dienen.[297] Die hochgesteckten Ziele lauteten im einzelnen:

> Gegenseitige Förderung aller Art. Kampf gegen Nichtbeachtung und Verkennung. Steigerung des schriftstellerischen und schöpferischen Ansehens überhaupt. Stiftungen aus Staats- und Privathand. Schaffung eines eigenen Stipendienfonds. Leseabende in der Gesellschaft und der Öffentlichkeit. Anteil und Vertretung bei allen wichtigen Anlässen des öffentlichen Lebens. Eigenes Klubhaus mit Bücherei und Vortragssaal sowie Bühne.[298]

Bei aller Betonung auf das spezifisch Hamburgische sollte das Programm der *Hamburger Gruppe* aber keinesfalls heimattümelnd oder gar völkisch erscheinen. Man war ja aufgeschlossen: „Heimatkultur zum Weltbürgertum zu weiten", darin bestand das erklärte Ziel der Neugründung.[299]

Die Idee des Klubs war zwar auch politisch motiviert und stand in engem Zusammenhang mit dem geplanten *Schmutz- und Schundgesetz*, vor allem aber entsprang sie dem Bedürfnis nach einer Repräsentanz des jungen literarischen Hamburg, von der man sich ein verstärktes überregionales Ansehen versprach. Die Konzentration der Moderne in Berlin hatte bei vielen Künstlern Gefühle der Minderwertigkeit und des Neides erzeugt, andererseits aber auch zu einer Rückbesinnung auf hamburgspezifische Kunst geführt. Für die Literatur galt in diesem Zusammenhang das Niederdeutsche als stärkster Hoffnungsträger. In Hamburg propagierten besonders Much und Blunck die Wiederbelebung der niederdeutschen Sprache und beschworen in ihren Schriften ‚norddeutsche Wurzeln' und ‚hansischen Geist'.

Mit *Seils inne Nacht* entsann sich auch Leip seiner ‚nordischen Wurzeln' und betrat damit – wenn auch nur für kurze Zeit – niederdeutsches Terrain. Die ‚historische Komödie' wurde am 13. Oktober 1926 unter der Regie von Bruno Wolberts im Wandsbeker Stadttheater von der Niederdeutschen Bühne uraufgeführt und knüpft thematisch an *Godekes Knecht* an. Der Hamburger Literarturwissenschaftler und Experte für niederdeutsche Sprache und Literatur, Alexander

Strempel, behauptete sogar, Leip habe einige Formulierungen aus seinem Roman unverändert übernommen.[300] Im Mittelpunkt steht Seeräuber Störtebeker, der auf der Flucht vor der Hanse zahlreiche gefährlich-romantische Abenteuer zu bestehen hat. Leips dramatisches Debüt fiel durch. Strempel bezeichnete das Stück als ein „Possenspiel"[301] und bescheinigte dem Verfasser ein Mißlingen auf der ganzen Linie: „Der große Wurf einer historischen Komödie ist Leip nicht gelungen, nicht einmal eine rechte Pingsthöög war es."[302] Nicht einmal als „Pingsthöög", als ein Pfingstspaß also, sei das Stück genießbar gewesen.

7.8. Offene Staatshände

Aktionen der „Hamburger Gruppe"

Anläßlich der ‚Hamburger Buch- und Schriftstellerwoche' im Oktober 1925 hatte Leip den kämpferischen Aufsatz *Die offene Staatshand* veröffentlicht. Darin forderte er staatliche Unterstützung für notleidende Hamburger Schriftsteller. Als Beispiele führte Leip seine ehemaligen Kollegen von der *Neuen Hamburger Zeitung*, Ludwig Beil und Carl Albert Lange an. Aus einer extremen wirtschaftlichen Not heraus hätten Hamburger Schriftsteller begonnen, „starke zunftartige Fähigkeiten zu entwickeln."[303] Den Artikel schickte Leip an das Hamburger Rathaus, zu Händen Alexander Zinns, der vor Antritt seines Amtes als Leiter der Staatlichen Pressestelle selber als freier Autor tätig gewesen war. Zinn stand im Ruf, sich besonders engagiert für die Vermittlung zwischen Schriftstellern und Staat einzusetzen. Er gehörte der im Juni 1925 eingesetzten *Senatskommission für die Kunstpflege* an, die auf „Förderung des heimischen Kunstlebens"[304] abzielte und sich aus dem Bürgermeister, zwei Senatoren, dem Präsidenten der Bürgerschaft, den Direktoren der Kunsthalle und des Museums für Kunst und Gewerbe sowie dem Oberbaudirektor zusammensetzte. Leip schrieb an Zinn, er wolle mit seiner *Hamburger Gruppe* dahin wirken, daß „dem gesamten hiesigen Schrifttum einmal ordentlich von Staats wegen die Daseinsberechtigung" bestätigt werde.[305] Der Beamte initiierte daraufhin ein Treffen zwischen dem Bürgerschaftspräsidenten Rudolf Ross und einigen namhaften Hamburger Autoren, um über die Möglichkeiten staatlicher Förderung zu sprechen. Zum Termin im Rathaus erschienen im November 1925 Hans Leip und Hans Friedrich Blunck, außerdem der niederdeutsche Schriftsteller Ludwig Hinrichsen sowie der damals sehr erfolgreiche Dramatiker Robert Walter. Wie Blunck in seinem Tagebuch festhielt, einigte man sich darauf, daß zusätzlich zu einer finanziellen Unterstützung „die besseren Namen ja auch Reisestipendien bekommen könnten."[306] Im Namen der *Hamburger Gruppe* erstellte Leip eine Liste möglicher Kandidaten. In Absprache mit Blunck, Hinrichsen und Walter schlug er insgesamt acht Schriftsteller plus die „Anreger der Förderung" für die Unterstützung durch Reise- beziehungsweise Monatsstipendien in Höhe von jeweils 3000 Mark aus den Mitteln der Kunstpflegekommission vor. Dabei seien ausschließlich „Leistung, Zukunft, kultureller Wert für Hamburg und Bedürftigkeit" als wichtigste Auswahlkriterien herangezogen worden.[307] Bei den vorgeschlagenen ‚Bedürftigen' handelte es sich um Ludwig Beil, Robert Garbe, Hermann Krieger, Carl Albert Lange, Harry Reuß-Löwenstein, Paul Schurek und Adolph Wittmaack. Sämtliche Stipendien wurden gewährt, doch blieben sie mit jeweils 1000 Mark weit unter der geforderten Summe. Leip bekam ebenso wie Blunck, Hinrichsen und Walter ein Reisestipendium zugesagt. Er hatte Glück gehabt. Seine Reise, die ihn 1926 nach Amerika führte, war zunächst eigentlich Hans Much zugedacht gewesen. Weil die Kunstpflegekommission aber herausgefunden hatte, daß der Mediziner mit seiner feudalen Alstervilla und Einkünften aus von ihm entwickelten Medikamenten alles andere als bedürftig war, wurde an seiner Stelle Leip das Reisestipendium zugewiesen.[308]

Nach diesen ersten Erfolgen der Hamburger Außenstelle des *Deutschen Schriftsteller-Verbandes*, die von jetzt an nur noch kurz und einprägsam *Hamburger Gruppe* hieß, strebte Leip nach Erweiterung. Im Dezember 1925 organisierte er eine konstituierende Sitzung, auf der die Aufnahme neuer Mitglieder beschlossen wurde. Zu den vier Gründern stießen zunächst sieben ‚Neuzugänge': Ludwig Beil, Hans Friedrich Blunck, Hans von Eckardt, Rudolf Klutmann, Carl Albert Lange, Paul Schurek und Adolph Wittmaack.

„Unter Hamburger Literatur kann man sich nichts Rechtes vorstellen", stellte Axel Eggebrecht 1926 fest.[309] Eben diesem gesichtslosen Eindruck wollte Leip entgegenwirken. Anders als die Künstler der *Hamburgischen Sezession* orientierte sich die *Hamburger Gruppe* nach außen. Und anders als die Schriftstellerzirkel und -klubs des bürgerlichen Realismus, des Naturalismus oder Expressionismus verfolgte sie auch kein einheitliches künstlerisches Programm. Selbst in Textsorte, Ort und Zeit der Handlung übereinstimmende literarische Produkte, wie die im damaligen Hamburg spielenden Romane *Martin* von Ludwig Beil, *Volkswende* von Hans Friedrich Blunck, *Der Pfuhl* von Leip, *De rode Heben* von Paul Schurek und *Konsul Möllers Erben* von Adolph Wittmaack, zeigen ein stark divergierendes Kunstwollen der einzelnen Mitglieder. Höchst unterschiedliche persönliche und politische Prägungen traten hinzu. Die rein pragmatische Ausrichtung dieser literarischen ‚Notgemeinschaft' mußte einer wirklich fruchtbaren Zusammenarbeit aber zuwider laufen. Trotzdem konnte die *Hamburger Gruppe* bis 1931 bestehen, wenn auch in wechselnder personeller Zusammensetzung.

7.9. Quellfluß oder trübe Pfütze?

Personalveränderungen in der „Hamburger Gruppe" –
Kritik – Hilfsaktion für Hermann Krieger

Aus Protest gegen die Vereinsstatuten und wegen „diktatorische[r] Allüren"[310] des Vorstandes traten im Januar 1927 Hans von Eckardt, Hecht, Lange, Schurek und Wittmaack aus. In einem Brief an Leip begründete Lange seinen Entschluß und wirft ein bezeichnendes Licht auf die Defizite innerhalb der Gruppe:

> Lieber Hans, wenn Du und Haalck es nötig habt, Much wegen seiner gesellschaftlichen Beziehungen, wegen „der besten Kreise", wie er sich ausdrückt, für Eure Zwecke auszunutzen, und wenn er wiederum diese Bemühungen ohne Euch nicht intensiv genug pflegen kann, [...] dann soll Euch der Teufel holen! [...] Mir persönlich tut es wahnsinnig leid, daß Du aus den eisigklaren Quellgewässern HWF's [Hans W. Fischers] in trübere Kanäle abgeschwommen bist, Du, der Du es bei Deinem Namen und Deinem unerhörten Können von uns Jüngeren am allerwenigsten nötig hättest.[311]

Langes Hauptkritikpunkt war die Tatsache, daß die Gründung der *Hamburger Gruppe* nicht nur künstlerisch, sondern auch gesellschaftlich motiviert sei, außerdem bemängelte er die Unfähigkeit zu offener Aussprache unter den Mitgliedern:

> So kommt denn das Schändliche zustande, daß Kritik unter Freunden, wie sie bei Liliencron und Dehmel noch so herrlich im Schwange war, heute schlechterdings undenkbar ist. Denn es geht nicht mehr um die Kunst, sondern um das bißchen gesellschaftlichen Dreck.[312]

Aber es konnten auch neue Mitglieder gewonnen werden. Trotz seiner Vorbehalte gegen Leip stieß 1927 Hans Henny Jahnn zur *Hamburger Gruppe*. Bereits 1926 war von Much der Architekt und ‚Hobby-Schriftsteller' Fritz Höger rekrutiert worden. Sowohl der Eintritt des Kleist-Preisträgers Jahnn als auch Högers, der als Erbauer des Chilehauses bekannt geworden war, förderte die Entwicklung der *Hamburger Gruppe* hin zu einer Elite-Vereinigung. Diese Tendenz entsprach haargenau der Satzung derzufolge die Gruppe ja die „Auslese der begabtesten Hamburger Schriftsteller" darstellen sollte.[313]

Leip investierte viel Zeit und Arbeit in den Ausbau seiner *Gruppe*. Auf monatlich stattfindenden Sitzungen, die entweder bei den Vorsitzenden zu Hause oder im Curiohaus abgehalten wurden, besprach man Projekte und erörterte, auf welche Weise man zu überregionalem Ansehen gelangen könne. Dabei kamen die meisten Aktionen über die Planungsphase nicht hinaus. Interne Streitigkeiten erschwerten eine effektive Gruppenarbeit. Die durchweg hohe Selbsteinschätzung der einzelnen Mitglieder kollidierte mit deren Unvermögen, die angestrebte geistige Führerschaft auch nur annähernd auszuüben. Zu den Fehlentwicklungen gehörte die kontinuierlich wachsende Dominanz von Leip, die dazu führte, daß Much die Gruppe schließlich verließ und Leip den Vorsitz übernahm. Gegenüber Jahnn bekannte Much:

> Ich habe Leip stets anerkannt u.[nd] bin ihm mit offenen Armen entgegengekommen. Aber die hier in Hamburger Literatenkreisen vertretene Anschauung der Gruppe als des Kreises um Leip ist keine einzelne, sondern eine allgemeine. Sie hat also bestimmte Gründe! – Ich will gern mit H. Leip Hand in Hand gehen. Aber eine Nummer im Kreise um Leip – nein, nie u.[nd] nimmer.[314]

Weiterhin beklagte Much den „völligen Mangel jeglicher gegenseitiger Schätzung."[315] Zu Problemen führten außerdem die völlig unterschiedlichen Erwartungen der Gruppenmitglieder, von denen einige in erster Linie weniger an Erfolgen der Gruppe interessiert waren, sondern nur an der Durchsetzung ihrer eigenen Interessen. Sie erhofften sich gesellschaftliche Kontakte, grenzüberschreitende Geschäftsbeziehungen oder vermeintlich einkommenssichernde akademische Titel. Auch Leip sehnte sich noch immer nach einem Doktortitel. Als Much, der 1927 den Titel eines türkischen Ehrenprofessors erhalten hatte, auf einer Gruppensitzung damit prahlte, daß er den Mitgliedern jederzeit ähnliche Titel verschaffen könne, zeigten insbesondere Beil, Jahnn und Leip großes Interesse. Blunck, selber promovierter Jurist, notierte in sein Tagebuch:

> Much betonte, daß es eine Kleinigkeit für ihn sei, den Mitgliedern der Hamburger Gruppe Titel und Ehrenzeichen zu verschaffen [...]. Das Überraschende war, außer mir und ihm selbst (die er wegen der schon vorhandenen Titel ausschloß), horchten Leip, Jahn [sic!] und der fürchterliche Bohemien Ludwig Beil, dessen einziger Vorzug sein gutes Herz ist, dankbar auf. Jahn [sic!] und Leip betonten, wie sehr ihnen daran läge und daß ihnen wegen Mangels eines Titels manch gute Möglichkeit entgangen sei.[316]

Leip bedrängte Much regelrecht, er möge ihm den ‚Ehren-Doktor' verschaffen. Wenn schon nicht für sein literarisches Werk, dann wenigstens für die künstlerische Leitung und Gestaltung der Künstlerfeste, so Leips Idee. Doch Much mußte ihn enttäuschen: „Sie scheinen nicht zu ahnen, wie schwierig ein Ehrentitel ist. [...] Wegen einer vergänglichen Festausschmückung ein Dr. h. c.? Die Leute würden sich schief lachen, wenn man dahinter käme."[317]

Trotz der internen Schwierigkeiten konnte die *Hamburger Gruppe* einige greifbare Erfolge verbuchen. So gelang es zum Beispiel, den einkommensschwachen Schriftsteller und ehemaligen Mitarbeiter der *Neuen Hamburger Zeitung*, Hermann Krieger, zu unterstützen. Obschon regional nicht unbekannt, war es dem Verfasser von Kinderbüchern, Romanen und politisch-philosophischen Schriften nie gelungen, eine breitere Leserschaft zu erreichen.[318] Aufgrund seines schlechten Gesundheitszustandes war Krieger gezwungen, Sanatoriumsaufenthalte zu finanzieren, so daß er journalistische Aufträge nur noch selten annehmen konnte. Seine wirtschaftliche Lage war miserabel. Auf Initiative Carl Albert Langes setzte sich die *Hamburger Gruppe* bei der *Senatskommission für die Kunstpflege* für Krieger ein und konnte ihm 1927 eine ‚Ehrengabe' in Höhe von 1000 Mark aus dem Überschuß ihres ersten Künstlerfestes überreichen.[319] Darüber hinaus forderte sie für den Schriftsteller ein staatliches ‚Ehrengehalt'. 1931 wurde es auf Beschluß des Hamburger Senats bewilligt.[320]

7.10. Li-Shan-Pe versus Tschiang Kai-schek

Künstlerfest „Die silbergrüne Dschunke"

Bekannt wurde die *Hamburger Gruppe* aber weniger aufgrund ihrer Wohltätigkeit, als wegen aufwendig inszenierter Künstler- und Gesellschaftsfeste, die auf Leips Initiative hin von 1927 bis 1931 alljährlich im Curiohaus ausgerichtet wur-

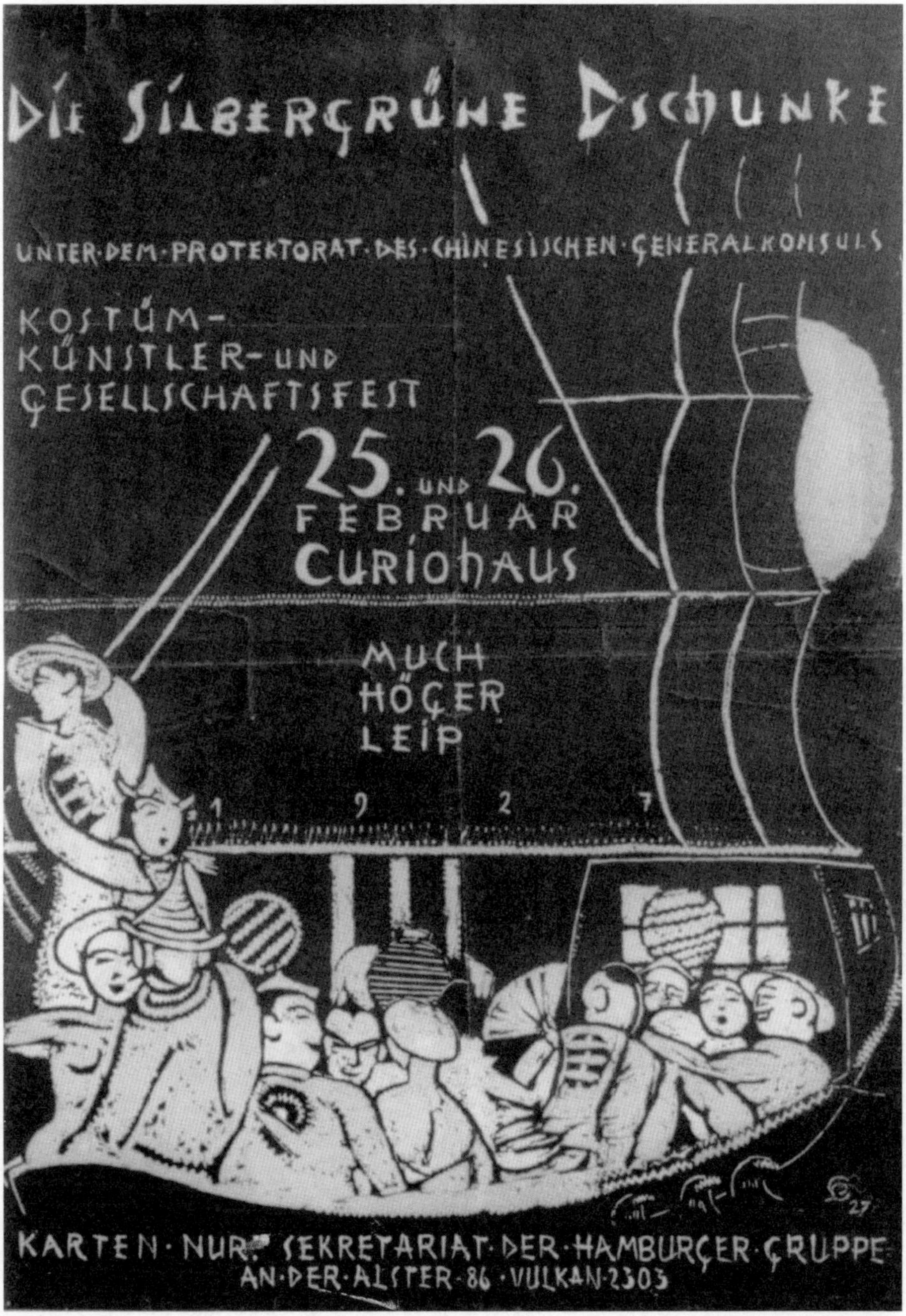

Hans Leip: Künstlerfestplakat „Die silbergrüne Dschunke", Linolschnitt, 1927.

Oben: Bühnenbildentwurf von Fritz Höger für „Die silbergrüne Dschunke", 1927.
Unten: Festkomitee der „Silbergrünen Dschunke".V. l.: Hermann Erdlen, Hans Leip, Hans Haalck, Lotte Krause, Hans Much, Fritz Höger, Carl M. H. Wilkens (Hans Leip, 1926).

den. Mit diesen Veranstaltungen trat die *Hamburger Gruppe* in bewußte Konkurrenz zu den traditionellen Künstlerfesten. Dabei zählten für Leip und seine Kompagnons nicht nur das reine Vergnügen. Denn die Feste waren mit ihren attraktiven Darbietungen und aufwendigen Dekorationen auch als eine Art Kontaktbörse konzipiert, auf der Beziehungen zu Hamburgs oberen Gesellschaftskreisen und damit zu potentiellen Mäzenen hergestellt werden sollten.

Das erste Fest, *Die silbergrüne Dschunke*, wurde am 25. und 26. Februar 1927 gefeiert und stand unter dem Protektorat des chinesischen Generalkonsuls. Seiner Themenstellung nach sollte es zum „Bruderblick über den Rand des Europäischen in den großen Morgenaufgang" animieren und der „europäischen Sehnsucht nach Verinnerlichung" entgegenkommen.[321] Natürlich war der Titel aber auch in Hinblick auf eine anspruchsvolle Festdekoration gewählt worden.Unter der Leitung Fritz Högers wurde die Decke des großen Saales mit Draht und Papier unterfangen und gesenkt. Links und rechts der Bühne bauten die Raumdekorateure zwei gigantische rote Säulen mit chinesischen Schriftzeichen auf. Ein anderer Saal war zu einem Teehaus dekoriert und mit zwei nachgebauten Dschunken ausgestattet worden. Ergänzt wurde die aufwendige Dekoration mit Skulpturen, Wandmalereien, Blumen und Teppichen; Räucherstäbchen verbreiteten fernöstliche Wohlgerüche.

Gegen Mitternacht kam die von Leip unter dem Anagramm Li-Shan-Pe verfaßte Tanzpantomime *Der Gaukler und das Klingelspiel* zur Aufführung. Zu der Musik des jungen Hamburger Komponisten Hermann Erdlen hatte die Ballettmeisterin des Hamburger Stadttheaters (der heutigen Staatsoper), Olga Brandt-Knaack, mit Mitgliedern ihres Ensembles eine Tanzchoreographie einstudiert und auf die Bühne gebracht. Hans Weidt verkörperte den revolutionären Gaukler. Es war sein erster Auftritt vor einem größeren Publikum. In dem Stück wiegelt der Gaukler das Volk gegen seinen Kaiser auf und animiert es, den Regierungspalast zu stürmen. Eine attraktive junge Frau mit einem Klingelspiel erscheint. Als der Kaiser mit seiner Leibgarde auftritt, fliehen Volk und Mädchen erschreckt. Der junge Herrscher findet das zurückgebliebene Klingelspiel, versucht darauf zu spielen, erzeugt aber nur schräge Töne. Im Laufe der Pantomime bewegen sich der Kaiser und die junge Frau aufeinander zu und verlieben sich ineinander. Während das Volk auf die Bühne zurückkehrt, um dem Paar beim Tanzen zuzusehen, taucht ebenfalls der Gaukler wieder auf. Ihn begleitet eine ‚Betteldirne', die er dazu anstachelt, dem Mädchen seinen Rang streitig zu machen. Die Bemühungen der Dirne bleiben aber erfolglos. Da zieht der Gaukler sein Schwert und will den Kaiser töten. Im letzten Augenblick ersticht er dann aber nicht ihn, sondern scheinbar sich selbst. Wehklagend umringt das Volk den am Boden Liegenden, der plötzlich aufspringt und zusammen mit der Dirne die Flucht ergreift.

Das Stück kam bei Kritik und Publikum gleichermaßen gut an. Sogar die Berliner Presse war darauf aufmerksam geworden und beurteilte Leips Pantomime als einen eindrucksvollen „Farben- und Formenrausch" und als ein „vollwichtiges Werk für die Bühnen, die es sich zweifellos erobern wird."[322]

Künstlerfest „Die Silbergrüne Dschunke"
Oben links: Hans Leip und Cläre Popp mit einem nicht bekannten Festteilnehmer.
Oben rechts: (v. l.) Hans Much, T. K. Fong, Hans Leip.
Unten: Hans Leip (2. v. l. stehend), Rudolf Klutmann (rechts neben Leip), Hans Much (rechts sitzend), Carl M. H. Wilkens (im Schneidersitz) und der chinesische Generalkonsul T. K. Fong (2. v. r. stehend).

Darsteller der Pantomine „Der Raub der Europa" auf dem Künstlerfest „Mondhaus zu Bimbelim", 1928. V. l.: Ursula Falke, Hans Leip, Albrecht Knust.

Parallelen zu den aktuellen politischen Entwicklungen in China wurden nur nebenbei ausgemacht und als zufällig bewertet: „Aus einer Laune war der Gedanke dieses Festes entsprungen. Ehe wir in China politische Verwicklungen wahrnahmen; und nun ist es fast eine Sympathie-Kundgebung für die Kinder des östlichen Reiches geworden."[323] Nach dem Tod von Sun Yat-sen, dem Führer der chinesischen Nationalpartei Kuomin-tang und Präsidenten der Gegenregierung im Süden Chinas, hatte sich im März 1925 Tschiang Kai-schek als neuer politischer Führer durchgesetzt. Mit seiner Kuomin-tang-Revolutionsarmee begann er 1926 seinen ‚nationalen Feldzug' gegen den Norden Chinas, in dessen Verlauf er Anfang 1927 Shanghai und Nanking einnahm. Tschiang Kai-schek brach sein Bündnis mit der Kommunistischen Partei Chinas und ließ alle Mitglieder, derer er habhaft werden konnte, ermorden. Die Unruhen im ‚Reich der Mitte' hatten auch in Deutschland Schlagzeilen gemacht und Leip zu seiner Pantomime angeregt. In einer Umfrage der *Literarischen Welt* betonte Leip, wie wichtig ihm insbesondere die Tagespresse als Ideengeber sei:

> Seit etwa meinem zehnten Lebensjahre haben Zeitungsnachrichten nicht nachgelassen, meine Phantasie zu verfolgen. Es waren anfangs nur Morde, dann Schiffskatastrophen, dann Feuersbrünste, Mädchen, die auf der Straße niederkamen, später Eisenbahnunfälle, die mich tief in die Träume verfolgten und mich weidlich quälten. Anregungen daraus erfahre ich heute manchmal dankbar. [...] Noch immer geht mir der einfache Nachrichtenteil der Zeitungen über alles. Ich beginne das, was erregt und anregt, auszuschneiden und zu sammeln.[324]

Auch wenn Leip mit seiner Pantomime keine konkrete Stellung zu den Unruhen in China bezog, sondern eher ganz allgemein für Gewaltlosigkeit und die versöhnende Kraft der Kunst und der Liebe plädierte, verweist die Handlung des Stücks eindeutig auf die blutigen Ereignisse um Tschiang Kai-schek. Für diese Annahme spricht ebenfalls eine gegenüber Fritz Höger geäußerte Bemerkung, nach der Leip die Bedeutung des Festes als eine „weltpolitische Angelegenheit"[325] beurteilte, die in der Öffentlichkeit als ein Signal der *Hamburger Gruppe* verstanden würde. *Der Gaukler und das Klingelspiel* erschien als Broschüre im ‚Verlag der Hamburger Gruppe' und wurde auf dem Fest verkauft.

Außerdem gab Leip einen Almanach heraus, in dem literarische und graphische Arbeiten von vorwiegend Hamburger Autoren und Künstlern veröffentlicht sind. Neben Beiträgen sämtlicher Gruppenmitglieder stehen Texte junger Hamburger Autoren wie Hans Harbeck, Edmund Hoehne oder Robert Walter. Der Münchner Schriftsteller Willy Seidel, ein Freund von Leip, ist ebenso vertreten wie der Hannoveraner Philosophieprofessor Theodor Lessing oder die Mitglieder der Berliner Künstlervereinigung *Gruppe 1925*, Alfred Döblin, George Grosz und Arthur Holitscher.[326] Der Entschluß des Herausgebers, Beiträge sowohl linksoppositioneller Künstler, als auch wegen ihrer jüdischen Herkunft angegriffener Schriftsteller mitaufzunehmen, zeigt, daß der Festalmanach nicht nur reine Unterhaltung bieten, sondern auch politische Botschaften transportieren sollte. Der Herausgeber von Hamburgs *Zeitschrift für künstlerische Kultur, Der*

Kreis, Ludwig Benninghoff, lobte den Almanach als ein Dokument von „Geist, Phantasie, Weitherzigkeit" und „Geschmack". Den Beiträgen von Beil, Harbeck, Jahnn, Lange und Max Sauerlandt, die er für besonders gelungen hielt, stünden jedoch zu viele Veröffentlichungen „schriftstellerisch Dilettierender" gegenüber.[327] Ein Blick in die Liste der Mitarbeiternamen unterstreicht Benninghoffs Feststellung. Denn hier finden sich neben Autoren von internationalem Ruf (Hermann Keyserling, Alfred Döblin, Willy Seidel u.a.) eine Reihe Hamburger Lokalmatadoren wie etwa Wilhelm Heinitz, Edmund Hoehne oder Edgar Walsemann, deren Texte das Niveau des Almanchs erheblich schwächen. Benninghoffs Kritik ist aber auch als ein Vorwurf an die *Hamburger Gruppe* zu verstehen, die er als ein „Konglomerat der sich nicht übermäßig taktvoll selbst zur geistigen Führerschaft deklarierenden" empfand.[328] Er beanstandete ihr fast zwanghaftes Bemühen, Teil der hanseatischen ‚High Society' werden zu wollen, was in seinen Augen dem ursprünglichen Anspruch der Gruppe als eine Interessenvertretung für Hamburger Autoren und Künstler entgegenlief.

7.11. Mustergültig!

Mitarbeit am „Kreis"

Mit dem Erscheinen von *Godekes Knecht* stieg Leips Arbeitspensum schlagartig an. Er war Vorsitzender der *Hamburger Gruppe* und Mitglied des PEN-Clubs sowie des *Schutzverbandes Deutscher Schriftsteller*. Inzwischen schrieb er regelmäßig für den *Simplicissimus* und den *Querschnitt*, veröffentlichte seine Texte aber auch in der Zeitschrift der Deutschen Buchgemeinschaft *Die Lesestunde* oder im vornehmen *Blatt der guten Gesellschaft*: *Sport im Bild*. Er verfaßte einen englischsprachigen Hamburg-Beitrag für den Reiseführer *Passing through Germany* und beteiligte sich an verschiedenen Anthologie-Projekten mit Prosa und Lyrik. Vor allem aber veröffentlichte er in vielen der größeren deutschen Tageszeitungen. Über die Einnahmen aus seiner Zeitungsarbeit führte Leip akribisch Buch. Redaktionen, die wiederholt ihr Honorar schuldig geblieben waren (was nicht selten passierte), setzte er auf eine ‚Schwarze Liste' und stellte konsequent jede weitere Mitarbeit ein.[329] So war Leips Einstellung gegenüber der Zeitungsarbeit auch wenig idealistisch: „Man schreibt für die Zeitung, um über das Honorar zu fluchen. Andere Ideen möchte ich nicht durchsetzen, da ich keiner edeldenkenden Vereinigung angehöre."[330]

Anders dachte Leip über eine Zeitschrift, die sich seit Mitte der 20er Jahre zum Sprachrohr der Hamburger Avantgarde entwickelte und zu deren festen Mitarbeiterstab er zählte: die *Zeitschrift für künstlerische Kultur – Der Kreis*. „Mustergültig" nannte er „ihre Beziehung zum schöpferischen Hamburg".[331] Die Monatsschrift erschien ab Dezember 1924 und konnte sofort zahlreiche junge Kräfte Hamburgs an sich binden. Und auch für die Mitglieder der *Hamburger Gruppe* war *Der Kreis* das wichtigste Publikationsorgan. Herausgeber waren Wilhelm

Postulart und Ludwig Benninghoff, wobei Benninghoff der einflußreichere von beiden war. In den frühen 20er Jahren hatte er bei der *Deutschen Bühne* und an deren Zeitschriften mitgearbeitet. Anschließend war er Vorstandsmitglied und Dramaturg der *Hamburger Bühne* geworden, deren Organ *Der Kreis* war. Ähnlich wie Hans W. Fischer in seiner *Tafelrunde* versammelte auch Benninghoff eine Gruppe von Schriftstellern und Künstlern um sich, die sich regelmäßig im Café Kaul in der Bergstraße zusammenfand. Um dazu gehören zu dürfen, verzichtete Leip nicht selten auf sein Honorar.[332] Seine enge Beziehung zu Benninghoff und dessen Zeitschrift dokumentiert sich auch in der Tatsache, daß *Die Nächtezettel der Sinsebal* als erster Band in der Reihe der ‚Kreis-Bücher' im Kreis-Verlag erschien.[333] Die letzte Ausgabe des *Kreis* konnte im Mai 1933 gerade noch ausgeliefert werden. Im gleichen Monat wurde die *Hamburger Bühne* von der SA besetzt und enteignet und der *Kreis* eingestellt. Wilhelm Postulart kam in ‚Schutzhaft', Benninghoff ging nach Berlin und fand Beschäftigung als Lektor beim Theaterverlag Felix Bloch Erben. Der Kontakt zu Leip blieb jedoch weiterhin bestehen.[334] Durch die Vermittlung Benninghoffs konnte das Bühnenmanuskript zu Leips Komödie *Idothea* 1941 bei Felix Bloch Erben erscheinen. Und nur Dank Benninghoffs Engagement (der den Text unter anderem an Gustaf Gründgens schickte)[335] gelang es, Leips Stück schließlich auf die Bühne des Deutschen Theaters in Berlin zu bringen.

7.12. Die Fratze im Nacken

„Tinser"

Trotz seiner vielen Verpflichtungen konnte Leip 1926 einen dritten Roman vorlegen. *Tinser – Roman einer Heimkehr* erschien als Vorabdruck im *Hamburger Fremdenblatt*, als Buch dann wiederum bei Grethlein & Co. In einer Rundfrage der *Literarischen Welt* gab Leip Auskunft über seine neue, veränderte Arbeitsweise: „Meine Entwürfe bestehen gewöhnlich in Kartenzeichnungen. [...] Ich schreibe gewöhnlich eine oder zwei Kladden, dann in die Maschine, dann diktiere ich, dann sehe ich die Reinschrift durch. Ich verbessere solange es irgend geht."[336] Leips erste Bücher hatten nur selten in regelmäßiger Arbeit entstehen können. Zu viele außerliterarische Projekte, vor allem aber sein Lehrerberuf, standen einem geregelten Arbeitstag im Weg. Doch wandelte sich seine literarische Produktionsweise von einem fast ‚rauschhaften' Entstehungsprozeß zu einem immer stärker kontrollierten: „Die Niederschrift des Romans ‚Godekes Knecht' vernichtete mich fast. Ich wich danach nochmals aus. Viele Jahre lang schien es mir ersprießlicher, der Fülle der Möglichkeiten das Nächstliegende zu entnehmen, ohne mich mit tieferem Besinnen zu quälen."[337]

Das „Nächstliegende", das war für Leip in diesem Fall die Schilderung eines Kriegsheimkehrerschicksals. Vielleicht war er durch die Freundschaft mit Carl Albert Lange zu diesem Thema angeregt worden. Lange hatte nach dem Ersten Weltkrieg Jahre in russischer Kriegsgefangenschaft zugebracht.

Hans Leip: Umschlagentwurf zum Roman „Tinser", 1926.

Der Roman spielt in den Jahren nach dem Ersten Weltkrieg: In einer Gruppe deutscher Kriegsgefangener, die als Platinsucher im nördlichen Ural Zwangsarbeit leisten müssen, befindet sich der junge Tinser. Nach einer abenteuerlichen Flucht durch Rußland kehrt er zu seinem Vater zurück, einem Werftbesitzer alten Stils in Hamburg. Anfangs hat Tinser Mühe, sich im Nachkriegseuropa wieder einzuleben. Er beginnt ein Studium und absolviert eine geschäftliche Schulung in London. Während Tinser Karriere macht und an der wirtschaftlichen Neubelebung Deutschlands mitwirkt, wird er von einem obskuren russischen Agenten verfolgt, der ihn immer wieder an seine Gefangenschaft denken läßt. Schließlich gelingt es ihm aber, die schrecklichen Erlebnisse der Vergangenheit, die ihm wie „eine Fratze im Nacken"[338] sitzen, zu überwinden. Am Ende des Buches ist Tinser so gereift, daß er „hart und aufrecht [...] in die Zukunft" blicken kann.[339]

Tinser ist eine durch und durch positive Figur. Waren die Protagonisten Leips früherer Bücher zum Großteil gebrochene Gestalten, ohne wirkliches Ziel und Lebensperspektive, so ist Tinser ein überzeugter Optimist. Er ist ein ‚Macher', er ist die „Inbrunst der Tat".[340] Und er verkörpert den ‚aufrechten' jungen Deutschen, der zwar am Krieg teilgenommen hat, die Erlebnisse wegen seiner Charakterstärke aber schnell überwinden konnte, um beim Aufbau eines ‚neuen Deutschlands' mitzuhelfen. So beurteilt auch Willy Seidel den ‚moralischen Gehalt' des Buches: „die wirtschaftliche Erholung Deutschlands, die einfach erfolgen m u ß, eben weil es Leute wie Tinser gibt, leuchtet hoffnungsreich und befriedigend hervor."[341]

Auch wenn die Handlung manchmal konstruiert, die Effekte kalkuliert wirken, ist es Leip gelungen, eine Spannung zu erzeugen, die bis zur letzten Seite anhält. Dies ist vor allem der im Vergleich zu den Vorgängerromanen wesentlich reduziert-versachlichten Sprache zu verdanken. *Tinser* liest sich stellenweise wie das Drehbuch zu einem Abenteuerfilm. Allerdings gehen die so erzeugten starken Bilder auf Kosten der Figuren, die eher eindimensional gezeichnet sind, psychologische Tiefe vermissen lassen. Assoziationen zum Film bestimmen denn auch die zeitgenössische Kritik: „Man liest den Roman ohne Pause in einem Zuge und hat hinterher das Gefühl, einen Film gesehen zu haben, einen guten Film."[342] Aber auch von „gewollter Kinodramatik" ist die Rede, „die die so gut und sachlich angebahnten Charakterschöpfungen des Anfangs später als Zweckpuppen tanzen läßt [...]."[343]

Tinsers ‚Kinodramatik' kommt nicht von ungefähr: Leip war begeisterter Kinogänger und über alle wichtigen neuen Filmproduktionen aus Deutschland und Hollywood bestens informiert. In *Tinser* hat er seine Kenntnisse über das noch junge Medium erstmals in breiterer Form verarbeitet. So läßt er seinen Protagonisten zum Beispiel den Film *Amerika* (1924) von D. W. Griffith, einem der ‚Urväter Hollywoods', ansehen. Außerdem äußert sich Tinser über Charlie Chaplin und erwähnt den monumentalen *Nibelungen*-Film (zwei Teile, 1924) von Fritz Lang.[344]

Tinser markiert den vorläufigen Abschluß von Leips literarischer Auseinandersetzung mit Zeitgeschichte und weist bereits auf sein zukünftiges Themenfeld hin, das Leip als das ‚allgemein Menschliche' bezeichnete. Tinsers Gedanken spiegeln die Ansichten und Lebensumstände seines Autors. Autobiographische Bezüge werden deutlich:

> Man wirft ihm [Tinser] vor, er hätte nicht einmal eine Überzeugung. [...] Mancherlei Vereine wollen ihn für sich gewinnen, Verbindungen, die das Vaterland von rechts oder links mit Granaten reinfegen möchten. Warum läßt man ihn nicht in Frieden? Die Menschheit hat eines nötig: in ihrem werteschaffenden Arbeitstag den Haß abzutun und einer ordentlichen Gesinnung in bezug auf den Nächsten entgenzureisen! Das geschichtliche Unrecht, das an deutschen Landen verübt sein mag, es wird eines Tages von selber ohne Blut zusammenfallen! Das wäre doch eine natürliche und anständige Überzeugung?[345]

Leip war erklärter Gegner des Versailler Vertrages, der „nicht nur den politischen, sondern auch den geistigen Frieden in Europa" gefährde.[346] Seinen Standpunkt brachte er auch wenig verhüllt in *Tinser* unter, etwa wenn er den Fürsten Eberhard von Anhalt sagen läßt: „Sehen Sie, Tinser, wir haben uns damals durch schlechte Vertreter alles wegnehmen lassen, Besitz und Macht, um des Weltfriedens willen, wie die andern sagten."[347]

Leip äußerte sich in seinen späteren Büchern kaum mehr zu politischen Themen. Als Forum für politisch-ideologische Debatten nutzte er vielmehr Zeitungen oder Vorträge. Nur so konnte er in den 20er Jahren zu einem der beliebtesten deutschen Autoren werden, weil er eben nicht mehr versuchte, ‚Realität' literarisch wiederzugeben. Anstatt Weltwirtschaftskrise und Arbeitslosigkeit zu verarbeiten, konzentrierte er sich auf die Produktion idyllisch-utopischer Miniaturen. Bei Leip konnte der Leser sicher sein, war die Welt noch in Ordnung.

In Leips ‚Autobiographien' findet *Tinser* keine Erwähnung. Offenbar hatte der Verfasser in späteren Jahren Schwierigkeiten, sich mit diesem Werk zu identifizieren. Als Verbindungsglied und Entwicklungsschritt zwischen Leips expressionistischem Frühwerk und seinen späteren Arbeiten muß ihm aber Beachtung geschenkt werden. Leip notiert nicht mehr einfach seine ‚Gesichte' und Visionen, sondern er ersinnt ganz bewußt und kalkuliert eine Handlung. Mit Hilfe von Zeichnungen entwirft und verknüpft er die Handlungsstränge, ja er ‚komponiert' förmlich. Das Übermaß an Bildern und Stimmungen tritt zurück, die Sprache wird versachlicht. Mit *Tinser* machte Leip den Schritt „vom Lyrischen ins Filmische", wie Wilhelm Stapel feststellte.[348] Die Erzählung ist nicht mehr nur „Narcoticum",[349] sondern die Handlung steht im Mittelpunkt.

7.13. Schönschreiben und dichten

„Der Nigger auf Scharhörn"

Zugunsten einer unbeschwerten, ja zeitlosen Lektüre verzichtete Leip immer mehr auf solche Elemente, die auf Kosten der ungetrübten Unterhaltung hätten gehen können. Schon lange Jahre bevor die Restriktionen der Nationalsozialisten engagierten Schriftstellern das Leben und Arbeiten erschwerten oder unmöglich machten, bot der Verfasser des einstigen Skandalromans *Der Pfuhl* schon keinerlei Angriffsfläche mehr. Alfred Andersch rechnet in dem 1947 beim Herlinger Treffen der *Gruppe 47* vorgetragenen Aufsatz *Deutsche Literatur in der Entscheidung* Leip deshalb auch zu den „Kalligraphen", den Schönschreibern also, die sich ab 1933 nicht am „unerbittlichen Realismus" orientierten, sondern an einem „allgemeinverbindlichen klassischen Humanismus".[350] Nur daß Leip eben schon seit Mitte der 20er Jahre einen Stil pflegte, der den Anforderungen der NS-Vorgaben entsprach.

Ein weiterer Schritt in Richtung „Kalligraphie" stellt sein Jugendbuch *Der Nigger auf Scharhörn* dar. Er schrieb es für seine Neffen, also für eine ohnehin weitestgehend ‚unpolitische' Leserschaft. So ergibt sich der Rückzug auf vermeintlich ‚zeitlose Themen' schon aus den Vorgaben von Textsorte und anvisiertem Leserkreis. Die Erzählung erschien zuerst 1927 im Hamburger Enoch-Verlag.

Der Nigger auf Scharhörn zählt zu Leips erfolgreicheren Büchern und wurde bis in die heutige Zeit immer wieder neu aufgelegt. Die Geschichte handelt von dem Konfirmanden Hans aus Hamburg, der auf Scharhörn seine Sommerferien verbringt. Dort schließt er mit dem dunkelhäutigen Schiffsjungen Kubi Freunschaft, der als Schiffbrüchiger auf der Nordseeinsel angelandet ist und dort die Beschaulichkeit der Inselidylle schon durch seine Anwesenheit erheblich aus dem Gleichgewicht bringt. Einfühlsam hat Leip geschildert, wie die Jungen mit der jeweils fremden Verhaltens- und Denkweise des Freundes umzugehen lernen – in einer Gesellschaft, in der ein Schwarzer eine absolut exotische (und auch angsteinflößende) Erscheinung darstellte. Zum Schluß läßt der Autor den Ich-Erzähler Hans rückblickend sagen:

> Wären wir älter gewesen, hätte die Brücke über den Abgrund, der zwischen den Rassen klafft und den Vernunft und Menschenliebe und Weltbürgertum nur langsam zu füllen vermögen, wohl noch weniger haltbar ausgesehen.[351]

Erich Kästner schrieb in der *Neuen Leipziger Zeitung*: „Es gibt nicht viele Bücher für Sechszehnjährige, die Dichtungen genannt werden dürfen; aber Leips Buch gehört zu ihnen."[352] Kästner hat Leips Text als „Dichtung" bezeichnet, weil dort in unterhaltsamer Form eine menschliche Grundproblematik angeschnitten wird. Ähnlich äußerte sich Otfried Preußler über die von Leip illustrierte Neuauflage von 1957: „Es wird manchmal darüber geklagt, wir hätten in Deutschland zu wenig dichterische Jugendbücher, die auch hohen literarischen Ansprüchen genügen. Ich möchte sagen [...]: Hier ist eines!"[353] Preußler wollte den *Nigger auf Scharhörn* nicht als reines Jugendbuch verstanden wissen, denn nur dem erwachsenen Leser sei es möglich, „die sanfte Melancholie zu bemerken und auf sich wirken zu lassen, mit der Leip die Geschichte [...] verklärt."[354]

Nicht nur dem Titel nach erinnert Leips Erzählung an Joseph Conrads Novelle *The Nigger of the Narcissus*, die 1912 in deutscher Übersetzung unter dem Titel *Der Nigger vom Narzissus* erschienen war. Parallellen ergeben sich ebenfalls aus der zugrundeliegenden Problematik, die sowohl bei Conrad als auch bei Leip mittels eines ganz ähnlichen ‚Versuchsaufbaus' verdeutlicht wird. Bei Conrads Seegeschichte geht es um einen schwarzen Matrosen namens Jimmy, der als Besatzungsmitglied auf dem Segler *Narzissus* von Bombay nach London fährt. Als einziger Schwarzer befindet er sich von vornherein in einer Außenseiterposition. Auf sein undurchdringliches, geheimnisvolles Wesen reagiert die Schiffsbesatzung höchst unterschiedlich, aber sie alle geraten in seinen Bann. Schließlich kommt es zu immer stärkeren Spannungen, die beinahe in offene Meuterei münden. Sowohl Conrad als auch Leip haben für ihre Handlung Orte gewählt, die vom Festland völlig abgeschnitten und von nur relativ wenigen Menschen bevölkert sind. In beiden Fällen erfährt das Motiv der Isolierung eine Doppelung: Selbst isoliert, haben sich die Seeleute auf der *Narzissus* und die Bewohner Scharhörns unterlassen, sich mit dem Außenseitertum des Schwarzen auseinanderzusetzen. Aus dieser Situation entwickeln die Autoren ein weiteres Thema: das Entstehen einer gefühlsmäßigen Verwandtschaft, die alle Vorurteile und persönlichen Zweifel außer Kraft setzt.

In Leips Werk taucht diese Thematik immer wieder auf. Mit seinen Texten *Der Nigger auf Scharhörn, Der Raub der Europa* oder *Die Blondjäger* beteiligte er sich außerdem an der in Europa kursierenden ‚Rassen-Debatte'. Aufgrund von Eigenschaften wie Vitalität, Kraft, Ursprünglichkeit und Sinnlichkeit wollte Leip den dunkelhäutigen Völkern ein ethisches wie physisches Ideal zuweisen, das er in Europa verloren gegangen glaubte. Diesen Mißstand kritisierte er wiederholt: „Welch dumme widerliche Bestie ist aus dem Gros der weißen Menschheit geworden."[355] Und auch kriegerische Konflikte beurteilte Leip als ein Produkt europäischer Degeneration: „Es wird ja immer weiter hart auf hart gehen und sich wahrscheinlich ins Entsetzliche steigern, bis Europa und der weiße Mann zu ihrer Neugeburt aus all den Wehen gelangen und ins Licht der Welt."[356] In *Der Nigger auf Scharhörn* beschreibt Leip den schwarzen Schiffsjungen Kubi als „gierig",[357] „abgründig",[358] „tierhaft"[359] und „unheimlich".[360] Leip benutzt verbreitete Klischees, um seinen Protagonisten zu charakterisieren. Er bleibt trotz des Gefühls der Verwandtschaft ein „seltsames, fremdes Bild",[361] irgendwie irreal und mit europäischen Sinnen nicht zu begreifen.

Leip hat sich mit dem *Nigger auf Scharhörn* der von Andersch konstatierten Kalligraphie zwar genähert, sich ihr jedoch nie ganz hingegeben. Die Thematik des Textes, seine literarischen Bezüge als auch die Rezeption durch Preußler und Kästner legen eine differenziertere Wertung nahe. So ist festzustellen, daß sich Leip in stärkerem Maße von einer tendenziösen Literatur gelöst hat, um – jedenfalls zunächst noch – eine mehr unterschwellige, aber dennoch durchaus Werte vermittelnde Literatur zu produzieren. Auch wenn diese im einzelnen ambivalent und keineswegs eindeutig ausfällt.

7.14. Der Hamburger Dom von hinten

Amerika

1926 trat Leip sein vom Hamburger Staat bereitgestelltes Reisestipendium an, das ihn in die USA führte. Er besuchte ein Land, das nach Ende des Ersten Weltkriegs Deutschen gegenüber nicht unbedingt aufgeschlossen war. Viele Amerikaner lehnten weitere Verstrickungen ihres Landes in die Probleme der europäischen Politik ab und forderten die Rückkehr zur früheren isolationistischen Haltung der Vereinigten Staaten. Nach der Wahlniederlage Woodrow Wilsons von 1920 wurden die USA bis 1933 von Präsidenten regiert, die ohne Ausnahme der republikanischen Partei angehörten. Unter ihnen begann der staatlich gesteuerte Kampf gegen den Alkoholismus, der 1924 zur Prohibition führte.

Die Reise nach New York begann mit der Bahnfahrt nach Cuxhaven am 8. Oktober 1926. Dort traf Leip auf Erich Lüth, der, gemeinsam mit anderen Journalisten, im Auftrag des *Hamburger Anzeigers*, den Schauspieler Emil Jannings begleitete. Jannings zählte damals zu den populärsten deutschen Charakterdarstellern, spielte seit 1914 Filmrollen und 1917 erstmals in einer Produktion von Ernst Lubitsch. Der schwergewichtige Mime war ebenfalls auf dem Weg nach Cuxhaven, wo er wie Leip an Bord des Ozean-Liners *Albert Ballin* gehen wollte. Er folgte einem Engagement nach Hollywood. Noch während der Bahnfahrt bekam Leip Kontakt zu Jannings, indem er sich einem Pressetermin anschloß, zu dem der Schauspieler einige Reporter in sein Abteil gebeten hatte.

> Wir gehen alle auf einmal. In einem Sonderwagen, Marke kleiner Saal Sagebiel mit Rotplüsch, sitzt Jannings, blond, fett, vor einem Vogelbauer, umgeben von semitischen Jünglingen, die Berliner Presse und Ufa-Film vorstellen [...]. Frau Jannings ist auch blond. Sie trägt ihren Pelz schon am Vormittag.[362]

In Cuxhaven bestiegen die Passagiere die *Albert Ballin*, das Flaggschiff der HAPAG. Der knapp 200 Meter lange turbinengetriebene Luxusliner war auf der Hamburger Werft von Blohm & Voss gebaut worden und hatte im Juli 1923 seine Jungfernfahrt angetreten. Die *Albert Ballin* war das erste von vier modern ausgestatteten Passagierschiffen, die seit Mitte der 20er Jahre die einflußreiche Stellung der HAPAG im Nordatlantikverkehr wiederbegründen sollten. Laut Passagierliste waren 596 Passagiere an Bord, von denen fast alle bis nach Amerika mitreisten.[363] Zu den 182 Reisenden der 1. Klasse zählten Leip und Jannings.

Leips Aufzeichnungen sowie die wenigen noch vorhandenen Fotos der zehntägigen Schiffsreise zeugen von einer überwiegend kurzweiligen Überfahrt. Leip muß die Begegnung mit dem Leinwand-Star so beeindruckt haben, daß er sie noch Jahrzehnte später in stets leicht veränderten Versionen kolportierte und ausbaute. Leips eigener Überlieferung zufolge wurde er von Jannings stets ‚Hans Castorp' gerufen, „weil er [Jannings] drei Seiten in Thomas Manns ‚Zauberberg' gelesen und darin jemand aus Hamburg so hieß."[364] Außerdem berichtete Leip, daß Jannings ihn „gern als Dolmetscher und Sekretär nach Hollywood" engagiert, er jedoch das Angebot abgelehnt hätte, weil er sich nicht „von der Ebene der Gleichberechtigung und des munteren kollegialen Geplänkels eine Stufe tiefer" begeben wollte.[365] Ob das Verhältnis des berühmten Schauspielers zur literarischen Lokalgröße wirklich gleichberechtigt gewesen ist, muß angezweifelt werden.[366] Fest steht hingegen, daß Leip zeitlebens die Nähe zur ‚Super-Prominenz' suchte: Von New York aus schrieb er zum Beispiel an Gerhart Hauptmann, des-

Oben: Steubenhöft Cuxhaven, undatierte Zeichnung von Hans Leip.
Unten: Die „Albert Ballin" der HAPAG auf hoher See.

Oben: Emil Jannings, seine Frau Gussy Holl, Hans Leip und Vilma von Aknay (v.l.n.r.) auf der „Albert Ballin“. Links: Hans Leip (Mitte rechts), Emil Jannings (unten Mitte) und Kapitän Wiehr (oben links) an Bord der „Albert Ballin“.

sen Roman *Atlantis*[367] er an Bord „mit neuer Begeisterung"[368] gelesen hätte, und bat den Nobelpreisträger, um Gefälligkeitsrezensionen zu *Godekes Knecht* und *Tinser*. Etwa ein Jahr zuvor hatte er Albert Schweitzer nach dessen Orgelkonzert in der Hamburger St. Jakobi-Kirche abgepaßt und ihm *Godekes Knecht* überreicht. Der berühmte Arzt und Organist hätte den preisgekrönten Roman entgegengenommen „als habe man ihm eine Runkelrübe in die Hand gesteckt", gestand Leip selbst ein.[369]

Am 17. Oktober 1926 erreichte die *Albert Ballin* New York. Trotz starken Nebels und Regen bereitete die Presse Jannings einen begeisterten Empfang. Ungleich weniger euphorisch wurde Leip begrüßt.

Und auch Leips erste Eindrücke waren alles andere als überschwenglich. Aus Leips Beschreibung der Freiheitsstatue in seinen 1926 im *Kreis* veröffentlichten *Anmerkungen zu einer Neuyorker Reise* läßt sich ein Amerikabild ableiten, das erstaunlich unverklärt erscheint:

> Jannings [...] reckt sich drohend der Freiheitsstatue entgegen, die, bekleidet wie eine Seminardirektorsgattin auf dem Maskenball „Olympischer Frühling" und zudem wahrscheinlich mäßig gewachsen, jemand etwas stiebitzt zu haben scheint und es nun neckisch und unerreichbar emporhält. Es sieht verdammt aus wie eine Whiskeyflasche.[370]

Jeder tieferen Symbolik beraubt, weist die Statue auf politisch-gesellschaftliche Defizite hin, wie die von Leip so empfundene Prohibition. Hält man gegen die Beschreibung Leips etwa diejenige in Kafkas Roman *Amerika*, erkennt man das Ausmaß der Entglorifizierung. In Kafkas 1912 bis 1914 verfaßtem und 1927 von Max Brod herausgegebenem Text wird bereits bei der Ankunft Karl Roßmanns in Amerika ein sehr ambivalentes Verhältnis zu den Vereinigten Staaten deutlich. Die Zukunft erscheint dem Ankömmling in Gestalt der Freiheitsgöttin ebenso verheißungsvoll wie bedrohlich. Karl erblickt „die schon längst beobachtete Statue [...] wie in einem plötzlich stärker gewordenem Sonnenlicht. Ihr Arm mit dem Schwert" - an Stelle der Fackel - „ragte wie neuerdings empor, und um ihre Gestalt wehten die freien Lüfte."[371] Hier eine Whiskeyflsche, dort ein Schwert. Krasser sind die Unterschiede der beiden Amerikabilder nicht auf den Punkt zu bringen. Dabei resultieren sie nicht allein aus einer generell veränderten Wahrnehmung Amerikas nach dem Erstem Weltkrieg, sondern verdeutlichen vor allem die unterschiedlichen Positionen der Autoren.[372]

Am Pier erwartete Leip ein Bekannter, Willy Schultze, der einst ebenfalls für Hans W. Fischer gearbeitet hatte und nun für den Ullstein-Verlag in New York tätig war. Mit Hilfe von Schultzes Frau Josephine fand Leip ein möbliertes Zimmer zu neun Dollar die Woche in der 74. Straße. Obwohl die Vermieterin aus Hamburg-Barmbek stammte, gab Leip diese Unterkunft sehr bald auf. Eine bereits bezahlte Fahrkarte zu den Niagara-Fällen stornierte er, um vom Erlös ein Zimmer im 18. Stock des komfortablen Commodore-Hotels in der 42. Straße Ecke Lexington Avenue beziehen zu können.[373]

Von hier aus unternahm Leip zahlreiche Exkursionen zu den Sehenswürdigkeiten der Metropole. Er besuchte das ‚Deutsche Viertel', „wo es Alkohol gab",

Zeichnungen von Hans Leip. Oben links: New Jersey. Oben rechts: Broadway und Battery vom Woolworth Building. Unten: Central Park, Squirrels und Pidgeons.

bestieg das Woolworth-Gebäude und unternahm Ausflüge in den Central Park.[374] Von Greenwich Village zeigte sich Leip enttäuscht und bezeichnete das Künstlerviertel als „einen langweiligen Kitsch."[375] In den Shows, Kabaretts und Tanzpalästen, im *Arkadia, Cotton Club, Hippodrome* oder *The Cowboy* zeichnete er Kellnerinnen und Tanzende; in einem anderen Lokal konnte er sogar eine Schlägerei auf seinem Skizzenblock festhalten. In Harlem besuchte er eine „Negerrevue" und wunderte sich, wie zurückhaltend die Darstellerinnen agierten: Die „auf weiß" gepuderten Tänzerinnen „tanzten sehr viel scheuer als ihre zu Paris sich auf einen Gürtel aus Bananen beschränkende Rassegenossin Josephine Baker."[376]

Trotz der kalten Jahreszeit unternahm Leip auch einige Ausflüge in die Umgebung. Er besuchte New Jersey, Staten Island, die Militärinsel Governors Island und fuhr den Hudson hinauf zur Militärakademie West Point.

Seine Reiseeindrücke hielt Leip nicht nur in zahlreichen Zeichnungen und Skizzen fest, sondern auch in einem Tagebuch, das er später in leicht abgeänderter Form im *Kreis* veröffentlichte.[377] Alles was er sah, verglich er mit Hamburg: Die Häuser in Harlem wirkten auf ihn wie die Mietshäuser in Barmbek oder Hammerbrook[378] und die Lichter des Broadway sahen aus wie der Hamburger Dom „von hinten".[379]

Leip war als Vergnügungstourist in New York. Kontakte zu anderen Schriftstellern suchte er nicht. Dagegen wollte er Beziehungen zu Verlegern knüpfen in der Absicht, sie für *Tinser* zu interessieren. Nicht eben bescheiden, traute er es sich als völliger Newcomer durchaus zu, bereits etablierte deutsche Autoren auf dem amerikanischen Markt übertrumpfen zu können:

> So hat man Georg Kaiser, Werfel und Toller als den Ausdruck des neugoethischen Geistes bereitwillig aufgenommen, und man muß nun abwarten, wie es wird, wenn eines Tages etwas Besseres über die Agenturen vor das amerikanische Herz finden wird.[380]

Leips Bemühungen, Amerika mit seinem Werk bekannt zu machen, blieben vorerst erfolglos.[381]

Und auch den Versuch, mit dem PEN-Club in Beziehung zu treten, gab Leip nach kürzester Zeit auf. Von dem Beauftragten des Berliner PEN-Clubs, Werner Mahrholz, hatte er sich die Anschrift des Schriftführers der amerikanischen PEN-Gruppe, Maxwell Alley, geben lassen.[382] Doch entpuppte sich die New Yorker Dependance als „elende Mogelei":[383] „Schließlich findet sich ein kleiner Buchhändler als Vertreter. Er ist höchst verlegen und weiß nichts zu bieten."[384] Das Vorhaben, sich mit Sinclair Lewis zu treffen, der einmal Gast der deutschen PEN-Gruppe gewesen war, verfolgte Leip nach dieser Enttäuschung erst gar nicht weiter.

Fast jeden Abend besuchte Leip die Kinos von Manhattan oder Harlem, in denen er sich vor allem Kriegsfilme ansah. Er besuchte eine Vorstellung von *The four horsemen of the Apocalypse* (*Die vier apokalyptischen Reiter*) von 1921 mit dem jungen Rudolph Valentino in einer der Hauptrollen. Der Film ist die Adaption einer bekannten Novelle von Blasco Ibanez über einen sorglosen lateinamerikanischen Adligen, der im Ersten Weltkrieg für Frankreich kämpfte. Leip beurteilte

Zeichnungen von Hans Leip. Oben: New York, in einem „speak easy". „Boss, there is a fight!".
Unten links: Tanzlokal Zum Cowboy, Greenwich Village, New York.
Unten rechts: New York – Harlem, Kabarett.

den Film als einen typischen Anti-Deutschland-Propagandafilm.[385] Ein anderer Film gefiel ihm besser: *The big Parade*. Der von King Vidor gedrehte und 1925 angelaufene Film wurde zu einem der größten Hits der 20er Jahre überhaupt und gilt noch heute als eines der einflußreichsten Werke in der Filmgeschichte. Durch ihn wurde sein Hauptdarsteller John Gilbert zum Star. Gilbert verkörpert den nichtsnutzigen Sohn eines reichen amerikanischen Geschäftsmannes, der sich während des Ersten Weltkriegs freiwillig zur Army gemeldet hat und als Rekrut nach Frankreich kommt. Was Leip an diesem Film besonders zu schätzen wußte, war die Tatsache, daß hier eben keine plumpe Propaganda gegen Deutschland auf die Leinwand gebracht wurde:

> Er [der Film] hat die unglaublich notwendige Mischung aus Lachen und Ernst. Die Schlachtschrecken sind glänzend dargestellt. Ohne Haß gegen Deutschland. Kriegsgegnerisch. Ich hab im Dunkeln einige Tränen zerdrückt. Die Musik war unerhört gut."[386]

Am 2. November 1926 trat Leip seine Rückreise nach Deutschland an, abermals als Passagier der 1. Klasse. Am 11. November legte das Schiff wieder in Cuxhaven an.

7.15. Von Neupommern nach Neuyork

„Miss Lind und der Matrose"

Literarisch verarbeitete Leip seine Amerikareise vor allem in zwei Büchern: Im Roman *Die Blondjäger* (1929) und in der 1928 erschienenen Erzählung *Miss Lind und der Matrose*.[387] Schon in New York und später auf der langen Rückreise nach Deutschland hatte Leip die Erlebnisse des Matrosen Scharenko mit der geistig verwirrten Miss Lind aufgezeichnet.[388] Die Erzählung beginnt auf dem Dampfer *Radiance* – Leip selber fuhr auf der *Reliance* nach Hamburg zurück –, setzt sich im Chinesenviertel von New York fort und endet in einem kurzen, jäh abbrechenden Liebesidyll mit dem Tod von Miss Lind. Einmal mehr soll ein Höchstmaß von Authentizität dadurch vermittelt werden, daß der Text in Form eines Berichtes abgefaßt ist. In einem Hospital auf ‚Neupommern', einem Teil des heutigen Papua-Neuguinea, notiert der kranke Matrose seine Erinnerungen an seine schicksalhafte Begegnung mit ‚Miss Lind': „Ich will es schreiben, wie alles war; es liegt wie ein Klotz auf meiner Luft. Ich will es aufschreiben, es wird mir leichter."[389] In *Miss Lind* hat sich Leip am strengen, klaren Aufbau des Dramas orientiert; durch die dramatisch zugespitzte Komposition soll der Leser mitgerissen werden. Dabei verstärkt die einfache, schnörkellose Sprache mit der Scharenko sich äußert diese Wirkung noch.

Der *Literarischen Welt* gegenüber gab Leip neben seinen Reiseerlebnissen vor allem weit zurückliegende Berichte aus der Tagespresse als Anreger für sein neuestes Buch an: „Ich las [...] als Junge eine kurze Notiz über einen Seemann, der bestraft wurde, weil er eine Passagierin seines Dampfers entführt hatte.

Olaf Gulbransson: Umschlagzeichnung zu „Miss Lind und der Matrose“, 1928.

Dazu legte sich vor drei Jahren eine Nachricht aus Rabaul über Goldfunde auf Neupommern."[390] Schon vor dem Ersten Weltkrieg hatte eine Hamburgische Südsee-Expedition die Inseln um Papua-Neugiunea bereist und ihre Forschungsergebnisse in einem Film dokumentiert, der im Hamburger Völkerkundemuseum gezeigt wurde.[391] Auch über dieses Ereignis war in der Presse berichtet worden. Dem Hamburger Zeitungsleser war das am anderen Ende der Erde gelegene ‚Neupommern' also keineswegs ganz unbekannt.

Miss Lind und der Matrose erschien zuerst als Vorabdruck im *Simplicissimus*, später auch in Buchform im *Simplicissimus*-Verlag mit einer Umschlagzeichnung von Olaf Gulbransson. Die abenteuerliche Handlung an exotischen Orten sowie die einfache Sprache der Erzählung wecken bei der Lektüre sofort Assoziationen zum Film. Und tatsächlich gab es auch Bestrebungen, den Stoff in dieser Form zu verarbeiten. Für das Projekt hatte sich Joachim Ringelnatz stark gemacht: Er vermittelte das Manuskript an die berühmte Schauspielerin Asta Nielsen, um es mit ihrer Hilfe verfilmen zu lassen. Das Vorhaben zerschlug sich aber.[392]

Anläßlich der Buchpräsentation veranstaltete der *Simplicissimus* im Februar 1928 ein Faschingsfest im Deutschen Theater in München. Das Haus war so dekoriert worden, daß es den Räumlichkeiten an Bord eines Luxusdampfers gleichen sollte; die Gäste hatten sich als Schiffsbesatzung verkleidet. Ehrengast Leip stieß im grobleinenen Takleranzug verspätet erst gegen Mitternacht dazu.[393] Im Anschluß an die Feier fuhr er zusammen mit dem *Simplicissimus*-Zeichner Eduard Thöny für einige Tage zum Skilaufen nach Oberstdorf.[394]

7.16. Hamburg – München – Altona

Kontakte nach München: z. B. zu Willy Seidel, Carl Georg von Maassen, Friedrich Percyval Reck-Malleczewen

Aus seiner Mitarbeit am *Simplicissimus* ergaben sich für Leip vielerlei Verbindungen zu Autoren aus dem Münchner Raum. Neben Eduard Thöny war er mit Peter Scher besonders gut befreundet. Außerhalb des *Simplicissimus*-Kreises führte Leip mit Willy Seidel über Jahre hinweg eine regelmäßige Korrespondenz. Seidel rezensierte Leips Bücher im *Hamburger Fremdenblatt*, im Gegenzug besprach dieser dann die Publikationen seines Kollegen in den *Münchner Neuesten Nachrichten* und druckte dessen Texte in von ihm herausgegebenen Künstlerfestalmanachen.[395] Seidel bewunderte die ‚Kompromißlosigkeit' des Leipschen Werks:

> Deshalb werden Ihre Bücher wahrscheinlich ebensowenig populär wie meine, außer wir lernen zu bonseln. (Da sehn wir uns aber gar nicht nach um, nicht?) Das Sumsen der Tante Bonsels wird auch einmal seine hypnotische Kraft verlieren, und ich halte es mit den genialischen „Schizophrenen" (Der Teufel hole das Wort) - ich meine mit dem Lärm aus der Fülle der Doppelnatur, und keineswegs mit dem ökonomischen Flöten-Puster eines Seelenfriseurs und Salonmasochisten, der Damenschuhe ausmalt, und sich (dies schlechte Bonmot stammt von mir) penicuren läßt.[396]

Über Seidel lernte Leip auch den Herausgeber der ersten kritischen Ausgabe der Werke E.T.A. Hoffmanns, Carl Georg von Maassen, kennen. Der Münchner Büchersammler und Begründer der *Hermetischen Gesellschaft* war wiederum ebenfalls mit Ringelnatz befreundet und beherbergte die beiden Schriftsteller des öfteren.

Über seinen Leipziger Verleger hatte Leip den in Pasing bei München lebenden Friedrich Percyval Reck-Malleczewen kennengelernt. Der aus wohlhabenden Verhältnissen stammende Sohn eines Reichs- und Landtagsabgeordneten war Schriftsteller und Reisender aus Passion, arbeitete aber auch als Literatur- und Theaterkritiker.[397] Gemeinsam mit seinem Freund Hans Reiser plante Reck-Malleczewen die Gründung eines literarischen Kampfbundes. In diesem Zusammenhang wandte er sich 1926 unter anderem an Leip:

> Wir suchen Kameraden, die wie wir, den Mut haben, Outsider zu sein. Wir suchen Kameraden, die wie wir beide, an die Erde dieses Landes und an eine kleine Gemeinde Unsichtbarer und Zukunftsvoller glauben. Wir suchen Kampfgenossen in unserem Hass gegen die Representative [sic!] Literatur unserer Tage, in unserem Hass gegen die, die heute, während um uns die Welt untergeht, „Gesellschaft" spielen.[398]

Leip signalisierte sein Interesse. Daß er dabei eigentlich so gar nicht dem gewünschten Kämpfertypus entsprach, war dem Münchner wohl entgangen. Denn mit seiner *Hamburger Gruppe* und den rauschenden Künstlerfesten betrieb er ja genau das, was Reck-Malleczewen anprangerte: er spielte Gesellschaft. Die Aktion Reck-Reiser führte über fünf Anfragen an potentielle „Kampfgenossen" - darunter an Leo Perutz - nicht hinaus.[399] Es wird wohl auch mehr aus einer Laune heraus gewesen sein, ohne besondere Stoßkraft. Zumindest zeigt Reck-Malleczewens Werben um seinen Verlagskollegen, daß Leip Mitte der 20er Jahre auch überregional in großen Teilen der Schriftstellerschaft noch den Ruf eines Kämpfers und Erneuerers genoß.[400]

7.17. Schwarz und blond

„Die Blondjäger"

Ende der 20er Jahre veröffentlichte Leip zahlreiche Erzählungen. In *Die getreue Windsbraut*, erschienen 1929, sind sie durch eine etwas aufgezwungen wirkende Rahmenhandlung miteinander verbunden. Axel Eggebrecht urteilte differenzierend: „Das ganze ist Stückwerk. Die Teile waren und sind wohlgeraten. Nun muß man sie erst wieder sacht herausschälen, um sie zu genießen."[401]

Im gleichen Jahr erschien Leips einziger Roman in dieser Zeit, *Die Blondjäger*, beim renommierten Propyläen-Verlag in Berlin.[402] Das Buch ist zu Recht vergessen. Zu konstruiert wirken Handlung und Figuren. Trotzdem darf es nicht unerwähnt bleiben, weil Leip später behauptete, es hätte sich unter denjenigen Büchern befunden, die von den Nazis öffentlich verbrannt worden seien.[403] Im Mittelpunkt des Romans steht ein schwarzer amerikanischer Prediger, John Burn, der mit Hilfe blonder Mädchen ein Reich Gottes auf Erden errichten will. Über seine Mutter, die in New York ein Bordell betreibt, wird seine Missionsschule mit blondem weiblichen ‚Nachschub' versorgt. Um in Afrika den Messias zu predigen, sticht Burns mit seinem komfortablen Religionsbetrieb in See. Die Expedition des frommen Schwarzen scheitert aber an der Tücke und Habgier der amerikanischen Großverdiener, die nicht das Evangelium, sondern Waffen exportieren wollen. So wird der Missionar, den seine Gegner aus dem Ku-Klux-Clan-Lager ‚Blondjäger' nennen, ein Opfer gewissenloser Weißer.

Das nationalsozialistische *Hamburger Tageblatt* urteilte wohlwollend über Leips neuen Roman. Daß die Hauptfigur ein Schwarzer ist, konnte nicht moniert werden, weil im Buch kaum Stellung zur Problematik der Schwarzen in den USA bezogen wird und Burn kein unumschränkter Sympathieträger ist: „Leip beschwört dieses Problem der schwarzen Rasse, ohne es selbst vielleicht anders zu nehmen als ein Schiffer, der in Häfen der Welt mit deren Kuriositäten scharmiert."[404] Nur an wenigen Stellen hat Leip das Niveau eines ‚Kuriositätenverkäufers' verlassen, um seine eigene Position anzudeuten. Den einzelnen Kapiteln ist jeweils ein Motto in Form eines kurzen Gedichtes vorangestellt. In einem dieser Dreizeiler geht es ganz allgemein um die Überwindung von Rassenschranken: „Die Farbe tut / Nicht schlecht noch gut: / Blut ist in jedem rot."[405] An anderer Stelle läßt Leip ein Mitglied der Schiffsbesatzung sagen: „Hab mir schon immer gedacht [...], daß die Deutschen zu den Negern gehören."[406] Natürlich hätte dieser Satz ausreichen können, um den Argwohn der Nationalsozialisten hervorzurufen. Doch nicht in diesem Kontext, denn es handelt sich um die Aussage eines ohnehin nicht ernstzunehmenden ‚Halbidioten'. So kann sich Leip in den Augen der Nazis also kaum der ‚literarischen Rassenschande' schuldig gemacht haben. Und tatsächlich ist auch nicht nachzuweisen, daß *Die Blondjäger* zu den verbrannten Büchern gehört haben. Leips Hinweis auf die Bücherverbrennung muß also als eine frei erfundene Behauptung eingestuft werden, mit der er sich nach 1945 als ‚Verfolgter' des NS-Regimes hinstellen wollte.

7.18. Olympisch

Abgeordneter des PEN-Clubs in London – Lessing-Feier der „Hamburger Gruppe"

Seit 1925 war Leip Mitglied des internationalen PEN-Clubs. Bei Besuchen prominenter Mitglieder in Hamburg hatte er Theodor Däubler, Thomas Mann, Walter von Molo und Frank Thieß kennengelernt.[407] Seine guten Verbindungen zu Hans Friedrich Blunck festigten seine Position innerhalb der Hamburger PEN-Gruppe und brachten ihn mit wichtigen literarischen Funktionsträgern zusammen. Als 1930 ein *Hansischer Kreis* des PEN gegründet wurde, zählte Leip zu den Ausschußmitgliedern. Mit der Gründung wollten die Hamburger Mitglieder eine größere Selbständigkeit gegenüber dem Dachverband erreichen. Grundlage war ein Beschluß des PEN-Clubs, sich statt in staatliche, in ‚Kulturgruppen' gliedern

OLDENBURG
DER TANZBÄR
2. April 1924
Das Recht auf den Vater
Uraufführung
Kaiser oder Knock-out

Godekes Knecht
DIE NÄCHTEZETTEL DER SINSEBAL
Miss Lind
UND DER MATROS
TINSER
DER NIGGER AUF SCHARHÖR

Collagen aus dem „Novemberalmanach" mit den Mitgliedern der Hamburger Gruppe, 1928. Von oben links nach unten rechts: Hans Henny Jahnn, Rudolf Klutmann, Hans Much, Fritz Höger, Ludwig Beil, Hans Leip, Hans Friedrich Blunck.

zu wollen. Der Vorstoß der Hamburger PEN-Club-Mitglieder ging als „hansische Extrawurst"[408] durch die Presse und brachte herbe Kritik und eine Rüge von Seiten des Dachverbandes. Trotzdem konnte der über 50 Mitglieder starke *Hansische Kreis* bis 1933 bestehen bleiben.

Am 4. und 5. November 1930 besuchte Leip als Vertreter der deutschen Gruppe eine Tagung des PEN-Clubs in London. Dabei lernte er nicht nur den Sekretär der englischen Gruppe Hermon Ould kennen, sondern während eines ‚Ehrenabends' für den isländischen Schriftsteller Gunnar Gunnarsson auch den ersten Vorsitzenden John Galsworthy sowie die Vereins-Gründerin Amy Dawson-Scott. Während der Versammlung beteiligte sich Leip an einer Diskussion zum Thema *P.E.N. and war*. Aufsehen erregte er mit einem kurzen pazifistischen Redebeitrag, in dem er für „übernationale Verständigung" eintrat und dazu aufrief „über alle politischen Grenzen hinweg einzig die Grenzen der Völkerkulturen" gelten zu lassen.[409]

Obwohl Leip lange Jahre nicht an den Erfolg von *Godekes Knecht* anknüpfen konnte, war es ihm gelungen, seine Position im literarischen Feld Hamburgs erheblich auszubauen. Sein charakteristisches Profil sowie seine guten Kontakte zur Presse sicherten ihm die wohlwollende Aufmerksamkeit der Rezensenten und stärkten auch überregional seinen Ruf, sozusagen für Seefahrt und Meer zuständig zu sein. Als Vorsitzender der *Hamburger Gruppe* brachte Leip seinen Namen auch in außerliterarischen Kreisen zum Klingen.

Einen vielbeachteten Auftritt konnte Leip mit seiner *Hamburger Gruppe* im Januar 1929 anläßlich der sogenannten *Lessing-Feier* der Hamburger Universität verbuchen. Das zehnjährige Bestehen der Universität und Lessings 200. Geburtstag fielen zusammen. Zu diesem Anlaß stiftete die Gruppe der Hochschule eine vom Hamburger Bildhauer Karl Opfermann geschaffene Lessing-Büste. Während des Festaktes im großen Saal der Musikhalle sprach der bekannte Schauspieler Robert Nhil eine von Leip verfaßte *Hymne auf Lessing*. Am Leben dieses Dichters sollte die Problematik Hamburgs als einer kunstfeindlichen Stadt aufgezeigt werden.[410] Die Rezitation wurde mit Orgelmusik des jungen Hamburger Komponisten Siegfried Scheffler unterlegt. Die Presse berichtete ausführlich und lobte ohne Ausnahme die *Hamburger Gruppe* für ihre noble Geste. Der *Hamburger Anzeiger* veröffentlichte sogar den vollständigen Text von Leips *Hymne* und brachte den lebendigsten Bericht, sparte dabei aber nicht an Kritik, besonders gegenüber der als zu dominant empfundenen Musikuntermalung:

> Eine Hymne auf Lessing von Hans Leip leitete den Festakt ein. Robert Nhil sprach sie. Doch verstand man nur wenig davon, da die unbegreiflicherweise hinzugesetzte Schefflersche Orgelmusik das gesprochene Wort völlig erschlug. [...] Dann betrat Prof. Dr. Petsch die Orchesterbühne, auf der, wie im Olymp neben Rektor und Dekanen der Universität auch die Mitglieder der Hamburger Gruppe feierlich in Fräcken Platz genommen hatten. Eine Art Kunstausstellung. Da saßen Fritz Höger, Hans Leip, Hans Much, Hanns Henny Jahnn, Dr. Klutmann u. a. m. Ein hübsches Bild... [...]
>
> Schließlich nahm Prof. Hans Much das Wort für die Hamburger Gruppe. Er betonte, daß er keine Jubiläumsrede halten wollte. „Wir Schaffenden wollen Lessing durch die

Tat ehren." Letzten Endes wurde es aber doch eine lange blütenreiche Rede mit Orgelbegleitung, was natürlich sehr komisch wirkte, da ja, wie eingangs schon gesagt, selbst Nhil nicht gegen die Orgel ankonnte. Wir hörten nur pathetische Brocken. Wurden aber ausgesöhnt durch das überraschend schöne Geschenk, das die Hamburger Gruppe der Universität überreichte: eine Lessing-Büste in Bronze von Karl Opfermann, die künftig in der Universität einen Ehrenplatz einnehmen soll.[411]

Jahnn beschreibt die Feier als reine Selbstinszenierung von Much, bei der den übrigen Gruppenmitgliedern lediglich Statistenrollen zugefallen seien. Nur Leip hätte von der Veranstaltung noch profitiert, weil er für seine *Hymne* 1000 Mark Honorar erhalten habe.[412]

Trotz zahlreicher Veröffentlichungen in Zeitungen und Zeitschriften war Leip gezwungen, jede Möglichkeit wahrzunehmen, um Geld zu verdienen. Seine finanzielle Lage hatte sich – nicht zuletzt aufgrund eines extravaganten, ja zuweilen luxuriösen Lebensstils – seit dem Erfolg von *Godekes Knecht* zunehmend verschlechtert und war inzwischen katastrophal. Im März 1929 gab er Jahnn darüber Auskunft, der die wirtschaftliche Situation Hamburger Schriftsteller untersuchte:

> Auf Deine Anfrage teile ich Dir mit, daß ich mit meinen schriftstellerischen Werken 1927 etwa 1450 M[,] 1928 unter 1000 M verdient habe. Hiervon sind allerdings die gesetzlich gestatteten Abzüge ~~ge~~ schon gemacht. Meine Schulden belaufen sich auf ~~etwa~~ insgesamt etwa 9000 M.[413]

7.19. Von der Alster an die Elbe

Schriftleiter beim „Fernblick" – Umzug nach Blankenese – Zerfall der „Hamburger Gruppe"

Um den Lebensunterhalt für sich und seine Familie bestreiten zu können, nahm Leip 1931 eine Stellung in der Schriftleitung der Wochenschrift *Der Fernblick* an. Diese *Illustrierte Zeitschrift für Haus und Familie* war ein buntes Blättchen ohne literarischen Anspruch. Viele der Mitarbeiter rekrutierte Leip aus seinem unmittelbaren Bekannten- und Verwandtenkreis. So brachte er in seiner Zeitschrift ein *Kasperle-Spiel* von Cläre Popp unter, zu dem er selber die Illustrationen beisteuerte,[414] oder veröffentliche Ratschläge für ein *Kinderfest im Schrebergarten-Verein* von seiner Schwägerin Ilse Haalck.[415] Er selber verfaßte unter Pseudonym einige humorvolle Kurzgeschichten:[416] „Alles in allem jedoch briet nichts Hervorragendes bei solchen Abhängigkeiten heraus. Zu sehr war ich Eigenbrötler und Außenseiter."[417] Nach nur wenigen Wochen beim *Fernblick* schied Leip zum Ende des Jahres wieder aus.

Mit dem Jahreswechsel 1931/32 kam es aber nicht nur in beruflicher Hinsicht zu einschneidenden Veränderungen. Nach zehn Jahren verließ Leip seine ‚Himmelsecke' im Hause Wilkens und mietete sich ein Zimmer in der Nähe seiner Familie in der Flottbeker Chaussee. Im Mai 1932 bezog er mit seiner Frau und seinen beiden Töchtern ein eigenes Haus auf der Süllbergterrasse in Blankenese.

Oben: Hans Leip und seine Frau Gretel im Garten ihres Blankeneser Hauses auf der Süllbergterrasse, 1935.
Links: Emmy Ruben, Porträt von von Karl Kluth, 1942/43.

Gretel Leip hatte das neue Domizil entdeckt und mit Hilfe einiger Bekannter auch finanzieren können.[418] Von Leips Seite kam der bescheidene Beitrag eines Hypothekendarlehens, das er der Hamburger Bankierswitwe und Kunstmäzenatin Emmy Ruben abgerungen hatte. Die wohlhabende Dame war innerhalb Hamburgs Künstlerschaft bekannt und hochgeschätzt. Denn sie betrachtete den Ankauf von Kunst nicht ausschließlich als Statussymbol oder Kapitalanlage und offenbarte großes Einfühlungsvermögen in die Existenzbedingungen der Künstler:

> [...] alles in allem eine der liebenswürdigsten Erscheinungen in der hanseatischen Atmosphäre vor 1933, wo sich ja manche blonde, blauäugige Ehepartnerin vorwagte und zu Kalbsbraten, Mosel und nachfolgender Lesung einlud, ohne sich allerdings weitere Unkosten zu machen, bzw. den Gemahl dazu zu veranlassen.[419]

Leip war von Anfang an begeistert von dem Blankeneser Haus. Seiner Gönnerin schrieb er nach der ersten Besichtigung:

> Sie [Gretel Leip] hat mit Hilfe einiger Bekannter (d. h. im Grunde doch ganz allein) es fertig gebracht, in Blankenese ein Häuschen zu erwerben, so wie ich es mir von Jugend auf geträumt habe, und groß genug, daß ich endlich mit meiner kleinen Familie zusammenwohnen kann. Es ist nicht gerade komfortabel, aber der Blick ist weit und großartig, und man kann im Laufe der Jahre dies und das gestalten. Ich freue mich und bin ganz betrunken bei dem Gedanken.[420]

Blankenese war seit jeher einer der bevorzugten Wohnorte für Hamburgs ‚High Society' aus Politik und Kultur gewesen. Wer sich hier niederlassen konnte, war etabliert. Leip wohnte nun in unmittelbarer Nachbarschaft zu befreundeten Schriftstellerkollegen wie Rudolf Klutmann oder Joseph Hunck. Hans Henny Jahnn lebte seit einiger Zeit im nahegelegenen Hirschparkhaus. Richard Dehmel und Gustav Frenssen hatten sich hier angesiedelt.

Aber nicht nur räumlich war Leip vom Zentrum Hamburgs und den dortigen Aktivitäten abgerückt. Nach heftigen internen Auseinandersetzungen war die *Hamburger Gruppe* 1931 endgültig zerbrochen. Auf Initiative Leips war Fritz Höger 1929 ausgeschlossen worden, weil er mit einer zweideutigen Pressemeldung dem Ansehen der Gruppe geschadet haben sollte.[421] Daraufhin solidarisierten sich die meisten der übrigen Mitglieder mit dem Architekten und traten ebenfalls aus. Leip bemühte sich, zu retten, was noch zu retten war. In Briefen an Jahnn und Blunck versuchte er, ihnen die Idee von einer reformierten Gruppe schmackhaft zu machen. An Jahnn schrieb er:

> Eigentlich solltest Du in der Gruppe bleiben! Denn es beginnt sich nun manches günstiger zu gestalten, nachdem wir so gering und rein geworden sind. Jahnn, Much und Leip wäre kein schlechtes Triumvirat in Hamburg! Selbstverständlich auf der Basis vollkommener Gleichberechtigung![422]

Nur innerhalb einer Gruppe, so Leips Überzeugung, sei es einem Schriftsteller in Hamburg möglich, „ein wenig an der Kandare mitzücken zu dürfen".[423] Leips Hoffnung erfüllte sich nicht. Jahnn war bereits zu sehr in sein Projekt eines

Künstler-Kartells involviert und Blunck wollte nur unter der Bedingung weitermachen, daß eine zukünftige *Hamburger Gruppe* um eine Anzahl Hamburger Autoren „von Bedeutung" erweitert würde.[424]

Für Jahnn resultierte der Zerfall der Gruppe vor allem aus den stark ausgeprägten „diktatorischen Allüren"[425] Leips, denen sich die anderen nicht länger aussetzen wollten: „So nahm eine zukunftsreiche Sache ein sang- und klangloses Ende, dank Vorgängen, wie sie wohl nur unter Deutschen möglich sind; sie nahmen die Methoden des Dritten Reiches voraus", konstatierte Jahnn.[426]

Von 1929 an bestand die *Hamburger Gruppe* nur noch aus Leip und Haalck. Einzig die Künstlerfeste im Curiohaus liefen unter dem inzwischen bekannten und bewährten ‚Markennamen' der Gruppe weiter. Ein letztes fand im Januar 1931 statt. Sein Titel *Die Brücke Tuledu* ging auf ein gleichnamiges Gedicht von Leip zurück.

Gegenüber der *Senatskommission für Kunstpflege* zogen Leip und Haalck Bilanz der Erfolge der *Hamburger Gruppe*.[427] Sie wiesen darauf hin, daß an „etwa fünfzig Hamburger Künstler, Schriftsteller, Musiker und Architekten Beträge abgeführt" worden seien, als Honorare für die Mitarbeit an den Künstlerfesten.[428] Dem hinzuzusetzen sei die Tatsache der Vermittlung von Senatsstipendien an etwa ein Dutzend Schriftsteller.

Die eigentlichen, mehr ideellen Ziele, wurden jedoch nicht erreicht. Ihre wichtigsten Programmpunkte, den „Kampf gegen Nichtbeachtung und Verkennung" Hamburger Schriftsteller und die „Steigerung des schriftstellerischen und schöpferischen Ansehens" konnte die *Hamburger Gruppe* nicht einlösen. Keinerlei bleibende Veränderungen in Hamburgs kultureller und künstlerischer Landschaft ließen sich auf die Aktivitäten der Autorenvereinigung um Leip zurückführen.

Eine andere Beurteilung ergibt sich aber, wenn man die *Hamburger Gruppe* als den Versuch ansieht, Hamburgs Künstlerschaft zusammenzuführen, um deren Interessen gegenüber dem Staat effektiver vertreten zu können. Darin war sie erfolgreich und hatte sogar Vorbildcharakter. Sie setzte fort, was zu Beginn der 20er Jahre so innovativ begonnen hatte und in der Person Hans W. Fischers gebündelt wurde: der Zusammenschluß der kreativen Kräfte Hamburgs, erweitert um ein Regelwerk, das die Zusammenarbeit bestimmen sollte. Das Projekt *Hamburger Gruppe* scheiterte schließlich, doch die Erfahrungen aus ihrem relativ erfolglosen Bestehen flossen unübersehbar in die Gründung einer neuen und bis heute bestehenden Künstlervereinigung ein: der *Freien Akademie der Künste* in Hamburg.[429]

7.20. Journey home

„Die Lady und der Admiral"

Die Zeit in Blankenese begann für Leip mit intensiver schriftstellerischer Arbeit. Endlich konnte er seinen gründlich recherchierten Nelson-Roman *Die Lady und der Admiral* fertigstellen, an dem er schon seit 1929 gearbeitet hatte. Damals hatte

Hans Leip: Plakat zum Künstlerfest „Die Brücke Tuledu", 1931.

Leip in einer Tageszeitung von 1800 eine Anzeige entdeckt, aus der hervorging, Lord Nelson habe auf seiner Reise von Italien nach London in Hamburg einen Diamanten verloren. Leip stellte Nachforschungen über Nelsons Hamburg-Aufenthalt an, die sich schnell zu einem ernsthaften literarischen Projekt über die gesamte Heimreise des Seehelden von August bis November 1800 entwickeln sollten. Insbesondere reizte Leip natürlich die Tatsache, daß Nelson diese Zeit in der Gesellschaft von Lady Emma Hamilton und deren Ehemann Sir William Hamilton verbracht hatte. Denn die für ihre Schönheit berühmte Lady war seit 1799 die Geliebte Nelsons. Hier bot sich ein Romanstoff mit hohem romantischen Potential. Und darüber hinaus glaubte Leip, er hätte eine Lücke in der Forschungsliteratur über Nelson ausfindig gemacht, die es zu schließen gelte: „Die wissenschaftlichen und schöngeistigen Biographen Nelsons, der Hamilton und ihres Mannes haben bislang diese Heimreise ziemlich mit Stillschweigen übergangen", stellt Leip in der Einleitung des Buches fest.[430] Über sein besonderes Interesse an der ‚Journey home' schreibt er: „Abgesehen davon, daß sich nirgends unverblümter die innere Eigenart von Menschen offenbart als auf längeren Reisen, reizte es den Berichterstatter auch betreffs des Hintergrundes an Zeit, Persönlichkeiten, Städten und Landschaft, die Lücke in der Kenntnis jener drei berühmten Engländer auszufüllen."[431] Die umfangreichen Recherchen führten Leip 1929 ins Londoner British Museum, wo er sich vor allem mit dem Nachlaß der irischen Schriftstellerin Melesina Trench befaßte, die während ihres Deutschlandbesuches die Reisegruppe um Nelson in Dresden kennengelernt hatte. In Hamburg traf er sich mit Barbara Petersen, der Schwester des Ersten Bürgermeisters und Nachkommin des Schriftstellers Friedrich Johann Lorenz Meyer, der in seiner Eigenschaft als Hamburger Domherr inoffiziell von den Behörden beauftragt war, sich der Gesellschaft anzunehmen. Sie vermittelte Leip den Kontakt zu ihrem Bruder Carl Petersen, der das Familienarchiv verwaltete, in dem sich Briefe von Lady Hamilton befinden sollten. Darüber hinaus versorgte sie ihn mit Informationen und erzählte Überlieferungen aus der Familiengeschichte.[432] So erschloß sich für Leip nach und nach ein Bild von Nelsons Hamburg-Aufenthalt, gespeist aus belegbaren Quellen und phantastischen Überlieferungen. In welcher Form sollte er das gesammelte Material präsentieren? Es galt, ein Konglomerat von „Mischung aus einwandfreier Quelle, Anekdote, Verknüpfung, Anspielung, Möglichkeit, Glosse und Ergänzung"[433] in eine gut lesbare und trotzdem historisch korrekte Form zu gießen. Eine wissenschaftliche Abhandlung kam nicht in Betracht, denn die „Quellenangaben würden ein Buch für sich füllen."[434] Also arbeitete er einmal mehr mit dem vermeintlich überparteilichen ‚Berichterstatter'. So gibt sich das Buch als ein Tatsachenbericht, eine „Roman-Reportage"[435], obwohl ein Großteil der Handlung eindeutig fiktional ist.[436] *Die Lady und der Admiral* erschien 1933 im Hamburger Traditionsverlag Hoffmann und Campe. Leip, der in diesem Jahr seinen 40. Geburtstag feierte, zeigte sich mit dem Ergebnis jahrelanger Arbeit eher unzufrieden: „die ekstatische Liebesgeschichte und das Seeheldentum", seien ihm „allzu unfaßlich ins Zeitlose" entglitten.[437]

7.21. Keine Rasse, kein Volk

„Kolonie" – Künstlerfest „Krawall im All" – Lübecker Rede „Zukunft des Schriftstellers"

Leip richtete sich in seinem neugewonnenen Familienleben ein: „Ich fühlte mich glücklich, mit meiner kleinen eigenen Familie vereint zu sein."[438] In seinem Arbeitszimmer im obersten Stockwerk des Blankeneser Hauses konnten lange liegengebliebene Arbeiten endlich zu Ende geführt werden. Zum körperlichen Ausgleich übernahm er die Gestaltung und Pflege des mehr als 500 Quadratmeter großen Gartens.

Weihnachten 1932 wurde Leips zweites Theaterstück, das 1930 entstandene Lustspiel *Kolonie* in der Komödie Berlin uraufgeführt. Allerdings war es nicht sehr erfolgreich und verschwand nach nur wenigen Aufführungen vom Spielplan. Es handelt von zwei sehr unterschiedlichen Polizeibeamten: Der eine, ein etwas einfältiger, rein physisch definierter Kraftmensch, der andere, ein Intellektueller, die auf einer 900 Kilomenter vor der südafrikanischen Küste gelegenen Telegraphenstation aufeinandertreffen und Schwierigkeiten haben, sich miteinander zu arrangieren. Leip führte den Mißerfolg seiner Arbeit direkt auf die veränderte politische Situation zurück: „weil eine echte Negerin darin auftrat und sozusagen Rassenschande getrieben wurde. Schon marschierten kleine Gruppen schwarz gekleideter Jugendlicher, willfährige Arbeitslose, sagte man, mit Landsknechtstrommeln umher, in deren dumpfes Gewumse ab und zu ein Schrei gellte: Juda, verrecke!"[439]

Im Juli 1932 hatte die NSDAP ihren bislang größten Wahlerfolg vor der ‚Machtergreifung' verbuchen können. Nicht ganz ein Drittel aller Wahlberechtigten, 13,8 Millionen Deutsche gaben der Partei Adolf Hitlers ihre Stimme, die damit 38 Prozent der Parlamentssitze erhielt.

In Hamburg bewegten sich die Reaktionen der Künstler zwischen völliger Ignoranz und einer Art von spielerischem Protest. Im Februar 1932 beteiligte sich Leip an dem Künstlerfest *Krawall im All*, auf dem die satirische Revue *Mikro-Makro* des Hamburger Bildhauers Richard Luksch aufgeführt wurde.[440] Mit der Inszenierung des Stücks bezog ein Teil von Hamburgs Künstlerschaft Stellung gegen den Nationalsozialismus und übte Kritik an denjenigen, die sich blindbegeistert auf die Seite zweifelhafter Partei-Führer stellten. Als ‚Führer'-Attrappe fungierte in der Revue eine aufgeblasene, drei Meter hohe, und mit einem Hitler-Bärtchen versehene Gummipuppe mit dem Namen ‚Hipp, die ewige Dummheit'. In dem Stück wird die große ‚Dummheit' von der ‚Reinen Vernunft' besiegt und endet als luftleere Hülle auf dem Boden des Curiohauses.

Neben solch spielerischer Kritik gab es aber auch wesentlich eindeutigere Stellungnahmen. Als Wortführer der *Radikal-Demokratischen Partei* warnte Hans Henny Jahnn vor der drohenden Nazi-Gefahr. Als Redner im Curiohaus bezog er Stellung gegen Rassismus und Kriegstreiberei; er führte heftige Attacken gegen die Kulturfeindlichkeit der Massen und proklamierte: „Der Feind steht rechts [...]."[441]

Richard Luksch mit der von ihm geschaffenen Hitler-Karikatur „Hipp, die ewige Dummheit" auf dem Künstlerfest „Krawall im All", 1932.

Auch Leip erkannte die Gefahr. Anläßlich der vom PEN-Club mitveranstalteten nordisch-deutschen Schriftstellertagung in Lübeck hielt er am 3. September 1931 eine eindringliche Rede zum Thema *Zukunft des Schriftstellers*.[442] Darin attestierte er der gegenwärtigen Literatur in Deutschland Feigheit und Opportunismus und appellierte an alle Autoren, unabhängig zu bleiben und sich nicht in den Dienst von Parteien zu stellen. Deutschlands Schriftsteller hätten „die verdammte Pflicht, Tag und Nacht zu schreien, um das Volk allerorts zu warnen, aufzuwiegeln gegen seine Vergewaltigung, die aus ihm je nach Bedarf Stimmschäfchen, Warenverschleißer, Auflaufmäuschen, Kanonen- und Bombenfutter" mache.[443] Der verantwortungsbewußte Schriftsteller dürfe nicht korrumpierbar sein, sondern habe allgemein humanistischen Tugenden zu folgen, die als ethische Grundsätze auch seiner Arbeit zugrundeliegen müßten:

> Es gilt beispielsweise: mutig zu sein, offen und rückhaltlos zu sein. Es gilt, aus vollem Herzen das Menschliche zu lieben, das innerst Fröhliche zu lieben. Es gilt, das Leid zu erdrosseln, gilt, die Seele neu zu entfachen. Es gilt, kein Staatsbürger zu sein! Es gilt, kein Parteiläufer zu sein! Es gilt, kein kollegialer Schwätzer zu sein! Es gilt, ein aufrichtiger Mensch zu sein! Es gilt keine Gesellschaft, keine Kaste, keine Rasse, kein Volk, keine Kulturgruppe! Es gilt das unverzagteste Bekenntnis zur ganzen Menschheit und zu einer guten Zukunft der ganzen Welt.[444]

Die schwerwiegenden Veränderungen und Restriktionen, die schon bald nach der Machtübernahme der Nationalsozialisten auf die Schriftsteller zukommen sollten, konnte Leip nicht ahnen.

Am 27. Januar 1933 feierte die Hamburger Künstlerschaft ihr Karnevalsfest *Himmel auf Zeit*, das letzte Mal in der alten Zusammensetzung. Die von Leip protegierte Alice Ekert-Rotholz veröffentlichte im Festalmanach eine überaus hellsichtige Mahnung:

> Das Himmelreich läßt alle Leute rein. Alle Farben! Auch die roten! Nebenan wird das deutsche Himmelreich sein. Mit der Aufschrift: „Eintritt verboten"![445]

7.22. Das Große und Ganze und Deutsche

Gleichschaltung der Hamburger Künstlervereinigungen – Wiederaufnahme der Beziehungen zu Hans Friedrich Blunck

Am 30. Januar 1933 ernannte Hindenburg Hitler zum Reichskanzler. Bei den Reichstagswahlen am 5. März 1933 erreichte die NSDAP mit einem Stimmanteil von 44 Prozent zwar nicht die absolute Mehrheit, doch sicherte sich Hitler mit Hilfe des Ermächtigungsgesetzes kurz darauf diktatorische Vollmachten.

Der Verein *Künstlerfest Hamburg* wurde gleichgeschaltet. Viele von den ehemaligen Mitarbeitern und Darstellern der legendären Spektakel im Curiohaus wurden verfolgt oder mit Arbeitsverboten belegt. Alice Ekert-Rotholz etwa emigrierte nach England. Der Vorsitzende des *Künstlerfest Hamburg e. V.*, Paul Hamann, floh mit seiner Frau nach Paris. Juden durften an den Künstlerfesten offiziell nicht mehr teilnehmen. Sybille Grüter-Phillips schrieb ihrem Schwager Jahnn 1935 ins dänische ‚Exil': „Als ich an die Glasdrehtür zum Eingang [des Curiohauses] kam, klebte auf jedem Flügel ein grosser gedruckter Zettel: Juden ist der Zutritt verboten!"[446]

Auch den *Hansischen Kreis* des PEN-Clubs hatte man gleichgeschaltet. Adolph Wittmaack war seines Amtes als geschäftsführender Vorsitzender enthoben worden. Seinen Nachfolger kannte er nicht einmal:

> Zum Ersten Vorsitzenden erklärte sich ein unbekannter Medizinstudent ohne literarische Qualifikation. [...] Mir selbst widerfuhr das angenehme Schicksal, für „untragbar" erklärt zu werden. Ich flog hinaus, was nach den Angriffen, die gegen mich und Hans Harbeck in letzter Zeit im „Hamburger Tageblatt" erschienen waren, nicht anders zu erwarten war.[447]

Im Juni 1933 wurde schließlich auch der *Schutzverband Deutscher Schriftsteller* in Hamburg gleichgeschaltet. Unter politischem Druck und polizeilichen Mißhandlungen war Hans Harbeck von seinem Amt als Erster Vorsitzender zurückgetreten. Eingeleitet wurde das Verfahren mit einer Rede von Hans Friedrich Blunck, der einen Monat zuvor in die ‚Sektion für Dichtkunst' der *Preußischen Akademie der Künste* berufen worden war. Wie sich Erich Lüth erinnerte, sprach Blunck im Parterre des Hamburger Bieberhauses: „Er [Blunck] riet uns, die Tatsache der nationalen Revolution hinzunehmen, die Größe Hitlers anzuerkennen und uns, soweit wir noch nicht überzeugt seien, den neuen Gegebenheiten, die Deutschland verwandeln würden, wenigstens anzupassen."[448] Die neue Leitung des Verbandes wurde zwei bislang eher unbedeutenden Autoren übertragen, Erwin Zindler und Walter Gättke. Zindler war in der Nachfolge Heinrich Landahls als Schulleiter der gleichgeschalteten Lichtwarkschule eingesetzt worden und hatte 1929 den gegen Erich Maria Remarque gerichteten militaristischen Roman *Auf Biegen und Brechen* veröffentlicht. Der erfolglose Bühnenschriftsteller Gättke war den Nationalsozialisten durch seine heroisierenden Volks- und Landsknechtslieder positiv aufgefallen. Während der Gleichschaltung der Schriftstellervereinigung forderte Gättke, daß nicht nur die Vorsitzenden auszuwechseln seien, „sondern präsentierte eine geschlossene Liste nationalsozialistischer Skribenten als Vorstand."[449] In seinen Memoiren erinnert sich Erich Lüth, daß auch Leip, der dem *Schutzverband* seit 1926 angehörte, bei der Versammlung zugegen war: „Ich erinnere noch, wie sich in dieser Sitzung der Dichter Hans Leip erhob und maliziös fragte, wer denn diese neuen Herren eigentlich seien? Er habe bisher noch nicht die Möglichkeit gehabt, sie selber und ihre Schriften kennenzulernen. Ob sie sich denn nicht wenigstens vorstellen könnten."[450] Der verlegene Versuch der Angesprochenen, sich vorzustellen, sei dann im Gelächter der Anwesenden untergegangen.

Bedenkenlos traute sich Leip, die neuen NS-Repräsentanten in aller Öffentlichkeit zu provozieren. Denn noch war er sich des Ausmaßes der politisch-gesellschaftlichen Veränderungen nicht bewußt; vielleicht nahm er sie auch nicht ernst genug. Lüth erklärt die Situation unmittelbar nach der ‚Machtergreifung' der Nationalsozialisten so: „Solange die neuen Herren noch unsicher waren, konnten wir Widerstrebenden noch den einen oder anderen Einspruch geltend machen. Doch bald blieb uns Verdächtigen nur noch, so glaubten wir jedenfalls, der Ausweg einer möglichst unauffälligen ‚Mimikry'."[451]

Nachdem Leip den Ernst der Lage erfaßt hatte, entwickelte er sich zu einem wahren Meister in Sachen ‚Mimikry'. Abgesehen von seiner Rede über die *Zukunft des Schriftstellers* 1931, die noch im gleichen Jahr im renommierten *Tagebuch* erschienen war, hatte sich Leip niemals öffentlich gegen die Nationalsozialisten ausgesprochen. Den Lektürepräferenzen einer politisch überfütterten Leserschaft wußte er mit Büchern entgegenzukommen, in denen maritime Motive, Reise-, Abenteuer- und Naturschilderungen den Blick vom grauen – respektive braunen – Alltag wegzulenken halfen; Titel wie *Das Schiff zu Paradeis* (1938) oder *Brandung hinter Tahiti* (1939) muten nachgerade eskapistisch an.

Leip war entschlossen, von der veränderten politischen Situation nach 1933 zu profitieren. Mit schnellen Schritten nahm er Anlauf, um zur Spitzenposition im literarischen Feld Hamburgs aufzuschließen. Im Mai 1933 erinnerte er sich einer alten Bekanntschaft und gratulierte Hans Friedrich Blunck zu seiner Berufung in die Dichterakademie. Im November 1933 stieg Blunck noch weiter auf und wurde von Goebbels persönlich zum Präsidenten der Reichsschrifttumskammer ernannt. Während Leip noch zwei Jahre zuvor verkündet hatte, daß „keine Kaste, keine Rasse, kein Volk, keine Kulturgruppe!"[452] gelte, ging es ihm nun um das „Große und Ganze und Deutsche":

> Sie werden erstaunt sein, von mir zu hören. Aber da es nun wahrhaft um das Große und Ganze und Deutsche geht, ist es nicht mehr an der Zeit, vergangenen Stimmungsschwankungen nachzuhängen. Darum habe ich mich ehrlich gefreut, als ich las, daß Sie Mitglied der Dichterakademie geworden sind, der es an einem rechten niederdeutschen, hansischen Vertreter bislang immer gemangelt hat.[453]

7.23. Im Zug der ‚neuen Zeit'

Kontaktaufnahme zum Hamburger Bürgermeisterehepaar – Einpassung in NS-Vorgaben

Auch von den Veränderungen innerhalb Hamburgs politischer Führung sollte Leip profitieren. Carl Petersen war des Bürgermeisteramtes enthoben worden; an seine Stelle setzte die NSDAP ihren eigenen Mann: Carl Vincent Krogmann, Sproß einer alten Hamburger Kaufmanns- und Reederfamilie. Da Krogmann keinerlei Regierungs- und Verwaltungserfahrung aufzuweisen hatte, mußte er fast zwangsläufig zu einem Befehlsempfänger und zur Marionette des Hamburger Reichsstatthalters und NSDAP-Gauleiters Karl Kaufmann werden. Mit Krogmann verfügten die Nationalsozialisten somit über einen Bürgermeister, dessen klingender Name die breiten unpolitischen Massen der hamburgischen Bevölkerung beeindrucken sollte. Eine psychologische Entscheidung. Krogmann beschreibt in seiner Regierungserklärung vom 10. März 1933 die neuen Machtverhältnisse so: „Der Reichspräsident ernennt die Statthalter, der Statthalter den Regierenden Bürgermeister und auf dessen Vorschlag die Senatoren. Eine Verantwortung des Senats gegenüber der Bürgerschaft besteht nicht mehr."[454] Die politische Macht in Hamburg war bei Karl Kaufmann konzentriert. Die NSDAP baute ein engmaschiges Organisationsnetz auf, das von der Reichsleitung über die Gauleitung bis hin zum Blockwart straff gegliedert war und auch Überwachungsaufgaben übernahm. Daneben wurde das Netz der NSDAP-Organisationen ausgebaut. Das Ziel war die Formierung des öffentlichen Lebens im nationalsozialistischen Sinne, die totale Erfassung der Menschen. Besuche von wichtigen Parteifunktionären in Hamburg wurden sorgfältig in Szene gesetzt. Schulklassen hatten an den Straßen Spalier zu stehen, Arbeiter wurden als Kulisse aufgestellt, überall war der obligatorische Hitlergruß zu sehen.

Auch Leip blieb von diesen Inszenierungen nicht unberührt. Besonders beeindruckt zeigte er sich von der ‚Rede- und Schauspielkunst' des Reichsministers für Volksaufklärung und Propaganda. Nach einem Besuch von Goebbels in Hamburg 1938 äußerte sich Leip aber auch über seinen sehr ambivalenten Eindruck, den seine Person bei ihm erzeugt hätte: „Die Rede [von Goebbels] war ein Kabarettstück, er sprach wie ein sadistischer Seiltänzer [...]." 1933 war Leip noch nicht zu der Erkenntnis gelangt, was für ein Gesinnung sich hinter der glattprofessionellen Rhetorik von Goebbels verbarg. Zu diesem Zeitpunkt schenkte er den Versprechungen des hinkenden[455] ‚Seiltänzers' Glauben und war beeindruckt von dessen Visionen eines ‚neuen' Deutschlands.

Außerordentlich schnell bekam Leip Kontakt zum neuen Hamburger Bürgermeister und vor allem auch zu dessen Ehefrau Emerentia, die eine Bewunderin seiner Bücher war. Unmittelbar nach Krogmanns Amtsübernahme stellte sich Leip dem neuen ersten Mann als einen Geistesverwandten auf Seiten der Kunst vor:

> Ich weiß wohl, daß manches schlief und manches schief stand. Ich atme mit auf in dem rauschenden Zug einer neuen Zeit. Der Geist, der aus Ihren Worten spricht, ist lebendig und aufrecht! Es deucht mir, wahrhaft hansischer Geist zu sein. Ich zweifle auch nicht, daß Sie der Mann der nötigen Tat sein werden, mit und trotz des Reiches herrlicher Neugewalt den alten Ruhm der Freien und Hansestadt zu frischen Ehren zu bringen. Was ich zu meinem bescheidenen Teil Ihnen je darin dienen könnte, ich bin bereit.[456]

Leips Kniefall wurde goutiert. Noch 1933 durfte Leip der Einladung zu einem privaten Empfang ins Bürgermeisterhaus folgen, wo er sich mit Krogmann unter vier Augen „über die derzeitige Literatur und die Ziele" unterhalten durfte.[457]

Als Vorsitzender der *Gesellschaft der Freunde Hamburgs* lud ihn der Bürgermeister zu Lesungen oder Gesellschaftsabenden ein, und auch privat intensivierte sich die Verbindung. Im Hause der Krogmanns, das direkt an der Alster (an der Straße Bellevue) lag, war Leip ein gerngesehener Gast. Hier porträtierte er die Gattin des Bürgermeisters, mit der er sich regelrecht anfreundete.[458] Mit ihr führte er eine langanhaltende und umfangreiche Korrespondenz, in der auch seine

Werke diskutiert wurden. Leip stellte seiner Briefpartnerin sogar in Aussicht, sie in einem seiner nächsten Bücher zu verewigen:

> Ja, es schwebt mir seit längerem vor, eine tüchtige rechte Hamburgerin im Mittelpunkt eines Handels- und Schiffahrtshauses zu schildern, eine echte Frau und wahrhafte Dame, die gütig, klug, einfach und hausfraulich als gesellschaftlich gleich vorbildlich mitten zwischen den Fäden aus aller Welt ein gutes Hauswesen erwirkt, [...] die ihrem Manne, so weit möglich, auch Freundin und Beraterin ist, die Diplomaten und Handelsfreunde empfängt und mit dem Kutscher Platt schnackt, wenn es nötig ist [...].[459]

Wie Leip Emmy Ruben gegenüber begründete, hing seine Sympathie für den Bürgermeister nicht etwa ausschließlich damit zusammen, daß dieser seinen im *Hamburger Fremdenblatt* vorabgedruckten neuen Roman *Jan Himp* zu schätzen wußte: „Bei unserm Bürgermeister Krogmann war ich neulich eingeladen. Das ist ein ganz prächtiger Mensch und wenigstens ein geborener Hamburger, der seine Vaterstadt kennt und liebt. (Er hat auch ‚Jan Himp' mit großem Vergnügen gelesen)."[460] Auch bei Leip also hatte der Hamburg-Bonus von Krogmann prompt gegriffen.

Aber nicht mit allen durch die Nationalsozialisten veranlaßten Veränderungen zeigte sich Leip einverstanden. Ende 1933 schrieb er an Emmy Ruben:

> Inzwischen ist mancher Monat von dannen gerauscht. Manches ist milder geworden, deucht mir. Aber so leicht läßt sich die 4.–44. Garnitur, die da meinte, in der Neuordnung nun den Platz an der Sonne zu finden, nicht wieder an die Seite setzen, wohin sie gehört.[461]

Mit seiner Anspielung auf die „4.–44. Garnitur" bezog sich Leip auf eine im April 1933 in der Presse veröffentlichte sogenannte ‚Schwarze Liste' mit den Namen von 44 unerwünschten deutschsprachigen Schriftstellern, deren Werke der ‚Säuberung' von Bibliotheken und Buchhandlungen zum Opfer fallen sollten. In seinem Bedauern darüber, daß anstelle der verfemten Schriftsteller ausschließlich talentarme Parteifunktionäre oder -günstlinge getreten waren und nur noch zweitklassige Autoren propagiert wurden, wird Leips ambivalente Einstellung zur NS-Kulturpolitik deutlich.

Seine verborgen-kritische Distanz zum NS-Regime schadete dem literarischen Aufstieg Leips nach 1933 jedoch nicht. Als Repräsentant der Hamburger Literatur schlechthin hob ihn Josef Nadler in seiner völkischen *Literaturgeschichte des Deutschen Volkes* an exponierte Stelle:

> Hamburg war ein Großraum von gewaltigen Gegenkräften. Hier hatten schon in der Abenddämmerung des Mittelalters „Die Gleichteiler" ihre Hände nach der Herrschaft der deutschen Meere ausgestreckt. Hier hielten die Vorhuten der deutschen Sowjet mitten im Aufgang des Dritten Reiches die letzten Barrikaden. Hier wurde eine der entscheidenden Schlachten um den geistigen Bestand des Neuen Reiches der Deutschen geschlagen. Hamburg ist in seiner ganzen Weltweite und mit der verwirrenden Vielfalt seines Wesens dichterisch Erscheinung geworden [...] in den Zeichnungen und Bildern, Romanen und Versen von Hans Leip, der die traumhafte Stille ferner Inseln, den Lärm der Werften und den Dunst der Matrosenschenken mit gleicher Sicherheit nachspielt [...].[462]

Und auch Leip selber setzte Zeichen, indem er sich an der völkischen Anthologie *Deutsches Land. Das Buch von Volk und Heimat* beteiligte, die „unter Mitarbeit von Schriftstellern aller deutschen Stämme" 1933 von Eugen Schmahl herausgegeben wurde. Ausgestattet mit Geleitworten des ‚Reichsführers des Volksbundes für das Deutschtum im Ausland', Hans Steinacher, sowie Hans Grimm, der mit seinem Bestseller *Volk ohne Raum* zur Spitzengruppe nationalsozialistischer Schriftsteller zählte, ist der propagandistische Zweck des Buches unzweideutig. Natürlich handelt Leips Beitrag über *Die Hansestädte*.[463]

Ein anderer Beitrag Leips erschien kurz nach Hitlers ‚Machtergreifung' in dem von Otto Kankeleit verfaßten Machwerk *Die schöpferische Macht des Unbewußten*.[464] Für seine Studie hatte der in Hamburg-Farmsen lebende Psychotherapeut von verschiedenen Schriftstellern Stellungnahmen zu der Frage veröffentlicht, inwiefern das ‚Unbewußte' in ihr Werk hineinspiele. Was Leip bei der Zusage seiner Mitarbeit wahrscheinlich nicht bekannt war, Kankeleit hatte sich durch zahlreiche Arbeiten zur Rassenhygiene einen Namen gemacht. Im Vorwort weist er auf einige seiner früheren Publikationen hin. Die Titel lauten: *Die Unfruchtbarmachung aus rassenhygienischen und sozialen Gründen*, *Unfruchtbarmachung oder Internierung* oder auch *Die Ausschaltung geistig Minderwertiger von der Fortpflanzung*.[465] Auf die NS-Behörden muß Leips Mitwirkung an diesem Buch als ein eindeutiges Signal gewirkt haben.

Immer häufiger wurden Leips Werke nach ihrem Gehalt an ‚Blut und Boden' beurteilt. Bei der Neuauflage des *Nigger auf Scharhörn* war im *Völkischen Beobachter* zu lesen: „Das hübsche Buch klingt mit der Erkenntnis aus, daß uns bei aller unbändigen Fernsehnsucht nie die blutsmäßige Bindung an die Heimat verläßt, denn ‚zu Hause, da ist unser Herz'."[466]

Auch Leips dritter dramatischer Versuch, das belanglose Lokalstück *Blankenese ahoi!* (uraufgeführt am 18. Mai 1934 im Altonaer Stadttheater), galt als ein weiterer Beleg für die Nähe des Verfassers zur Blut-und-Boden-Ideologie. Leip selber hatte diese Lesart vorgegeben. In einem *Kleines Bekenntnis* überschriebenen Artikel in den *Altonaer Nachrichten* erklärte er dem Zeitungsleser, wie sein Stück im nationalsozialistischen Sinne zu werten sei:

> In ernster Zeit ist Lachen und Lächeln ein naturnotwendiger Ausgleich. [...] Nicht dadurch zeigt man Verbundenheit mit Blut und Boden, daß man seine Hände hineinwühlt und sie so gezeichnet den Nebenmenschen hinstreckt. Niemand wird die Schönheit eines Gewässers erst dann zu genießen vorgeben, wenn er hineintauchend die Augen dafür unter der Oberfläche öffnet.[467]

Leip hatte schnell erkannt, worauf es im reformierten literarischen Feld ankam, wenn man als Autor erfolgreich sein wollte.

8. Wege zum Erfolg (1934–1941)

8.1. Etwas wie Tom Saywer

„Jan Himp und die kleine Brise" – Kurt Enoch – Justin Steinfeld

Weihnachten 1933 wurde Leip von der Reichsschrifttumskammer ein Geldgeschenk in „angenehmer" Höhe zuteil.[468] Blunck persönlich hatte diese Zuwendung veranlaßt. Und auch die Arbeit entwickelte sich für Leip vielversprechend. Zur „literarischen Neubelebung"[469] trug vor allem der große Erfolg seines Romans *Jan Himp und die kleine Brise* bei, der 1934 im Hamburger Enoch-Verlag erschien. Im Anschluß an den *Nigger auf Scharhörn* hatte Leip noch zwei weitere Texte bei Enoch veröffentlichen können: *Untergang der Juno* (1930) und *Segelanweisung für eine Freundin* (1933). Beiden Büchern war zunächst ein nur bescheidener Erfolg gegönnt. Kurt Enoch schlug Leip deshalb vor, er möge „etwas wie Tom Saywer"[470] schreiben. Nach Fertigstellung der ersten 20 Seiten seines neuen Projektes, das er *Jan Himp* betitelte, bot der Verleger seinem Autor monatlich 200 Mark an, wenn dieser ihm das fertige Manuskript überließe. Natürlich nahm Leip das Angebot an.[471]

Mit dieser in Övelgönne angesiedelten Liebesromanze zwischen einem Bootsvermieterjungen und einer Reederstochter erzielte Leip den mit Abstand größten Bucherfolg seiner gesamten literarischen Laufbahn. In der Beschreibung Övelgönnes, der Elbe und des Hafens sind Leip innerhalb bewährter Literaturmuster überaus lebendige Schilderungen gelungen. Der Text richtet sich, wie schon *Der Nigger auf Scharhörn* oder die 1933 erschienene Erzählung *Die Klabauterflagge* vor allem an ein junges Lesepublikum. Er spielt Anfang der 30er Jahre, also für die Leser, die das Buch gleich nach dessen Veröffentlichung lasen, fast noch in der Gegenwart.

Jan Möller, genannt Himp, Sohn eines Bootsverleihers am Elbufer, und Kyri Sandvoss, die Tochter eines Schiffsreeders, der mit seiner Familie eine Villa auf dem gegenüberliegenden Ufer bewohnt, nähern sich einander in kurzen Begegnungen und Gesprächen. Leip beschreibt – für junge Leser gut nachvollziehbar – eine erste, nur angedeutete Liebe, ein vorsichtiges Kennenlernen und das Erleben gemcinsamer Abenteuer: den Besuch einer Hafenkneipe, eine Begegnung mit Schmugglern, eine Seefahrt nach Helgoland. Als Jans älterer Bruder von den Weltmeeren heimgekehrt ist, darf Jan endlich seinem langgehegten Wunsch folgen und zur See fahren. Von vornherein läßt Leip keinen Zweifel daran, daß seine beiden Protagonisten nicht zusammenkommen können – jedenfalls nicht auf Dauer. Die Standesunterschiede sind unüberwindbar.

Obwohl inzwischen selber ein Mitglied der privilegierten Blankeneser Gesellschaft, stellt Leip die Welt der wohlhabenden Hamburger als eine lächerliche Karikatur dar. Dies wird besonders in der Schilderung der Mutter der Protagonistin deutlich:

> Ihre [Kyris] „Mummi", sonst vollauf beschäftigt mit Bridge, Wohltätigkeitsvereinen, etwas Musik, etwas Politik, etwas Literatur, und das vornehmlich in einem Klub, darin gesellschaftsfähige Kunstfreundinnen zu Tee, Vorträgen und Gedankenaustausch zusammenkamen, diese Mama, oftmals auch dem Haushalte hold, soweit es der emp-

Hans Leip: Umschlagentwurf zu „Jan Himp und die kleine Brise", 1934.

findliche Magen und das Ruhebedürfnis des überarbeiteten Gatten erforderten, ihre stattliche hanseatische Mama, die sich gut anzog und auch darauf einige Zeit verwandte, die auch Konzerte, Theater und winterliche Bälle nicht verschmähte und seit dem Frühling sich wieder dem Reiten und neuerdings dem Golfplatz zugewandt hatte, ach, sie hatte plötzlich entdeckt, daß sie eine Tochter habe.[472]

Nachdem Emerentia Krogmann starke „Bedenken und Unzufriedenheit"[473] gegenüber einer solchen Mutter-Figur bekundet hatte (sie erschien ihr zu klischeehaft), mußte Leip ihr versprechen, in zukünftigen Büchern nur noch das „Lob der hansischen Mutter [...] singen" zu wollen.[474] Schon daraus wird deutlich, mit welchen Rücksichtnahmen Leip bei seiner Arbeit umzugehen hatte. Ansonsten gab es an *Jan Himp* in politischer wie moralischer Hinsicht nichts zu beanstanden. Die Handlung spielt außerhalb jeder zeitlichen oder gesellschaftlichen Koordinaten. Nur ganz selten finden sich Zeichen, die auf die Entstehungszeit des Textes 1932/33 hinweisen. Die wenigen Anspielungen aber skizzieren ein düsteres Bild von den letzten Jahren der Weimarer Republik: So spricht Leip von „der mageren Lage der Welt",[475] der „schlechten Zeit"[476] oder der „Wirtschaftslage", die „alle Kräfte erfordert".[477] So vage diese Formulierungen auch sind, den Nationalsozialisten kamen sie bestimmt entgegen. Das einzige Thema zu dem sich Leip an verschiedenen Stellen sehr engagiert geäußert hat, ist der Niedergang der Schiffahrt, den er regelrecht betrauerte: „Seefahrt ist not, und wenn auch alle Schiffe drüben da auf dem Schiffsfriedhof das Gegenteil in die Welt stöhnen, [...] sie waren hohl und still und schliefen und rosteten, [...] Arbeitslose des Meeres."[478]

Leips Liebe zur Seefahrt äußert sich wieder einmal in der Anhäufung seemännischer Fachausdrücke:

Oho! Jan Himp war plötzlich vollauf beschäftigt, ein in den Wind gedrehtes, mit herabhängender Piek labberndes Mietssegel zu untersuchen, bei dem sich der Klaufall durch ungeschickte Behandlung vertütert hatte [...].[479]

Was Spötter zur Kritik herausfordern mochte, mag den jungen Leser gerade fasziniert haben – fühlte er sich dank des Einsatzes solcherart Fachvokabulars ernstgenommen. Eine Liste mit Worterklärungen schließt das Buch ab.

Über eine halbe Million Mal verkaufte sich *Jan Himp und die kleine Brise* bis heute.[480] „Enoch hatte einen guten Riecher bewiesen, obschon er die eigentliche Ernte nicht bei mir einheimsen konnte."[481] Kurze Zeit nach Auslieferung des Buches wurde der Verlagsinhaber Kurt Enoch gezwungen, sein Unternehmen aufzugeben.[482] Er war jüdischer Abstammung. 1936 gelang es ihm, nach Amerika zu emigrieren, wo er sich als Verleger von Taschenbüchern eine neue Existenz aufbauen konnte. Enochs Hamburger Verlag wurde von Christian Wegner übernommen. Privat waren sich Verleger und Autor „nicht näher gekommen, obschon auch er [Enoch] ein Haus in Blankenese hatte."[483]

Einem anderen jüdischen Bekannten, Justin Steinfeld, Schriftsteller, Schauspieler und ehemaliger Herausgeber der *Allgemeinen Künstlerzeitung*, begegnete Leip im August 1933, als dieser gerade aus dem KZ Fuhlsbüttel entlassen worden war. Steinfeld hat später über diese Begegnung geschrieben:

> Ich wußte, daß ich unter Beobachtung stand und jeder, der sich öffentlich mit mir sehen ließ, sich damit gefährden konnte. Als mich damals Hans Leip zufällig auf der Straße traf, begrüßte er mich. Ich konnte also nicht umhin, ihn darauf aufmerksam zu machen, doch er erklärte, daß ihn dies einen Dreck kümmere. Ich habe ihm dies nicht vergessen und glaube, daß dies in jenen Tagen in denen unsereiner durchweg andere Erfahrungen machte, eine höchst anständige, charaktervolle Haltung war [...].[484]

Auch in späteren Jahren hat Leip während des ‚Dritten Reichs' auf rein menschlicher Ebene immer wieder Zivilcourage bewiesen. Er rebellierte zwar nicht gegen das System, das er bis 1943 im wesentlichen ja akzeptierte, wohl aber gegen das, was er für dessen Auswüchse hielt. Er wollte nicht begreifen, daß die vermeintlichen Auswüchse gerade das Elementare des NS-Regimes darstellten. Lange Zeit fühlte sich Leip bloß „als schlichter Volksgenosse, Bürger zweiter Klasse",[485] der sich auf kein Parteiprogramm verpflichten wollte. Zwar trat er nicht der NSDAP bei, mußte aber, um weiterarbeiten zu können, Mitglied der Reichsschrifttumskammer werden.[486] Allerdings zögerte Leip diesen Schritt lange hinaus. Die hohe Mitgliednummer 9595 belegt seine Schwierigkeiten mit einem Beitritt. Zum Vergleich die Nummern einiger anderer Autoren (laut *Kürschners Literaturkalender*): Agnes Miegel 13, Hans Grimm 110, Gottfried Benn 370, Manfred Hausmann 469, Frank Thieß 1913, Horst Lange 2037, Marieluise Fleißer 4008, Friedrich Reck-Malleczewen 5540, Reinhold Schneider 8327, Stefan Andres 8616, Hans Henny Jahnn 9674.[487]

8.2. Journaille

Angestellter des Broschek-Verlages – „Max und Anny"

Wie Arno Surminski bemerkte, dachte Leip als Schriftsteller „vor allem an Geld und erst in zweiter Linie an den literarischen Ruhm":[488]

> In wenigen Jahrzehnten ist sowieso alles vorbei, und wenn von mir dann nichts als die Nächtezettel der Sinsebal (in Auswahl) übrig bleiben, will ich mir unter oder über der sterblichen Ebene ins Fäustchen lachen. Vielleicht ist es aber dann nur der Nigger auf Scharhörn. Und wenns garnichts ist, dann kann mich das auch nicht weiter kratzen. Ich tu mein Tagewerk, um nicht zu verhungern.[489]

Diese Neigung verstärkte sich im Laufe der Jahre noch. Leip hatte inzwischen ein großes Haus zu unterhalten und eine vierköpfige Familie zu ernähren, für die er sich nach der Aufgabe seiner Boheme-Existenz endlich auch verantwortlich fühlte.

Im Sommer 1934 bekam Leip vom Herausgeber des *Hamburger Fremdenblatts*, Kurt Broschek, das Angebot, in der Schriftleitung der im Broschek-Verlag erscheinenden, wenig erfolgreichen *Hamburger Illustrierten* anzufangen. In seinem Bewerbungsschreiben formulierte Leip die Steigerung der Auflage zu seinem erklärten Ziel:

27 1. Juli Einzelpreis 20 Pf.

Hamburger Illustrierte

17. JAHRGANG 1935 · VERLAG BROSCHEK, HAMBURG

Phot. Hoffmann

Der Führer im Gespräch mit Reg. Bürgermeister Krogmann während einer Fahrt durch den Hafen

Der Führer

IN HAMBURG

Titelblatt der „Hamburger Illustrierten“ vom 1. Juli 1935.

Joachim Ringelnatz zum Gedenken

Joachim Ringelnatz war einer der saftigsten und zartesten Lyriker, die Deutschland je besaß. Er, der Binnenländer, sehnte sich früh in die abenteuerliche Weite, wurde Seemann und brachte es bis zum Marineoffizier. (Darüber schrieb er das menschlich ergreifende Romandokument: Als Mariner im Kriege.) Er war im Grunde ein bescheidener, gütiger und selbstquälerischer Mensch, der die Schönheit der Welt und die Erbärmlichkeit der Kreatur erkannt hatte, der seine Verse in der Maske eines einfachen Kulis sich selbst karikierend darbot und damit eine neue, weit über die Grenzen bewunderte und nachgeahmte Kabarett-Type schuf, ein Mensch wahrhaft, der zu Haus in strahlend seemännischer Ordnung, in herzlicher Verbundenheit mit seiner reizenden und klugen Frau ein harter und nüchterner Arbeiter an seinem Werk war, der sich nach außen als Schalk gab, und der zutiefst zu einem einsamen Weisen aufwuchs und zu einem Meister der deutschen Sprache.

Hans Leip.

Oben: „Zum Gedenken an Joachim Ringelnatz" von Hans Leip aus der „Hamburger Illustrierten", 1934. Unten: Ringelnatz-Porträtskizze von Hans Leip, 1927.

> Heute steht die H.[amburger] [Illustrierte] [...] bedauerlicherweise der Auflagenziffer nach an letzter Stelle. [...] Es wird einer durchgreifenden Energie bedürfen, um diesen Zustand zu ändern. Und je mehr ich mich in diese Aufgabe hineinfühle, desto mehr will sie mir durchführbar, wichtig und erfolgreich scheinen.[490]

Von Ende 1934 bis etwa September 1935 war Leip ein dreiviertel Jahr lang hauptamtlich in der Schriftleitung der Wochenzeitung beschäftigt. Dabei bestand seine Aufgabe vorwiegend im Verfassen von kleineren Beiträgen und Bildunterschriften. Nur außerordentlich selten wurden die Texte Leips überhaupt namentlich gekennzeichnet und auch im Impressum ist er nicht vertreten. Verantwortlich für den redaktionellen Teil zeichnete der Hamburger Autor Otto Erich Kiesel, der in der Funktion des Hauptschriftleiters als Leips Vorgesetzter fungierte.[491] Die 1918 gegründete Zeitschrift war, wie ihr Titel schon besagt, ein durchweg illustriertes Blatt. Im Vordergrund stand also das Bild. Dauerthemen waren Mode, Sport und Film aber auch Politik. Ausführlich wurde darüber berichtet, wenn sich NS-Parteiführer in der Hansestadt aufhielten. Auf großformatigen Bildern ist die Hochzeit von Göring festgehalten oder der Reichsparteitag in Nürnberg wiedergegeben. Der literarische Teil war von NS-Literaten wie Thomas Westerich oder Hans Friedrich Blunck dominiert. Zu den regelmäßigsten Mitarbeitern zählte ebenfalls der niederdeutsche Lyriker Albert Mähl, überzeugter Nationalsozialist und zur damaligen Zeit einer der aktivsten Schriftsteller in der niederdeutschen Kulturszene. [492] Daneben gehörten aber auch vollkommen unverdächtige Autoren wie Hans Harbeck oder Martin Beheim-Schwarzbach zu den Mitarbeitern. Leips Eintritt in die Schriftleitung bewirkte keinerlei einschneidende Veränderung im Profil der Zeitschrift. Lediglich der eine oder andere Name aus dem Bekannten- und Verwandtenkreis von Leip taucht gelegentlich unter einem der Beiträge auf.[493] Leip selber nutzte seine Position, um sich für bewunderte, inzwischen aber verfemte, Künstlerkollegen einzusetzen: Er veröffentlichte einen Nachruf auf den im November 1934 gestorbenen „Meister der deutschen Sprache",[494] Joachim Ringelnatz, „der die Schönheit der Welt und die Erbärmlichkeit der Kreatur erkannt" hätte.[495] Und unter Pseudonym schrieb er verehrend über Ernst Barlach, dessen Leben und Werk er, soweit wie möglich, in die Blut-und-Boden-Ideologie einzupassen versuchte:

> Niedersachsens Blut auf Niedersachsens Erde. Bis in diesem Einen das Blut der Jahrhunderte, die dunklen Träume, die tieferen Wirklichkeiten Offenbarung werden im Werk. Barlach lehrt uns, in welche Tiefe das oft mißbrauchte Wort Kunst hinabreicht. Zu Barlach finden, heißt zu uns selbst, zum Volk finden.[496]

Außerdem setzte sich Leip für einen alten Freund aus den Zeiten der *Tafelrunde*, den Bildhauer Friedrich Wield, ein. Schon in der ersten Zeit nach der ‚Machtergreifung' hatte Wield die Restriktionen der neuen Herrscher in aller Härte zu spüren bekommen. Sein vom Norddeutschen Rundfunk in Auftrag gegebenes Heinrich-Hertz-Denkmal war nach mehreren Jahren der Vorarbeit 1933 fertiggestellt worden. Die Aufstellung wurde dann aber aufgrund der jüdischen Abstammung von Hertz staatlicherseits verhindert.[497] Diesen Skandal überging Leip in seinem Wield-Porträt wohlweislich. Wie schon bei Barlach, vermittelt der Text den Eindruck, als sei Leip bemüht gewesen, Wield den Nationalsozialisten so unverdächtig wie möglich erscheinen zu lassen, indem er vorwiegend systemkonforme Aspekte im Werk des Künstlers herausgestellt hat. Obwohl als ein Meisterschüler Rodins in Paris tätig gewesen, hätte die „Kultur der Fremde" Wield keineswegs zu einem „Nachfahren der Ferne" werden lassen. Bei ihm überwiege ganz eindeutig die „unverbrauchte Kraft des hansischen Bodens".[498] Nur auf sehr subtile Weise und unter dem Deckmantel ‚politischer Korrektheit' also war es Leip überhaupt möglich, über Themen und Personen zu schreiben, die ihm am Herzen lagen.

Leip schrieb aber längst nicht ausschließlich über mißliebige oder vom NS-Regime geächtete Persönlichkeiten. Über den Nazi-Günstling Max Schmeling und dessen Frau, die Filmschauspielerin Anny Ondra, verfaßte er für das *Hamburger Fremdenblatt* einen biographischen ‚Reißer', der 1935 als reich bebildeter ‚Tatsachen-Roman' unter dem Titel *Max und Anny – Romantischer Bericht vom Aufstieg zweier Sterne* erschien: „Es war und ist nicht so sehr eine dichterische Arbeit, die ich da übernommen habe. Es ist mehr ‚Journaille', und dennoch nicht einfach, eine richtige Mosaikkraxelei", schrieb Leip an Emmy Ruben.[499]

Nach seinem sensationellen k.o.-Sieg über den farbigen amerikanischen Schwergewichtler Joe Louis im Juni 1936 wurde Schmeling zum Symbol einer überlegenen nordisch-germanischen Rasse. Seine Kämpfe waren somit nicht mehr nur sportliche Ereignisse, sondern vor allem auch politisch-ideologische, durch die rassistische Emotionen geschürt werden konnten. Auf dieses Phänomen geht Leip bei seiner Beschreibung des Kampfes zwischen dem Amerikaner Max Baer, der jüdischer Abstammung war, und Schmeling, 1933, ein:

> Deutschland war inzwischen ein neues Land geworden. Es hatte den Nacken erhoben und verlangte Gleichberechtigung, die es sportlich und wirtschaftlich längst schon errungen hatte, auch in politischer Beziehung. Das paßte vielen nicht. Und dann war da die Besinnung auf das eigene Blut. Die Amerikaner dachten gar nicht viel anders. Gewisse Kreise aber sahen in dem Kampf Baer-Schmeling sozusagen ein Gottesgericht [...]. Er [Baer] liebte Deutschland nicht, das sich gegen die Art seiner Abstammung erklärt hatte. Man hatte ihn von gewissen Seiten als „Kämpfer gegen ein verrückt gewordenes Deutschland" aufgeputscht. In ihm brüllte die grausame Lust, diesen Deutschen wie ein Symbol restlos zu vernichten.[500]

Leip ging weder explizit auf die Machtübernahme Hitlers ein, noch hielt er es für nötig, so dubiose Aspekte der NS-Ideologie wie „die Besinnung auf das eigene Blut"[501] zu kommentieren. Statt Zweifel am Nationalsozialismus zu äußern, wartete er mit einer erstaunlich perfiden Argumentation auf, indem er den Amerikanern unterstellte, sie hätten den Boxkampf für ihre eigenen politisch-ideologischen Ziele genutzt.

Die Recherchearbeiten über das Leben des Boxers und populärsten Sportlers in Deutschland entwickelten sich für Leip zunehmend „belastender":[502] Unmen-

Max Schmeling. Ölgemälde von George Grosz, 1927.

gen amerikanischer und deutscher Zeitungsartikel wollten ausfindig gemacht und ausgewertet werden. Außerdem mußte Leip im Februar 1935 für einige Tage das Trainingslager Schmelings in Friedrichsruh besuchen, „um das Manuskript in bezug auf einige Einzelheiten noch einmal zu überholen."[503] Leip lag daran ‚Max und Anny' nicht als zwei Ausnahmeerscheinungen darzustellen, sondern er wollte sie vielmehr als „Typen der Zeit"[504] schildern: In einem ‚Werkstattbericht' unterstrich er den exemplarischen Charakter seiner beiden Hauptfiguren: „Möge es gelungen sein, diese beiden deutschen Mitmenschen als Teil unserer selbst zu erkennen und unseren Stolz auf ihren Ruhm und ihre Beliebtheit zu erhöhen."[505] Obwohl der *Völkische Beobachter* die gekonnte „Reportagetechnik"[506] des Verfassers bei der Schilderung der Boxkämpfe positiv hervorhob, zeigte sich Leip mit dem literarischen Ertrag dennoch unzufrieden und auch von der seriösen Kritik wurde das Buch verrissen: „Die Literaturpäpste haben mir's übelgenommen, spätere Biographen tankten daraus."[507]

8.3. Sumpf oder System

Drehbuchautor

Nach Aufgabe seiner redaktionellen Tätigkeit widmete sich Leip mit vollem Eifer der Filmarbeit. Als Drehbuchautor wirkte er an mehreren Filmprojekten der Ufa in Babelsberg mit und sicherte sich damit ein Auskommen, das seiner Familie zeitweise sogar ermöglichte, ein Dienstmädchen und eine Köchin zu beschäftigen.[508] Leip wirkte vor allem an Abenteuerfilmen und Komödien mit, allesamt sogenannte ‚unpolitische' Filme. Natürlich transportierten aber auch diese reinen Unterhaltungsfilme mehr oder weniger unterschwellig nationalsozialistische Wertvorstellungen. Denn da die Nationalsozialisten das Monopol für die Filmproduktion an sich gerissen hatten, konnte es gar keine unzensierten Filme geben. So bekannte Produktionen wie *All Quiet on the Western Front* (USA 1930) oder Fritz Langs *Das Testament des Dr. Mabuse* (1930) waren verboten, die freie Filmkritik ausgeschaltet. Die Gleichschaltung der Filmindustrie ging mit Arbeitsverboten unerwünschter Regisseure, Schauspieler und Techniker einher. Wer sich mit dem NS-Regime arrangierten konnte, fand geradezu ideale Arbeitsbedingungen und Karrierechancen vor. Staatlich gefördert und ohne Konkurrenz aus dem Ausland erfuhr der deutsche Film als Teil der nationalsozialistischen Propaganda einen Aufschwung ohnegleichen.[509]

Wolfgang Koeppen, der – wie etwa auch Axel Eggebrecht – zeitweise als Drehbuchautor engagiert war, behauptete später, er hätte sich zwar „beim Film untergestellt", sich aber „trotzdem [...] vom Nationalsozialismus rein [...] halten" können.[510] Inwieweit eine solche Einschätzung innerhalb der straff organisierten und kontrollierten NS-Filmwelt den Tatsachen entsprochen haben kann, ist zweifelhaft.

Leip zumindest muß auf die systemstützende Funktion seiner eigenen Arbeit sehr bald aufmerksam geworden sein. Ganz bewußt stellte er sich eine Zeitlang in den Dienst der NS-Filmindustrie und half mit, das totalitäre Hitler-Regime hinter der Maske einer heilen Welt zu verschleiern. Als es 1937 darum ging, seinen Roman *Tinser* zu verfilmen, scheute sich Leip nicht, seinen einstmals vielschichtigen Text zu einem eindimensionalen Heldenepos mit dem Titel *Platinfieber* umzuschreiben. Die propagandistischen Zielsetzungen der Ufa übernahm er dabei fast widerspruchslos:

> Sie wünschen in Tinser einen Helden und Führer von propagandistischer Wirkung. Gut, auch das kann man vertreten. Es kommt ja immer auf das Wie an! Und man muß dann schon durchgreifend vorgehen. [...]
>
> Vor allem muß er [Tinser] unerbittlich gegen sich selbst den Gedanken der Kameradschaft verfolgen, dem nur ein anderer Gedanke herrschend zur Seite steht, nämlich der, einmal übernommene Pflichten mit aller Kraft zu erfüllen. Für Sekunden nur vermögen weichere, norddeutsch herzliche Regungen an ihm sichtbar zu werden, für Sekunden höchstens vermag ihn eine Frau [...] zum Schwanken in seinen Entschlüssen zu bringen. [...]
>
> Tinser muß sich [...] heroisch für die endgültige Befreiung der Kameraden opfern wollen. Und es wäre gut, wenn ihn in dieser letzten packenden Entscheidung nicht eine Frau, sondern die Kameraden zu retten vermöchten, ein menschlich erschütternder Beweis für die gegenseitige Einsatzbereitschaft echten Soldatentums bis zum Letzten.[511]

Die Entwicklungsgeschichte eines Kriegsheimkehrers nach dem Ersten Weltkrieg sollte zu einem Loblied auf deutsches Soldatentum umgearbeitet werden.

Der Film wurde nicht realisiert. Leip zufolge war das Projekt von der Reichsschrifttumskammer gestoppt worden, weil die zu diesem Zeitpunkt angestrebte „Freundschaft zu Rußland" durch die *Tinser*-Verfilmung gefährdet gewesen wäre.[512]

Zwischen 1937 und 1939 arbeitete Leip an etwa zehn Drehbüchern überwiegend für die Ufa mit, von denen schließlich aber nur drei auch wirklich zu Ende verfilmt und aufgeführt wurden: 1937 *Gasparone* und 1938 *Nordlicht* und *Florentine*.

Für die Verfilmung der erfolgreichen Karl-Millöcker-Operette *Gasparone* hatte Leip zusammen mit Werner Eplinius das Drehbuch verfaßt. Die Mitwirkung des Traumpaars des deutschen Films, Marika Rökk und Johannes Heesters, sollte dem Werk um den Räuberhauptmann Gasparone, von vornherein den Erfolg sichern. Dazu kam die eingängige Musik von Peter Kreuder und Karl Millöcker. Regisseur Georg Jacoby, der sich schon mit Filmen wie *Die Czardasfürstin* (1934), *Heißes Blut* oder *Der Bettelstudent* (beide 1936) einen Namen gemacht hatte, inszenierte mit *Gasparone,* wenn auch kein epochales Werk, so doch immerhin eine gefällige Operetten-Komödie ohne allzu merkbare propagandistische Zugeständnisse. Ein „Filmchen mit viel Musik, Tanz und Romantik", urteilt das *Lexikon des internationalen Films* lapidar, in dem allein „Leo Slezak als ‚gewichtiger' Polizeipräfekt und Marika Rökk mit ihrer virtuosen Tanztechnik Schwung" in die sonst „unbeschwert dahinplätschernde Handlung" brächten.[513] Leip, der nur gelegentlich am Berliner Drehort weilte, wurde von seinem Partner Eplinius regelmäßig über den Fortgang der Dreharbeiten unterrichtet. Aus dessen Briefen geht hervor, daß der Drehbuch-Text aufgrund massiver Änderungen und Kürzungen viel von seinem ursprünglichen Charakter verloren hätte:

> Vom Gasparone-Kriegsschauplatz folgende Neuigkeiten: erstens: [...] Jacoby hat nach Deinem Fortgang ein ganz neues Drehbuch geschrieben, in dem [...] nur noch gelegentlich „wie Perlen" Dialogstellen unseres Buches auftauchen. [...] Jacoby soll es fertiggebracht haben, die Rökk nun ganz und gar in den Mittelpunkt des Geschehens gerückt zu haben.[514]

Gasparone kam am 17. Dezember 1937 in die Kinos und wurde entgegen den Erwartungen der Drehbuchautoren ein grandioser Erfolg. [515] Selbst in Amerika fand der Film großen Zuspruch. Und eine der renommiertesten Theater- und Filmzeitschriften, die *Variety*, empfahl ihn nachdrücklich allen „Rokk [sic!] fans as well as the music lovers" sowie allen „Deutsch speaking nabes in the U. S.".[516] Darüber hinaus trage *Gasparone* dazu bei, das Niveau der deutschen Filmkunst insgesamt zu heben: „From an European point of view, Germany has reached a high water mark with this picture, which is well mounted."[517]

Auch Leips anschließendes Filmprojekt (Regie: Karel Lamac) war musikalischer Art. In Zusammenarbeit mit Katrin Holland und Aldo von Pinelli entwikkelte Leip ein Drehbuch, für das er stofflich prädestiniert war. Die in Österreich produzierte „Abenteuerkomödie mit Seefahrer-Romantik"[518] *Florentine* handelt von der 17-jährigen Tochter eines Handelsschiffskapitäns, die bislang als Matrose auf dem väterlichen Dreimaster gearbeitet hat und nun an Land zur Frau ‚erzogen' werden soll. Der Film wurde 1937 fertiggestellt und kam im Januar 1938 in die Kinos. Trotz Paul Hörbiger in einer der Hauptrollen blieb der erhoffte Erfolg aus.

Ein anderer Film, für den Leip gemeinsam mit Herbert Fredersdorf das Drehbuch verfaßt hat, ist heute völlig vergessen. Es basiert auf dem 1933 auf deutsch erschienenen Bühnenstück *Bären* vom norwegischen Autorenpaar Lars Hansen und Karl Holter.[519] Die Story ist abenteuerlich aber simpel: Ein totgeglaubter norwegischer Pelzjäger findet bei seiner Rückkehr seine frühere Braut als Ehefrau eines reichen Kaufmanns. Als der Rivale durch den Angriff eines Bären stirbt, wird er wegen Mordes angeklagt, kann aber später seine Unschuld beweisen. „Betagter Abenteuerfilm, umständlich inszeniert und schwerfällig gespielt", urteilt das *Lexikon des internationalen Films*. *Nordlicht* wurde von Werner Hochbaum verfilmt und René Deltgen, Ferdinand Marian, Günther Rittau spielten die Hauptrollen in der süßlich-kitschigen Liebesromanze. So gab sich der Film zwar unpolitisch, doch bediente er mit seinem norwegischen Schauplatz eine populär gewordene diffuse Nordland-Ideologie. Um den nationalsozialistischen Arierkult verbreiten und legitimieren zu können, galt der hohe Norden als geeignetes Gelände für die Suche nach den ‚arteigenen' Wurzeln. So wurden ab Mitte der 30er Jahre von der *NS-Kulturgemeinde* oder der *Arbeitsfront*-Organisation *Kraft durch Freude* Norwegen-Reisen veranstaltet, die der „Stärkung der Pflichtkraft

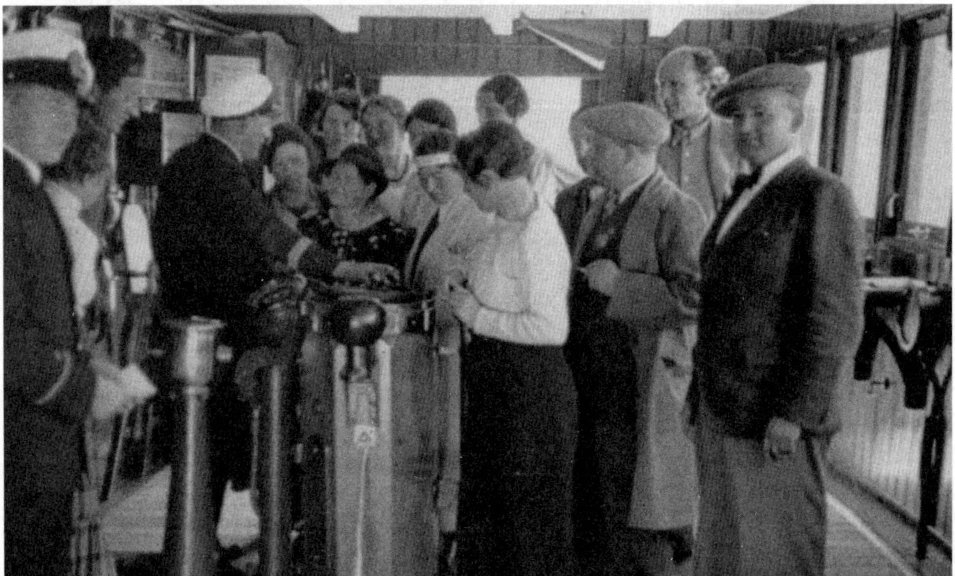

Oben: Neben seiner Filmarbeit verfaßte Leip Hörspiele für den Rundfunk. Die Aufnahme zeigt die Produktion seines Stücks *Das blaue Band* im Hamburger Hafen, Anfang der 30er Jahre. Unten: Auf der MS St. Louis 1935 vor Norwegen.

am deutschen Aufbauwerk" dienen sollten, damit die Reiseteilnehmer gestärkt würden für die „Pflichterfüllung gegen unser Volk, unser Blut und unseren Führer."[520] Leip selber hatte im Mai 1935 an solch einer von der NS-Organisation *Kraft durch Freude* ausgerichteten Hochseefahrt nach Norwegen auf der MS St. Louis teilgenommen. Erst im Nachhinein sollte sich herausstellen, daß an die Einladung eine Bedingung geknüpft war. Noch im August desselben Jahres wurde Leip von der *Deutschen Arbeitsfront,* Abteilung KdF-Reisen, freundlich aber bestimmt dazu aufgefordert, unverzüglich einen literarischen Text über seine Reiseeindrücke abzuliefern. Auf die Schnelle verfaßte Leip die kurze Erzählung *Flagge über Skagerrak,* die mitaufgenommen wurde in eine kleine KdF-Werbebroschüre mit dem Titel *Deutsche Dichter erzählen – Sie reisten mit „Kraft durch Freude".*[521]

So bewegte sich Leip auf mehr oder weniger bekannten Pfaden, als ihm für die atmosphärisch-ideologische Einstimmung auf den *Nordlicht*-Film von der Ufa eine Schiffsreise nach Norwegen spendiert wurde, die ihn von Anfang bis Mitte Januar 1938 von Hamburg über Malmö nach Oslo führte. Auf der Suche nach einem geeigneten Schauplatz wechselte die Filmcrew vor Ort auf einen kleinen Fischtrawler. Als Drehort wurde schließlich eine „abseits gelegene Insel" ausgewählt.[522]

Obwohl *Nordlicht* nicht annähernd so viele Besucher in die Kinos lockte wie *Gasparone,*[523] ergab sich für Leip aus dem Projekt ein lukrativer Anschlußauftrag. Er durfte für den Hochbaum-Film *Ein Mädchen geht an Land* das schon fertige Drehbuch überarbeiten.[524]

Doch trotz solch angenehmer Aspekte und der großzügigen Gagen überwogen sehr bald die Ernüchterungen über die Filmarbeit. Die Gründe hierfür waren vor allem der übergroße Termindruck sowie die zu engen Schreibvorgaben. Hinzu kam die Enttäuschung über zahlreiche nicht realisierte Filmprojekte.[525]

Viel Energie investierte Leip in ein Drehbuch mit dem Titel *Der letzte Appell.* Zwar wurde hier immerhin mit der Verfilmung begonnen, doch mußte die Produktion wegen ihrer angeblich englandfreundlichen Tendenz vorzeitig beendet werden. Denn inzwischen war der Zweite Weltkrieg ausgebrochen. Der Filmstoff basiert auf einer tatsächlichen Begebenheit, dem Untergang des Hilfskreuzers *Königin Luise* vor der Themsemündung, 1914, dessen Überlebende von einem englischen Kreuzer gerettet worden waren. Emil Jannings war für die Rolle des Kapitäns vorgesehen. Der bekannte Mime hatte sich 1933 enthusiastisch zur NS-Ideologie bekannt und bereitwillig Rollen in antibritischen und anderen Propagandafilmen übernommen. Goebbels ernannte ihn dafür zum Reichskultursenator; 1938 avancierte er zum Chef der Tobis-Filmgesellschaft, die seine zahlreichen Filme produzierte.

Im Juli 1939 wurde Leip für die Bearbeitung des Drehbuchs in Jannings' Villa am Wolfgangsee untergebracht. Dort lernte er die Schwester von Goebbels, Maria, und deren Mann Max W. Kimmich kennen, der beim *letzten Appell* Regie führen sollte. Zu den Gästen zählte außerdem Rainer Schlösser,[526] Leiter der Abteilung Theater im *Reichsministerium für Volksaufklärung und Propaganda,* der Leip besonders plastisch in Erinnerung blieb, weil er mit seinem Revolver auf die Fische im See schoß und der kleinen Gesellschaft so „die Bademöglichkeit versaute".[527] Als sich herausstellte, daß Leip als einziger der Gäste nicht der Partei angehörte, kam es zu Irritationen, die erst mit dem Hinweis beschwichtigt werden konnten, daß er schließlich ein gebürtiger Hamburger sei: „Der Dame [Maria Kimmich] sprühendes: Das erklärt manches! - verblaßte im dröhnenden Gelächter des Gastgebers."[528]

Die Dreharbeiten in Kiel endeten abrupt nach nur wenigen Wochen. Auf Anweisung von Goebbels waren sie mit sofortiger Wirkung gestoppt worden: „Jannings wedelte mir ein Telegramm unter die Nase, als wolle er Hornissen vertreiben. Was stand drin? auf englandfeindlich umarbeiten - goebbels."[529]

Enttäuscht wandte sich Leip von dem Projekt ab. Der Film wurde niemals fertiggestellt.[530] Ob aus politischer Überzeugung, oder weil er einfach keine Lust mehr hatte, „nach Fingerzeigen anderer" zu „dichten",[531] bleibt offen. Auf jeden Fall gab Leip nach diesem Fiasko seine Filmarbeit endgültig auf:

> Der Film - das habe ich dieser schweren Tage in stiller Erkenntnis eingesehen - soll mich nicht noch weiter verflachen und zu Grunde richten. Lieber etwas weniger Geld. Ausgegeben wird es so oder so. So oder So, SOS, Sumpf oder System, der Mensch soll seinen besseren Instinkten folgen und nicht dem Mammon.[532]

8.4. Un–Getüm

Autor des Cotta-Verlages – Freundschaft mit Kläre Buchmann

Ein liegengebliebenes Drehbuch zu einem Filmprojekt mit dem Arbeitstitel *Orkan*, das ursprünglich mit Gustav Knuth und René Deltgen hatte verfilmt werden sollen, benutzte Leip als Grundlage für die Novelle *Die Bergung*. Sie kam 1939 bei Cotta heraus und wurde in den folgenden Jahren immer wieder neu aufgelegt. Außerdem erschien sie in einer Frontbuchausgabe für die deutsche Wehrmacht als ‚Dr.-Joseph-Goebbels-Spende' in einer Auflage von 200.000 Exemplaren und als Nachdruck der ‚Propaganda-Abteilung Ostland' in der Reihe ‚Ostland-Kompanie-Bücherei'. Was ursprünglich als ein Loblied auf das „Heldentum der Bergungs-Schiffahrt"[533] entstanden war, schien offenbar auch bestens geeignet als Erbauungslektüre für deutsche Soldaten.

Die Bergung war nicht Leips erstes Buch im Stuttgarter Klassikerverlag Cotta. Sein Debüt hatte er kurz zuvor mit einer Neuauflage von *Miss Lind und der Matrose* gegeben.[534] Bis 1945 verlegte Cotta die meisten der größeren Arbeiten Leips. Der Verlag hatte es sich zur Aufgabe gemacht, sein Gesamtwerk zu betreuen. Verantwortlich für diese Entscheidung war eine junge ambitionierte Verlagsmitarbeiterin: Kläre Buchmann, seit 1937 Cheflektorin bei Cotta und außerdem stellvertretende Geschäftsführerin. Ihre Aufgabe sah die promovierte Philosophin darin, dem ‚Klassikerverlag' neue literarische Kräfte zuzuführen. Sie initiierte die biographische Schriftenreihe *Dichter der Deutschen*, in der Schriftsteller über

Oben: Hans Leip und Kläre Buchmann. Überlingen, Mai/Juni 1942.
Unten: Umschlag der von Leip verfaßten Liliencron-Biographie, die 1938 in der von Kläre Buchmann herausgegebenen Reihe „Die Dichter der Deutschen" erschien.

ihre Kollegen schrieben. Zu den Autoren zählten Gertrud Bäumer und Werner Bergengruen, die Hamburger Hermann Claudius und Edgar Maass aber auch so zweifelhafte Vorkämpfer der NS-Ideologie wie Leips alter Bekannter, der Österreicher Robert Hohlbaum.[535]

Leip selber verfaßte für die Reihe eine Biographie über Detlev von Liliencron. Das Buch, 1938 erschienen, ist ebenso wie die Schmeling-Biographie mit der heißen Nadel gestrickt. Schlimmer noch: Ein Großteil des Textes entstammt der 1913 bei Schuster & Löffler erschienenen Liliencron-Biographie des Hamburgers Heinrich Spiero.[536] Aus ihr hat Leip vieles einfach wörtlich und unkommentiert übernommen. Und Spiero selber konnte sich zur Zeit der Pogrome nicht mehr wehren, war er doch infolge der Rassengesetze des ‚Dritten Reiches' zum Schweigen verurteilt. Spätestens seit der ‚Reichskristallnacht' war Raub an Juden gesellschaftsfähig geworden. Wußte Leip, daß Spiero Jude war?

Die Beziehung Leips zu Kläre Buchmann war keineswegs rein beruflich. Die junge Frau wurde zu seiner engsten Vertrauten. Und sie wurde seine Geliebte. In den Jahren zwischen 1937 und 1945 schrieben sie sich an die 500 Briefe und Hunderte von Postkarten, in denen sie sich mit eigenartigen Kosenamen anredeten, wie „Ungetüm" für Leip und „Getüm" oder „Une" für Kläre Buchmann.[537] Das bemerkenswerte an dieser Beziehung war die Tatsache, daß Leip sich erstmals in eine Akademikerin verliebt hatte, die ihm intellektuell zumindest ebenbürtig, wenn nicht sogar überlegen war.

8.5. Nicht Weimar, sondern Ratzeburg

Einsatz für Ernst Barlach – Hilfsaktion für Oscar Isey – Felix Hecht – Joseph Hunck – Thomas Mann und die Emigration – Angriff vom „Schwarzen Korps"

Leip ließ sich von Kläre Buchmann in vielem beraten, besonders aber in politisch korrektem Verhalten. So sorgte sie dafür, daß er in Goebbels Renommierzeitschrift *Das Reich* veröffentlichte; und auf ihr Anraten hin sollte er die sogenannten ‚Dichtertreffen' in Weimar besuchen, auf denen sich der NS-Kulturbetrieb selber feierte. Dem Wunsch zur Teilnahme kam Leip nur sehr zögerlich nach. Eine erste Einladung zur *Großdeutschen Buchwoche* für den Oktober 1938 sagte er noch ab. Keinesfalls würde er „zum Pfötchenlecken nach Weimar"[538] reisen, erklärte er Buchmann entschieden:

> Ich tauge nicht für den Aufmarsch. Ich bin froh, wenn der schmale Pfad, den ich vor mir sehe, mich allein durchläßt. In Kompagniefront, ja schon in Gruppenkolonne müßte ich aus „Kameradschaft" auf ein weiteres Vordringen verzichten. Und das wünschen Sie auch nicht. (Im Grunde wünscht auch die „Regierung" das nicht).[539]

Aus Hamburg waren außer ihm noch eingeladen, Rudolf und Jakob Kinau, beides Brüder von Gorch Fock und Parteimitglieder, Thomas Westerich, ebenfalls Parteimitglied, und Albert Mähl. Mit „diesen Typen" „selbstgefälliger Mundvollnehmer"[540] wollte Leip keinesfalls in Verbindung gebracht werden. Er entschuldigte sich bei Goebbels als erkrankt und schickte die bereits erhaltenen Fahrkarten zweiter Klasse zurück.

Anstatt nach Weimar zu reisen, nahm Leip an der Beisetzung Ernst Barlachs in Ratzeburg teil. Leip, für den die spektakulären Uraufführungen von Barlachs Dramen Anfang der 20er Jahre an den Hamburger Kammerspielen so etwas wie Schlüsselerlebnisse gewesen waren, wollte sein großes Vorbild auch nach 1933 nicht verleugnen. Noch 1934 besuchte er die Uraufführung von *Der blaue Boll* im Altonaer Stadttheater:

> [...] das Programmheft bemühte sich, den Dichter als markig niederdeutsch herauszustreichen, als ein hier im Elbbezirk zu Wedel geborener Sohn eines Landarztes blut- und bodenentsprossen. Dabei baute der kluge Intendant Paul Legband auf die kulturelle Beschränktheit der plötzlichen Machthaber.[541]

Mit Unverständnis reagierte Leip, als *Die echten Sedemunds* 1935 vom Spielplan des Altonaer Theaters abgesetzt wurden. Entsetzt war er über die Aktion ‚Entartete Kunst', während der ein Großteil von Barlachs Werk aus öffentlichen Sammlungen entfernt und der Künstler mit Ausstellungsverbot belegt wurde. Auch das von Barlach geschaffene Hamburger Ehrenmal auf dem Rathausmarkt (inzwischen Adolf-Hitler-Platz) entging den Nationalsozialisten nicht. Von dem Beschluß, das Relief des Kunstwerkes zu entfernen, erfuhr die Öffentlichkeit im Januar 1938 durch die Hamburger Presse. In großer Aufmachung titelte das *Hamburger Tageblatt*: „Barlach-Relief am Ehrenmal verschwindet".[542]

Als Leip von Barlachs Tod am 24. Oktober 1938 erfuhr, war er tief betroffen. An Kläre Buchmann schrieb er:

> Barlach ist tot. Ich hörte es im Radio: Der Bildschnitzer Barlach ist im Alter von 61 Jahren in einem Rostocker Krankenhaus gestorben.
>
> Das war alles.
>
> Ob man in Weimar seiner gedenkt? Des größten Norddeutschen Künstlers seit Meister Bertram? Und des großen Dramatikers? Wann ist je so etwas Nervenspaltendes und zutiefst „Humorvolles" geschrieben wie „Der blaue Boll" – humorvoll im Sinne von Lebenserkenntnis, letzter Erkenntnis des armen, vergänglichen Fleisches ... Und: „Die echten Sedemund's". Grausig, erschütternd, auslegend und in das Unvergängliche weisend wie, ach, so weniges, das man heute groß preist. Und die Sprache, die große Schnitzmessersprache! O nein, viel mehr, ein Sturmwind aus Ewigkeit saß ihm im Nacken und bog ihm die Faust und führte sein Messer. Es wäre viel darüber zu sagen. Viel mehr als alles, was sonst in Weimar gesagt werden wird.[543]

Zur Beisetzung Barlachs verfaßte Leip das Huldigungsgedicht *Seit Meister Bertram hier versank*. Der Text erschien 1939 in der Gedenkschrift *Freundesworte – Ernst Barlach zum Gedächtnis* als Privatdruck der Firma Reemtsma. Er schließt mit den Versen:

Nun ruh inmitten unserm Land,
vergessen viel und viel verkannt.
Wird manch Jahrhundert drübergehn,
da wirst du glorreich auferstehn.

„Ich war in Ratzeburg", bekannte Leip seiner Lektorin, „mein Schwager fuhr mich in seinem netten Wagen hin – und wir haben dort Barlach die letzte Ehre erwiesen. Wenn auch nicht viele dort waren, so waren es nicht die Schlechtesten. Und das wiegt Weimar auf und war auch notwendig."[544]

Noch 1944 versuchte Leip das Projekt einer Barlach-Biographie in der Reihe *Dichter der Deutschen* zu initiieren. Als Verfasser hatte er Carl Albert Lange gewinnen können:

> Das ist großartig, daß Du über Ernst Barlach schreiben willst. Nein, fang ruhig gleich damit an. Die Gegensätze zu ihm sind ähnlich wie bei Rilke – behördlich nur vereinzelt und nicht schlimmer (wie schon zu seinen Lebzeiten) wie z. B. jene, die Rodin von den Franzosen hat erfahren müssen. Und es handelt sich ja zur Hauptsache um eine literarische Würdigung Barlachs.[545]

Der blauäugige Optimismus wurde von Seiten des Verlages – natürlich – enttäuscht. „Barlach wird noch Hindernissen begegnen", mußte Leip im Sommer 1944 dem potentiellen Biographen melden.[546] Das Buch erschien nicht.

Auch mit seinem Eintreten für Barlachs Werk hat Leip bewiesen, daß er noch nach 1933 unabhängig urteilen und eine couragierte Haltung an den Tag legen konnte. Ferner pflegte er weiterhin Kontakt zu Freunden, die inzwischen am NS-Pranger standen, wie Ludwig Benninghoff, Ernst Sander oder Hugo Sieker.[547]

In einem Fall ließ Leip sogar seine Kontakte zum Hamburger Bürgermeisterehepaar Krogmann spielen. Dabei ging es um seinen alten Bekannten und Gönner Oscar Isey. Isey war Mitte November 1938 von der Gestapo verhaftet und ins KZ Oranienburg deportiert worden. Als Leip von dem Vorfall erfuhr, wandte er sich unverzüglich an Emerentia Krogmann, von der er wußte, daß sie dieselbe Schule wie Iseys Ehefrau besucht hatte. Leip bat die Gattin des Bürgermeisters inständig, sie möge sich für seinen Freund stark machen:

> Ich habe Sie noch nie um einen Gefallen gebeten. Aber in diesen Tagen muß ich es tun. Einer der edelsten Menschen, die ich kenne, einer der wenigen wahrhaft Guten, Dr. Oskar Isey, ist verhaftet worden, weil er – ich hab es nie gewußt und es ist ja auch einerlei – Jüdischer Abstammung ist. Er war Offizier im Kriege, hat das EK II, ist Chemiker und leitet eine große Fabrik in Altona. Und mehr: Er ist es, der vielen Künstlern ermöglicht hat, etwas zu werden. Auch ich wäre in trüben Jahren einfach verhungert, wenn nicht Dr. Isey mir beigestanden hätte (nicht nur geldlich, sondern mit seinem wundervollen klugen und gütigen Zuspruch, mit seinem Glauben an das Gute, ja, das er an manchen von uns glaubte, ehe andere zu glauben wagten, das hat manchen von uns für das Leben und die Kunst gerettet) Und er glaubte an Deutschland, an die Zukunft dessen, was groß und schön geredet und getan wurde. Nun hat man ihn nach Oranienburg geschafft, ihn, der lange hätte sein geliebtes Vaterland verlassen können, mit offenen Armen im Ausland erwartet. Aber er wollte bleiben, wo seine Vorfahren viele hunderte von Jahren geachtet lebten.[548]

Leip versicherte, die Auswanderung Iseys nach Norwegen sei bereits arrangiert, er würde Deutschland unmittelbar nach seiner Freilassung verlassen. Schon nach wenigen Tagen zeigte Leips Bittgesuch Wirkung. Am 23. November 1938 konnte er Kläre Buchmann berichten:

> Eben ruft mich Dr. Isey an, jener gute Mensch, der auch plötzlich verhaftet wurde. Er ist – und ich hab dabei geholfen – wieder frei. Er ist fabelhaft elastisch in sich, preist das gute Essen und die wundervolle Luft in Oranienburg (K. Z.) ...[549]

Was war passiert? Die prompte Freilassung Iseys war nur möglich geworden, weil Emerentia Krogmann mit der Ehefrau Hermann Görings befreundet war.[550] Leip erinnert sich falsch, wenn er in diesem Zusammenhang den Reichsführer SS Heinrich Himmler anführt: „Frau Bürgermeister Krogmann telefonierte alsbald mit der Frau Reichsstatthalter Himmler. Das war alles."[551] Isey ging zwar nicht ins Exil, mußte aber sein Unternehmen aufgeben. Als gelernter Chemiker wurde er – „Welch erschütternde Symbolik!"[552] – zur Herstellung von Tarnfarben eingesetzt.

Leip behauptete später: „von KZ wußte ich damals nichts, hörte erst Ende des Krieges Genaueres [...]".[553] Offenbar wußte er aber schon vor dem Krieg ziemlich genau Bescheid. Denn nicht nur Isey war verhaftet worden, auch Hans Harbeck wurde zeitweilig im KZ Fuhlsbüttel in ‚Schutzhaft' gehalten.

Ein ehemaliges Mitglied der *Hamburger Gruppe*, Leips früheren Rechtsanwalt Felix Hecht, traf es ungleich härter: Einen Tag nach der ‚Reichskristallnacht', am 10. November 1938, wurde Hecht verhaftet (fast zeitgleich mit Isey) und ebenfalls ins KZ Oranienburg eingeliefert. Am 30. November 1938 entzog man ihm die Zulassung als Rechtsanwalt. Am 17. Dezember 1938 wurde Hecht vorläufig wieder entlassen und konnte vorübergehend untertauchen. Am 18. Januar 1944 erhielt er die Aufforderung, sich am Grindelhof für den Transport nach Theresienstadt bereitzuhalten. Am 22. Februar 1944 wurde Felix Hecht nach Theresienstadt, am 28. September 1944 nach Auschwitz deportiert. Sein genaues Todesdatum ist nicht bekannt.[554]

Die ‚neue Zeit' zerfraß viele Freundschaften und freundschaftliche Gewohnheiten. Leip sah mit an, wie Freunde und Kollegen aus seinem Blickfeld einfach verschwanden. Der Kreis um Leip lichtete sich. Ein befreundeter Nachbar aus Blankenese, Joseph Hunck, mit dem er schon zusammen am *Sturmreiter* gearbeitet hatte, konnte seiner Deportation zuvorkommen. Er emigrierte zunächst in die USA, später dann nach Portugal.[555]

Leip zeigte Verständnis für die ins Exil geflüchteten deutschen Schriftsteller, auch wenn es für ihn selber niemals in Frage gekommen wäre, Deutschland zu verlassen: „[...] ich hatte weder das Reisegeld, noch wollte ich das Feld räumen. Ich wollte bleiben und helfen, so gut es ging [...]".[556] Als der Geschäftsführer von Cotta, Kurt Port, in der Verlagszeitschrift einen Angriff gegen Thomas Mann unternahm, bezog Leip gegenüber Kläre Buchmann Stellung für den seiner Meinung nach „wesentlichsten Emigranten":[557]

> Wie sehr auch Thomas Mann politisch dahingefällt sein mag, es ist nicht zu leugnen, daß er ein überragender Schriftsteller ist, an dem gemessen, oder vielmehr an seiner Portschen Verdammnis gemessen, von der Cottaschen Erzeugung nicht viel übrig bleibt. Man schmäht den Gast, der fort ist, nicht, ohne selber in ein schiefes Licht zu geraten. Nicht, daß jener Wehrlose im Ausland Schaden davon hätte, nur die andrerseits Gelobten sieht man mit Mißtrauen an.[558]

Später allerdings sollte Leip sein Urteil über den Nobelpreisträger teilweise revidieren. Mit seinen insgesamt 58 Radiosendungen an *Deutsche Hörer*, die ab Oktober 1940 monatlich von England nach Deutschland ausgestrahlt wurden, wollte Thomas Mann seinen Hörern moralische Unterstützung und Mut zum Widerstand geben. Leip bezweifelte den positiven Effekt dieser Ansprachen. Er sei sich dabei vorgekommen „wie ein Kalb, vor dem der Metzgergeselle mit dem Beile steht, und da wurde mir denn gütlich von weitem zugesprochen: Beiß den Mann doch! Nimm ihm doch das Beil weg! – Ach, wie war meine Unmächtigkeit quälend [...]".[559]

Leip selber war zu keiner Zeit verfolgt. Wenn er später behauptete, er sei „1933 zum ‚Asphaltliteraten' erklärt" und *Die Blondjäger* seien „aus ‚rassischen' Gründen" in Greifswald verbrannt worden, so trifft dies nicht zu.[560] Er verhielt sich zunächst weitestgehend konform, ging Konzessionen und Kompromisse ein. Um weiter bei Cotta veröffentlichen zu können, hielt er sich an die Ratschläge Kläre Buchmanns, deren berufliches wie auch privates Interesse darin bestand, ihren Autor und Freund noch populärer zu machen. Dieses Vorhaben konnte aber nur dann gelingen, wenn dieser sich weithin wahrnehmbar zum NS-Regime bekannte. Umso mehr war ein öffentliches Bekenntnis aus verlegerischer Sicht notwendig, als daß Leip schon wegen seines Erzählbandes *Begegnungen zur Nacht* im Mai 1938 vom ‚Kampfblatt der SS' *Das Schwarze Korps* aufs Korn genommen worden war. Unter dem Titel *An einen Dichter* war dort zu lesen gewesen:

> Was halten Sie von einem „rispelnden Küssewind", vom „wippenden Geschrei des Wassergefieders", von „möwenbezuckerten Hafenanlagen", von der „feuchten Schürze der Niederelbe", von einem „neu saugenden Lockruf"? Quatsch, werden Sie sagen – aber, bitte nicht uns, sondern ... dem Schriftsteller Hans Leip, der sich derartige „poetische Freiheiten" in der Einleitung seines Buches „Begegnungen zur Nacht" erlaubt.[561]

Dann folgt ein Spottgedicht, das mit dem spezifischen Vokabular Leips, dessen Lyrik parodieren soll:

> Wenn sich die Muse kußbereit
> an deine Hemdbrust schmeißt,
> und dir vor lauter Zärtlichkeit
> in beide Backen beißt,
> dann sollst du mit dem holden Kind
> zwar kräftig Süßholz lispeln –
> laß' aber keinen „Küssewind"
> mehr durch die Gegend „rispeln"!

[...]
Die Dichtkunst ist ein schöner Brauch
(ich bin ja selbst Poet) –
doch dazu braucht der Dichter auch
den, der ihn ganz versteht.
Das ist die werte Leserschaft,
der er sein Werk vermittelt
und die sich vor dem Himbeersaft
der hohlen Phrase schüttelt!

Von einem ‚Angriff' des *Schwarzen Korps* konnte zwar nicht die Rede sein. Vorsicht aber war geboten. Denn die in dem Artikel enthaltene Aufforderung war unmißverständlich: Leip sollte anstatt des „Himbeersaft[s] der hohlen Phrase" endlich ein Bekenntnis zu echtem ‚Blut und Boden' abgeben. Leip selber reagierte auf den Schmäh-Artikel gelassen und betrachtete ihn vielmehr als Werbung für sein neuestes Buch: „Haha! Da lach ick öwer! (wie Bismarck) Das ist ja nichts als Reklame!"[562]

Aber nicht nur das SS-Organ war auf Leip aufmerksam geworden. Auch im gefürchteten *Jahresgutachtenanzeiger* des Amtes Rosenberg fand sich 1937 sein Name neben denen unerwünschter Autoren wie Hans Fallada, William Faulkner, Julien Green, Ricarda Huch oder Frank Thiess.[563] Die Literaturkontrolle im Rosenberg-Amt bediente sich einer Reihe von Empfehlungs- und Verbotskategorien, denen politisch-weltanschauliche aber auch fachlich-ästhetische Maßstäbe zugrunde gelegt wurden. Aufgrund der Rosenberg-Zensur war Leip vorübergehend aus den staatlichen Förderungsprogrammen ausgeschlossen. Noch 1940 kritisierte das alarmierte Hauptlektorat ‚Schöngeistiges Schrifttum' des Rosenberg'schen ‚Amtes Schrifttumspflege' Leip als Autor eines „geistigen und literarischen Zwischenreichs".[564] Jene „Zwischenreichautoren" zeigten „mehr Verwandtschaft mit dem Literatentum aus der Zeit vor 1933 als mit der volkhaften Dichtung" der Gegenwart:[565]

Es wäre vielleicht nicht nötig, diese Autoren ernst zu nehmen, wenn nicht eine Reihe von Symptomen darauf hinweisen würden, daß hier eine literarische Clique in der Entstehung begriffen ist, die bereits mit geistigen Herrschaftsansprüchen auftritt und die, wie es scheint auch innerhalb der Leserschaft mehr und mehr Zulauf erhält. [...] Wir denken dabei an Namen wie Karl Friedrich Kurz, Hans Leip, Edzard Schaper, Hans Löscher, Horst Lange, Waldemar Bonsels, Werner Bergengruen, Stefan Andres, Paul Fechter, Otto Ernst Hesse, August Scholtis usw. Für bedenklich muß das Wirken dieser Zwischenreichautoren, die sich gerade während des Berichtsjahres zum Teil recht breit gemacht haben, vor allem auch deshalb gehalten werden, weil anscheinend der weitaus größere Teil unserer Buchbesprecher nicht in der Lage ist, über die Werke dieser Autoren zuverlässige Urteile zu fällen. Es ist geradezu erstaunlich, wie kritiklos die Werke dieser Autoren von den meisten Buchbesprechern hingenommen werden und was man an Lob und Anerkennung über sie leider auch in nationalsozialistischen Zeitungen zu lesen bekommt. Mit Bezug auf diese Erscheinungen kann geradezu von einer Krisis des Buchbesprechungswesens gesprochen werden.[566]

Daß die Rosenberg-Zensur strengere Maßstäbe anwandte und damit auch Schriftsteller als ‚schädlich' einstufte, die sonst ausnahmslos zu den ‚förderungswürdigen' zählten, hebt sie von der Methode der staatlichen Prüfung und der Kontrolle der übrigen parteiamtlichen Aufsichtsbehörden ab. Nur so ist es zu erklären, daß Leip 1942 erneut in den Förderungsverzeichnissen der Buchpropaganda (in den sogenannten *Jahresschaulisten*) mit dem Prädikat ‚förderungswürdig' ausgezeichnet werden konnte.[567]

8.6. Die Augen nach innen

Tod von Gretel Haalck – Schaffenskrise – Reise nach Madeira – Ausbruch des Zweiten Weltkriegs

Gegen Ende 1938 fiel Leip in eine tiefe Schaffenskrise. Seine Frau war schwer erkrankt. Sie hatte Krebs. Ilse Haalck hatte ihre berufliche Tätigkeit unterbrochen, um sich ganz der Sorge ihrer Schwester widmen zu können. Im Januar 1939 verschlechterte sich der Zustand der Patientin rapide. „Und ich versuche krampfhaft zu arbeiten", schilderte Leip seine eigene Arbeitssituation in dieser Zeit:[568] „Ich muß das ‚Schreiben' neu entdecken (wieder einmal) Ich traue mich nicht mehr. Und Sie werden verstehen, das ist ein ekelhafter, aber sicher notwendiger Zustand. Ich geh um mich herum und laure auf die Widerstände, die platzen sollen vor Wut über mein Mißtrauen [...]."[569]

Leip hatte die Liliencron-Biographie mehr schlecht als recht zu Ende gebracht und in langwieriger Detailarbeit das *Orkan*-Drehbuch zu einer Novelle umgearbeitet. Aber Befriedigung konnte er aus diesen Tätigkeiten nur noch selten schöpfen. Das hing auch damit zusammen, daß er bei der Auswahl neuer Stoffe immer stärkeren Rücksichtnahmen ausgesetzt war. Ein Romanprojekt mit dem Titel *Jazz oder die zwanzig Jahre*, wie es ihm 1938 vorschwebte, wäre natürlich nicht zu verwirklichen gewesen, zumindest hätte sich kaum ein Verleger finden lassen.[570] Denn Jazz und Swing waren im ‚Dritten Reich' verboten, die Anhänger dieser Musik galten als nicht systemkonform und wurden verfolgt.[571] Leip fing an, sich zunehmend mit seiner eigenen Biographie auseinanderzusetzen. Neben dem *Jazz*-Projekt, das er später zu seiner ersten Autobiographie *Die Taverne zum musischen Schellfisch* (1963) umarbeitete, entwarf er einen Roman über seine Zeit als Chorjunge in St. Georg, der 1949 unter dem Titel *Drachenkalb singe* erschien. „Ich halte es für besser, [...] die Augen nach innen zu richten. Da muß der Weg sein."[572] So begründete er 1938 seine Tendenz zur literarischen Selbstbespiegelung.

Das Jahr 1939 hinterläßt einen tiefen Einschnitt im Leben Hans Leips. Nicht erst, weil der Zweite Weltkrieg ausbrach, sondern schon wegen des Todes seiner Frau am 8. Februar. An der Trauerfeier auf dem Nienstedtener Friedhof beteiligte sich neben den Angehörigen und Blankeneser Nachbarn und Freunden vor allem auch eine große Anzahl von Verehrern Leips. Der Pastor wies in seiner Ansprache darauf hin, daß sich die Verstorbene bis an den Rand der Aufopferung für ihren Ehemann eingesetzt hätte: Sie hätte ihr eigenes schöpferisches Talent zurückgestellt „um ganz für das größere Werk des Gatten zu leben und als der waltende Geist des Hauses ihm alle Tage, auch die bangen des Ringens und der Schaffensnot, zur guten Stunde zu wandeln."[573]

Die beiden Töchter, inzwischen dreizehn und zehn Jahre alt, wurden nach dem Tod ihrer Mutter von ihrer Tante, Ilse Haalck, versorgt, die auch die Haushaltsführung übernahm. Im Mai 1940 heiratete Leip seine Schwägerin.

Um Abstand zu gewinnen, nahm Leip eine Einladung der Hamburg-Südamerika-Linie zu einer Fahrt auf der *Cap Arcona* nach Madeira an. Anderthalb Monate, von Anfang April bis Mitte Mai 1939, verbrachte Leip auf der portugiesischen Insel. Die meiste Zeit wohnte er in der Hauptstadt Funchal, wo er als eine der Hauptsehenswürdigkeiten die Villa des 1922 in der Verbannung gestorbenen letzten Habsburger Kaisers Karl besichtigte. Aber er suchte nicht nur Erholung und Anregung, sondern entwickelte auch Pläne für neue Arbeitsvorhaben. Angeregt von den Lektüreempfehlungen Kläre Buchmanns beschäftigte sich Leip mit der griechischen Antike: „Ich hab dann aus lauter Vergnügen, und da ich eben Zeit habe – und keinen Nerv für Romane – das verschollene Satyrspiel Proteus aufgrund der Mitteilungen Droysens für mich aufgeschrieben. Es hat mich zutiefst gefesselt, ja, geradezu gebannt."[574] Nach einem von dem Historiker Johann Gustav Droysen rekonstruierten Satyrspiel des Äschylos, begann Leip eine Verskomödie um den Trojanischen Krieg zu verfassen. Die Weiterarbeit wurde schließlich durch den Ausbruch des Zweiten Weltkriegs vorerst gestoppt.

Der Einmarsch deutscher Truppen in Polen am 1. September 1939 löste zwei Tage später die Kriegserklärung Großbritanniens und Frankreichs an Deutschland aus. In seinem Tagebuch notierte Leip: „Die Würde Europas scheint gänzlich vor die Hunde zu gehen."[575] Obschon sich Leip ganz eindeutig als ein Gegner des Krieges definierte, schob er seine pazifistische Grundhaltung auch schon mal beiseite und ließ sich von den „großen Ereignisse[n] des Weltbebens" hinreißen:[576]

> Wir hatten z. B. schon wieder fast vergessen, daß wir Fliegerangriffe so aus nächster Nähe hatten, mußten dafür aber letzte Nacht wieder aus den Betten. Immerhin ist das geringfügig und soll auch keine Klage sein im Hinblick auf die Geschichte, die nun schon wieder einmal für die Lesebücher der nächsten Generation den Stoff macht. Calais ist nach mehr als dreihundert Jahren in fremder Hand. Das ist ein gewaltiges Ereignis und wird Hitler für alle Zeit berühmt machen, wie überhaupt dieser ganze Feldzug ihn neben Hannibal und Napoleon stellen wird.[577]

> Die großen Ereignisse des Weltbebens, in den letzten Tagen fiebernd erregend – Narvik ... [≈] Mussolinis wilde Rede ... (ich hörte seine Stimme durchs Radio,) diese dröhnende, heiser beizend aus einem Vulkan aufrollende Stimme) ⌈und wir schon an Marne und über die Seine ...⌉ das Geschehnis des Lebens, das heute so viel bitteren Tod, Schmerz, Elend und Verzweiflung neben flammender Glorie [≈] bedeutet wie sicherlich noch niemals im Bestehen des Erdballs, der fürchterliche Dualismus allen Daseins ⌈, das alles⌉ steht der zarten Fügung eines Buches wohl nicht so sehr im Wege, wenn ⌈dieses⌉ sich nur beschwingt zu halten vermag wie etwa ein Schmetterling [≈] ⌈über⌉ Maschinengewehrgräben.[578]

Oben: Hans Leip mit Ilse Haalck und den Töchtern Hilke und Lore, um 1940. Unten: Lithographie von Emil Stumpp, 1931.

8.7. Zwischen Bestie und Engel

„Das Muschelhorn"

In seiner Korrespondenz mit Kläre Buchmann entwickelte Leip die Pläne für ein neues Romanprojekt mit dem Arbeitstitel *Das Muschelhorn*, das im Mai 1940 bis zum Konzept gediehen war.

> [...] der Ablauf ist mir klar, das Auf und Ab, das Blühen und Welken, der Tod der Hanse und der christlichen Einigkeit und der Beginn einer neuen Lebensfreude und was alles, ach, möge es sich anständig aufreihen und kein leerer Fetzen werden, möge es Kraft haben, gute Dinge auszusagen, und möge es nicht langweilig sein. Möge es menschlich richtig sein, so zwischen Bestie und Engel, dann wäre es nicht langweilig.[579]

Das Muschelhorn – Schicksal und Vollendung der Abdenas ist die Schilderung von vier Generationen eines friesischen Geschlechts von der Zeit der ‚Likedeeler' bis zur Reformation. Die Abdenas stammen von geflüchteten Stedingern ab und haben es als erfolgreiche Seeräuber zu einer bedeutenden Stellung unter den friesischen Anführern gebracht. Der Roman setzt mit Imel Abdena ein, der, mächtig und wohlhabend, auf seinem festungsartigen Hof an der Emsmündung residiert. Er fährt nicht mehr, wie noch sein Vater, zur See, sondern ist seßhaft geworden und treibt Handel mit den Piraten auf Helgoland. Dieser Prototyp der ‚nordischen Menschen'[580] begibt sich an Bord eines hamburgischen Schiffes, wird entführt und stirbt nach 24-jähriger Gefangenschaft. Sein buckliger Sohn Dirik geht mit Sebalda, Imels zweiter Frau, nach Hamburg, um den Vater freizukaufen – jedoch ohne Erfolg. Dirik läßt sich als Schiffszimmermann in Hamburg nieder und heiratet Sebalda. Beide führen ein Leben in Armut; als Erinnerung an den Ruhm und Reichtum der Abdenas ist ihnen nur ein Muschelhorn geblieben, das der letzte seefahrende Adbena aus Spanien mitgebracht hatte. Diriks Sohn Lambert bringt es in der Zunft zum Meister und wird zu einem angesehenen Bürger, während Dirik selbst wegen eines unbedeutenden Diebstahls die Stadt verlassen muß. Ihren Höhepunkt erreicht die Verbürgerlichung der Abdenas mit Lamberts Sohn Bojer, der als Schüler von Tilman Riemenschneider und Veit Stoss die „Gnade und Heimsuchung der Kunst"[581] erfährt und als Erbauer von Galionsfiguren zu großem Ansehen gelangt. Danach folgt rasch der Niedergang. Bojers unehelicher Sohn Alfonso wird Pirat und ertrinkt bei dem Versuch, seine Beute zu verstecken; seine Tochter ertränkt sich in der Nordsee. Nach diesen Schicksalsschlägen folgt Bojer im Alter dem für ihn verpflichtenden Gesetz innerer Freiheit und zieht sich in die Einsamkeit der Nordseeinsel Neuwerk zurück. Dort widmet er sich ganz dem Dienst an der Gemeinschaft und betreut als Wärter den Leuchtturm.

Die Familiengeschichte der Abdenas handelt von der Entwurzelung und Verbürgerlichung eines nordischen Krieger- und Bauerngeschlechts. Bezeichnend für den Roman ist, daß die großen friesischen Häuptlinge, die Ahnen der Abdenas, nur noch in Geschichten und Legenden auftauchen. Imel, der letzte von ihnen, ist nur noch ein Hehler und Händler und wird deshalb von der Konkurrenz beseitigt:

nfriede, Zweifler und Eigenbrötler sind schlechte Abnehmer von Massengütern. ie auszumerzen wird kein Unrecht gescheut, aber die Macht der Verteiler, die so als Stempel verwalten, stempelt Unrecht um zu Recht.[582]

Imels Schicksal ist eigentlich nur die Vorgeschichte. Der Großteil der Handlung spielt in Hamburg, was von Leip zu ausführlichen Beschreibungen des Stadtlebens und der Arbeitswelt genutzt wird. In der Stadt vollzieht sich mit dem Künstler Bojer denn auch die ‚Vollendung' der Abdenas; seine Person stellt zugleich den Höhe- wie den Endpunkt des Geschlechts der Abdenas dar.

Den Hauptteil des Textes verfaßte Leip während des Kriegssommers 1940. Um nicht vom Luftschutzdienst und dem Einsatz bei der Munitionsprüfung gehindert zu werden, zog er sich für die Arbeit am Manuskript nach Oberösterreich an den Attersee und wenig später an den in unmittelbarer Nachbarschaft gelegenen Mondsee zurück. Den Schluß überarbeitete er wieder in Blankenese. Im Oktober 1940 konnte er seiner Lektorin die Fertigstellung des Manuskripts mitteilen:

Und nur Ihnen ist zu verdanken, daß ich - lässig und benommen schon - mich noch einmal aufgerüttelt fand und dem kahlen Gerippe des Romanschlusses noch ein bißchen Fleisch und Puls abgeben konnte; daß ich hier unter dem Getöse der Flak und dem Rauschen der Todesengel noch einmal das Schicksal der Abdenas aufleuchten sah [.] - Sollte mir das am Mondsee gefehlt haben?[583]

Indem Leip einen historischen Roman verfaßte, glaubte er sich weitgehend befreit von politischen Rücksichtnahmen. Wie vielen anderen in Deutschland gebliebenen Autoren bot ihm der historische Stoff gewisse Freiräume. Gleichzeitig stand die Wahl der Textsorte direkter Kritik aber auch entgegen. Als „geklärte Sequenz" zu *Godekes Knecht* wollte Leip mit dem *Muschelhorn* eine Art „Abgesang" schreiben, „ein letztes gehöriges Buch, der innersten Anständigkeit und dem inneren Glück gewidmet, klüglich in Vergangenes getarnt".[584] Sehr versteckt aber sind die wenigen Anspielungen auf die Gegenwart. Während Hermann Hesse mit feinem Gespür *Das Muschelhorn* ganz im Sinne des Autors als „Muster verkappter Aufsässigkeit"[585] verstand, zeigte Georg Lukács hingegen die Probleme auf, die die historische Handlung mit sich brachte:

Hans Leips Roman „Das Muschelhorn" zum Beispiel zeigt die positiven und negativen Seiten einer solchen Flucht in die Geschichte auf einem nicht unbeträchtlichen literarischen Niveau. [...] Leip zeigt sich ziemlich frei von den faschistischen Geschichtsfälschungen. [...] In dem hier zutage tretenden geistigen Naturalismus liegt die zentrale Schwäche seines Werks. Schicksale, die objektiv nur aus der historischen Lage verständlich werden könnten, verschwimmen in einem Hell-Dunkel, weil die Zeitströmungen für den Verfasser nur so weit vorhanden sind, als die Gestalten sie zu rezipieren vermögen. So konnte nur ein lesenswerter, aber kein bedeutender historischer Roman entstehen.[586]

Der über 500 Seiten umfassende Text ist frei vom sprachlichen Überschwang, der für *Godekes Knecht* kennzeichnend ist und der Robert Neumann zu seiner Parodie angeregt hatte. Der Bezug zur Geschichte des Magisters Wikbold besteht zum

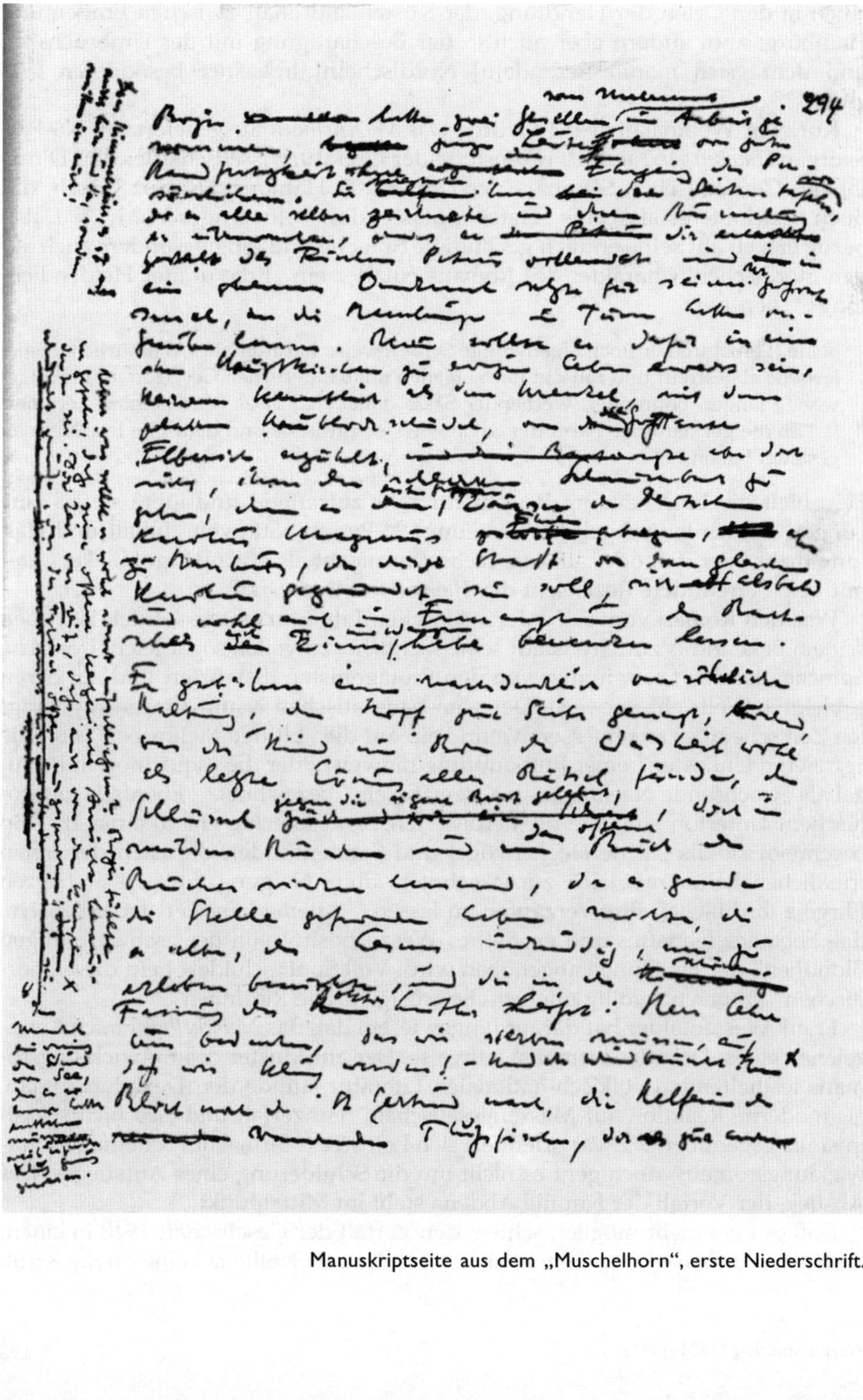

Manuskriptseite aus dem „Muschelhorn“, erste Niederschrift.

einen in den Orten der Handlung, der Küstenlandschaft zwischen Emden und Hamburg, zum andern aber auch in der Beschäftigung mit der Umbruchszeit und dem „sich manifestierende[n] Nordische[n] in seiner besonderen Prägung."[587]

Kurz vor Weihnachten 1940 wurde *Das Muschelhorn* ausgeliefert. Im NS-Parteiorgan *Hamburger Tageblatt* rezensierte der Literaturwissenschaftler und Direktor des Germanischen Seminars der Universität Hamburg, Robert Petsch, das Buch und lobte es als Leips „erstes umfassendes, vollwertiges Werk".[588] Dabei bezog er sich auf seine endlich gebändigte Sprache und ging besonders auch auf den ‚nordischen' Charakter des Romans ein, der ein „Erbe uralter Heldendichtung"[589] bezeuge:

> Seine [Leips] immer noch eigenwillige Schreibweise hat nun alles Willkürliche, Spielerische abgestreift und rauscht nach eigenen unabänderlichen Gesetzen im Prachtgewande langer, bohrender, werbender Sätze daher. [...] „Das Muschelhorn" erinnert [...] an die germanische Form der Saga, wie sie nordische und deutsche Erzähler neu gestaltet haben."[590]

Leip hielt die Einschätzung Petschs für sehr zutreffend und lobte sie als eine „ungewöhnlich leutselige[n] Würdigung".[591] Petsch hätte von „Inhalt und Haltung mehr begriffen oder auszusprechen vermocht als etwa [Hugo] Sieker", der mit Leip befreundete Rezensent des *Hamburger Anzeigers*.[592]

Was den Roman vom Gros der völkischen Literatur unterscheidet, ist neben seinem Bekenntnis zur Großstadt seine sachliche, zuweilen sogar leicht ironische Sprache, die den Leser immer von den Protagonisten distanziert und auf deren subjektive Weltsicht verweist. Der vom hanseatischen Kaufmannsgeist geprägten Zeit scheint es angemessen, wenn Leip auf die „blutige Mehrarbeit" und die „größeren Unkosten" einer Enthauptung hinweist oder die Inquisition in Portugal als „wachsende Nachfrage an Ketzerfackeln" bezeichnet.[593] Ebenfalls mit ironischem Unterton sind die oft heroisierten Landsknechte charakterisiert. Leip beschreibt sie als „arme Heckenvögel und Sonnenbrüder, die nach der freien friedlichen Landstraße sich zurücksehnten, ohne Neigung, für großer Herren Ehrgeiz ihr bißchen Blut verzapfen zu lassen."[594] Bemerkenswert ist außerdem, daß Sebaldas lebhaftes und erotisches Wesen positiv von der „schwerblütigen Blondheit" der Friesinnen abgehoben wird. Voll Spott schildert Leip diese „nordischen" Frauen als völlig unerotische „rosige dralle Riesinnen".[595]

Frank Westenfelder hat darauf hingewiesen, daß das *Muschelhorn* auch Kennzeichen eines ‚Dekadenzromans' aufweise. Der am Muster des Entwicklungsromans festhaltenden völkisch-nationalen Literatur stünde der ‚Dekadenzroman' als moderne Reaktion auf Massengesellschaft, Sinnzerfall und Geschichtspessimismus gegenüber.[596] Zwar orientiert sich Leips Text formal am Schema des Entwicklungsromans, doch geht es nicht um die Schilderung eines Aufstieges. Der Abstieg, der Verfall der Familie Abdena steht im Mittelpunkt.

Daß es Leip nicht möglich schien, den Zerfall der Gesellschaft 1940 in einem Zeitroman darzustellen, versteht sich von selbst. Er wollte ja keine offene Kritik am System üben, sondern vielmehr ein mehr oder weniger unbewußtes Unbehagen artikulieren. Trotzdem wird zumindest ein Standpunkt deutlich: Macht muß zwangsläufig zum Untergang von Tradition, Familie und Individuum führen.

8.8. Pflicht!

Mitarbeiter bei „Das Reich" – Herausgabe des Laienspiel-Bandes „Die schwebende Jungfrau" – Teilnahme an den ‚Weimarer Dichtertreffen'

Die Nachrichten über den Erfolg des *Muschelhorns* drangen bis zum Propagandaministerium. Es dauerte nicht lange, bis Leip aufgefordert wurde, einen Beitrag für Goebbels Renommierzeitschrift *Das Reich* zu verfassen. Mit Vorliebe versuchte die Redaktion Mitarbeiter zu gewinnen, die eben nicht von vornherein als Nationalsozialisten und Rädchen der NS-Propagandamaschinerie etikettiert waren. Denn Beiträge vermeintlich Unabhängiger konnten natürlich ungleich effektiver wirken.[597] Leip wurde mit dem Auftrag bedacht, einen ‚Hamburg-Bericht' anzufertigen. Obwohl er bereits des öfteren im *Völkischen Beobachter* publiziert hatte,[598] fiel ihm diese Arbeit schwer: „Welch schaurige Planken sind beiderseits aufgerichtet (von der Freiheit her und von der Zensur) wenn man zu der heutigen Tatsächlichkeit Stellung nehmen will, und schon, wenn man sie [≈] bloß nennen möchte!"[599] Sein Artikel erschien am 16. März 1941 unter dem Titel *Hamburg gegenwärtig* und lobt „die Anwendung erzieherischer Aufklärung und Leitung, die Deutschland seit dem Umbruch so unnachahmlich beherrscht":

> [A]uf einmal ahnen wir erst richtig den Sinn aller Mühen, Opfer und Leiden, den Sinn des Neubeginns, der in einer letzten Auseinandersetzung auf Leben und Tod die deutsche Zukunft zu einer endlich ungestörten Sicherheit führen soll. Hamburg ist bereit.[600]

Leip zeichnete ein einseitig positives Bild und gewann selbst der Kriegssituation noch positive Seiten ab, weil sie den Lesehunger der Bevölkerung steigere. Diese Wertung wirkt aus heutiger Sicht wie Zynismus:

> Die große Zeit, die wie alle großen Zeiten nicht dazu da ist, daß der einzelne glücklich sei - die große, unruhige, opferfordernde und oft übermenschliche Geduld fordernde Zeit [...] hat das Verlangen nach innerer Sammlung geweckt. [...] Vom Schrifttum aber sagt man, es gehe ihm seit der Verdunkelung gut. Nie wurde soviel gelesen wie jetzt.[601]

Die Schriftleitung hätte seinen Beitrag „willkürlich und an den unversehensten Stellen auf weniger als zwei Drittel gekürzt", beklagte sich Leip bei Kläre Buchmann.[602] Der ursprüngliche Text sei „mindestens etwas aufrichtiger und freiheitlicher" gewesen „als diese zurechtgestutzte Beinah-Hymne".[603] Daß der verherrlichende Tenor aber von Leip so angelegt worden war, scheint außer Zweifel. Denn wenn er Hitler auch nicht vollkommen unvoreingenommen gegenüberstand, so bewunderte er ihn doch hauptsächlich und scheute nicht davor zurück, ihn noch im April 1941 als ein „Sprachrohr" göttlicher Ideen in die Nähe von Jesus zu rücken:

> Von einer nahen Beendigung des Leidens war aus Hitlers letzter Rede ja nichts mehr zu vernehmen, wohl aber von einer „Erlösung der Welt". So wird es wohl allen Ideen ergehen, die sich vom Hergebrachten abwenden, um etwas besseres zu finden und die behaupten, es gefunden zu haben. Wie ⌈in⌉ jenem bescheidenen Kreis der Schwärmer und Fischer am See Genezareth, deren Führer anfangs und zu deren Lebzeiten „eines Zimmermanns Sohn" hieß, ein paar Jahrzehnte später aber, wenn auch noch in kleinem Kreise, schon „der da kommen soll" und ein paar Hundert Jahre später „der Heiland der Welt", der „Erlöser der Menschheit" und „Das Lamm Gottes", und hat noch nicht aufgehört, zu wirken und sein Antlitz zu ändern und kehrt womöglich vom Mythos heim in die nüchterne Erkenntnis der Politiker, daß dieser Christus einen der nutzbarsten und gescheitesten sozialen Reformer abgeben könne. Ich will nicht behaupten, daß Hitler und seine Ideen einen ähnlichen Weg vor sich hätten, aber wissen kann ⌈man⌉ solches vorher nie. Und daß es Ideen sind, die von ihm ausgehen oder um ihn sich ballen, das ist wohl deshalb unleugbar, weil derartige welterschütternde Wirkungen, wie wir sie erleben, nicht durch Gewalt, sondern nur durch Idee erklärbar sind. Und sei er vielleicht nur „Sprachrohr" oder „gesandte Welle", seine Wirkung ist jedenfalls ungeheuerlich.[604]

Wiederholt versuchten Dienststellen wie die NS-Propagandaleitung oder das Presse- und Propagandaamt des Reichsarbeitsdienstes Leip für Projekte zur ‚Stärkung des Wehrwillens' zu interessieren. So erklärte er sich bereit, für die Wehrmacht einen Band mit Laienspielen zusammenzustellen. „Das Bedürfnis nach kurzen saftigen heiteren leicht spielbaren Stücken ist vom Nordkap bis zur Biskaya dringend", schrieb er im August 1941 an Robert Hohlbaum, den er unbedingt als Mitarbeiter gewinnen wollte:[605] „Stoff: Unbeschränkt volkstümlich heiter saftig, gereimt oder ungereimt, mit oder ohne Liedeinlagen."[606] An der „kleine[n] Beihilfe und Pflicht am Vaterlande"[607] beteiligten sich neben Leip, der als Herausgeber mit gleich zwei Stücken vertreten war, Hans Heitmann, Walter Pegel, Paul Schurek und Walter Teich. Außer dem Cotta-Autor Pegel, der als Taubstummenlehrer in Ludwigslust lebte, kannte Leip die übrigen Autoren aus Hamburg, Schurek und Teich schon von Fischers *Tafelrunde* her. Hinsichtlich der nationalsozialistischen Ausrichtung ihrer bisherigen Werke, hatte sich von den Beiträgern vor allem der niederdeutsche Autor Heitmann profiliert. Mit seinem 1938 erschienenen *Roman Carsten Wulf – En Weg in't Riek* hatte er im Gewande des historischen Romans die schleswig-holsteinischen Erhebungen von 1848 beziehungsweise 1864 zu einem Symbol für die Sehnsucht nach einem größeren Deutschen Reich stilisiert. Heitmanns Werke zählten zur „politischen Dichtung im besten Sinne".[608] Für das Laienspielbuch hatte Heitmann allerdings eine Humoreske ohne jegliche politische Ausrichtung gewählt. Doch allein seine Mitwirkung an Leips Projekt dürfte in den Augen der Auftraggeber als ein Qualitätsmerkmal gegolten haben.

Leip selber hatte das titelgebende Stück *Die schwebende Jungfrau* sowie die Humoreske *Des Seeräubers Albert Sägeband innere Einkehr* verfaßt. Die Zusammenstellung erschien 1942 bei Cotta und entsprach der an sie gestellten Forderung, ausschließlich Lustspiele zu präsentieren, da doch „die zunehmende Schwere des Krieges den Humor aus dem Alltag zu verdrängen im Begriffe steht."[609] Für Leip waren diese Texte reine Gelegenheitsarbeiten, denen er keine tiefere Bedeutung beimessen wollte:

> Meine Stücke beschweren mein Gewissen weiter nicht. Ich wollte mich nicht allzu platterdings in die Reihe einfügen und werde auch nichts daran ändern; mag der Kommis damit treiben, was er will, die Erlaubnis dazu habe ich ihm ja gegeben. Und mehr oder weniger wird es, auf die Dauer hin, sowieso eine verlorene Arbeit gewesen sein, das Ganze. Ich habe nur meiner Pflicht genügen wollen.[610]

Nicht aufgrund politischer, sondern aus rein qualitativen Gründen erschienen der Militärzensur beim Oberkommando der Wehrmacht die von Leip herausgegebenen Stücke für eine Aufführung bei der Truppe ungeeignet. Sie stünden „in keinem Verhältnis zur aufzuwendenden Mühe und Arbeit", wenn „man bedenkt, dass die Truppe zu solchen Veranstaltungen oft kilometerlange Märsche machen muss."[611] Der Gutachter stellte ebenso klar, daß die Ablehnung „kein Urteil über die Gesamtleistung Hans Leips" bedeute, „da vom rein schriftstellerischen Standpunkt aus Bedenken gegen die Arbeit nicht bestehen."[612]

Um der „Pflicht" zu genügen, folgte Leip vom 23. bis 26. Oktober 1941 einer Einladung zum *Großdeutschen Dichtertreffen* nach Weimar.[613] Kläre Buchmann hatte ihn davon überzeugen können, wie wichtig es für seine Karriere sei, sich an solcherart Veranstaltungen zu beteiligen. Der Reichspropagandaminister persönlich sei anwesend: „Wenn Goebbels wirklich jemand schätzt, hat er alle Möglichkeiten. Und welche Zukunft für Deinen Roman!"[614] Leip fügte sich der Aufforderung seiner Lektorin mit großen Bedenken. Auf keinen Fall wollte er in die Nähe bekannter NS-Literaten gerückt werden:

> Leute wie Blunck, Totenohl, Griese, Zillich, Stahl und was von oben geliebt wird und selbst Kolbenheyer, selbst Carossa sind allzu sehr dumpfe Überlieferung (bestens gesagt) und so gut die letzten beiden gewisse Dinge zu sagen wissen und einige der anderen auch, so wenig sind sie weltgültiger frischer Wind. Sie sind mit der Musik - oder mit der von oben bevorzugten Musik in Deutschland und der Malerei stehen geblieben.[615]

Während die Politprominenz sich im Nobelhotel *Elephant* einquartierte, logierten Leip und Kläre Buchmann, zusammen mit anderen Cotta-Autoren wie Waldemar Bonsels, Hermann Claudius oder Robert Hohlbaum im bescheideneren Hotel *Kaiserin Augusta*. Das Veranstaltungsprogramm beinhaltete neben der obligatorischen Besichtigung der Klassikerstätten einen Empfang beim NS-Gauleiter Fritz Sauckel, an dem auch Hanns Johst und Goebbels teilnahmen. Zufrieden notierte letzterer in sein Tagebuch: „Die Dichter haben sich mit einer Wärme ohnegleichen zu einem von Deutschland geführten Europa bekannt."[616]

Leip war fest entschlossen, sich vom Weimarer „Rummel"[617] nicht blenden zu lassen: „Mäßige Reden. Mäßige Teilnehmer, da die guten Namen, die das erste Mal [1938] dabei waren, wegbleiben."[618] Man sei dabei „den Begriff Weimar [...] zum Braunhemd zu verplätten und den guten Geistern dort - seit Wildenbruch und Frau Förster-Nietzsche schon nach Kiuyutu oder an den Südpol emigriert - auch ⌈noch das letzte⌉ [≈] gelegentliche[n] lächelnde[n] Gedenken zu vergrämen, das ist unserer hehren Zeit vorbehalten."[619]

Oben: Joseph Goebbels und Hans Severus Ziegler während der ersten „Großdeutschen Buchwoche" in Weimar 1938. Unten: Adolf Hitler vor dem Hotel „Haus Elephant" während des „Deutschen Tages" in Weimar.

Die Veranstaltung stand unter dem Motto „Die Dichtung im kommenden Europa". Ausländische Gäste wie der schweizerische Autor John Knittel oder der Schwede Einar Malm konnten nicht darüber hinwegtäuschen, daß es hier keineswegs etwa weltoffen zuging.

> Während im Osten die deutschen und verbündeten Armeen den Todfeind der europäischen Kultur schlagen, trifft sich hier in Weimar, der geheiligten Stätte des deutschen Geistes, eine geistige Auslese aller europäischen Nationen, um eine Grundlage für die kommende gemeinsame Arbeit zu legen.[620]

Daß ein ‚neues Europa' sich allein den Vorgaben des ‚deutschen Geistes' zu unterwerfen habe, setzte Wilhelm Haegert in seiner Einführungsrede stillschweigend voraus.

Das Dichtertreffen von 1941 war nicht das erste, an dem Leip teilnahm. Nachdem er sich für das Treffen von 1938 noch hatte entschuldigen können und die Veranstaltung des Folgejahres wegen des Kriegsausbruchs ausfallen mußte, kam er an einer Teilnahme am sogenannten *Kriegsdichtertreffen* im Oktober 1940 nicht herum. Schon damals hatte Leip eine absolut negative Bilanz gezogen:

> [Hanns] Johst war krank und Blunck sprach ~~sehr schlecht~~ wenig erbaulich, was er selber zu wissen scheint [...]. In Weimar herrschte ⌈eine unselige Stimmung⌉ unter den Intellektuellen, die man dort so amtlich gebeten hatte, weil – wie A.[dolf] H.[itler] wenig später öffentlich vor Berliner Rüstungsarbeitern erklärte, Deutschland es sich nicht (noch nicht?) leisten könnte, sie auszuschalten (es brauche 100 Jahre, um sie neu zu züchten, und inzwischen wäre Deutschland längst erlöst)[621]

Die nicht gehaltene Rede von Johst ist im Begleitbuch zur Weimarer Veranstaltung nachzulesen. Aus ihr geht ganz eindeutig hervor, welchem ‚höheren Ziel' sich ein jeder deutscher Schriftsteller unterzuordnen hätte. Das literarische Werk sei ausschließlich danach zu beurteilen, in welchem Umfang es Adolf Hitler und den Zielsetzungen seines Regimes diene:

> Mit seinen Soldaten schafft der Führer das Reich ... Mit seinen Baumeistern meistert er den gewonnenen Raum – und mit euch, durch eure Wortgewalt, ist er gewillt in die Geschichte einzugehen.[622]

Und auch über die ‚Verantwortung' des Schriftstellers im Krieg bleiben keine Zweifel. Der deutsche „Dichter" hätte „der großen Mission" zu genügen, so Rudolf Erckmann in seinem Einführungsvortrag, „zu der das Werk des Führers das schaffende Schrifttum der Nation aufruft": „Die Wirkungsmacht der deutschen Dichtung ist Tatsache in einem Kriege geworden, dessen Siege und dessen Endsieg die unerhörte seelische Jugendkraft eines auferstandenen Volkes verbürgt."[623]

Als einer der prominentesten Redner trat Hermann Burte auf, Verfasser des völkischen Gesinnungsromans *Wiltfeber, der ewige Deutsche* und bekennender Nationalsozialist. Burte sprach über *Die europäische Sendung der deutschen Dichtung* und äußerte sich ausführlich zum Thema Emigration. In der Stadt, von der Thomas Mann schon 1932 festgestellt hatte, sie sei „eine Zentrale des Hitleris-

Werbeplakat zur ersten „Großdeutschen Buchwoche“ 1938 in Weimar.

mus",[624] proklamierte Burte acht Jahre später den Antisemiten Houston Stewart Chamberlain zum geistigen Kampfgefährten Goethes. Von keinen anderen Schriftstellern sei die „deutsche Dichtung" so sehr „bewegt und verwandelt" worden, wie von diesen beiden „Besten".[625] Und er stellte klar: „Das Gewicht solcher Männer wiegt Schiffsladungen von Emigranten auf!"

In Weimar machte Leip Bekanntschaft mit Hein Schlecht, Regierungsrat im Reichsministerium für Volksaufklärung und Propaganda, der als Referent im Ministerialbüro und in der Abteilung ‚Presse' Leips Draht zu Goebbels wurde. Schlecht war hundertprozentiger Nationalsozialist, und er besaß das uneingeschränkte Vertrauen seines Vorgesetzten. Schon lange vor 1933 war er in der Reichsleitung der Hitlerjugend an exponierter Stelle für die Abteilung ‚Presse und Information, Sozialpolitik, Kunst und Kultur' zuständig gewesen. So konnte er nach Hitlers Machtergreifung eine glänzende Karriere als „Goebbels Adjutant"[626] machen. Schlechts Aufgabenbereich beinhaltete unter anderem die Papierzuteilung für Verlage. Der Neffe des Reichswehrministers (bis 1938) Werner von Blomberg hatte die Macht und die Mittel, über Aufstieg oder Niedergang eines Verlages mit zu entscheiden und konnte auf diese Weise größten Einfluß auf ein Verlagsprogramm nehmen.[627] Und auch Cotta mußte Zugeständnisse eingehen und verlegte Autoren wie Hohlbaum, Josef Magnus Wehner und andere heute zu Recht Vergessene und nicht mehr Gelesene. Kläre Buchmann war stets eifrig bemüht, sich des Wohlwollens Schlechts zu versichern und hielt auch ihre Autoren dazu an.[628]

8.9. Menschen, die sich quälen

„Tamerlan oder des Schwertes Umkehr" – „Eulenspiegel"

Aus Gründen der Vorsicht konnte einer der wichtigsten Texte Leips nicht erscheinen. Auf gar keinen Fall wollte Cotta das Risiko eingehen, sein Schauspiel *Tamerlan oder des Schwertes Umkehr* zu verlegen. Und selbst nach dem Krieg blieb es unveröffentlicht - bis heute. Dabei markiert es Leips krassen Umschwung vom mehr oder weniger bloßen ‚Beobachter und Darleger' zum Kritiker und polemischen Ankläger. Zugleich ist es eine witzige Parodie auf Diktatoren und ihre Allmachtsphantasien.

Das ‚Drama' war entstanden, als Hitler sich anschickte, die Sowjetunion anzugreifen, im Mai und Juni 1941. Es handelt von Tamerlan, jenem turkisierten Mongolenherrscher, der sich in der Nachfolge Dschingis-Khans im 14. Jahrhundert ein Reich vom Ganges bis zum Mittelmeer eroberte und Samarkand zu seiner Hauptstadt kürte. Angesichts des nicht mehr zu ignorierenden Krieges hatte Leip schon seit längerem nach einem historischen Stoff gesucht, der es ihm ermöglichen sollte, das brisante Thema zu verarbeiten:

> Freilich möchte ich den furchtbaren Unbequemlichkeiten gern ausweichen, [≈] ich möchte die Augen schließen und weiter dumpf und achselzuckend dahintreiben. Und fühle doch mein Gewissen brennen [...].[629]

Innerhalb von nur zwei Wochen verfaßte er *Tamerlan*, für das er sich eine einsam gelegene Unterkunft auf dem Föhrenfels gesucht hatte. Während der Arbeit am Manuskript stand er in ständiger Korrespondenz mit Kläre Buchmann, der er sein Stück vorab als „die zutiefst heitere Tragik eines Würgers" schilderte, „der besinnlich wird und umkehrt und – ja noch weiß ich nicht ganz, was er tun wird mit sich, er bringt sich wahrscheinlich selber lächelnd um [...]".[630] Es gehe ihm um „Menschen, die sich quälen, sich und andre, und es bedrängt mich und ist doch Theater, ich seh es vor mir und es geht durch mich hindurch, ich kanns nicht helfen, es ist ein absonderliches Gefühl wie oft schon. Du wirst vielleicht entsetzt über das, was fertig sein wird [...]."[631]

Und die Lektorin war entsetzt. Sie äußerte starke Bedenken, eben weil der Text zu leicht als Hitler-Parodie aufgefaßt werden könnte. Die Anspielungen auf die Zeit sind denn auch nicht zu übersehen. Erstmals hatte Leip seinen Erfahrungen mit der Nazi-Diktatur nur wenig versteckt Ausdruck gegeben. Hinter den historischen Figuren zeichnen sich deutlich die Profile von Hitler und seinen Gefolgsleuten ab.

Den Führer der Mongolen läßt Leip zum Beispiel sagen:

> Mit Stolz und Macht hab ich mich ausgebreitet,
> Verwaltung aufgezogen und für Brot gesorgt
> von Tibet bis nach Kalchos.
> Und jedem ~~gab ich Sinn und Ziel,~~, der noch übrig blieb, gab ich ein Ziel
> dem einen großen Reich zu ~~dienen~~ leben,
> dem keines Feindes Vorwitz und Begier
> die friedliche Entwicklung stören kann.
> Ich habe viel erreicht, doch mehr steht noch bevor.
> Denn das ist klar: Die ganze Welt
> braucht endlich einen starken Arm,
> der sie zum Frieden zwingt [...][632]

In seinem Vorhaben, die ganze Welt zu erobern, unterstützen Tamerlan seine Feldherren, von denen vor allem einer, Jöduk, starke Parallelen zu Goebbels erkennen läßt. „Ich seh nur noch den Kampf!"[633] ist das Credo dieser Figur, die als „schlanker männlicher Steppentyp" beschrieben wird.[634] Außerdem als: „Glühend ehrgeizig und tatendurstig, mitreißend im Kampf, dabei gewandt und schlau, früh und richtig als Führer an hohe Stelle gerückt, gleichsam noch immer in raschem Schwung, in sich ohne Beharren, aus sich und seinem Schicksal weiterschwingend, wodurch seine echte, tiefe Ehrerbietung vor Größe und Leistung überrannt und betäubt wird [...]."[635]

Ganz sicher wäre das Stück bei einer Veröffentlichung verboten worden. Dabei offenbart es bei aller Kritik am System vor allem eines: Leips Unsicherheit in bezug auf die persönliche Beurteilung der Situation. Denn Tamerlan wird eben auch als der Schöpfer eines strahlenden Samarkand vorgestellt, als ein Freund von Kunst und Kultur, der Gelehrte, Dichter, Philosophen und Handwerker in die Stadt holte. Tamerlan ist nicht nur ein Symbol für das Böse, sondern verkörpert mithin auch Macht und Kraft, Eigenschaften, die Leip auch an Hitler durchaus sah.

Hans Leip: Illustrationen
zur Neuauflage
von „Eulenspiegel –
Abwandlungen eines
alten Themas in elf
Gesängen“ von 1947.

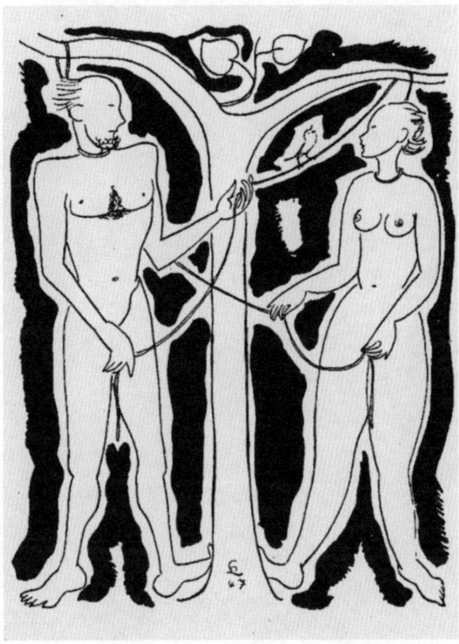

Tamerlan wurde niemals veröffentlicht. Kläre Buchmann empfahl, Leip möge auf das Thema Till Eulenspiegel ausweichen. Als Anregung gab sie ihm elf Radierungen der Salzburger Künstlerin Roswitha Bitterlich an die Hand. „Ganz und gar kann ich mich noch immer nicht von innen her mit dem Eulenspiegel befreunden", gestand Leip seiner Lektorin:[636] „Es fällt [...] schwer, den lustigen Spötter zu einem pädagogischen Tänzer hochzuzüchten."[637] Leips Absicht, die Streiche Eulenspiegels „einer höheren Wertung und Deutung"[638] unterzuordnen, gelang nur halb. Einen Eulenspiegel „ohne Mystik und Phantastik"[639] wollte er schaffen, geformt nach den Vorgaben seiner eigenen Weltanschauung. Aus dieser Herangehensweise erwuchs ein grundlegendes Problem:

> Wo aber die eigentlichen Streiche des Eulenspiegel, die man ebenso und mit Recht eingebaut wissen will, [≈] bei einer höheren Wertung und Deutung abbleiben, ist mir nebelhaft. Man müßte wahrscheinlich alles neu erfinden. Und warum man es dann noch Eulenspiegel nennen soll, weiß ich nicht recht.[640]

Leip ging schließlich einen Mittelweg und verzichtete auf einen konsequent politisch aktualisierten Eulenspiegel. *Eulenspiegel. Abwandlungen eines alten Themas* enthält elf Gedichte, die den Radierungen Roswitha Bitterlichs zugeordnet sind. Das Buch erschien in kleiner Auflage 1941 bei Cotta.

9. Berühmt (1941–1947)

9.1. Der Ruhm genügt mir

„Lili Marleen“

Das Jahr 1941 markiert die eigentliche Wende hinsichtlich Leips Popularität. Schlagartig wurde aus dem vornehmlich regional bekannten Verfasser maritimer Angelegenheiten eine Berühmtheit internationalen Formats. Aufgeregt berichtet Leip seiner Lektorin am 13. Oktober 1941:

> Dann schreibt mir eben der Apollo-(Musik) Verlag, Lili Marleen wachse sich geradezu zu einem Rummel aus, alle Plattenfirmen hätten es aufgenommen, immer ausverkauft, und die Tobis wolle einen Film daraus drehen, und ob ich das Drehbuch usw....[641]

Zwei Tage zuvor hatte das *Hamburger Tageblatt* eine Artikelserie über die Geschichte und Hintergründe des Liedes gestartet:

> Ein Hamburger hat dieses Gedicht geschrieben, der Seefahrtsdichter Hans Leip und die Musik dazu schrieb Norbert Schultze, [...] der Schöpfer der mitreißenden Weise „Bomben auf England". Schon vor dem Kriege ist das Lied entstanden, aber es hat damals über den kleinen Raum einiger Kabaretts kaum hinausgefunden. Bis es jetzt zum Schlußlied eines Soldatensenders für Soldaten geworden ist und jeden abend draußen und daheim Menschen, die zueinander gehören, vereint und sie in den kurzen Augenblicken dieser schlichten Weise beieinander sein läßt.[642]

Lili Marleen war 1937 in Leips Gedichtsammlung *Die kleine Hafenorgel* veröffentlicht worden, gegenüber dem ursprünglichen Text von 1915 um zwei Strophen erweitert. Eine erste, durchkomponierte Vertonung vom Hindemith-Schüler Rudolf Zink war bereits 1935 im Münchner Kabarett *Simplizissimus* von einer noch unbekannten Sängerin mit dem klangvoll nordischen Namen Lale Andersen vorgetragen worden. In Wirklichkeit hieß die Künstlerin weit weniger poetisch Liselotte Helene Berta Bunnenberg. Dieser ersten Liedfassung war aber noch kein nennenswerter Erfolg beschieden. Das gleiche galt – jedenfalls zunächst – für die 1937 entstandene Neukomposition des Textes von dem damals 26jährigen Norbert Schultze. Zwei Jahre später wurde seine Fassung im Berliner *Kabarett der Komiker* vorgestellt – von Lale Andersen. Schultze hatte die fünf Strophen als melancholische Ballade vertont, gesetzt – aus erotischem Kalkül, zielgruppenorientiert und entgegen der Logik des Textes – für eine Frauenstimme. Am 2. August 1939 ging man ins Studio, nur vier Wochen vor dem Überfall auf Polen. Das renommierte Orchester Bruno Seidler-Winkler begleitete wiederum Lale Andersen als Interpretin. Die Aufnahme erschien als Electrola-Schallplatte unter dem Titel *Lied eines jungen Wachtpostens*[643] und wurde der erste Millionen-Seller der deutschen Schallplattengeschichte. Mehr noch als Leips eigene, sollte die Karriere seines Gedichtes zum Zerrspiegel der Zeitläufte werden. [644]

Als am 18. August 1941 der deutsche Soldatensender im besetzten Belgrad die Schallplatte erstmals in sein Programm nahm, gewann die Neuvertonung sehr rasch an Popularität. Zufällig hatte ein Mitarbeiter des Senders unter den Neuerwerbungen auch die *Lili-Marleen*-Platte entdeckt. Da diese Einspielung wegen

Oben: Lale Andersen singt „Lili Marleen“, 1943.
Unten: Lale Andersen singt im Ufa-Palast. Zeichnung von Hans Leip, 1942.

des textbezogenen Zapfenstreich-Trompetensignals ihres Arrangements als Programmschluß der Soldatensendungen besonders geeignet erschien, wurde sie mehrmals in dieser Funktion gesendet. Als das Lied abgesetzt wurde, trafen beim Sender zahlreiche Protestbriefe ein, in denen auf Fortführung gedrängt wurde. Dabei kam die Resonanz nicht nur aus Deutschland, sondern auch aus den geographisch weit gestreuten Regionen aller Kriegsfronten, darunter von vielen deutschen Afrikakämpfern, die den Sender empfangen konnten. Daraufhin beendete Radio Belgrad ab dem 18. August 1941 sein Programm zwischen 21.56 Uhr und 22 Uhr fast schon rituell mit dem *Lied eines jungen Wachtpostens* und seinem Zapfenstreich.

Bald zogen andere deutsche Sender nach – *Lili Marleen* war bis zu 30 mal am Tag zu hören. Das Lied wurde zu einem Schlager von ungeheurer Breitenwirkung. In wirtschaftlicher Hinsicht bedeutete der plötzliche Ruhm zunächst aber keinen großen Gewinn für Leip. Da die Soldatensender keine Tantiemen an die *Stagma*[645] abzuführen brauchten, erhielten auch die Autoren der gesendeten Lieder keinen finanziellen Ausgleich. Daß er an seinem Text erst einmal nicht verdienen würde, störe ihn aber überhaupt nicht, erklärte Leip im Frühjahr 1942 Kläre Buchmann:

> [Hein] Schlecht schrieb mir in Sachen Stagma, es seien bis jetzt 140 000 Schallplatten „Lili Marleen" verkauft. Aber der Soldatensender Belgrad zahle nichts ... Macht nichts. Der Ruhm genügt mir.[646]

Leip stand im Blickpunkt des öffentlichen Interesses. Schon bei seinem Besuch in Weimar war er vom Hotelpersonal beinahe wie ein Star hofiert worden: „Der Wirt, die Kellner, vor allem der Piccolo, erfreut wegen ‚Lili Marleen'. Viele Autogramme deswegen."[647] Von überallher kamen Anfragen von Zeitungsredaktionen, die über den *Lili-Marleen*-Dichter berichten wollten. Leip hielt ausverkaufte Lesungen ab und wurde von Autogrammjägern belagert. Der ‚Preis des Ruhms' verlangte aber auch eine vermehrte Medienpräsenz im Rundfunk: „Ich mußte dort [im Berliner Rundfunk] einen ‚Stegreif-Bericht über meine ‚Liebe zur See' machen, auf irgendwelchen höheren Befehl; ich muß sagen, das geht mir an die Nerven [...]".[648] Leip empfand derlei Auftritte als „Prostitution"[649] und versuchte sie, wenn möglich, zu vermeiden.

Am 9. Dezember 1941 bekam Leip die Gelegenheit, einem Auftritt Lale Andersens im Hamburger Ufa-Palast beizuwohnen und sie anschließend im elitären Hotel *Vier Jahreszeiten* persönlich kennenzulernen. Leip war beeindruckt:[650]

> Ich hatte sie im Ufa-Palast gehört und gesehen, und sie sieht ja sehr malerisch aufgemacht aus und – obschon sie etwas reichlich mimt – hat auch eine ganz eigene reizvolle Note. Jedoch, sie ist so erschreckend mager und eingefallen mit einem so ungeheuren Mund! Zumal näher bei! O je. Aber als Mensch hinwieder sehr einfach und charmant. Meine Frau wohnte der Zusammenkunft bei und hatte noch ein paar Bekannte mit ins Hotel Vier Jahreszeiten gebeten, wo sie wohnt. Das letzte Mal, als sie hier in Hg. auftrat, wohnte sie noch in einer bescheidenen Pension. Inzwischen ist sie berühmt geworden. Sie erzählte, daß Amerika über Lissabon Elektrola Platten von „Lili Marleen" geschmuggelt habe und daß dort das Lied auch schon gesungen werde. [...]

Lale Andersen sagte, L.[ili]M.[arleen] sei das Lieblingslied von Goebbels und seinen Kindern. Aber wie soll ich das auswerten? Ich mag nichts mehr davon hören.[651]

Diese letzte Information beunruhigte Leip erheblich. Mehr denn je sah er seine Distanz-Stellung als Schriftsteller gefährdet.

Auf die Erfolge *Lili Marleens* und seiner Interpretin reagierten die NS-Kulturbehörden zunächst außerordentlich positiv: Im März 1942 gewährten sie Lale Andersen mit diesem Lied einen spektakulären Scala-Auftritt in Berlin. Konzertreisen nach Breslau, Brünn, Prag, Leipzig, Karlsbad und Dresden schlossen sich an. Wegen ausverkaufter Säle mußte das Konzert in mehreren Städten wiederholt werden. Als krönenden Abschluß brachte Lale Andersen *Lili Marleen* jeweils erst nach der letzten Zugabe. Dabei verharrte das Publikum nicht beim passiven Rezipieren, sondern sang meistens sogar selber mit.

Aufgrund der ungeheuer dichten *Lili-Marleen*-Reproduktion entstanden als typische Gegenreaktion sehr bald auch zahlreiche Parodien auf das Lied, wie die folgende, veröffentlicht 1942 in der Berliner *Neuen Illustrierten*:

Kind, ich hab dich gerne,
kleine süße Maus.
Aber die Laterne
hängt mir zum Halse raus.
Wenn sie's erst auf der Orgel drehn,
daß wir bei der Laterne stehn,
dann tschüs, Lili Marleen.[652]

Von der Popularität der von der BBC verbreiteten englischen *Lili-Marleen*-Version zeugt der 1944 entstandene Film *The true story of Lili Marleen*, in dem die Geschichte des Liedes ziemlich frei dargestellt ist. Eine andere englische Produktion, der Slapstick-Film *Riddle of the Six Boobs* greift das *Lili-Marleen*-Phänomen wiederum in parodistischer Weise auf: In einem kleinen Café verlangt ein deutscher Offizier, daß die bekannte Melodie gespielt werden solle. Da das Klavier von betrunkenen Fliegern aber unbrauchbar gemacht worden ist, haben einige Gäste die Idee, die Klavierbegleitung mit ihrer Stimme nachzuahmen: „plinky plinky plonk plonk, plinky plinky plonk!" Der Text der ersten Strophe in dieser Fassung lautet:

Underneath the lantern by the barrack gate,
Darling I remember the way you used to wait.
'Twas there you whispered tenderly
That you loved me,
You'd always be
My Lilli of the lamplight,
My own Lilli Marlene.

Nachdem sich Lale Andersen geweigert hatte, während einer Frontbetreuungstournee mit ihrer Truppe das Warschauer Ghetto zu besichtigen, kollidierte die Sängerin mit dem NS-Regime. Der SS-Gruppenführer Hans Hinkel, Vizepräsident der ‚Reichskulturkammer' und Ministerialdirektor, verhängte eine Zensur über die Veröffentlichung von Lale-Andersen-Fotos; im August verweigerte er ihr die Reisegenehmigung zur einjährigen Jubiläumsfeier des Senders Belgrad. Nach einer dreiwöchigen Italientournee, die überraschend gestattet worden war, wird die Künstlerin auf der Rückreise am Brenner in ihrem Zugabteil verhaftet. Gestapo-Spitzel hätten einen von ihr verfaßten angeblich ‚politisch verdächtigen' Brief an den befreundeten jüdischen Chefdramaturgen des Schauspielhauses Zürich, Kurt Hirschfeld, abgefangen. In Berlin wird Lale Andersen unter Hausarrest gestellt und mit Auftritts-, Interview- und Autogrammverbot belegt.[653] Als Leip von Rudolf Zink von den Schikanen an der Sängerin erfährt, äußert er sich prophetisch-unbestimmt:

> Was mit Lale passiert ist, ahne ich nicht. Scheußlich ist jedenfalls, daß sie nicht mehr singen soll. Zu allen Zeiten sind Unberufene lauter und aufdringlicher gewesen als Berufene, aber nur die Berufenen bleiben bestehn.[654]

Lale Andersen unternimmt einen Selbstmordversuch, der jedoch scheitert. Trotzdem meldet die BBC London, die deutsche Sängerin der *Lili Marleen* habe sich das Leben genommen, um einem von Goebbels angeordneten Transport ins Konzentrationslager zu entgehen. Um diese Meldung dementieren zu können, läßt Goebbels sie nach ihrer Genesung nach Hause zurückkehren. Das Betätigungsverbot bleibt jedoch bestehen und wird sogar noch dahingehend verschärft, daß ihr Name „von jetzt an in keiner Weise mehr in der Presse erwähnt werden"[655] darf. Im Oktober 1942 wird *Lili Marleen* in der Interpretation von Lale Andersen auf die vom Propagandaministerium herausgegebene Indexliste gesetzt. Sender Belgrad sendet das Lied trotzdem weiter, jedoch mit der ‚Ersatzstimme' der österreichischen Sängerin Dorit Dalmadge.

Erst im Mai 1943 wurde Lale Andersens Aufrittsverbot wieder aufgehoben. Allerdings mußte sie sich verpflichten, nie wieder öffentlich *Lili Marleen* zu singen. Angesichts der sich zuspitzenden Situation auf den Kriegsschauplätzen sprach Goebbels dem Lied einen „unheilvollen Charakter"[656] zu und brandmarkte es nach der Katastrophe von Stalingrad im Februar 1943 als defätistisch. Schließlich wollte Goebbels 1944 jede weitere Ausstrahlung des Liedes verbieten. Angesichts des Dargestellten erscheint es schon tragikomisch, daß ausgerechnet *Lili Marleen* zu den Lieblingsliedern der Goebbels-Kinder gezählt haben soll.

Allen Verboten zum Trotz war der Triumphzug *Lili Marleens* nicht mehr aufzuhalten. In der vom Propagandaministerium vertriebenen Zeitschrift *Signal*, die in hoher Auflage in den von Deutschland besetzten Gebieten verkauft wurde, hieß es in einem Artikel der englischsprachigen Ausgabe über den Erfolg von *Lili Marleen*: „What is the secret of its success? Lale Andersen's voice? But she has sung many other songs. The song itself?? It has been known for years before it became famos."[657] Das Erfolgsphänomen *Lili Marleens* ist vor allem psychologisch zu erklären. Im Gegensatz zur Zeit der Entstehung des Textes 1915 wie auch zur Vorkriegssituation 1937 bis 1939, entwickelte sich 1941/42 eine verstärkte Bereitschaft zur Identifikation. Mit der Kriegssituation waren die idealen Rahmenbedingungen gegeben, um den Schlager mit einem spezifischen Gehalt aufzuladen. In seinem autobiographischen Roman *Völkerschlachtdenkmal* hat Erich Loest eine Szene entworfen, die diese Annahme stützt:

> Und als es auf zehn ging, versammelten sich die Architekten um das Radio der Marke „Blaupunkt" und drehten und lauschten, bis sie sicher waren, den Sender Belgrad gefunden zu haben, dann klang das Lied aller Lieder in die Stille: „Vor der Kaserne, vor dem großen Tor", jedes Wort der Lale Andersen tropfte in eine Seelenfalte, „stand eine Laterne, und steht sie noch davor", schuf Sehnsucht und erfüllte sie, dieses Lied strahlte von den ukrainischen Steppen bis an den Westwall und auch über uns hin, jetzt stellten im Süden Italiens vielleicht britische und deutsche Artilleristen die gegenseitige Beschießung ein, um zu lauschen und danach mit der Kanonade fortzufahren, „weil wir lieb uns hatten" wurde von deutschen Soldatenfrauen und französischen Partisanen gehört, „unser beider Schatten sahn wie einer aus", das griff ans Gemüt und machte weich, ich will mich da gar nicht ausschließen, wir sogen stumm an unseren Zigaretten, „und sollte mir ein Leid geschehn", sollte ich verbrennen, ersaufen, abgeschossen, erschossen werden, „wirst du bei der Laterne stehn", das Leben geht weiter, Kumpel, Kamerad, Genosse, wenn auch nicht gerade deins, Freiwillige vortreten, Feuer frei! Wir blickten vor uns hin, keiner dem anderen in die Augen, und als die letzten Takte verklungen waren, tadamdadadamdadadamdada, das Zapfenstreichsignal, legte der Mann neben mir den Kopf auf den Tisch.[658]

Lili Marleen konnte sich unter den besonderen Bedingungen des Zweiten Weltkriegs zu einem wirksamen Kompensationsmittel gegen das Kriegsgrauen entwickeln. Für diese Erklärung spricht nicht zuletzt die Tatsache, daß die Tantiemenkurve von *Lili Marleen* auch bei anderen kriegerischen Auseinandersetzungen nach 1945 regelmäßig weltweit hochschnellte. So wurde das Lied seit dem Bosnienkrieg täglich zum Sendeschluß von Radio Andernach ausgestrahlt.[659] Während des Golfkrieges 1991 verfaßte Norbert Schultze gar einen neuen, aktualisierten Text für seine Melodie. Besonders die dritte Strophe macht deutlich, warum diese Version nicht bekannt wurde: Ihr fehlt die überzeitliche Komponente.

> Denke an die Vögel
> Am ölverseuchten Strand,
> An Tote über Tote
> Im heißen Wüstensand!
> Warum muß soviel Leid geschehn,
> Bis wir den Wahn, den Irrsinn sehn –
> O Gott, Lili Marleen! O Gott, Lili Marleen![660]

Zahlreiche Texte Leips, vor allem aus der *Kleinen Hafenorgel*, sind mit den Vertonungen von Norbert Schultze bekannt geworden.[661] Wie viele andere Musiker und Künstler profitierte auch Schultze von der Abwesenheit der Juden im Deutschen Showgeschäft nach 1933. Er komponierte eingängige Songs im volksliedhaften Ton und hatte nicht die geringsten Skrupel, den neuen Machthabern Lieder wie *Bomben auf England* oder *U-Boote vor* zu offerieren und ihre Propagandafilme musikalisch zu untermalen.[662] Vor allem aufgrund von Schultzes Biographie während des ‚Dritten Reichs' kam *Lili Marleen* später immer wieder in den fälschlichen Ruf, ein ‚Nazilied' und Durchhalteschlager gewesen zu sein.[663]

Nach dem Krieg sicherte das Lied den Lebensunterhalt seines Verfassers.[664] Und dank *Lili Marleen* bekam Leip bestimmte Plazierungen im literarischen Feld zugewiesen, die sich überaus positiv auf seinen Bekanntheitsgrad auswirkten.[665] Aufgrund des *Lili-Marleen*-Films von Rainer Werner Fassbinder wurde Leip zwei Jahre vor seinem Tod noch einmal in die Nähe der Avantgarde gerückt.[666]

9.2. Ganz nackt

„Die Laterne" – Zweifel

Hans Leip, der sich über seinen bekanntesten Text später gerne abfällig äußerte, öffnete der große Erfolg des Liedes viele Türen. Natürlich versuchte auch der Cotta-Verlag von der plötzlichen Popularität seines Autors zu profitieren und nutzte die Gunst der Stunde. 1942 erschien als Feldausgabe eine von Kläre Buchmann zusammengestellte Anthologie mit Gedichten Leips unter dem werbewirksamen Titel *Die Laterne*. Wie nicht anders zu erwarten, beginnt das Buch denn auch mit *Lili Marleen*. Außerdem enthält der Band neben bereits veröffentlichten Texten, viel unveröffentlichtes Material, darunter die beiden nachdenklich stimmenden Gedichte *Aufblick* und *Osterfrühe*. Aber auch hier obsiegt, trotz der teilweise fast schon krassen Schilderung des Krieges, die Hoffnung auf einen neuen „Anfang":[667]

> Bald wird die ganze Welt erwacht
> verwundert um sich sehn
> und aus dem Todestraum der Nacht
> in Freuden auferstehn.[668]

Wenn sich Leip auch nicht mehr sicher war, ob der Krieg zu gewinnen sei, so zog er die Möglichkeit zumindest noch in Betracht: „Ja, ich bin überzeugt, daß wir ⌈bis zum Sieg⌉ kämpfen müssen oder vernichtet werden."[669] Von einer Auflehnung gegen das System ist Leip weit entfernt. Einige Briefzitate aus dieser Zeit lassen zwar so etwas wie Regimedistanz erkennen, werden aber immer wieder relativiert von Äußerungen, die sein Vertrauen gegenüber der Regierung ausdrücken. Als er ein Flugblatt der Kommunisten in die Hände bekommt, ist er entsetzt und liefert das „scheußlich dumme Machwerk" sofort bei der Polizei ab.[670]

Trotzdem wird sein Widerwillen gegen das, was er wahrnehmen muß, immer stärker. Und immer deutlicher wird ihm das reale Grauen des Krieges:

> Ich bewundere die Jungen [die deutschen Soldaten], mein Herz steht fast still, wenn ich mir die unsäglichen Höllen vorstelle, darin sie aus und eingehen. Wir haben ja nur einen winzigen Abhauch davon gespürt, wenigstens bislang hier in Hamburg, und

auch, was ich aus meinem Karpatenfeldzug daneben stellen kann, ist belanglos gegen die ungeheure Mähmaschine. Sie werden die Wochenschauen gesehen haben. Unmöglich, je wieder einen Spielfilm recht genießen zu können, nachdem man das Natürliche und die Wirklichkeit so nackt ⌈gesehen hat⌉ - wenngleich auch nur in Ausschnitten, die dem Publikum noch erträglich sind und keine allzu große Sorge um die Lieben da draußen aufkommen lassen sollen - [671]

Daß der Krieg „ohne große Entgleisung und Katastrophe"[672] beendet werden könnte, daran glaubt Leip nicht mehr. Allerdings greift auch bei derartigen Überlegungen immer wieder sein ‚Prinzip der Hoffnung': „Es wird ja immer weiter hart auf hart gehen und sich wahrscheinlich ins Entsetzliche steigern, bis Europa und der weiße Mann zu ihrer Neugeburt aus all den Wehen gelangen und ins Licht der Welt."[673]

9.3. Nischen

Die „Bulln-Runde" – Mitarbeiter der „Krakauer Zeitung"

Um sich freier äußern zu können, nutzte Leip immer häufiger kleine Freiräume und Nischen. Schon vor dem Krieg hatte er die sogannte *Bulln-Runde* etabliert, in der regelmäßig Gleichgesinnte, Freunde und Bekannte, zu offenem Gespräch zusammenkamen. Als „bescheidene Fortsetzung der Fischerschen Tafelrunde"[674], traf man sich im *Blankeneser Bulln*, einem Lokal auf dem Landungsponton an der Elbe, später im Gasthaus *Zum Bäcker* am Blankeneser Strandweg. Leip stellte den „Mittelpunkt"[675] des kleinen Kreises dar, dem, mit Ausnahme von Albert Mähl, überwiegend der Partei Fernstehende angehörten wie die Schriftsteller Carl Albert Lange, Erich Lüth, Paul Schurek, Konrad Tegtmeier, Walter Teich oder die Maler Heinrich Stegemann und Otto Tetjus Tügel. Aber auch der Parteimann Richard Zipfel, Obersenatsrat und Wohnungskommissar in Hamburg, der wegen der Beschlagnahme einer Blankeneser Emigrantenvilla zu Leips Nachbar geworden war, beteiligte sich an den Treffen: „Die Bullnbrüder, anfangs mißtrauisch, überzeugten sich bald von seiner Anständigkeit und Hilfsbereitschaft. Da sie alle kein Hakenkreuz hatten, steckte er seins bei seinen Besuchen in die Tasche." Als „rechte Hand des Statthalters [Karl] Kaufmann"[676] war Zipfel allzeit gut informiert und gelegentlich wohl auch schon mal bereit, seine internen Kenntnisse weiterzugeben.[677] An Kläre Buchmann, die ein einziges Mal der *Bulln-Runde* als Gast beigewohnt hatte, schrieb Leip im Oktober 1942:

[...] beim „Bäcker" am Strand [...] war es gestern recht lebhaft. Diskussion über Dänemark (Abdankungs~~erklärung~~ und Kriegserklärung des Königs) Italien (Verhandlungen mit Amerika) und den „Waffenstillstandsstempel" auf den Urlaubsscheinen. Überall spukt das Wort Friede oder Zusammenbruch. Hjalmar Schacht soll für die ersten Anknüpfungen vorgesehen sein und fürchtet deshalb für sein Leben (Himmler sei für keine Verhandlung) usw. Wir leben alle von Gerüchten, das ist unser Los, ⌈und⌉ nicht nur im Kriege.[678]

Die Kenntnisse über den ehemaligen Reichsbankchef und Wirtschaftsminister Schacht, der 1937/39 seine Ämter verloren hatte und den seine Kontakte zu Widerständlern noch 1944 ins KZ brachten, zeigen, daß die Zusammenkünfte vor allem dem Informationsaustausch und der Diskussion dienten. Man stützte sich gegenseitig, gab sich moralischen Halt.

Dabei war die personelle Zusammensetzung des Kreises höchst disparat. So gehörte ihm ebenfalls Gustav Schröder an, der als Kapitän der *St. Louis* zur Legende geworden ist. Unter seiner Schiffsführung wollten 1939 937 jüdische Flüchtlinge von Hamburg nach Havanna auswandern. Nachdem die kubanischen Behörden die Landung des Hapagschiffes bei seiner Ankunft verboten hatten, begann für Passagiere und Besatzung eine Odyssee, die sie über Florida schließlich zurück nach Europa führte und nach über einem Monat auf See, am 17. Juni 1939 in Antwerpen endete. Die ‚Reise der St. Louis' wurde zu einem tragischen Symbol für bürokratischen Antisemitismus und Mitschuld durch unterlassene Hilfeleistung. Leip hatte Schröder als Navigationsoffizier der *Albert Ballin* bereits während seiner Amerikareise 1926 kennengelernt. Als Schriftleiter der *Hamburger Illustrierten Zeitung* war er Schröder bei der Veröffentlichung von eigenen Lyrik-Übertragungen aus dem Spanischen behilflich.[679] Seither zählte der couragierte Kapitän zu seinen besten Freunden. Auf Leips Anregung hin veröffentlichte Schröder 1949 seine Erinnerungen an die bedrückende Reise als einen dokumentarischen Bericht.[680]

Bedeutend riskanter war die Nutzung publizistischer Freiräume. Leip veröffentlichte in unterschiedlichsten Zeitungen und Zeitschriften. Besonders freute es ihn, im *Simplicissimus* endlich auch mit Zeichnungen vertreten zu sein. Wie in vielen Zeitschriftenredaktionen, hatten nach 1933 auch in der Redaktion des *Simplicissimus* einschneidende Veränderungen stattgefunden. Der berühmte Karikaturist Thomas Theodor Heine mußte ins Exil gehen, ebenso der mit Leip befreundete Redakteur Hermann Sinsheimer; andere, wie Karl Arnold erhielten zeitweises Arbeitsverbot. Nach einem kurzen Verbot des Blattes im März 1933 arbeiteten die verbliebenen Mitarbeiter unter Inkaufnahme persönlicher Repressalien und unter Aufsicht des Vorsitzenden des *Reichsausschusses der deutschen Pressezeichner*, Hans Schweitzer, bis 1944 weiter.[681]

Regelmäßiger als im *Simplicissimus* veröffentlichte Leip in der *Krakauer Zeitung*. Sie zählte zu den größten deutschen Zivilzeitungen in den von der Wehrmacht besetzten Gebieten und erschien länger als irgendeine andere Zeitung im okkupierten Ausland, nämlich vom 12. November 1939 bis zum 19. Januar 1945. Die *Krakauer Zeitung* war niemals, selbst nicht in der Aufbauphase, eine reine Front- oder Soldatenzeitung. Sie richtete sich an Soldaten der Wehrmacht, an Verwaltungsbeamte und deren Angehörige, außerdem an Reisende. Die Auflage betrug 1939 um die 50.000 Exemplare und stieg bis Juli 1942 auf 130.000 an.[682] Das Feuilleton der *Krakauer Zeitung* gehörte „zu den gewichtigsten im Dritten Reich"[683] und ist vom Niveau seiner Mitarbeiter vergleichbar gewesen mit dem der *Frankfurter Zeitung* oder dem *Berliner Tageblatt*. Erstaunlich an dieser Zeitung, die sich durchaus als nazistisches Kampfblatt mit überdeutlich antipolnischer Spitze profilierte, ist die von Hubert Orlowski herausgestellte Tatsache, daß ihr Feuilleton eine ideologisch entlastete Nische darstellte: Hier veröffentlichten „Vertreter der ‚Inneren Emigration', mehr oder weniger auf Distanz gehende Schriftsteller sowie auch indifferente Unterhaltungsautoren."[684] Mit weit mehr als 50 Beiträgen zählte Leip zum Kreis der regelmäßigsten Mitarbeiter, dem auch Martin Beheim-Schwarzbach, Werner Bergengruen, Georg Britting, Manfred Hausmann, Hermann Hesse, Horst Lange, Eugen Roth oder Wilhelm Emanuel Süskind angehörten.

Wegen des Erfolgs von *Lili Marleen* war Leip genötigt, sich seines eigenen Standpunktes bewußt zu werden. Denn inzwischen war der Krieg auch in Blankenese nicht mehr zu ignorieren. Während an Leips eigenem Haus außer einigen gesprungenen Fensterscheiben keine größeren Schäden zu beklagen waren, wurde etwa das nahegelegene Postamt zerstört. Für zwei Monate war jede Fernsprechverbindung unterbrochen. Leip selber wurde als sogenannte ‚Stadtwache' eingesetzt und mußte mit Waffe und Armbinde ausgestattet Patroulliengänge übernehmen, um „etwaige feindliche Fallschirmtruppen [...] dingfest" zu machen.[685]

Sein Wunsch, sich wieder ohne Rücksichtnahme auszudrücken, wurde stärker. Leip wollte nicht mehr nur unterhalten, sondern drängte mit seinen Texten verstärkt nach Aussage und Botschaft.[686]

> Die Zeit ekelt mich an, immer mehr, diese grausige Wirrnis der Stadt, diese Beschränkung und Beschränktheit, dieses ganze würdelose und verlogene und dumme Vernichtungsspiel des weißen Mannes. Leider sind wir hundertfach darein verstrickt und es gibt kein Entrinnen [...]. Wenn man das schreiben dürfte – [687]

9.4. Wo Helden hausen

„Idothea oder die ehrenwerte Täuschung" – Sicherung des Cotta-Archivs – Begegnung mit Otto Dix

Leip beginnt, gedämpft-kritische Texte zu veröffentlichen. Dazu zählt auch seine am 12. April 1942 uraufgeführte Komödie *Idothea oder die ehrenwerte Täuschung*. Der „schweigend beredte Untergrund" der Handlung sei „eine Parodie auf Kriegsursachen und Kriegsheldentum, erläuterte Leip in einem unveröffentlichten Exposé seine Intention.[688] Nachdem Gustaf Gründgens die Inszenierung des Stückes abgelehnt hatte,[689] realisierte es schließlich Heinz Hilpert am Deutschen Theater in Berlin. Nach begeisterten Kritiken wurde *Idothea* auch von anderen Bühnen, darunter in Augsburg, Düsseldorf, Hamburg, Stuttgart, München und Zürich aufgegriffen, bis es nach seiner Aufführung am Dresdner Staatstheater als ‚staatsgefährdend' verboten wurde.[690] Leips antike Komödie handelt von einer Verwechslung. Nicht Helena, sondern die ihr ähnlich sehende Hausmagd Idothea wird nach Troja entführt. Die pazifistische Grundtendenz des Stückes ist eindeutig: Der Trojanische Krieg wurde wegen einer Magd geführt und ist demnach als völlig sinnlos zu beurteilen, wie in der Konsequenz überhaupt alle Kriege in Fra-

DEUTSCHES VOLKSTHEATER
HAMBURG-ALTONA

Sonnabend, den 31. Oktober 1942
73. Vorstellung – 6. Vorstellung in der Erstaufführungs-Platzmiete 1. (6)

Zum ersten Male:

Idothea

oder die ehrenwerte Täuschung

Komödie in 3 Aufzügen (8 Bildern) von Hans Leip

In Szene gesetzt von Fred Schroer

Gesamtausstattung: Edward Suhr

Musik: Werner Rother – Tänze: Anja Römer-Hahn

Hermes	Hermann Lenschau
Menelaos, König von Sparta	Heinrich Wilbert
Helena, seine Frau	Gerda Zinn
Xetis, ihre Dienerin	Gustel Busch
Knysos, deren Mann	Horst Beck
Proteus	Eugen Klimm
Idothea (seine Töchter)	Gerda Zinn
Oenone (seine Töchter)	Eva Gotthardt
Silen, Oberster der Satyrn	Gustav Römer-Hahn
Potiphar, ein ägyptischer Bierbrauer	Hans Mahnke
Sabo, ein Sklavenaufseher	Kurt Condé
Nymphen	Frauke Grund Agathe Polchmann Inge Stolten

Handlungsort: Die Insel Pharos in mythischer Zeit

Kleine Pause nach dem ersten Aufzug

Große Pause nach dem zweiten Aufzug

Technische Leitung: Rudolf Rathert
Die Dekorationen sind in den Werkstätten des Deutschen Volkstheaters hergestellt
Inspektion: Hans Prost / Beleuchtung: Henry Bressler
Kassenöffnung 17 Uhr / Anfang 17½ Uhr / Ende vor 20½ Uhr

Mitteilung an die Erstaufführungs-Platzmieter!
Die 7. Vorstellung in der Erstaufführungs-Platzmiete findet nicht am 14. November, sondern am Sonnabend, den 21. November 1942 statt.

Druck: Conrad Kayser – Spielzeit 1942-43 – Nr. 7b

Oben: Szene aus Hans Leips Theaterstück „Idothea“ am Deutschen Theater Berlin, 1942. Mit Hans Brausewetter, Anna Dammann, Erna Sellmer. Unten: Besetzungszettel der Hamburger „Idothea“-Aufführung.

ge gestellt werden. Die Kritiker bemerkten die Botschaft sehr wohl. So wies der damals bekannte Literaturkritiker Paul Fechter in seiner Besprechung darauf hin, daß die *Idothea* dem „ganzen Trojanischen Krieg eine geradezu Schopenhauersche Wendung ins grotesk Sinnlose" gäbe.[691] Um Kollisionen mit der NS-Kritik von vornherein zu vermeiden, hatte Kläre Buchmann im Vorwort zur 1941 bei Cotta erschienenen Buchausgabe, *Idothea* vollmundig zur ‚neuen deutschen Komödie' ausgerufen:

Sind wir Deutschen schon dabei, andere europäische Völker einholend, jene neue deutsche Komödie zu schaffen, die der Weltgültigkeit unserer Tragödie ebenbürtig wäre? Wer sollte zweifeln, daß der Nation Mozarts auch das gelinge? Und vielleicht sind wir, da wir aufbrachen, uns in der Welt die Stellung zu sichern, die uns gebührt, der Erfüllung jenes Nietzsche-Wortes „Lust, tiefer noch als Herzeleid" näher, als sich schon abhandelnd zeichnen läßt, jener heiteren Erhebung über das Dasein in die Unberührtheit und Unanfechtbarkeit, an die kein Grauen mehr reicht; am leuchtenden Morgen einer neuen Zeit.[692]

Bei vielen Aufführungen war dieser Text auf der Rückseite des Besetzungszettels abgedruckt. Kein Wunder also, wenn das Stück von den NS-Behörden zunächst unbeanstandet blieb.

Zur Berliner Premiere seiner ersten „ernsthaften Komödie"[693] war Leip in Begleitung seiner Frau angereist. Während der Aufführung saßen Ilse Leip und Kläre Buchman direkt neben dem Ehrengast; auf benachbarten Plätzen logierten Kurt Port, Hein Schlecht und Walter Pegel. Goebbels war nicht anwesend. Leip wollte ihn erst dann hinzu bitten, „wenn es ein wirklicher Erfolg wird mit der Idothea – Das ist klar."[694]

Idothea wurde ein Erfolg. Ausgerechnet im *Völkischen Beobachter* erschien eine der positivsten Besprechungen[695] und *Das Reich* lobte das Stück nahezu euphorisch:

In anmutigen Versen von oft zwingender Schönheit der Sprache und Tiefe des dichterischen Gedankens finden die locker geschürzten Szenen Leips ihren Höhepunkt. [...]

Hier sind alle Elemente der echten Komödie: Lebensfülle, Witz, Ironie und tiefsinniger Einfall, mit glücklichem Griff in eine heitere Einheit gefaßt. [...]

Leip, dessen Name durch seine Lyrik wie durch seine Prosa breites Gewicht hat, gibt auch dem Theater, was des Theaters ist, und das sind vor allem Rollen, die zu spielen sich lohnt.[696]

Daß das Stück schließlich doch verboten wurde, lag im wesentlichen an zwei Textstellen. Als die falsche Helena aus Troja heimkehrt, antwortet sie auf die Frage, ob es ihr dort gefallen habe: „Wo Helden hausen, / geht die Schönheit flöten."[697] An dieser Stelle erhob sich regelmäßig demonstrativer Beifall, ebenso beim Schlußdialog zwischen Menelaos und Helena:

Doch sag, der ganze große Feldzug
gen Troja war nun ohne Sinn?
Zog Sparta wegen einer Magd zum Streit?
Ist sinnlos nun vergossen all das Blut,

sinnlos zerhauen Freund und Feind,
Patroklos und Achill und all die andern
und sinnlos nun der stolzen Stadt Vernichtung?
Und sinnlos auch der Sieg?[698]

Auf diese Fragen antwortet Helena:

War auch der Anlaß klein,
der Ruhm wird ihn erheben.
Hat jemand nur gesiegt,
wird sich der Sinn ergeben.
Und klagen dich die Toten an,
Geschichte deckt die Toten zu
und läßt die Taten leben.[699]

Im Frühjahr 1942 begann der Cotta-Verlag, sein Archiv aus dem bombenbedrohten Stuttgart nach Überlingen am Bodensee auszulagern. An den umfangreichen Arbeiten zur provisorischen Unterbringung der kostbaren Autographen und anderer Archivalien war auch Leip beteiligt. Entgegen dessen eigener Aussage ist seine Rolle bei der Sicherung des Cotta-Archivs aber wohl als eher untergeordnet einzustufen. Die damalige Verlagsmitarbeiterin und spätere Ehefrau Ernst Jüngers, Liselotte Lohrer, bezeichnete Leips Angaben hierüber als ‚reines Seemannsgarn'.[700]

Auf jeden Fall blieb Leip während seines Aufenthalts am Bodensee genügend Zeit, um neue Projekte zu entwickeln. Gemeinsam mit Kläre Buchmann besuchte er 1943 den zurückgezogen am Untersee lebenden Otto Dix, um ihn für die Mitarbeit an einem geplanten Bildband zu interessieren.[701] Nach dem kurzen Besuch im Haus des verfemten Malers fertigte Leip eine Porträtskizze von Dix an und unterschrieb sie mit dessen Ausspruch: „Es gibt keinen Nachwuchs!".[702] Die Bemerkung machte Eindruck auf Leip. Auch wenn er selber nicht isoliert war wie Dix, so war ihm doch schmerzlich bewußt, daß die Künstler ihrer Funktion als Seismographen gesellschaftlicher Zustände in ihrem eigenen Land enthoben waren. Junge kritische Künstler fanden in Deutschland keinerlei Betätigungsfeld mehr. Wer dennoch blieb, wurde verfolgt.

9.5. Das Unsägliche zu fangen

Erste „Kadenzen" erscheinen – Bekanntschaft mit Friedrich Beißner

Mehr denn je drängte es Leip zur Botschaft. Er wollte Einsichten vermitteln, wollte ‚weisen und verkünden'. „Zwang wirkt sich immer auf die Dauer tötend aus", stellte er stets deutlicher auch an seiner eigenen Arbeit fest.[703] Um den Zwängen und Rücksichtnahmen zu entkommen, schien ihm der Bereich der Lyrik am besten geeignet. Schon in der *Laterne* hatte Leip einige Gedichte mit kritischen Zwischentönen unbeanstandet veröffentlichen können. Um gedankliche

Durchdringung und Aussage effektiver zu fassen, suchte Leip nach neuen Formen der Lyrik. Seine früheren spontan entstandenen Dichtungen erschienen ihm für seine Absichten mittlerweile ungeeignet.

> Allzu lange hatte ich keine Verse mehr geschrieben, und nun zerglitzerte auch jeder Ansatz zu neuer Prosa. Das Unsagbare wollte gesagt sein und sank ungegriffen zurück in kaum lotbare Tiefen und quälte sich wieder herauf, nach Gestaltung verlangend.[704]

Leip verlangte „nach einer knappen gebändigten Form". In Anlehnung an das Sonett, das ihm zu „ehern und abgenutzt" erschien,[705] entwickelte er eine neue lyrische Form, die der Kadenz: 18 freirhythmisch schwingende Verszeilen mit neun Reimpaaren in der strophischen Gliederung 5 - 4 - 4 - 5 Zeilen. Die Reime können dabei über das ganze Gedicht verteilt sein. Im Extremfall kehrt der Reim der ersten Zeile erst in der Schlußzeile wieder: „Äußerlich mag so eine Kadenz aussehen wie eine Pappel im Wind. Oder wie das Gewand einer Tänzerin. Oder wie der Kamm einer Brandung. Eine zernagte Mauerkante. Eine Flagge, die den Sturm bestanden hat."[706] Diese Gedichtform ist auch für Leips spätere Lyrik bestimmend geworden. Einen ersten Band *Kadenzen* stellte der Cotta-Verlag 1942 vor.

Einen Anhänger seiner neuen Lyrik fand Leip im Hölderlin-Forscher Friedrich Beißner, den er auf dem Weimarer ‚Dichtertreffen' von 1941 kennengelernt hatte. Anläßlich Hölderlins 100. Todestag bereitete der Literaturwissenschaftler für 1943 eine historisch-kritische Hölderlin-Edition bei Cotta vor. Um sein ambitioniertes Vorhaben verwirklichen zu können, suchte er geeignete Unterstützung und die Nähe zu Goebbels, unter dessen Schirmherrschaft das Projekt der *Großen Stuttgarter Hölderlin-Ausgabe* gestartet werden sollte. Leip hatte es sich nicht nehmen lassen, dem Wissenschaftler („Typ des großen deutschen Gelehrten")[707] einige seiner Bücher zu überreichen. Was Beißner an der Lyrik Leips so beeindruckte, war die Tatsache, daß sie eben nicht radikal mit überlieferten Formen brach und sich etwa „in die dekorative Sinnlosigkeit bloßer Wortklänge" flüchtete:[708] „In den Kadenzen wirkt viel Freiheit, nirgends aber formlose Aufweichung und laxe Lizenz."[709] Beißner bescheinigte Leip ein geradezu „griechisches Sprachgefühl".[710]

Mit seinen Kadenzen wollte Leip „sich und andern Mut machen für den grenzenlosen Weg", wie er noch 1944 im *Hamburger Anzeiger* freiheraus erklärte.[711] Deshalb nutzte er jede Gelegenheit, sie öffentlich vorzutragen. In Anwesenheit von Hein Schlecht und Lale Andersen trug Leip am 24. März 1942 in Berlin vor rund 500 Zuhörern einige seiner neuen Gedichte vor. Als Kläre Buchmann erfuhr, daß er auch die Kadenz *Aufschrei* gelesen hätte, reagierte sie geschockt:

> Sag, hast Du wirklich Aufschrei gelesen, so wie es ist: „Sei Vaterland, du / der größere Schlächter!" [...] das hätte Dich den Kopf kosten können [...].[712]

Leip antwortete gelassen:

> Aber liebes betroffenes Kätzchen und Getüm im April, warum sollte das: Sei, Vaterland, O Du der größere Schlächter ... schaden? Die SS wird dem doch sofort zustimmen! Man sollte es richtig veröffentlichen. Die letzte Zeile allerdings habe ich geändert gelesen: ersprießen zu freundlichen Taten ...[713]

In der Tat ist *Aufschrei* ein gutes Beispiel für Leips Fähigkeit, Kritik zu üben, die ebensogut als Lob oder Bestätigung aufgefaßt werden kann, je nach Lesart. Das große Potential an Unbestimmtheit, Offenheit und Polyvalenz, das von jeher in Leips Werk zu finden war, kam versteckter Kritik oder Anspielungen entgegen.

Wer je schaute klaglos zu,
wenn die zuckenden Schlachten
die Brust
der Väter und Söhne
zerfetzten?

Wer, in den donnernden Horizonten,
schrie nicht auf aus bitterster Lust:
Sei, Vaterland, du
der größere Schlächter!

Zerstampfe die Saaten,
daraus des Menschen friedloses Trachten
sich nährt, die Städte tilg' aus, die das Entsetzen
nicht bannen konnten!

Auf daß ein Neues werde
und aus dem Blutsumpf der Erde
schöne
heitere Geschlechter
ersprießen zu klügeren Taten.[714]

In die Literaturgeschichte ist *Aufschrei* als dasjenige Gedicht eingegangen, in dem sich Leip „vom martialischen Zeitgeist hinreißen ließ."[715] Arno Surminski versteht den Mittelteil gar als eine eindeutige „Aufforderung" des Verfassers, „die Städte auszutilgen".[716] Daß Leip aufgrund dieses Textes, von seiner Lektorin als potentiell gefährdet eingeschätzt wurde, ergibt sich aus der Zeile, in der das ‚Austilgen' von Städten als unkluge und somit verwerfliche Tat verurteilt wird.

In anderen Kadenzen wurde Leip noch deutlicher, etwa wenn er indirekt die Präsenz einer wirklichen Führungspersönlichkeit in Deutschland in Frage stellte: „Denn das unentwegt / nebelhaft Handelnde, / zu kühn begonnen, / muß scheitern / ohne Pilot."[717] Die eindeutigste Botschaft brachte Leip in der Kadenz *Soldatentod im Winter*, die mit der Zeile beginnt: „Mitten im russischen Wintertod".[718] Daß diese Anspielung auf die Katastrophe der deutschen Wehrmacht im Winter 1941 vor Moskau unbemerkt durch die Zensur ging, ist erstaunlich.

Eben diesen Text las Leip auf einem großen ‚Hamburg-Abend', zu dem Carl Vincent Krogmann im Namen der *Gesellschaft der Freunde Hamburgs* am 17. Januar 1943 ins Atlantic Hotel eingeladen hatte. Leip rezitierte fast ausnahmslos gedämpft-kritische Texte, Kadenzen wie *Totenehrung*, *Der Held* oder *Das Lautlose*, außerdem die beiden Schluß-Gedichte aus der *Laterne*: *Aufblick* und *Osterfrühe*. Das musikalische Rahmenprogramm bestand aus Vertonungen einiger Gedichte von Hans Friedrich Blunck und Hermann Claudius, zweier Autoren also, die bekanntermaßen zur Riege der NS-Literaten gehörten.[719] Die Veranstaltung sei zwar „trübe genug" gewesen aber es hätte „keinen Aufruhr" gegeben, konnte Leip seiner Lektorin am folgenden Tag erleichtert mitteilen.[720]

9.6. Gomorrha

Zerstörung Hamburgs – „Lied im Schutt"

Immer häufiger setzte sich Leip nach Überlingen ab. Während der sich ausdehnenden Aufenthalte am Bodensee ließ er seine Familie in Blankenese zurück, wodurch sich eine bereits manifestierte Entfremdung zu seiner Frau noch verstärkte.

Seinen Sommerurlaub 1943 verbrachte Leip gemeinsam mit Kläre Buchmann in Montafon, wo er sich zu der Erzählung *Der Gast* anregen ließ, einer hintergründigen Auseinandersetzung über den Zwiespalt und die Besinnung eines Malerehepaars im montafonischen Gebirge.[721]

Während Leip in Überlingen das Manuskript für seine eigene Geburtstags-Festschrift *Der Widerschein* überarbeitete, erfuhr er am 25. Juli 1943 von den verheerenden Bombardements auf Hamburg. Der Wehrmachtsbericht im Rundfunk hätte „schwere Verluste der Bevölkerung zugegeben".[722]

Vor der Juli-Katastrophe hatten bereits 137 Luftangriffe auf Hamburg stattgefunden. Die Metropole mit ihrem Hafen und den wichtigen kriegswirtschaftlichen Industrien stellte für die Briten und Amerikaner ein bedeutendes Angriffsziel dar. Mit der ‚Schlacht um Hamburg' hofften sie, das Kriegsende möglichst bald einläuten zu können. Vor allem sollte die Moral der Bevölkerung erschüttert werden, so daß sich die Mehrheit von Hitler abwenden würde. Das Phänomen des ‚Feuersturms' sollte die Angriffe verheerender wirken lassen als alle vorherigen: Sie fanden in einer lange andauernden Hitze- und Trockenperiode statt. Die Mittagstemperaturen lagen in der ersten Julihälfte nie unter 32°C. Das Zentrum des Feuersturmes befand sich mitten in Hammerbrook. Die heiße Luft strömte mit ungeheurer Geschwindigkeit nach oben und saugte von allen Seiten Frischluft an, die innerhalb kurzer Zeit orkanartig durch die Straßen raste. Bäume wurden entwurzelt, Balken und Schutt durch die Luft gewirbelt. Wer nicht in der Nähe von Grünanlagen oder Gewässern wohnte, hatte kaum Chancen, sich zu retten.

Der erste Angriff fand in der Nacht vom 24. auf den 25. Juli statt, ein zweiter, sehr viel stärkerer, in der Nacht vom 27. auf den 28. Juli 1943. „Ein Bombenteppich von unvorstellbarer Dichte überdeckte hauptsächlich die Stadtteile Rothenburgsort, Hammerbrook, Hohenfelde, Borgfelde, Hamm, Eilbek sowie in geringerem Maße Barmbek und Wandsbek. Ausgedehnte Teile dieser Gebiete wurden in kaum einer halben Stunde in ein einziges Flammenmeer verwandelt."[723]

Am Abend des 25. Juli trat Leip seine Heimreise in Richtung Norden an: „Denn was soll ich jetzt hier allein? Arbeiten kann ich nicht, es sieht ~~und~~ alles lächerlich aus, was ich schreiben will, und auch dieses!"[724] Auf dem Umweg über Berlin gelangte er zwei Tage später mit der Bahn schließlich nach Hamburg. Die Reise endete am Veddel. Von da an mußte Leip zu Fuß über die noch nicht zerstörten Elbbrücken gehen: „mir war, als taumelte ich über Schutt und Geröll wie auf weichen, dicken Gummisohlen einher."[725] Auf seinem Weg nach Blankenese durchquerte er die Innenstadt und Altona, wo schon viel in Trümmern lag. Die Elbvororte aber waren größtenteils unversehrt geblieben. Am Nachmittag des 27. Juli erreichte Leip endlich sein Zuhause. Es war verschont geblieben, und auch seiner Familie ging es gut.

Der Großangriff, die sogenannte ‚Operation Gomorrha', bei der in der Nacht auf den 28. Juli 45000 Menschen ums Leben kamen, stand Hamburg noch bevor. Vom Bismarckstein in Blankenese aus zeichnete Leip die ungeheure Brandwolke über Hamburg: „und die brennende Stadt leuchtete über die vielen Kilometer hin genug, so daß ichs hinkriegen konnte mit dem schwarzen Kreidestift."[726]

Am nächsten Morgen ließ er sich von einem Bekannten mit dem Auto in die Stadt mitnehmen:

> An manchen Stellen brannte es noch. Ich sah einen verstörten Mann im Schlafanzug umherirren, einen Band Gedichte in der Hand. Er beschäftigte meine Phantasie so sehr, daß ich ihn Herr Pambel nannte und sein Schicksal beschrieb.
>
> An manchen Stellen bargen sie Tote aus den Trümmern und legten sie auf die Straße, wo sie von Lastwagen abgeholt wurden. Viele waren nackt, einige verkohlt, ohne Gliedmaßen, einige aber sahen unverletzt aus, als wollten sie sich bald wieder erheben: sie waren erstickt.
>
> Hab und Gut häufte sich auf den Straßen, als sollte eine Auktion in freier Luft stattfinden. Der große deutsche Ausverkauf hatte begonnen. In mir sagten sich die ersten Zeilen des „Liedes im Schutt" her. Ich zeichnete dabei, obwohl es verboten war.[727]

Für einen geplanten Zeitungsbericht[728] durchquerte Leip mit einem ehemaligen Schulfreund auch St.Georg und die Innenstadt:

> [...] hab auch für das Hamburger Tageblatt, das etwas haben wollte für seine Soldaten-Feldpost, über den trüben Gang geschrieben, den ich mit dem Polizeileutnant Hans Friedrich, der mein Schulkamerad war vor 40 Jahren, zu den Stätten meiner und seiner Kinderjahre getan. Aber über den Neuenwall, über das Wilkensche Haus hab ich noch nichts gesagt, denn die zerstörten Käfige (die Ruinen sehen aus wie zerschlagene Käfige, aber das hab ich dem Tageblatt nicht erzählt) meiner Jugend haben mich weniger erschüttert, als der Schutthaufe Ecke Jungfernstieg, wo ich zehn meiner besten Jahre begraben sah... Und doch nicht begraben, nicht wahr, mein kleines Getüm? Das Unzerstörbare ist größer als das Zerstörbare, solange Menschen leben.[729]

Seine Eindrücke von den Verwüstungen hielt Leip in einer Reihe mit Kohle skizzierter Zeichnungen fest. Seinem inneren Entsetzen aber vor dem unvorstellbaren Ausmaß der Zerstörung gab er in dem Gedicht *Lied im Schutt* Ausdruck. Der Text wurde zunächst mit Hilfe von Freunden aus der *Bulln-Runde* in Form von Schreibmaschinendurchschlägen verbreitet,[730] bevor ihn der *Simplicissimus* am

„Brandwolke über Hamburg“. Kohlezeichnung von Hans Leip, Juli 1943.

13. November 1943 veröffentlichte. Anfang Oktober 1943 hatte Leip diese, Erich Lüths Einschätzung zufolge „wichtigste lyrische und menschliche Dokumentation hamburgischen Schicksals",[731] erstmals öffentlich vorgetragen. Über die Resonanz der Zuhörer berichtete er am 12. Oktober 1943 Kläre Buchmann:

> Ich schicke Dir das Lied im Schutt, das ich vor ein paar Tagen aufschrieb und es in Bützow schon vorgelesen hab, so daß die Armen dort ganz ängstlich wurden, ob man dergleichen wohl so offen sagen darf. Hab es auch an den Simplicissimus geschickt und bin kaum neugierig, ob er es druckt für viele Augen und Ohren. Dich soll es nicht erschrecken, laß es, laß es, ich mußte es so schlicht und recht von der bedrückten Seele schreiben [...].[732]

Mit der refrainartigen Monotonie der immer wiederkehrenden zweiten Zeile „Schutt, nichts als Schutt", erreicht das Gedicht seine ungeheure Intensität, und weist so hartnäckig auf den Kern seiner Botschaft hin, daß es nicht wundert, wenn die Zuhörer von 1943 mit Angst reagiert haben.

Das *Lied im Schutt* schließt sich erneut „im besten Sinne an die Überlieferung der Volksballade an":[733] Nach acht parallel gebauten Strophen mit dem Reimschema abaccddd, die mit einer Vision von der Auferstehung der Stadt enden, folgt eine zwölfzeilige Strophe freier Rhythmen. In jeweils ähnlicher Form gedenkt der Dichter in den einzelnen Strophen des Vaters, der Mutter, des Bruders, der drei Schwestern, seines alten Lehrers, seiner Freundin, seiner selbst und dann der „toten Stadt". Die letzte Strophe weist mit ihrer Reimfolge abcddcefabef auf die Form der Kadenz.

> Welchen Ruhm und Preis
> forderst du, unerforschliches Walten?
> Wie weit
> sind wir gekommen,
> was hast du uns genommen,
> Ungeheuerlichkeit!
> Bist du noch das ewige Licht?
> So mach uns wieder jung!
> O schmales grünes Reis,
> das unsere Hände halten,
> welke nicht,
> Hoffnung![734]

Große Resonanz fand das *Lied im Schutt* auch im Ausland, vor allem in England. Der im Londoner Exil lebende ehemalige *Simplicissimus*-Redakteur Hermann Sinsheimer hatte den Text aufgespürt und in einer Übersetzung von Christobel Fowler an die angesehene Londoner Literatur-Zeitschrift *Adelphi* vermitteln können. Dort erschien er unmittelbar nach Kriegsende unter dem schlichten Titel *Poem*.[735] Auf viele Engländer hätte das Gedicht „wie eine Stimme aus einem Deutschland" gewirkt, „das uns unendlich weit weg und gänzlich versunken vorkam," erinnerte sich Hermann Sinsheimers Frau Chris.[736]

Walter Foitzik, damaliger Chefredakteur des *Simplicissimus* hatte mit der Veröffentlichung des *Lied im Schutt* Mut zum Risiko bewiesen: „und wenn ich deswegen ins KZ komme", soll er gegenüber Leip erklärt haben.[737] Er plazierte das Gedicht unter einen großflächigen dekorativ-harmlosen Holzstich von Karl Rössing.[738] Andere Redaktionen zeigten sich weniger couragiert. Als Leip dem Feuilleton der *Krakauer Zeitung* seine unter dem Eindruck der Bombenangriffe auf Hamburg entstandene Kurzgeschichte über den *Bürger Pambel* anbot, „der sich durch die Katastrophe eines Luftangriffs wacker hindurchfindet",[739] lehnte die Redaktion eine Veröffentlichung als zu gefährlich ab. Nur mit dem relativierenden Untertitel *Ein Schicksal im Zeichen der Terrorangriffe* konnte der Text erst 1944 in der *Anhaltischen Landeszeitung Dessau* erscheinen.

Für eine andere unmittelbar nach dem ‚Feuersturm' entstandene Erzählung fand sich vor Kriegsende überhaupt keine Publikationsmöglichkeit mehr. *Frau Uwerkink*, die „traurige Geschichte von einer gutgestellten Dame, deren Mann im Felde und deren Kind auf Landverschickung (-verschleppung nennen sie es hier) ist und die in einem Amt einsatztätig ist und einsam und in eine Verirrung gerät und in die ‚tote Stadt' und zu Grunde geht aus lauter Verzweiflung und Anständigkeit"[740] erschien zusammen mit *Herr Pambel* 1946 bei Cotta unter dem programmatischen Titel *Ein neues Leben*.

9.7. Über der Flut

50. Geburtstag – Lesetournee – Mitarbeit beim Cotta-Verlag –
Urlaub mit Kläre Buchmann – Geburt der gemeinsamen Tochter

Mit der bedingungslosen Kapitulation Italiens am 3. September 1943 mußte Leip seine letzten Hoffnungen auf einen deutschen ‚Endsieg' endgültig aufgeben. Erstmals ist seine literarische Produktion von totaler Ernüchterung beherrscht. Dem ursprünglich der Sozialdemokratie nahestehenden, inzwischen zum völkisch-konservativen Erfolgsschriftsteller avancierten Gustav Frenssen schickte er zu dessen 80. Geburtstag ein Gedicht mit dem symbolkräftigen Titel *Besinnung*. Leip hatte es an eben jenem Tag verfaßt, „da Deutschland allein blieb".[741] Es endet überaus desillusionierend:

> Wie schwer ~~ist~~
> ist der Weg, der ins Trostlose geht –
> O Seele, Seele, bewahre dich,
> Seeschwalben gleich,
> über der steigenden Flut![742]

Seinen 50. Geburtstag feierte Leip im Kreise von Freunden und Bekannten: „Viele Leute waren da, auch einige, die ich lieber nicht gesehen hätte. Von meinen Verwandten keiner."[743] Der Reichsschrifttumskammerpräsident Hanns Johst sandte dem Jubilar das Kriegsverdienstkreuz I Klasse (ohne Schwerter!) per Post

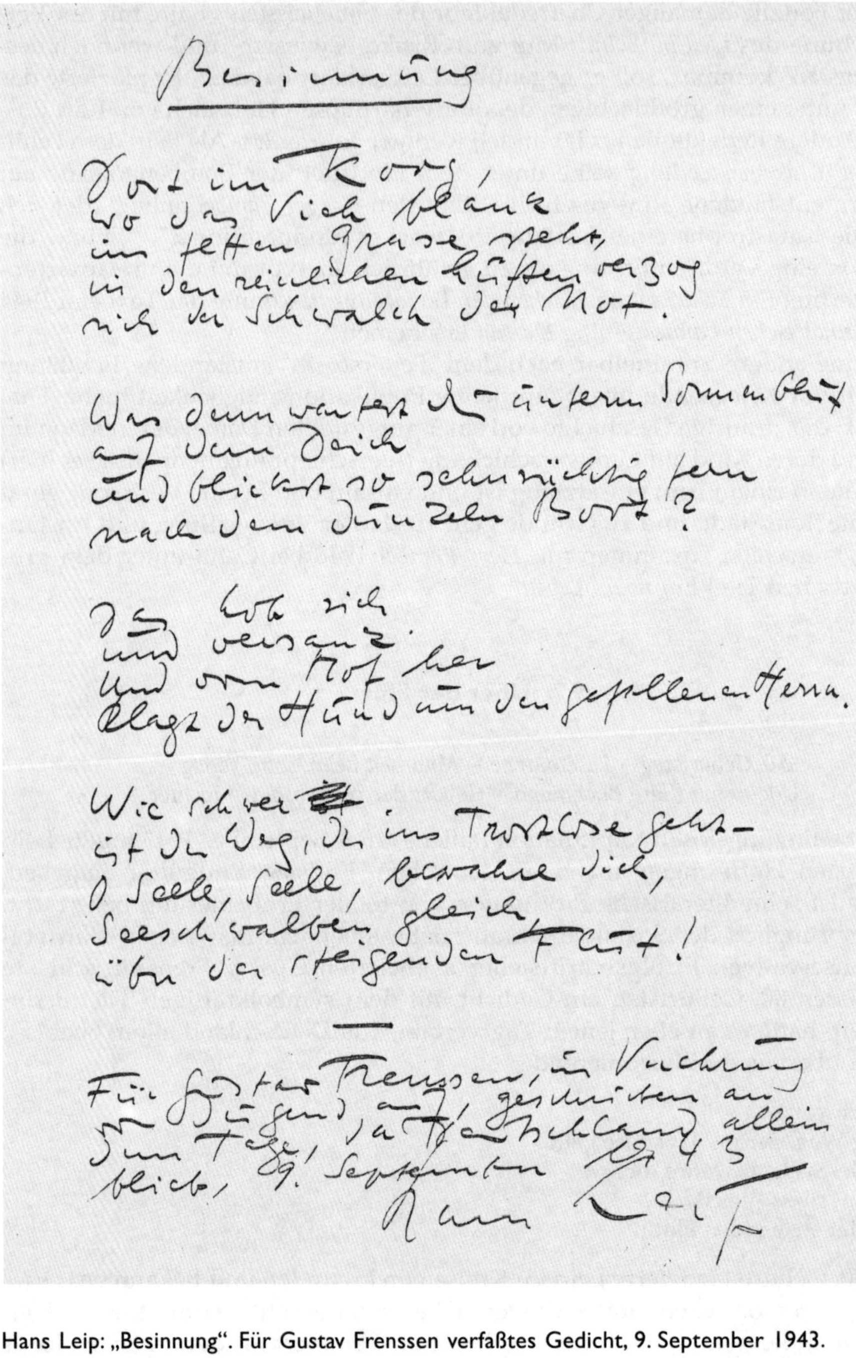

Besinnung

Dort im Koog,
wo das Vieh blank
im fetten Grase steht,
in den reinlichen Lüften verzog
sich der Schwalch der Not.

Was denn wartest du unterm Sonnenblitz
auf dem Deich
und blickst so sehnsüchtig fern
nach dem dunkeln Bord?

Das hob sich
und versank.
Und vom Hof her
klagt der Hund um den gefallenen Herrn.

Wie schwer ~~[illegible]~~
ist der Weg, der ins Trostlose geht –
O Seele, Seele, bewahre dich,
Seeschwalben gleich,
über der steigenden Flut!

—

Für Gustav Frenssen, in Verehrung
von Jugend auf, geschrieben an
dem Tage, da Deutschland allein
blieb, 9. September 1943
Hans Leip

Hans Leip: „Besinnung". Für Gustav Frenssen verfaßtes Gedicht, 9. September 1943.

zu. Die Ehrengabe von Cotta, ein Kompendium von Selbstzeugnissen, das Kläre Buchmann unter dem Titel *Der Widerschein* erarbeitet hatte, war nicht rechtzeitig fertiggeworden und konnte erst ein Jahr später, zu Leips 51. Geburtstag, erscheinen.

Wenige Wochen später, im Anschluß an eine vom Bürgermeister einberufenen sogenannten ‚Treue-Kundgebung' im Hamburger Rathaus, bekam Leip Schwierigkeiten. Er hatte einige neue Kadenzen *Die Stillen*, *Zerbrechendes Jahrhundert* und *Der Teufel spricht* vorgetragen und war damit offenbar einen Schritt zu weit gegangen.[744]

> Die gedrängte Menge schwieg dumpf, wahrscheinlich längst abgestumpft gegen jede öffentliche Rede, übermüdet halbverhungert, schläfrig. [...] Als ich ohne Beifall aber auch ohne Laute des Mißfallens (hatte ich zu leise gesprochen?) den Saal verließ, flüsterte Albert Mähl [...] mir zu: Minsch, wenn dat man gootgeiht![745]

Kurze Zeit darauf wurde Leip zu Hein Schlecht beordert, der ihm die Ausgabe der Wochenschrift *Das Tagebuch* reichte, in dem seine 1931 gehaltene Rede über *Die Zukunft des Schriftstellers* veröffentlicht war: „‚Sie sehen', lächelte Schlecht, wir wissen alles über Sie. Ich schlage vor, Sie machen als Zeichen des guten Willens eine kleine Lesereise gen Ost'."[746]

Leip beugte sich der indirekten Weisung des Propagandaministeriums und trat, wenn auch widerwillig, eine mehrwöchige Lesetournee durch Pommern und Ostpreußen an, die ihn von Mitte Oktober 1943 an nach Stettin, Danzig, Thorn, Königsberg und Tilsit führte. Die Reise war anstrengend und die Auftritte waren nicht selten schlecht vorbereitet, manchmal noch nicht einmal vorher angekündigt.

> [...] es ist wahrhaft strapaziös, diese überfüllten Bahnabteile, dieses hinstürzen zum Zug ohne Frühstück oder Mittagessen (da die Fahrzeiten alle ungünstig zu liegen pflegen) In Naugard bei Stettin, wo Ochsen und Hühner die Straßen malerisch bevölkern, war nicht das Geringste vorbereitet, und man hatte Leute aus dem Lazarett herbeigeholt, damit Publikum da sei – Der Bürgermeister redete politisch auf uns ein und wollte uns Parteigenossen heißen. Nachdem wurde (~~schon~~ vormittags) umgehend viel Alkohol aufgefahren, um den schlechten Eindruck zu verwischen [...].[747]

Bei seiner Station in Thorn an der Weichsel traf Leip auf den ‚Reichsstatthalter' von Hamburg, Karl Kaufmann, der zu den dort evakuierten Hamburgern gesprochen hatte. Die Begegnung ließ ihn darüber nachdenken, sein Programm umzubauen, das er bisher mit dem *Lied im Schutt* beendet hatte. Schließlich entschied sich Leip gegen jede Änderung und brachte neben dem *Lied im Schutt* einige Kadenzen sowie Passagen aus der *Bergung* und den Schluß von *Godekes Knecht*, in der die Hinrichtung des Seeräuber-Führers beschrieben ist:

> Godeke ist tot! brüllte es in mir. Und zugleich schrie es aus mir allem Lebendigen zu, der lebendigen Sonne, dem Himmel, dem Wasser, den lebendigen Fäusten, der lebendigen Menschheit. Ich sah es alles deutlich, Störtebekers morschen Schopf auf dem Pfahl, die gelben Felder des Knechtswamses, den Rostfleck auf dem Schwerte, die Küchenschelle im Gras, daran ein Blutstropfen hing, hörte überdeutlich alle Worte, alle Schritte, alle Atemzüge und das rinnende Blut im Gras. Frei richtete ich mich auf, keinerlei Gewalt war mehr über mir, ich warf den Kopf hoch, mein Mund schrie lachend gegen die Sonne.[748]

In Tilsit wurde Leip von der Ehefrau eines SS-Mannes gewarnt. Man sei in Memel, der anschließenden Station, entschlossen, ihn festzunehmen. Mit Hilfe eines Bahnhofskommandanten konnte er in einem Militärzug nach Südwesten und schließlich nach Überlingen gelangen. Um nicht für den ‚Volkssturm' einberufen zu werden, blieb Leip die kommenden Monate vorsorglich „außer Sicht".[749]

Im Frühjahr 1944 übernahm Leip die Betreuung der Klassiker-Handschriften des Cotta-Archivs. Der Verlag hatte seine wertvollsten Schätze von Überlingen ins noch sicherere Galtenberghaus, einem Gasthaus im Alpachtal oberhalb von Innsbruck, ausgelagert. Anfang Juli traf auch Kläre Buchmann in Tirol ein. Mit ihr zog Leip sich für die Sommermonate in eine Almhütte auf der höher gelegenen Wurmegg-Alpe zurück. Kläre Buchmann erwartete ein Kind von Leip. Sie mußte die Schwangerschaft als eine schwere Belastung empfinden, weil sich Leip seiner Frau gegenüber weder zu ihr noch zu dem Kind bekennen wollte.

> Wie ich aber die bittere Pille an Ilse Haalck heranbringen soll, ist mir noch nicht klar. Ich hab in der letzten Zeit mich nicht gut mit ihr verstanden. Sie ist überreizt durch die viele Hausarbeit und Einkaufs- und Verpflegungsschwierigkeiten [...] und ich selber bin noch nicht ganz erholt von den Grippenachwirkungen, schlafe wenig und bin schlechter Laune vor Kopfschmerzen. Ich darf im Augenblick auf kein „liebendes Verständnis" hoffen; es würde nur schaurigen Krach geben und ggf. (darin scheint sie ihrem Bruder nachzukommen) sogar eine Neigung ihrerseits zu juristischen Drohungen. Der Schmerz, daß statt ihrer jemand anderes jetzt ein Kind von mir kriegen soll, würde sie zu den unvernünftigsten Handlungen hinreißen, das ist mir – für den Augenblick wenigstens – völlig klar. Ich muß eine freundlichere Gelegenheit abwarten, und es eilt ja schließlich auch nicht. Wichtiger ist jedenfalls, daß wir beide den Sommer noch unbehelligt von fremder Einmischung verbringen.[750]

Obwohl Leip Kläre Buchmanns Tochter später rein formal adoptierte, bekannte er sich nicht eindeutig zu seiner Vaterschaft. Diese Tatsache hatte wesentlichen Anteil daran, daß Kläre Buchmann immer stärker unter schweren Depressionen litt. Die letzten Wochen ihrer Schwangerschaft verbrachte sie in Bayrischzell, wo am 6. Dezember 1944 Tochter Agathe zur Welt kam. Aber auch nach der Geburt besserte sich der Zustand Kläre Buchmanns kaum. Weder sah sie sich in der Lage, wieder für Cotta zu arbeiten, noch ausreichend für ihr Kind zu sorgen. So veranlaßte Leip, daß Agathe zu der Wirtin des Galtenberghauses, Maria Neumayr, in Obhut käme. Die unverheiratete „Maudi", wie sie Leip nannte, erklärte sich bereit, vorerst die Rolle der Pflegemutter zu übernehmen.

9.8. Oratorium um fünf nach zwölf

„Der Mitternachtsreigen"

In der Abgeschiedenheit des Tiroler Gebirges begann Leip mit der Arbeit an seiner überzeugendsten literarischen Anklage gegen Krieg, Gewalt und Nazi-Herrschaft, dem *Mitternachtsreigen*. Schon im April 1943 hatte er Kläre Buchmann von dem noch vagen Plan erzählt: „Mir ist nach gewaltiger Anklage, nach einer wahren Mitternachtsmesse zumute, nach düsterster Auseinandersetzung, nach Aufschrei und dem bewegungslosen Lächeln des Untergangs [...]."[751]

Der Mitternachtsreigen, der erst unmittelbar nach dem Krieg fertiggestellt wird und 1947 bei Hammerich & Lesser erscheint, ist eine lange erzählende Folge von thematisch miteinander verbundenen Gedichten, darunter auch das *Lied im Schutt*. Von der optimistischen Grundstimmung, die Leips bisherige Publikationen nie ganz verlassen hat, findet sich hier nichts mehr. Statt dessen liefert *Der Mitternachtsreigen* die extrem trostlose Schilderung des Lebens und der menschlichen Werte. Während Leip bisher zumeist die schöne Ordnung der Natur besungen hatte, ist die Landschaft nunmehr als zerstört und geschändet dargestellt („Schutt, nichts als Schutt"), die Menschen als „verkrüppelt, entstellt, entmannt und blind".[752] Sie sind „zerfetzt, zerschnitten, verfault und erfroren, / eiternd und stinkend"[753] oder

> Zerfetzt nun, zerstampft,
> verbacken, verklumpt im Schutt ihrer Häuser,
> ertrunken, erstickt in den bergenden Kellern,
> die Schutz nicht gewährt vor den Bomben und Flammen[754]

Freiheraus hat Leip mit Krieg und Nationalsozialismus abgerechnet. Indem er den Nationalsozialismus als die politische Verkörperung bestimmter menschlicher Schwächen und Haltungen definiert, macht er deutlich, daß die Katastrophe eben nicht als schicksalsgegeben anzusehen ist, sondern sich direkt auf den Menschen und seine moralischen Defizite zurückführen läßt. Zu dieser Thematik hat sich Leip später auch in Prosa geäußert:

> Achselzuckend sich dem Schicksal ausgeliefert fühlen, das ist leicht und hat ungeheures Unheil in der Welt zur Folge gehabt. Es hat zu der unsinnigen These geführt, daß Kriege unvermeidlich seien. Fang bei dir an, heute noch, diesem Unfug entgegenzuleben.[755]

Mit dem *Mitternachtsreigen* verfolgt Leip die didaktische Zielsetzung, Fehler und Schwächen, die seiner Meinung nach zum Krieg geführt hätten, zu bekämpfen. Deshalb hebt er sie hervor, und deshalb weist er so schonungslos auf ihre schrecklichen Resultate hin. Aber er bietet auch Vorschläge zur Bewältigung der Krise an: Der Mensch müsse nach ewig gültigen Idealen streben, zu Gott zurückkehren und seine Fähigkeit zu lieben wieder neu kultivieren.

Aufgrund seiner bewußten Zielsetzung überschreitet der *Mitternachtsreigen* die Grenzen der Lyrik immer wieder. Leip bezeichnet den Text als ein *Oratorium*. Die einzelnen Arien, Chorgesänge, lyrischen ‚Gespräche' und Kadenzen variieren in ihrem Umfang erheblich und werden von den verschiedensten Interpreten vorgetragen: vom Wächter, Helden, Flüchtling, Waffenhändler oder vom Chor der Kinder, Mütter, Soldaten. Und sogar den übermenschlichen Instanzen, dem Tod, dem Teufel, der Seele und dem Chor der Engel, fallen wichtige Rollen zu.

Aufgrund dieser spezifischen Technik läßt *Der Mitternachtsreigen* nicht zufällig an Texte des Mittelalters denken. Aktuelle Themen sollen mit der Atmosphäre von mittelalterlichen Mysterienspielen zusammengebracht werden, um somit selber als gleichsam überzeitlich gelten zu können.

Als das Werk unmittelbar nach Kriegsende erschien, stand ihm die Kritik zwiespältig gegenüber. Während einerseits „seine nüchterne Aufrichtigkeit" gelobt wurde,[756] gab es andererseits starke Zweifel hinsichtlich der Authentizität der im *Mitternachtsreigen* geäußerten Gefühle und Gedanken, ja sogar hinsichtlich der Entstehungszeit des Textes. In der Baseler *National-Zeitung* wurde daran erinnert, daß Leip während des Krieges Gedichte mit einem „ziemlich entgegengesetzten Grundton" veröffentlicht hätte,[757] „weshalb man uns einen gewissen Zweifel an der Datierung des ‚Mitternachtsreigens' und an der Echtheit der darin geäußerten Gefühle nicht wird verübeln können."[758] Besonders der Schluß wurde als zu prätentiös bewertet: „Schade, daß der Schluß in Schulmeisterei abgleitet. ‚O lächerliche Menschenbrut, vertragt euch endlich gut, damit euch eure Dummheit nicht endgültig in den Abgrund zieht.' Das ist doch trivial und könnte die Moral einer Struwwelpetergeschichte sein."[759] Insgesamt wurde Leips Oratorium, wenn auch nicht künstlerisch, so doch als ein „menschlich überaus gewichtiges Dokument deutschen Dichtertums" gewertet,[760] „für das Erwin Piscator der ‚richtige' Regisseur gewesen wäre."[761] Zu einer Aufführung kam es indes nie.

Bis auf einen kurzen weihnachtlichen Besuch in Hamburg zum Jahreswechsel 1944/45 blieb Leip bis über das Kriegsende hinaus im Alpachtal. Hier konnte er sich ausgiebig, endlich einmal wieder seinem anderen Talent, der Malerei, widmen. Im Auftrag der *Griffelkunstvereinigung Hamburg-Langenhorn e.V.* begann er zu Beginn des neuen Jahres mit der Arbeit an einer Reihe Lithographien. Die Litho-Kreide und die Umdruckbögen wurden von der Auftraggeberin gestellt; die fertigen Steinzeichnungen schließlich in Hamburg auf hochwertiges Papier gedruckt, das eigentlich für Fliegerkarten vorgesehen war.[762] Die neue Beschäftigung kam ihm sehr entgegen, weil sie ihn von den „schwankenden Tagesereignissen" abzulenken vermochte, „die mich manchmal mehr bedrängen als recht ist."[763] Neben Motiven aus der unmittelbaren Tiroler Umgebung schuf Leip auch Blätter norddeutscher Prägung - einen Schiffsjungen in einer Hafenkneipe oder die Elbmündung mit einem Feuerschiff: „Du wunderst Dich, daß ich nicht mehr Alm - und Wurmegg dabei habe", schrieb er im Februar 1945 an Kläre Buchmann, „aber ich weiß, daß die Leute in Hamburg von mir lieber nichts Gebirgliches sehen wollen, die glauben es mir noch nicht".[764] Während im Frühjahr 1945 die englischen Truppen schon vor Hamburg lagen, wurden fünf der Bilder Leips im Ausstellungsraum der *Griffelkunstvereinigung* präsentiert, neben Werken von Alfred Kubin und Willy Habl: „In den Pausen zwischen den Luftalarmen kamen die Mitglieder und bestellten ihre Blätter, bis eines Tages das Gebäude von englischen Truppen besetzt wurde."[765]

Wenige Wochen vor der bedingungslosen Kapitulation der deutschen Wehrmacht, schilderte Leip die Situation in Tirol als explosiv:

„Der Schiffsjunge". Steinzeichnung von Hans Leip, 1945.

Hier im Gebirge und Tirolischen ist die Stimmung der Bevölkerung eben vorm Explodieren. Ich halte mich, schon weil ich Norddeutscher bin, hier von jeder Meinungsäußerung zurück. Als Gast hat man sich dem Bestehenden zu fügen, und noch besteht hier die Ortsgruppe, wenn sie auch nicht mehr gewagt hat, zu Hitlers Geburtstag die Fahne herauszuhängen. [...]

Über die Vorgänge im Reich, zumal im besetzten Teil und in Berlin, hört man hier nicht viel, d.h. unser Hausradio vermittelt nur streng unsere Berichte, die allerdings bald schwer zu finden sind. Dafür wissen aber Leute, die man auf dem Wege trifft, meistens gut Bescheid. Mag auch sein, daß Flugblätter von Hand zu Hand gehen, namentlich in Innsbruck, wo der Gauleiter Hofer, den ich übrigens nicht kenne und nicht beurteilen kann, anscheinend fanatisch gehaßt wird. Und wie haben gerade die Innsbrucker ganz allgemein dem Hakenkreuz zugejubelt. Sie scheinen, so behaupten sie wenigstens, bitterer enttäuscht worden zu sein als alle anderen. Ich stehe dem allen fern, ich habe nie etwas von Politik verstanden. Ich liebe mein Vaterland und habe es im Ausland immer verteidigt, sogar noch Anfang 1939, wo doch wir Hamburger das Unheil unabänderlich sich erfüllen sahen.[766]

9.9. Heimkunft

Zurück in Hamburg

Das Kriegsende erlebte Leip in Überlingen. Im Sommer hatte er wegen einer schweren Mittelohrentzündung das Alpachtal verlassen, um sich am Bodensee auszukurieren. Bis er Anfang Oktober 1945 nach Hause zurückkehrte, wurde er über die Situation in Hamburg von seiner Frau auf dem Laufenden gehalten.

Den einrückenden englischen Truppen folgte ein Stab von Offizieren, die die Regierungsgewalt übernahmen. Die deutsche Verwaltung wurde angewiesen, wie bisher weiterzuarbeiten. Einige Tage blieben in Hamburg sogar noch Bürgermeister Krogmann und die bisherigen Senatoren im Amt. Am 11. Mai 1945 aber berief die britische Militärregierung eine Versammlung aller Senatoren und leitenden Beamten ein, ließ Krogmann und fünf andere Senatoren und hohe Beamte verhaften und suspendierte alle übrigen von ihren Ämtern, soweit sie der Partei schon vor 1937 beigetreten waren. Am 15. Mai 1945 wurde Rudolf Petersen, der jüngere Bruder des 1933 abgesetzten Bürgermeisters Carl Petersen, zum neuen Bürgermeister von Hamburg ernannt.[767]

Bei Kriegsende lebten etwa eine Million Menschen in der Stadt. Viele Teile Hamburgs glichen einem Ruinenfeld, die Menschen hausten in Notunterkünften oder in den Kellern zerstörter Häuser. Während der Wiederaufbau mit der Beseitigung des Schutts begann, ergaben sich erhebliche Engpässe in der Versorgung der Bevölkerung mit Nahrungsmitteln und Heizmaterial. In den besonders kalten Wintern von 1945/46 und 1946/47 starben viele Hamburger vor Hunger oder Kälte. Für Leip, der wegen seines empfindlichen Magens auf sorgfältige Ernährung angewiesen war (er hatte Ende 1938 eine schwere Magenblutung erlitten), war die Lage deshalb besonders ernst:

Nein, hier ist es nicht sehr behaglich für mich und für keinen, und so dünn hab ich die Butter noch seit langem nicht mehr gestrichen, man sieht sie kaum, und es ist hier nichts mit dem sagenhaften Schwarzen Markt, nicht mal für 400 Emm das Pfund. Das bißchen Speck war bis zu Tränen hochwillkommen , und ich hab auch schon ein Fitzelchen mit Bohnen, Birnen und Kartoffeln serviert erhalten, oho, es muß viele Wochen reichen. Denn aus Dithmarschen ist nichts zu ersichten, es wird alles abgeknöpft und beschlagnahmt und bestraft.[768]

Dem „Selbstmord tatsächlich nahe",[769] wandte sich Leip im November 1946 an Erich Lüth, der inzwischen zum Senatsdirektor avanciert war: „Ach, mein Lieber, ich möchte viel arbeiten, aber ich sitze noch ohne Ofen, ich hungere und friere und komme ganz von Kräften."[770] Prompt und unbürokratisch ließ ihm Lüth „im letzten Moment [...] ein kleines aber kräftiges Rotes Kreuz Paket" zukommen:[771] „Er [Lüth] weiß garnicht, was er damit Tüchtiges geleistet hat und wird es nie ermessen können, was diese Gabe mir nicht nur an Kalorie und Vitamin, sondern an Auftrieb bedeutete."[772] So berichtete Leip seinem Freund Heinrich Landahl, der inzwischen als Senator der Hamburger Schulbehörde Karriere gemacht hatte und eine wichtige Rolle im Nachkriegshamburg spielte.

Aber auch von ganz anderer Seite kam Hilfe. Der inzwischen arg angeschlagene Hans Friedrich Blunck nahm unmittelbar nach Kriegsende Kontakt zu ehemaligen Kollegen auf, die bezeugen sollten, daß er seine Position als Reichsschrifttumskammerpräsident doch nur dafür benutzt hätte, „die Kunst gegen schwerwiegende Eingriffe des nationalsozialistischen Regimes abzuschirmen".[773] In seinem Anliegen schien es ihm nützlich, auch seine alten Beziehungen zum Chef der *Hamburger Gruppe* wieder aufzuwärmen. Im Februar 1947 erreichte Leip ein Care-Paket aus den USA, das ihm die Quäker geschickt hatten – auf Veranlassung Bluncks. Auch wenn sich der so Beschenkte beim Initiator „von Herzen" für die große „Güte"[774] bedankte, vertiefen wollte er die Beziehung zum politisch Disqualifizierten nicht.

Aufgrund seiner freundschaftlichen Beziehungen zu Landahl und Lüth sah sich Leip in der Lage, auch Kontakte zu anderen wichtigen Exponenten aus Politik und Kultur zu knüpfen. Er verkehrte in der *Halali-Bar*, „allwo wie ein Plakat besagt, die am Aufbau Hamburgs beteiligten Kaufleute und Wirtschaftler verkehren dürfen und wegen Platzmangels ohne Damen [...]."[775] Hier traf sich auch der „Kreis um Bürgermeister Petersen",[776] zu dem auch der Oberlandesgerichtspräsident R. Johannes Meyer gehörte: „Dr. Meyer ist übrigens wieder im Amt und hat die Finger überall drin, will (möchte) die Frankf. Ztg. nach Hamburg verlegen, möchte auch, daß ich einen Gesamt-Lichtwark herausgebe usw."[777] Mit seinen weitreichenden Kontakten gehörte Leip zweifellos zu den Privilegierten im wiedererstarkten Hamburger Literaturbetrieb. So wurde er zum Beispiel zur Feierstunde anläßlich der Wiedereröffnung der Universität am 6. November 1945 eingeladen, auf der Landahl während seiner Ansprache auch an die Verbrechen des Dritten Reiches und an die *Weiße Rose* um Hans und Sophie Scholl erinnerte: „Leider schlief in der Länge der Veranstaltung an dieser Stelle schon fast die ganze festliche Versammlung [...]."[778]

Neben dem permanenten Hunger und dem Energiemangel war die akute Wohnungsnot die dritte wesentliche Elendsquelle der frühen Nachkriegszeit. Im November 1945 berichtete die *Neue Hamburger Presse*, daß pro Woche etwa 1200 bis 1500 beschädigte Wohnungen wieder bewohnbar gemacht würden.[779] Die Kapazität reichte aber nicht annähernd aus, um die wachsende Bevölkerung unterzubringen. Deshalb mußte das Wohnungsamt Zimmer beschlagnahmen, um dort Obdachlose einzuweisen. Auch Leips Haus blieb vom Zugriff der Behörde nicht verschont. Das enge Zusammenleben führte zu Reibungen und behinderte zeitweise auch die Arbeit Leips.

> Das Wohnen hab ich Dir schon beschrieben, und es wird demnächst noch enger, da der Architekt nebst Frau Samstag zwei Kindlein dazuholen wollen und sie nicht anders werden unterbringen können als in meinem Schlafzimmer, sodaß ich dann unten auf der großen Kautsch schlafen muß. Nun gut, die Not ist überall groß. Die englische Zivilverwaltung naht überdies mit Kind und Kegel und möchte in ~~Bl paßte nicht~~ Blankenese quartieren. So trefflich mein bisheriger Eindruck von der hiesigen Besatzung ist, es wird aber leider sehr eng. Am besten würden wir ein britisches Dominion, Heiliges römisches Reich britischer Nation, auf daß der Rettung des Abendlandes nichts mehr im Wege stehe. Ich will nicht klagen, alle sind nett zu mir, ich sitze in warmer Stube – der win~~t~~⌈z⌉ige Ofenherd mit einem gefällten Baum ge~~he~~⌈sp⌉eist, tuts redlich – und es sieht hier aus wie in einem Zigeunerlager.[780]

Trotz des beschwerlichen Alltags gab es in der Bevölkerung einen übergroßen ‚Hunger' nach Kultur, der aus der massiven Sinnkrise resultierte, die sich aus dem Zusammenbruch des ‚Dritten Reiches' ergeben hatte. Viele suchten in der Kunst und Kultur Kompensation und Orientierung.

9.10. Von den wahren Werten

Positionsbestimmung – „Ansprache an junge Dichter" – Wolfgang Borchert

Die Reformation des Hamburger Literaturbetriebes entwickelte sich geradezu rasant.[781] Im Oktober 1945 konstituierte sich auf Initiative Adolph Wittmaacks der *Schutzverband Deutscher Autoren* neu; bereits im August war der Hamburger Buchhändler- und Verlegerverband gegründet worden. Lizenzen für Verlage und Buchhandlungen vergab bis 1947 die Militärregierung. Zu den ersten registrierten Verlagen gehörten Alster Verlag Curt Brauns, Claassen & Goverts, Hoffmann & Campe, Wolfgang Krüger, Robert Möhlich, Rowohlt, Marion von Schröder, Christian Wegner.

> Zu kaufen ist nichts von irgendwelchem Belang. Das heißt, bei Christian Wegner hab ich dessen erstes Druckerzeugnis gekauft, 4,50 RM ein englisches ⌈in Ganzleinen⌉ Wörterbuch, das von Tauchnitz in Lizenz photokopiert, 100 000 Auflage. Er ist der große Verlagsmann hier und ist stolz auf 1Million Bogen Holzpapier. Ich sagte ihm die solle er nur schnell verbrauchen, aber nichts von mir darauf tun.[782]

Lili Marleen hatte noch immer Konjunktur. Das Lied war auch bei den Alliierten beliebt und sogar Eisenhower wünschte den Mann kennenzulernen, „who lived in Germany during the war and filled the whole world with deligth."[783] Englische Soldaten statteten Leip Besuche ab, „um sich des Näheren nach Lili Marleen zu erkundigen."[784] Und endlich konnte er von seinem Text auch in wirtschaftlicher Hinsicht profitieren.

> [...] die Engländer singen nach wie vor Lili Marleen, hier wie in England, und die Amerikaner auch und haben Vergnügen daran und gehabt, obwohl es, grausig genug, nichts als einen „Totentanz" meint, dieses harmlos aussehende Lied.[785]

Für Leip ging es nach 1945 erst einmal um eine neuerliche Positionsbestimmung. Die Voraussetzungen für die Übernahme einer herausragenden Rolle schienen mehr als günstig zu sein. Aufgrund seiner Position bis 1945 ging er davon aus, an exponierter Stelle die literarische wie gesellschaftliche Erneuerung Hamburgs maßgeblich mittragen zu müssen. Sein Werk sollte helfen, die notwendige Wandlung der Gesellschaft herbeizuführen. In den folgenden Monaten veröffentlichte er so programmatische Titel wie *Heimkunft*, *Ein neues Leben* (beide 1946) oder *Rette die Freude* (1947). Leip fühlte sich dazu berufen, den Menschen einen neuen und besseren Weg aufzuzeigen. Während *Ein neues Leben* noch Material aus dem Krieg enthält, bot Leip mit *Rette die Freude* aktuelle Essays zu Fragen der Zeit, in denen er seinen Lesern ethisch-moralische Ratschläge sowie allgemeingültige Lebensweisheiten unterbreitete. Mögliche Zweifel an seiner Rolle, die ihm aufgrund seiner Karriere im ‚Dritten Reich' hätten kommen können, wurden nicht wirksam. Er zählte sich zu „den wenigen Unbelasteten"[786], nahm für sich in Anspruch „dem Rummel nicht zugehört zu haben"[787] und bezeichnete sich sogar als „politisch verfolgt".[788] Leip fühlte sich dazu auserwählt „in der ungeheuren Katastrophe"[789] seinen Beitrag zur ‚Genesung der Menschheit' beizutragen. „Und wie? Durch Leistung, durch immer bessere Leistung [...]. Etwas Dringenderes kann ich auch den Herren Spätbrüllern nicht empfehlen ... Schurek z.B."[790]

Im Hamburger Literaturbetrieb der unmittelbaren Nachkriegszeit spielte die Frage, wie es ein jeweiliger Autor mit den Machthabern des NS-Regimes gehalten hatte, eine entscheidende Rolle. War er Gegner, Anhänger oder nur einer der vielen Mitläufer gewesen? Die Antwort konnte eine Karriere in Gang bringen, sie blockieren oder für immer beenden. Während Leip sich selber zur Kategorie der NS-Gegner zählte, beurteilten ihn seine Berufskollegen zum Teil genau entgegengesetzt. Die Zweifel resultierten vor allem aus der ungeheuren Popularität von *Lili Marleen*. Rolf Italiaander, der selber während des Krieges eindeutig pronazistische Titel veröffentlicht hatte, stellte später fest: „Hans Leip war umstritten, weil er eben Lili Marleen gedichtet hatte. Man mußte auseinandersetzen, daß das eben kein Nazilied gewesen war, sondern vorher geschrieben."[791]

Leips Ansehen schadeten die Zweifel an seiner Rolle während der NS-Zeit zunächst nicht merklich. Er hatte weiterhin eine große Lesergemeinde und war immerhin so angesehen, daß er vom *Schutzverband Deutscher Autoren* dazu ein-

VEREINIGUNG NIEDERDEUTSCHES HAMBURG

Janmaaten im Hafen

KLEINE KURSANWEISUNG

SALUT (Hans Leip)
Ein schmetternder Gruß an Hammonia

HAMBURG (Joachim Ringelnatz)
Durchaus ernsthafte Dankadresse eines seebefahrenen Poeten

HOBENLUD (Bernhard Meyer-Marwitz)
Bekenntnis eines mit Elbwasser Getauften

GROSSE FAHRT (Hans Leip)
Ein Janmaat spricht von heimlichen Sehnsüchten

DENN DU WEISST (Hans Leip)
. . . und ein hübsches Mädchen antwortet ihm

DAS ABSCHIEDSMAHL (Hans Leip)
Heiterer Zuspruch an eine verlassene Braut

DIE WINDSBRAUT (Hans Leip)
. . . und die Verlassene antwortet dem Treulosen

HAMBURGER MÄDCHEN (Wolfgang Borchert)
Ein zartes Lied von der Liebe im Seewind

IN HAMBURG (Wolfgang Borchert)
Ein Mädchen träumt von der blauen Hafennacht

IK KEEM VON DE REIS (altes Seemannslied)
Erfreuliche Erfahrung eines Heimkehrers im Bäckergang

DAS HAFENMÄDCHEN (Hans Leip)
. . . das weiß, was es von den seefahrenden Jungs zu halten hat

NÄCHTLICHE RUHESTÖRUNG (Hans Leip)
Ein allzu fröhlicher Matrose beunruhigt brave Bürger

JANMAAT IST NIE ZUFRIEDEN (Harry Reuß/Löwenstein)
. . . auch dann nicht, wenn eine Frau an Bord ist

ANKERPAUSE

Programm zu dem von Wolfgang Borchert veranstalteten Kabarett „Janmaaten im Hafen“ am 27. September 1945.

DE HAMBORGER VEERMASTER, ein alter Shanty
. . . aus dem man ersieht, daß die Seefahrt keine Lustpartie ist

SHANTY VON DEN BLANKNESER DEERNS
(Wilhelm Hammond/Norden)
Drastischer, aber sehr entschlossener Lokalpatriotismus

SEERÄUBERBALLADE (Harry Reuß/Löwenstein)
Eine erquickende Moritat mit Moral und Musik

KUTTEL DADDELDU UND FÜRST WITTGENSTEIN
(Joachim Ringelnatz)
Allzu derbe Verbrüderung, aber nicht ohne tieferen Sinn

SHANTY VERKEHRT (Wilhelm Hammond/Norden)
Klage einer ebenso seßhaften wie vorsichtigen Landratte

ANLEITUNG ZUM VERFASSEN VON SHANTIES
(Wilhelm Hammond/Norden)
Unfehlbare Gebrauchsanweisung für Seefahrtspoeten

MATROSEN-SONG)Wilhelm Hammond/Norden)
Eine Auswirkung dieser Gebrauchsanweisung

O, JONNY (Hans Leip)
Das Trumpf-Ass aller synthetischen Shanties

An Deck stehen:

VIOLA WAHLEN
ein Mädchen von der Küste

LISELOTTE PFEIFFER
mit ihrer Windorgel

HENRY HARDER
ein munterer Hafensänger

CARL VOSCHERAU
ein Kerl wie Kuttel Daddeldu

WOLFGANG BORCHERT
ein junger Weltenbummler

Programmgestaltung: Bernhard Meyer/Marwitz

MIT GENEHMIGUNG DER MILITÄRREGIERUNG

DRUCK: CONRAD KAYSER, HAMBURG 39

geladen wurde, während der im Juni 1947 veranstalteten *Woche der Dichtung* eine programmatische *Ansprache an junge Dichter* zu halten:

> [...] ich hatte mit einer längeren Rede einige unbekannte junge Schriftsteller und Schriftstellerinnen einzuführen und konnte dabei nicht umhin, die Gesamtlage in unserer Stadt als recht musenfeindlich zu bezeichnen [...] – hab aber den jungen Leuten auch stark ins Gewissen geredet [...].[792]

Die Ansprache erinnert in ihrem stark appellativen Charakter an Leips Lübecker Rede von 1931, wo er sich ebenso eindringlich an die Schriftsteller seiner eigenen Generation gewandt hatte. Sie wurde in den von Axel Eggebrecht und Peter von Zahn herausgegebenen *Nordwestdeutschen Heften* veröffentlicht und konnte sich so eines größeren Wirkungskreises versichern.

> Tretet an, ihr jungen Dichter der Welt, tretet an gegen die ohnmächtige Diplomatie, gegen die Waffenhändler und den gelernten Massenmord und gegen die geschwätzig, wollüstig bebenden Klatschtanten beiderlei Geschlechts! Tretet an mit dem Zauber eurer Verse und der Klarheit eurer Geschichten von den wahren Werten des Menschen [...].[793]

Tatsächlich waren die Autoren der jungen Generation in Hamburg kaum dominant. Unter ihnen gab es nur einen einzigen wirklich klingenden Namen: den Wolfgang Borcherts. Und Borchert war ein bekennender Bewunderer Leips. Doch nicht von dessen neueren und neuesten Werken, sondern vor allem von den Texten aus der Weimarer Zeit, die ihm aus der *Kleinen Hafenorgel* vertraut waren. Ein eindrucksvolles Zeugnis von Borcherts Vorliebe für Leip ist das Programm seines Kabaretts *Janmaaten im Hafen*, aufgeführt am 27. September 1945 im Volksheim Eppendorf, im Gemeindesaal in der Ludolfstraße. Wie der Borchert-Biograph Claus B. Schröder feststellt, waren es im Krieg „die Geschichten von Hans Leip gewesen, die aus Borchert einen leidenschaftlichen Hamburger machten."[794] Als Jugenlicher hatte er sich vor allem für *Jan Himp* begeistert.[795] Auch Hans Quest, der die Rolle des Beckmann in der Uraufführung von *Draußen vor Tür* spielte, erinnert sich an die große Bedeutung der Leip-Texte für Borchert: „Er [Borchert] schrieb die Nächte durch, auch zahlreiche Gedichte, die er aber oft wieder vernichtete. Diese Texte verrieten Borcherts Vorlieben für Ringelnatz, Hans Leip [...]."[796]

Von den insgesamt 21 vorgetragenen Texten des *Janmaaten*-Programms stammten immerhin acht von Leip, mit seinem *Salut* begrüßte Borchert als „junger Weltenbummler" das Publikum und mit dem „Trumpf-As aller synthetischen Shanties", *O Jonny* wurde die Vorstellung beendet.[797] Dazwischen gab es Texte von Borchert selbst und vom Mitgestalter des Programms, Berhard Meyer-Marwitz, sowie von Ringelnatz, Harry Reuß-Löwenstein und Wilhelm Hammond-Norden, einem Hamburger Autor aus der Generation Borcherts, der seit Ende des Krieges verschollen war.[798]

Daß Leip auch umgekehrt seinen jungen Kollegen zu schätzen wußte, bezeugt die Tatsache, daß er 1947 Borcherts Namen in die vorläufige Mitgliederliste eines neu zu gründenden Hamburger PEN-Clubs mitaufnahm, wenn auch mit der teilweise unkorrekten Bemerkung versehen: „junger Nachwuchs, KZ gewesen".[799]

9.11. Zurückgeworfen

Tod Kläre Buchmanns

Ende Oktober 1945 kehrte Leip zu seiner Familie nach Blankenese zurück. Hier erreichte ihn um Weihnachten herum die Nachricht vom tragischen Tod Kläre Buchmanns: Sie hatte sich am 1. Dezember 1945 im Bodensee ertränkt. Obwohl seine täglichen Briefe an sie seit langem schon unbeantwortet geblieben waren, ahnte Leip nichts vom Tod seiner Geliebten: „jetzt ist schon der 1. Advent und ich habe noch immer keine Nachricht von Dir. Und bald hat Agathlein den 1. Geburtstag. [...] Wann nur höre ich von Dir? Wie gehts Dir denn nur? Hast Du meine vielen Briefe erhalten?"[800]

Der Schock über den Selbstmord seiner Lektorin und Geliebten warf Leip für einige Zeit aus der Bahn: „Die unfaßliche Nachricht über K.B's. Verschellen und dann Aufgefundenwerden hatte mich recht zurückgeworfen", schrieb er im Januar 1946 an Maria Neumayr.[801] Vordringlich war nun die künftige Versorgung seiner (Adoptiv-)Tochter. Im März 1946 reiste Leip deswegen ins Alpachtal, wo er den Frühling und Sommer über mit Agathe und ihrer Pflegemutter verbrachte. Im Zusammensein mit seinem Kind entwickelte er die Idee zu einem Kinderbuch, in dem nicht die Texte, sondern die Bilder im Vordergrund stehen sollten. Im Frage- und Antwortspiel entstanden die farbigen Zeichnungen für das Bilderbuch *Das Zauberschiff*, das Axel Springer noch im gleichen Jahr in dem vom Vater übernommenen Verlag Hammerich & Lesser herausbrachte.

Im August 1946 wurde Agathe in die Obhut ihrer Großmutter, der Mutter Kläre Buchmanns, nach Überlingen gebracht. Eine Lösung, über die sich Leip alles andere als zufrieden zeigte: „Die alte B.[uchmann] hat die Vormundschaft erhalten, aber, sobald die gleich nochmals notariell angebahnte Ehelich-Erklärung durch ist, hat sie nichts mehr zu sagen, und ich werde ihrer Untüchtigkeit das Kindchen entziehen, sobald es nur geht."[802] Leips Plan, seine Tochter nach Blankenese zu holen, ging nicht auf.

9.12. Nicht nur für Kinder!

„Das Zauberschiff"

In beruflicher Hinsicht brach für Leip eine ebenso verheißungsvolle wie arbeitsreiche Zeit an: „Zur Entlastung der häuslichen Küche fahre ich jetzt etwa alle 14 Tage irgendwo zum Lesen", erklärte er Maria Neumayr.[803] Zahlreiche Projekte ergaben sich. Im Oktober 1946 rezitierte er in Lübeck aus seinem eben erschienenen *Mitternachtsreigen*, in Hamburg las er im April 1947 an der *Jungen Bühne* („Prosa und Lyrik durcheinander")[804] und hielt vor Berufskollegen einen Vortrag über *Die Kunst des Erzählens*; außerdem im Juni 1947 die schon erwähnte *Ansprache an junge Dichter*. Im November 1947 gab er den Einführungsvortrag zu einer Veranstaltung, auf der die bekannte Hamburger Rezitatorin Vilma Mönckeberg aus der Neuausgabe seines *Eulenspiegel* las; im gleichen Monat sprach Leip im Verein Niederdeutsches Hamburg vor den *Freunden der Seefahrt und Schiffskünste.*

Im Januar und Februar 1947 hatte Leip zwei Rundfunkauftritte, bei denen er aus seinen Kadenzen las und mit seiner Forderung *Rette die Freude* an die Öffentlichkeit trat. Seine Popularität wuchs: Leip war in den Jahren zwischen 1946 und 1948 Hamburgs wohl bekanntester noch lebender Autor. Die Zeitschriften brachten ‚Home-Stories', in denen der Dichter und sein Domizil beschrieben wurden,[805] die Verlage rissen sich um seine Texte und Leip war in allen wichtigen Anthologien[806] und neuen Zeitschriften[807] vertreten. Dagegen wurde Hans Henny Jahnn von nur wenigen wahrgenommen; und Hans Erich Nossack etwa war der Öffentlichkeit so gut wie gänzlich unbekannt.

Und auch im Kino war Leip wieder präsent. Durch Helmut Käutners Film *Unter den Brücken* von 1945 wurden seine frühen Gedichte *Auf der Brücke Tuledu* und *Muschemusch* schlagartig populär. In der Vertonung von Bernhard Eichhorn und von Gustav Knuth gesungen, entwickelten sie sich unmittelbar nach dem Krieg zu Schlagern und waren in ganz Deutschland bekannt.

Leips Hauptinteresse galt neben der Vortragstätigkeit der Fertigstellung und Produktion seines Bilderbuchs *Das Zauberschiff*, das zweisprachig auf englisch und deutsch erscheinen sollte. Die Handlung knüpft an Jan Himp, den Protagonisten aus *Jan Himp und die kleine Brise* an und beginnt so: „Jan Himp kam nach Haus. Er brachte sein Zauberschiff mit. Darauf war er weit gereist, bis ins Land Fantala. Erzähle, Jan Himp, erzähle!"[808] In den folgenden Geschichten Jan Himps wird ein Paradies gezeichnet, die Vision von einer humaneren Welt. Zwischen Anfang und Ende des Buches werden Reisestationen geschildert: zum Beispiel das Land, wo alles Kleine groß und alles Große klein ist, das Land Fantala mit den Sternenschaukeln, der Schatzberg mit dem Drachen, die Silberne See mit den Wasserfräulein, die Friedenswiese und vieles mehr.

Allein die technischen Schwierigkeiten, die sich beim Druck der 14 farbigen Aquarelle ergaben, waren immens. Sie wurden in handgepaustem Offset in der renommierten Werkstatt von Gustav A. Schmidt in Hamburg produziert und konnten gerade noch rechtzeitig zum Weihnachtsgeschäft erscheinen. Gegenüber Heinrich Landahl erläuterte Leip die Probleme bei der Herstellung:

> Die fotomechanische Technik, die heute erstaunlich genau zu arbeiten vermag, war leider nicht anwendbar gewesen; weder Apparate noch Platten standen zur Verfügung. Wie in den Zeiten des ersten Struwwelpeters mußte Blatt für Blatt und Farbe für Farbe mit der Hand auf die Walzflächen gepaust werden, und da es rasch geschehen sollte, kannst Du Dir denken, was dabei verloren gehen mußte.[809]

Über die Abbildungsqualität dieser ersten Auflage des *Zauberschiffs* war Leip dermaßen unzufrieden, daß er seinen Verleger Axel Springer schon fast nötigte, unverzüglich eine zweite verbesserte in Angriff zu nehmen:

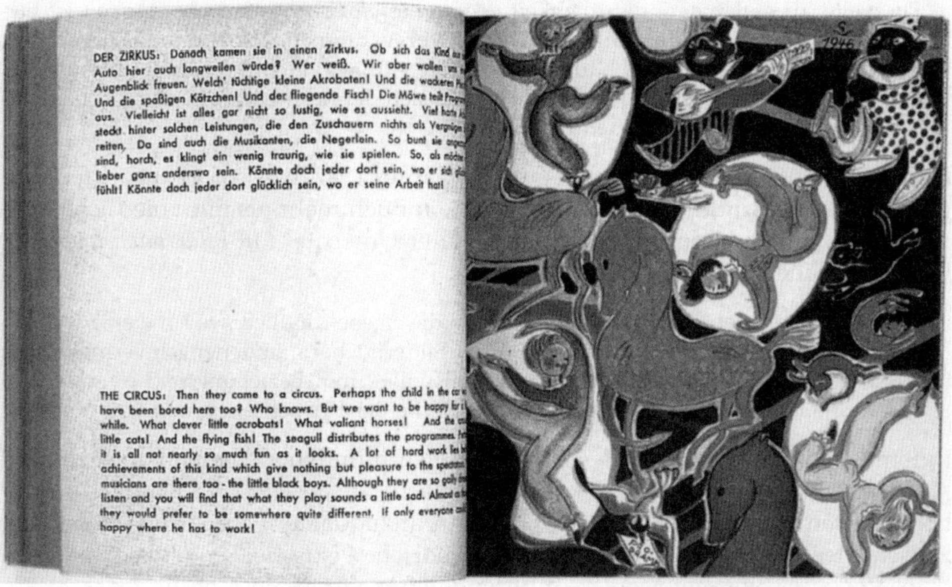

Oben: Doppelseite aus dem 1946/47 erschienenen Bilderbuch „Das Zauberschiff“. Der zweisprachige Text und die 14 Illustrationen stammen von Hans Leip. Rechts: Von Leip gestalteter Umschlag zum „Zauberschiff“.

Du weißt, diese Unverantwortlichkeit gegenüber einer schöpferischen Arbeit ist bislang noch niemals in der Kulturgeschichte vorgekommen. Ich hab damals vor Wut geweint. [...] In den Handel hätte sie [die erste Auflage] nicht kommen dürfen. Denn es geht nicht an, von heutigen Handwerkern sich dergleichen Ehrfurchtslosigkeit gegen künstlerische Werke bieten zu lassen.[810]

Die zweite Auflage erschien zu Beginn des Jahres 1947, war sofort vergriffen und galt fortan als Rarität.[811] Daß Leip mit seinem Buch mehr als nur „niedliche Kinderreime" [812] verbreiten wollte, legt schon der Untertitel *Ein Bilderbuch nicht nur für Kinder* nahe.

Was mir vorschwebte war die Erinnerung an die eigene Kindheit, wo ich wenig Genüge gefunden hatte an den üblichen „kindlichen" Bilderbüchern, in denen ich vermißte, was ich später als das „Phantastische", „Geheimnisvolle" und „Beziehungsreiche" zu benennen lernte. Nicht „verstehen" wollte ich im Sinne der Erwachsenen, sondern ahnen.[813]

Indem Leip in seinem Buch die als brennend empfundenen Themen der Zeit zum Ausdruck brachte, hätte er sich dem Verdacht ausgesetzt, die Kinder negativ beeinflussen zu wollen und ihnen „Unsinn anzuquälen", empörte sich der Rezensent der *Rhein-Ruhr-Zeitung*.[814] Sogar ‚bolschewistische Tendenzen' wurden dem Verfasser vorgeworfen: „Empörend wirkt für mein Gefühl", das große Kreuz auf der Brust einer Negerschwester, die als Kindermädchen neben einem reichen Kind und hinter einem feisten Fahrer in einem Auto sitzt, das an Trümmern und verhungernden Menschen vorbeifährt! Das Kreuz beim Kapital! Aha!"[815]

Vollkommen gegensätzliche Reaktionen lösten Texte und Bilder bei der Kritik aus. Erschien das Buch einigen Rezensenten als für Kinder völlig ungeeignet, war es für andere ein gelungenes Beispiel dafür, wie den jungen Lesern „Gedanken der sozialen Gerechtigkeit, der Völkerverständigung, der echten Freude" vermittelt werden könnten.[816] „Kein bequemes Buch für Eltern", urteilte der *Spiegel* und stellte fest, daß der Text gelegentlich daran erinnere, „daß Leip einstens auch Schullehrer war."[817]

Gegensätzliche Anschauungen wurden auch bei den Käufern und Lesern des Buches beobachtet. Auf eine Anfrage des Verlages hin, gab die Schlüter'sche Buchhandlung in Hamburg-Altona Auskunft über die Reaktionen ihrer Kunden:

Es gab eine Gruppe von Käufern, die nur wegen des Mangels an Bilderbüchern überhaupt zu dem Leip griffen und denen man anmerkte, dass sie sonst ein Buch der üblichen Art gewählt hätten. Manchmal allerdings entspannen sich in unserem Laden auch Diskussionen zwischen den Kunden, wie man sie sonst vielleicht bei einer Ausstellung eines Expressionisten finden würde, und zwar schwankten die Urteile meistens zwischen starker Zustimmung und heftiger Ablehnung, die sich aber nur auf die Bebilderung bezogen. Manche meinten, dass auf einem Bild zuviel dargestellt sei und die Auffassungsgabe eines Kindes übersteige.[818]

Vor allem der sozialkritische Aspekt forderte zu Widersprüchen heraus. Entgegen dem allgemeinen Trend hatte Leip den Versuch unternommen, die Kinder auf dem Weg über Traumbild und Phantasie an wichtige gesellschaftspolitische

Hans Leips Gedichtband „Frühe Lieder“ mit Vertonungen und Holzschnitten des Verfassers erschien im November 1948.

Der Mondenbaum

50

DER MONDENBAUM
(1919)

Wir gingen unterm Mondenbaum,
wir pflückten einen grünen Traum,
einen für dich,
einen für mich;
einer genügt ja für dich und für mich.

Da hing dein Herz im Sternenhaus,
zwei Sonnen wuchsen hell daraus,
eine für dich,
eine für mich;
eine genügt ja für dich und für mich.

Die Sonne schien in unsern Traum.
Da neigte sich der Mondenbaum,
einmal für dich,
einmal für mich;
einmal genügt ja für dich und für mich.

4*

51

Fragen der Zeit heranzuführen – so, wie er es aus der Erinnerung an seine eigene Kindheit, aus der Beziehung zu seinen eigenen Kindern und auch aus der künstlerischen Stilrichtung heraus, der er verbunden war, als ‚kindgemäß' empfand. Im *Zauberschiff* finden sich statt großflächiger, plakathafter und graphisch straff durchgearbeiteter Bilderbuchseiten, Illustrationen, die in der schon lange vorgeformten Bildsprache des Expressionismus, dem kindlichen Betrachter die positiven wie negativen Aspekte des Lebens und der Welt vorführen und besprechbar machen wollen.

Der Kunsthistoriker Otto Halbey nannte Leips Buch ein „verspätetes Hauptwerk des Expressionismus"[819] und stellte Beziehungen zu den Bildwelten von Otto Dix und George Grosz her: „im grellfarbigen plakativen Stil der zwanziger Jahre ist dieses Bilderbuch [...] kein anachronistischer Fall, sondern ein bewußter Anschluß dort, wo die künstlerische Entwicklung aus politischen Gründen unterbrochen wurde."[820] Als einen der wenigen „Versuche, der politischen und gesellschaftlichen Realität im Nachkriegsdeutschland gerecht zu werden, die Jahre des Nationalsozialismus und des Krieges aufzuarbeiten und den Kindern schreibend Perspektiven in die Zukunft zu zeichen", stellte Gundel Mattenklott *Das Zauberschiff* unmittelbar neben Kästners *Konferenz der Tiere*.[821] Und Winfried Kaminski zählte das Buch zu einem „der raren Exempel nicht kindertümelnder Kunst für Kinder."[822]

Leips Kinderbuch sorgte für Furore. Zur internationalen Jugendbuchausstellung, die im April 1947 im Hamburger Völkerkundemuseum gezeigt wurde, kam dem *Zauberschiff* die besondere Rolle eines völkerverbindenden Werkes zu. Denn seine Themen hätten allgemeingültigen Charakter, es würde „im Grau unserer Tage einen Lichtblick" eröffnen.[823]

10. Beschädigt (1948)

10. I. Affäre PEN

Präsidentschaftskandidatur für den PEN-Club in Hamburg

Trotz dieser Erfolge blieb Leip umstritten. Dabei kam einem Artikel, der 1948 in der *Neuen Zürcher Zeitung* erschien, besondere Bedeutung zu.[824] Darin behauptete eine sich Margit Freud nennende Schreiberin in feuilletonistischer Dramatik, daß die jüdische Diseuse und Chansonette (Ehefrau des Schauspielers Arnold Marlé und Tochter der dritten Schwester Sigmund Freuds, Marie Freud) Lilly Freud-Marlé das Vorbild für den „Nazisong" *Lili Marleen* gewesen sei.

> In London sitzt in einem Kino Lilly Marlé und ihr Mann Arnold Marlé. Lilly Freud-Marlé ist die Tochter einer durch die Nazis ermordeten Schwester Sigmund Freuds. Sie hat eben eine Sigmund Freud-Biographie beendet und einen Band Gedichte „Alpenglühen" und will sich im Kino entspannen.
>
> Da sieht sie im Film einen Soldaten in einem Konzentrationslager ... Der Soldat streichelt ein schneeweißes Kaninchen und sagt: „Du bist meine Lili Marleen."
>
> Lilly Freud-Marlé sieht ihren Mann an; sie weiß, daß dies alles mit ihr zu tun hat. Sie sieht im Geiste die erfolgreichen Jahre in Hamburg, da sie als Diseuse Erfolge feierte. Sie erinnerte sich auch, daß der berühmte Grammophonsong aus Hamburg stammte.[825]

„Die deutschen Soldaten", so Margit Freud weiter, „haben also vor oder nach ihrer Schreckensarbeit bei den Gasöfen ein Lied auf den Lippen gehabt, das einer jüdischen Diseuse gewidmet war."[826] Leip selber hätte „Nazipropaganda am Belgrader Radio gemacht" und an seinem Song „Millionen" verdient.[827]

Der Artikel zog Kreise. Als Leip davon erfuhr, war sein Ruf schon beschädigt. Sofort reagierte er mit einem richtigstellenden ‚Offenen Brief' an Margit Freud, in dem er ihr die nachgerade historisch gewordene Geschichte von *Lili Marleen* vorstellte.[828] Diesen Brief schickte er an sämtliche Zeitungen, die den Artikel nachgedruckt hatten. Von den meisten wurde nun auch Leips Entgegnung gebracht. Eine Zeitung aber veröffentlichte sie nicht: Die *Neue Zürcher Zeitung*.

Leips Ruf blieb beschädigt.

Leip hatte sich um den Vorsitz eines neu zu gründenden PEN-Clubs in Hamburg bemüht.[829] In einem Schreiben an den Vorsitzenden des deutschen PEN-Clubs im Ausland, Hermann Friedmann in London, erklärte Leip am 3. März 1947, warum er sich für dieses Amt geeignet hielt. Darin versuchte er anhand von tatsächlichen aber auch frei erfundenen Belegen seine regimedistanzierte Haltung während des ‚Dritten Reichs' darzulegen. Er schreibt über seine 1931 gehaltene Rede über *Die Zukunft des Schriftstellers*, die hauptsächlich dafür verantwortlich gewesen wäre, daß er 1933 zum „Asphaltliteraten" erklärt worden sei.[830] Es folgen Ausführungen über seine Hilfsaktion für Oscar Isey. Seither hätte sich die Gestapo so sehr für ihn interessiert, daß er „nach Österreich verschwinden mußte". Sein Roman *Die Blondjäger* sei in Greifswald „aus ‚rassischen' Gründen" verbrannt worden: „Meine Bücher verschwanden aus den Auslagen", behauptete Leip und fügte hinzu, daß er einer Verhaftung nur aufgrund seiner schweren Magenblutung Ende 1938 (die den Tatsachen entsprach) entgangen sei.[831]

In seinem Vorhaben Präsident des PEN-Clubs werden zu wollen, sah sich Leip vom Vorsitzenden des *Schutzverbandes deutscher Schriftsteller* in Hamburg, Harry Reuß-Löwenstein und seinem alten Freund Axel Eggebrecht gestärkt. Letzterem erklärte er, daß er „als einer der wenigen Unbelasteten der Norddeutschen Gruppe (des Hansischen Kreises) und als vormals 2. Vorsitzender (der 1., Max Alexander Meumann ist tot) und als vielleicht allmählich in der Literatur zu gelindem Ansehen gelangend", die Idealbesetzung sei, um „die norddeutschen Belange" des PEN-Clubs zu vertreten:[832]

> Zumal ich geborener Hamburger bin, indes weder Hausmann noch Thieß, die ansonst wohl in Betracht kämen, und Hans Henny Jahnn sich verflüchtigt hatte, als es galt, hier anständig trotz allem durchzuhalten und ohne zu verbräunen.[833]

Von Leip zunächst unbemerkt formierte sich eine starke Opposition gegen ihn, an deren Spitze Hans Henny Jahnn sowie der Autor und Dramaturg Heinrich Christian Meier standen. Bereits unmittelbar nach Kriegsende hatte der aus Bornholm zurückgekehrte Jahnn sich bemüht, den PEN-Club in Hamburg auf eigene Faust und ohne offiziellen Auftrag neu zu gründen. Am 1. Mai 1947 rief er deshalb einige Hamburger Schriftsteller zusammen, um eine reformierte norddeutsche Sektion des PEN-Clubs ins Leben zu rufen. Unter ihnen Carl Albert Lange und Heinrich Christian Meier, der zeitweise im KZ inhaftiert gewesen war und der als Gründer des *Hamburger Kulturrats* und Herausgeber der Zeitschrift *Das Neue* eine inzwischen nicht unbedeutende Rolle im kulturellen Leben Hamburgs spielte.

Während einer internationalen PEN-Tagung in Zürich im Juni 1947 wurde die Gründung eines neuen gesamtdeutschen PEN-Clubs beschlossen, der ausschließlich ‚unbelastete' Mitglieder aus allen vier Besatzungszonen aufnehmen sollte. Eine ‚Garantiekommission' wurde beauftragt, die antinazistische Integrität der Gründergruppe zu überprüfen; diese bestand aus drei Vertretern vormals besetzter Länder, darunter Hermon Ould und Erich Kästner.[834] Dem Jahnn-Biographen Thomas Freeman zufolge hatte Jahnn „zu seinem feierlichen, aber inoffiziellen Versuch, eine neue norddeutsche Sektion zu gründen, keinerlei Ermächtigung. Er ließ sich ordnungsgemäß zum Sektionspräsidenten wählen, ernannte Erich Lüth [...] zum Sekretär und widmete sich anschließend dem Vergnügen, mögliche Mitglieder auf ihre Eignung zu prüfen und die Nazischriftsteller, die ihn in der Hitlerzeit aus ihren Reihen ausgestoßen hatten, seinerseits auszusperren."[835] Dabei war ihm Leip, der Jahnns unautorisierte Neugründung nicht anerkannte und sich deswegen schon an das Londoner Sekretariat gewandt hatte, ein Dorn im Auge. Unter der Federführung Heinrich Christian Meiers initiierte Jahnns inoffizieller Privat-PEN-Club eine Verleumdungskampagne gegen Leip, die das Opfer dermaßen belastete, daß es aus dem literarischen Feld Hamburgs schließlich regelrecht hinauskatapultiert wurde. Zuvor war Leip von Jahnn aber noch gewarnt worden: „Sieh mal, wir wollen Dir ja gar nichts tun.

Wir finden es nur nicht gut, wenn gleich schon wieder ein Belasteter an der Spitze steht, zumindest einer, der unter Hitler recht gut verdient hat, während wir am Krepieren waren. Wir wollen nur, daß solche Leute wie Du sich zunächst einmal ein bißchen im Hintergrund halten."[836]
Am 10. Juni 1947 schrieb Leip an Maria Neumayr und machte seinem Ärger Luft:

> Es hat sich um ein höchst voreiliges Unterfangen gehandelt, was die sogenannten Kollegen hinter meinem Rücken sogar mit Staatshilfe zu starten gemeint hatten, indem sie mich – nach rechter Nazimethode mit vagen Vermutungen verdächtigend – erstmal in ihren Zirkel nicht aufzunehmen gedachten, wohl wissend, daß mir der eigentliche Vorsitz hätte zufallen müssen, aber auch, daß ich gewisse querulante und unbegabte Herren, nur weil sie im KZ gesessen haben, bestimmt nicht aufgefordert hätte, diese aber dem Treibenden, der sich sogar den Titel Präsident zulegte, die dienlichsten Speichellecker abgaben.[837]

Leip zeigte keinerlei Verständnis für Jahnns Vorschlag, er möge seine Kandidatur zurückziehen.

> Gestern nun, [...] kamen die beiden Hauptsünder denn auch angekrochen. Hans Henny Jahnn voran, der „aufgeplusterte Desertör" zweier Weltkriege, wie ihn hier neulich jemand nannte, der ab 33 nach Bornholm ins Dänische emigriert war und dort auf einem Bauernhof gesessen hat, bis er denn voriges Jahr fett und anmaßend wieder auftauchte und gedachte, die deutsche Literatur und Kultur neu zu ordnen. Er ist ein Kauz und kann auch schreiben, wenn auch immer wirrer; ich hatte ihn gern. Aber sowas geht zu weit.[838]

Vor allem ärgerte sich Leip über das apodiktische Selbstverständnis mit dem Jahnn sich als Richter und moralische Instanz über Hamburger Schriftsteller aufspielte. In der Hoffnung, Beistand von offizieller Seite zu bekommen, schrieb Leip an Hermann Friedmann, daß Erich Kästner für ihn bürgen könne.[839] Denn Kästner, so glaubte Leip, müsse Verständnis für seine Situation haben. Kästner zählte zu den Inneren Emigranten im nationalsozialistischen Deutschland. Kästner wie Leip waren privilegiert: Sie konnten von ihrer schriftstellerischen Arbeit leben und sie durften – mit Einschränkungen – Auslandsreisen unternehmen. Auch sahen sich beide als kritische Intellektuelle, die das furchtbare Geschehen mit innerer Distanz betrachtet und zu keinem Zeitpunkt regimetreu mitgewirkt hätten. Doch zur ersehnten Unterstützung kam es nicht mehr. Was Leip nicht wußte: Inzwischen hatte sich die Londoner Zentrale des PEN-Clubs auf Anregung Jahnns zahlreiche Beurteilungen über Leips Haltung im ‚Dritten Reich' eingeholt, die als Belege für seine Nichteignung eingesetzt werden sollten. Dabei wird deutlich, wieviel Gewicht der Meinung des ‚Emigranten' Jahnn und anderer Exilautoren beigemessen wurde. Und die Emigranten hatten für die Nöte der im Land Gebliebenen keinerlei Verständnis. Robert Neumann etwa, der sich als Präsident des Austrian Centre für eine zügige Neugründung des PEN-Clubs einsetzte, beklagte noch 1968 das völlig unangemessene egozentrische Verhalten vieler Innerer Emigranten:

[...] unfeine Bombenflüchtlinge wurden in seinem [des Inneren Emigranten] Haus einquartiert, hatten geringen Respekt vor seiner Dichterklause und überbeanspruchten das Klosett. Bezeichnend, daß diese unmittelbar nach Kriegsende noch landesübliche Selbstbejammerung auch jetzt nach zwanzig Jahren nicht revidiert wird. Immer noch klagen diese Autoren über Klosett-Unbill unter demselben Datum, an dem anderswo Unsägliches und Schreckliches geschah – von diesem Nebeneinander nehmen sie nicht Notiz.[840]

Bis auf Justin Steinfeld, der Leip aufgrund eines persönlichen Erlebnisses Zivilcourage bescheinigte, äußerten sich alle übrigen Befragten außerordentlich negativ.[841] Dabei fußten die Einschätzungen im wesentlichen auf kolportierten Gerüchten und der Popularität *Lili Marleens*. Der vor den Nazis in die Schweiz geflohene Schriftsteller und Journalist Ossip Kalenter führte Leips Teilnahme am Weimarer ‚Dichtertreffen' von 1942 ins Feld, das Leip nachweislich aber gar nicht besucht hat:

Belasten soll Leip, daß er sich beim „Europäischen Dichtertreffen" 1942 in Weimar in besonders heftigen Nazireden hervorgetan haben soll. Es war dies das Treffen, wo die von Carossa, der jedoch nicht anwesend war, präsidierte „Europäische Schriftstellervereinigung" sich unter Sauckels Patronat konstituierte. Ob es dafür Zeugen gibt, weiß ich nicht. Vielleicht fragen Sie bei den obengenannten Herren einmal an.[842]

Während Kalenter wenigstens zu verstehen gab, daß seine Informationen nicht abgesichert seien, schickte Heinrich Christian Meier ein umfangreiches gegen Leip gerichtetes Pamphlet nach London, in dem er Leip (den er persönlich kaum kannte) als jemanden bezeichnete, „der 1933 den Faschisten nicht entgegentrat, sondern sie als persönliche Chance benutzte."[843] Was dann folgt, gleicht einer Hetzrede und dürfte die ablehnende Haltung des PEN-Clubs hinsichtlich Leips Kandidatur zementiert haben:

Leip ist ein alter Baltikumkämpfer und Antisemit. Obwohl ohne Zweifel nicht Mitglied der NSDAP und nicht etwa gläubiger Faschist, hielt er an nationalsozialistischen Kulturtagungen, u.a. auf dem Schriftstellertag in Weimar, sympathisierende Reden. Er als Nichtfaschist ließ es sich trotzdem nicht nehmen, Mitarbeit an der von Goebbels geleiteten Zeitschrift „Das Reich" zu leisten. Es ist eine unerhörte Lüge, daß ausgerechnet Herr Leip zu den von den Nazi verfolgten Schriftstellern gehört habe. Durch seinen biographischen Reißer über den Nazi-Günstling Max Schmeling hat er im Nazireich gut verdient, besonders aber durch sein bekanntes Grammophonlied „Lilli Marleen", das meistgesungene Lied der SA, hatte er während der Nazizeit erhebliche Einnahmen. Daß er übrigens beträchtliche Summen der NSV [*Nationalsozialistische Volkswohlfahrt*] zur Verfügung stellte, und im Belgrader Sender mitarbeitete, ist unbestritten. Was Leip vielleicht am besten kennzeichnet, ist die Tatsache, daß sein Lied „Lilli Marleen" schon vor 1933 entstanden war, ursprünglich der jüdischen Schauspielerin Lilli Marlee gewidmet war, was aber Herrn Leip nicht abhielt, es in SA-Uniform singen zu lassen. Leip ist zum mindesten in wirtschaftlicher Hinsicht ein Nutznießer des Dritten Reiches.

Ein Konjunkturritter wie er verfügt natürlich auch heute über bedeutende gesellschaftliche Verbindungen. Schon widmet er sein neuestes Buch der UNO [gemeint ist *Der Mitternachtsreigen*] und offenbart sein christliches Herz für die Quäker. Eine begabte Person wie Leip könnte eine ganz erhebliche Gefahr werden, wenn sie etwa als deutscher Vorsitzender des PEN-Clubs ihre Verbindungen spielen lassen würde. Mit einem Hans Leip an der Spitze würde eine deutsche Sektion des PEN-Clubs binnen 6 Monaten allen reaktionären und profaschistischen Kräften die Tür öffnen [...][844]

Wilhelm Sternfeld, der als Sekretär des Deutschn PEN-Clubs in London die geheime Untersuchung über Leip leitete, versuchte zumindest einigen Aussagen Meiers auf den Grund zu gehen. So fragte er bei Lilli Freud-Marlé an, ob ihr Leip bekannt sei. Um von den Mutmaßungen über die angebliche Verbindung zwischen dem bekannten Lied und ihrer Person stärker profitieren zu können, hatte die ehemalige Sängerin die Schreibweise ihres Vornamens inzwischen ‚angeglichen' und schrieb sich nun ebenfalls ‚Lili':

Sie bejahte und sagte, daß er zu den entfernteren Bekannten ihrer Familie gehört habe. [...] Sie erklärte mir [...], daß sie immer gefühlt habe, daß dieses Lied Lilli Marleen in einer gewissen Beziehung zu ihr stehen müsse, doch habe sie nicht gewußt, daß Hans Leip der Dichter sei. Sie teilte dies dann hamburger Bekannten mit und die schrieben ihr zurück, daß sie sich erinnern möge, daß das Gedicht als ihr gewidmet seinerzeit in Hamburg einige Jahre vor Hitler in einem Almanach der hamburger Künstlervereinigung, anläßlich eines Künstlerfestes, das den Namen „Die silbergrüne Dschunke" trug, gedruckt worden sei.[845]

Obwohl *Lili Marleen* natürlich nicht 1927 im Almanach der *Silbergrünen Dschunke* veröffentlicht worden war, sondern erst zehn Jahre später, war für Sternfeld die Sache klar und Leips Schicksal hinsichtlich der Präsidentschaft besiegelt. An den Gründer und Chefredakteur der in New York erscheinenden Wochenschrift *Aufbau*, Manfred George, vermeldete Sternfeld am 25. Dezember 1948 in einem vertraulichen Brief: „Was praktisch erreicht werden sollte, nämlich Herrn Leip es unmöglich zu machen, im neuen Deutschen PEN eine repräsentative Rolle zu spielen, ist gelungen."[846]

Geheim blieb die Affäre nicht. Im Gegenteil. Am 13. November 1948 veröffentlichte *Der Spiegel* den Artikel, *Ein I für ein Ypsilon*, in Anspielung auf die Namensänderung Lilly Freud-Marlés, in dem von den wahren Hintergründen der Leipschen PEN-Club-Kandidatur und dem Boykott seiner Person berichtet ist.[847] Genützt hat diese Veröffentlichung dem potentiellen Präsidenten nicht.

Leip mußte seine PEN-Club-Ambitionen aufgeben. Und nur dank der Fürsprache Erich Kästners[848] und Johannes R. Bechers wurde er überhaupt als einfaches Mitglied zugelassen.[849]

Axel Eggebrecht, den Leip von den ungeheuerlichen Vorfällen unterrichtet hatte, prangerte während des ersten Deutschen Schriftstellerkongresses 1947 die Methoden der PEN-Funktionäre als eine neue Form von „Nazismus" an, ohne jedoch den Namen des Opfers zu nennen:

Mir ist zum Beispiel ein Fall aus der letzten Zeit bekannt, wo aus einer Zone man das Material über einen Mann hatte – seit längerer Zeit in der Tasche, wie einen Revolver, der geladen war – und damit gar nichts machte, so lange, bis dieser Mann wonders in großer erfolgreicher Weise verschiedene Sachen lanciert und gestartet hatte. Und dann wurde geschossen. [...] Das Verhalten derjenigen, die ihn dann - wie die schöne Vokabel heißt - abgeschossen haben, ist für mich auch Nazismus.[850]

10. 2. Armes Vaterland

Pläne, Hamburg zu verlassen – Bekanntschaft mit Käthe Bade – Nachkriegs-Künstlerfeste

Immer öfter dachte Leip darüber nach, Hamburg zu verlassen. Auslöser waren neben der ‚PEN-Club-Affäre' vor allem die beengten Wohnverhältnisse in seinem Blankeneser Haus, von denen er sich aufs empörendste belästigt fand:

> Zu Hamburg staatlicherseits sieht man immer noch nicht ein, daß ein Schriftsteller von einiger Laufbahn ein eigenes Arbeitszimmer haben muß oder noch gar eins, wo seine Schreibkraft sitzen kann, ohne ihn zu stören. Und das in meinem eigenen Hause.[851]

Nach einem zweiwöchigen Familienurlaub auf Sylt im September 1947, bemühte sich Leip bei der Militärregierung um eine Einreise-Genehmigung nach Österreich, wo er für das kommende Jahr einen längeren Besuch bei Maria Neumayr im Alpachtal plante. Den Tiroler Aufenthalt wollte er vor allem dazu nutzen, sich „aufzufuttern und in Ruhe etwas Neues zu beginnen." Doch zunächst galt es, die Hürden der behördlichen Schwierigkeiten zu überwinden: „Nun muß ich 6 Fragebögen ausfüllen, um die Ausreise-Erlaubnis von den Alliierten einzuholen, und dazu gehören 3 Paßbilder, die zu beschaffen fast unmöglich scheint. O, sie machen es einem sehr sauer!!! Armes Vaterland! Aber ich will und muß es erreichen!"[852]

Während sich Ilse Haalck-Leip in Berchtesgaden einer Kur unterzog, begegnete ihr Mann auf einer Feier im Maleratelier seines Bekannten Otto Thämer der Verlagsangestellten Käthe („Kathrin") Bade, in die er sich sofort verliebte. Die 33-jährige Frau hatte nach einer Anstellung beim *Hamburger Fremdenblatt* gegen Kriegsende für die *Deutsche Adriazeitung* in Triest gearbeitet und war inzwischen für den Marion von Schröder Verlag in Hamburg tätig. Die Begegnung mit ihr erschien Leip schicksalhaft. Später verklärte er sie, indem er seine neuen Freundin zu einer Art Wiedergeburt von Kläre Buchmann mystifizierte - hatten sie doch nicht nur das annähernd gleiche Alter, sondern auch dieselben Initialen. Aus der anfänglichen Liaison entwickelte sich eine Lebensgemeinschaft, die bis zu Leips Tod 1983 anhielt.

Noch 1947 wurde der Entschluß gefaßt, Hamburg zu verlassen, um sich gemeinsam in Österreich niederzulassen.

Während seiner letzten Wochen in Hamburg war Leip sehr intensiv mit den Vorbereitungen für das zweite Nachkriegskünstlerfest beschäftigt, das vom 27. Februar bis zum 2. März 1948 unter dem vielsagenden Titel *Kurs auf Utopia* in der Elbschloßbrauerei stattfinden sollte. Einige der früheren Mitglieder des *Künstlerfest Hamburg e.V.* hatten sich nach dem Krieg in der Festkommision wieder zusammengefunden, darunter Hans Harbeck oder der Bildhauer

Oben: Das Haus von Käthe und Hans Leip in Breitbrunn (1949–1951). Unten links: Käthe Bade, um 1949. Unten rechts: Von Leip gestaltete Einladungskarte zu seiner Hochzeit am 13. August 1949.

Carl Wenderoth („[...] und der hat sechs politische Punkte minus")[853]; aber auch ehemalige Mitglieder der *Hamburgischen Sezession* stießen dazu (z.B. Friedrich Ahlers-Hestermann oder Ivo Hauptmann), außerdem der Vorstand der *Hamburger Gruppe*, repräsentiert durch Leip und Hans Haalck. Während Leip schon für das Fest von 1947, *Arche Nova*, die Titelgraphik für die Einladungen beigesteuert hatte, zeichnete er diesmal auch für das Plakat und den Festalmanach verantwortlich.

Da das Curiohaus von 1946 bis 1949 Schauplatz von Nazi-Prozessen war, mußten die Künstlerfeste an anderen Orten, wie der Landeskunstschule, der Elbschloßbrauerei oder dem Winterhuder Fährhaus stattfinden. Der Motivation der Veranstalter tat diese Veränderung keinen Abbruch. Trotzdem gelang es nicht, den Geist der 20er Jahre noch einmal zu beschwören. Der große Erfolg blieb aus.

10.3. Ein neues Leben

Umzug nach Breitbrunn – Trennung von Ilse Haalck – Heirat mit Käthe Bade

Noch im März 1948 reiste Leip ins Alpachtal, um von dort aus nach einer gemeinsamen Bleibe für sich und Käthe Bade zu suchen. Schließlich fand er eine Unterkunft in Prien am See, im Haus des Chefarztes vom dortigen Krankenhaus. Der endgültige Abschied von Hamburg war vollzogen.

Gemeinsam mit seiner neuen Lebensgefährtin erwarb Leip im Frühjahr 1949 ein 2000 Quadratmeter großes Grundstück in Breitbrunn am Chiemsee, das er mit seinem Traumhaus zu bebauen gedachte. Seine in Blankenese verbliebene Noch-Ehefrau und die Töchter ließ Leip über seine konkreten Zukunftspläne bewußt im Dunkeln. Seiner ehemaligen Lehrerkollegin Anna Jacker über deren Ehemann er sich Ratschläge bezüglich einer Hypothek eingeholt hatte, bat er, seine „Angelegenheit Blankenese gegenüber vertraulich" zu behandeln:[854] „Wohl weiß man dort, daß ich mir hier ein Asyl schaffe und zu schaffen gezwungen bin, aber ich habe mich gehütet, die Vorstellungen dort zu sehr anzuheizen."[855]

Im Mai 1949 wurde Leip in Hamburg von seiner Ehefrau geschieden. Der Behördengang „vollzog sich ohne Zeitverlust, unnötige richterliche Fragen und ohne Tränen in der Rekordzeit von fünf Minuten."[856] Ilse Haalck und seinen Töchtern, die mittlerweile verheiratet waren, überließ er das Blankeneser Haus „schuldenfrei". Nur seinen „Brockhaus von 1932 und meine Steppdecke" hätte er in seine neugestalteten Lebensverhältnisse mitgenommen.[857]

Leip und Käthe Bade heirateten am 13. August 1949.

Nur noch selten hat Leip seine Geburtsstadt später besucht. Als sogenanntes ‚korrespondierendes Mitglied' der 1950 von Hans Henny Jahnn ins Leben gerufenen *Freien Akademie der Künste in Hamburg* blieb er aber auch weiterhin mit der Hansestadt in Kontakt, mit der ihn in späteren Jahren eine regelrechte Haßliebe verband: Zeitlebens beklagte sich Leip über die mangelnde Förderung der Künste von Seiten des Staates. In späteren Jahren wurde Leip von Hamburg mit

Hans und Käthe Leip 1957 (oben) und 1981(unten).

mehreren Ausstellungen, Auszeichnungen und – 1973 – mit dem Professorentitel geehrt. 1961 erhielt er die Medaille für Kunst und Wissenschaft und 1968 den Verfassungs-Portugalöser. Zu der Verleihung der Biermann-Ratjen Medaille, 1978, reiste er schon nicht mehr an. Als Begründung ließ er den Präses der Kulturbehörde wissen:

> Nach dem Verfassungs-Portugalöser, mir als erstem Zivilisten nach einigen Staatsoberhäuptern verliehen, war eine weitere Medaille wohl kaum mehr erbötig. Eher hätte mich der Lessingpreis noch einmal in die geliebte Vaterstadt locken können.[858]

Anmerkungen

[1] [Brief 99]: HL an Kläre Buchmann. Blankenese, 21.10.1938.

[2] Ebd.

[3] Hans H. Biermann-Ratjen: Zum Geleit. In: Hans Leip. Leben und Werk. Zum 65. Geburtstag Hans Leips im Auftrag der Freien Akademie der Künste in Hamburg herausgegeben von Rolf Italiaander. Hamburg: Christians-Verlag 1958

[4] Axel Eggebrecht: Literarischer Streifzug nach Hamburg. In: Die literarische Welt, Jg. 2, Nr. 45, 05.11.1926

[5] Friedrich Beißner: Der Lyriker Hans Leip in seinen Kadenzen. Begründung einer Sympathie. In: Zwanzig. Jahrbuch der Freien Akademie der Künste in Hamburg. Hamburg 1968, S. 269–276

[6] „Liebe, die im Abgrund Anker wirft". Autoren und literarisches Feld im Hamburg des 20. Jahrhunderts. Hrsg. v. Inge Stephan und Hans-Gerd Winter. Hamburg: Argument Verlag 1990 – Dann waren die Sieger da. Studien zur literarischen Kultur in Hamburg 1945–1950. Hrsg. v. Ludwig Fischer, Klaas Jarchow, Horst Ohde, Hans-Gerd Winter. Hamburg: Dölling und Galitz 1999 (Schriftenreihe der Hamburgischen Kulturstiftung, 7)

[7] Vgl. auch die Angaben Rolf Italiaanders denenzufolge Nossack lediglich in einem sehr kleinen Kreis eine Rolle spielte, zu dem „eigentlich nur noch Jahnn" gehörte. – Ein Gespräch mit Rolf Italiaander. „Es war keine große geistige Linie drin in Hamburg." Ein persönliches Statement zu Autoren, Autorengruppen und Institutionen des literarischen Lebens in Hamburg. In: „Dann waren die Sieger da", a.a.O., S. 171

[8] Claus B. Schröder: Draußen vor der Tür. Eine Wolfgang-Borchert-Biographie. Berlin: Henschelverlag 1989, S. 246 – Vgl. auch Peter Rühmkorf: Wolfgang Borchert. Reinbek bei Hamburg: Rowohlt 1997 (rowohlts monographien), S. 103

[9] TR, S. 372

[10] StA: Staatsangehörigkeitsaufsicht: B III Nr. 12669 - dem Aufnahmeantrag wurde am 30.04.1879 stattgegeben, die Urkunde am 10.05.1879 ausgehändigt. Als versteuertes Einkommen ist eine Summe von 840 Mark Courant verzeichnet.

[11] StA: Staatsangehörigkeitsaufsicht: A I f Band 196, Bürgerprotokoll 1902, W 826

[12] TR, S. 15

[13] Ebd.

[14] Ebd., S. 11

[15] Ebd., S. 13

[16] Ebd., S. 11

[17] Ebd., S. 12

[18] StA: Staatsangehörigkeitsaufsicht: A I f Band 196, Bürgerprotokoll 1902, W 826

[19] Über Leips Zeit in St. Georg vgl. Richard Schulz: Hans Leip und St. Georg. In: Blätter aus St. Georg. Hrsg. v. Bürgerverein zu St. Georg von 1880. Hamburg, September 1993, S. 7-9

[20] HL: Im Grauen ein holder Schein. In: HLB, S. 22

[21] TR, S. 29

[22] Vgl. TR, S. 28ff.

[23] HL: Pfuhl, S. 32

[24] Berlin 1910

[25] Vgl. 100 Jahre Schule in St. Georg. Eine Chronik der Heinrich-Wolgast-Schule Borgesch, Koppel, Greifswalder Straße. Hrsg. v. der Heinrich-Wolgast-Schule. Hamburg o.J.

[26] TR, S. 25

[27] Ebd. - vgl. außerdem Malte Dahrendorf: Die Bedeutung Heinrich Wolgasts für die Jugendbuchkritik und Jugendbuchdidaktik. In: Auskunft. Mitteilungsblatt Hamburger Bibliotheken. Jg. 9, H. 3, 1989, S. 183-188

[28] Vgl. Leips Schulzeugnisse in der SUB: NLp: Cb : 2, Schulzeugnisse

[29] HL: Zwischen Palette und Schreibtisch. Ein Lebensabriß. In: HLB, S. 35

[30] Ebd., S. 33

[31] Die Zeitschrift konnte nicht nachgewiesen werden, so daß lediglich Leips eigene Angaben über seine ersten Veröf-

fentlichungen Auskunft geben. – Z. B. in WS, S. 20

32 Vgl. Gustav Schiefler: Eine Hamburgische Kulturgeschichte 1890–1920. Beobachtungen eines Zeitgenossen. Bearbeitet von Gerhard Ahrens, Hans Wilhelm Eckardt, Renate Hauschild-Thiessen. Hamburg: Verlag für Hamburgische Geschichte 1985, S. 101f.

33 Vgl. vor allem Joist Grolle: Lichtwark als Ermutiger. In: Auskunft. Mitteilungsblatt Hamburger Bibliotheken. Jg. 9, H. 3, 1989, 176–182

34 HL: Zwischen Palette und Schreibtisch. In: HLB, S. 38

35 Frieda Dudler: Brief an Carl Albert Lange. Hamburg, 16.12.1911. In: „... daß ich ein Dichter bin, fühle ich Tag und Nacht. Carl Albert Lange 1892–1952. Hrsg. v. der Projektgruppe Nachlaßbearbeitung am Literaturwissenschaftlichen Seminar der Universiät Hamburg. Herzberg: Traugott Bautz 1993, S. 46f.

36 Vgl. Buchtitel-Zitat: daß ich ein Dichter bin, a. a. O.

37 Carl Albert Lange: Brief an Frieda Dudler. München, 19.12.1911. In: daß ich ein Dichter bin, a. a. O., S. 47

38 Zur Biographie und zum Werk Liliencrons sowie dessen Rezeption durch die jüngere Schriftstellergeneration vgl.: Mathias Mainholz, Rüdiger Schütt, Sabine Walter: Artist, Royalist, Anarchist. Das abenteuerliche Leben des Baron Detlev Freiherr von Liliencron. Herzberg: Traugott Bautz 1994 (bibliothemata, 12)

39 HL: Liliencron. Stuttgart: Cotta 1938 (Die Dichter der Deutschen, 2), S. 5

40 HL: Hamburger Künstler in ihren Werkstätten. [Folge 1]: Willi Davidson. In: Neue Hamburger Zeitung, 13.07.1918

41 Ebd.

42 HL: Neugotik und Commeter. In: Neue Hamburger Zeitung, 14.01.1918

43 Butzenbacher Autorenbefragung. Hrsg. v. Hans Joachim Müller. Briefe zur Deutschstunde. München 1973, S. 183.

44 HL: Tagebuchnotiz von 1913. In: WS, S. 24

45 Ebd.

46 TR, S. 62

47 Ebd., S. 63

48 Ebd.

49 HL: Meine Beziehungen zu den Künsten. (Rede zur Eröffnung der Ausstellung im Altonaer Museum am 25. Oktober 1968). In: Zwanzig. Jahrbuch der Freien Akademie der Künste in Hamburg. Hamburg 1968, S. 371

50 Ebd., S. 373

51 HL: Tagebuchnotiz, September 1912. SUB: NLp: I 1

52 HL: Zwischen Palette und Schreibtisch. In: HLB, S. 36

53 HL: Tagebuchnotiz, September 1912, a.a.O.

54 HL: Notizen, November 1912. SUB: NLp: G 16

55 Ebd.

56 TR, S. 64

57 Nur zu seiner Kollegin Anna Jacker hatte er ein engeres Verhältnis. Als sie in den 20er Jahren in die USA auswanderte, entwickelte sich eine Brieffreundschaft, die bis zu Leips Tod anhielt.

58 „Bestürzend aber wirkte auf mich die eben erschienene Vision des heimischen Schulmeisters Lamszus, ‚Das Menschenschlachthaus', unparteiischer geeignet, das hereingebrochene Unheil zu kennzeichnen." (TR, S. 68)

59 TR, S. 68

60 Ebd.

61 HL: Postkarte an Margarethe Leip. Berlin, 25.02.1915. Veröffentlicht im März 1915 in der Zeitschrift *Erika, Sonntagsblatt der Lüneburgschen Anzeigen*. (SUB: NLp: K 1)

62 Das Bild wurde dann 25 Jahre später, während des Zweiten Weltkriegs zu Propagandazwecken im *Hamburger Fremdenblatt* veröffentlicht.

63 Kaiser Wilhelm II. nach der Kriegserklärung in Berlin. Zitiert nach John Keegan: Das Geheimnis der Gräben. In: Der Spiegel, Nr. 3, 18.01.1999, S. 104

64 WS, S. 21

65 TAV, S. 80

66 HL: Das Schwert. In: SF, S. 62

67 „Aber dem Haßgesang gegen England des rührigen Ernst Lissauer vermochte ich nicht beizustimmen." (TR, S. 68)

68 TR, S. 69

69 Ebd., S. 75

70 Ebd., S. 73 – Nach einer Ausbildung bei Goltzius in Harlem arbeitete de Gheyn

mit großem Erfolg in Amsterdam und Leiden, später in Den Haag. Der experimentierfreudige Zeichner und Graphiker schuf eine Reihe bekanntgewordener künstlicher Landschaften und Hexenszenen, die sein Interesse an Übernatürlichem und Zauberei verraten. In seinen Hexendarstellungen finden sich teilweise Anflüge von Karikatur. Wie sehr de Gheyn für Leip Vorbild gewesen sein muß, zeigen seine Illustrationen zu *Die Segelfähre*.

71 TR, S. 70

72 WS, S. 50

73 [Postkarte 1]: HL an Margarethe Leip. Berlin, 25.02.1915

74 WS, S. 43

75 TR, S. 79

76 Bezieht man sich auf die „poetischen Grundbegriffe", ist das Gedicht ein Produkt unkontrollierten und unkalkulierten ‚Schaffensdrangs', wahrscheinlich Leips einziges. Vgl. Wilhelm Kühlmann: Die Vernunft der Musen. In: Ders.: Literarische Miniaturen. Heidelberg: Manutius 1996, S. 7

77 TR, S. 84

78 TR, S. 84

79 Ebd.

80 Ebd., S. 85

81 HL: Brief an Margarethe Leip. O.O., April 1915. In: TR, S. 85

82 TR, S. 94

83 HL: Tagebuchnotiz, August 1915. Zitiert nach TR, S. 94 - vgl. auch WS, S. 42

84 TR, S. 95

85 HL: Rote Flamme. In: SF, S. 127

86 TR, S. 97

87 [Brief 3]: HL an Anny Wehrenberg. Hamburg-Hohenfelde, 07.01.1916

88 Schulbehörde Hamburg: Lehrerakte Hans Leip - die Bescheinigung vom damaligen Leiter der Kunstgewerbeschule Richard Meyer ist datiert vom 18.03.1918

89 WS, S. 46

90 Leips erster Artikel erschien am 16.10.1917 in der *Neuen Hamburger Zeitung* und ist die Rezension eines kunsthistorischen Vortrages. - HL: Prof. Dr. Lehmann: Rod und blau un arftengeel. Schleswig-holsteinische Frauentrachten.

91 Hans W. Fischer: Hamburger Kulturbilderbogen. Eine Kulturgeschichte 1909–1922. (Schriftenreihe der Hamburgischen Kulturstiftung, 8) Hrsg. v. Kai-Uwe Scholz, Mathias Mainholz, Rüdiger Schütt, S. 148

92 Erich Lüth: Viel Steine lagen am Weg. Ein Querkopf berichtet. Hamburg: Marion von Schröder 1966, S. 31

93 Hans W. Fischer: Kulturbilderbogen, a. a. O., S. 149

94 Die Arikelserie begann mit einem Beitrag über den Maler Willi Davidson am 13.07.1918, wurde dann allerdings nicht weiter fortgesetzt.

95 HL: [Einleitung zu] Hamburger Künstler in ihren Werkstätten. Neue Hamburger Zeitung, 13.07.1918.

96 HL: Graphik der Kampfbühne. Bei Commeter. In: Neue Hamburger Zeitung, 30.05.1919 - „Im Wettbewerb der neuen geistigen Gemeinden will die ‚Kampfbühne' keinen geringen Platz besetzen. Ihr Flug- und Werbeblatt konstruiert aus unserer spektakelnden Gegenwart, etwas tollkühn eine Weltwende, und Weltwende bedeutet Kunstwende. Da ihre Vertreter scheinbar ganz genau wissen, was Kunst ist, wollen sie ein Forum bilden. Die Ankündigung spricht vom Programm, z. B. vom Programm der neuen Kunst des neuen Menschen, zu welcher ‚jedermann die Möglichkeit' haben soll. Schade, daß die Form, in welcher dieses gewaltige Vorhaben dargereicht wird, wenig von einem neuen Geiste spüren läßt. Sie ist schlichter Jahrmarkt ohne Humor. Immerhin ist der Kampf gegen das Geschäftstheater ein sympathischer Zug [...]."

97 HL: Trunkene Litanei. In: Hans W. Fischer. Ein Buch des Gedenkens. Hrsg. v. Hugo Sieker. Hamburg: Verlag Hamburgische Bücherei 1948, S. 128 - Der bekannte Kunstsammler und Schriftleiter der *Literarischen Gesellschaft*, Gustav Schiefler, stellte an Leips Kunstkritiken „eine gewisse Leichtfertigkeit des Urteils" fest. (Gustav Schiefler: [Rezension über Leips Ausstellung bei Maria Kunde]. In: Die literarische Gesellschaft, Jg. 5, H. 1., Januar 1919, S. 32)

98 Hugo Sieker: Hans W. Fischer. Gruß. In: Junge Menschen 8, 1927, H. 1, S. 2

99 Leip widmete sein 1921 erschienenes Puppenspiel *Der betrunkene Lebenskelch* „Der Tafelrunde zum minnigen Seil, der Puppenspielerin Cläre Popp und den fötalen Mannen einer Hamburger Puppenbühne"

100 Hans Harbeck: Das junge Hamburg. In: Hamburger Theaterzeitung (Sonderheft), Jg. 1, Mai 1919, S. 2

101 HL: Lula-ho. Ein Scherenschnitzel zwischen Krieg und Frieden. In: Hamburger Theaterzeitung (Sonderheft), Jg. 1, Mai 1919, S. 10f.

102 HL: Das Schwert. In: SF, S. 53

103 Pfuhl, S. 18

104 Ebd., S. 51

105 Ebd., S. 14 – „Sie waren todmüde, fielen auf einen dreckigen Sack und rauchten Opium. [...] Mangeskord nahm Kokain [...]."

106 Ebd., S. 50

107 Erich Lüth: Erinnerungen an den jungen Hans Leip. – Typoskript in der SUB: NLp: Db 3, S. 3

108 Hans W. Fischer: Kulturbilderbogen, a. a. O., S. 18

109 Friedrich Ahlers-Hestermann: Brief an HL. Hamburg, 16.05.1918. Slg. Herbert Lehmitz

110 Das Paar wohnte zunächst in der Hirtenstraße, bevor es am 08.11.1919 in die Wandsbeker Chaussee umzog.

111 Wilhelm Stapel: Schnittdrucke und Zeichnungen von Hans Leip bei Maria Kunde. In: Neue Hamburger Zeitung, 12.12.1918

112 TR, S. 100

113 Friedrich Carl Holtz, Hanns Prehn-Drewitz: Die hamburgische Revolution. Hamburg: Die Hamburger Warte 1919

114 TAV, S. 21

115 Zum Thema Hamburger Künstlerfeste vgl. Roland Jaeger: Hamburgs Künstlerfeste der zwanziger Jahre. [Magisterarbeit] Hamburg 1985 – Vgl. außerdem Roland Jaeger, Cornelius Steckner: Zinnober: Kunstszene Hamburg 1919-1933. Hamburg: Szene Verlag 1983

116 Hans W. Fischer: Kulturbilderbogen, a. a. O., S. 117

117 Der Verein *Künstlerfest Hamburg* wurde unter der Nummer 1244 am 04.02.1921 in Hamburger Vereinsregister eingetragen. In § 1 seiner Satzung heißt es: „Der Verein [...] verfolgt in gemeinnütziger Art den geselligen Zusammenschluß Hamburger Künstler und Kunstfreunde namentlich durch Veranstaltung von Künstlerfesten, um hierdurch auch allgemein die Beziehungen zwischen Künstlern, Kunstfreunden und Kunst zu stärken."

118 TAV, S. 107

119 Ebd., S. 47

120 TAV, S. 46

121 [Brief 6]: HL an Lina Leip. O.O., 09.07.1919

122 TAV, S. 58

123 HL: Zwischen Pinsel, Urwald und Roman. In: Der Bücherbote. Die illustrierte Zeitschrift für Bücherfreunde. Hrsg. v. Kurt Münzer. Juni 1929, S. 54

124 Schulbehörde Hamburg: Lehrerakte Hans Leip, 06.08.1919. Das ärztliche Attest über Leips „Zusammenbruch" stellte Leips Hausarzt Rolf Wolter-Peckhan aus

125 Zu Leips Mitarbeit am *Sturmreiter* und anderen Zeitschriften des Expressionismus vgl.: Volker Pirsich: Verlage, Pressen und Zeitschriften des Hamburger Expressionismus. Frankfurt am Main: Buchhändler Vereinigung 1988 (Archiv für die Geschichte des Buchwesens, 30)

126 TAV, S. 67

127 Leip ist in insgesamt drei Heften mit Beiträgen vertreten. Zunächst mit *Aufklang* (Jg. 1, H. 7, April 1920), dann mit zwei Graphiken (Jg. 1, H. 8 Konvolut: Sommer 1920, nach S. 32 und nach S. 36) und im letzten Heft mit den Gedichten *Rausch* und *Der Freibeuter* (Jg. 2, H. 1, Oktober 1920, S. 6f.)

128 Franz Werfel: Gesang der Memnons-Säule. In: Ders.: Das lyrische Werk. Hrsg. v. Adolf D. Klarmann. Berlin: S. Fischer 1967, S. 206 [Erstveröffentlichung in der *Aktion* vom 28.10.1916]

129 Willy Seidel: Hans Leip, der Hamburger Dichter. In: Hamburger Fremdenblatt, 18.02.1928

130 TR, S. 115

131 Vgl. Hans W. Fischer: Die gelbe Posaune der Sieben. In: Neue Hamburger Zeitung, 09.02.1920 – „Was vor einigen Monaten an dieser Stelle als Wunsch ausgesprochen wurde – Hamburg möge ein Puppentheater von eigener künstlerischer

Prägung bekommen – das ist hier im Begriff, sich zu verwirklichen."

[132] HL: Tagebucheintrag, 16.11.1919. In: Tage- und Nächtezettel der Hamburger Puppenspiele. SUB: NLp: Ca: 11 – „Bei Sarrasani war ich mit meiner Frau. Ich hoffte mir Anregung. Der lange Emil und der lange Max war das einzige, was den Schwung von Marionetten ahnte."

[133] Leip hat seinem Text ein Kleist-Zitat aus *Über das Marionettentheater* vorangestellt: „... Allerdings, antwortete er; das ist das letzte Kapitel von der Geschichte der Welt."

[134] Heinrich von Kleist: Über das Marionettentheater. In: Kleists Aufsatz über das Marionettentheater. Studien und Interpretation. Mit einem Nachwort hrsg. v. Helmut Sembdner. Berlin: Erich Schmidt Verlag 1967, S. 11

[135] Hans W. Fischer: Kulturbilderbogen, a. a. O., S. 91

[136] HL: Tagebuchnotiz, 08.11.1919. In: Tage- und Nächtezettel der Hamburger Puppenspiele. SUB: NLp: Ca: 11

[137] HL: LK, S. 14

[138] Ebd., S. 51

[139] HL: Tagebuchnotiz, 22.09.1922. In: Tage- und Nächtezettel der Hamburger Puppenspiele. SUB: NLp: Ca: 11

[140] Hans W. Fischer: Die gelbe Posaune der Sieben. In: Neue Hamburger Zeitung, 09.02.1920

[141] WS, S. 100

[142] TR, S. 116

[143] [Postkarte 7]: HL an Lina Leip. O.O., 09.07.1919

[144] Vgl. Hans W. Fischer: Kulturbilderbogen, a. a. O., S. 153

[145] Vgl. HL: Die Bastion. In: Neue Hamburger Zeitung, 13.10.1919

[146] Am 23.02.1924 wurde Leip mit Ablauf des 31.03.1924 in den „einstweiligen Ruhestand" versetzt. (Schulbehörde Hamburg: Lehrerakte Hans Leip)

[147] Schulbehörde Hamburg: Lehrerakte Hans Leip, 25.03.1922

[148] Ebd., 26.05.1923

[149] Ebd., 18.10.1923

[150] Butzbacher Autorenbefragung. Hrsg. v. Hans Joachim Müller. Briefe zur Deutschstunde. München 1973, S. 183.

[151] HL: Joachim Ringelnatz zum Gedenken. In: Hamburger Illustrierte, Jg. 16, Nr. 49, 04.12.1934, S. 18

[152] Joachim Ringelnatz: München-Hamburg-Altona-Amerika. In: Ders.: Reisebriefe eines Artisten. Berlin: Rowohlt 1928, S. 49

[153] HK: Ringelnatz Gedenken, a. a. O.

[154] Ebd.

[155] HL: Der Pelikan. In: Ders.: Frühe Lieder. Hamburg: Verlag Hamburgische Bücherei 1948, S. 29

[156] Seinerzeit „Oevelgönne" geschrieben und zur damals noch selbständigen Stadt Altona gehörig. – Über Leips Zeit in Övelgönne vgl. HL: [Övelgönne]. In: Hildegard Hudemann, Christel Schulz-Hudemann: Oevelgönne-Neumühlen. Ein Bilderbogen. Hamburg: Christians 1972, S. 52f.

[157] Ein weiteres Gedicht (*Drückender Tag*) hatte Leip außerdem im *Hamburger Kalender* von 1920 unterbringen können. (Hamburger Kalender 1920. Hrsg. v. Kunstverein in Hamburg. Hamburg: Paul Hartung 1920, S. 19) – Fischer hielt dieses Buch mit seinen vielfältigen Beiträgen für die gelungene „Synthese der wertvollen älteren und jüngeren Kräfte Hamburgs." – Hans W. Fischer: Kulturbilderbogen, a. a. O., S. 87

[158] HL: Madonna im Dreck. In: Der Gelben Posaune der Sieben gewidmet von der Baurundschau. Hrsg. v. Hugo Koch, Emil Maetzel. Hamburg: Hanf 1920, [ohne Seitenzählung]

[159] HL: Madonna im Dreck. In: SF, S. 113

[160] Rezension von Paul Leppien. In: Das literarische Echo, 15.07.1920, S. 1260

[161] Ebd.

[162] HL: Das Schwert. In: SF, S. 64

[163] Zum Thema Leip als Buchgestalter vgl.: Entwürfe zur „Hafenorgel". Hans Leip als Buchgestalter. Zur Jahresgabe der Hans-Leip-Gesellschaft 1998. Hrsg. v. der Hans-Leip-Gesellschaft e.V., Text: Ortwin Pelc. Hamburg 1998

[164] Zitiert nach: WS, S. 61f.

[165] Adolph Wittmaack: Konsul Möllers Erben. Der Roman einer Hamburger Familie. Hamburg: Hammerich & Lesser 1950, S. 537 und S. 615

[166] Hinrich Springer: Brief an HL. Altona,

09.04.1920. Slg. Herbert Lehmitz
167 Ebd.
168 Zur Geschichte des Hammerich & Lesser- und des Springer-Verlages vgl. Claus Jacobi: 50 Jahre Axel Springer Verlag. 1946–1996. Berlin, Hamburg: Axel Springer 1996
169 HL: Zwischen Pinsel, a. a. O., S. 55
170 Der Almanach der Götzenpauke. Zum Kostüm- Künstler- und Mäzenatenfest der Hamburgischen Künstlerschaft im Februar 1920. Schriftleitung: Hans Leip. Altona: Hammerich & Lesser 1921, S. 6
171 TR, S. 110
172 Hans W. Fischer: Götzenpauke. In: Neue Hamburger Zeitung, 14.02.1921
173 HL: Der Vorwirbel. In: Götzenpauke, a. a. O., S. 8
174 MHG: Hans-Leip-Archiv. Abgedruckt in: Mathias Mainholz, Rüdiger Schütt, Sabine Walter: Hamburger Künstlerfeste 1914–1933. Eine Künstlerfestchronik anläßlich der Friedrich-Adler-Ausstellung im Museum für Kunst und Gewerbe Hamburg vom 23. September bis 6. November 1993. Hamburg 1993, S. 14
175 Über den Dada-Abend wurde ausführlich in der Hamburger Presse berichtet. Vgl. z. B.: Otto Schabbel: Sieg des Dadaismus. In: Hamburger Nachrichten, 19.02.1920 (Abend-Ausgabe) oder Dada. Eine Groteske. In: Hamburger Fremdenblatt, 19.02.1920. – Fast zwei Wochen vor Beginn der Veranstaltung hatte Johannes Baader in Hamburg eine phantasievolle Pressemitteilung unter dem Titel *„Intertellurischer" Wahnsinn* verbreitet, die z. B. am 7.2.1920 vom *Hamburger Fremdenblatt* veröffentlicht wurde.
176 TR, S. 122
177 TAV, S. 100f.
178 Ebd., S. 101
179 HL: Madonna im Dreck: In: SF, S. 116f.
180 Das Widmungsexemplar befindet sich im MHG: Hans-Leip-Archiv
181 NZ, S. 5
182 HL: Der Soldatengarten (Sinsebal erinnert sich eines Straßenaufruhrs). In: NZ, S. 12
183 HL: Götzenpauke (Sinsebal ist mit ihrem Liebsten auf einem Fest). In: NZ, S. 23
184 HL: Övelgönne (Sinsebal denkt an einen Ort, der nahe Hamburg an der Elbe liegt). In: NZ, S. 44
185 Rudolf Ibel: Zur Lyrik Hans Leips. In: Hans Leip. Leben und Werk, a. a. O., S. 35
186 HL: Litanei, a. a. O., S. 127
187 Elisabeth Flickenschildt: Brief an HL. Ohne Ort und Datum. MHG: Hans-Leip-Archiv
188 Text der Einladungskarte. Slg. Herbert Lehmitz
189 [Brief 10] HL an die Direktion des Atlantic Hotels zu Hamburg. Hamburg, 23.04.1921
190 Vgl.: Impressionen von der „Himmelsecke". Zur Jahresgabe 1997 der Hans-Leip-Gesellschaft. Hrsg. v. der Hans-Leip-Gesellschaft. Text: Helmut Glagla. Hamburg 1997
191 Das Projekt muß im Mai/Juni 1925 realisiert worden sein. In dieser Zeit hielt sich Schwitters oftmals für mehrere Tage bei Wilkens auf. Vgl. Kurt Schwitters: Postkarte an Nelly van Doesburg. O.O., 13.05.1925. In: Kurt Schwitters: Wir spielen, bis uns der Tod abholt. Briefe aus fünf Jahrzehnten. Hrsg. v. Ernst Nändel. Frankfurt am Main, Berlin 1975, S. 95 – Den Angaben Leips zufolge verkehrte Schwitters bereits zu Anfang der 20er Jahre im Hause Wilkens, und schon zu diesem frühen Zeitpunkt sei auch Leip dem Dadaisten in Hamburg begegnet. Vgl. TR, S. 69
192 HL: Tradition abseits. In: Traditionen. Jahrbuch der Freien Akademie der Künste. Hamburg 1961, S. 84
193 Der Abend fand am 16.01.1923 statt und kostete den inflationären Eintrittspreis von 500 Mark. Vgl. Einladungskarte in der Slg. Manja Louis. Eine Kopie befindet sich auch im MHG: Hans-Leip-Archiv
194 HL: Ringelnatz Gedenken, a. a. O.
195 HL: Mein Verhältnis zur bildenden Kunst. In: Christian Küster: Hans Leip als Zeichner und Maler. Zum 75. Geburtstag, Altonaer Museum in Hamburg 1968, ohne Seitenzählung [letzte Seite des Beitrags]
196 Vgl. TR, S. 124f.
197 [Brief 63]: HL an Carl Georg von Maassen. Hamburg-Altona, 26.01.1932
198 HL: Pfuhl, S. 57
199 Jörg Deuter: „Der Pfuhl", seit 60 Jahren ungedruckt. Über Hans Leip (1893–1983). In: Die horen 137, Jg. 30, Bd. 1 (1985), S. 120

[200] HL: Pfuhl, S. 30

[201] HL: [Antwort auf eine Umfrage] Zur Physiologie des Dichterischen Schaffens. Ein Fragebogen. In: Die literarische Welt, Jg.4, Nr. 41, 12.10.1928, S. 3

[202] HL: Pfuhl, S. 17

[203] Leip kannte Jacques persönlich und bewunderte dessen „Herdringtechnik, wo das Feuer des Berichts klüglich ab- und zugedeckt wird, je wie man das Gemüt des Lesers zu erhitzen gedenkt." - HL: Über die Kunst des Erzählens. In: HL: Über die Kunst des Erzählens und weitere Vorträge. Jahresgabe für 1990 der Hans-Leip-Gesellschaft e.V. Hrsg. v. Herbert Lehmitz. Hamburg 1990, S. 16

[204] Axel Eggebrecht: Hans Leip: Godekes Knecht. In: Die literarische Welt, Jg. 2, Nr. 2, Januar 1926, S. 5

[205] Axel Eggebrecht: Streifzug, a. a. O., S. 5f.

[206] Willy Seidel: Hans Leip, der Hamburger Dichter. In: Hamburger Fremdenblatt, 18.02.1928

[207] Ebd.

[208] Max Sidow: Hans Leip und sein Schaffen. In: Das Wort. Ein Wegweiser durch das Schrifttum der Gegenwart, Jg. 5, H. 2, Juni 1931, S. 28

[209] HL: Pfuhl, S. 61

[210] Erich Kästner: Die Groteske als Zeitgefühl. Joachim Ringelnatz. In: Ders.: Splitter und Balken. Publizistik. Hrsg. v. Hans Sarkowicz u. Franz Josef Görtz. Frankfurt am Main, Wien: Büchergilde Gutenberg 1999, S. 16 [Erstdruck im *Leipziger Tageblatt* vom 01.06.1924]

[211] Ebd.

[212] Ebd.

[213] Arnold Heidsieck: Das Groteske und das Absurde im modernen Drama. Stuttgart: Kohlhammer 1969, S. 93

[214] Ebd., S. 114

[215] Ottmar Huber: Mythos und Groteske. Die Problematik des Mythischen und ihre Darstellung in der Dichtung des Expressionismus. Meisenheim am Glan: Anton Hain 1979 (Deutsche Studien, 33), S. 63

[216] TAV, S. 149

[217] Pfuhl, S. 167

[218] Walter Muschg: Gespräche mit Hans Henny Jahnn. Frankfurt am Main: Europäische Verlagsanstalt 1967, S. 162

[219] Hans Henny Jahnn: Es gibt einen Altersunterschied (Ein Nachwort). In: Hans Leip. Leben und Werk, a. a. O., S. 98f. - Leip selber äußerte sich später über Jahnns Vermutung negativ: „Du [Jahnn] glaubtest zudem, in einer meiner Figuren Deinen Freund, den Bildhauer Buse verunglimpft zu sehen. Aber der gleiche Name und Beruf waren wirklich Zufall. Als ich anno 1923 den ‚Pfuhl' schrieb, kannte ich niemanden aus Deinem Kreise." (HL: Wo Wert nur das Wägbare hat. In: Hans Henny Jahnn. Buch der Freunde. Zum ersten Todestag Jahnns im Auftrag der Freien Akademie der Künste in Hamburg hrsg. v. Rolf Italiaander. Hamburg 1960, S. 35

[220] TR, S. 126 und TAV, S. 122

[221] Die Bilder wurden später veröffentlicht in: HL: Himmel über Pellworm. Siebzehn Inselbilder. Hamburg 1993 (Zweite Jahresgabe 1993 für die Mitglieder der Hans-Leip-Gesellschaft e.V., Hamburg)

[222] [Postkarte 13] HL an Carl Albert Lange. Hamburg, 22.10.1924

[223] Bei dem Fest von 1922 *Der Himmlische Kreisel* (10., 11.02.1922) wirkte Leip bei der Organisation der von Hans W. Fischer geleiteten Revue mit; für das *Fest der Namenlosen* (10.03.1923) entwarf er das Plakat. 1924 beteiligte sich Leip wiederum als Mitarbeiter des Almanachs für das Künstlerfest *Cubicuria - die seltsame Stadt* (22.,23.,26.02.1924).

[224] HL: Nachwort zur Neuauflage von Godekes Knecht. Darmstadt: Deutsche Buch-Gemeinschaft 1965, S. 269

[225] HL: Nachwort. In: GK, S. 350

[226] TAV, S. 128

[227] Vgl. Joachim Kranz: Der Poet und die Fakultäten. Warum Hans Leip nicht Ehrendoktor der Uni werden konnte. In: Die Welt, Nr. 22, 26.01.1974

[226] HL: [Antwort auf einen Fragebogen]. In: Otto Kankeleit: Die schöpferische Macht des Unbewußten. Ihre Auswirkungen auf die Kunst und in der modernen Psychotherapie. Berlin: W. de Gruyter 1933, S. 58

[229] Ebd., S. 59

[230] Ebd.

[231] TAV, S. 129

[232] Vgl. Helga Abret: Albert Langen. Ein eu-

ropäischer Verleger. München: Langen-Müller 1993

233 Ebd., S. 130

234 Über die Einzelheiten der Preisverleihung vgl. Preisausschreiben der Kölnischen Zeitung. In: Die schöne Literatur, Jg. 26, Nr. 2, Februar 1925, S. 94

235 Zitiert nach: Hans Leip. Leben und Werk, a. a. O., S. 103

236 GK, S. 269

237 GK, S. 270

238 GK, S. 272

239 GK, S. 277

240 GK, S. 280

241 GK, S. 281

242 GK, S. 279

243 Leip knüpfte auch hier an Detlev von Liliencron an, der mit seinem 1896 erschienenem Epos *Poggfred* (=Frosch-Frieden) einen paradiesischen Ort der stillen Einkehr, der Ruhe und unbeschwerten Heiterkeit entworfen hatte.

244 Willy Seidel: Hans Leip, der Hamburger Dichter. In: Hamburger Fremdenblatt, 18.02.1928

245 Ebd.

246 Ebd.

247 Rudolf Walter Leonardt: Integrierte Jugendsünden. Robert Neumann bekennt sich wieder zu seinen Parodien. In: Die Zeit, Nr. 41, 10.10.1969, S. LIT 6

248 Zitiert nach Robert Neumann: Ein leichtes Leben. Bericht über mich selbst und Zeitgenossen. Wien u. a.: Kurt Desch 1963, S. 418 – außerdem veröffentlichte Neumann den Brief in seinem Band: Vorsicht Bücher. Parodien – samt einem Leseleitfaden für Fortgeschrittene. Wien u. a.: Kurt Desch, S. 77 f. [In demselben Buch findet sich auch noch einmal Neumanns Parodie auf *Godekes Knecht* (S. 76f.)]

249 Robert Neumann: Brief an HL. Wien-Grinzing, 28.06.1928. SUB: NLp: Anhang VII, alte Korrespondenz vor 1945 – Später entschudigte Neumann Leips heftige Reaktion: „Ich war jung, er war jung – wahrscheinlich gehörte er der damaligen ‚Gruppe 47' an, wo man einander mitleidslos seine Meinung sagt [...]." – Robert Neumann: Ein leichtes Leben, a. a. O., S. 418

250 Max Sidow: Hans Leip und sein Schaffen, a.a.O., S. 26

251 Karl Strecker: [Rezension *Godekes Knecht*]. In: Velhagen & Klasings Monatshefte, zitiert nach Klappentext *Tinser*

252 HL: Zwischen Pinsel, a. a. O., S. 55

253 Axel Eggebrecht: Godekes Knecht, a. a. O.

254 Adolf Bartels: Zur Geschichte der Heimatkunst. In: Eckart 3 (1908/09), S. 355

255 GK, S. 282

256 Börries Freiherr von Münchhausen: Brief an HL. Windischleuba, 23.11.1925. SUB: NLp: Anhang VII, alte Korrespondenz vor 1945

257 Börries Freiherr von Münchhausen: Brief an HL. Windischleuba, 24.11.1925. SUB: NLp: Anhang VII, alte Korrespondenz vor 1945

258 Robert Hohlbaum: Brief an HL. Wien, 27.12.1925. SUB: NLp: Anhang VII, alte Korrespondenz vor 1945

259 Ebd.

260 Bücherei der NSDAP, Ortspartei Leopoldstadt, Obmann Otto Beran: Brief an HL. Wien, 16.09.1927. SUB: NLp: Anhang VII, alte Korrespondenz vor 1945

261 Nationalsozialistische Arbeiterpartei, Ortsgruppe Hamburg: Brief an HL. Hamburg, 04.02.1928. SUB: NLp: Anhang VII, alte Korrespondenz vor 1945

262 Gustav Meyrink: Brief an HL. Starnberg, 29.04.1927. SUB: NLp: Anhang VII, alte Korrespondenz vor 1945

263 Zur Biographie Lessings vgl.: Hans Mayer: Theodor Lessing. Bericht über ein politisches Trauma. In: Ders.: Der Repräsentant und der Märtyrer. Konstellationen der Literatur. Frankfurt am Main: Suhrkamp 1971, S. 94–120

264 HL: Brief an Alexander Zinn. Hamburg, 12.06.1926. StA: 135-1: Staatliche Pressestelle I-IV (Zeitungsausschnittsammlung Leip), A 761

265 Vgl. Rüdiger Schütt: Bohemiens und Biedermänner. Die Hamburger Gruppe 1925 bis 1931. Hamburg: editon fliehkraft 1996, S. 20f. und S. 238

266 [Brief 104]: HL an Emerentia Krogmann. Hamburg, 18.11.1938

267 Der Hamburger Journalist und Theaterwissenschaftler Paul Theodor Hoffmann hatte Leip gebeten, er möge sich für Ekert-Rotholz einsetzen: „Heute komme ich mit einer Anfrage: Sie kennen Frau

Alice Ekert-Rotholz und ihre Zeitgedichte. Ich finde die Arbeiten außergewöhnlich gut und für eine Frau überraschend, auch dann, wenn man weiß, daß es sich um eine Jüdin handelt. Ich würde ihr gern dazu verhelfen, daß die zum Teil famosen, amüsanten, witzig frechen Gedichte veröffentlicht werden." (Paul Theodor Hoffmann: Brief an HL. Hamburg-Altona, 26.04.1930. SUB: NLp: Anhang VII, alte Korrespondenz vor 1945)

268 Zur Beziehung Leip–Blunck vgl.: Kai-Uwe Scholz: Sonderling und Syndikus, Kadenzendichter, Klinkerfürst. Hans Henny Jahnn, Hans Frierich Blunck, Hans Leip, Fritz Höger. In: Rüdiger Schütt: Bohemiens, a. a. O.

269 Zu Bluncks Karriere im ‚Dritten Reich' vgl. vor allem Kai-Uwe Scholz: Chamäleon oder Die vielen Gesichter des Hans Friedrich Blunck. Anpassungsstrategien eines prominenten NS-Kulturfunktionärs vor und nach 1945. In: Dann waren die Sieger da, a. a. O., S. 131–167

270 Adolf Bartels: Die deutsche Dichtung der Gegenwart. Leipzig 1918, S. 682

271 Als Schriftleiter für den Festalmanach der *Götzenpauke* hatte Leip 1920 mehrere Gedichte von Blunck erhalten, die dann aber nicht veröffentlicht wurden.

272 Hans Friedrich Blunck: Brief an Hans Much. Hamburg, 13.11.1925. SHL: NL Blunck: Cb 92

273 Axel Eggebrecht: Streifzug, a. a. O.

274 Ebd.

275 Auf der großen Straße. Jean Weidts Erinnerungen. Nach Tonbandprotokollen aufgezeichnet und herausgegeben von Marion Reinisch. Berlin: Henschelverlag 1984, S. 18f.

276 Vgl. z. B. Wolfgang Schömel: Hamburg vertreibt seine Künstler, z. B. Hans Henny Jahnn. In: Hamburger Ziegel. Jahrbuch für Literatur II 1993/94. Hrsg. im Auftrag der Kulturbehörde Hamburg von Jürgen Abel, Robert Galitz, Wolfgang Schömel, S. 443: „Hans Leip wußte wie Jahnn die Suche nach großbürgerlichem Komfort mit antibürgerlicher Attitüde und der Pose des einsamen Genies zu verschränken."

277 Vgl. auch: Hans Podeyn: Brief an HL. Hamburg, 03.01.1930. SUB: NLp: Anhang VII, alte Korrespondenz vor 1945 – „Ich freue mich sehr über Deinen Entschluß, der Sozialdemokratischen Partei beizutreten und bitte Dich, die anliegende Beitrittserklärung möglichst bald hierher einzusenden."

278 HL: Wahrheit. Zur Rede von Hans Erich Nossack. In: Die horen 103, Jg. 21, H. 3 (Herbst 1976), S. 73

279 Mit dem Restgeld (500 Mark) hat Leip die sogenannte ‚Lüneburger Sterne-Bibel' „mit den Kupfern des Matthias Scheits" erworben. – TAV, S. 132

280 TAV, S. 132

281 Ebd., S. 136

282 Max Sauerlandt: Brief an Alice Sauerlandt. Paris, 14.05.1925. In: Ders.: Im Kampf um die moderne Kunst. Briefe 1902–1933. Hrsg. v. Kurt Dingelstedt. München: Albert Langen, Georg Müller 1957, S. 208

283 TAV, S. 138

284 [Brief 47] HL an Lina Petersen. Hamburg, 11.07.1928

285 [Brief 43]: HL an Ilse Haalck. Berlin, 29.01.1928

286 Zitiert nach Hans Friedrich Blunck: Tagebucheintrag, 03.02.1929. SHL: NL Blunck: Cb 91

287 [Brief 24]: HL an Gerhart Hauptmann. New York, o. D. [1926]

288 Vgl.: Joachim Ringelnatz: Postkarte [Abschrift] an Muschelkalk. Wiesbaden, 15.09.1925. SUB: Sammlung Joachim Ringelnatz: Briefwechsel mit Muschelkalk (Original-Abschriften), 423a

289 In Hamburg setzte sich vor allem der Amtsrichter und Publizist Hermann Popert für das *Schmutz und Schundgesetz* ein: Hermann Popert: Hamburg und der Schundkampf. Erstes Buch: Schmutz- und Schundliteratur. Hrsg. v. Ausschuß beim Jugendamt Hamburg gegen Schmutz und Schund in Wort und Bild. Hamburg-Großborstel: Verlag der Deutschen Dichter-Gedächtnis-Stiftung 1926

290 HL: Die offene Staatshand. Ein Wort zur Hamburger Buch- und Schriftstellerwoche im besonderen und zur Lage der deutschen Kunst überhaupt. In: Hamburger Anzeiger, 24.10.1925

291 Vgl. [Brief 91]: HL an Kläre Buchmann.

Hamburg, 27.07.1937

292 Z. B. war das im April 1925 erschienene Buch *Hamburg auf den Barrikaden. Erlebtes und Erörtertes aus dem hamburger Aufstand 1923* von Larissa Reißner sofort nach Erscheinen verboten und gegen ihren Verleger ein Hochverratsverfahren eingeleitet worden.

293 Schutzverband Deutscher Schriftsteller: Protest-Erklärung an den Reichsjustizminister und den Oberreichsanwalt zu den gerichtlichen Verfolgungen deutscher Schriftsteller. In: Der Schriftsteller, Jg. 12, H. 5., November 1925, S. 35–37

294 Arthur Eloesser: Einkreisung des Schriftstellers. In: Der Schriftsteller, Jg. 12, H. 5, November 1925, S. 27–30

295 Zum Themenfeld *Hamburger Gruppe* vgl.: Rüdiger Schütt: Bohemiens, a. a. O.

296 Hans Much: Brief an Hans Friedrich Blunck. Hamburg, 12.11.1925. SHL: NL Blunck: Cb 92

297 Ohne Verfasserangabe [vermutlich Leip und Much]: Richtlinien. Hamburg, November 1925. SUB: NLp: Anhang VII, alte Korrespondenz vor 1945

298 Ebd.

299 Werbeblatt der *Hamburger Gruppe*. SUB: NL Carl Albert Lange

300 Alexander Strempel: Seils inne Nacht. In: Mitteilungen aus dem Quickborn, Jg. 20, Nr. 1, Winter 1927, S. 22

301 Ebd.

302 Ebd.

303 HL: Offene Staatshand, a. a. O.

304 Hamburger Amtsblatt, 13.09.1920. Zitiert nach der Einleitung im Verzeichnis zu der Senatskommission für die Kunstpflege, StA: 363-2

305 [Brief 14]: HL an Alexander Zinn. Hamburg, 27.10.1925

306 Hans Friedrich Blunck: Tagebucheintrag, 15.11.1925. SHL: NL Blunck: Cb 91

307 Hans Haalck im Auftrag der Hamburger Ortsgruppe des Deutschen Schriftsteller-Verbandes: Brief an die Direktion der staatlichen Pressestelle, z.Hd. Alexander Zinn. Hamburg, 12.11.1925. StA: 363-2: Senatskommission für die Kunstpflege, Eb 307

308 Vgl. Abschrift des Sitzungsprotokolls der Senatskommission für die Kunstpflege vom 19.03.1926. StA: 363-2: Senatskommission für die Kunstpflege, Eb 225

309 Axel Eggebrecht: Streifzug, a. a. O.

310 Walter Muschg: Gespräche, a. a. O., S. 164

311 Carl Albert Lange: Brief an HL. Hamburg, 23.01.1927. SUB: NLp: Anhang VII, alte Korrespondenz vor 1945

312 Carl Albert Lange: Krankheit der Kritik. In: Der Kreis, Jg. 6, H. 1, Januar 1929, S. 16

313 Werbeblatt der Hamburger Gruppe. NL Carl Albert Lange

314 Hans Much: Brief an Hans Henny Jahnn. Hamburg, o. D. [vermutlich Januar 1928]. SUB: NL Jahnn: Korrespondenz Hans Much

315 Ebd.

316 Hans Friedrich Blunck. Tagebucheintrag, 22.10.1927. SHL: NL Blunck: Cb 91

317 Hans Much: Brief an HL. Hamburg, o. D. [vermutlich Oktober 1927]. SUB: NLp: Anhang VII, alte Korrespondenz vor 1945

318 Zur Biographie und zum Werk Kriegers vgl.: Heinrich Siemer: Hermann Krieger und sein Werk. In: Hermann Krieger: Die Höllenmühle. Ein Landschaftsroman von Tieren und Menschen. Berlin: Deutsche Buch-Gemeinschaft 1929, S. 5–10

319 Die *Hamburger Gruppe* verbreitete eine Pressemitteilung, in der sie über ihre „Ehrengabe" Auskunft gab. Veröffentlicht in fast allen Hamburger Tageszeitungen zwischen dem 7. und 16. März 1927.

320 Auf Beschluß des Hamburger Senats vom 14.07.1931

321 HL: Text des Einladungsprospektes. MHG: Hans-Leip-Archiv

322 Berliner Lokal-Anzeiger, 08.03.1927 (Abend-Ausgabe)

323 Hamburger Anzeiger, 26.02.1927

324 HL: [Antwort auf eine Umfrage] Die Tagespresse als Erlebnis. Eine Frage an Deutsche Dichter. In: Die literarische Welt, Jg. 5, Nr. 39, 27.09.1929, S. 3

325 [Brief 18]: HL an Fritz Höger. Hamburg, 08.03.1926

326 Zur Gruppe 1925: Klaus Petersen: Die „Gruppe 1925". Geschichte und Soziologie einer Schriftstellervereinigung. Heidelberg: Winter 1981 (Reihe Siegen, 34)

327 Ludwig Benninghoff: Die silbergrüne Dschunke. In: Der Kreis, März 1927, S. 184

328 Ebd.

[329] Befindet sich in der Slg. Lehmitz

[330] HL: [Antwort auf eine Umfrage] Reportage und Dichtung. Eine Rundfrage. Veranstaltet von Hans Tasiemka. In: Die literarische Welt, Jg. 2, Nr. 26, 26.06.1926, S. 2

[331] HL: Bemerkungen darüber, ob ein Künstler in Hamburg glücklich sein kann. In: Ein November-Almanach. Hrsg. v. Hans Haalck. Hamburg: Asmus 1928, S. 16

[332] [Brief 40]: HL an Willy Seidel. Hamburg, 12.12.1927: „Er [*Der Kreis*] ‚saniert' nämlich noch immer und bezahlt auch mich nicht!"

[333] Für die Abonnenten des *Kreis* gab es Leips *Nächtezettel* als unberechnete Buchgabe

[334] 1934 veröffentlichte Benninghoff ein Porträt Leips. In: Der neue Weg, H. 15, 1933/34, S. 16

[335] [Brief 188]: HL an Kläre Buchmann Hamburg, 28.11.1940

[336] HL: Physiologie, a. a. O.

[337] HLB, S. 29f.

[338] TI, S. 31

[339] TI, S. 324

[340] Klappentext zu *Tinser* von Arthur Friedrich Binz in den *Nächtezetteln der Sinsebal*

[341] Willy Seidel: Leip, a. a. O.

[342] Wilhelm Stapel: Hans Leip, Tinser. In: Deutsches Volkstum, H. 8, 1927

[343] Willy Seidel: Leip, a. a. O.

[344] TI, S. 271 – vgl. hierzu grundlegend: Hätte ich das Kino! Die Schriftsteller und der Stummfilm. Ausstellungskatalog des Schiller-Nationalmuseums Marbach. Bearbeitet von L. Grewe, M. Pehle, H. Westhoff. München: Kösel 1976

[345] Ebd., S. 92

[346] Hamburger Fremdenblatt, 08.12.1930

[347] TI, S. 258

[348] Wilhelm Stapel: Leip, a. a. O.

[349] Ebd.

[350] Alfred Andersch: Deutsche Literatur in der Entscheidung. Ein Beitrag zur Analyse der literarischen Situation. In: Das Alfred Andersch Lesebuch. Hrsg. v. Gerd Haffmanns. Zürich: Diogenes 1979, S. 118

[351] Zitiert nach der Neuauflage von 1947 – HL: Der Nigger auf Scharhörn. Hamburg: Verlag Hamburgische Bücherei 1947, S. 229

[352] Erich Kästner: Hans Leip, „Der Nigger auf Scharhörn". In: Neue Leipziger Zeitung, 24.03.1928. Wiederveröffentlicht in: Erich Kästner: Gemischte Gefühle. Literarische Publizistik aus der „Neuen Leipziger Zeitung" 1923–1933. Bd. 1. Hrsg. v. Alfred Klein. Zürich: Atrium 1989, S. 123f.

[353] Otfried Preußler: Der Nigger. Mehr als ein Jugendbuch. In: Jugend Literatur. Hrsg. v. R. Bamberger. Wien 1960, Bd. 1., S. 25 – Zur Poesie der Sprache im *Nigger auf Scharhörn* schreibt Franz Hessel: „Sie enthält die besondere Substanz, die von verheimlichtem, ganz ins Schriftdeutsch eingesogenem Dialekt stammt, manchmal ist sie wie Plattdeutsch souffliert. Und die Stimmen des Meeres sind darin, leise brausend wie in der Muschel, eingefangen in der schönen weißen Muschelschale, die Anne, des Vogtes Tochter, dem jungen Erzähler und Erinnerer zum Abschied schenkt, um seine große Kindertraurigkeit zu trösten.": Franz Hessel: Hans Leip: Der Nigger auf Scharhörn. In: Die literarische Welt, Jg. 3, Nr. 49, 09.12.1927, S. 14. – Wiederveröffentlicht in Franz Hessel: Sämtliche Werke in fünf Bänden. Hrsg. v. Hartmut Vollmer und Bernd Witte, Bd. 5, Verstreute Prosa, Kritiken. Oldenburg: Igel Verlag 1999, S. 151f.

[354] Ebd.

[355] [Brief 196]: HL an Kläre Buchmann. Inneralpach, 16.12.1944

[356] [Brief 121]: HL an Kläre Buchmann. Blankenese, 07.04.1941

[357] Zitiert nach der Neuauflage von 1947, S. 80

[358] Ebd., S. 157

[359] Ebd.

[360] Ebd., S. 160

[361] Ebd., S. 125

[362] HL: Tagebuch, Oktober 1926. MHG: Hans-Leip-Archiv. Hier zitiert nach: Hans Leip in Amerika. Hrsg. v. der Hans-Leip-Gesellschaft, Text: Ortwin Pelc. Hamburg 1999 (Jahresgabe der Hans-Leip-Gesellschaft 1999), S. 3f.

[363] 21 Passagiere fuhren nur bis Southampton mit. – Die Passagierliste befindet sich Hans-Leip-Archiv (MHG)

[364] TR, S. 178

[365] Ebd.

[366] Zumal sich Jannings in seiner Autobiographie zwar ausführlich der Überfahrt

nach Amerika widmet, seine Reisebekanntschaft mit Leip jedoch nicht erwähnt. – Emil Jannings: Theater. Film. Das Leben und ich. Bearbeitet von C. C. Bergius. Berlin, Darmstadt: Deutsche Buch-Gemeinschaft 1952, S. 147–151

367 Berlin: S. Fischer 1912

368 [Brief 24]: HL an Gerhart Hauptmann. New York, o. D.

369 TAV, S. 139

370 HL: Anmerkungen zu einer Neuyorker Reise. In: Der Kreis. Jg. 4, 1926, S. 10

371 Hier zitiert nach folgender Ausgabe: Franz Kafka: Amerika. Hrsg. v. Max Brod. Frankfurt am Main: S. Fischer 1986, S. 9

372 Zum Amerikabild in der deutschen Literatur vgl.: Amerika in der deutschen Literatur. Hrsg. v. Sigrid Bauschinger, Horst Denkler, Wilfried Malsch. Stuttgart: Philipp Reclam jun. 1975

373 Vgl. Hans Leip in Amerika, a. a. O., S. 12f.

374 Vgl. HL: Aus dem amerikanischen Tagebuch. In: WS, S. 84–95

375 [Brief 25]: HL an die Schriftleitung des *Simplicissimus*. Hamburg, 14.11.1926

376 TAV, S. 209

377 Unter dem Titel *Anmerkungen zu einer Neuyorker Reise* in drei Folgen mit sieben Zeichnungen gedruckt in *Der Kreis*, Jg. 4, 1926, S. 10–17, 85–90, 271–275.

378 Ebd., S. 208

379 WS, S. 93

380 HL: Anmerkungen zu einer Neyorker Reise. In: Der Kreis, Jg. 4, 1926, S. 16

381 Erst zehn Jahre später sollte *Die Klabauterflagge* als erster Text von Leip in den USA erscheinen.

382 Werner Mahrholz: Brief an HL. Berlin, 15.08.1926. SUB: NLp: Anhang VII, alte Korrespondenz vor 1945

383 WS, S. 87

384 Ebd.

385 [Postkarte 28]: HL an Werner Mahrholz. O.O., 21.12.1926 – „Wollen Sie [Rudolf] Kinaus: ‚Gott strafe England' oder den amerikanischen Film: ‚the three [sic !] horsemen' als propagandalos auffassen?"

386 WS, S. 92

387 Vgl. HL: Brief an Alexander Zinn. Hamburg, 01.10.1928. StA Hamburg: 363-2: Senatskommisssion für die Kunstpflege, H 1 – „Von dem guten Erfolg des Buches Miss Lind und der Matrose werden Sie gehört haben. Es ist nach jener Amerikareise entstanden. Ich schreibe an einem neuen Roman, der sich zum großen Teil stofflich auf dieselbe Reise stützt."

388 TR, S. 154

389 ML, S. 9

390 HL: Tagespresse, a. a. O.

391 Herbert Tischner [Bearbeiter]: „Völkerkundliche Filmdokumente aus der Südsee" (1908–1910) – Film der Hamburgischen Südsee-Expedition. Verleih: Institut für den Wissenschaftlichen Film, Göttingen

392 Joachim Ringelnatz: Brief an Muschelkalk. Berlin, 02.02.1928. In: Joachim Ringelnatz. Briefe. Hrsg. v. Walter Pape. Berlin: Henssel 1989, S. 350 – „A propos Hans Leip: Sage doch Peter Scher sofort, er möchte veranlassen, daß man Frau Asta Nielsen-Chmara entweder sämtliche Fortsetzungen des Romans ‚Miss Lind und ihr Matrose' oder noch besser das Manuskript zusendet. Sie kann es vielleicht verfilmen und interessiert sich dafür."

393 TR, S. 155

394 Vgl. HL: Eduard Thöny. Eröffnungsansprache zur Ausstellung im Kunstverein Konstanz gehalten am 19. Januar 1969. Privatdruck für die Mitglieder und Freunde des Kunstverein Konstanz [ohne Seitenzählung]

395 Außerdem veröffentliche Leip ein Porträt von Seidel – HL: Über Willy Seidel. In: Hamburger Fremdenblatt, 19.09.1927

396 Willy Seidel: Brief an HL. München, Kuranstalt Neufriedenheim, 23.11.1927. SUB: NLp: Anhang VII, alte Korrespondenz vor 1945

397 Zur Biographie Reck-Malleczewens vgl. Peter Härtling: Friedrich Percyval Reck-Malleczewen. Tagebuch eines Verzweifelten. In: Ders.: Zwischen Untergang und Aufbruch. Berlin, Weimar: Aufbau-Verlag 1990, S. 153–156

398 Friedrich Percyval Reck-Malleczewen: Brief an HL. Pasing bei München, 16.07.1926. SUB: NLp: Anhang VII, alte Korrespondenz vor 1945

399 Vgl. Friedrich Percyval Reck-Malleczewen: Brief an Leo Perutz. Pasing bei München, 17.12.1926. In: Begleitbuch zur Ausstel-

lung der Deutschen Bibliothek in Frankfurt am Main. Leo Perutz 1882–1957. Hrsg. v. Klaus-Dieter Lehmann. Wien, Darmstadt 1989. (Sonderveröffentlichungen der Deutschen Bibliothek, 17), S. 202 – Alle weiteren Informationen entstammen einem Brief von Juliane Reck-Malleczewen an den Verfasser vom 28.06.1997.

400 Eine lose Verbindung bestand außerdem zu den Geschwistern Erika und Klaus Mann. Erika Mann gehörte Mitte der 20er Jahre dem Ensemble der Hamburger Kammerspiele an. Sie hatte Leip auf den Künstlerfesten kennengelernt und war Besucherin seiner ‚Himmelsecke' gewesen (TR, S. 131). Ihren Bruder Klaus kannte Leip durch den gemeinsamen Hamburger Verleger Kurt Enoch, der in der vornehmen Mönckebergstraße residierte. Bei Enoch veröffentlichte der älteste Sohn Thomas Manns von 1925 an insgesamt sechs Titel, darunter *Vor dem Leben* und seinen ersten Roman *Der fromme Tanz*. (Vgl. Sabine Walter: „Ein unternehmungslustiger junger Verleger in Hamburg". Klaus Mann und Kurt Enoch. In: Ders.: „Wir sind so jung – so sonderbar". Klaus Mann und die Hamburger Kammerspiele. Hamburg: edition fliehkraft 1999, S. 39–43) Trotz dieser Kontakte entwickelte sich aber keine Freundschaft zwischen Leip und den Mann-Geschwistern. Und den Wohnsitz der Familie Mann in der Münchner Poschingerstraße hat er wohl niemals betreten.

401 Axel Eggebrecht: Hans Leip, Die getreue Windsbraut. In: Die literarische Welt, Jg. 5, Nr. 51/52, 19.12.1929, S. 12

402 Die Veröffentlichung von *Tinser* lag schon drei Jahre zurück, und der nächste Roman, *Die Lady und der Admiral*, erscheint erst 1933.

403 [Brief 209]: HL an Hermann Friedmann, Vorsitzender des deutschen P.E.N. Clubs im Auslande. Hamburg, 03.03.1947

404 [Ohne Verfasserangabe]: Der Roman eines Hamburgers. In: Hamburger Tageblatt, 15.12.1929

405 HL: Blondjäger, S. 29

406 Ebd., S. 213

407 Vgl. Rüdiger Schütt: Bohemiens, a. a. O., S. 128

408 Den Anstoß gab ein Artikel von Siegmund Feldmann: Die hansische Extrawurst. In: Berliner Tageblatt, 07.04.1931

409 Redemanuskript in SUB: NLp: G32 – Vgl. außerdem den Zeitungsbericht über Leips London-Besuch im *Hamburger Fremdenblatt* vom 08.12.1930, aus dem im Widerspruch zum Redemanuskript hervorgeht, Leip hätte über den Versailler Vertrag gesprochen: „Leip [...] sprach auf der Tagung mit erfreulicher Entschiedenheit über den Versailler Vertrag, der nicht nur den politischen, sondern auch den geistigen Frieden in Europa gefährde. Es geschah zum ersten Mal, daß dieses Thema in diesem erlauchten Kreise [...] zur Sprache gebracht wurde."

410 HL: Hymne auf Lessing. In: Hamburger Anzeiger, 23.01.1929

411 Ebd.

412 Walter Musch: Gespräche, a. a. O., S. 207

413 [Brief 54]: HL an Hans Henny Jahnn. Hamburg, 11.03.1929

414 Cläre Popp: Prinzessin Heidekraut. Ein Kasperle-Spiel. In: Der Fernblick, Nr. 2, 1931

415 Nr. 3, 1931

416 Z. B. unter dem Namen Otto Lenz: Der Hausschlüssel im Regenschirm. In: Der Fernblick, Nr. 5, 27.12.1931

417 TR, S. 161

418 Das Haus wurde am 2. Mai 1932 übergeben. Eigentümerin war Gretel Leip, bei ihrem Tod ging ein Viertel an Leip. [Den Hinweis verdanke ich Helmut Glagla]

419 Zitiert nach: Brita Reimers: Emmy Ruben. In: Stadt der toten Frauen. Frauenportraits und Lebensbilder vom Friedhof Hamburg Ohlsdorf. Hrsg. v. Rita Bake, Brita Reimers. Hamburg: Dölling und Galitz 1997, S. 66

420 [Brief 64]: HL an Emmy Ruben. Altona, 05.04.1932

421 Rüdiger Schütt: Bohemiens, a. a. O., S. 117ff.

422 [Brief 53]: HL an Hans Henny Jahnn. Hamburg, 05.02.1929

423 Ebd.

424 Blunck dachte dabei u. a. an Hermann Claudius – vgl. Hans Friedrich Blunck: Tagebucheintrag, 07.02.1929. SHL: NL Blunck: Cb 91

425 Walter Muschg: Gespräche, a. a. O., S. 164

426 Ebd.

[427] Hans Haalck i. A. der Hamburger Gruppe: Brief an Alexander Zinn. Hamburg, 27.12.1929. StA: 300-2: Senatskommission für die Kunstpflege, B 3

[428] Ebd.

[429] Zur Freien Akademie der Künste vgl. Ulrich Baron: 40 Jahre Freie Akademie der Künste in Hamburg. Hamburg: Christians 1990

[430] HL: Die Lady und der Admiral. Hamburg: Hoffmann & Campe 1933, S. 7 – Dieses Zitat sowie die nachfolgenden Zitate stammen aus der Einleitung zur Neuausgabe des Romans, die unter dem veränderten Titel *Lady Hamiltons Heimreise* 1950 beim Münchner Verlag „Das Schiff" erschien.

[431] Ebd., S. 7f.

[432] Vgl. zwei Briefe Leips an einen unbekannten Adressaten vom 8. bzw. 11. März 1930 [Briefe 57 und 58]

[433] HL: Die Lady und der Admiral. Hamburg: Hoffmann & Campe 1933, S. 8

[434] Ebd.

[435] Friedrich-Wilhelm Pohl: Lord Nelson. Ein Triumphzug durch Europa. Hamburg: Koehler 2000, S. 78.

[436] Unterstützt wird diese Wirkung durch Abbildungen zeitgenössischer Bilder, vorwiegend Porträts der handelnden Figuren. (Nur in der Neuausgabe von 1950)

[437] TR, S. 155

[438] Ebd., S. 158

[439] Ebd., S. 144

[440] Vgl. hierzu Rüdiger Schütt: Künstlerfeste zwischen Protest und Ohnmacht. In: Mathias Mainholz, Rüdiger Schütt, Sabine Walter: Künstlerfeste, a. a. O., S. 36–43

[441] Zitiert nach Thomas Freeman. Hans Henny Jahnn. Eine Biographie. Hamburg: Hoffmann und Campe 1986, S. 285

[442] HL: Zukunft des Schriftstellers. Schlußrede bei der nordisch-deutschen Schriftsteller-Tagung zu Lübeck am 3. September. In: Das Tagebuch, Jg. 12, H. 37, 12.09.1931, S. 1449–1453

[443] Ebd., 1450f.

[444] Ebd., S. 1452

[445] Alice Ekert-Rotholz: Das Himmelreich annonciert. In: Himmel auf Zeit. Kleines Brevier für Festbesucher. Hrsg. v. Harry Reuß-Löwenstein. Hamburg: Sachse 1933, [in einem Sonderteil ohne Seitenzählung]

[446] Sybille Grüter-Phillips: Brief an Hans Henny Jahnn. Im D-Zug nach Heidelberg, 16.02.1934. SUB: NL Hans Henny Jahnn

[447] Adolph Wittmaack: Adam! Wo bist Du? Als Typoskript vervielfältigt und hrsg. v. Franz Schilling. Hamburg 1960, S. 98

[448] Erich Lüth: Ein Hamburger schwimmt gegen den Strom. Hamburg: Conrad Kayser 1981, S. 45

[449] Ebd.

[450] Ebd.

[451] Ebd., S. 46

[452] HL: Zukunft, a. a. O., S. 1452

[453] [Brief 70]: HL an Hans Friedrich Blunck. Hamburg, 09.05.1933

[454] Zitiert nach: „Wir sind die Kraft". Arbeiterbewegung in Hamburg von den Anfängen bis 1945. Katalogbuch zu Ausstellungen des Museums für Hamburgische Geschichte. Hrsg. v. Ulrich Bauche u. a. Hamburg: VSA-Verlag 1988, S. 277

[455] Goebbels hinkte, weil er einen Klumpfuß hatte.

[456] [Brief 69]: HL an Carl Vincent Krogmann. Blankenese, 12.03.1933

[457] Carl Vincent Krogmann: Tagebuchnotiz, 05.12.1933. Forschungsstelle für die Geschichte des Nationalsozialismus in Hamburg: Krogmann-Tagebücher [Abschriften] 1933: 11/ K4: Kunstpflege, Kulturpolitik, S. 13 – Leips Äußerungen zu diesem Thema sind leider nicht überliefert. Auch in Krogmanns Memoiren findet Leip Erwähnung: Carl Vincent Krogmann: Es ging um Deutschlands Zukunft. Leonie: Druffel Verlag 1976, S. 167

[458] TR, S. 162

[459] [Brief 80]: HL an Emerentia Krogmann. Blankenese, 30.08.1935

[460] [Brief 72]: HL an Emmy Ruben. Blankenese, 1.-2. Advent 1933

[461] Ebd.

[462] Josef Nadler: Literaturgeschichte des Deutschen Volkes. Dichtung und Schrifttum der deutschen Stämme und Landschaften. Vierter Band: Reich (1914–1940). Berlin: Propyläen 1941, S. 254

[463] Deutsches Land. Das Buch von Volk und Heimat. Unter Mitarbeit von Schriftstellern aller deutschen Stämme. Hrsg. v.

Eugen Schmahl. Mit einem Geleitwort von Hans Steinacher und einem Geleitschreiben von Hans Grimm. Berlin: Der Büchermarkt 1933

464 Otto Kankeleit: Die schöpferische Macht des Unbewußten. Ihre Auswirkungen auf die Kunst und in der modernen Psychotherapie. Berlin: W. de Gruyter 1933

465 Ebd., Vorwort

466 Zitiert nach einer Verlagsanzeige des Cotta-Verlages in der Erstausgabe von Leips Roman *Das Muschelhorn*, 1940

467 HL: Kleines Bekenntnis. In: Altonaer Nachrichten, 16.05.1934

468 [Brief 73]: HL an Hans Friedrich Blunck. Blankenese, 23.12.1933

469 Ebd.

470 HL: Brief an Klaus Täubert. Fruthwilen, 17.05.1977. Handschriften-Abteilung der Stadtbibliothek München – Der Brief an den Klaus-Mann-Forscher Täubert enthält Leips Erinnerungen an Kurt Enoch

471 Ebd.

472 HL: Jan Himp, S. 97

473 [Brief 80]: HL: Brief an Emerentia Krogmann. Blankenese, 30.08.1935

474 Ebd.

475 HL: Jan Himp, S. 66

476 Ebd., S. 89

477 Ebd., S. 95

478 Ebd., S. 86

479 Ebd., S. 198

480 Über die Verkaufszahlen der Werke Leips bis 1940 vgl.: Donald Ray Richards: The German Bestseller in the 20th Century. A complete Bibliography and Analysis 1915–1940. Berne: Herbert Lang 1968. (German Studies in America, 2)

481 HL: Brief an Klaus Täubert. Fruthwilen, 17.05.1977. Handschriften-Abteilung der Stadtbibliothek München [o. Sign.]

482 Vgl. Kurt Enoch: Memoirs of Kurt Enoch. Written for his Family. Edited by Margret M. Enoch. New York: Privately printed 1984

483 Ebd.

484 Zitiert nach Wilhelm Sternfeld: Brief an Manfred George. London, 25.12.1948. Deutsche Bibliothek Frankfurt am Main. Deutsches Exilarchiv 1933–1945: NL Wilhelm Sternfeld: A.I3.

485 [Brief 99]: HL an Kläre Buchmann. Blankenese, 21.10.1938

486 Dazu HL: „Nach 1933 holte mich der Verleger des Hamburger Fremdenblatts Broschek an seine Illustrierte und besorgte mir einen Presseausweis. Ob ich damit auch in der Reichsschrifttumskammer war, ahne ich nicht. Mich hat auch nie jemand danach gefragt außer Axel Eggebrecht, der mich bat, ihm die Mitgliedschaft zu vermitteln." In: WH, S. 73

487 Ausführlichere Angaben finden sich in: Friedrich Denk: Die Zensur der Nachgeborenen. Zur regimekritischen Literatur im Dritten Reich. Weilheim: Denk-Verlag 1995, S. 376

488 Arno Surminski: Hans Leip zum 100-jährigen Geburtstag. In: Auskunft, Jg. 13, H. 4, 1993, S. 373

489 [Brief 99]: HL an Kläre Buchmann. Blankenese, 21.10.1938

490 [Brief 75]: HL an den Verlag Broschek. Blankenese, 29.07.1934

491 Kiesel hatte mit seinem 1923 erschienenen Roman *Der Golfstrom* (Braunschweig: Westermann) auch überregional Anerkennung gefunden.

492 Vgl. den Beitrag von Jan Wirrer, der mit einem Zitat Mähls betitelt ist: Jan Wirrer: „Die Rassenseele ist des Volkes Sprache". In: Niederdeutsch im Nationalsozialismus. Studien zur Rolle regionaler Kultur im Faschismus. Hrsg. v. Kay Dohnke, Norbert Hopster, Jan Wirrer. Hildesheim, Zürich, New York: Georg Olms 1994, S. 207–261. Mähl veröffentlichte Titel wie *Der Fahnenträger* (Gauverlag Bayerische Ostmark 1941) oder *Das feurige Lied – Buch der Kameradschaft* (Hamburg: Broschek 1937)

493 Leips Schwager Hans Haalck veröffentlicht ein Porträt über den Hamburger Bühnenbildner Heinz Daniel – Heinz Daniel. Bühnenbildner zu Hamburg. In: Hamburger Illustrierte, Jg. 17, Nr. 7, 12.02.1935, S. 24 – vgl. auch Joseph Hunck: Anrecht der Öffentlichkeit auf unbekannte Kostbarkeiten in Staats- und Privatsammlungen. In: Hamburger Illustrierte, Jg. 16, Nr. 50, 11.12.1934, S. 16 – Hunck war ein Freund und Nachbar Leips in Blankenese, der Mitte der 30er Jahre gezwungen wurde, zu emigrieren.

494 HL: Joachim Ringelnatz zum Gedenken. In: Hamburger Illustrierte, Jg. 16, Nr. 49, 04.12.1934, S. 18

495 Ebd.

496 Dr. L. B. [d .i. HL]: Ernst Barlach. In: Hamburger Illustrierte, Jg. 17, Nr. 2, 08.01.1935, S. 22f.

497 Ein Schlag, von dem sich Wield nie mehr ganz erholte. 1940 nahm sich der Künstler das Leben.

498 [Ohne Verfasserangabe]: Friedrich Wield. In: Hamburger Illustrierte. Jg. 17, Nr. 24, 08.06.1935, S. 22f.

499 [Brief 77]: HL an Emmy Ruben. Pension Bollows „Forsthaus Friedrichsruh", 22.02. 1935

500 HL: Max und Anny. Romantischer Bericht vom Aufstieg zweier Sterne. Hamburg: Broschek 1935, S. 134 u. 138

501 Ebd., S. 134

502 TR, S. 158

503 [Brief 77]: HL an Emmy Ruben. Pension Bollows „Forsthaus Friedrichsruh", 22.02. 1935

504 HL: Max und Anny. In: Hamburger Illustrierte, Jg. 17, Nr. 14, 02.04.1935, S. 12

505 Ebd.

506 Völkischer Beobachter, 01.10.1935

507 TR, S. 158

508 Ebd., S. 160

509 Vgl. etwa Joseph Wulf: Theater und Film im Dritten Reich. Eine Dokumentation. Frankfurt am Main u.a.: Ullstein 1989 (Kultur im Dritten Reich, 4) - vgl. auch Wolf Donner: Propaganda und Film im „Dritten Reich". Berlin: TIP-Verlag 1995

510 Wolfgang Koeppen: Die Last der verlorenen Jahre: [Volker Wehdeking im] Gespräch mit Wolfgang Koeppen. In: Volker Wehdeking: Anfänge Westdeutscher Nachkriegsliteratur. Aufsätze, Interviews, Materialien. Aachen: Alano-Verlag 1989, S. 143

511 [Brief 90]: HL an die Universum Film AG, Dramaturgische Abteilung, Herrn Hallig. O. O., 16.04.1937

512 Ebd. - spätere Ergänzung Leips am Ende des Briefes

513 Lexikon des internationalen Films. CD-ROM-Ausgabe 1999. Hrsg. vom Katholischen Institut für Medieninformation e.V. und der Katholischen Filmkommission für Deutschland. Datenbankhersteller: Systhema-Verlag, in Zusammenarbeit mit dem Rowohlt Verlag. München: Systhema 1999. [Als Printversion: Reinbek: Rowohlt 1987, S. 1201]

514 Werner Eplinius: Brief an HL. Berlin, 05.09.1937. SUB: NLp: Anhang VII, alte Korrespondenz vor 1945

515 Nach dem Krieg gab es zwei Neuverfilmungen von *Gasparone* in Deutschland. 1956 eine zweite Kinoversion und eine Fernsehproduktion von 1962

516 Variety's Film Reviews, 19.01.1938. - Als Reprint in Variety's Film Reviews, Vol. 6, 1938-1942. New York: R.R. Bowker 1983, [ohne Seitenzählung]

517 Ebd.

518 Lexikon des internationalen Films. CD-ROM-Ausgabe 1999, a. a. O.

519 Lars Hansen, Karl Holter: Bären. Schauspiel in drei Aufzügen. Aus dem Norwegischen übersetzt von Per Schwenzen. Unverkäufliches [Bühnen-] Manuskript, Berlin: S. Fischer Verlag 1933 [Norwegischer Originaltitel: Ishavsfolk (Eismeervolk)] - Insbesondere Lars Hansen war bei den Nationalsozialisten beliebt. Seine *Nordischen Erzählungen* erschienen in großer Auflage als ‚Feldpostausgabe' (Potsdam: Rütten & Loening 1945), er selber wurde als einer der ausländischen Ehrengäste auf dem ‚Weimarer Dichtertreffen' von 1941 gefeiert.

520 Ernst Kuckelsberg: Deutsche Nordlandreise. Ein Reisetagebuch. Berlin, Dresden: Wilhelm Limpert-Verlag 1937, S. 30

521 Veröffentlicht 1935 von der Deutschen Arbeitsfront als Sonderdruck für die Presse.

522 TR, S. 252

523 Der Film kam am 20.09.1938 in die Kinos. Alternativtitel: *Rivalen im Eismeer.*

524 Der Film kam am 30.09.1938 in die Kinos. Das Drehbuch hatte Hochbaum gemeinsam mit der Hamburger Autorin Eva Leidmann verfaßt, die auch für die zugrundeliegende Romanvorlage verantwortlich zeichnete. *Ein Mädchen geht an Land* war 1935 als Vorabdruck im *Hamburger Fremdenblatt* erschienen. Leip kannte die Hamburgerin Eva Leidmann von den Künstlerfesten her und war seit den 20er Jahren mit ihr befreundet, so daß

angenommen werden kann, daß sie es war, die seine Mitarbeit vermittelt hat.

525 Leip verfaßte u. a. ein Drehbuch zu Hermann Boßdorfs Lustspiel *Der rote Unterrock* - es wurde nicht verfilmt. Vgl. Bernhard Meyer-Marwitz: Was erwarten wir vom „Roten Ünnerrock". In: Hamburger Anzeiger, 01.07.1939

526 Bei Leip fälschlich „Reinhold Schlösser" - TR, S. 179

527 Ebd.

528 Ebd., S. 180

529 Ebd.

530 Regisseur Kimmich wandte sich neuen Filmprojekten mit deutlich antibritischer Propaganda zu, die Goebbels viel eher zugesagt haben dürften, wie *Der Fuchs von Glenarvon* (1940) oder *Mein Leben für Irland* (1941)

531 [Brief 107]: HL an Kläre Buchmann. Blankenese, 20.01.1939

532 Ebd.

533 TR, S. 181

534 Für die Neuauflage war der Titel umgestellt worden in *Der Matrose und Miß Lind*

535 Zur Geschichte des Cotta-Verlages vgl. Liselotte Lohrer: Cotta. Geschichte eines Verlags. 1659–1959. Stuttgart: Cotta 1959

536 Darauf hat zuerst Georg Eyring hingewiesen. - Georg Eyring: Lose Blätter. Aus dem Tagebuch eines Büchernarren. (Quod Libet Schriften, 4). Hamburg 1997, S. 48

537 Vgl. TR, S. 238

538 [Brief 99]: HL an Kläre Buchmann. Blankenese, 21.10.1938

539 Ebd.

540 [Brief 103]: HL an Kläre Buchmann. Blankenese, 02.11.1938

541 HL: Aber die Liebe. Aus der Westwindkartei des Herrn Toppendrall. Hamburg: Verlag Die Brigantine 1969, S. 152

542 22.01.1938

543 [Brief 102]: HL an Kläre Buchmann. Blankenese, 27.10.1938

544 [Brief 103]: HL an Kläre Buchmann. Blankenese, 02.11.1938

545 HL: Brief an Carl Albert Lange. Blankenese, 02.04.1944. SUB: NL Carl Albert Lange: Bb 103

546 HL: Brief an Carl Albert Lange. Überlingen, o. D. [Sommer 1944]. SUB: NL Carl Albert Lange: Bb 103

547 Als „Kritiker der Systemzeit" befanden sich die Namen der drei Hamburger auf einer sogenannten „Prangertafel" in der Münchner Ausstellung *Entartete Kunst* 1937. Während Leip Benninghoff und Sieker schon seit Anfang der 20er Jahre kannte und besonders mit Benninghoff auch noch während des Dritten Reichs viel Kontakt hatte, lernte er Sander wohl erst Anfang der 30er Jahre kennen. Die umfangreiche Korrespondenz zwischen Leip und Sander setzt 1935 ein und befindet sich im Nachlaß von Ernst Sander im Stadtarchiv von Braunschweig. Zu Leips Beziehung zu Sander vgl. HL: Ernst Sander - der Freund. In: Sprachkunst und Übersetzung. Gedenkschrift Ernst Sander. Bern u.a.: Lang 1983, S. 38–40

548 [Brief 104]: HL an Emerentia Krogmann. Blankenese, 18.11.1938

549 [Brief 105]: HL an Kläre Buchmann. Blankenese, 23.11.1938

550 Görings Ehefrau, die Schauspielerin Emmy Sonnemann, war zeitweise in Hamburg engagiert gewesen und auf diese Weise mit dem Bürgermeisterehepaar bekannt geworden. [Auskunft Herbert Lehmitz]

551 WH, S. 73

552 Ebd.

553 Ebd.

554 Vgl. Ingeborg Hecht: Als unsichtbare Mauern wuchsen. Hamburg: Hoffmann und Campe 1984

555 Vgl. [Brief 158]: HL an Kläre Buchmann. Blankenese, 10.11.1942

556 [Brief 209]: HL an Hermann Friedmann, Vorsitzender des deutschen P.E.N. Clubs im Auslande. Hamburg, 03.03.1947

557 WH, S. 72

558 [Brief 110]: HL an Kläre Buchmann. Blankenese, Pfingstsonntag 1939

559 HL: Die innere Wehrmacht. In: RdF, S. 9f.

560 [Brief 209]: HL an Hermann Friedmann, Vorsitzender des deutschen P.E.N. Clubs im Auslande. Hamburg, 03.03.1947

561 Michel Mumm: An einen Dichter. In: Schwarzes Korps, 12.05.1938

562 [Brief 93]: HL an Kläre Buchmann. Blankenese, 16.05.1938

[563] Vgl. Dietrich Strothmann: Nationalsozialistische Literaturpolitik. Ein Beitrag zur Publizistik im Dritten Reich. Bonn: Bouvier 1968. (Abhandlungen zur Kunst-, Musik- und Literaturwissenschaft, 13), S. 247
[564] Jahresbericht 1940 des Hauptlektorates „Schöngeistiges Schrifttum". Lektorenbrief 4, 1941, H. 5/6, S. 7f. – Hier zitiert nach: Heidrun Ehrke-Rotermund, Erwin Rotermund: Zwischenreiche und Gegenwelten. Texte und Vorstudien zur ‚Verdeckten Schreibweise' im „Dritten Reich". München: Wilhelm Fink 1999, S. 483
[565] Ebd.
[566] Ebd.
[567] Vgl. Dietrich Strothmann: Nationalsozialistische Literaturpolitik, a. a. O., S. 237 – Die sogenannten *Jahresschaulisten* wurden von 1936 bis 1942 anläßlich der alljährlichen ‚Woche des deutschen Buches' herausgegeben und enthielten die positiven Prüfungsergebnisse für politische, erzählende und populärwissenschaftliche Literatur. Sie galten als Leitfaden für die Buchausstellungen, die während der Werbewochen eingerichtet wurden.
[568] [Brief 107]: HL an Kläre Buchmann. Blankenese, 20.01.1939
[569] [Brief 103]: HL an Kläre Buchmann. Blankenese, 02.11.1938
[570] Vgl. [Brief 105] HL an Kläre Buchmann. Blankenese, 23.11.1938
[571] Vgl. z.B. Ulrike Jureit: Jugendopposition im Dritten Reich. Die Swing-Jugend. Münster: Universität 1988. (Staatsexamensarbeit FB. Geschichte an der Universität Münster) – vgl. außerdem: Doris Blum: Zum Rendevous der „Swing Kids" ins Streits: Thomas Carters Spielfilm über ein Kapitel hamburgischer Geschichte hat heute abend Premiere. In: Die Welt, Nr. 120, 26.05.1993, S. H3 – vgl. grundlegend zum Thema Jazz im ‚Dritten Reich': Christian Kellersmann: Jazz in Deutschland von 1933–1945. Eine wissenschaftliche Untersuchung. Menden: Jazzfreund 1990 (Jazzfreund-Publikation; 40)
[572] Ebd.
[573] [Ohne Verfasserangabe]: Trauerfeier für Gretel Haalck-Leip. In: Norddeutsche Nachrichten, 13.02.1939
[574] [Brief 111]: HL an Kläre Buchmann. Blankenese, 14.12.1939
[575] HL: Tagebuchnotiz, 24.09.1939. In: WS, S. 126
[576] [Brief 113]: HL an Kläre Buchmann. Blankenese, 11.06.1940
[577] [Brief 112]: HL an Kläre Buchmann. Blankenese, 27.05.1940
[578] [Brief 113]: HL an Kläre Buchmann. Blankenese, 11.06.1940
[579] [Brief 112]: HL an Kläre Buchmann. Blankenese, 27.05.1940
[580] MH, S. 5
[581] Ernst Alker: Über Hans Leip. In: Antworten. Jahrbuch der Freien Akademie der Künste in Hamburg 1963, S. 154
[582] MH, S. 39
[583] [Brief 115]: HL an Kläre Buchmann. Blankenese, 06.10.1940
[584] HL: Zwischen Palette und Schreibtisch. In: HLB, S. 40
[585] Zitiert nach Wilhelm Duwe: Hans Leip, literarkritisch gesehen. In: Hans Leip, a. a. O., S. 20
[586] Georg Lukács: Deutsche Literatur im Zeitalter des Imperialismus. Eine Übersicht ihrer Hauptströmungen. Berlin: Aufbau-Verlag 1946, S. 61f.
[587] Ernst Alker: Leip, a. a. O., S. 154
[588] Robert Petsch: Schicksal und Vollendung der Abdenas. Hans Leip schreibt mit seinem „Muschelhorn" ein niedersächsisches Epos. In: Hamburger Tageblatt, 12.12.1940
[589] Ebd.
[590] Ebd.
[591] [Brief 119]: HL an Kläre Buchmann. Blankenese, 13.12.1940
[592] Ebd.
[593] MH, S. 100 und S. 538
[594] MH, S. 247
[595] MH, S. 11
[596] Frank Westenfelder: Genese, a. a. O., S. 311
[597] Vgl. die Erinnerung Kurt Hillers: „Den gewieften Gift-Experten vom ‚Schwarzen Korps' und vom ‚Reich' war ein soignierter, akademisch maßvoller Nichtnazi, der ihrer Sache subtil-hintenherum half, ungleich teurer als irgendein abgestempelter, wüst umhergrunzender Nazigo-

rilla. Man erlaubte den Subtilen dafür sogar subtile Polemik gegen die sogenannten Auswüchse des Regimes. Es war keine, aber sie läßt sich heute so hübsch als solche anpreisen." (Kurt Hiller: Geistige Grundlagen eines schöpferischen Deutschlands der Zukunft. In: Ders.: Ratioaktiv. Reden 1914–1964. Ein Buch der Rechenschaft. Wiesbaden: Limes Verlag 1966, S. 194

598 Eine Übersicht über Leips Veröffentlichungen im *Völkischen Beobachter* sowie eine Liste der dort Rezensionen zu Leip-Texten bietet Friedrich Denk: Die Zensur der Nachgeborenen, a. a. O.

599 [Brief 120]: HL an Kläre Buchmann. Blankenese, 20.01.1941

600 HL: Hamburg gegenwärtig. In: Das Reich, 16.03.1941

601 Ebd.

602 [Brief 122]: HL an Kläre Buchmann. Blankenese, 08.04.1941

603 Ebd.

604 [Brief 121]: HL an Kläre Buchmann. Blankenese, 07.04.1941

605 [Brief 130]: HL an Robert Hohlbaum. Kloster auf Hiddensee, 20.08.1941

606 Ebd.

607 Ebd.

608 Otto Specht: Carsten Wulf. [Rezension]. In: Mitteilungen aus dem Quickborn, Jg. 32, H. 1–2, S. 46

609 Reichsarbeitsdienst, Presse- und Propagandaamt: Brief an HL. Berlin, 03.05. 1942. MHG: Hans-Leip-Archiv: Briefe, Briefentwürfe und Durchschriften M–Z

610 [Brief 135]: HL an Kläre Buchmann. Blankenese, 26.09.1941

611 Reichsminister für Volksaufklärung und Propaganda: Brief an die J.G. Cotta'sche Verlagsbuchhandlung. Berlin, 08.05.1942. SUB: NLp: Bd 22

612 Ebd.

613 Zum Themenkomplex Weimar und das ‚Dritte Reich' mit vielen Ausführungen sowie Bildmaterial zu den ‚Dichtertreffen' vgl.: Wege nach Weimar. Auf der Suche nach der Einheit von Kunst und Politik. Hrsg. v. Hans Wilderotter u. Michael Dorrmann. Berlin: Jovis 1999 – vgl. außerdem: Volker Mauersberger: Hitler in Weimar. Der Fall einer deutschen Kulturstadt. Berlin: Rowohlt 1999

614 KB: Brief an HL. O.O., 06.12.41. SUB: NLp: Bb : 13, 71

615 [Brief 132]: HL an Kläre Buchmann. Blankenese, 17.09.1941

616 Joseph Goebbels: Tagebuchnotiz, 26.10. 1941. In: Die Tagebücher von Joseph Goebbels. Im Auftrag des Instituts für Zeitgeschichte und mit Unterstützung des Staatlichen Archivdienstes Rußlands hrsg. v. Elke Fröhlich. Teil II: Diktate 1941–1945, Band 2: Oktober–Dezember 1941. München u. a.: Saur 1996, S. 186

617 [Brief 99]: HL an Kläre Buchmann. Blankenese, 21.10.1938

618 HL: Tagebuchnotiz, 23.10.1941. SUB: NLp: Tagebuch 19.10.–19.11.1941, C3

619 [Brief 99]: HL an Kläre Buchmann. Blankenese, 21.10.1938

620 Wilhelm Haegert: Zum Dichtertreffen 1941. In: Die Dichtung im kommenden Europa. Weimarer Reden 1941. Hamburg: Hanseatische Verlagsanstalt 1942, S. 6f.

621 HL: Tagebuchnotiz, 02.01.1941. SUB: NLp: C 3, Tagebuch Januar–Februar 1941

622 Hanns Johst: Der Dichter in der Zeit. Zum Kriegsdichtertreffen 1940. In: Die Dichtung im Kampf des Reiches. Weimarer Reden. Hamburg: Hanseatische Verlagsanstalt 1941, S. 14

623 Rudolf Erckmann: Sinn und Aufgaben des Großdeutschen Dichtertreffens 1940. In: Die Dichtung, a. a. O., S. 5 und S. 7

624 Während der Feierlichkeiten zum „Goethe-Jahr" – Thomas Mann: Meine Goethereise. In: Ders.: Gesammelte Werke in dreizehn Bänden, Bd. 13. Frankfurt am Main 1974, S. 71

625 Hermann Burte: Die europäische Sendung der deutschen Dichtung. In: Die Dichtung, a. a. O., S. 69

626 TR, S. 166

627 Vgl. TR, S. 166f. – Vgl. zu diesem Thema außerdem einen Brief von Kläre Buchmann an Friedrich Beißner (Überlingen, 16./19.02.1944), in dem ausführlich auf die Problematik der Papierkontingentierung eingegangen wird. Der Cotta-Verlag hatte die Absicht gehabt, den bei der Gründung der Hölderlin-Gesellschaft gehaltenen Vortrag Beißners *Hölderlin und das Vaterland* zusammen mit einem

anderen Hölderlin-Vortrag als eigenen Band herauszubringen. Der Plan scheitere an der Verweigerung der Papiergenehmigung, obwohl der Text bereits gesetzt war: „Gleichzeitig gehen die Fahnen von ‚Mein ist die Rede vom Vaterland' an Sie ab, was leider noch nicht bedeutet, daß wir im Besitz der Papiergenehmigung sind. Sie ist uns mit einer gewissen Schroffheit abgelehnt worden, und wir fürchten schon fast, daß es vielleicht auf die ausführliche Zitierung der Scheltrede an die Deutschen zurückzuführen ist, die ja seinerzeit, wie Sie sich erinnern, bei einigen nicht unmaßgeblichen Leuten Anstoß erregte." (Zitiert nach: Berhard Zeller: Klassiker in finsteren Zeiten 1933–1945. Eine Ausstellung des Deutschen Literaturarchivs im Schiller-Nationalmuseum Marbach am Nekkar, Band 2. Marbach 1983. (Marbacher Kataloge, 38), S. 126f.

628 Leip vermutet, daß Schlecht in Kläre Buchmann verliebt gewesen sei, was auch positive Auswirkungen auf den Cotta-Verlag gehabt hätte. – TR, S. 166

629 [Brief 125]: HL an Kläre Buchmann. Blankenese, 01.05.1941

630 [Brief 126]: HL an Kläre Buchmann. Blankenese, 06.05.1941

631 Ebd.

632 HL: Tamerlan oder des Schwertes [Zögerung] Umkehr. Föhrenfels 26.5.–9.6.41, S. 31f. SUB: NLp: Ad : 7

633 Ebd., S. 25

634 Ebd., S. 6

635 Ebd., S. 6f.

636 [Brief 132]: HL an Kläre Buchmann. Blankenese, 17.09.1941

637 Ebd.

638 Ebd.

639 Ebd.

640 Ebd.

641 [Brief 136]: HL an Kläre Buchmann. Blankenese, 13.10.1941

642 Hans Dampf: Lili Marleen... In: Hamburger Tageblatt, 11.10.1941 – Auf diesen Artikel folgten noch drei weitere im *Hamburger Tageblatt*: „Vor der Kaserne" entstand vor der Kaserne. Das „Tageblatt" sprach mit dem Vater der vielbesungenen „Lili Marleen" (16.10.1941); „Lili Marleen? Oder lieber einen Schlager?". Ein Lied vor zwei Jahren abgelehnt – „Tageblatt"-Gespräch mit Lale Andersen (25.10.1941); Und noch einmal ...! (02.11.1941)

643 Auf der B-Seite befindet sich die Vertonung eines anderen Leip-Gedichts, *Gedenken*.

644 Zur Geschichte des Liedes *Lili Marleen* vgl. vor allem: Wilhelm Schepping. Zeitgeschichte im Spiegel eines Liedes. Der Fall „Lili Marleen" – Versuch einer Summierung. In: Festschrift für Ernst Klusen zum 75. Geburtstag. Hrsg. v. Günther Noll u. Marianne Bröcker. (Musikalische Volkskunde – aktuell). Bonn: Peter Wegener 1984, S. 435–464
Johann Holzem: Der lange Weg zum Ruhm. Lili Marleen und Belgrad 1941. Meckenheim: Wahrlich 1997

645 Staatlich genehmigte Gesellschaft für musikalische Aufführungsrechte – heute GEMA

646 [Brief 149]: HL an Kläre Buchmann. Blankenese, 25.04.1942

647 HL: Tagebuchnotiz, 23.11.1941. SUB: NLp: C 3, Tagebuch Oktober/November 1941

648 [Brief 145]: HL an Kläre Buchmann. Berlin, 24.03.1942

649 Ebd.

650 Über Leips Verhältnis zu Lala Andersen vgl. HL: Lale Ade. Erinnerungen an Lale Andersen. In: Thurgauer Zeitung, 23.09. 1972

651 [Brief 139]: HL an Kläre Buchmann. Blankenese, 10.12.1941

652 Neue Illustrierte, 01.09.1942

653 Vgl. Litta Magnus-Andersen: Lale Andersen. Die Lili Marleen. Das Lebensbild einer Künstlerin. Mit Auszügen aus bisher unveröffentlichten Tagebüchern. München: Universitas 1981, S. 165–168

654 [Brief 159]: HL an Rudolf Zink. Blankenese, 15.12.1942

655 Litta Magnus-Andersen: Lale Andersen, a. a. O., S. 169

656 Zitiert nach Hans Christian Worbs: Der Schlager. Bestandsaufnahme, Analyse, Dokumentation. Bremen: Schünemann 1963, S. 253

657 Zitiert nach: Hitler's Wartime Picture Magazine „Signal". Edited by Sidney

Louis Mayer. Englewood Cliffs, N.J.: Prentice-Hall 1978, S. 123.

Signal, von 1939 bis 1945 erschienen, war eine der interessantesten Zeitschriften des ‚Dritten Reiches'. Aufgrund einer Sonderregelung des Propagandaministeriums vom Oberkommando der Wehrmacht herausgegeben, wurde sie mit einer Höchstauflage von drei Millionen Exemplaren, in mehr als 20 verschiedensprachigen Ausgaben an über 20000 Orten in fast ganz Europa verkauft – nicht aber im deutschen Reichsgebiet.

658 Erich Loest: Völkerschlachtdenkmal. München: Deutscher Taschenbuch-Verlag 1987, S. 128f.

659 Hans-Jürgen Krug: Und zum Sendeschluss Lili Marleen. Streifzug durch die Radio- und TV-Landschaft des Kosovo, wo jetzt auch Deutsches läuft. In: Hamburger Abendblatt, 17.11.1999, S. 9 – Vgl. auch die Fernsehreportage *Die Pfarrer im Tarnanzug. Militärseelsorger bei den deutschen Sfor-Truppen*, die am 30.10.1997 im ZDF gesendet wurde.

660 Norbert Schultze: Lili Marleen 1991 (... nach 50 Jahren ...!). Typoskript. Slg. Herbert Lehmitz

661 Wie bedeutsam *Lili Marleen* für Schultze war, belegt dessen Autobiographie: Norbert Schultze: Mit dir, Lili Marleen. Die Lebenserinnerungen des Komponisten Norbert Schultze. Zürich/Mainz: Atlantis Musikbuch 1995.

662 Z.B. für den von Veit Harlan inszenierten Durchhalte- und Propaganda-Film *Kolberg*

663 Über Norbert Schultzes Arbeit während des ‚Dritten Reichs' vgl.: Arpad Bondy, Margit Knapp: „Den Teufel am Hintern geküßt". Dokumentarfilm von 1993. – Vgl. außerdem Tilman Krause: Charmante Banalität des Bösen. [Über Norbert Schultze]. In: Der Tagesspiegel, Nr. 14671, 09.09.1993 – Außerhalb Deutschlands zählt der ehemalige chilenische Diktator Pinochet zu den Anhängern *Lili Marleens*: Vgl. Pinochet feierte mit Lili Marleen. In: Hamburger Abendblatt, 27.11.1995

664 In den 60er und 70er Jahren soll Leip von der GEMA pro Quartal – vor allem für *Lili Marleen* – rund 15000 Mark Honorar erhalten haben. [Auskunft: Kathrin Leip an Herbert Lehmitz]

665 Auch international bleibt *Lili Marleen* populär. Im Hollywood-Film *Judgement at Nuremberg* von Stanley Kramer (1961) wird das Lied von Marlene Dietrich gesungen.

666 Leip konnte den Fassbinder-Film nicht leiden, angeblich weil sein Name darin nur ein einziges Mal Erwähnung findet. [Auskunft: Herbert Lehmitz]

667 HL: Aufblick. In: HL: Laterne, S. 95

668 HL: Osterfrühe. In: HL: Laterne, S. 97

669 [Brief 133]: HL an Kläre Buchmann. Blankenese, 19.09.1941

670 [Brief 134]: HL an Kläre Buchmann. Blankenese, 24.09.1941

671 [Brief 113]: HL an Kläre Buchmann. Blankenese, 11.06.1940

672 [Brief 131]: HL an Kläre Buchmann. Hiddensee, 21.08.1941

673 [Brief 121]: HL an Kläre Buchmann. Blankenese, 07.04.1941

674 TR, S. 204

675 Konrad Tegtmeier: Blankeneser Tafelrunde. In: Unter Hamburgs Türmen. Ein Almanach. Hrsg. v. Conrad Kayser, Bernhard Meyer-Marwitz. Hamburg: Hamburgische Bücherei 1948, S. 61

676 WH, S. 75

677 TR, S. 215

678 [Brief 153]: HL an Kläre Buchmann. Blankenese, 18.10.1942

679 Gustav Schröder: Ein Seemann spricht. In: Hans Leip. Leben und Werk, a.a.O., S. 51

680 Gustav Schröder: Heimatlos auf hoher See. Berlin: Beckerdruck 1949

681 Über Leips Mitarbeit beim *Simplicissimus* nach 1933 vgl.: Gertrud Maria Rösch: Exzellenz Goethe. Dichterjubiläen im Simplicissimus 1918–1933. In: Simplicissimus. Glanz und Elend der Satire in Deutschland. Hrsg. v. Gertrud Maria Rösch. (Schriftenreihe der Universität Regensburg, 23). Regensburg: Universitätsverlag Regensburg 1996, S. 190

682 Zum Vergleich: Der *Simplicissimus* hatte in dieser Zeit eine Auflage von nur noch 12.000 Exemplaren.

683 Hubert Orlowski: Geboren neunzehnhunderttraurig. Generationsbewußtsein und ‚Innere Emigration'. [Nicht veröffent-

lichtes Typoskript], S. 10

684 Ebd., S. 11 - Vgl. aber auch Hubert Orlowski: „Krakauer Zeitung" 1939-1945. Nichtnationalsozialistische Literatur im Generalgouvernement. In: „Das war ein Vorspiel nur ...". Berliner Colloquium zur Literaturpolitik im ‚Dritten Reich'. Hrsg. v. Horst Denkler, Eberhard Lämmert. (Schriftenreihe der Akademie der Künste, 15). Berlin 1985, S. 136-162. - Der Verfasser dankt Herrn Orlowski für zahlreiche Hinweise.

685 HL: Brief an KB. Blankenese, 28.04.1943. SUB: NLp: Ba: 7 [Teil 3 : 1943-1945], 315

686 [Brief 146]: HL an Kläre Buchmann. Blankenese, 03.04.1942

687 [Brief 180]: HL an Kläre Buchmann. Blankenese, 13.01.1944

688 HL: Zur „Idothea". TS, o. D., 4 Blatt, Slg. Herbert Lehmitz

689 Vgl. [Brief 118]: HL an Kläre Buchmann. Blankenese, 28.11.1940 - „Bloch hat sich durchaus nur begeistert über den Proteus geäußert und scheint auch versucht zu haben, Gründgens dafür zu erwärmen. Aber er scheint keinen Erfolg - bislang - damit gehabt zu haben, und ich bin nicht derjenige, der hinter abgetanen Themen hinterher stochert."

690 TR, S. 193 - Leips Angaben zufolge hätte der Gauleiter von Dresden „ein allgemeins Verbot" erwirkt aufgrund der „kaum verkappten Verhöhnung soldatischen Heldentums".

691 Zitiert nach: Kurt Port: Auf der Bühne. In: Hans Leip. Leben und Werk, a. a. O., S. 64

692 Idothea, S. XVIIIf.

693 [Brief 155]: HL an Emerentia Krogmann. Blankenese, 22.10.1942

694 [Brief 144]: HL an Kläre Buchmann. Blankenese, 18.03.1942

695 „Die Komödie bringt alle Vorbedingungen mit, daß sie nicht als Eintagsfliege in der Fülle der Gegenwartsproduktion verschwindet, sondern sich als wertvoller Bestand unserer lebendigen Dichtung hinüberrettet in spätere Zeiten." (Zitiert nach Kurt Port: Auf der Bühne, a. a. O., S. 64f.)

696 Ludwig Emanuel Reindl: Komödien auf Berliner Bühnen. In: Das Reich, Nr. 17, 26.04.1942, S. 12

697 Idothea, S. 101

698 Ebd., S. 197

699 Ebd., S. 198

700 Manfred Bosch: Bohème am Bodensee. Literarisches Leben am See von 1900-1950. Lengwil: Libelle Verlag 1997, S. 204

701 TR, S. 335 - Das Buch kam nicht zustande

702 Das Bild ist verzeichnet in einer von Leip angefertigten Liste seiner Zeichnungen in der Rubrik „Mappe Karikaturen" unter Nummer 17: Otto Dix. (nach dem Besuch in seinem Haus am Untersee) Beschriftung: Otto Dix „Es gibt keinen Nachwuchs!", Dünn Skizzenpapier, 11:15. Schwarze Kreide. [Signum o 43]. Slg. Herbert Lehmitz

703 [Brief 132]: HL an Kläre Buchmann. Blankenese, 17.09.1941

704 TR, S. 200

705 Friedrich Beißner: Der Lyriker Hans Leip in seinen Kadenzen. Begründung einer Sympathie. In: Zwanzig, a. a. O., S. 270

706 TR, S. 201

707 HL: Tagebuchnotiz, 23.10.1941. SUB: NLp: Tagebuch 19.10.-19.11.1941, C3

708 Friedrich Beißner: Lyriker Leip, a. a. O., S. 270

709 Ebd.

710 Friedrich Beißner: Brief an HL. Weimar, 16.11.1941. SUB: NLp: Bb :6

711 HL: Das Unsägliche zu fangen. In: Hamburger Anzeiger, 18./19.03.1944

712 KB: Brief an HL. O.O., Ostersonntag 1942. SUB: NLp: Bb : 13, 84

713 [Brief 147]: HL an Kläre Buchmann. Blankenese, 09.04.1942

714 HL: Aufschrei. In: HL: KDZ, S. 34

715 Arno Surminski: Leip, a. a. O., S. 374

716 Ebd.

717 HL: Zur Idothea. In: KDZ, S. 47

718 HL: Soldatentod im Winter. KDZ, S. 72

719 Claudius erhielt im Juni 1933 neben Blunck, Gustav Frenssen u. a. seine Berufung in die Sektion Dichtkunst der neugeordneten Preußischen Akademie der Künste und hatte sich mit dem ‚Führergedicht' *Deutscher Spruch* eindeutig zum NS-Regime bekannt.

720 [Brief 161]: HL an Kläre Buchmann. Blankenese, 18.01.1943

721 TR, S. 203

722 [Brief 170]: HL an Kläre Buchmann.

Überlingen, 25.07.1943
723 Bericht des Polizeipräsidenten, 10.09.1943. Zitiert nach: Es war ja Krieg. Zeitzeugen erinnern sich an die Luftangriffe auf London-Holborn und Hamburg-Hamm. Hrsg. v. Stadtteilarchiv Hamm. Hamburg: Freydanck, S. 32
724 [Brief 170]: HL an Kläre Buchmann. Überlingen, 25.07.1943
725 TR, 219
726 HL: Hamburg. Juli 1943. Zehn Kreidezeichnungen und das Lied im Schutt. Hamburg: Axel Springer 1963, [ohne Seitenzählung]
727 Ebd.
728 Der Text erschien unter dem Titel *Im Grauen ein holder Schein*. In: Hamburger Feldpost. Oktober 1943, S. 17–22.
729 [Brief 177]: HL an Kläre Buchmann. Blankenese, 12.10.1943
730 Konrad Tegtmeier: Blankeneser Tafelrunde, a. a. O., S. 60
731 Erich Lüth: Brief an HL. Hamburg, 09.04. 1964. MHG: Hans-Leip-Archiv
732 [Brief 177]: HL an Kläre Buchmann. Blankenese, 12.10.1943
733 Wilhelm Duwe: Leip, literarkritisch, a.a.O., S. 21
734 HL: Lied im Schutt. In: Simplicissimus, Jg. 48, Nr. 44, 03.11.1943, S. 573
735 Poem. Translated from the German of Hans Leip by Christobel Fowler. In: The Adelphi, London October-December 1945, S. 24f.
736 Chris Sinsheimer: Begegnung mit einem Gedicht in London. In: Hans Leip. Leben und Werk, a. a. O., S. 72
737 TR, S. 231
738 Rössings Graphik trägt den Titel *Apollo und Daphne*
739 [Brief 182]: HL an Kläre Buchmann. Blankenese 23.01.1944
740 [Brief 178]: HL an Kläre Buchmann. Blankenese, 17.10.1943
741 [Brief 171]: HL: Brief an Gustav Frenssen. O.O., 09.09.1943
742 Ebd.
743 [Brief 174]: HL an Kläre Buchmann. Blankenese, 23.09.1943
744 Vgl. TR, S. 227 und WH, S. 74
745 WH, S. 75
746 Ebd.
747 [Brief 179]: HL an Kläre Buchmann. Thorn an der Weichsel, 26.10.1943
748 GK, S. 345f.
749 WH, S. 75
750 [Brief 185]: HL an Kläre Buchmann. Blankenese, 15.04.1944
751 [Brief 164]: HL an Kläre Buchmann. O.O., 15.04.1943
752 MR, S. 28
753 Ebd., S. 27
754 Ebd., S. 43
755 HL: Heeresbericht oder Liebesbrief? In: RdF, S. 11
756 Telegraf, Berlin, 09.12.1947
757 National-Zeitung, Basel, 09.04.1949
758 Ebd.
759 Rhein-Echo, 27.01.1948
760 National-Zeitung, Basel, 09.04.1949
761 Hamburger Volkszeitung, 12.02.1947
762 TR, S. 282
763 [Brief 197]: HL an Kläre Buchmann. Inneralpach bei Brixlegg, 11.02.1945
764 [Brief 194]: HL an Kläre Buchmann. Inneralpach bei Brixlegg, 04.12.1944
765 Delphin. Mitteilungen aus dem kulturellen Leben. H. 4/5, Oktober–November 1947, [ohne Seitenzählung] Rubrik „Mitteilungen der Verbände": Griffelkunst-Vereinigung Hamburg-Langenhorn e.V.
766 [Brief 200]: HL: Brief an Fritz Hasinger. Inneralpach bei Brixlegg, 23.04.1945
767 Vgl. z. B. Walter Tormin: Der schwere Weg zur Demokratie. Politischer Neuaufbau in Hamburg 1945/46. Hamburg: Dölling und Galitz 1995
768 [Brief 201]: HL an Kläre Buchmann. Blankenese, 07.11.1945
769 [Brief 207]: HL an Heinrich Landahl. Blankenese, 07.01.1947
770 [Brief 206]: HL an Erich Lüth. Blankenese, 16.11.1946
771 [Brief 207]: HL an Heinrich Landahl. Blankenese, 07.01.1947
772 Ebd.
773 Christian Jenssen: Die Persönlichkeit Hans Friedrich Bluncks. In: Beseelte brüderliche Welt. Gedenkschrift für Hans Friedrich Blunck 1888–1988. Hrsg. v. Jürgen Blunck. Husum: Husumer Druck- und Verlagsgesellschaft, S. 18
774 [Brief 208]: HL an Hans Friedrich Blunck. Blankenese, 15.02.1947

775 [Brief 201]: HL an Kläre Buchmann. Blankenese, 07.11.1945
776 Ebd.
777 [Brief 203] HL an Kläre Buchmann. Blankenese, 1. Advent 1945
778 [Brief 201]: HL an Kläre Buchmann. Blankenese, 07.11.1945
779 Neue Hamburger Presse, 28.11.1945
780 Ebd.
781 Über das literarische Leben in Hamburg während der ersten Nachkriegsjahre vgl. Hans-Gerd Winter: „Lokalgrößen" und „Zugereiste" auf der Suche nach der Macht des „Geistes" - Zur Neukonstituierung des literarischen Feldes in Hamburg 1945–1950. In: Hamburger Arbeitskreis für Regionalgeschichte. Mitteilungen 34, Mai 1999. Hrsg. von der Arbeitsstelle für Hamburgische Geschichte, S. 26–36
782 Ebd. - Bereits 1948 erschien bei Christian Wegner die Neuauflage der *Hafenorgel*.
783 TR, S. 289
784 [Brief 201]: HL an Kläre Buchmann. Blankenese, 07-.11.1945
785 [Brief 206]: HL an Erich Lüth. Blankenese, 16.11.1946
786 [Brief 210]: HL an Axel Eggebrecht. Blankenese, 03.05.1947
787 HL: Brief an Kläre Buchmann. Blankenese, 17.11.1945. SUB: NLp: Ba: 7 [Teil 3: 1943–1945], 458
788 [Brief 211]: HL Liste für einen PEN in Hamburg, eingesandt am 10.05.1947 von Johannes Tralow
789 HL: Brief an Kläre Buchmann Blankenese, 17.11.1945, a. a. O.
790 Ebd.
791 Ein Gespräch mit Rolf Italiaander, a. a. O., S. 172
792 [Brief 213]: HL an Maria Neumayr. Blankenese, 10.06.1947
793 HL: Ansprache an junge Dichter. In: Nordwestdeutsche Hefte, Jg. 2, Nr. 7, Juli 1947, S. 55
794 Claus B. Schröder: Draußen vor der Tür, a. a. O., S. 246
795 Vgl. Peter Rühmkorf: Wolfgang Borchert, a. a. O., S. 103
796 Hans Quest: Seine Generation stand draußen vor der Tür. In: Münchner Merkur, 20.05.1981
797 Programmheft zu *Janmaaten im Hafen. Kleine Kursanweisung*. Slg. Herbert Lehmitz
798 Hammond-Norden war ein Bewunderer Leips gewesen. Vgl. Wilhelm Hammond-Norden: Norddeutsche Dichterportraits. In: Deutsche Zukunft, 04.02.1934, S. 7
799 [Brief 211]: HL Liste für einen PEN in Hamburg, eingesandt am 10.05.1947 von Johannes Tralow
800 [Brief 203]: HL an Kläre Buchmann. Blankenese, 1. Advent 1945
801 HL: Brief an Maria Neumayr. Blankenese, 25.01.1946. SUB: NLp: Nachlaßergänzung [1995. 525], 2
802 HL: Brief an Maria Neumayr. O.O., 05.09.1946. SUB: NLp: Nachlaßergänzung [1995. 525], 19
803 HL: Brief an Maria Neumayr. Blankenese, 24.11.1946. SUB: NLp: Nachlaßergänzung [1995. 525], 33
804 HL: Brief an Maria Neumayr. Blankenese, 20.04.1947. SUB: NLp: Nachlaßergänzung [1995. 525], 51
805 Z. B. Hanns Unwirsch: Besuch bei Hans Leip. Hamburger Impressionen. In: Der Standpunkt, Juli-Heft 1946
806 HL: Lied im Schutt, Im Grauen ein holder Schein. In: Heimat Hamburg. Ein Gedenkbuch. Zusammengestellt v. Georg Clasen. Hamburg: Johann Trautmann 1946, S. 167, 173
HL: Weihnachtslied in armer Zeit; Santa Kathrin stopft Socken. In: Delphin Almanach. Hrsg. v. Alfred M. Stamer. Hamburg: Richard Hermes 1947, S. 9 und S. 30–32
HL: Lied im Schutt. In: Welt ohne Krieg. Ein Lese- und Volksbuch für junge Europäer. Eingeleitet v. Axel Eggebrecht. Im Auftrag des Komet-Verlages bearbeitet v. Otto Gollin. Düsseldorf: Komet-Verlag 1948, S. 59–61
HL: Thomas Theodor Heine. In: ... und ließ eine Taube fliegen. Ein Almanach für Kunst und Dichtung. Hrsg. v. Rolf Italiaander u. Ludwig Benninghoff. Reinbek bei Hamburg: Parus Verlag 1948, S. 109–118
Außerdem ist Leip mit dem *Lied im Schutt* und dem Gedicht *Bescheidung* in einer Anthologie vertreten, die aus-

schließlich Gedichte von Autoren enthält, die während des Nationalsozialismus in Deutschland lebten. – De Profundis. Deutsche Lyrik in dieser Zeit. Eine Anthologie aus zwölf Jahren. Hrsg. v. Gunter Groll. München: Desch 1946, S. 241–246

807 Z. B. war Leip fester Mitarbeiter der von Kurt Port 1947 gegründeten und herausgegebenen Zeitschrift *Die Pforte – Monatsschrift für Kultur*

808 ZS, erste Seite [ohne Seitenzählung]

809 [Brief 207]: HL an Heinrich Landahl. Blankenese, 07.01.1947

810 [Brief 214]: HL an Axel Springer. Blankenese, 21.08.1947

811 Erst 1973 folgte eine Neuausgabe im Georg Bitter Verlag in Recklinghausen.

812 HL: Ein Bilderbuch zu machen... In: Hamburger Allgemeine Zeitung, 28.03.1947

813 Ebd.

814 Rhein-Ruhr-Zeitung, 24.01.1947

815 Ebd.

816 Kölnische Rundschau, 28.01.1947

817 Zauberschiff auf großer Fahrt. Mit Hans Leip ins Wunderland. In: Der Spiegel, Nr. 6, 08.02.1947

818 Schlüter'sche Buch- und Kunsthandlung: Postkarte an Hammerich & Lesser. Hamburg, 30.01.1947. Axel-Springer-Unternehmensarchiv

819 Adolf Halbey: Das Bilderbuch in Deutschland im 20. Jahrhundert. Versuch einer kunstgeschichtlichen Orientierung. In: Aspekte der gemalten Welt. 12 Kapitel über das Bilderbuch von heute. Hrsg. v. Julius Beltz. Weinheim, Berlin: Verlag Julius Beltz 1968, S. 27

820 Ebd.

821 Gundel Mattenklott: Zauberkreide. Kinderliteratur seit 1945. Frankfurt am Main: Fischer Taschenbuch-Verlag 1994, S. 18

822 Winfried Kaminski: Kinder- und Jugendliteratur in der Zeit von 1945 bis 1960. In: Zwischen Trümmern und Wohlstand. Literatur der Jugend 1945–1960. Hrsg. v. Klaus Doderer. Weinheim, Basel: Beltz Verlag, S. 60

823 Erika Müller: Kinder sind doch bessere Menschen. Betrachtung zur Internationalen Jugendbuchausstellung in Hamburg. In: Die Zeit, 03.04.1947

824 Margit Freud: Zur Geschichte eines Schlagers. In: Neue Zürcher Zeitung, 23.05.1948

825 Ebd.

826 Mit dieser Behauptung lag Margit Freud wohl nicht ganz falsch. Tatsächlich berichtet Roman Frister in seiner Autobiographie, daß sich *Lili Marleen* bei den SS-Schergen und Gefängniswärtern des Krakauer Ghettos „besonderer Beliebtheit" erfreut hätte. Vgl. Roman Frister: Die Mütze oder Der Preis des Lebens. Ein Lebensbericht. Berlin: Siedler 1997, S. 151

827 Margit Freud: Zur Geschichte, a. a. O.

828 [Brief 219]: HL an Margit Freud, z. Hd. der Neuen Zürcher Zeitung. Prien, 05.06. 1948

829 Zu Leips Bemühungen bei der Neugründung des deutschen PEN-Clubs vgl. Christine Malende: Berlin und der P.E.N.-Club. Zur Geschichte der deutschen Sektion einer internationalen Schriftstellervereinigung. In: Unterm Notdach. Nachkriegsliteratur in Berlin 1945–1949. Hrsg. v. Ursula Heukenkamp. Berlin: Erich Schmidt 1996, S. 89–128. (Über Leip: S. 91 u. 109)

830 [Brief 209]: HL an Hermann Friedmann. Hamburg, 03.03.1947

831 Ebd.

832 [Brief 210]: HL an Axel Eggebrecht. Blankenese, 03.05.1947

833 Ebd.

834 Über Kästners PEN-Club-Ambitionen vgl. Sven Hanuschek: „Eine Kreuzung aus Eier- und Schleiertanz". Erich Kästner als Funktionär des PEN: 1946–1962. In: „Die Zeit fährt Auto". Erich Kästner zum 100. Geburtstag. Hrsg. v. Manfred Wegner. Berlin: Deutsches Historisches Museum Berlin und Münchner Stadtmuseum 1999, S. 182–192

835 Thomas Freeman. Hans Henny Jahnn, a. a. O., S. 498

836 Zitiert nach Wilhelm Sternfeld: Brief an Manfred George. London, 25.12.1948, a. a. O.

837 [Brief 213]: HL an Maria Neumayr. Blankenese, 10.06.1947

838 Ebd.

839 [Brief 209]: HL an Hermann Friedmann. Hamburg, 03.03.1947

840 Robert Neumann: Vielleicht das Heitere.

Tagebuch aus einem andern Jahr. München, Wien, Basel: Desch 1968, S. 215f.

841 Sämtliche Aussagen der Befragten sind wiedergegeben in: Wilhelm Sternfeld: Brief an Manfred George. London, 25.12.1948, a. a. O.

842 Ebd.

843 Ebd.

844 Ebd.

845 Ebd.

846 Ebd.

847 Ein I für ein Ypsilon. In Sachen Lili Marleen. In: Der Spiegel. Jg. 2, Nr. 46, 13.11. 1948, S. 22

848 Vgl. Hans Henny Jahnn: Brief an Erich Kästner. Granly, 30.12.1947. In: Hans Henny Jahnn: Briefe. Zweiter Teil. 1941–1959. Hrsg. v. Ulrich Bitz, Jan Bürger, Sandra Hiemer, Sebastian Schulin. Hamburg: Hoffmann und Campe 1994, S. 559f.

849 Johannes Tralow: Das Gesicht des Deutschen PEN. In: Die Neue Zeitung, 21.11. 1949. Zitiert nach „Als der Krieg zu Ende war". Literarisch-politische Publizistik 1945-1950. Eine Ausstellung des Deutschen Literaturarchivs im Schiller-Nationalmuseum Marbach a. N. Ausstellung und Katalog von Gerhard Hay, Hartmut Rambaldo, Joachim W. Storck. München: Kösel 1973. (Sonderausstellungen des Schiller-Nationalmuseums Katalog Nr. 23), S. 542f.

850 Axel Eggebrecht: Ist der Nazismus in der Literatur noch virulent. [Rede, gehalten auf dem ersten Deutschen Schriftstellerkongress am 6.10.1947]. In: Erster Deutscher Schriftstellerkongress 4.–8. Oktober 1947. Protokoll und Dokumente. Hrsg. v. Ursula Reinhold, Dieter Schlenstedt und Horst Tanneberger. Berlin: Aufbau-Verlag 1997, S. 200

851 [Brief 218]: HL an Axel Springer. Blankenese, 06.03.1948

852 HL: Brief an Maria Neumayr. Blankenese, 10.12.1947. SUB: NLp: Nachlaßergänzung [1995. 525], 75

853 [Brief 205]: HL an Ernst Sander. Blankenese, 07.02.1946

854 HL: Brief an Anna Jacker. Breitbrunn, 30.05.1949. SUB: NLp: Nachlaßergänzung [1995. 525], 83

855 Ebd.

856 Ebd.

857 Ebd.

858 HL: Brief an Wolfgang Tarnowski. Fruthwilen, 13.09.1979. MHG: Hans-Leip-Archiv: Briefe, Briefentwürfe und Durchschriften: M–Z

Zweiter Teil – Briefe und Postkarten

Hans Leips

I. Editorischer Bericht

I.I. Archivbericht

Mit der vorliegenden Edition wird erstmals der größte Teil der überlieferten Briefe und Postkarten von Hans Leip präsentiert. Der aus verschiedenen Quellen geschöpfte Gesamtbestand umfaßt insgesamt 222 Stücke an 66 Korrespondenzpartner aus den Jahren 1915 bis 1963. Leips Briefe lassen sich in drei große Gruppen einteilen:

1. Briefe an die Nächsten, an die Familie und an die Geliebte, Kläre Buchmann.
2. Briefe an Freunde und Bekannte.
3. Geschäftliche Briefe (Briefe im Auftrag der *Hamburger Gruppe*, Schreiben an Be hörden und Verbände).

Chrakteristisch für Leip ist seine fast schon systematische Durchbrechung einer solchen Einteilung. Viele Briefe wurden schnell verfaßt, ohne lange Vorüberlegung und ohne nachträgliche Überarbeitung. In Fällen besonders spontan entstandener Schreiben entschuldigte sich Leip schon mal für einen „unleserlichen und unansprechenden Brief".[1] Während die geschäftlichen Schreiben nicht selten ausführliche private Äußerungen enthalten, werden in Familienbriefen manchmal ausschließlich finanzielle und organisatorische Fragen erörtert. So erweist sich die oben dargelegte Einteilung als eine rein formale und taugt nur als oberflächliche Richtschnur.

Hans Leips Briefe sind der unbekannteste Teil seiner schriftstellerischen Produktion. Abgesehen von vereinzelten kleinen Veröffentlichungen war bisher nur sein Briefwechsel mit Rolf Italiaander zugänglich.[2] Eine systematische Erschließung liegt bis heute nicht vor.

Da Leip nur in Ausnahmefällen Durchschläge seiner Korrespondenzen anfertigte, läßt sich kaum etwas über die Gesamtzahl der von ihm verfaßten Briefe und Postkarten aussagen. Die ungeheure Anzahl der überlieferten empfangenen Briefe läßt aber vermuten, daß Leip viel Zeit allein mit der Erledigung seiner Korrespondenz verbracht hat. In jedem Fall muß das Schreiben von Briefen in vielen Lebensphasen eine seiner Hauptbeschäftigungen gewesen sein.

Hinsichtlich etwaiger Überlieferungslücken kann nur spekuliert werden. Auffällig ist, daß aus den Jahren 1930 bis 1934 verhältnismäßig wenige Stücke überliefert sind. Dies mag vor allem damit zusammenhängen, daß Leip in dieser Zeit nach Blankenese umzog und er sein Leben und seine Arbeit in vielen Bereichen neu zu ordnen hatte. Der Gedanke an eine Verunsicherung aufgrund von Hitlers Machtergreifung, die sich auf Leips Schreiben ausgewirkt haben könnte, erscheint aufgrund der aus dieser Zeit erhaltenen Briefe als unwahrscheinlich, kann aber nicht gänzlich ausgeschlossen werden.

Hinzu kommt, daß Leip seine Korrespondenz in dem für diese Arbeit relevanten Zeitraum weder systematisch sammelte noch überhaupt Interesse an einer Archivierung zeigte. Erst in seinem letzten Lebensjahrzehnt, insbesondere im Rahmen der Vorarbeiten für seine Biographie *Das Tanzrad,* fing er an, sich intensiv mit seiner Sammlung zu beschäftigen. Inzwischen hatte sein Schwiegersohn Eugen Küper das Blankeneser Haus übernommen und angefangen, dort ein Hans-Leip-Archiv aufzubauen, das aber wegen seines eher privaten Charakters für wissenschaftliche Forschungszwecke kaum von Nutzen war.

Nach Leips Tod entschloß sich Küper, den größten Teil seines Archivs an das Museum für Hamburgische Geschichte zu geben. Dort wurde unter der Federführung des Bibliothekars Helmut Glagla ein umfangreiches Hans-Leip-Archiv eingerichtet, das neben zahlreichen bildnerischen Werken und Leips Bibliothek auch einige Korrespondenzen, Fotografien sowie andere Sammelstücke enthält. Ein von Glagla in Angriff genommenes Bestandsverzeichnis wurde über die Pensionierung des Archivbetreuers hinaus leider nicht fortgeführt, so daß große Teile des Nachlasses noch unerschlossen und nur sehr eingeschränkt nutzbar sind.

Ein anderer Teil von Leips Nachlaß mit den Schwerpunkten Korrespondenz und Werkmanuskripte machte Käthe Leip 1989 der Staats- und Universitätsbibliothek Hamburg Carl von Ossietzky zum Geschenk.[3] Dank zweier Repertorien,[4] angefertigt als Diplomarbeiten im Rahmen der Bibliothekarsausbildung, ist der Erschließungsstand des Leip-Nachlaßes in der SUB Hamburg weit gediehen. Leider harren insbesondere die frühen Korrespondenzen aus den 20er und 30er Jahren ihrer Aufarbeitung. Sie werden in zwei großen Konvoluten mit der Bezeichnung „Anhang VII, Korrespondenz vor 1945" aufbewahrt. Auch wenn die einzelnen Stücke daraus bisher nicht erfaßt sind, konnten zahlreiche Briefe und Postkarten aus diesem Bestand mit in die Edition einfließen.

Die größte Sammlung mit Einzelstücken befindet sich bei Herbert Lehmitz. Lehmitz, der Leip in den 60er Jahren kennenlernte und mit ihm Freundschaft schloß, sammelte mit großem Eifer alles, was von Leip stammte. 1983 rief er in Hamburg eine Hans-Leip-Gesellschaft ins Leben, die es sich zur Aufgabe gemacht hat, bisher unveröffentlichte Werke Leips zu publizieren.

Für die vorliegende Edition waren diese sonst ergiebigen Quellen nur bedingt von Nutzen. Briefe von Leip selber fanden sich nur vereinzelt. Dabei handelte es sich meistens um Durchschriften oder Entwürfe. Ausnahmen sind die Briefe Leips an Kläre Buchmann und Maria Neumayr in der SUB Hamburg und an Emerentia und Carl Vincent Krogmann in der Sammlung von Herbert Lehmitz, von denen auch Kopien im Hans-Leip-Archiv des Museums für Hamburgische Geschichte liegen. Außerhalb des Leip-Nachlasses erwiesen sich in der SUB Hamburg auch andere Schriftsteller-Nachlässe als ergiebig. So finden sich zahlreiche Autographen Leips in den Nachlässen von Hans Henny Jahnn, Carl Albert Lange und Emmy Ruben.

Um den Verbleib der Leip-Briefe zu eruieren, wurde in einem ersten Schritt eine Anfrage bei der Zentralkartei der Autographen in Berlin eingereicht. Aus der Antwort ergaben sich zahlreiche Hinweise, von denen sich drei als ganz besonders ergiebig erwiesen: Im Nachlaß des Münchner Schriftstellers Willy Seidel (Deutsches Literaturarchiv Marbach) befinden sich neun Briefe und zwei Postkarten Leips aus den Jahren 1927 bis 1930, von denen insgesamt fünf in die Edition aufgenommen wurden. Ediert wurden außerdem die beiden Briefe Leips an

Gerhart Hauptmann (Staatsbibliothek zu Berlin). Besonderen Aufschluß über Leips Position nach dem Zweiten Weltkrieg gibt ein Brief, den Leip 1947 an Hermann Friedmann geschrieben hat, den damaligen Vorsitzenden des Deutschen PEN-Clubs im Ausland. Das Stück befindet sich im Deutschen Exilarchiv in der Deutschen Bibliothek Frankfurt am Main.

Weitere Recherchen ergaben zahlreiche Leip-Autographen im Nachlaß von Hans Friedrich Blunck in der Schleswig-Holsteinischen Landesbibliothek Kiel. Aufgrund Bluncks Rolle im ‚Dritten Reich' als Präsident der Reichsschrifttumskammer lassen Leips Briefe auch die Positionen ihres Verfassers sichtbar werden. Für die Edition mußte eine großzügige Auswahl getroffen werden (etwa zwei Drittel des Gesamtbestandes), denn aufgrund der Mitarbeit beider Autoren in der *Hamburger Gruppe* gibt es zahlreiche reine ‚Geschäftsbriefe', von denen nur einige wenige für die Veröffentlichung in Frage kamen.

Leips Kontakte zum Mitarbeiterstab des *Simplicissimus* belegen seine Briefe an Karl Arnold und Olaf Gulbransson im Germanischen Nationalmuseum Nürnberg. Da es sich bei den Stücken vielfach aber nur um kurze Notizen (Terminabsprachen usw.) handelt, konnten aus diesem Bestand insgesamt nur zwei Briefe ediert werden.

Eine Auswahl getroffen wurde auch innerhalb eines großen Konvoluts von Leip-Autographen im Nachlaß von Ernst Sander im Braunschweiger Stadtarchiv, wo sich 50 Briefe, 38 Briefkarten sowie 35 Postkarten aus dem Zeitraum 1935 bis 1975 befinden. In diesem Fall wurden allerdings nur diejenigen Stücke nicht berücksichtigt, die außerhalb des behandelten Zeitraumes entstanden sind.

Ein wesentlicher Teil der Edition fußt auf den vielen verstreuten Autographen aus insgesamt 22 Nachlässen. In Archiven und Bibliotheken konnten Briefe Leips nachgewiesen werden, aber auch in privaten Sammlungen, nicht nur in Deutschland, sondern auch in Polen im Nachlaß von Ubbo-Emmius Struckmann, dem ehemaligen Leiter des Feuilletons bei der *Krakauer Zeitung*, wo Leip in den Jahren 1940 bis 1944 publizierte.

Dennoch konnte ein großer Teil der Korrespondenz nicht nachgewiesen werden. So verliefen Recherchen in den Nachlässen vieler Briefpartner Leips negativ. Zu nennen sind hier vor allem: Friedrich Percyval Reck-Malleczewen, Erika Mann, Gustav Meyrink und Joachim Ringelnatz. Andere Nachlässe konnten trotz intensiver Nachforschungen erst gar nicht ausfindig gemacht werden, wie etwa im Falle von Ludwig Beil, Elisabeth Flickenschildt oder Hans Much. Alle diese Fehlanzeigen verdeutlichen einmal mehr, daß in der Briefbiographie große Lücken bestehen bleiben und daß selbst ein noch so dichter Briefwechsel zwar Einblick in ein an sich gut dokumentiertes Leben bieten kann, aber eben nicht dieses Leben selbst.

I.2. Auswahl

Aufgrund der erwähnten Defizite kann denn die nachfolgende Edition keinen repräsentativen Querschnitt aus Leips Gesamt-Korrespondenz im fraglichen Zeitraum darstellen.

Und auch innerhalb der nachgewiesenen Autographen mußten verschiedene Auswahlkriterien zum Tragen gekommen. Aufgrund der Quellenlage wurde insbesondere innerhalb der neueren Briefe wesentlich stärker selektiert. Insgesamt ist festzustellen, daß aus den 20er und frühen 30er Jahren eine so geringe Menge an Textzeugen vorhanden ist, daß hiervon ungefähr 90% ediert werden konnte. Ab etwa Mitte der 30er Jahre halbiert sich die Quote, was vor allem mit der außerordentlich umfangreichen Korrespondenz zusammenhängt, die Leip mit seiner Lektorin Kläre Buchmann geführt hat. Die zirka 500 Briefe und Hunderte von Postkarten, die Leip in den Jahren 1936 bis 1945 an Buchmann sandte, sind erhalten und befinden sich in der SUB Hamburg. Es versteht sich, daß bei einem solchen Umfang Beschränkung geboten war.

Der Hauptgesichtspunkt bei der Auswahl der nachgewiesenen Textzeugen war, daß möglichst viele Adressaten und Aspekte vertreten sein sollten. Im Bemühen um einen repräsentativen Querschnitt biographisch relevanter Briefe, war darauf zu achten, daß aus einem größeren Briefkomplex nicht nur eine Stimmungslage herausgefiltert würde, daß auch Aspekte des ‚grauen Alltags' nicht zugunsten von ereignishaften Besonderheiten ganz eliminiert würden und daß nicht viele kurze für einen umfangreichen Brief ausgeschieden werden müßten. Repräsentativer Querschnitt der nachgewiesenen Briefe bedeutet dabei auch, daß Leip sich in möglichst vielfältiger Weise sollte selbst vorstellen können: zum Beispiel als Autor, Soldat, Lehrer, kritischer Staatsbürger, Freund, hilfsbereiter Kollege, Ehemann, Familienvater und Liebhaber. Nicht zuletzt sollte natürlich auch gewährleistet sein, daß Leips Schattenseiten durch die Auswahl zum Vorschein kämen.

Bei allem Abwägen haben sich doch zufällige Ausfälle nicht ganz vermeiden lassen. So tritt Leip zum Beispiel als fleißiger Kinobesucher (der er nachweislich war) praktisch nicht in Erscheinung. Obwohl also die Zufälle der Überlieferung und die Notwendigkeit der Auswahl für manche Lücken verantwortlich sind, sollten die edierten Briefe in ihrer chronologischen Reihung doch eine punktuelle Biographie und Werkgeschichte ergeben. Die Edition profitiert dabei von ihrer Stellung im Anschluß an den biographischen Teil der vorliegenden Arbeit. Das Netz der Verknüpfungen zwischen den beiden Teilen wurde durch Querverweise und das kommentierte Personenregister so eng, daß beide Seiten sich aneinander profilieren.

I.3. Editionsbericht

I.3.1.

Der Herausgeber nachgelassener Texte steht als Vermittler zwischen einem tradierten Text und dem Leser seiner Ausgabe. Beiden Instanzen muß er Rechnung tragen. Auf der einen Seite wollen Erfordernisse und Vorgaben berücksichtigt, auf der anderen Ansprüche und Wünsche befriedigt werden. Daraus ergibt sich ein komplexes Unterfangen, das in seiner Ausführung eine Vielzahl von Schwierigkeiten in sich birgt: Natürlich strebt der Herausgeber eine ‚authentische', unverfälschte und wenig ‚modernisierte' Überlieferung an. Zugleich ist er in der Pflicht, dem Leser einen möglichst ‚lesbaren' Text an die Hand zu geben. Im Hinblick auf die geplante Edition und auf das Original der Handschrift selbst muß er deshalb Konzessionen eingehen, um dadurch zur jeweils sinnvollsten editorischen Aufbereitung der Texte zu gelangen.

Die Edition von Briefen birgt einige Besonderheiten in sich, die nachfolgend nur kurz skizziert werden sollen. Im Gegensatz zum literarischen Text ist der Brief in aller Regel nicht mit dem Ziel der Publikation verfaßt worden. Sobald der Adressat ihn gelesen hat, ist seine intendierte Kommunikationsfunktion faktisch erloschen. Weil der Brief eben nicht von vornherein für die Umarbeitung in die Typographie der Publikation verfaßt wurde, erweitert sich der Bereich der Ausdrucksmöglichkeiten, indem nicht ausschließlich dem Inhalt des Textes Bedeutung zukommen muß, sondern etwa auch Abbildungen auf Postkarten, Zeichnungen des Verfassers, gedruckte Briefköpfe, Wechsel der Handschrift oder des Schriftsystems – um so mehr, wenn der Verfasser ausdrücklich darauf Bezug nimmt.

Die meistens auf nur einen Adressaten beschränkte Kommunikationsfunktion bedingt ferner, daß Briefe beim Leser in aller Regel ein Spezialwissen um ‚intime Sachverhalte' voraussetzen, die nur in bestimmten sozialen Gruppen oder sogar nur zwischen den konkreten Briefpartnern bekannt sind. Dies gilt insbesondere für langanhaltende und/oder umfangreiche Schriftwechsel. Am Beispiel der Korrespondenz zwischen Kläre Buchmann und Leip wird deutlich, wie sich im Laufe der Zeit eine sehr spezielle, vertraute Ausdrucksweise etablieren konnte (Kosenamen, Anspielungen, Wortneuschöpfungen usw.), die sich dem Leser nicht immer intuitiv erschließt.

I.3.2.

Die Aufbereitung und Präsentation des Materials stellt in ihrer Form einen Mittelweg zwischen kritischer Dokumentenedition und publikumsorientiertem Lesetext dar, der dem Anspruch dieser Arbeit angemessen erscheint. Weil die vorliegende Edition als Teil einer biographischen Arbeit zu verstehen ist, erhebt sie nicht den Anspruch, historisch-kritisch im strengen Sinne zu sein. Im Mittelpunkt steht die biographische Relevanz der Dokumente. Sie stellen als Arbeitsmaterialien die Grundlage dar für den Text über Leben und Werk Hans Leips. Dort sind viele Aspekte, die im Briefwechsel berührt werden, aufgegriffen und kommentiert. So will der biographische Teil zwar keinen Kommentar ersetzen, doch ist dadurch eine zumindest ausreichende Erschließung der Briefe gewährleistet. Hinzu kommen als weitere Hilfsmittel der Erschließung: das Personenregister, das Abkürzungsverzeichnis, ein chronologisches Verzeichnis der Briefe sowie eine alphabetische Liste der Briefempfänger. Außerdem dienen die chronologischen Ordnungsziffern der Briefe als durchgängige Gliederung der Arbeit. Sie werden im biographischen Teil zitiert.

Die Textedition folgt in Wortlaut, Orthographie und Interpunktion dem Überlieferungsträger. Weder ‚Modernisierungen' noch ‚Normalisierungen' wurden vorgenommen. Textfehler jeder Art, unabhängig davon, ob es sich um flüchtige oder komplexere Verschreibungen handelt, sind prinzipiell nicht korrigiert worden. Dies gilt auch für Eigennamen, deren korrekte Schreibweise dem Namensregister entnommen werden kann. Auch Besonderheiten, die bei der Überlieferung in Form eines Typoskripts auftreten können (z.B. „ae" statt „ä" oder „sz" statt "ß"), bleiben in jedem Fall gewahrt. Ebenso sind vom Verfasser verwandte Abkürzungen nicht im edierten Text, sondern erst im sich anschließenden Abkürzungsverzeichnis aufgelöst worden.

Dementsprechend werden auch alle Entstehungskorrekturen (Sofort-, Bald- und Spätkorrekturen) im edierten Text wiedergegeben und erhalten eine besondere Kennzeichnung. Einschübe des Verfassers über der Zeile werden eingefügt und durch ein einheitliches diakritisches Zeichen markiert. Nachträgliche Ergänzungen, die vom Verfasser als Anmerkungen mit Einweisungszeichen an den Rand des laufenden Textes oder an den Fuß einer Seite plaziert wurden, werden als Einschübe angesehen und sind an entsprechender Textstelle integriert worden.

Von Leip gestrichener Text ist auch in der Edition als Streichung wiedergegeben. Davon ausgenommen sind alle Satzzeichen, deren Streichung durch Schrägstriche gekennzeichnet ist (z.B. /./ oder /,/).

Unvollständig ausgeschriebene Buchstaben, werden im edierten Text, sofern sie mit Sicherheit zu bestimmen sind, stillschweigend ergänzt. Dies gilt vor allem für fehlende i-Punkte.

Hervorhebungen (durchgängige Großschreibung einzelner Worte oder Passagen, einfache und doppelte Unterstreichung) werden typographisch reproduziert. Angezeigt wird auch der Wechsel von der Schreibmaschinentype zur Handschrift, indem für die Schreibmaschinentype die serifenlose „Gill"-Schrift verwendet wird, und für die Handschrift die serifenbetonte „Book Antiqua".

Einzelne Buchstaben, Wörter oder Passagen des überlieferten Textes, die bisher nicht entziffert werden konnten, sind im edierten Text durch das Sonderzeichen einer doppelten Wellenlinie ([≈]) gekennzeichnet. Unsicheren Lesungen ist dagegen ein umgedrehtes Fragezeichen ([¿]) nachgestellt. Die Wahl dieser Zeichen ergab sich aus der Überlegung, das sie im überlieferten graphischen Bestand des Textkorpus sonst nicht vorkommen.

Zeilenumbruch und Seitenumbruch des Orginals werden nicht übernommen. Als Konzession an den Leser sowie aus Platz- und drucktechnischen Gründen bedient sich die Edition der Standart- oder ‚Idealform' des Briefes, welche zwischen Adressenangaben und Begrüßungs- wie Abschiedformeln und Unterschriften einen Fließtext einschließt, dessen Zeilenfall nicht von inhaltlicher Bedeutung ist. So ist die räumliche Struktur der Textzeugen ‚schematisch' nachempfunden. Das betrifft: Anrede, Absätze, Grußformeln und Unterschrift:

- Die Anrede wird – nicht eingerückt – in eine separate Zeile gesetzt, wobei der nachfolgende Text nicht wie ein Absatz eingezogen ist.
- Absätze werden einheitlich durch normierten eingerückten Zeilensprung gekennzeichnet.
- Die Grußformel mit der Unterschrift wird einheitlich rechtsbündig gesetzt.

Die edierten Texte sind chronologisch geordnet und durchnumeriert.

Außerdem sind sie mit einer Überschrift versehen, die sich aus dem Namen des Adressaten sowie Entstehungsort und -datum zusammensetzt.

Unter dem edierten Text findet sich in der ersten Zeile eine Beschreibung des Überlieferungsträgers. In der zweiten Zeile ist der Fundort angegeben sowie – wenn vorhanden – die jeweilige Signatur. Der Benutzer kann sich hier schnell über die Art und Beschaffenheit des Textzeugen sowie über seinen Standort informieren, ohne erst im Apparat nachschlagen zu müssen.

I.4. In der Edition benutzte typographische Differenzierungen und diakritische Zeichen

~~abc~~	Durch Streichung getilgter Text
/./ /,/ /-/	Durch Streichung getilgte Satzabschlußpunkte, Kommata, Bindestriche usf.
⌈abc⌉	Nachträgliche Textergänzung durch den Verfasser
abc [¿]	Nicht eindeutig entzifferte Zeichenfolge
[≈]	Nicht entzifferte Zeichenfolge
[*abc*]	Erläuterungszusätze des Editors

[1] [Brief 161]: HL an KB. Hamburg, 18.01.1943 – Daß solche Entschuldigungen in aller Regel wohl begründet waren, belegt z. B. Brief 170 (HL an KB. Überlingen, 25.07.1943), der als Handschriftenprobe unter 6.5. beigegeben worden ist.

[2] Rolf Italiaander: Erste Kontakte mit Hamburg. Ein Briefwechsel mit Hans Leip. In: Ders.: Durchschrittene Räume. Hamburgensien eines Zugereisten. Husum: Husumer Druck- und Verlagsgesellschaft 1983, S. 12-18 – vgl. außerdem: Briefe von Hans Leip an Rolf Italiaander. In: Auskunft. Mitteilungsblatt Hamburger Bibliotheken, 8 (1988), S. 179-185

[3] Vgl. E. Wawers: Nachlaß von Hans Leip an die SUB Hamburg. In: Auskunft. Mitteilungsblatt Hamburger Bibliotheken, 9 (1989), S. 342f. – vgl. auch Walter Deppisch: "Das schönste Liebeslied aller Zeiten". Zuwachs der Bibliothek: Die Nachlässe von Hans Leip und Manfred Gurlitt. In: Die Welt, 05.10.1989

[4] Karin Fricke: Der Teilnachlaß Hans Leip in der Staats- und Universitätsbibliothek Hamburg Carl von Ossietzky. Nachlieferungen bis 1992. Hausarbeit zur Diplomprüfung an der Fachhochschule Hamburg Fachbereich Bibliothek und Information November 1993. – Gisela Kordes: Bearbeitung des Teilnachlasses und der Sammlung des Hamburger Schriftstellers und bildenden Künstlers Hans Leip (1893–1983) in der Staats- und Universitätsbibliothek Hamburg Carl von Ossietzky. Hausarbeit zur Diplomprüfung an der Fachhochschule Hamburg Fachbereich Bibliothekswesen. Februar 1991

2. Verzeichnis der Briefköpfe

Hans Leips Briefpapier bzw. das der *Hamburger Gruppe* variierte im untersuchten Zeitraum. Welcher Briefkopf jeweils verwendet wurde, ist in der zweiten Zeile oberhalb des edierten Textes notiert. Folgende – hier verkleinert wiedergegebene – Briefkopftypen kommen vor:

DSV-Ortsgruppe Hamburg (seit Oktober 1925)

Allgemeiner Deutscher Schriftsteller-Verband e. V.
O r t s g r u p p e H a m b u r g
An der Alster 86
Bankkonto: Norddeutsche Bank St. Georg
Fernsprecher: Vulkan 2303 und 7758
Hamburg,

HG I (seit März 1926)

DIE HAMBURGER GRUPPE
(BEZIRKSGRUPPE DES DEUTSCHEN SCHRIFTSTELLERVERBANDES E. V.)

Vorsitz:
Prof. Dr. HANS MUCH
HANS LEIP
Geschäftsstelle:
Dr. HANS HAALCK
Hamburg, An der Alster 86
Vulkan 2303
Bankkonto: Norddeutsche Bank

HL 1 (1925–1931) Typ I, II und III

HANS LEIP
Hamburg
Neuerwall 2

HANS LEIP
HAMBURG
NEUERWALL 2
VULKAN 7758

HANSLEIP
HAMBURG
NEUERWALL 2
C 5. 0228

HL 2 (ca. 1925–1931)

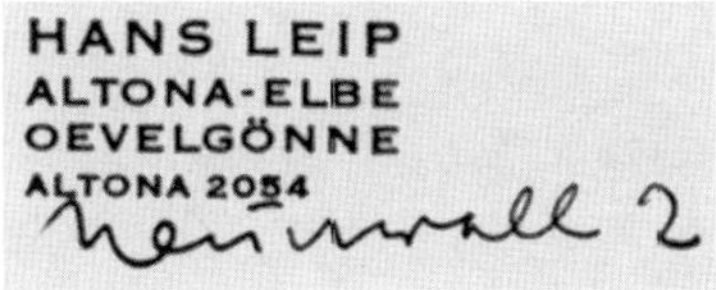

HANS LEIP
ALTONA-ELBE
OEVELGÖNNE
ALTONA 2054

HL 3 (ab ca. 1935)

HANS LEIP
HAMBURG-BLANKENESE
SÜLLBERGSTERRASSE
FERNRUF 46 22 13

Hans Leip, Überlingen (ab 1947)

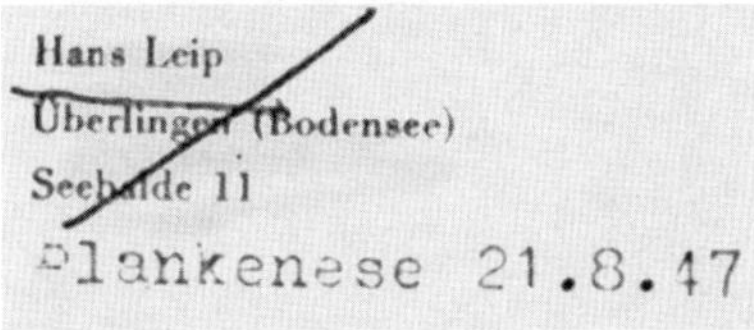

Hans Leip
Überlingen (Bodensee)
Seehalde 11
Blankenese 21.8.47

J.G. Cotta'sche Buchhandlung (1945–1947)

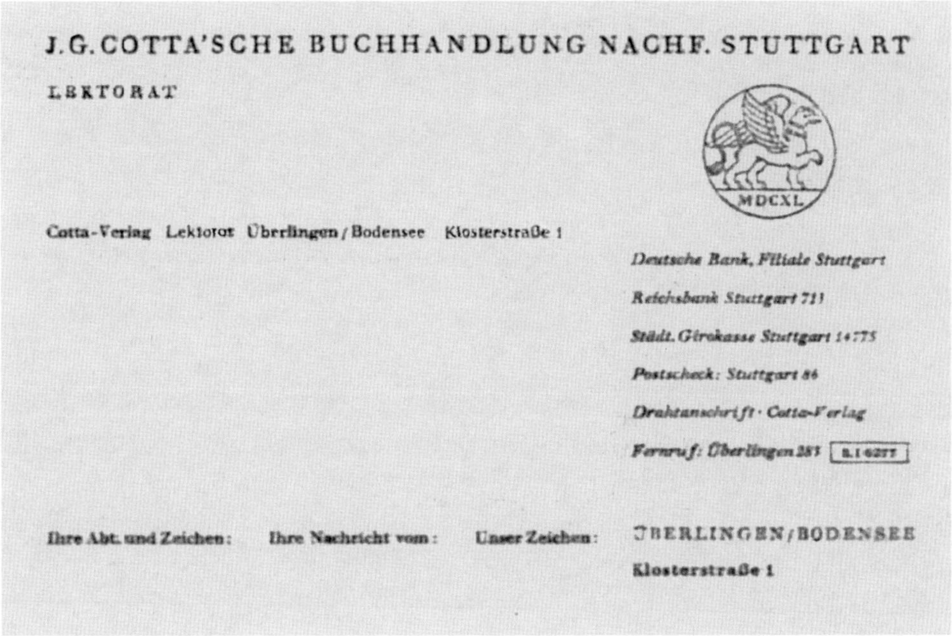

J.G. COTTA'SCHE BUCHHANDLUNG NACHF. STUTTGART

LEKTORAT

MDCXL

Cotta-Verlag Lektorat Überlingen / Bodensee Klosterstraße 1

Deutsche Bank, Filiale Stuttgart
Reichsbank Stuttgart 711
Städt. Girokasse Stuttgart 14775
Postscheck: Stuttgart 86
Drahtanschrift · Cotta-Verlag
Fernruf: Überlingen 285 B.1 6277

Ihre Abt. und Zeichen: Ihre Nachricht vom: Unser Zeichen: ÜBERLINGEN/BODENSEE
Klosterstraße 1

1. Margarethe Leip – Berlin, 25. Februar 1915

Reproduktion einer Feldpostkarte. Recto mit faksimilierter Zeichnung von HL.
Veröffentlicht im März 1915 in der Zeitschrift „Erika – Sonntagsblatt der Lüneburgschen Anzeigen"
SUB Hamburg: NLp: K 1

Liebes Gretchen,
das macht mir aber Spaß, das Paket und der Brief. Ach, die Schokoladen-Kekse erinnern mich so sehr an Hamburg. Es war gestern und vorgestern Besichtigung der Einjährigen im Exerzieren usw. Zwei Exellenzen zum Kritisieren. Ging aber einigermaßen. Ich werd' wohl bald Gefreiter. Gleich müssen wir zum Unterricht beim Hauptmann und 'ne Menge Bücher mitschleppen. Ich habe mir mit meinem Kameraden Klaas Deters ein Zimmer in der Chauseestraße genommen gegenüber dem Friedrich-Wilhelm-Städtischen Theater bei der Witwe Stolzenberg. Ich habe die Schlummermutter nebst ihrem Fifi und uns auf der Rückseite verewigt. Wir zahlen nur jeder 15 Mark im Monat mit Kaffee, Klavier und Schreibtisch, zwei Betten und Diwan. Schreibt jetzt an den:Einj.-Freiw. Gardefüsilier

Hans Leip
Berlin N, Chauseestr. 103, III,
p.a. Frau Stolzenberg

Nochmals vielen Dank und Grüße an alle.
Euer Hans

2. Anny Wehrenberg – Berlin, 16. November 1915

e. Postkarte (Kopie), 1 Bl recto/verso
MHG: Hans-Leip-Archiv: Briefe, Briefentwürfe und Durchschriften M-Z:Anny Wehrenberg
(Allgemeines Krankenhaus Hamburg-Eppendorf)

Liebe Schwester Anni,
einen schönen Gruß aus Berlin! Mir geht es einigermaßen. Nur hab ich garnichts zu tun, und das ist nicht schön! Sind Sie vielleicht so liebenswürdig + sehn zu, daß Sie mir eine von den letzten Aufnahmen Vogels ergattern? Sie wissen die, auf welcher Dr. P. mit drauf ist. Möchten Sie auch der Oberschwester einen Abschiedsgruß von mir sagen, persönlich hatte ich leider nicht mehr die Ehre. Sie möchte Postsachen an die Hamburger Adresse umschreiben lassen:

Hamburg 24
Reismühle 16 ^{II}
Verzeihen Sie, Schwester Anni, daß ich Sie so einfach in Anspruch nehme!

Mit bestem Gruß
Ihr
Hans Leip

3. Anny Wehrenberg – Hamburg, 7. Januar 1916

e. Brief (Kopie), 1 Bl recto
MHG: Hans-Leip-Archiv: Briefe, Briefentwürfe und Durchschriften M-Z: Anny Wehrenberg (Allgemeines Krankenhaus Hamburg-Eppendorf)

Sehr verehrte Schwester Anny,
es ist sehr nett von Ihnen, daß Sie meine Bitte erfüllt haben. Auf einen Zeitpunkt kam es durchaus nicht an. Vielmehr bin ich gerührt über die freundliche Art, wie Sie mir schreiben. Ja, ich bin seit dem 1. Januar vom Militär entlassen + bin wieder Schulmeister. Doch habe ich es sehr gut, ich gebe die ganze Woche nur 10 Stunden, ohne daß mein Gehalt gekürzt wird. Gesundheitlich geht es immer besser mit mir, ich bin gestern sogar - in sehr bescheidenem Maße allerdings - ein wenig in die Heide gepilgert + das war schön.

Mit den besten Wünschen für Ihre Tätigkeit + Ihr Examen + mit herzlichem Erinnern
Ihr
Hans Leip.

4. Gustav Schiefler – Hamburg, 31. Dezember 1918

e. Brief mit Originalholzschnitt „Neujahr 1919", 1 Bl recto.
SUB: NL Gustav Schiefler: 1919 I, Nr. 70
Faksimile veröffentlicht in: Gustav Schiefler. Der schriftliche Nachlaß. Hrsg. v. der Kulturstiftung der Länder in Verbindung mit der Staats- und Universitätsbibliothek Hamburg Carl von Ossietzky. Berlin, Hamburg 1999 (Patrimonia, 149), S. 14

Sehr geehrter Herr Doktor,
ich erlaube mir, auf Ihr gütiges Schreiben vom 8.XII.1917 zurückzukommen. Es handelt sich um ein Gedicht, welches Sie einstweilen in Ihre Mappe legen wollten. Da wegen des Inhaltes, soweit ich ihn erinnere, die Zeit der Verwendbarkeit vorübergegangen zu sein scheint, so bitte ich höflichst um Rücksendung.

Mit besten Wünschen für das neue Jahr
ergebenst
Hans Leip.

5. Unbekannt – Hamburg, 14. April 1919

e. Brief m.U., 1 Bl recto/verso
Slg. Herbert Lehmitz

Sehr verehrte gnädige Frau,
es tut mir aufrichtig leid, daß ich zu so ungelegener Zeit störte. Vor einigen Tagen war Hugo Friedrich Hartmann, der die Ausstellung des Künstlervereins besucht hatte, bei mir. Er beauftragte mich, Ihnen einen ergebenen Gruß zu übermitteln. Zugleich empfahl er mir, Ihnen meine Holzschnitte vorzulegen, da Sie Interesse dafür haben würden.

Ich hatte Gelegenheit, bei Commeter die Holzschnitte Ihres Sohnes zu sehen. Mein Urteil darüber werden Sie in der Neuen Hbg. Zeitung gelesen haben. Ich kann meine Hochachtung in aller Aufrichtigkeit hier nur wiederholen.

Sehr geehrter Herr Doktor,

ich erlaube mir, auf Ihr gütiges Schreiben vom 8. XII. 1917 zurückzukommen. Es handelt sich um ein Gedicht, welches Sie einstweilen in Ihre Mappe legen wollten. Da wegen des Inhaltes, soweit ich ihn erinnere, die Zeit der Verwendbarkeit vorübergegangen zu sein scheint, so bitte ich höflichst um Rücksendung.

Mit besten Wünschen für das neue Jahr

ergebenst

Hans Leip.

Hamburg 26
Hirtenstr. 63.

31. XII. 1918.

Brief 4: Hans Leip an Gustav Schiefler, 31.12.1918.

Mit Bedauern hörte ich von Ihrem mangelnden Wohlbefinden. Indem ich hoffe, daß Ihre Gesundheit bald wieder hergestellt sei,

bin ich mit vorzüglicher Hochachtung
Ihr sehr ergebener
Hans Leip.

6. Lina Stellmann – O.O., 9. Juli 1919

e. Brief (Kopie), 1 Bl recto/verso
Slg. Herbert Lehmitz

Meine liebe Liane,
sei getrost. Es mag sein, daß ich die meiste Schuld trage. Meine Seele ist unruhig und unzufrieden seit langem. Ich fürchtete oft, nicht gesund an meinen fünf Sinnen zu bleiben. Ich denke diese Schule der Einfachheit, der körperlichen Arbeit und der Fremde wird mir mein Gleichgewicht wiedergeben. Zuerst war ich in der Nähe Berlins, jetzt werde ich nach Würtemberg gelangen. Suche mich nicht vorzeitig zu einer zweifelhaften Rückkehr zu bewegen. Ich bin auf 3 Monate vorläufig verpflichtet. Stöbere auch nicht bei den Hamburger Behörden umher. Es würde nur den ~~Eintritt~~ Wiedereintritt in meinen Beruf in Frage stellen. Krafft weiß Bescheid. Wenn Du es brauchst wird Wolter Peckson Dir wahrscheinlich einen Attest über meine Urlaubsbedürftigkeit oder so ausstellen. Solltest Du versuchen, zu mir zu gelangen, werde ich über die Grenze gehen und in die Fremdenlegion eintreten. Ich muß so hart gegen mich und Dich sein, um unserer besseren Zukunft willen.

7. Lina Stellmann – O.O., 9. Juli 1919

e. Postkarte m.U. (Kopie), 1 Bl recto/verso
Slg. Herbert Lehmitz

Liane,
Damit Du für die großen Unkosten, die durch mich entstanden sind, vorläufig eine halbwege Entschädigung hast, nimm die paar Sachen, die ich als Junggeselle hatte und die mir sichtlich gehören. Du kannst sie ja verkaufen, den Schreibtisch, ich hab einst 15 M dafür gegeben, den Schrank, er war mir lieb, und das Bücherregal. Auch den kleinen Hocker. Das ist wohl alles. Die Zeichnungen gehören Dir längst. Für die sonstigen Summen – mein Gott, wo soll ich es jetzt hernehmen! Für zehn Jahre ist Dir mein Gehalt verpflichtet, so ich es behalten werde. Ich werde so durchkommen. Was soll ich tun. Ich muß dies alles tun.

Hans.

8. Peter Kruse – Hamburg, 29. Januar 1920

e. Brief mit gestempelter Unterschrift, 1 Bl recto, Briefkopf: Hamburger Puppen-Spiele
MHG: Hans-Leip-Archiv: Briefe, Briefentwürfe und Durchschriften F-L: HL an Peter Kruse

Sehr geehrter Herr Kruse,
Wir nehmen Bezug auf die Besprechung, die wir am 28. 1. 20. mit Ihnen hatten. Es handelte sich um die Finanzierung unseres Puppentheaters, das, sobald die Vorarbeiten gesichert sind, eine besondere künstlerische Stellung im Rahmen der Hamburger Ausstellungshallen einnehmen soll.

Künstlerische und geschäftliche Leitung liegt in unseren Händen. – Im November vorigen Jahres erschien in der Neuen Hamburger Zeitung ein Artikel von Dr. Hans W. Fischer über die Notwendigkeit einer Hamburger Puppenbühne. Frl. Cläre Popp, die in München schon einmal eine Puppenbühne konstruiert hatte, und ich, der ich als Kunstkritiker der Neuen Hbg. Ztg. in enger Fühlung zu Dr. Fischer stehe und hier als Maler und Schriftsteller bekannt bin, begannen nunmehr Bühne und Puppen zu entwerfen. Die ersten Kosten bestritten wir aus unseren Privatmitteln. Für eine gedeihliche Fortführung und Abrundung unserer Arbeiten gebrauchen wir nunmehr eine Summe von 25000 (fünfundzwanzigtausend) M. Wir verpflichten uns, die Summe nach drei Jahren zu amortisieren. Die Verzinsung überlassen wir Ihrem gütigen Wohlwollen, auf das wir nach unserer Unterredung ~~rech~~ glauben rechnen zu dürfen

Ergebenst
Hamburger Puppen-Spiele

9. Carl Albert Lange – [Hamburg-]Oevelgönne, 24. Juni 1920

e. Brief m.U., 1 Bl recto/verso
SUB Hamburg: NL Carl Albert Lange: Bb 103

Karl Lange, oho, Carl Albert Lange,
Wo nehme ich den feierlichen Smoking und sonstige Räucherware her, um Dir die Andacht der Dankbarkeit vorzutragen! Ich hocke hier an meinem unordentlichen Arbeitstisch und beschwöre Deinen Geist, daß er mir nicht, aufbrausend aus Zeitungspapier und Druckerschwarz, Kehle und Tränendrüsen auf unerhörte Art aus ihren Nerventrassen reißt. Ach Schnack, was ich hier dresche! Ich will Dir auf die Schultern hauen, daß die Engel in Deinen Knien flöten. Junge, Junge, Du bist ja ein Mensch, Cuddl Lange! Du schüttest die schönen Bilder Vergleiche und Erkenntnisse über mich, ich bin ernst geworden wie ein Backfisch, dem man von Kirche spricht. Du machst Wonnen und Seligkeiten daraus, mein Gott schreibst Du gut über diesen torkelnden Haufen von Mösen, bester Absicht, verfluchter Sehnsucht, Vagabunderei und fauler Tretmühle. Wir wollen irgendwann durch die Straßen gehen und vor uns hingnattern über den Schiet und den verdammt schönen Glanz dessen, was einem vor die fünf Sinne und in das unzufriedene Blut gehängt wurde.

Du! das will ich fühlen. Das nahe Du. Keine Sentiments! Halloh. Du reichst! Deine Hand!

Dein
Hans Leip

10. Atlantic Hotel zu Hamburg, Direktion – Hamburg, 23. April 1921

e. Briefentwurf m.U., 2 Bl recto
SUB Hamburg: NLp: Ba: 3

Sehr geehrter Herr,
Ich wende mich mit einem Vorschlag an Sie, von dem ich hoffe, daß Sie sich dafür einsetzen können! Zuerst will ich Ihnen erklären, wer ich bin. Ich bin sowohl Schriftsteller als Maler mit gleicher Leidenschaft. Die offizielle Stempelung meiner Fähigkeiten liegt in Folgendem: Ich war drei Jahre lang Kunstkritiker an der Neuen Hamburger Zeitung. Ich gab mehrere gutgehende Bücher heraus. Ich zeigte verschiedentlich in hiesigen Kunstsalons und Ausstellungen mit gutem Erfolge meine Graphik. Ich leitete die Feste der Hamburger Künstlerschaft Im Curiohause: „Die Gelbe Posaune der Sieben" und „Die Götzenpauke" (Sie kennen die Erfolge.) Ich bin als Schriftleiter einer in Gründung befindlichen eleganten Reklamezeitschrift verpflichtet worden. Außerdem bin ich Beamter des hamburgischen Staates, da ich in festem Verhältnis den Zeichenunterricht an einer öffentlichen Schule leite.

Folgendes ist nun für mich zu erwägen! Ich habe gerade einen Roman in der Feder, dessen Mittelpunkt die Außenalster ist. Auch will ich eine Reihe Radierungen dazu schaffen. Darum muß ich eine Zeitlang an der Alster wohnen. Ihr Haus liegt für mich am günstigsten. Sehr gern würde ich gleich einem Großindustriellen oder einem Fürsten alten Regimes zu Ihnen ziehen. Aber ich bin Künstler! Meine Aktiva liegen im Gehirn und im Werk. Die Ihrigen liegen für mich im Besitze des Hotels Atlantic. Fügen wir beides ⌈zusammen⌉, ohne einander auf die Seele zu treten, (oder besser: Auf die Brieftasche) so würden wir beide nicht schlecht dabei fahren. Ich brauche: – keinen Komfort – sondern ein möglichst hoch und hell gelegenes Gelaß, wenn angängig mit kleinem Nebenraum. Einrichtung: soldatenhaft einfach! Ich brauche den Schauplatz und die Aussicht zum Arbeiten!

Selbstverständlich zahle ich. Sie wissen, ein Künstler kann heute kein Kapitalist sein! Außerdem würde ich Ihnen als Gegenleistung etwa Folgendes vorschlagen: Eine Reklamezeichnung, ganz gleich welcher Art. (Referenzen erster Güte stehen Ihnen zur Verfügung) Oder: Ein Feuilleton über Ihr Haus in einem angesehenen Blatte.

Sehr gerne würde ich Ihnen ⌈mit⌉ einer mündlichen Rücksprache dienen. Etwaige Belege zu meinen Zeilen stelle ich Ihnen jederzeit und reichlich auf Wunsch gerne zur Einsicht.

Indem ich hoffe, daß Sie diese Ihnen etwas eigentümlich anmutende Anknüpfung eines in seiner Vaterstadt nicht unbekannten Künstlers ansehen und werten zeichne ich in ganz vorzüglicher Hochachtung und in Erwartung Ihrer geschätzten Antwort als Ihr sehr ergebener

Hans Leip.

11. Bruno Sachse – Hamburg, 17. September 1921

e. Briefentwurf m.U., 1 Bl recto
MHG: Hans-Leip-Archiv: Briefe, Briefentwürfe und Durchschriften M-Z: HL an Bruno Sachse, Geschäftsführer des Künstlerfest Hamburg e.V.

Sehr geehrter Herr Sachse,
Da die Zeit für die Vorbereitung des nächstjährigen Künstlerfestes ~~bald~~ gekommen ist, möchte ich Sie bitten, der einzurufenden Kommission meinen Rücktritt von meinem Amt als 2. Vorsitzender für dieses Mal mitzuteilen ⌈ich bitte die Kommission mir mein Gesuch nicht abzuschlagen trotzdem ich die statutenmäßige Kündigungsfrist nicht einhalten kann.⌉ Meine Gründe liegen nicht in den unangenehmen Vorfällen des letzten Festes, für die ich nach wie vor jede persönliche Schuld ablehne! Aber da vor einigen Wochen meine Mutter gestorben ist, könnte ich meine Kraft nicht in umfassender Weise der Festanlage widmen!

Mit bestem Gruße
Ihr sehr ergebener
Hans Leip.

12. Ida Dehmel – Hamburg, 9. Januar 1922

e. Brief m.U., 1 Bl recto
SUB Hamburg: Dehmel-Archiv: L 1644

Sehr verehrte gnädige Frau,
am letzten Sonntag habe ich unter Ihrer Freundlichkeit ganz vergessen, daß ich am Sonnabend von längerer Absicht her zum Schwarz-Weiß-Fest wollte. Werden Sie es verstehen, daß ich trotz einer sehr großen Verehrung für Sie dennoch zum Tanzen auf die Oberfläche gehe? Ich war diesen Winter noch nirgends recht und äußerlich vergnügt. Sie sehen, daß ich noch ziemlich jungshaft bin. Aber ich wollte Ihnen nichts Triftigeres als das Ehrliche sagen und Ihnen keinen sonstigen Grund vorheucheln!

In herzlicher Ergebung
Ihr
Hans Leip.

13. Carl Albert Lange – Hamburg, 22. Oktober 1924 [Poststempel]

e. Postkarte m.U.
SUB Hamburg: NL Carl Albert Lange: Bb 103

Lieber Carl Albert,
Wir gründen die Tafelrunde neu. Jeden Donnerstag 5 – c. 8 Uhr, Teestube Alsterarkaden (oben, hinten) Bring Schurek und Beil mit, wenn Du magst, aber <u>keinen</u> Schutzraben!

Herzlichst Dein Hans Leip

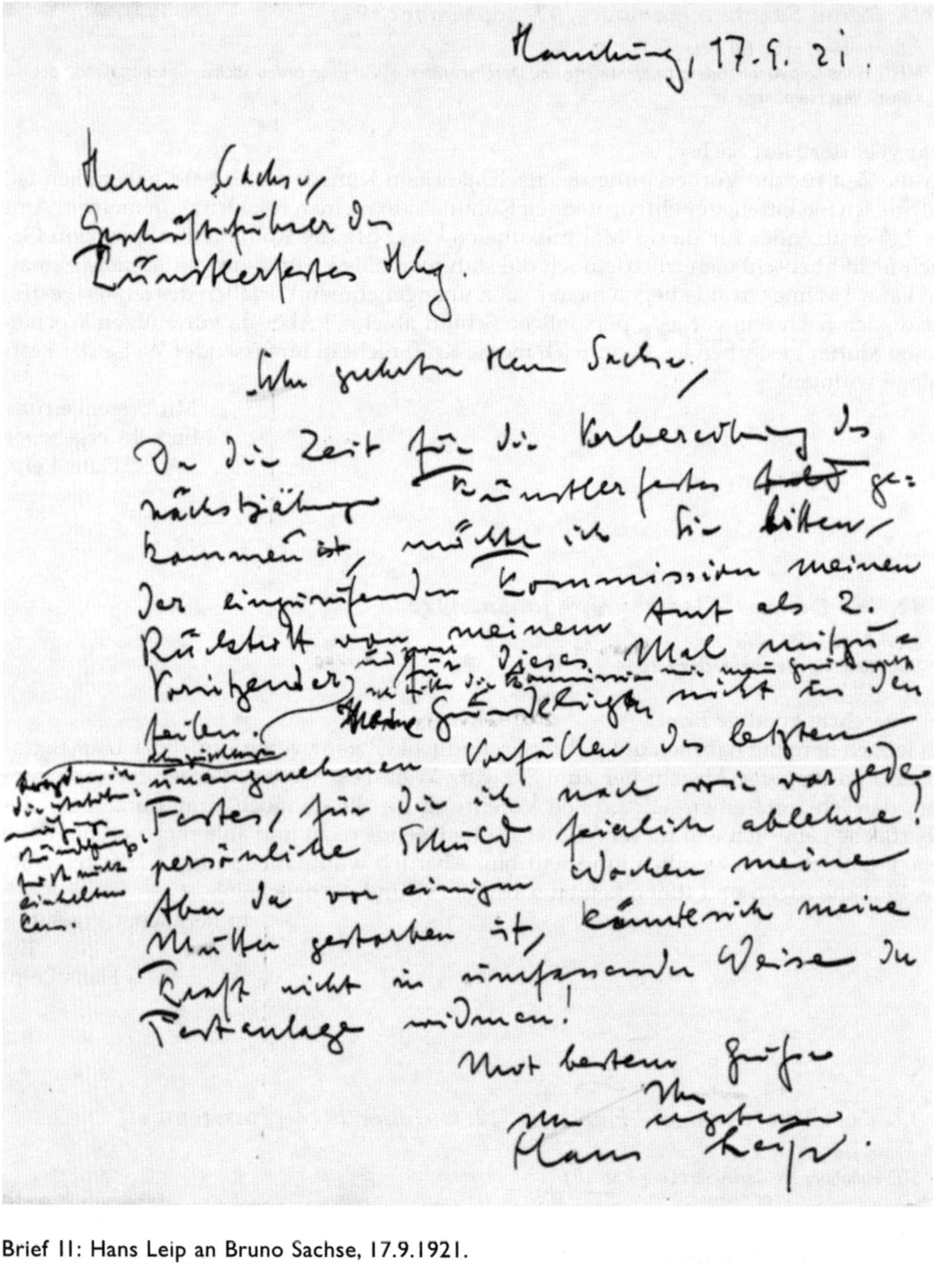

Hamburg, 17.9.21.

Herrn Sachse,
Geschäftsführer des
Künstlerfestes Hbg.

Sehr geehrter Herr Sachse,

Da die Zeit für die Vorbereitung des nächstjährigen Künstlerfestes gekommen ist, möchte ich Sie bitten, der einzuberufenden Kommission meinen Rücktritt von meinem Amt als 2. Vorsitzender für dieses Mal mitzuteilen. [illegible] Meine Gründe liegen nicht in den unangenehmen Vorfällen des letzten Festes, für die ich nach wie vor jede persönliche Schuld freilich ablehne! Aber da vor einigen Wochen meine Mutter gestorben ist, könnte ich meine Kraft nicht in umfassender Weise der Festanlage widmen!

[illegible]

Mit besten Grüßen
Ihr ergebener
Hans Leip.

Brief II: Hans Leip an Bruno Sachse, 17.9.1921.

14. Alexander Zinn – Hamburg, 27. Oktober 1925

typ. Brief m.U., 1 Bl recto, Briefkopf: DSV-Ortsgruppe Hamburg
StA Hamburg: 135-1: Staatliche Pressestelle I-IV, 5269

Sehr verehrter Herr Zinn,
Der beiligende Aufsatz, geschrieben im Auftrag des obigen Verbandes, dessen ⌈hiesige⌉ Ortsgruppe sich in der Neubildung befindet, geht Ihnen mit der herzlichen Bitte zu, ihm die freundlichste und mögliche Beachtung zu schenken. Ohne irgendwelche Sonderneigungen handelt es sich darum, dem gesamten hiesigen Schrifttum einmal ordentlich von Staats wegen die Daseinsberechtigung zu bestätigen. Indem wir auf Ihre gütige und praktische, auch baldige Vermittlung rechnen

Ihr sehr ergebener Hans Leip

15. Alexander Zinn – Hamburg, 10. Dezember 1925

typ. Brief m.U., 1 Bl recto, Briefkopf: HL 1
StA Hamburg: 363-2: Senatskommission für die Kunstpflege, Eb 195

Sehr verehrter Herr Alexander Zinn,
Der Kommission und Ihnen herzlichen Dank für die schnelle Förderung der Stipendienangelegenheit! Die Manuskript-Gegengabe ist ein ausgezeichneter Gedanke. Und wenn auch nur einige Fälle so wertvoll werden wie jetzt z.B. in England Manuskripte von Stevenson oder Conrad (Ganz abgesehen von Hardy, Wells und Kipling), so wird der Staat damit durchaus nicht schlechter gefahren sein als mit dem Ankauf guter Gemälde.

Ich nun werde Ihnen für die Staatsbücherei die Niederschrift des „Godeke" übergeben, indem ich hoffe, daß gerade dies Werk für Hamburg eine gewisse Bedeutung hat und auch so gewürdigt wird. ~~Nebenbei hätte ich noch eine Bitte, sehr verehrter Herr Zinn. Würden Sie so liebenswürdig sein, beim Leiter des Wohnungsamtes, Oberbaurat Peters, zu befürworten, daß ich in Hamburg eine neue Wohnung zugewiesen bekomme. Ich werde ein Gesuch an das W.A. einreichen.~~

In vorzüglicher Hochachtung
Ihr sehr ergebener
Hans Leip

16. Hans Friedrich Blunck – Hamburg, 20. Dezember 1925

typ. Brief m.U., 1 Bl recto, Briefkopf: HL 1
Schleswig-Holsteinische Landesbibliothek Kiel: NL Hans Friedrich Blunck: Cb 91.56 : 52, 1

Sehr verehrter Herr Dr. Blunck,
Herr Prof. Much übersandte mir Ihr Schreiben, das eine Vorlesung in Ihrem Hause betrifft.

Ich danke Ihnen für die Liebenswürdigkeit, mich für diesen Abend neben Much bitten zu wollen! Da ich aber in der letzten Buchwoche Gelegenheit hatte, zweimal zu lesen, möchte ich in diesem Falle zurücktreten und schlage vor, daß Sie selber lesen, und daß als Nächster bei guter Gelegenheit Adolph Wittmaack in Betracht zu ziehen wäre.

Indem ich Ihnen für Ihre Verwendung im PEN-Klub danke, wie auch für das freundliche Gedenken im Hann.Kurier

bin ich mit herzlichen Advents- und Festgrüßen
Ihr sehr ergebener Hans Leip

17. Hans Friedrich Blunck – Hamburg, 14. Januar 1926

typ. Brief m.U., 1 Bl recto, Briefkopf: HL 1
Schleswig-Holsteinische Landesbibliothek Kiel: NL Hans Friedrich Blunck: PEN-Club : Cb 92. Blunck 238

Sehr geehrter Herr Dr. Blunck,
Ich bitte Sie, das beiliegende Schreiben Osterrieths, das an mich gerichtet ist, einmal durchzulesen. Eine derartig grausige Behandlung der deutschen Sprache läßt mich stark zweifeln, ob es sich lohnte, einer solchen Deutschen Gruppe der PEN Clubs anzugehören! Ich habe auf eine vornehme und literarisch einwandfreie Vertretung des Schrifttums gehofft, die sich nach außen ganz besonders erzogen durch den Schriftführer zu erweisen hätte. Aber ich sehe mich, fürchte ich, etwas getäuscht.

Vielleicht bringen Sie, lieber Blunck, diese meine Bedenken in Berlin an, und ich glaube, man wird es verstehen, wenn ich vorläufig ⌈trotz meiner ersten Erklärung⌉ verzichte.

Mit besten Grüßen
Ihr
Hans Leip

18. Fritz Höger – Hamburg, 8. März 1926

typ. Brief m.U., 1 Bl recto/verso, Briefkopf: HG 1
SUB Hamburg: NLp: Anhang VII, alte Korrespondenz vor 1945

Sehr verehrter und lieber Herr Höger,
Ich freue mich nicht nur im Namen unseres besten Hamburger Schrifttums und im Namen der Hamburger Gruppe, sondern auch von Herzen persönlich, daß wir gemeinsam an einem großen Feste nächstes Jahr arbeiten werden! Es wird sicher ein großes Ereignis für Hamburg, größer der gesellschaftlichen und vornehmen Wirkung nach als das Künstlerfest, das wohl Überlieferung, aber auch schon viel Gemischtheit aufzuweisen hat!

Also Ihrer Einwilligung gemäß werden Sie die gesamte architektonische Leitung zur Festgestaltung des gesamten inneren Curiohauses übernehmen. Der Festgedanke ist gegründet auf Fern-Ost, was Ihnen in der Verwandtschaft, die alles Große miteinander hat, unbedingt liegen wird. Der Titel ist:

Die Silbergrüne Dschunke

und da der chinesische Generalkonsul das Protektorat übernimmt wird das Ganze fast eine weltpolitische Angelegenheit, zu der wir jedenfalls außer dem Reichskunstwart auch den Vertreter der Reichs Regierung einladen werden. Übrigens werden unsere Darbietungen sich auf eine kurze, aber fabelhafte Pantomime beschränken, (wahrscheinlich: „Das Mädchen mit dem Klingelspiel" von Li-Shan-Pe) welche durch die Mary Wigman-Truppe oder durch die von Joost (Stadttheater Münster) auf unserm Fest zur Uraufführung gelangt.

Seien Sie versichert, lieber Herr Höger, daß wir Ihnen in jeder Weise bei Gestaltung des Festes zur Seite stehen werden, und da nicht Much, sondern ich die Gesamtleitung inbezug auf das Literarische und Organisatorische habe, denke ich, daß wir sehr gut miteinander auskommen werden. Immerhin habe ich zehn Jahre lang die Hamburger Künstlerfeste mitgemacht und seit fünf Jahren mitgeleitet, werde auch das nächste sicher mitleiten, aber rate Ihnen aus bester Erfahrung, erstmal die ersten Sitzungen des Ausschusses im November abzuwarten, nach deren Verlauf ich Ihnen genau berichten kann, ob sich einer Mitarbeit Ihrerseits dort wirklich ein günstiges Feld bieten könnte.

Lassen Sie die letzten Bemerkungen, lieber Herr Höger, durchaus als vertraulich zwischen uns beiden gelten!

Indem ich Ihnen nochmals danke bin ich mit herzlichem Gruß
Ihr sehr ergebener Hans Leip

19. Alexander Zinn – Hamburg, 17. März 1926

typ. Brief m.U., 1 Bl recto, Briefkopf: HL 1
StA Hamburg: 363-2: Senatskommission für die Kunstpflege, Eb 195

Sehr verehrter Herr Zinn,
Da Much sich auf eine private Fahrt nach Spanien mit der Hapag geeinigt hat, wäre es mir lieb, bals zu wissen, ob ich bei der Hapag für den dort de~~m~~[r] Senat~~e~~[kommisssion] zur Verfügung gestellten Freiplatz nach Nordamerika vorgesehen bin oder nicht. Ich würde sehr gerne im Juni fahren und habe, da ich die Sache als sicher annahm, schon einige Vorbereitungen getroffen, die ich nun entweder ausbauen oder abbrechen möchte. In letzterem Falle hoffe ich, daß meine getäuschten Erwartungen –

Nun, ich will Ihnen nicht mit voreiligem Lamento kommen!

Mit verbindlichem Gruß
Ihr sehr ergebener
Hans Leip

20. Alexander Zinn – Hamburg, 9. April 1926

e. Brief m.U., 2 Bl recto, Briefkopf: HL 1
StA Hamburg: 363-2: Senatskommission für die Kunstpflege, Eb 195

Sehr verehrter Herr Zinn,
mit großer Freude fand ich Ihren Brief vor, in welchem Sie mir das ehrenvolle Angebot der Senatskommission mitteilen. Somit wird also ein brennender Herzenswunsch von mir in Erfüllung gehen, und ich werde über den Atlantik fahren. Ich werde mich mit allen Kräften bemühen, der Sache würdig zu sein und zur Ehre meiner Vaterstadt ~~zu schaffen versuchen~~ etwas Ordentliches zu schaffen versuchen! Haben Sie herzlichen Dank für Ihre so gütige und selbstlose Vermittlung!

In den nächsten Tagen werde ich mir erlauben, nach Anruf persönlich bei Ihnen vorzusprechen!

Mit besten Grüßen
Ihr sehr ergebener
Hans Leip

21. Alexander Zinn – Hamburg, 12. Juni 1926

typ. Brief m.U., 1 Bl recto, Briefkopf: HL 1
StA Hamburg: 135-1: Staatliche Pressestelle I-IV (Zeitungsausschnittsammlung Leip), A 761

Sehr verehrter Herr Zinn,
Haben Sie weiteres über meine Amerikareise gehört? Die Hapag hat mich zu einer Unterredung mit ihrem Direktor Ritter gebeten.

Das Hamburger Wohnungsamt vermochte mir keine geeignete~~e~~ Wohnung anzubieten. Durch Tausch und Entgegenkommen Altonas hab ich eine nette Wohnung in Oevelgönne beziehen können.

Nun eines, und darum schreibe ich hauptsächlich. Könnten Sie nicht Ihre Einflüsse verwenden, so daß der Hannover Prof. Dr. Theodor Lessing einen Ruf an die hiesige Universität erhält? Wir würden damit einen der klügsten Deutschen und Europäer zu uns gesellen, und ich denke, es würde Hamburg zum großen Ruhme gereichen, soviel Aufsehen es auch ⌈anfangs⌉ erregen würde!

Mit bestem Gruß Ihr
Hans Leip

22. *Hans Friedrich Blunck – Hamburg, 17. Juli 1926*

typ. Brief m.U., 1 Bl recto, Briefkopf: HL 1
Schleswig-Holsteinische Landesbibliothek Kiel: NL Hans Friedrich Blunck: Cb 91.56 :52, 4

Lieber Herr Dr. Blunck,
schönen Dank für Ihre Zeilen! Ich bin wirklich ~~über~~ sehr glücklich, über den Ozean fahren zu dürfen. Sie werden meine Freude ja deshalb besonders nachfühlen können, weil Sie selber erst kürzlich auf großer Fahrt waren. Ich habe mir allerdings Nordamerika zum Ziel genommen und reise Anfang Oktober.

Mit verbindlichen Grüßen
Ihr sehr ergebener
Hans Leip

23. *Hans Friedrich Blunck – Hamburg, 11. August 1926*

typ. Brief m.U., 1 Bl recto, Briefkopf: HL 1
Schleswig-Holsteinische Landesbibliothek Kiel: NL Hans Friedrich Blunck: PEN-Club : Cb 92. Blunck 238

Sehr verehrter Herr Dr. Blunck,
Besten Dank für Ihre letzten Zeilen zur Sache des PEN-Clubs!

Nach eingehender Überlegung komme ich zu dem Schluß, daß die von Anfang zu wenig wählerische Vereinigung eine weitere Schwächung durch Spaltereien dienlicherweise nicht vertragen kann.

Vor allem im Ansehen des Auslandes. Sodann bezüglich des sowieso zarten Zusammengehörigkeitsgefühls unter den Deutschen überhaupt und den deutschen Schriftstellern besonders!

Falls Sie aber doch losbrechen sollten, möchte ich ~~doch~~ lieber Mitglied im Anschluß an Berlin bleiben.

Ansonst mit bestem Gruß
Ihr Hans Leip

24. *Gerhart Hauptmann – New York, o.D. [Oktober 1926]*

e. Postkarte m.U., Briefkopf: Hamburg-Amerika Linie
Staatsbibliothek zu Berlin - Preußischer Kulturbesitz: GH Br Nl: Hans Leip

Sehr verehrter Herr Gerhard Hauptmann,
in Erinnerung des Händedrucks, den Sie in Lobenstein mit einem jüngeren Manne ge-

wechselt haben, sende ich Ihnen von der See herzliche Grüße! Sie sagten damals sehr freundlich, daß Sie vielleicht Zeit finden würden, einen Blick in meine beiden Romane zu tun. Mein Verleger, Grethlein & Co, Leipzig hat Ihnen vor einiger Zeit die Bücher geschickt. Es wäre sehr gütig, wenn Sie darüber ein Wort an den Verlag schreiben könnten. Ich weiß allerdings, wie wenig bscheiden diese Bitte von mir, dem Anfänger ist. Aber, sehr verehrter Gerhard Hauptmann, es ist keine billige Schmeichelei, wenn ich gestehe, daß ich hier Ihr Buch „Atlantis" in neuer Begeisterung lese! Und seien Sie gewiß, daß ich in Deutschland niemand kenne, vor dem ich seit Knabentagen größere Ehrfurcht habe!

Ihr sehr
ergebener Hans Leip

25. „Simplicissimus", Schriftleitung – Hamburg, 14. November 1926

e. Brief m.U., 2 Bl recto, Briefkopf: HL I
BStB München:Autographen Leip, Hans

Sehr Verehrte!
Soeben zurückgekehrt von U.S.A. will ich nicht verfehlen, die erste Geistesfrucht dorther Ihnen darzubringen.

Es war dort herzlich und abenteuerlich.

Auf der Hinfahrt war ich mit Emil Jannings zusammen, und er läßt Dr. Sinsheimer innigst grüßen (auch Gussy Holl /./] ⌈tut dieses⌉)

Peter Scher wäre zu melden, daß Greenwich Village sich in einen langweiligen Kitsch verwandelt hat! Dafür ist das übrige New York sehr heiter und amüsant!

Florida hingegen ist tot und rührend wie eine Legende. Der Sturm dort ist wie ein Gericht Gottes in die Gemüter gefallen, und niemand rührt mehr an dies Thema, weshalb ich es nicht unterlassen konnte.

Mit herzlichen Grüßen,
allen, besonders auch Karl Arnold
Hans Leip

26. Wilhelm v. Schramm – Hamburg, 24. November 1926

typ. Brief, 2 Bl recto, Briefkopf: HG I
SUB Hamburg: NLp:Anhang VII, alte Korrespondenz vor 1945

Sehr geehrter Herr v. Schramm!
In der Sonnabend-Ausgabe vom 20. November No 321 des Hamburger Fremdenblattes steht ein Aufsatz: Poetische Prosa.

Dieser Aufsatz hat hier in Hamburg keinen Staub, sondern ein Stäubchen aufgewirbelt.

Wenn ich mich nun, aufgefordertermassen, gewissermassen zum Staubtuch erniedrige bezw. aufschwinge und Ihnen in meiner Eigenschaft als Sekretär dieses Briefkopfes schreibe, so ist das selbstverständlich eine Kritik, aber es soll kein Vorwurf, sondern ein Hinweis sein. Ein Hinweis darauf, dass Sie ein paar wesentliche Hamburger vergessen haben, deren Fehlen schon heute einen Aufsatz Ihrer Art mit dem Odium des Fragmentarischen behaften könnte.

Kennen Sie den Aufsatz von Axel Eggebrecht in No 45 der „Literarischen Welt" vom 5. November? Ansonsten sei er hiermit empfohlen.

In Hamburg bereitet sich etwas vor, dass wir Hamburger in bewusster Ruhe fühlen, dem aber das Reich mit berechtigter Spannung entgegensehen kann.

So nur ist es zu erklären, dass die hellhörigen Berliner bereits ihre leichte Kavallerie schicken, während München wohl noch etwas zu weit südlich liegt.

Ich weiss, dass Sie diese paar Sätze nicht falsch auffassen, aber es wäre doch immerhin nicht ganz unmöglich, dass wir Hamburger gelegentlich einmal wieder etwas über und unter Ihrem Namen lesen werden, das auch unser Herz erfreut.

Mit vorzüglicher Hochachtung
Die Hamburger Gruppe
I.A.

27. Paul de Chapeaurouge – Hamburg, 2. Dezember 1926

typ. Briefdurchschlag m.U., 1 Bl recto, Briefkopf: HG I
SUB Hamburg: NLp:Anhang VII, alte Korrespondenz vor 1945

Sehr verehrter Herr Senator,
Wir bitten Sie, Ihre Aufmerksamkeit dem hier ansässigen Schriftsteller Hermann Krieger zuzuwenden. Die Bücher Kriegers, deren Verbreitung in keinem Verhältnis zu ihrem außerordentlichen Werte steht, „Familie Hahnekamp" ist besser als „Leberecht Hühnchen", und „Imma" weit besser als die „Biene Maja", werden Ihnen nicht unbekannt sein. Aber Krieger ist über sechzig und lebt in bitter ärmlichsten Verhältnissen, welche beginnen, seinen Geist in bedauernswerter Weise zu belasten. Dabei arbeitet Krieger an einem neuen Werk, das sehr bedeutend zu werden verspricht. Gewiß, die öffentliche Armenpflege hat sich seiner nunmehr etwas angenommen, aber wir glauben, daß es würdiger für Hamburg wäre, einem so verdienten und hervorragenden Geist taktvoller und großzügiger die paar letzten Lebensjahre zu erleichtern! Wir bitten Sie daher, Herr Senator, der Sie dem schöpferischen Leben Hamburgs so geneigt und verständnisvoll nahestehen, kraft der Ihnen bekannten Wege dahin zu wirken, daß Hermann Krieger für den Rest seiner Tage ein anständiges staatliches Ehrengehalt beziehe, welches die jährliche Summe von 3000-M nicht unterschreiten sollte.

Im Auftrage der „Hamburger Gruppe" ergebenst Hans Leip

28. Werner Mahrholz – O.O., 21. Dezember 1926

e. Postkarte m.U., 1 Bl recto/verso
SUB Hamburg: NLp:Anhang VII, alte Korrespondenz vor 1945

Sehr geehrter Herr Dr. Mahrholz!
Der Antrag Galsworthys ist ja ganz hübsch, nur sollte höflicherweise hinzugesetzt werden, daß vor allem die außerdeutschen Vertretungen ~~sich~~ ihn zu beherzigen hätten. Deutschland hat (auch ohne PEN-Club) genanntem Grundsatz ja wirklich und oft übergenug gehuldigt! Galsworthy selbst wird allerdings bevorzugt sicher Deutschland am meisten im Auge haben; denn nicht nur Shaw, sondern auch er hat dem deutschen Erfolg, trotz des lächerlichen Verhältnisses der Sprachgedichte [¿], außerordentlich viel zu

verdanken. Und so geht es vielen, aber wievielen Deutschen geht es so? – Außerdem ein bedeutender Übersetzungsfehler: Es muß heißen: (other than propaganda) = die nicht Propaganda sind, oder besser: soweit sie nicht Propaganda sind (oder wollen Sie Kinaus: „Gott strafe England". Oder den amerikanischen Film: „The three horseman" auch als propagandalos auffassen? G. tut es sicher nicht!)

Soweit also der Antrag G. in diesem Sinne erläutert wird, stimme ich ihm zu, ansonst nicht!

Mit bestem Gruß
Hans Leip

29. Willy Seidel – O.O., 7. Januar 1927

typ. Brief m.U., 1 Bl recto, Briefkopf: HG I, zweite Kopfzeile gestrichen und ersetzt durch: zur Förderung des heimischen Schrifttums
DLA Marbach: NL Willy Seidel: 79.448/1

Sehr verehrter Herr Doktor,
In der Erkenntnis, daß das Menschheitliche über allem steht, gibt oben genannte Gruppe, zu welcher im ganzen 9 hamburger Schriftsteller gehören (durch Selbstwahl) ein westöstliches Fest. Dazu erscheint auch ein gut aufgemachter Almanach, in welchem wir von Ihnen etwas Bezügliches ~~von Ihnen~~ einfügen zu dürfen, ~~wir~~ sehr glücklich sein würden!

Wir lasen ~~von Ihnen~~ mit heftigem Genuß jene Reisestudie über „Chinesen in Java", und abgesehen davon, daß wir alles, was wir von Ihnen lasen bis in die glänzende Übersetzung von Arlens „Grünem Hut" hinein in großer Verehrung schätzen, läge uns gerade an einer solchen kleinen, abgefeimten Studie über so etwas wie junge Chinesinnen, oder über die „mondäne Kwannon" oder ~~über~~ über einen außerordentlichen Ahnenschrein.

Falls Sie nichts Geeignetes zur Hand haben, so wären wir immerhin schon dankbar, wenn wir einen Teil aus besagtem Aufsatze nachdrucken dürfen!

~~Mit~~ An diesem Almanache arbeiten mit unter anderem: Hermann Keyserling, Theodor Lessing, Prof. Wilhelm.

In der Hoffnung, bald von Ihnen zu hören,
Ihr sehr ergebener
Hans Leip

30. Hans Henny Jahnn – Hamburg, 9. Januar 1927

typ. Brief m.U., 1 Bl recto, Briefkopf: HG I
SUB Hamburg: NL Hans Henny Jahnn: Korrespondenz Hans Leip

Lieber Herr Jahnn,
Ich schrieb Ihnen schon einmal nach Klecken, der Brief kam zurück, und ich versuche es nun in Hamburg, Sie zu erreichen.

Die Hamburger Gruppe also wird sich freuen, Sie zu Ihren Mitgliedern zu rechnen. Verpflichtungen erwachsen Ihnen nicht daraus, auch keine Beiträge. Die Gruppe tritt nur bei Gelegenheiten, die einen Nachdruck von ordentlicher, anerkannter literarischer Seite erfordern, hervor, hat außerdem allerdings den Ehrgeiz, die Mitglieder in Verbindung mit den Hamburger Behörden und der Hamburger Gesellschaft zu fördern und das Ansehen des Schrifttums und des Schriftstellers hierorts sich angelegen sein zu lassen.

In diesem Sinne geben wir ein Fest, Näheres erfahren Sie aus der Einladung beiliegend, welches trotz des geliebten Heimatbodens den menschlichen Horizont so weit wie möglich dartun soll. Daher auch das sonderbare Protektorat. Ein anständiger Almanach dazu erscheint im Verlag Asmus, die Schriftleitung habe ich, und ich bitte Sie, etwas West-östliches dafür beizusteuern, und wenn es geht, recht bald!

Indem ich Ihnen zur Berliner Aufführung, die einen so reizvoll üppigen Wiederhall gefunden hat, noch meinen herzlichen Glückwunsch sage und zugleich hinzufüge, daß, wie ich höre, der PEN-Club auf Bluncks Vorschlag starke gesellschaftliche Bedenken gegen Ihre Aufnahme äußerte

bin ich mit herzlichen Grüßen

Ihr

Hans Leip

31. Carl Petersen – Hamburg, 9. Januar 1927

typ. Briefentwurf., 1 Bl recto, Briefkopf: HG 1
SUB Hamburg: NLp:Anhang VII, alte Korrespondenz vor 1945

Sehr geehrter Herr Bürgermeister,
Oben genannte Vereinigung, die der Förderung des heimischen Schrifttums dient, veranstaltet im Februar ein großes Künstlerfest, welches, das Allmenschliche des Geistigen trotz stärkster Bindung an den Heimatboden andeutend, eine west-östliche Ausgestaltung erfährt. Das Protektorat hat der Generalkonsul der Rep. Ch. Fong übernommen, die Raumgestaltung Fritz Höger, der Erbauer des Chilehauses, die gesellschaftliche Leitung Prof. Dr. Hans Much, die musikalische der junge Komponist Hermann Erdlen, welcher erst kürzlich durch den Simphoniepreis zur 150 jährigen Unabhängigkeitsfeier der Vereinigten Staaten in Philadelphia ausgezeichnet wurde.

Zu diesem Feste, dessen Einladung beiliegt, wird unter der Leitung von Hans Leip ein gut aufgemachter Almanach herausgegeben (Verlag Asmus). Wir würden uns sehr freuen und es im Sinne einer vielleicht nicht ganz undiplomatischen Angelegenheit besonders freundlich finden, wenn Sie, sehr verehrter Herr Bürgermeister, ein paar Worte dazu widmen würden, welche kurz die äußere und innere Bedeutung des fernen Ostens und des Fernöstlichen für unsere Vaterstadt streifen würden.

32. Carl Albert Lange – Hamburg, 1. März 1927

e. Brief m.U., 1 Bl recto/verso
SUB Hamburg: NL Carl Albert Lange: Bb 103

Lieber Carl Albert,
Gewiß, Krieger liegt uns allen auf dem Gewissen! Was die Hbg. Gruppe tun kann, soll geschehen, und ich hoffe, es wird genügen, um dem „Staate“ einen Antrag zu reichen, wenn bekannt wird, daß wir Kr. 1000 M geben in Anerkennung seiner Verdienste um das Deutsche Schrifttum! (Und seiner Lage!)

Würdest Du, der seine Verhältnisse besser beurteilen kann als wir es vermögen, raten, ihm diese Summe auf einmal oder beser in 10 Monatsraten zu zahlen?

Ich erwarte Deine Antwort rasch!

Mit herzlichem Gruß Dir und Deinen Lieben
Dein
Hans Leip

33. Hans Friedrich Blunck – Hamburg, 27. Juni 1927

typ. Brief m.U., 1 Bl recto, Briefkopf: HL 1
Schleswig-Holsteinische Landesbibliothek Kiel: NL Hans Friedrich Blunck: PEN-Club : Cb 92. Blunck 238

Sehr geehrter Herr Dr. Blunck,
Ihre Zuschrift über die nordwestdeutschen Anstrebungen des PEN Clubs habe ich aufmerksam gelesen. Die Zweigneigungen mögen gut sein. Aber falls sich die Deutsche Gruppe nicht bald eine gründliche Streichung höchst nebensächlicher Namen (ich meine auch die Gesamtliste) angelegen sein läßt, so wäre es besser, die so ernsthaft begonnenen Aufgaben an den SDS zu übertragen.

Von einer Vereinigung mit der HAMBURGER GRUPPE möchte ich durchaus abraten, wenigstens vorläufig

Mit bestem Gruß
Ihr sehr ergebener
Hans Leip

34. Willy Seidel – Hamburg, 12. Oktober 1927

typ. Brief m.U., 1 Bl recto, Briefkopf: HL 1
DLA Marbach: NL Willy Seidel: 79.448/4

Sehr verehrter Herr Dr. Seidel,
Im Fremdenblatt wird also nächstens ein längerer Aufsatz über Sie stehen (Fünf Seiten Maschine). In selbigem möchte ich auch schon gern das kleine Buch, das Sie wahrscheinlich im „Kreisverlag" erscheinen lassen werden, zur angenehmen Erwähnung bringen,

finde aber den Titel Die Zunft der Zeitlosen

wenig erbaulich, zumal eine zweite Alliteration darunter im Stil neckischer Daheimlektüre folgt. Wir hatten hier in Hamburg zudem ein sehr anrüchiges „Künstlerfest" mit dem allerdings schöneren Titel Dämmerung der Zeitlosen. Außerdem heißt ja nun mal das erste Buch der Reihe dieses Verlages Die Nächtezettel der Sinsebal, also völlig gleichgebaut.

Aus diesen formalen Gründen wäre es vielleicht netter, wenn Sie einen gelegeneren

Titel finden würden, was Ihnen ja sicher nicht schwer fallen wird! Ich schreibe dies allerdings ohne ~~Kenntnis~~ Wissen des Verlages und habe mich dorthin auch jeder Bemerkung enthalten, es ist vielmehr ein ganz privater und wohlgemeinter Vorschlag.

Mit herzlichen Grüßen

Ihr sehr ergebener
Hans Leip

35. Carl Albert Lange – Hamburg, 24. Oktober 1927

e. Brief m.U., 1 Bl recto/verso
SUB Hamburg: NL Carl Albert Lange: Bb 103

Lieber Carl Albert Lange,
Der Erfolg des Gesuches an das „Gremium" ist ja bedauerlich! Es wäre doch sehr hübsch, einmal zu erfahren, welche Gesamtsumme dort zur Verteilung stand und wer da alles von gesogen hat.

Wie wär es, wenn man Kriegers Heimatort einmal anruft?

Vielleicht auch ist mal wieder der Hamburger Senat reif! Schreib doch mal einen dergestalten Aufsatz für den „Kreis" oder das Fremdenblatt! Man muß die offene Staatshand öffentlich anbohren, dann hat sie nämlich Manschetten! Die H. Gr. kann erstmal noch nicht wieder. Das wäre auch ungerecht! Vielmehr sollte es als beschämendes Beispiel für den Senat wirken. Aber der S.D.S. hatte doch einiges Geld. Und vielleicht verdient er etwas mit seinem Fest, seinem Tintenfest, und warum sollte ein wackerer Krieger diesen Fisch aus der Kagelmacherreihe nicht gehörig melken? Alle vergangenen Zwiespälte ohngeachtet?!

Und was ist mit Kriegers neuem Verleger? Es ist doch klar, daß das Buch, wenn es was taugt, ihm Vorschuß einbringt. Du siehst, ich weiß verdammt wenig!

Mit bestem Gruß Dein
Hans Leip

36. Alexander Zinn – Hamburg, 28. Oktober 1927

typ. Brief m.U., 1 Bl recto, Briefkopf: HL 1
StA Hamburg: 135-1: Staatliche Pressestelle I-IV (Zeitungsausschnittssammlung Leip), A 761

Sehr verehrter Herr Alexander Zinn,
Sie werden sich erinnern, daß wir einmal davon sprachen, wie nett es wäre, den abgehenden Hamburger Schülern als Andenken jeweils das geeignete Buch eines heimischen Verfassers mit auf den Weg zu geben.

Inzwischen ist das ja auch ein paarmal geschehen.

Nun habe ich einen kleinen Hamburger Jungsroman geschrieben: Der Nigger auf Scharhörn. Er spielt größtenteils auf der Hamburger Insel Neuwerk.

Ich würde mich von Herzen freuen, wenn auch mein Buch sich für eine österliche Gabe als geeignet erweisen könnte. Gern gestehe ich, daß ich es auch im Hinblick darauf geschrieben habe, zugleich aber auch als Dank für manche Freundlichkeit, die mir vom Senate und durch Ihre Vermittlung zuteil wurde.

Mit besten Grüßen
Ihr sehr ergebener
Hans Leip

37. Willy Seidel – Hamburg, 28. Oktober 1927

e. Brief m.U., 1 Bl recto/verso, Briefkopf: HL 1
DLA Marbach: NL Willy Seidel: 79.448/5

Lieber Herr Dr. Willy Seidel,
Herzlichen Dank für Ihren Brief, in welchem Sie auf meine reichlich anmaßenden Zeilen so liebenswürdig eingehen. Sie haben natürlich recht, any odd title – – (ich las das statt old!). Der „Kreis" aber ist eine verflucht allseitig schlecht beizukommende Angelegenheit. Dr. Benninghoff versicherte mir hoch und teuer, sie seien beglückt von Ihrer Sache und würden es unbedingt verlegen, Sie sollten sich nur noch vierzehn Tage gedulden. Es wäre gut, sehr verehrter Herr Doktor, wenn Sie mal ein recht gepfeffert sarkastisches Wort in diesen Mottentopf werfen würden. Es ist ~~Große~~ Bergstraße Nr. 26

Das Fremdenblatt hat den Aufsatz über Sie auch noch immer nicht gebracht! Meumann behauptet, auf eine besonders günstige Gelegenheit zu warten.

Es ist schon eine saure Blase hier!

Übrigens wird Ihnen der Verlag Enoch Gebr. noch einen kleinen Jungsroman von mir Ihrer gütigen Kritik ans freundliche Herz legen.

Aber heute ist hier sehr hübsches Wetter in Hamburg.

Indem ich dieses auch von München hoffe und Ihnen, wie Ihrer verehrten Frau Gemahlin alles Gute wünsche bin ich Ihr sehr ergebener

Hans Leip

38. Gustav Wahl – Hamburg, 5. November 1927

typ. Brief m.U., 1 Bl recto/verso, Briefkopf: HL 1
SUB Hamburg: Literatur-Archiv, Hans Leip: 27/6609

Sehr geehrter Herr Professor,
Verbindlichen Dank für Ihr freundliches Interesse an meiner Arbeit. Leider muß es sich bei dem von Ihnen angeführten Titel um einen Irrtum handeln. Wohl hat ein Wiener Verleger mit mir über die Herausgabe eines Werkes unter dem Titel: Sittengeschichte der Häfen, Matrosen und Überseereisen – verhandelt, dessen Leitung ich übernehmen sollte, aber ein Abschluß ist da nicht gediehen.

Gewiß würde ich Ihnen ansonst ein Exemplar auf Ihren Wunsch schenken. Aber unter uns, lieber Herr Direktor, würde ich es im Namen des Hamburger Schrifttums begrüßen, wenn Ihre Bibliothek in solchen Fällen den Verfasser auch in den Augen des Verlegers mehr fördernde Methoden der Erwerbung vorziehen könnte! Ich würde das gerade in Hamburg als eine so ehrenvolle wie notwendige und im Grunde selbstverständliche Art empfehlen.

Indem ich aber Ihren aus dem sonstigen Sorgengebiet Ihrer Sammlung herzuleitenden Standpunkt gerne verstehe bin ich mit ergebenem Gruße

Ihr
Hans Leip

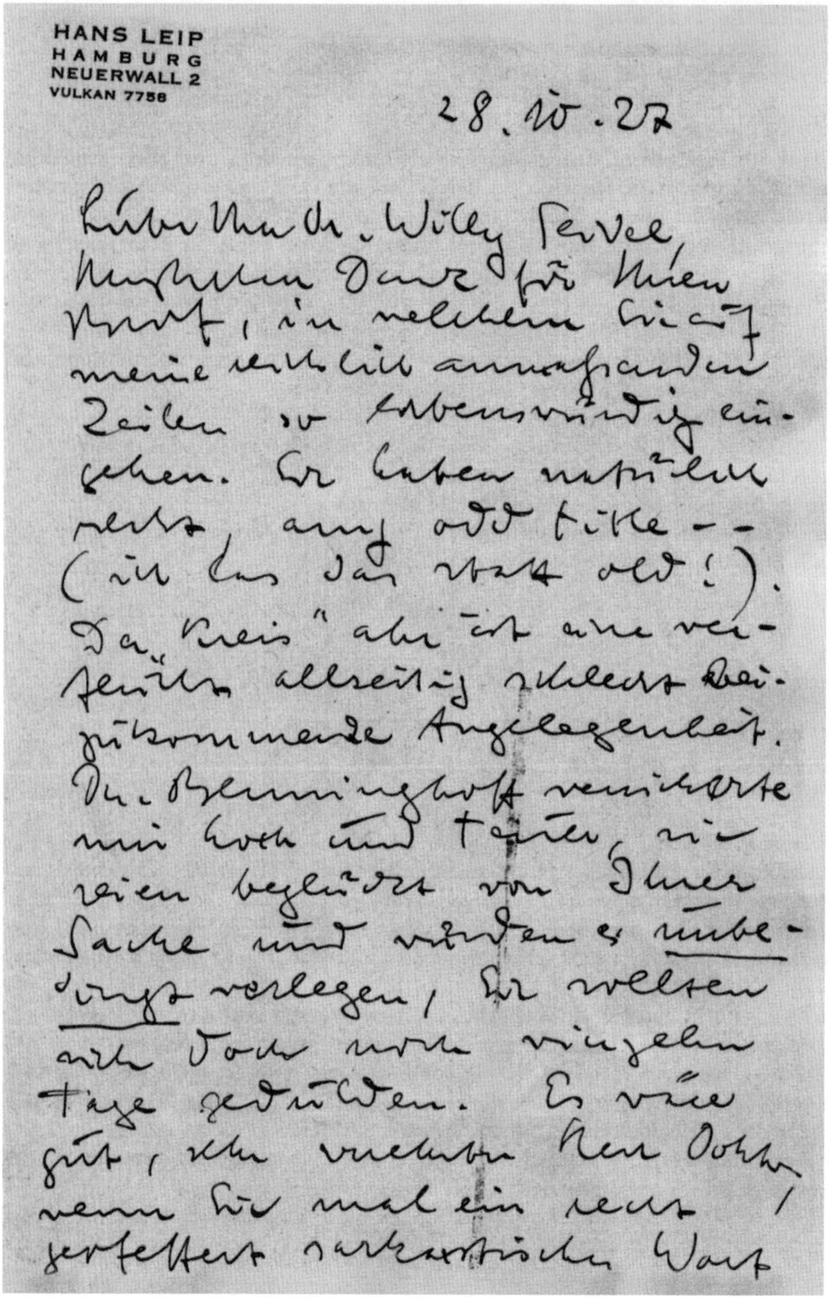
HANS LEIP
HAMBURG
NEUERWALL 2
VULKAN 7758

28.10.27

Lieber Herr Dr. Willy Seidel,
herzlichen Dank für Ihren Brief, in welchem Sie auf meine ziemlich anmaßenden Zeilen so liebenswürdig eingehen. Sie haben natürlich recht, [illegible] oder [illegible] – – (ich bin da [illegible] [illegible]!). Der „Kreis“ aber ist eine verteufelt allseitig schlecht beizukommende Angelegenheit. Dr. Bemminghoff versicherte mir hoch und teuer, sie seien beglückt von Ihrer Sache und würden es unbedingt verlegen, Sie wollten sich doch noch vierzehn Tage gedulden. Es wäre gut, ich erreichte Herrn [illegible], wenn Sie mal ein recht / gepfeffert sarkastisches Wort

Brief 37: Hans Leip an Willy Seidel. Hamburg, 28.10.1927.

39. Hans Friedrich Blunck – Hamburg, 9. Dezember 1927

typ. Brief m.U., 1 Bl recto, Briefkopf: HL I
Schleswig-Holsteinische Landesbibliothek Kiel: NL Hans Friedrich Blunck: Cb 91.56 :52, 7

Lieber Herr Dr. Blunck,
Besten Dank für ihre nochmalige Erinnerung! Ich werde, wenn es Ihnen recht ist, ein kleines Gedicht und zwei kürzere Novellen lesen, eine ernstere und eine heitere, nämlich Die Sündflut zu Miami, die in der Frankfurter Zeitung stand und Kleine Tanzinsel ~~(Die Sünde)~~ die zuerst im Simplicissimus war. Ich hoffe, daß ich damit eine halbe Stunde nicht überschreite. Sehr gern hätte ich Unveröffentlichtes gelesen, habe aber die Manuskripte nicht zur Hand.

Mit verbindlichem Gruß und Dank für die Einladung, auch Ihrer Gattin

Ihr sehr ergebener
Hans Leip

40. Willy Seidel – Hamburg, 12. Dezember 1927

e. Brief m.U., 1 Bl recto/verso, Briefkopf: HL I
DLA Marbach: NL Willy Seidel: 79.448/6

Lieber Herr Dr. Willy Seidel,
ich bin überglücklich über den prächtigen Bericht, den Sie meiner bescheidenen Persönlichkeit gewidmet haben! Haben Sie herzlichsten Dank! Ich bin sehr stolz auf Ihre Worte und sehr verschämt, sodaß ich mich heftig bemühen muß, Ihren so liebenswürdigen Meinungen gerecht zu werden!

Aber wäre es über jemand anderes geschrieben, so würde ich sagen: Es ist ein höchst kluger, geistvoller Aufsatz, blendend im Stil, großzügig, erfahren und weltmännisch! Er macht diesem verteufelt genialen Willy Seidel alle Ehre!

Meine Hand, lieber Doktor!

Ich hoffe, bald wieder über Sie zu schreiben Gelegenheit haben, und dann will ich den Schnitzer, den ich letzthin machte, wieder ~~gut~~ einzurenken suchen! Vor allem will ich über den Buschhahn, den ich vor vier Jahren las, ausführlicher schreiben; nun da ich ihn mit Ihrer liebenswürdigen Widmung besitze, werde ich mich aufs neue hineinwerfen und mich an Ihrem „Hamburger" darin aufs neue und gründlicher erbauen.

Also, nochmals, lieber Willy Seidel, Sie haben feurige Kohlen auf mein norddeutsches Haupt gesammelt!

Der „Kreis" scheint mir allmählich der höchst anrüchige Reifen einer Heringstonne zu sein. Ich ahnte das ja nicht, sonst hätte ich Ihnen das olle Gummiband wirklich nicht empfohlen! (Er „saniert" nämlich noch immer und bezahlt auch mich nicht!)

Mit herzlichen Grüßen, auch Ihrer lieben Gattin Ihr stets ergebener
Hans Leip.

41. Hans Friedrich Blunck – Hamburg, 15. Dezember 1927

e. Brief m.U., 1 Bl recto, Briefkopf: HL 1
Schleswig-Holsteinische Landesbibliothek Kiel: NL Hans Friedrich Blunck: Cb 91.56 :52,9

Lieber Herr Dr. Blunck,
Schönen Dank für den Besprechungsausschnitt!

Bezüglich der Sortimenter wäre manches Trübe zu sagen. Ich habe Haalck veranlaßt, an die 60 (sechzig) größten hier am Platze noch einmal auf die Neuerscheinungen der Gruppenmitglieder hinzuweisen. Es ist in freundschaftlichem Tone alsbald geschehen.

Herzlichen Dank für Ihr Eintreten Sauke gegenüber!

W. v. Molo ist hier, ich wundere mich, daß der S.D.S. nichts wegen der Berliner Vortragenden unternimmt!

Verbindlichst
Ihr
Hans Leip

42. Gustav Wahl – Hamburg, 26. Januar 1928

e. Brief m.U., 1 Bl recto/verso, Briefkopf: HL 3 (hs. Erg.: Neuerwall 2)
SUB Hamburg: Literatur-Archiv, Hans Leip: 27/6610

Sehr geehrter Herr Professor!
Verbindlichen Dank für Ihre freundlichen Zeilen vom 18. 1.! Wir sind uns ja also im Grunde sehr einig!

Da Sie die Neigung zum Erwerb der „Handschriften" haben (Sie besitzen schon das Manuskript zu „Godekes Knecht" von mir) so halte ich es für meine Pflicht, Ihnen mitzuteilen, daß die Urschrift jenes kleinen Romans, der jetzt im Simplicissimus von mir erscheint (Miss Lind und der Matrose) von auswärts (Schweiz) zum Kauf angefordert wurde. Falls Sie Wert darauf legen, schlage ich das Angebot ab und stelle Ihnen das Manuskript für die Staats- und Universitätsbibliotek zur Verfügung. Über den Preis würden wir uns schon einigen.

Ähnlich ging es mit dem „Tinser", der nach Moskau sollte, was sich aber zerschlug, und der privat nach Kopenhagen ging, woher ich ihn aber zurückzuerhalten hoffe.

Das Vorstehende klingt, wie ich es überlese, ein wenig anmaßend und sonderbar. Aber ich kann nichts dafür. Es waren Zufälle, nicht von mir herausgefordert.

Die Urschrift des „Niggers auf Scharhörn", die sicher als Hamburgensie zu werten ist, steht Ihnen auch noch zur Verfügung. Sollte ich die „Kladde" zum Vorwort des Hamburg-Bandes (Albertus Verlag) wiederfinden, schenke ich Sie Ihnen!

Im Übrigen schreibe ich gern in von der Bibliothek erworbene Exemplare meiner Bücher mein Autogramm. Warum nicht! (Sie sollten von rechts wegen jedes Jahr einen Hamburger Autoren-Autogramm-Tag in Ihrer Bücherei veranstalten mit Kaffee und Kuchen!) Das ist Scherz, aber es wäre nett!

Beste Grüße
Hans Leip

43. Ilse Haalck – Berlin, 29. Januar 1928

e. Brief m.U., 4 Bl recto
MHG: Hans-Leip-Archiv: Briefe, Briefentwürfe und Durchschriften F-L: HL an Ilse Haalck-Leip

Mein lieben Isle,
Die dunkeln Mächte, die uns treiben, sind zumeist sehr leise und wir glauben manchmal, sie sind längst zahm und zur Ruhe. Du hast gespürt, wie sehr wir alle irdisch sind, selber Erde, unruhig schwebend, kreisend, und doch der großen Bahn angefesselt, unbarmherzig angefesselt, und es ist schließlich ein Trost, dem großen Ablauf eingefügt zu sein –

Aber solche Worte scheinen mir selber ein magerer Trost für Dich, mein Deern! Wie gern möchte ich Dir helfen! Ich habe niemals so heftig gewünscht, mich verdoppeln zu können.

Wie machen wir es denn? Du bist mir zu lieb, als daß ich Dich leiden sehen will. Ich hätte es Dir voll und ganz gegönnt, was Du ersehntest; mir war das Herz ein bischen bedrückt – natürlich – aber ich will ja Dein Bestes. Und ich weiß nicht, was Dein Bestes sein kann. Die dunkeln Mächte der Erdtiefe sind unruhig in Dir, Du willst ihnen gern gehorchen, so egoistisch sie sind, einzig bedacht, die Menschheit zu Qual und Lust nicht aussterben zu lassen.

O mein kleines Isle!

Wenn ich Dir doch sagen könnte, wie gern ich Dich habe, so gern, daß es mir sehr recht wäre, wenn – und sogar, wenn es ein Sohn –

Ja, so weit bin ich längst. Aber es würde Dir letzten Endes die rechte Lösung doch nicht bringen – das ist wohl so.

Nicht wahr? Du bist so tapfer und so liebenswert klar über den Trost, der Dir durch Dein Schaffen nahe ist. Du bist so klug in diesen Dingen, es ist mir seit jeher ein Labsal und hat mich weiter gebracht, von Dir Musik zu hören und mit Dir über Musik zu sprechen. Du schriebst auch jetzt so schön darüber –

Möchte doch, was immer auch wird – und ich wünsche Dir alle Erfüllung Isle – unsere Freundschaft bestehen bleiben – die so sehr auf Achtung aufgebaut ist –

und unsere Liebe –

Dein Hannes

44. Hermann Sinsheimer – Mittelberg/Kleines Walsertal, 17. Februar 1928

e. Brief m.U., 1 Bl recto/verso, Briefkopf: Hotel „Krone"
SUB Hamburg: NLp, Neuzugang, Eingangs Nr. 1995. 1051

Lieber Dr. Sinsheimer,
Dienstag werde ich wohl wieder in München sein und Sie vormittags anwecken. Anbei auch die Nachricht auch dem Hmb. Fremdenblatt. An und für sich hätte ich nichts dagegen, wenn der Simpl. Verlag sich mit dem S. Fischer Verlag zusammenlegte, aber es wäre doch ein Schatten auf die bisherige und Münchener Glioriole.

Wäre es übrigens nicht gut, wenn Sie sämtliche winter- und sommersportlichen Gasthäuser (wie dieses, wo ich wohne) durch ⌈einen⌉ hübschen Prospekt veranlassen würden, den Simpl ständig zu halten? Es wäre eine Bombenreklame bei dem Publikum, das nämlich reichlich dazu kommt, alles, was daliegt zu lesen (und es liegt nichts da!)

Also wie stets
Ihr Hans Leip.

45. Hans Friedrich Blunck – Hamburg, 12. März 1928

e. Postkarte m.U., 1 Bl recto
Schleswig-Holsteinische Landesbibliothek Kiel: NL Hans Friedrich Blunck: Cb 92. Blunck 238 (Korporationen, Pen-Club A-L)

Lieber Dr. Blunck,
Zu Ihrem Korrodi-Tee komme ich gern!
Liepmann habe ich auch schon gesprochen.

Herzliche Grüße
Ihr
Hans Leip

46. Robert Neumann – O.O., [vermutlich Juni/Juli 1928]

Der Verbleib des Briefes ist nicht bekannt
Veröffentlicht in: Robert Neumann: Ein leichtes Leben. Bericht über mich selbst und Zeitgenossen. Wien u.a.: Kurt Desch 1963, S. 418 – außerdem veröffentlichte Neumann den Brief in: Vorsicht Bücher. Parodien – samt einem Leseleitfaden für Fortgeschrittene. Wien u.a.: Kurt Desch, S. 77 f.

Herr Neumann!
Was ich schon immer über Sie gedacht habe, bestätigt sich: Sie sind ein kleiner verkappter Oberlehrer! Sie fummeln so prächtig mit dem Zeigestock umher, so richtig aschbeutelig. Immerhin sollte ich Ihnen womöglich dankbar sein, daß Sie Ihre Nase überhaupt in ein paar Anfangsseiten eines Buches von mir geklemmt haben. Achgott, Parodieren ist leicht. Dafür ist ja auch Ihr Roman ein recht bescheidener margarinehafter italienischer Salat!

Hans Leip.

47. Lina Petersen – Hamburg, 11. Juli 1928

e. Brief m.U., 1 Bl recto/verso, Briefkopf: HL 1
Slg. Herbert Lehmitz

Liebe Liane,
ich schick Dir durch das Mädchen meiner neuen Frau 50 M. Ich bin selber sehr klamm! Hoffe aber, daß es im Herbst etwas besser wird. Ich hab mich übrigens aus mancherlei Gründen wieder verheiratet, für wie lange, weiß ich noch nicht genau. An meinen Lebensgewohnheiten, jetzt gerade schon eremitischen Einsamkeit, hat sich nichts geändert. Ich wohne auch nach wie vor allein in der alten Bude.

Das Kindchen tut mir schrecklich leid. Ich hab es in süßester Erinnerung.

Gib ihm einen kleinen zarten Kuß von mir, und es möchte bald gesund werden!

Und seid herzlich gegrüßt von
Eurem
Hans Leip

Ich arbeite seit längerer Zeit an einer größeren Sache und verdiene nichts!

48. Rudolf Ross – Hamburg, o.D. [Anfang August 1928]

typ. Brief m.U., 1 Bl recto, Briefkopf: HG 1
StA Hamburg: 363-2: Senatskommisssion für die Kunstpflege, Eb 153

Sehr verehrter Herr Bürgermeister,
Der bekannte Schriftsteller, Orgelbauer und Journalist
Hans Henny J a h n n
möchte zur Bereicherung seines Wissens über primitive akustische Grundlagen und aus künstlerischen, kulturellen und schriftstellerischen Forschungsabsichten eine längere Reise durch das unbekannte A b e s s i n i e n machen und hofft, daß seine Vaterstadt Hamburg, in der er lebt, ihm dazu die finanzielle Unterstützung nicht versagen wird.

Es wird sich ungefähr um eine Summe von 5000 M handeln.

Die Hamburger Gruppe und auch ich ganz persönlich würden es sehr begrüßen, wenn man Jahnn aus Staatsmitteln zu seinem ruhmvollen Vorhaben behilflich sein könnte.

Mit hochachtungsvollem Gruß
Ihr sehr ergebener Hans Leip

49. Hans Friedrich Blunck – Hamburg, 3. September 1928

e. Brief m.U., 1 Bl recto/verso, Briefkopf: HL 1
Schleswig-Holsteinische Landesbibliothek Kiel: NL Hans Friedrich Blunck: Cb 91.56 :52, 10

Lieber Hans Fr. Blunck,
Zu Ihrem heutigen vierzigsten Geburtstage meine herzlichsten Glückwünsche. Möge Ihnen die Zukunft alle rechte Anerkennung und Würdigung in vollem Maße zu Teil werden lassen! Wir fühlen es gerade wieder um die Vierzig herum, daß es nicht immer sehr gemütlich auf diesem kühlen hanseatisch norddeutschen Breitengrade zugeht, und daß sein Wetter dem des Atlantiks bei den Roaring Forties herum wenig nachsteht, und es höchstens an Farblosigkeit übertrifft.

Schönste Grüße auch von Haus zu Haus
Ihr
Hans Leip

50. Alexander Zinn – Hamburg, 1. Oktober 1928

typ. Brief m.U., 1 Bl recto/verso, Briefkopf: HL 1
StA Hamburg: 363-2: Senatskommisssion für die Kunstpflege, H 1

Sehr verehrter Herr Zinn,
Es sollte mich freuen, wenn Sie sich wegen der nächsten Ostergabe an die Hamburger Konfirmanden noch einmal für meinen Nigger auf Scharhörn einsetzen würden! Einen Auszug aus den Besprechungen, falls sie ihn brauchen, kann ich Ihnen durch den Verlag vorlegen lassen.

Von dem guten Erfolg des Buches Miss Lind und der Matrose werden Sie gehört haben. Es ist nach jener Amerikareise entstanden. Ich schreibe an einem neuen Roman, der sich zum großen Teil stofflich auf dieselbe Reise stützt. Aber Sie wissen wohl, daß es trotzdem nicht immer leicht ist, hier in Hamburg freundlich durchzukommen. Und eben darum bitte ich Sie noch einmal, sich für das Osterbuch zu verwenden!

Mit verbindlichem Gruß
Ihr sehr ergebener
Hans Leip

51. Kurt Broschek – Hamburg, 2. Oktober 1928

typ. Briefdurchschlag, 1 Bl recto/verso, Briefkopf: HG 1
SUB Hamburg: NLp:AnhangVII, alte Korrespondenz vor 1945

Sehr verehrter Herr Broschek,
In die verklingenden Lobreden über Ihr angesehenes Unternehmen anläßlich der Hundertjahrfeier wollen wir auch gerne die Glückwünsche des Hamburger Schrifttums einfügen. Aber wir haben doch mit Betrübnis festgestellt, wie wenig das heimische Schrifttum und die Literatur überhaupt dem Hamburger Fremdenblatt zu gelten scheinen! In Ihrer umfänglichen Festschrift ist wohl über 100 Jahre Musik und Malerei in Hamburg geschrieben worden, aber kein einziges Wort über 100 Jahre Literatur! Und wahrhaftig, es wäre ein sehenswertes, rühmliches und wichtiges Kapitel geworden, denn selbst das Hamburger Fremdenblatt ist, wenn ich mich nicht irre, nicht als reines Nachrichten- und Anzeigen-Blatt, sondern auch aus der Literatur entsprungen, und ich glaube, daß ein gut Teil Ihrer Mitarbeiter es kränken würde, wenn man ihnen glattweg jede Beziehung zum deutschen Schrifttum absprechen würde!

Ich glaube, im Gegensatz zu vielen meiner Freunde, daß es sich um ein glattes Versehen im Getriebe der Festvorbereitungen handle; denn das Gegenteil ist mir fast unmöglich zu glauben. Auch daß kein einziger Vertreter des reinen Schrifttums, also zumindest der Vorsitzende des Schutzverbandes Deutscher Schriftsteller Nordwestgau oder der hiesige Verbindungsvertreter des Internationalen P.E.N. Clubs, geschweige denn der erste Vorsitzende der HAMBURGER GRUPPE als solcher zu Ihrem Festmahl in den Vier Jahreszeiten gebeten war, könnte als tiefe Nichtachtung und Verletzung aufgefaßt werden, wenn nicht, wie ich annehme, hier ebenfalls ein Irrtum vorläge.

Nehmen Sie, sehr verehrter Herr Broschek, diese Zeilen nicht als beleidigte Quengelei, sondern einzig als Ausdruck von Aufmerksamkeit und als Bewußtsein der Aufgaben und Notwendigkieten, denen wir in diesen nicht gerade bezüglich des freien Schaffens rosigen Zeiten nachzustreben besten Willens sind. Das Deutsche Schrifttum und gerade auch neuerdings das Hamburger gewinnt mehr und mehr eine hochgeachtete Auslands- und Weltgeltung. Und es kann sicher nicht in Ihrem Sinne sein, wenn man das auf heimischen Boden einfach übersieht!

Dies ist geschrieben in der gleichen Meinung vieler hiesiger und auswärtiger Verfasser.

Mit der verbindlichsten Hochachtung
Ihr sehr ergebener

52. Alexander Zinn – Hamburg, 24. November 1928

typ. Brief m.U., 1 Bl recto, Briefkopf: HL 1
StA Hamburg: 363-2: Senatskommisssion für die Kunstpflege, Eb 195

Sehr verehrter Herr Senatsrat Zinn,
Sie verweisen mich auf eine sehr lange Bank, mit der mir im Augenblick wahrhaftig nicht gedient sein kann.

Seien Sie versichert, daß es mir sehr sauer geworden ist, in meinem Falle Ihre bedrängte Zeit in Anspruch zu nehmen.

Eine klare Antwort über positive Möglichkeiten oder ein klares Eingeständnis der Unmöglichkeit wäre mir nach wie vor dienlich.

Warum muß denn gerade in Hamburg sich so gräßlich lange um Ja oder Nein herumgewunden werden?

Ich erinnere nur an meine Zeilen H. H. Jahnn betreffend, die aus bester Absicht entsprangen, und auf die ich heute noch keine Antwort habe. (Ich weiß nicht, ob Sie durch Herrn Bürgermeister Ross darüber wissen)

Natürlich kenne ich Ihre Schwierigkeiten und bedaure lebhaft, daß ich sie vermehre. Aber ich halte Sie nach wie vor für die einzige staatliche Verbindung zum freien Schaffen in Hamburg.

Ihr sehr ergebener Hans Leip

53. Hans Henny Jahnn – Hamburg, 5. Februar 1929

typ. Brief m.U. (letzter Absatz hs), 1 Bl recto, Briefkopf: HL 1
SUB Hamburg: NL Hans Henny Jahnn: Korrespondenz Leip

Vertraulich!
Lieber Jahnn,
Eigentlich solltest Du in der Gruppe bleiben! Denn es beginnt sich nun manches günstiger zu gestalten, nachdem wir so gering und rein geworden sind. Jahnn, Much und Leip wäre kein schlechtes Triumvirat in Hamburg! Selbstverständlich auf der Basis vollkommener Gleichberechtigung!

Auf keinen Fall aber besteht die Absicht, DIE HAMBURGER GRUPPE aufzugeben!

Dazu liegt gar kein Grund vor, nachdem es dem Geschäftsausschuß durch Högers Geschick so leicht gemacht worden ist, sein Amt nicht niederlegen zu brauchen.

Mit bestem Gruß
Hans Leip

Das ist klar, unsere persönlichen Kameradschaftlichkeiten berühren diese „Vereinsmeierei-Erzeugnisse" in keiner Weise.

Auch könnte jeder von uns ganz schön alleine! Und dennoch reizt es verflucht, hierorts ein wenig an der Kandarre mitzücken zu dürfen, und das kann man nur, wenn man mit einem gemeinsamen Sattel unterschreibt. (Und die Hamburger Gruppe war kein schlechtes Leder.) Blunck würde sicher auch wieder mitmachen wollen.

54. Hans Henny Jahnn – Hamburg, 11. März 1929

typ. Brief m.U., 1 Bl recto, Briefkopf: HL 1
SUB Hamburg: NL Hans Henny Jahnn: Korrespondenz Leip

Lieber Hans Henny Jahnn,
Auf Deine Anfrage teile ich Dir mit, daß ich mit meinen schriftstellerischen Werken 1927 etwa 1450 M 1928 unter 1000 M verdient habe. Hiervon sind allerdings die gesetzlich gestatteten Abzüge ~~ge~~ schon gemacht.

Meine Schulden belaufen sich auf ~~etwa~~ insgesamt etwa 9000 M.

Mit besten Grüßen
Dein Hans Leip

55. Hans Henny Jahnn – Hamburg, o.D. [vermutlich April 1929]

e. Brief m.U., 1 Bl recto/verso, Briefkopf: HL 1
SUB Hamburg: NL Hans Henny Jahnn: Korrespondenz Leip

Lieber Jahnn,
ich sah neulich eine Aufführung bei Lherman, etwas von Musil, und es war kein besonders ordentliches Stück, es wurde immer geredet und aus- und eingegangen, aber Lherman ist ein ganz geschickter Hund, ein ganz smarter Bursche. Geld wird man, seiner Physiognomie nach, wohl nicht von ihm kriegen. Die gute kleine Irma Stein sieht das zu idealistisch.

Aber denn man ran!

Herzlich Dein Hans Leip

Den Brief von I. St. schicke ich Dir auftragsgemäß.

56. Hans Friedrich Blunck – London, 18. November 1929 [Poststempel: Paddington, 19. 11. 1929]

e. Postkarte m.U., 1 Bl recto/verso, Briefkopf: HL 1
Schleswig-Holsteinische Landesbibliothek Kiel: NL Hans Friedrich Blunck: Cb 91.56 :52, 13

Lieber Dr. Blunck
Schönen Dank für die Einladung!

Der arme Kinau (wie kam er nur dazu) trägt wohl schwer an seinem Haßgesang gegen England? Mir hat es hier gut gefallen, sah Shaw, aber nicht im P.E.N.-Club (war auch nicht nötig.)

Herzliche Grüße Hans Leip

Leider konnte ich nicht mehr zum Sonnabend bzw. Dienstag nach Hause gelangen.

57. Unbekannt – O.O., 8. März 1930

e. Brief, 1 Bl recto
MHG: Hans-Leip-Archiv: Briefe, Briefentwürfe und Durchschriften M-Z: HL an Unbekannt

Ich lernte heute im Atelier von Paul Mechlen Hartungstr. 1 IV. Frau Dr. Petersen (vom Bruder des 1. Bürgermeisters zu Hbg) eine geborene Lorenz-Meyer kennen, Nachkommin des Domherrn Meyer. (mit dem sie anscheinend Ähnlichkeiten hat)

Sie versprach mir, ggf. Briefe aus jener Zeit aus ihrem Besitz zu leihen. Erzählte, aus der Familien-Überlieferung sei bekannt, daß die Hbg. Frauen derzeit ihre Männer eingesperrt hätten, weil sie zu begierig waren, die Hamilton zu sehen.

Bei Mechlen war ich (auf seine Aufforderung hin: ich traf ihn ⌈gestern⌉ am Jungfernstieg, als ich mir eine Hbg. Nachrichten kaufte, um den genauen Titel einer Theaterpremiere in den Hbg. Kammerspielen, wofür ich das Programm verlegt hatte, für die Münchner Neuesten Nachrichten, nachzusehen. In der gleichen Nr. Dr. Pipers Abendkritik über „Sturm" (Shakespeare) im D. Schauspielhaus, (lang aber langweilig.) Und der Seeamtsbericht über den Untergang der Monte Cervantes bei Feuerland.)

Mechlen hat ein großes Bild für das Berliner Pressehaus im Auftrage des Hbg. Senats gemalt. Blick von der Uferstraße über Lombardsbrücke und Binnenalster, Wilkens Haus und mein Fenster sind mit drauf. Das Bild ist sehr hübsch, graugrün, sommerlich, sonnig und dennoch von richtiger Hbg. Atmosphäre.

58. Unbekannt – O.O., 11. März 1930 [Nachsatz von 1974]

e. Brief, 1 Bl recto
MHG: Hans-Leip-Archiv: Briefe, Briefentwürfe und Durchschriften M-Z: HL an Unbekannt

Frau Dr. Barbara Petersen rief eben an. Sie selber habe keine Briefe mehr über den Fall Nelson-Hamilton in Hbg. Wohl aber ihr Bruder ⌈Reg. 1. Bürgermeister Carl Petersen⌉, Hüter der Familie. (Briefe von der Hamilton. Eintragungen in Fremdenbücher) Aber er sei jetzt sehr überarbeitet und (wie sie sagt) wie ein Hbg. Kaufmann eben furchtbar bequem (zu faul zum Raussuchen). Sie wolle nochmals versuchen. Auch bei dem Physikus Sieveking.

Sie nennt Domherr Meyer einen furchtbaren Menschen, (wegen seines Verkaufs des Domsilberschatzes und der Altäre) und „Apoll vom Gänsemarkt".

Die Schellenberg Parodie über Meyer findet sie entsetzlich. Er schiebe ihm unmögliche Sachen unter, habe in nichts die Zeit erfaßt! ~~Reif~~ Nur Papierkorb. (Sie habe ihm, der sie ihr schickte, geschrieben: Keine Zeit zum Lesen.)

Gegebenenfalls soll ich bei ihr, die sich weiter umhören will, Material einsehen.

⌈Das ist aber leider, soviel ich entsinne, nicht geschehen, und die angeblichen Briefe der Hamilton usw. habe ich nie zu Gesicht bekommen.

HL 1974⌉

59. Gustav Wahl – O.O., 5. Mai 1930

e. Brief m.U., 1 Bl recto/verso
SUB Hamburg: Literatur-Archiv, Hans Leip: 1948/2979

Sehr verehrter Herr Prof. Dr. Wahl!
Verbindlichen Dank für den Hinweis aus dem „Journal" der Mrs. Trench. Ich kenne es, es ist entzückend. Und natürlich für meine Arbeit sehr wichtig. Ich habe den Nachlaß der Mrs Melesina St. George (später Trench) im British Museum durchgesehen, natürlich auch das Journal, das in der bei Ellis angebotenen Ausgabe allerdings um einige charmante Stellen gekürzt ist. Trotzdem ist die Freimütigkeit, mit der ihr Sohn (Erzbischof) das Tagebuch herausgab, zu bewundern. Ich werde aber Ihren Rat befolgen und es kaufen, da die ⌈Ausgaben⌉ Exemplare selbst in England nicht häufig zu sein scheinen. Einen übersetzten Auszug daraus brachte übrigens der Hbg. Correspondent (so viel ich mich erinnere), im Jahrgang 1863.

Indem ich Ihnen nochmals für Ihr gütiges Interesse danke

Ihr ergebener
Hans Leip

⊗ Auf deutschen Bibliotheken habe ich es derzeit vergeblich gesucht

60. Willy Seidel – Hamburg, o.D. [Anfang Oktober 1930]

e. Brief m.U., 1 Bl recto, Briefkopf: HL 1
DLA Marbach: NL Willy Seidel: 79.448/11

Sehr verehrter und lieber Herr Dr. Willy Seidel,
schönen Dank für die Karte aus der Osterreise [¿] und für alle Grüße.

Wir waren alle sehr erbaut von Ihnen und hoffen, daß Sie bald einmal wieder hier sind! Und hoffentlich können wir dann noch ein paar lustigere Sprünge machen. – Der Hbg. Rundfunk, die Norag (Norddeutsche Rundfunk A.G.) steht augenblicklich in einer geldlichen Pleite, höre ich. Meine Beziehung zu diesen über alle Maßen spießigen Brüdern ist gleich Null. Aber ich werde für Sie durch andere zu tun suchen was möglich ist.

Mit herzlichen Grüßen von Haus zu Haus Ihr
Hans Leip

61. Ludwig Benninghoff, z. Hd. Hans Henny Jahnn – München, 17. März 1931

e. Postkarte m.U., 1 Bl recto/verso
SUB Hamburg: NL Hans Henny Jahnn: Korrespondenz Leip

Lieber Dr. Benninghoff
Willst Du Jahnn meinen Gruß übermitteln? Seid alle schön gegrüßt aus meinem Exil
Euer Hans Leip

Lieber Jahnn,
ich hörte, daß Harms gestorben sei. Schade, daß es so früh sein mußte.

In Mitgefühl
Dein Hans Leip

62. Emmy Ruben – O.O., 13. Dezember 1931

e. Brief m.U., 1 Bl recto/verso
SUB Hamburg: NL Emmy Ruben: 39a

Liebe Frau Ruben,
Ihre Zeilen, darin Sie den Besitz meiner Bücher aufzählen, hat mein Herz erfreut. Ja, Sie haben alles das, was so im Buchladen zu haben ~~war~~ ist oder war. Einige kleine Belanglosigkeiten, die hier und da mal zur Welt kamen und an denen teils etwas, teils die bloße Stunde der Gelegenheit hängt, schicke ich Ihnen zur Vervollständigung Ihrer für mich so ehrenvollen Sammlung, und ich will danach trachten, daß Sie die wenigen Kleinigkeiten, die dann noch fehlen – natürlich, so Sie mögen – auch bekommen. Selbstverständlich sind diese geschenkt.

Mit besten Grüßen, auch von meiner Frau
Ihr sehr ergebener
Hans Leip

63. Carl Georg von Maassen – Hamburg, 26. Januar 1932

typ. Brief m.U., 1 Bl recto
Universitätsbibliothek München: NL Maassen: 2. 9, 4

Lieber Carl Georg von Maassen,
Wie kommen Sie auf die unmäßige Idee, daß ich wegen der Münchner Nichtempfängnis eingeschnappt sei? In solchen Fällen bin ich so einsichtig als unempfindlich. Ich pflege die Gewohnheiten bedeutender Sonderlinge seit jeher mit ganzem Gemüte zu ehren. ~~Trotzdem~~ ⌈Darum⌉ ist mir jede Sekunde kostbar gewesen, die ich mit Ihnen verweilen durfte.

Jene Zeitschrift, von der Ihnen Willy Seidel ~~Ihnen~~ gemunkelt hatte, hat inzwischen das Zeitliche gesegnet. Es war keine Gründung von mir, sondern für eine gewisse Industrie als Werbemittel gedacht und etwas zu populär gehalten für Ihre feinschmeckerischen Essays, sodaß ich, obwohl ich gleich daran dachte, ~~ich~~ doch gezögert habe, Sie zur Mitarbeit aufzufordern. Bei Dr. Seidel lag die Sache anders, nicht etwa weil er im platten ⌈Sinne⌉ populär wäre. Es lag mehr an den Themen, die seinem Register zur Verfügung stehen.

Nehmen Sie es also nicht übel, wenn ich Ihr Manuskript so postwendend zurückgehen lasse. Es ist eine ganz herrliche Arbeit und tatsächlich weit populärer, als ich je hätte vermuten können, und wenngleich ~~sie~~ zu lang, hätte ich einen Abdruck auf alle Fälle zu ermöglichen versucht. Nun ist es leider zu spät. Auch dem guten Dr. Seidel muß ich Verschiedenes zurückgeben.

Wenn mir die teils amüsante, teils unerquickliche redaktionelle Tätigkeit auch weiter nichts eingebracht hätte als Ihren so prächtigen Brief, so wäre es Grund genug für mich, das Schicksal zu preisen.

Mit herzlichem Gruß Ihr sehr ergebener
Hans Leip

64. Emmy Ruben – [Hamburg-]Altona, 5. April 1932

typ. Brief m.U., 1 Bl recto
SUB Hamburg: NL Emmy Ruben: 39b

Sehr verehrte und liebe Frau Ruben,
Noch immer bin ich eigentlich eine leise Erklärung schuldig für den Sonderfall an jenem schönen Abend, da wir das letzte Mal bei Ihnen waren. Oder nicht? Ist immerhin alles klar? Es war ja weiter nichts. Ich habe mich nett mit einer „Jugendfreundin" unterhalten. Meine gute kleine Frau hat es nicht gleich verstanden. Aber später schon. Denn wir verstehen einander so ziemlich immer. Ich für meinen Teil bin Ihnen sehr, sehr dankbar für großzügiges Arrangement! Sie sind und bleiben eine der fabelhaftesten, verständnisvollsten Frauen, die es auf der Welt gibt! Schade, daß ich an dem Abend so spät erst kommen konnte und so früh wieder fort mußte. Soviel im allgemeinen. Und im besonderen betreffs der Affäre „Bambula".

Wie vernünftig und eifrig hinwieder meine eigene Gattin ist, wird aus Folgendem klar: Sie hat mit Hilfe einiger Bekannten (d.h. im Grunde doch ganz allein) es fertig gebracht, in Blankenese ein Häuschen zu erwerben, so wie ich es mir von Jugend auf geträumt habe, und groß genug, daß ich endlich mit meiner kleinen Familie zusammenwohnen kann. Es ist nicht gerade komfortabel, aber der Blick ist weit und großartig, und man kann im Laufe der Jahre dies und das gestalten. Ich freue mich und bin ganz betrunken bei dem Gedanken. Es ist allerdings nicht ganz so einfach mit der Herstellung usw. Wir hätten da gern noch eine kleine Hypothek von etwa 2000 RM. Wüßten Sie, liebe Frau Ruben, wohl jemanden, der sie uns gegen die gehörigen Zinsen und möglichst rasche Rückzahlung geben könnte?

Wir hoffen, daß es Ihnen gut und fröhlich ergehe und sind mit herzlichen Grüßen Ihre ergebenen

Hans Leip
und Frau

65. Emmy Ruben – [Hamburg-]Altona, 10. April 1932

e. Brief m.U., 1 Bl recto
SUB Hamburg: NL Emmy Ruben: 39c

Sehr verehrte und liebe Frau Ruben,
Herzlichen Dank für Ihre freundliche Neigung, ggf. eine Hypothek flüssig zu machen und mir anzuvertrauen! Gern werde ich mich bei Ihrem Rechtsanwalt einfinden, um mit Ihnen dort die Sache zu durchleuchten. Sagen wir Donnerstag ½ 5 Uhr in der Königstraße im Büro. Ich bringe die „Unterlagen" mit.

Es mag sein, daß ich meine durchaus ehrliche Meinung etwas sehr direkt ausgedrückt habe. Nehmen Sie es bitte nicht krumm. Es war tolpatschig, aber ehrlich war es trotzdem!

Indem ich Ihnen nochmals danke, daß Sie auch Ihre Zeit dafür opfern wollen

mit den ergebensten Grüßen, auch von meiner Frau
Ihr
Hans Leip

66. Emmy Ruben – [Hamburg-]Blankenese, 19. Mai 1932

e. Brief m.U., 1 Bl recto
SUB Hamburg: NL Emmy Ruben: 39d

Liebe Frau Ruben,
Seit gestern ist das Haus aufgelassen und gehört nun uns. Wann besuchen Sie uns einmal? Die Aussicht ist so wundervoll. Und die Bäume sind auch schon fast in Ordnung. Wir würden uns sehr freuen, wenn Sie zu uns kommen, uns Sie können hier auch, so oft und so lange Sie wollen, bei uns wohnen. Sie sind immer willkommen ...

Mit Dr. Lisser sprach ich nochmals über die Hypothek. Die Bank will 10% und monatliches Kündigungsrecht. Nun gut. Das ist zu tragen. Und im Falle einer Kündigung muß eben Rat und Geld geschaffen werden, dafür will ich gern einstehen. Sie selber sollen und dürfen keine Kopfschmerzen von Ihrer großen Liebenswürdigkeit haben, das ist natürlich selbstverständlich. Sollen wir die Hypothek gemeinsam bei dem Notar Seydel in Blankenese eintragen lassen? (wie Dr. Lisser mir riet)

Haben Sie Pfingsten gut verlebt? Wir haben hier in Freude auf unserm Grund und Boden geschuftet.

Herzlichst Ihr
Hans Leip
und Frau

67. Emmy Ruben – [Hamburg-]Blankenese, 8. Juni 1932

e. Brief m.U., 1 Bl recto
SUB Hamburg: NL Emmy Ruben: 39e

Liebe Frau Ruben,
Alles ist gut in Ordnung gekommen mit Dr. Lisser, und heute hab ich mit Herrn Hopfner über den „Zinsendienst" gesprochen. Es ist uns eine unschätzbare Hilfe, liebe, gute Frau Ruben, wir sind Ihnen zutiefst dankbar für Ihre bereitwillige Güte.

Besuchen Sie uns bald einmal? Unser Raum steht Ihnen jederzeit von oben bis unten zur Verfügung! Wir werden uns immer sehr freuen, wenn Sie uns besuchen!

Wir hören, Sie sind noch verreist. Hoffentlich haben Sie Freude und Erholung gefunden trotz der trüben Zeit und trotz des trüben Wetters.

Bei uns blühen schon Rosen und Mohn.

Herzlich Ihr
Hans Leip
und Frau

68. Will Vesper – O.O., o.D. [11. Oktober 1932]

e. Brief m.U., 1 Bl recto
DLA Marbach: NL Will Vesper: 76. 3373

Für Will Vesper in Verehrung zu seinem 50. Geburtstag.

<u>Trost</u>

Du sprichst nicht mehr: Dies Blut ist mein.
Es spricht die Zeit: Entspring und quill!
Schwill über! Ebbe! Du bist mein!

Das Herz wird klug. Das Herz wird still.
Pocht nur gelassen ja und nein
Entgegen Deinem Wort: Ich will!

Bei Sturm und Wind, bei Baum und Stein
kehrst Du behaglich wandernd ein.
Was Du geliebst, das wirst Du sein.

Hans Leip

69. Carl Vincent Krogmann – [Hamburg-]Blankenese, 12. März 1933

typ. Brief-Abschrift (unvollständig), 1 Bl recto
Forschungsstelle für die Geschichte des Nationalsozialismus in Hamburg: Krogmann-Tagebücher 1933: 11/K4
[Glückwuschschreiben zur Wahl von C.V. Krogmann zum Ersten Bürgermeister 1933]

[...] Ich habe mich bislang politisch nie betätigt und war vollauf gefangen, die Schönheit und Wirrnis dieser Erde mit dem aufmerksamen und umfassend gerichteten Herzen des Künstlers zu

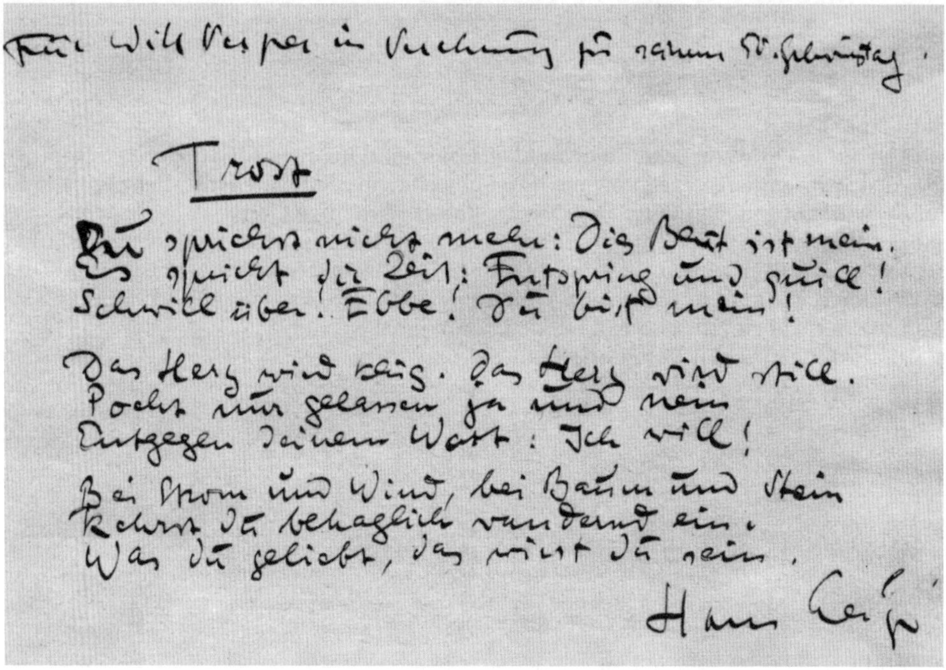

Für Will Vesper in Verehrung zu seinem 50. Geburtstag.

Trost

Du sprichst nicht mehr: Die Brut ist mein.
Es spricht die Zeit: Entspring und quill!
Schwill über! Ebbe! Du bist mein!

Das Herz wird klug. Das Herz wird still.
Pocht nur gelassen ja und nein
Entgegen deinem Wort: Ich will!

Bei Strom und Wind, bei Baum und Stein
Kehrst du behaglich wandernd ein.
Was du geliebt, das wirst du sein.

Hans Leip

Brief 68: Hans Leip an Will Vesper, Ohne Datum [11.10.1932].

erfahren. Aber unverbrüchlich ist mir die Liebe zu meiner Vaterstadt Hamburg, die für mich die reizvollste und wichtigste Stadt der Welt ist.

Ich weiß wohl, daß manches schlief und manches schief stand. Ich atme mit auf in dem rauschenden Zug einer neuen Zeit. Der Geist, der aus Ihren Worten spricht, ist lebendig und aufrecht! Es deucht mir, wahrhaft hansischer Geist zu sein. Ich zweifle auch nicht, daß Sie der Mann der nötigen Tat sein werden, mit und trotz des Reiches herrlicher Neugewalt den alten Ruhm der Freien und Hansestadt zu frischen Ehren zu bringen. Was ich zu meinem bescheidenen Teil Ihnen je darin dienen könnte, ich bin bereit. Vorerst meinen Glückwunsch, Hamburg und Ihnen

Ihr sehr ergebener
Hans Leip

70. Hans Friedrich Blunck – [Hamburg-]Blankenese, 9. Mai 1933

typ. Brief m.U., 1 Bl recto
Schleswig-Holsteinische Landesbibliothek Kiel: NL Hans Friedrich Blunck: Cb 91.56 :52, 14

Sehr verehrter Hans Friedrich Blunck,
Sie werden erstaunt sein, von mir zu hören. Aber da es nun wahrhaft um das Große und Ganze und Deutsche geht, ist es nicht mehr an der Zeit, vergangenen Stimmungsschwankungen nachzuhängen. Darum habe ich mich ehrlich gefreut, als ich las, daß Sie Mitglied der Dichterakademie geworden sind, der es an einem rechten niederdeutschen, hansischen Vertreter bislang immer gemangelt hat.

Mit besten Wünschen
Ihr sehr ergebener
Hans Leip

71. Emmy Ruben – [Hamburg-]Blankenese, 25. September 1933

e. Brief m.U., 1 Bl recto
SUB Hamburg: NL Emmy Ruben: 39f

Liebe und verehrte Frau Ruben,
Für den sichtbaren, großartigen und schmackhaften Ausdruck Ihres Geburtstagsglückwunsches meinen herzlichen Dank nochmals!

Das Bühnenmanuskript des Bühnenstückes „Kolonie" ist mir zugesagt worden, und ich schicke Ihnen das Exemplar sodann. Sie sollen auch die drei „Neuerscheinungen" meiner Feder, die zu Weihnachten herauskommen (darunter ist auch der Hamilton-Roman) haben, sobald sie da sind.

Herzlichen Gruß von meiner Frau, den Kindern und mir!

Ihr getreuer
Hans Leip

72. Emmy Ruben – [Hamburg-]Blankenese, 1. bis 2. Advent 1933

e. Brief m.U., 1 Bl recto/verso
SUB Hamburg: NL Emmy Ruben: 39g

Liebe Frau Ruben,
Heute, da ich grad die Bücher für Sie einpacke, kam auch Ihr Brief! Schönen Dank für die Weihnachtsgrüße! Wir erwidern sie von ganzen Herzen allesamt!

Sie erhalten anbei die drei Bücher, die noch zu dieser Jahresernte fehlten. Hoffentlich haben Sie ein wenig Freude daran.

Die „Komödie" „Kolonie" habe ich bislang nicht wieder ergattern können, bleibe aber weiter dahinter her, damit Sie dennoch eines Tages ein Exemplar bekommen.

Inzwischen ist mancher Monat von dannen gerauscht. Manches ist milder geworden, deucht mir. Aber so leicht läßt sich die 4. – 44. Garnitur, die da meinte, in der Neuordnung nun den Platz an der Sonne zu finden, nicht wieder an die Seite setzen, wohin sie gehört. Immerhin ist schon einer weniger, Dr. Haselmeyer! (Wenn auch noch nicht vollends) Bei unserm Bürgermeister Krogmann war ich neulich eingeladen. Das ist ein ganz prächtiger Mensch und wenigstens ein geborener Hamburger, der seine Vaterstadt kennt und liebt. (Er hat auch „Jan Himp" mit großem Vergnügen gelesen)

Nun, alles Gute, liebe Frau Ruben! Möge es ein inniges und innerst wieder heiteres Fest sein, das Sie mit Ihrem Sohne feiern!

In Herzlichkeit
Ihr stets verbundener
Hans Leip
und Frau

Und die Kindlein danken Ihnen schon jetzt für das „Süße", das Sie in Ihren Zeilen versprechen!

Nochmals
Ihr H.L.

73. Hans Friedrich Blunck – [Hamburg-]Blankenese, 23. Dezember 1933

e. Brief m.U., 1 Bl recto
Schleswig-Holsteinische Landesbibliothek Kiel: NL Hans Friedrich Blunck: Cb 91.56 : 52, 15

Lieber Hans Fr. Blunck,
Eine unverhoffte und ehrenvolle Freude wurde mir durch die Reichsschrifttumskammer zuteil. Ich gehe wohl nicht fehl in der Annahme, Sie der Präsident selber, haben veranlaßt, mir die angenehme Summe auszahlen zu lassen. Vielleicht haben Sie geahnt, daß es uns allhier trotz meiner literarischen Neubelebung zu dieser Weihnacht recht bedrükkend ging. Nun ist es natürlich fröhlicher, und meine Frau und die beiden Kindlein danken Ihnen mit mir von ganzem Herzen. Möge auch Ihre Weihnacht so fröhlich sein!

Mit allen guten Wünschen auch für das kommende Jahr
Ihr
Hans Leip

74. Emmy Ruben – [Hamburg-]Blankenese, 25. März 1934

e. Brief m.U., 1 Bl recto/verso
SUB Hamburg: NL Emmy Ruben: 39h

Liebe Frau Ruben,
Sie glauben gar nicht, wie sehr ich mich zu Ihrem lieben Briefe gefreut habe! Seien Sie gewiß, Ihre Meinung, Ihre Freundlichkeit wiegt mir jede noch so begeisterte Zustimmung allzu junger Mädchen auf! Ich bin sehr stolz, daß eine Frau von Ihrem Horizont mein Buch über die Lady und den kleinen Admiral gern gelesen hat.

Jetzt arbeite ich an einem Wikinger-Roman (im Auftrag des Verlages Eugen Diederichs). Das Buch wird nach dem Helden, der als Missionsschüler des Erzbischof Ansgars beginnt und danach weit umherkommt. Jorn Überall heißen.

Hoffentlich besuchen Sie uns, sobald das Frühlingswetter heiter genug ist, um Ihnen den weiten Weg erträglich zu machen.

Mit herzlichen Grüßen, auch von meiner Frau und den Kindlein

Ihr ergebener
Hans Leip.

Einen schönen Gruß auch an Herrn Ullmer!

75. Broschek-Verlag – [Hamburg-]Blankenese, 29. Juli 1934

typ. Briefentwurf, 1 Bl recto
MHG: Hans-Leip-Archiv: Briefe, Briefentwürfe und Durchschriften A-E: HL an den Verlag Broschek

Sehr geehrter Herr Broschek,
Nach reiflicher Durchdenkung ~~der~~ Die Möglichkeit~~en~~ [≈] Ihre Hamburger Illustrierte zu der Auflage hinaufzuleiten, die ihr als der bedeutendsten Zeitschrift⌈erscheinung⌉ der zweitgrößten Stadt Deutschlands und des größten ⌈europäischen Kontinent-⌉ Hafens [≈] gebührt, ⌈habe ich [≈] durchdacht⌉ [≈] ⌈möchte⌉ ich diese Möglichkeit durchaus bejahen; ~~und das trotz einiger Hindernisse, die einer ganz großen Auflage im Wege stehen und die wahrscheinlich nicht Allerdings gehört eine durchgreifende Energie dazu, den Wwtbewerb mit den heute führenden Illustrierten aufzunehmen.~~ ⌈Heute steht⌉ die H.I. ~~steht~~ bedauerlicherweise der Auflagenziffer nach ~~im Augenblick~~ an letzter Stelle. ~~Das ist ein unmöglicher Zustand~~ Es wird einer durchgreifenden Energie bedürfen, um diesen Zustand zu ändern. ~~[≈] Und je mehr ich mich in diese Aufgabe hineinfühle, desto mehr will sie mir durchführbar, wichtig und erfolgreich scheinen.~~

Ich habe mich diese beiden Tage lebhaft mit der

76. Hans Friedrich Blunck – [Hamburg-]Blankenese, 22. August 1934

typ. Brief m.U., 1 Bl recto
Schleswig-Holsteinische Landesbibliothek Kiel: NL Hans Friedrich Blunck: Cb 91.56 : 52, 18

Lieber Hans Friedrich Blunck,
Mit beiliegendem Briefe forderte mich unter dem 7. August das Deutsch-Englische Jugendlager zum Vorlesen auf. Da ich verhindert war, ließ ich den zusammen etwa 60 Teilnehmern durch den Verlag Schünemann je ein Buch zu freundlichem Angedenken zugehen; denn ich war mir der Ehre der Aufforderung durchaus bewußt. Da es mir im Augenblick wirtschaftlich schlecht geht, hoffte

ich, daß Schünemann, wie ja auch sonst üblich, mir in Hinblick auf die allgemeinere Angelegenheit den Betrag, den er nur zu 40% zu tragen bereit ist, zur gelegentlichen Verrechnung auf mein Konto buchen werde. Er lehnt solches aber ab. (Siehe anliegenden Brief)

Nicht nur persönlich, auch in weiterem Sinne finde ich solches Verhalten unersprießlich. Für die Vermittlung eines diesbezüglichen dienlichen Vermerkes an Schünemann wäre ich Ihnen sehr dankbar!

Mit deutschem und sehr herzlichem Gruß
Ihr Hans Leip

2 Anlagen
x Godekes Knecht

77. Emmy Ruben – Pension Bollows „Forsthaus Friedrichsruh", 22. Februar 1935

e. Brief m.U., 1 Bl recto/verso, Briefkopf: Pension Bollows „Forsthaus Friedrichsruh"
SUB Hamburg: NL Emmy Ruben: 39i

Liebe und von uns allen so sehr verehrte Frau Ruben,
Es betrübt mich sehr, daß wir Sie betrübt haben! Aber dieser romantische Bericht über Herrn Schmeling und Frau Anny ist viel mehr Arbeit als vorauszusehen war. An jenem Sonnabend, da wir absagten und uns versagen mußten, Ihrer freundlichen Einladung zu folgen (und wir hatten uns so auf das Beisammensein in Ihrem Heim gefreut!) da kamen etwa 50 amerikanische Zeitungen, die ich durchzusehen hatte, und zwar eilends, und damit ging auch der ganze Sonntag hin.

Nun bin ich in Friedrichsruh im Trainingslager Max Schmelings, um das Manuskript in Bezug auf einige Einzelheiten noch einmal zu überholen.

Es war und ist nicht so sehr eine dichterische Arbeit, die ich da übernommen habe. Es ist mehr „Journaille", und dennoch nicht einfach, eine richtige „Mosaikkraxelei". Aber ich hoffe, daß es lesbar geworden ist. Das Buch erscheint nach dem Abdruck im Fremdenblatt im März. Sie sollen es dann gleich haben.

Liebe Frau Ruben! Sie wissen wie dankbar ich Sie verehre! Es tut mir so schrecklich leid, Ihnen weh getan zu haben. Und meiner Frau geht es ebenso.

Mit herzlichsten Grüßen
Ihr Hans Leip

78. Anton Kippenberg – [Hamburg-]Blankenese, 16. Juni 1935

typ. Brief m.U., 1 Bl recto
MHG: Hans-Leip-Archiv: Briefe, Briefentwürfe und Durchschriften F-L: HL an den Insel-Verlag

Sehr verehrter Herr Prof. Kippenberg,
Den Wikingerroman Rote Segel dieses Jahr noch endgültig fertig zu schreiben, sehe ich ~~noch~~ kaum die Möglichkeit. Der Stoff ist zu spröde und empfindlich; man muß schon Zeit daran wenden.

Mir fiel zur Erholung ein, einige kleine Erzählungen zusammenzustellen. Es würde gerade ein Inselbuch füllen, und ich möchte nicht versäumen, die Angelegenheit Ihnen zuerst anzubieten.

Mit verbindlichem Gruß
Ihr sehr ergebener
Hans Leip

79. Emerentia Krogmann – [Hamburg-]Blankenese, 22. August 1935

e. Brief m.U., 1 Bl recto
Slg. Herbert Lehmitz (Kopie in MHG: Hans-Leip-Archiv: Briefe, Briefentwürfe und Durchschriften F-L: HL an Emerentia Krogmann)

Sehr verehrte Frau Krogmann,
Vielleicht werden Sie lächeln, wenn ich sage, wie froh mein Hamburger Herz war, das vornehmste Amt der geliebten Vaterstadt häuslich auf so trefflicher Überlieferung und so gutem Geschmack gegründet zu sehen. Als Herr Broschek Ihre freundliche Einladung vermittelte, waren meine Frau und ich uns wohl der Ehre bewußt, konnten aber nicht ahnen, wie wundervoll und liebenswert es sein würde. Ganz offen bemerkt, ich schätze Einladungen selten, da sie meistens zeitraubend und ablenkend für mich sind. Gestern Abend aber fühlte ich mich angenehm bekehrt und beschämt. Darum mußte ich Ihnen, auch im Namen meiner Frau, nochmals für den schönen Abend danken!
Ihnen und Ihrem Gatten, dem Herrn Bürgermeister, und Ihren Kindern verbindliche Grüße!

Ihr sehr ergebener
Hans Leip

80. Emerentia Krogmann – [Hamburg-]Blankenese, 30. August 1935

e. Brief m.U., 2 Bl recto
Slg. Herbert Lehmitz (Kopie in MHG: Hans-Leip-Archiv: Briefe, Briefentwürfe und Durchschriften F-L: HL an Emerentia Krogmann)

Sehr verehrte Frau Krogmann,
Ihre freundliche Anregung, einmal das herzliche Lob der hansischen Mutter zu singen, rührt eine Saite in mir an, die schon manchmal auftönen wollte. Ich hätte es gern gesagt, als Sie Ihre Bedenken und Unzufriedenheit über „Kyri Sandvossens, der kleinen Brise" Mutter äußerten, aber solche werdenden Erleuchtungen sind empfindlich und den Worten noch nicht recht zugänglich. Darum bin ich Ihnen dankbar für die verwandte Schwingung, die Sie in Ihrem Briefe ausgehen ließen.

Ja, es schwebt mir seit längerem vor, eine tüchtige rechte Hamburgerin im Mittelpunkt eines Handels- und Schiffahrtshauses zu schildern, eine echte Frau und wahrhafte Dame, die gütig, klug, einfach und hausfraulich als gesellschaftlich gleich vorbildlich mitten zwischen den Fäden aus aller Welt ein gutes Hauswesen erwirkt, die Söhne und Töchter in jener seelischen Lüftung erzieht, die Sie so trefflich andeuten, die ihrem Manne, so weit möglich, auch Freundin und Beraterin ist, die Diplomaten und Handelsfreunde empfängt und mit dem Kutscher Platt schnackt, wenn es nötig ist, die einen lebhaften Überseebriefwechsel treibt und am Fenster der Welt sitzt und ihre Kinder über die Meere wandern sieht, die Abschied und Wiederkehr oft zu erleben hat und zwischen den Vorgärten der Stadt und des Lebens wohnt, die das immer leuchtende Heimwehfeuer, die stille Rosenhand, das tröstende Zuhause-Sinnen ist für alle, die zu ihr gehören und für einige mehr.

Eines Tages – ich muß noch etwas gesetzter und andächtiger werden – [≈] will ich ein solches Buch zu schreiben versuchen. Vielleicht brauchte ich dazu hin und wieder Ihren Rat. –

Der Ausflug ins Weserbergland war über Erwarten genußreich. Zweimal konnten wir ⌈uns an⌉ großer Aussicht erfreuen, man sah eine horizonal rund gebreitete anmutige

Hügel- und Wälderwelt zwischen von Einheimischen mit Stolz genannten nebelhaft fernen, doch erkennbaren Punkten wie Hermannsdenkmal, Herkules und Brocken. Es war vom „Köterberg" aus (bei Polle) und vom „Efersnacken" (bei Rühle) Und das Wetter war die ganze Zeit auch vernünftig. Zu Höxter ergab sich, zufällig und ungewollt, übrigens eine kleine Ovation, „Jan Himp..." zu Ehren, da sich herausstellte, daß es das Lieblingsbuch der dort in der Garnison weilenden Offiziere sei.

Indem meine Frau und ich Ihre Grüße aufs Herzlichste erwidern und in der Hoffnung, Sie auch einmal bei uns zu sehen

bin ich Ihr sehr ergebener
Hans Leip

81. Emerentia Krogmann – Hamburg, 12. September 1935

e. Brief m.U., 2 Bl recto
Slg. Herbert Lehmitz (Kopie in MHG: Hans-Leip-Archiv: Briefe, Briefentwürfe und Durchschriften F-L: HL an Emerentia Krogmann)

Sehr verehrte Frau Krogmann,
Seligkeit des Schöpfertums ist allerdings aus Himmel und Hölle gemischt. Der unsagbare Rausch, der geeignet ist, einem die Haut über die Ohren zu ziehen und taub macht gegen die laute Alltäglichkeit, aber hellhörig für manche leisere und größere Schwingung, er ist doch ein seltener Zustand, so selten wie das, was man landläufig als „Glücklichsein" bezeichnet. (Den Leuten, die dauernd auf Zehenspizen, liebäugelnder Seelentrunkenheit voll und voll wohlgemuter, auch angestrengter Geisteshöhe in den Wolken zu harfen vorgeben, sollte man mißtrauen) Höllisch aber kann die Besessenheit werden, etwas Rechtes fertigbringen zu wollen, wenn man, ein sprachliches Werk betreffend, genau das in Worte fassen möchte, was man meint, genau „to the point" seine Vorstellungen zu versinnbildlichen zu gedenkt. Das ist oft eine wahrhafte innere Bergwerkschinderei, bis es klar und rein ans Licht ist. Und dennoch, es ist ein großes Gefühl. Obschon manchmal die ganze Mühsal nicht lohnt, wenn man's bei Tag und kühl besieht. Gesegnet der, der dann Zeit und Kraft findet, noch mal von vorn anzufangen. – Das Schwierigste beim Schreiben ist: Man darf sich durch die „Seligkeit des Schaffens" nicht die nüchterne Selbstkritik verblenden lassen!

Herrn Anackers Gedicht? Sicher ist er selber, ehrlich gemeint, nicht damit zufrieden. Ich kann mir nicht denken, daß solche intimen persönlichen Ansichten über den lieben Gott, die bei Anker Larsen hier und da als nette Rosinen stehen, so ⌈einzeln⌉ ausgewalzt einen geschmackvollen Butterkuchen ergeben. Man sollte überhaupt sehr sparsam sein mit dem „höchsten Geheimnis"! Nur einer unter den sozusagen Zeitgenossen hat darüber sich äußern dürfen, ohne fade zu wirken: Rilke. Halt, und noch einer: Barlach.

Mit herzlichen Grüßen
Ihr sehr ergebener
Hans Leip

82. Olaf Gulbransson – [Hamburg-]Blankenese, 27. November 1935

typ. Brief m.U., 1 Bl recto, Briefkopf: HL 3
Germanisches Nationalmuseum Nürnberg: NL Olaf Gulbransson: I B

Sehr verehrter Herr Professor Gulbransson,
Der Seefahrt geht es schlecht. Wir wollen ihr allhier ein bißchen auf die Wogen helfen. Darf ich, der ich die Herausgabe ⌈eines Hamburger Almanachs⌉ übernommen habe und es gut und keineswegs mies zu machen gedenke (auch wird es vorzüglich gedruckt) etwas von Ihnen, lieber großer Olaf, nachdrucken? da war z.B. im Simpl eine Geschichte von Martin Luserke von der Meerfrau. Ihre so köstlichen Zeichnungen müssen mitsamt der Erzählung in den Almanach hinein. Und auch vielleicht noch sonst etwas vom Meer, und sehr gern jener Knut Hamsun, der da am norwegischen Strand sitzt und seinem August Weltumsegler nachschaut. Geht das alles zu machen, lieber Herr Professor? Die Hamburger und ich wären Ihnen sehr dankbar, aber leider können sie nicht mehr als 150.-RM Nachdruckshonorar dafür zahlen, das jedoch aber sofort. Es muß aber schnell eine Zusage eintreffen an mich.

Mit herzlichem Gruß
Ihr sehr ergebener
Hans Leip

83. Hans Friedrich Blunck – [Hamburg-]Blankenese, 3. Dezember 1935

e. Brief m.U., 1 Bl recto/verso, Briefkopf: HL 3
Schleswig-Holsteinische Landesbibliothek Kiel: NL Hans Friedrich Blunck: Cb 91.56 : 52,21

Lieber Hans Friedrich Blunck,
Für einen Hapag-Almanach, den ich herauszugeben die Ehre habe, hätte ich gern ein Gedicht von Ihnen. Am liebsten eines, das ähnlich wie in Ihrer „Erwartung" jenes „Anfahrt auf Rio de Janeiro" eine erste Begegnung mit süd- oder mittelamerikanischer Küste schildert. Sollten Sie dergleichen nicht zur Verfügung finden (es braucht nicht so sehr Erstdruck zu sein) so möchte ich um Ihre Einwilligung zum Nachdruck erwähnten Rio-Gedichtes bitten. Wäre es dabei aber angängig, in der letzten Zeile das Wort „Toren" durch einen, die Fahrgäste weniger bedrückenden ~~Wort~~ Begriff zu ersetzen?

Mit herzlichem Gruß
Ihr
Hans Leip

Als Honorar stünden Ihnen 30,- RM zur Verfügung

84. Gerhart Hauptmann – [Hamburg-]Blankenese, 3. Dezember 1935

e. Brief m.U., 1 Bl recto/verso, Briefkopf: HL 3
Staatsbibliothek zu Berlin – Preußischer Kulturbesitz: GH Br Nl: Hans Leip

Sehr verehrter Gerhart Hauptmann,
Es ist rührend liebenswürdig von Ihnen, den Nachdruck Ihres wundervollen „Epilogs zur Insel der großen Mutter" zu gestatten. Er wird dem Hapag-Seefahrts-Almanach, den

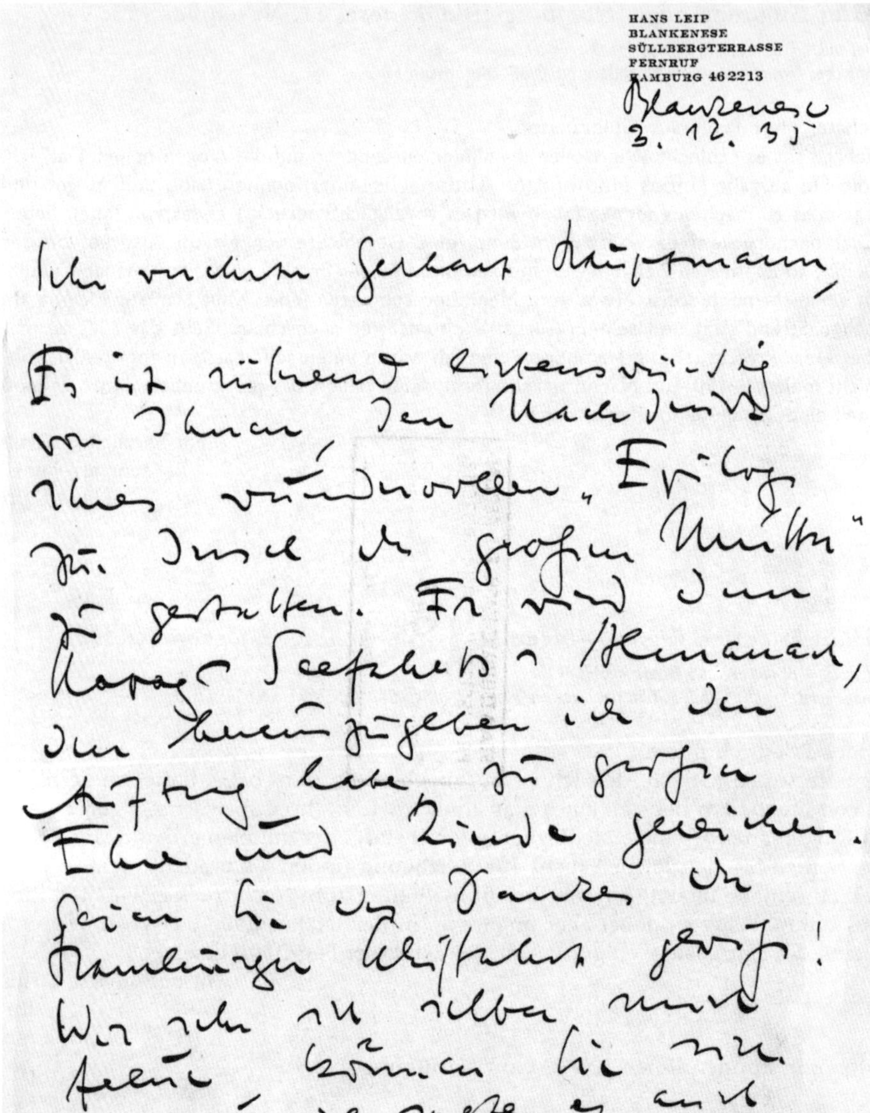

HANS LEIP
BLANKENESE
SÜLLBERGTERRASSE
FERNRUF
HAMBURG 46 2213

Blankenese
3. 12. 35

Sehr verehrter Gerhart Hauptmann,

Es ist rührend liebenswürdig von Ihnen, den Nachdruck Ihres wundervollen „Epilog zur Insel der großen Mutter" zu gestatten. Er wird dem Koehlers Seefahrts-Almanach, den herauszugeben ich den Auftrag habe, zu großer Ehre und Zierde gereichen. Seien Sie des Dankes der Hamburger Schiffahrt gewiß! Wie sehr ich selber mich freue, können Sie sich denken, ich sagte es auch Ihrem verehrten Sohn Ivo, der so nett war, zu vermitteln.

Brief 84: Hans Leip an Gerhart Hauptmann, 3.12.1935.

herauszugeben ich den Auftrag habe, zu großer Ehre und Zierde gereichen. Seien Sie des Dankes der Hamburger Schiffahrt gewiß! Wie sehr ich selber mich freue, können Sie sich denken, ich sagte es auch Ihrem wackeren Sohn Ivo, der so nett war, zu vermitteln.

Indem ich übrigens noch ganz unter dem Nachhall Ihres „Hamlet in Wittenberg" wandle (der mich tief erschüttert hat) bin ich

in großer Verehrung
Ihr sehr ergebener
Hans Leip

85. Ernst Sander – [Hamburg-]Blankenese, 5. Dezember 1935

e. Brief m.U., 1 Bl recto
Stadtarchiv Braunschweig: NL Ernst Sander: G IX 27 : 210 L

Lieber Ernst Sander,
Meine Hand für Ihre so anständige und liebenswürdige Wertung des Jan Himp-Buches! (Eben hat Dr. Enoch mir die Hbg. N. vom Sonntag gezeigt) Sie wissen, daß ich Ihre Bücher außerordentlich hoch schätze! Darum bin ich besonders stolz auf Ihre nette Meinung!

Mit herzlichem Adventgruß
Ihr dankbarer
Hans Leip

86. Alfred Kubin – Hamburg, 9. Dezember 1935

typ. Brief m.U., 1 Bl recto, Briefkopf: HL 3
Städtische Galerie im Lenbachhaus, München: NL Alfred Kubin

Sehr verehrter Herr Kubin,
Zu beiliegendem Auszug aus dem „Epilog" Hauptmanns (zu seiner „Insel der Großen Mutter") hätte ich sehr gern eine Zeichnung Ihrer Hand. Sie wird in guter Wiedergabe erscheinen in dem „Hapagbuch von der Seefahrt", das ich herauszugeben den Auftrag und die Ehre habe.

Die Reproduktionsgröße wäre etwa 8 mal 12, also Querformat.

Es eilt jedoch.

Das Honorar von 100,-RM würde Ihnen alsbald nach Lieferung auf die von Ihnen gewünschte Konto-Art zugehen, und zwar von dem Verlag Knorr & Hirth, München.

Darf ich um Eilzustellung bitten?

In großer Verehrung und mit verbindlichem Gruß Ihr sehr ergebener
Hans Leip

~~Anlage~~

Ihre Anschrift verdanke ich dem schätzenswerten Apotheker Herrn Otte, den ich um sein Archiv lebhaft beneide.

Anlage

87. Emmy Ruben – Hamburg, 17. März 1936

e. Brief m.U., 1 Bl recto, Briefkopf: HL 3
SUB Hamburg: NL Emmy Ruben: 39j

Liebe Frau Ruben,
Schönsten Dank für Ihr Vertrauen! Ich muß aber ehrlich genug sein: Ich kenne im Augenblick keine illustrierte literarische Zeitschrift. Die „Literarische Welt" gibt es nicht mehr (die war ganz gut) ⌈Vielleicht weiß Ihnen ein Buchhändler zu raten⌉ Und eine gute Literaturgeschichte? Ich bin ganz unglücklich; nie hab ich Literaturgeschichten gelesen oder angesehen außer der alten von „Biese". Aber die neue Ausgabe von Prof. Eduard Engel soll gut sein.

Herzliche Grüße Ihr getreuer
Hans Leip

88. Fritz Podehl – Uhlenbusch., 4. Juli 1936

typ. Briefdurchschlag m.U., 1 Bl recto
MHG: Hans-Leip-Archiv: Briefe, Briefentwürfe und Durchschriften M-Z: HL an die UFA

Sehr geehrter Herr Podehl,
zu beiliegendem Schreiben der Ufa möchte ich bemerken, dass der Arbeitsplatz für die Vollendung des U.S.X.-Drehbuches mit Ihrer Einwilligung verlegt wurde und ich nicht daran denken kann, auf die mir zugesagten Tages-Gelder zu verzichten. Es scheint sich um ein Missverständnis zu handeln und ich bitte Sie, für die umgehende Aufklärung Sorge zu tragen.

Mit verbindlichem Gruss
Ihr sehr ergebener
Hans Leip

Anlage

89. Kläre Buchmann – [Hamburg-]Blankenese, 20. Dezember 1936

e. Brief m.U., 1 Bl recto/verso, Briefkopf: HL 3
SUB Hamburg: NLp: Ba: 7 [Teil 1: 1936 - Juni 1941], 1

Liebes Frl. Dr. Kläre Buchmann,
Sie sind nett! Sie schreiben mir so herzliche Sachen. Ich möchte immer gleich in einen stillen Winkel gehn und mir mit dem Daumen über die Augenwinkel wischen. Und ich bin gar nicht nett. Sie lassen mir da einen Haufen großartiger Bücher zuschicken. Und ich kann Ihnen im Augenblick nicht ein einziges zurückschicken. Wenn wir doch trotzdem in guter Freundschaft bleiben könnten. Es ist heut so ein klarer windflötiger Sonntagmorgen. (Rauhreif ist hier selten. Aber immerhin auch hier zauberhaft, wenn –)

Der Strom ⌈ist heut⌉, wie ein frühlingshafter Buschacker und sehr still und einsam; die großen Schiffe sind alle gestern ins Weite gerauscht. Einer hatte Tannenbäume an den Masten, hoch an den Spitzen, es sah aus von ferne, wo die vielen kleinen Glühbirnen in eins verflimmerten, als brennten Fock und Besen lichterloh.

Nur ein paar kleine schon erschienene Bücher kann ich Ihnen zu Weihnachten schenken. Sollten Sie schon eins davon haben, verschenken Sie es oder werfen Sie es in ~~die~~ eine Gletscherspalte~~n~~ der geliebten Berge, dahin Sie wohl die Festtage über flüchten und wo Sie bis zum Antritt Ihres Lektorenamtes sicher bleiben werden.

Herzlich Ihr Hans Leip

90. Christian Hallig, Universum-Film AG – O.O., 16. April 1937

typ. Briefdurchschlag, 6 Bl recto
MHG: Hans-Leip-Archiv: Briefe, Briefentwürfe und Durchschriften M-Z: HL an die UFA

Sehr geehrter Herr Dr. Hallig,
Verbindlichen Dank für das Treatment Herrn Köllners und Ihre begleitenden Zeilen! Ich habe beides aufmerksam durchgelesen.

Ein Titel „Armee ohne Waffen", dem amerikanischen „Knights without Armour" allzu ähnlich, ist doch wohl abwegig. Platinfieber ist entschieden besser.

Sie wünschen in Tinser einen Helden und Führer von propagandistischer Wirkung. Gut, auch das kann man vertreten. Es kommt ja immer auf das Wie an! Und man muß dann schon durchgreifend vorgehen.

Und somit stimme ich Ihren Einwänden betreffs des K.-schen Manus zu: Weder in Haltung noch Sprache ist dort Tinser das, was er klar, knapp und hart zu sein hätte. Vor allem muß er unerbittlich gegen sich selbst den Gedanken der Kameradschaft verfolgen, dem nur ein anderer Gedanke herrschend zur Seite steht, nämlich der, einmal übernommene Pflichten mit aller Kraft zu erfüllen. Für Sekunden nur vermögen weichere, norddeutsch herzliche Regungen an ihm sichtbar zu werden, für Sekunden höchstens vermag ihn eine Frau, zumal ein Typ wie die Janka, zum Schwanken in seinen Entschlüssen zu bringen. (Namentlich wie K. das Mädchen zeichnet)

Tinser muß wie ein unerschütterlicher Fels inmitten der weiß-roten Brandung stehen, immer aufrichtig, immer kühn und einsatzbereit, immer umsichtig und immer von innerster Güte, trotz aller äußeren Härte.

Im Roman war es mir nicht um diesen Typ zu tun. In der Prosa ist menschliche Schwäche reizvoller als im Film und konsequentes Heldentum unerträglicher als auf der Leinwand. Dennoch müssen wir uns gegen ein Wort wehren, das mir einmal in einer Verhandlung vor der Berliner Filmzensur, wo ich als Sachverständiger geladen war, entgegenscholl: Der Film soll nicht das Leben zeigen, wie es ist, sondern wie es zu sein hat!

Ich hoffe also, daß wir nicht ganz reizlos und zu heldisch langweilig werden brauchen, indem wir in den Nebenfiguren hoffentlich auch saftig menschlich sein dürfen, nicht nur in dem Hauptmann Stoi, sondern auch etwa in dem Schlosser Brammer, und mehr, als Herr. K. hat anzudeuten gewagt, meine ich. Das sollte nicht schwer fallen! Wirkliche Lebensnähe! Das muß hinein!

Und somit komme ich zur Handlung. Etwas weniger Eisenbahn darin wäre schon besser, zumal ich vorschlage, sie zumindest noch an einer weiteren Stelle zu gebrauchen.

Indem ich nämlich den großen Bogen der Handlung, so wie er Ihnen jetzt vorschwebt, gutheiße, möchte ich zur Ergänzung Folgendes bemerken:

Mehrere Bagger (obschon nur einer richtig gezeigt wird) Die Platinausbeute soll durch Stoi gesammelt an die Bahn. 2oo kg im Werte von etwa einer Million Goldmark. Der Verrat, der Schwester Janka über den Mongolen Uschuk und mittelbar über den saftigen, leichtherzigen und brutalen Stoi gelingt, muß sich lohnen. Tschechische Offiziere geleiten den Transport. Tinser wittert die Falle, läßt Uschuk den Wagen zurücklenken, die Roten schießen, die Tschechen flüchten.

Der beschädigte Wagen, ~~zurücklenken~~ darin Stoi, Tinser, Brammer, Uschuk mit dem Platin sind, stürzt in ein Sumpfloch. Es gelingt vorläufig nur, die kleine Kassette zu bergen, darin sich die Ausbeute von Tinsers Bagger befindet.

Nun folgt die Episode im Tschernohospiz. Der schon beim Überfall verwundete Stoi fällt. Uschuk und Janka flüchten. Brammer gelingt es, die Platinkasette im letzten Augenblick zu retten.

Jetzt muß Tinser Gelegenheit haben, mit Hilfe des Hospizarztes und des Platins, Brammer und sich über die ferne Grenze zu retten. Zu Brammers anfänglichem Bedauern verzichtet er und kehrt zu den Kameraden in die Baggersenke zurück.

Dort sind inzwischen die Roten eingerückt. Rote Ingenieure sind dabei, den gesprengten Bagger zu flicken. Die Hoffnung einiger Deutscher, nunmehr nach Hause zu kommen, erweist sich als trügerisch. Man will sie zwingen, in die rote Armee einzutreten. Einige sind nahe daran, um endlich aus dem Dreck herauszukommen, wie sie meinen.

Da gibt ihnen Blenk, um sie zu halten, das Geheimnis der ungeheuren Platinfundstelle preis, die er einstmals mit Tinser entdeckt hat. Das ergibt nur neue Unruhe. Jedermann will sofort los und sich die Taschen voll Platin stopfen und damit die Heimkehr erkaufen. Die Bolschekisten lachen, schüren das Platinfieber, werden selber davon ergriffen, martern Blenk, das er ihnen die Fundstelle verrate. Er hält trotz aller Qualen dicht Tinser kommt darüber zu und erkauft den Abzug seiner Kameraden mit der Preisgabe des Fundortes.

Die Leute murren. Er zwingt sie wieder zur Ordnung. Er hat noch eine aufgetragene Aufgabe nicht erfüllt. Sie müssen ihm dabei helfen. Sie marschieren zu dem Sumpfloch, darin das Auto versunken ist. Noch waren die Roten nicht da. Die Rückzugsschlacht der Weißen Armee tobt in den Bergen.

Es gelingt Tinser mit seinen Leuten, die Platinkisten aus der Sumpftiefe zu heben. Sie glauben, es sei nun ihrer aller Platin.

Sie täuschen sich. Tinser schlägt sich mit ihnen zur Bahnlinie durch. Die Tschechen begrüßen ihn höflich. Gerade will der Zug auf der Flucht vor den Roten die Station verlassen. Tinser verlangt als Gegenleistung für seine Ablieferung des Platins einen Platz für alle seine Leute im Zuge. Man bietet ihm einen Platz für sich allein an. Tinser lehnt ab. Nun wollen seine Leute das Platin nicht herausrücken. Sie scheinen sogar lieber sterben zu wollen angesichts der tschechischen Maschinengewehre und waffenlos wie sie sind. Aber Tinser ist hart. Er bringt sie zur Vernunft. Außerdem brauche Admiral Koltschak das Platin im Kampf gegen die Bolschewikis. Er liefert das Platin aus.

Nur die Kasette seines eigenen Baggers ist unauffindbar. Brammer hat sie ohne~~n~~ sein Wissen versteckt, um es für sich und seine Kameraden zu retten.

Der Zug braust davon, es ist keine Zeit mehr. Aus den Wagenfenstern wird auf die Deutschen geschossen.

Von der andern Seite schießen schon die Rotgardisten. Sie kommen heran und nehmen die Deutschen vor. Jetzt wären die großen Platinkisten sowieso verloren gewesen. Sie wären vielleicht sogar zum Verhängnis geworden. Die kleine Kasette aber weiß Brammer auch diesmal wieder geschickt zu verbergen. Die Kameraden sehen ein, daß Tinser recht gehandelt habe. Sie schweigen Mann für Mann über den geschehenen Transport.

Daß im weiteren Ablauf der Handlung als letzte Hemmung Uschuk den Weg nach Deutschland versperrt und daß Schwester Janka sich halb in Haß gegen diesen und halb in Bewunderung für Tinser sich für die Deutschen einsetzt und opfert, kann folgerichtig gestaltet werden.

Und daß Brammer mit dem durch alle Fährnisse nicht ohne grimmigen Humor geretteten Platin der Kasette schließlich die Fahrkarten nach Deutschland bezahlt, ist sicher wirkungsvoll. (Die Kasette selber müßte ⌈eben vorher⌉ bei einer letzten aufregenden bolschewistischen Durchsuchung als „eiserne Ration" nichts als ein vertrocknetes Kommisbrot enthalten, indeß Brammer das Platin anderweitig versteckt hat)

Ganz zuletzt aber muß die Lösung, wie auch bei K. angestrebt, noch einmal eindeutig bei Tinser liegen. Tinser muß sich noch einmal heroisch für die endgültige Befreiung der Kameraden opfern wollen. Und es wäre gut, wenn ihn in dieser letzten packenden Entscheidung nicht eine Frau, sondern die Kameraden zu retten vermöchten, in menschlich erschütternden Beweis für die gegenseitige Einsatzbereitschaft echten Soldatentums bis zum Letzten.

Mit deutschem Gruß!

Von der Reichsschrifttumskammer verboten, da gerade die gesuchte Freundschaft zu Rußland ~~durch~~ durch eine Tinser-Verfilmung gefährdet würde⌉

91. Kläre Buchmann – Hamburg, 27. Juli 1937

typ. Brief m.U., 1 Bl recto/verso, Briefkopf: HL 3
SUB Hamburg: NLp: Ba: 7 [Teil 1: 1936 - Juni 1941], 5

Liebe Kläre Buchmann,
Im Grunde ist Ihnen wohl doch bänglich geworden in dem Wust der Klein-Berichte, die Sie freundlich Erzählungen zu nennen belieben. Ihr Leser-Gefühl macht Ihnen alle Ehre und ist für den Verfasser ein dienlicher Leitstern. – Z.B. zu Flora fina: Bei der Erscheinung im Simpl damals, 1927 etwa, griff der Staatsanwalt ein wegen der einen Zeichnung mit Supf Piggel drauf. (Damals schon, in den Zeiten glorreichster Freiheit! ~~)~~ In der Sumpf- und Systemzeit!) Nun, Peter Scher, damals Schriftleiter, brauchte deswegen allerdings dann doch nicht ins Kitchen.

Bö-Sand ist das letzte, was ich schrieb. Und daß Sie die moralisch überwundenen Versuchungn so lieben, kann ich mir denken. Es ist für ein kluges Mädchen im allgemeinen auch das Ersprießlichste. Es gibt allzu viel dumme Jungs, und was soll nachher daraus werden! Zur Liebe, um nicht zu sagen, Erotik, gehört lange Erfahrung. Erst dann wird alles heiter und förderlich und ohne bleischwere Gewichte, Sorgenfalten und Katerflausen.

Kratze, kleine Katze! Aber sagen Sie nicht, daß die Krallen mehr bei mir wirken als die samtnen Pfötchen. Die samtenen Tastungen jedenfalls ~~wirken~~ klingeln noch in mir nach. Die kleinen Narben aber sind längst dahin.

Ilsebill habe ich 1920 geschrieben. Das Frühlingssegel reffen wir gänzlich weg. Es ist tatsächlich belanglos. Reiseandenken + : Engel ist ein allgemeiner holsteinischer oder mehr friesischer Name. ~~Aber d~~Da findet sich schon ein anderer.

Aber lassen wir das bis nach Ihren Ferien. Ich muß inzwischen „Gasparone" ~~fertig machen~~ mit ins Atelier abliefern. Schade, daß Berlin nicht im Gebirge liegt!

Lassen Sie es sich bestätigen, nochmals,: Wenn Sie wirklich beglimmert waren derzeit um Mitternacht, so stand Ihnen diese Umschreibung trefflich. Sie waren unendlich scharmant, nein, Sie waren zwischen Sphinx und Kätzchen ein~~e~~ einziges schnurrendes, pulsendes, zärtliches nacht- und erdverstricktes Geheimnis. Daß ich entfernte Offenbarungen ahnen durfte – es war wunderschön. Sie waren das, was Sie nicht gelernt haben. Damit soll nichts Unehrerbietiges über das gesagt sein, was Sie gelernt haben. Auch das bewundere ich in dem Maße, wie ich es beurteilen kann. Also, es braucht Sie nicht zu quälen, obschon es bedauerlich ist, daß Sie sich nicht selber so genießen konnten, wie Sie waren.

Aber das kann man wohl überhaupt nicht; ⌈denn⌉ ~~D~~das ist ein Gebiet, angerührt in Kleists „Über das Marionettentheater".

Der Himmel bewahre uns darin unsere erste oder zweite Unschuld!

So!

Nun also: Frohe Erholung!

Auch ohne Unterschriften sind mir Ihre „unvernünftigen“ [≈] privateren Briefe lieb.

(Was nichts gegen Ihre so vernünftigen vernünftigen Briefe sagen soll!)

Ob [≈] Herr Kröner sich lange von mir Bedingungen stellen läßt, bezweifle ich. Aber wenn ich schon zu Cotta – trotz aller seiner glorreichen Überlieferung – hinschwenke – so tu ich es Ihretwegen (und das kann er wissen) Aber so ~~berechtigt~~ ~~gut~~ Sie etwas gegen die käuflichen Mädchen einwenden (ach, die arme kleine Lissy) werden Sie auch gegen die allzu billigen Autoren Mißtrauen säen. Und ich sehe nicht ein, warum ich, da es schon nicht Ihretwegen sein darf, bei Cotta schlechter wegkomme als bei meinen anderen Verlegern. Zumal auch Vorschüsse und Garantien heute lächerlich klein sind gegen früher. Nur der scheußliche Filmzauber gibt mir die Möglichkeit – na, nun aber Schluß mit dem Geschäftlichen!

Kleine Sehnsucht! Möge sie rechte Erfüllungen haben! Es ist mir immer mehr zur Wahrheit geworden: Große Landschaft, Stille, Einsamkeit und – gewissenhafte herzbewegte Arbeit! – das sei gut. In geruhsamer ausgewogener Abwechslung, und eins sacht in das andere hinein~~getrage~~strahlend. – Aber als ich so jung war wie Sie, hab ich nie darüber nachgedacht. Und es war auch schön, sich treiben zu lassen. Oder liegt das in den Sternen? Möge es in den Sternen liegen!

Herzlich Ihr
Hans Leip

92. Behörde für Handel, Schiffahrt und Gewerbe, Hamburg – O.O., 18. I. 1938

typ. Briefdurchschlag, 1 Bl recto
MHG: Hans-Leip-Archiv: Briefe, Briefentwürfe und Durchschriften F-L: HL an die Behörde für Handel, Schiffahrt und Gewerbe Hamburg, Herrn Dr. Pätzmann

Indem ich darauf hinweise, daß es von anderer Stelle nicht leicht beurteilbar sei, wieweit das von mir geforderte Honorar in gerechtem Verhältnis zu der von mir geleisteten Vorarbeit stehe, möchte ich Sie nochmals bitten, die leidige Angelegenheit nun endlich zu einem anständigen Ende zu bringen.

Obschon ich der Reichspressekammer angehöre und – da man nicht in zwei Kammern zugleich sein soll – nur mittelbar der Reichsschrifttumskammer – bin ich gern bereit, den Schiedsspruch der hiesigen Landesleitung zu vernehmen, möchte mir aber vorbehalten, falls er der Sachlage nicht genügend Rechnung trägt, mich von mir aus noch nach Berlin zu wenden.

Heil Hitler!

93. Kläre Buchmann – [Hamburg-]Blankenese, 16. Mai 1938

e. Brief m.U., 1 Bl recto/verso, Briefkopf: HL 3
SUB Hamburg: NLp: Ba: 7 [Teil 1: 1936 - Juni 1941], 9

Liebe Kläre Buchmann,
Der „Liliencron“ ist soweit fertig. Er wird schon abgeschrieben. Dann seh ich ihn in Ruhe durch. Und in zwei Wochen ist er in Ihrer Hand. –

Auf meiner Hand entdecke ich eben zwei winzige Narben, als hätte mich vor Zeiten ein Kätzlein gehakt.

O je!

Liebes Kätzlein! –

Und nun bin ich doch froh über den Kantus über meinen sonderbaren, unendlich großartigen Landsmann Liliencron! Ein Abenteurer, Schwärmer, Haudegen, armer Schlukker und Edelmann sein Leben lang und ein Sucher nach dem höchsten Gut und ein wahrhafter Dichter. Mein Gott, was hat der für herrliche Sachen geschrieben Und nicht nur Lyrik!

Und ein runden Leben! Und heute so vorbildlich soldatisch! – Und zuletzt echtes Familienglück und alle Schulden bezahlt und Ruhm ... Was will man mehr? – Aber seiner Familie in Rahlstedt geht es (nach dreißig Jahren) sauschlecht.) Schade –

Liebes Kätzlein! –

Es grüßt Dich Hans Leip

Dienstag (morgen) muß ich auf 1, 2 Tage nach Berlin.

⌈Die Anpflaumungen der „Begegnungen zur Nacht" im „Schwarzen Korps" – Haha! Da lach ick öwer! (wie Bismarck) Das ist ja nichts als Reklame! –⌉

94. Emerentia Krogmann – [Hamburg-]Blankenese, 29. Mai 1938

e. Brief m.U., 2 Bl recto, Briefkopf: HL 3
Slg. Herbert Lehmitz (Kopie in MHG: Hans-Leip-Archiv: Briefe, Briefentwürfe und Durchschriften F-L: HL an Emerentia Krogmann)

Sehr verehrte Frau Krogmann,
Vergeben Sie, daß ich Ihnen erst jetzt für Ihren reizenden Brief danke, der seit mehr als 4 Wochen auf meinem Schreibtisch liegt. Ich hatte inzwischen viel um die Ohren, hab auch eine kleine Würdigung Liliencrons für die Reihe „Dichter der Deutschen" geschrieben und mußte mehrfach nach Berlin. Jetzt sitze ich schon wieder an der Abeit für ein Drehbuch, das dem Thema „Bergungsdampfer" unter dem Titel „Orkan" gewidmet ist. Wann ich je Ihrer liebenswürdigen und ehrenvollen Aufforderung, in der Frauenschaft zu lesen, nachkommen soll, weiß ich nicht, und ich bitte Sie, mich bis zum nächsten Winter davon zu entbinden.

Mit herzlichen Grüßen von Haus zu Haus
Ihr sehr ergebener
Hans Leip

95. Ilse Haalck – Berlin, 13. Juli 1938

e. Brief, 1 Bl recto/verso
MHG: Hans-Leip-Archiv: Briefe, Briefentwürfe und Durchschriften F-L: HL an Ilse Haalck-Leip

Lieben süßen Isle,
Ich bin, nach einer recht schlaflosen Nacht am Kurfürstendamm – Autos und Straßenbahnen sind doch unerträglich – durch Borns Vermittlung nun doch ins ländlichere gezogen. Und hier in der Pension Carlotta ist es recht freundlich – altes großes Privathaus der ~~neunzig~~ Jahrhundertwende. Es muß ein reicher Mann gewesen sein, der es mit 30 Zimmern für sich erbaute, und ein verhältnismäßig geschmackvoller Sammler dazu. Gro-

ßer schöner Garten - gutes altbackenes Publikum - und das Ganze nicht teuer und auf halbem Wege direkt an der Untergrundbahn zwischen Babelsberg und der Stadt.

Liebe Isle, es war nett, daß Du mir noch etwas vorgespielt hast neulich Abend. Es ist mir immer ein Genuß und Trost.

Und nun herzlichst
und grüß auch die Andern
von Deinem Hannes

96. Kläre Buchmann – [Hamburg-]Blankenese, 18. August 1938

e. Brief m.U., 1 Bl recto/verso, Briefkopf: HL 3
SUB Hamburg: NLp: Ba: 7 [Teil 1: 1936 - Juni 1941], 14

Liebe Kläre Buchmann, liebes Herz,
Sie haben mir einen ungeheuer reizenden Brief geschrieben! Sie sind sehr nett mit mir und den kleinen Versen, die hier und da im Lauf der Jahre so nebenbei entstanden.

Und Sie schreiben überdies so kluge Dinge über den Lauf der Welt und Zeiten, so sybillinisch erregend, ich weiß nicht, es geht wie ein Aufruf daraus, es müßte das Gewissen der Menschheit packen wie ein gerüttelt Maß. Die klaren Höhenwinde und das gute Gewässer und daß Sie Ihre jungen Kräfte spürten und die große Sonne und die ganze Tüchtigkeit und innerste Lust des rechten Lebens, was alles in Ihnen ist, das läutet auch stürmisch hinter Ihren Zeilen! Ich bin sehr dankbar, daß ich Sie kenne, ich sehe immer mehr ein. Und ich möchte Ihnen viel mehr bieten können und Ihnen viel näher sein ... Aber ...

Ja, aber!

Arbeiten wir, und hoffen wir weiter auf Begegnungen und auf ein vernünftiges Europa!

Ihr getreuer
Hans Leip

97. Kläre Buchmann – [Hamburg-]Blankenese, 21. September 1938

typ. Brief m.U., 1 Bl recto/verso, Briefkopf: HL 3
SUB Hamburg: NLp: Ba: 7 [Teil 1: 1936 - Juni 1941], 15

Liebes Frl. Dr. Buchmann,
Der Hauptteil laufender Filmarbeit liegt wieder einmal hinter mir. Ich atme auf.

Ein paar Tage der Ruhe will ich mir gönnen. Dann weiter. Der Inselverlag möchte für seine Frühlingsserie gern ein neues Bändchen Inselbuch haben. Somit werde ich das behandelte, so ernstlich durchgearbeitete Filmthema schlicht und recht zur Novelle verwerten.

Und dies und das wäre überdies zu tun. Gern würde ich mich auch an dem Preisausschreiben der neuen linie diesmal beteiligen. Ich tat es damals, als es zum ersten Mal erging und schickte die kleine Sache von den Schlafenden Schiffen ein. (in Herz im Wind) Ohne Erfolg. Später, als es in großer Aufmachung im Berliner Tageblatt erschien, ärgerte Herr Dr. Werner sich etwas. Und ich hab seitdem nichts mehr hingeschickt. Überhaupt will ich mich ja nicht mit Kurzgeschichten aufhalten. Vielleicht hätte ich aber diesmal eine etwas längere halbfertig liegen: Brandung hinter Tahiti.

Hinter Tahiti. Dort möchte ich jetzt sein. Sie wohl auch.

Wenn man ein europäisches Bild voll Volksgenossen in Gasmaske sieht, weiß man nicht, warum man überhaupt aus dem Urwald ausbrach.

Liebes Herz, nach Weimar bin ich ⌈amtlich⌉ eingeladen mit Fahrkarte II. Klasse zum „Dichtertreffen." Sie meinten neulich vielleicht dasselbe? Also, ich werde so um den 27.–30. Oktober dort sein. Würde mich freuen, Sie dort zu sehen!

Ja, sehr!

Mein Bruder rief mich aus Köln an (er ist bei der Shell) sein Direktor habe wie alle Direktoren seine Kriegserinnerungen niedergefertigt. Und da jener Direktor so begeistert sei für „Begegnung zur Nacht", fragte er an, ob er wohl Cotta als Verlag empfehlen dürfe. Ich armer Tor sagte spöttisch, er solle es ruhig dort einschicken. Mein Bruder, der sehr smart ist, notierte sich Ihre liebreiche Anschrift, und nun wird auch das noch auf Sie einstürzen, armes Kind!

Es wäre meinem Bruder zu gönnen, wenn irgend jemand bei Ihnen diplomatisch vorginge. Die Shell-Direktoren sind heute Weltmacht und haben viel Geld.

Schade, daß wir nicht alle Shell-Direktoren sind und daß uns das Schicksal das Direk ewiglich streichen wird.

Aber Direk ist wohl auch nur eine Aufbauschung von Dreck

Sie sehen, ich bin froh, einen Tag nichts zu tun zu haben.

Ich wünsche Ihnen das Gleiche.

Unser armer Liliencron im Umbruch ist noch nicht hier. Viele Leute lesen von ihm in der „Woche". Der Sohn von Heiberg rief mich an und teilte mir den „witzigsten" Korrespondenzgruß des wackeren Detlev mit. Lili hatte Heiberg mit Erfolg um 300,- Mark angepumpt und sandte zu Dank folgendes Telegramm:

– biete Ihnen du an rückantwort bezahlt –

Das müßten wir eigentlich noch einbauen, wie? Welch liebenswürdiger Lebenskünstler ~~und~~ er doch war, dieser unentwegte, [≈] erbhoflose holsteiner Edelmann!

Blunck ist nun 50 und hat den Nationalpreis nicht gekriegt, wo er doch sowieso auf den Nobelpreis scharf war. Aber er ist Erbhofbauer ohne Erben und Ahnen. Also auch ein Lebenskünstler.

Liebling, nun ist Schluß, unser aller Klärchen! (So scheint Peter Scher Sie genannt zu haben)

Herzlichst Ihr
Hans Leip

98. Kläre Buchmann – [Hamburg-]Blankenese, 12. Oktober 1938

e. Brief m.U., 2 Bl recto/verso, Briefkopf: HL 3
SUB Hamburg: NLp: Ba: 7 [Teil 1: 1936 - Juni 1941], 18, 19

Liebe Kläre Buchmann,
Sie sind tapfer! Und edel! Unser aller Gewissen war in Aufruhr, aber niemand hatte wie Sie den Mut, sich dem Erschießen aus Erkenntnis hinzugeben ... Nun, manchmal sind letzte Hemmungen klüger als man selber und ahnen das Weltschicksal deutlicher. Was man jetzt langsam heraushört, ist das Tollste aller geschichtlichen Va banque-Spiele: England war nicht kriegsbereit, Rußland war es auch nicht. Somit hätte Frankreich sicher eine Invasion erlebt (wie so oft) Und wir wären – nach anfänglichen glänzenden Erfolgen unzweifelhaft durch erst späteres Hinzutreten aller übrigen Gegner in ein ähnlich langwieriges Hauskonzert geraten wie 1914.

Daladier war es, der mit Mussolini den ersten, für beide wohlbegründeten Vorstoß zur letzten Klärung unternahm.

Und sicher haben Hitler wie Chamberlain diese Aktionen der andern beiden vorausgesehen und insgeheim gefördert, um ihrer beider „Ehre" willen.

– Tanz auf des Messers Schneide! –

Wie leicht hätte das blutige Füße gegeben!

Ich habe im Hotel Erbprinz Weimar am Markt ein Zimmer vom 27. 10. – 1. 11. belegt. Ich wollte mich nicht auf die Vermittlung der Einlader verlassen.

Kommen Sie nun? Oder wollen wir uns anderweitig in jener Gegend treffen? Es müßte doch irgendwo eine Wolkenstube geben!?

Den immer reizvollen Almanach habe ich Meumann ans Herz gelegt.

Zwei von mehreren Zuschriften, den Liliencron-Abdruck betrefflich, anliegend (beide Schreiber sind mir unbekannt)

Herzlichst Ihr
Hans Leip

Was halten Sie – nebenbei – von der Jenaer „indirekten" Einladung, die mir zuging? Ist es ein Unternehmen des Diederich Verlages? Es ⌈ist⌉ wäre ansonst fast verlockend. –

Haben wir noch ein paar „Prospekte" „Begegnungen zur Nacht" übrig?

99. Kläre Buchmann – [Hamburg-]Blankenese, 21. Oktober 1938

typ. Brief m.U., 1 Bl recto/verso, Briefkopf: HL 3
SUB Hamburg: NLp: Ba: 7 [Teil 1: 1936 - Juni 1941], 20

Liebes Frl. Dr. Buchmann,

Wie kommen Sie darauf? Ich hab Ihren Brief nicht übel genommen, im Gegenteil, er war mir aus der Seele gesprochen bis auf jene freundlich gemeinte Bezeichnung „Dichter". Dichter gibt es nur im Himmel. Noch bin ich ja auf der trotz allem reizvollen Erde. Sie meinen es ja auch nicht so hart. Sie schätzen den Pfuhl und Tinser, ich mehr Godekes Knecht und die Lady und den Admiral. In wenigen Jahrzehnten ist sowieso alles vorbei, und wenn von mir dann nichts als die Nächtezettel der Sinsebal (in Auswahl) übrig bleiben, will ich mir unter oder über der sterblichen Ebene ins Fäustchen lachen. Vielleicht ist es aber dann nur der Nigger auf Scharhörn. Und wenns garnichts ist, dann kann mich das auch nicht weiter kratzen. Ich tu mein Tagewerk, um nicht zu verhungern. Was darüber ist, ist Gnade und Barmherzigkeit, die mit mir tut, was sie will. Und es ist noch fraglich, ob sie will. ⌈Im übrigen wäre ich jetzt lieber längst Kapitän bei der Hapag ...⌉

Und jene Titelüberspannung amtlich zum Rummel zu erheben und den Begriff~~n~~ Weim~~e~~ar~~s~~ damit zum Braunhemd zu verplätten und den guten Geistern dort – seit Wildenbruch und Frau Förster-Nietzsche schon nach Kiuyutu oder an den Südpol emigriert auch ⌈noch das letzte⌉ [≈] gelegentliche~~n~~ lächelnde~~n~~ Gedenken zu vergrämen, das ist unserer hehren Zeit vorbehalten. Liebe Kläre Buchmann, so gern ich Sie wiedersehen möchte, so schwerer wird mir das Herz, wenn ich mir den Rahmen unserer Begegnung vorstelle. Nein, ich mag das nicht. Wozu in drei Teufels Namen hab ich das nötig? Ich [≈] bin auf kein Parteiprogramm verpflichtet, ich bin nichts als schlichter Volksgenosse, Bürger zweiter Klasse, zudem „Intellektueller" (vielleicht wird das vorn auch nur mit einem I geschrieben) frisch von Herrn Goebbels auf einer Rede vor einem N.S. Musterbetrieb als [≈] eben solcher, der angeblich als einziger Typ in Deutschland nicht geschlossen bereit war, ins Massengrab zu marschieren, angepinkelt. Und soll also zum Pfötchenlecken nach Weimar? Um „Richtlinien" entgegenzunehmen? Ich war Soldat. Ich habe mich über jenen Zustand längst der

Meinung Schopenhauers angeschlossen, obwohl ich gar nicht so sehr „Intellektueller" bin und auch kein Feigling. Ich tauge nicht für den Aufmarsch. Ich bin froh, wenn der schmale Pfad, den ich vor mir sehe, mich allein durchläßt. In Kompagniefront, ja schon in Gruppenkolonne müßte ich aus „Kameradschaft" auf ein weiteres Vordringen verzichten. Und das wünschen Sie auch nicht. (Im Grunde wünscht auch die „Regierung" das nicht. Aber den Pappenheimern, die in Weimar Hände an Hosennaht antreten, wird sie es gründlich verbieten, denke ich. Und mit Recht)

Ich habe also beschlossen, meine Fahrkarten, die noch nicht da sind, zurückzuschicken. meine Gesundheit erträgt es nicht. Mir ist sterbensübel. ich werde zur Erholung in die Heide oder nach Holstein fahren. Liebes Herz, nehmen Sie es nicht krumm! (Sie nehmen es nicht) Wir sehen uns anderswo und hoffentlich bald. Sie ahnen manchmal sicher, wie sehr ich Sie schätze. Ich möchte leise hinterhersagen, wie sehr ich Sie brauche. Aber das dürfen Sie gleich wieder vergessen, das letztere, ich werde auch allein durchkommen. Aber ich danke Ihnen für so manchen Trost, für so manchen Funken, den Sie mir in das erlöschende Herzfeuer warfen.

Und dabei kenne ich Weimar. Ich hab sehr glückliche Stunden dort verlebt. Und sehr traurige. Als junger Mensch, um siebzehn herum, und viel später. viel später stand ich um Mitternacht einmal auf dem Marktplatz, es regnete ein wenig, und das Mädchen Gondola weinte, und es war alles rührend und trostlos. Und dann sah ich sie gegen Morgen durch den Park gehen mit irgend jemandem und ich mit irgend einer anderen, und sah ~~nun~~ sie wie durch Wasser gehn, der Nebel lag auf den Wiesen und reichte bis zu ihren Hüften. Heute ist sie in Paris mit einem Irländer verheiratet. Und ich sitze auf der Elbkante in Blankenese. Und beginne, die Schiffe zu hassen und den Blick in die Ferne. Und fange an, wieder unruhig zu werden, und das Leben scheint lockender zu sein als vorher.

Vergebung, das war ein sentimentaler Abrutsch.

In Weimar beginnt es am 27. Oktober. Ich habe im Erbprinz am Markt ein Zimmer bestellt. Wollen Sie es übernehmen? Bis zum 1. November? Es wird vielleicht teurer als anderswo, aber es ist das beste Hotel dort. D.h. es gibt wohl nichts besseres. (Programm hab ich noch nicht)

Ich schreib an das Hotel, Sie würden ggf. das Zimmer übernehmen und ggf. bis Montag deswegen telegrafieren. Es wird schwer sein, jetzt noch ein vernünftiges Zimmer zu bekommen.

Ich hab mirs auch mit Jena überlegt. Es wird eine Fanggrube des Verlages Diederichs sein und verpflichten. Soll ich? Soll ich nicht? Ich soll nicht.

O Einsamkeit, du meine Heimat, o Einsamkeit!

Dies Wort hörte ich zuerst in Sachsen, von jenem Trefflichen, der mir ⌈nicht nur den Zarathustra sondern auch⌉ das Gastmahl des „Akad⌈h⌉on" vorlas und mich vorbereitete auf das Stück Ilias, das Sie mir zum Geburtstag geschenkt haben und das ich voll Mißtrauen, aber mit Andacht gelesen hab, ohne bislang mehr als ungeheure Hochachtung vor einer versunkenen Welt zu empfinden.

Seien Sie herzlichst gegrüßt!

Was wollen Sie mit einer Liste der wenigen Bekannten, die ich habe? Ich will gern versuchen, Ihnen zuliebe die Anschriften zusammenzufinden oder meine Frau wird es.

Besten Dank für die Prospekte. Machen Sie neue mitsamt Liliencron und Nigger auf Scharhörn? Kann ich zur Verrechnung noch 20 weitere Begegnung zur Nacht haben? Es läßt sich so zwanglos verschenken.

Herzlichst Ihr
Hans Leip

100. Kläre Buchmann – [Hamburg-]Blankenese, 24. Oktober 1938

typ. Brief m.U., 1 Bl recto/verso, Briefkopf: HL 3
SUB Hamburg: NLp: Ba: 10 [an die Cotta'sche Buchhandlung, Kläre Buchmann, 1936-1942]

Liebes Frl. Dr. Buchmann,
Herzlichen Dank für den „Liliencron", für Ihren Brief zuerst, und für den „Mörike" und die „Wellen". Alles sehr hübsch aufgemacht. Herr Busse weilt seit einer Woche in Blankenese unten am Strand. Ich hab ihn schon zweimal gesehen und gesprochen. Er ist nett.

Den japanischen Roman hätte man unkastriert sicher mit größerem Umsatz bedenken können. Man ist nicht mehr prüde und will vor allem, falls es wissenschaftlich begründet ist, das Tatsächliche erfahren, zumal aus dem Ausland. Und dagegen hat selbst Herr Goebbels nichts. Im Gegenteil, Erotik regt zur Volksvermehrung an, glaubt man in Regierungskreisen.

Weimar nagt geradezu an mir. Jena lädt mich überdies nochmals sehr freundlich ein. Und ich vernehme nun von Ihnen, daß Sie schon am 27. zum „Dichtertreffen" erscheinen. Es ist bitter. Aber ich kann nicht anders. Näheres Programm ist mir noch nicht zugegangen. Dr. Goebbels ist nach seiner Hamburger Rede ... so sonderbar plötzlich wieder abgereist, so voreilig, Die Rede war ein Kabarettstück, er sprach wie ein sadistischer Seiltänzer ... haben seine hohen Kollegen das nicht gutgeheißen? Und verzögert sich dadurch der Weimarer Rummel? Ich sehe Nebelkrähen. Vernichten Sie diese freimütigen Worte! Möchte das Schicksal uns gönnen, einander bald sonstwie zu sehen.

Von Hamburg sind folgende vier außer mir eingeladen: Rudl Kinau, Jakob Kinau (beide Brüder Gorch Focks und Pgs.) Thomas Westerich (Pg, alter Kämpfer) und Albert Mähl. Albert Mähl ist ganz nett, groß und blond und daher kein Pg. Er schreibt meistens Plattdeutsch, in letzter Zeit aber auch trefflich Hochdeutsch. Das ist alles. Und so ähnlich wird es überall sein.

Seien Sie nicht böse oder traurig. Genießen Sie die Weimarer Tage und den Geist der Vergangenheit oder dessen leere Hülse! Ich bin tatsächlich auch körperlich plötzlich so weit im Keller, daß ich nicht reisen könnte, selbst, wenn alle sonstigen Bedenken Ihretwegen verflögen.

Herzlichst Ihr
Hans Leip

101. Kläre Buchmann – [Hamburg-]Blankenese, 26. Oktober 1938

e. Brief m.U., 1 Bl recto/verso, Briefkopf: HL 3
SUB Hamburg: NLp: Ba: 7 [Teil 1: 1936 - Juni 1941], 21

Liebe Kläre Buchmann,
Herzlich willkommen in Weimar, im musischen Trubel! Es wird sicher sehr schön. (Immerhin lesen zwei Cotta-Autoren, Hohlbaum und Claudius. Grüßen Sie bitte beide) Ich glaube sogar, ich wäre Ihnen bei Ihrer Autorenjagd, bei Ihrer auftragsgemäßen Jagd nach Auer- und Torenwild nur im Wege gewesen. Ich hab Sie ja lieber allein und bin womöglich eifersüchtig. Ich hab Sie ja wahrlich sehr lieb, kleine Klarissima!

Wenn man nach mir fragen sollte, ich bin krank, ich hab mich so auch bei Dr. Goebbels entschuldigt. Und es ist ja leider auch so. ich hoffe eben auf baldige Besserung.

Grüßen Sie die guten alten Stätten! In Gedanken daran, an alles Goethische, an seine Sammlungen, seine Zimmer, sein Gartenhaus, bin ich ganz stumm vor Ehrfurcht.

... Und triffst du einen alten Mann und fragst ihn, ob er Goethe kannte, und er sieht dich verlegen an, so weißt du, daß die Zeit verrann und er sich lange von uns wandte ...

Also viel Angenehmes sodenn um Imbiß und Umtrunk herum!

Und irgendwann dennoch auf fröhliches Wiedersehn! Liebe Kläre Buchmann!

Ihr Hans Leip

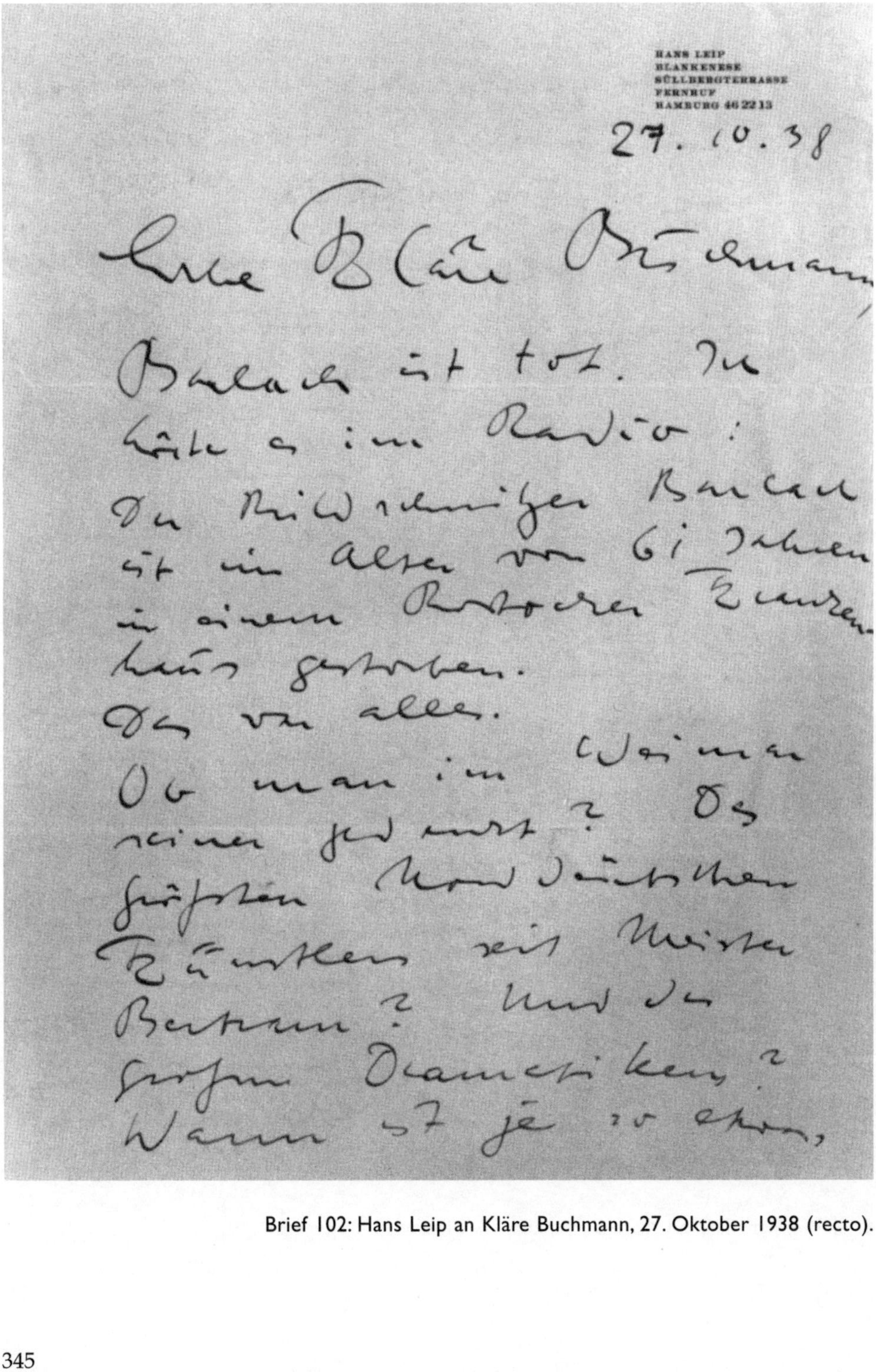

HANS LEIP
BLANKENESE
SÜLLBERGTERRASSE
FERNRUF
HAMBURG 46 22 13

27. 10. 38

Liebe Kläre Buchmann,

Barlach ist tot. Ich hörte es im Radio: Der Bildschnitzer Barlach ist im Alter von 61 Jahren in einem Rostocker Krankenhaus gestorben.
Das war alles.
Ob man im Weimar seiner gedenkt? Des größten norddeutschen Künstlers seit Meister Bertram? Und des großen Dramatikers? Warum ist je so schön,

Brief 102: Hans Leip an Kläre Buchmann, 27. Oktober 1938 (recto).

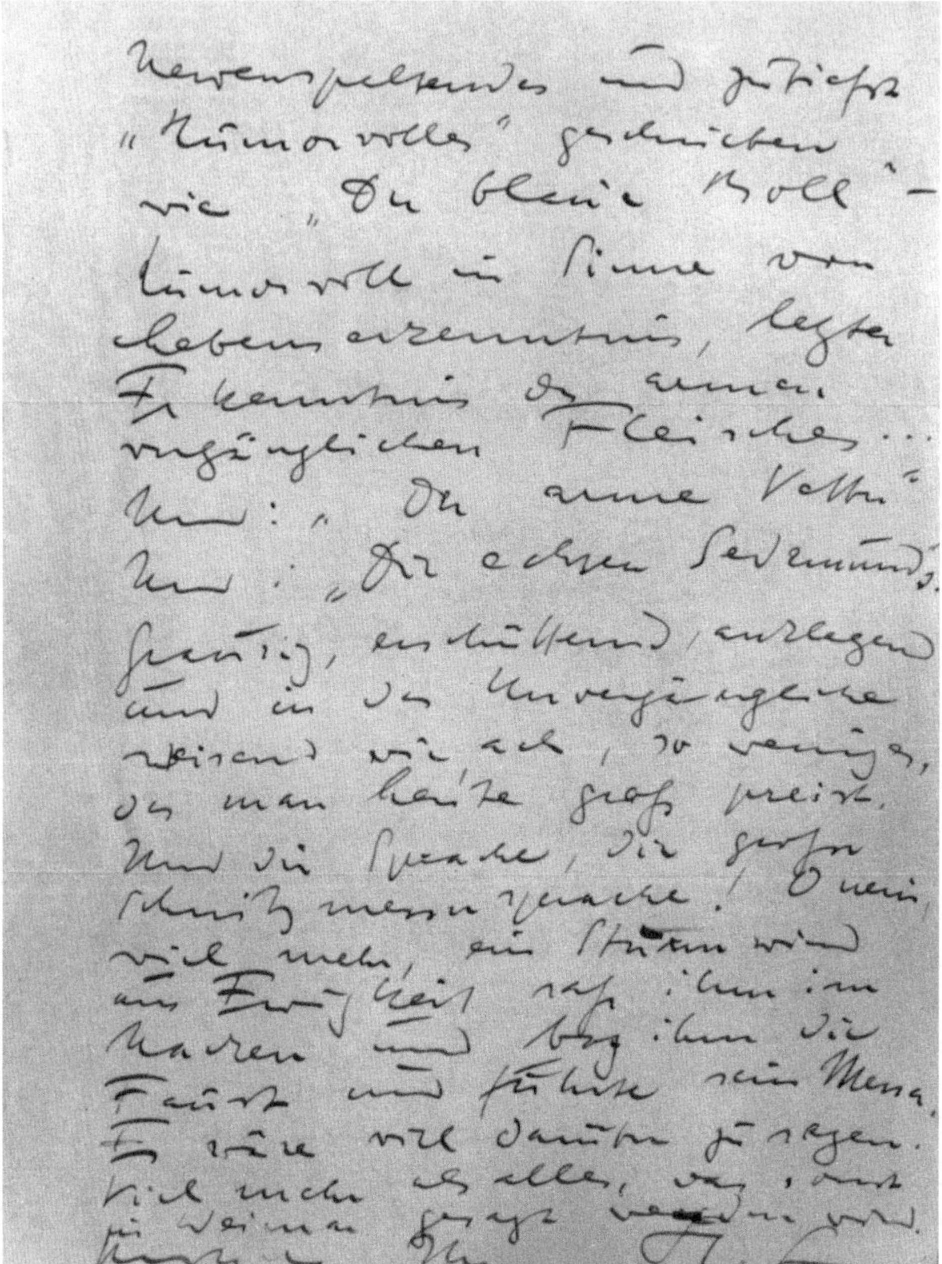
Nervenspaltendes und zutiefst
„Humorvolles" geschrieben
wie „Du kleine Bolle" –
humorvoll im Sinne von
Lebenserkenntnis, letzter
Erkenntnis des armen
vergänglichen Fleisches...
Und: „Die arme Vettel"
Und: „Die echten Sedemunds",
grantig, erschütternd, anklagend
und in das Unvergängliche
weisend wie ach, so wenige,
die man heute groß preist.
Und die Sprache, die großen
Schmutz messen mache! O nein,
viel mehr, ein Sturmwind
aus Ewigkeit saß ihm im
Nacken und bog ihm die
Faust und führte sein Messer.
Es wäre viel darüber zu sagen.
Viel mehr als alles, was in Ernst
zu Weimar gesagt worden ist.
Herzlich Ihr H. Leip

Brief 102: Hans Leip an Kläre Buchmann, 27. Oktober 1938 (verso).

102. Kläre Buchmann – [Hamburg-]Blankenese, 27. Oktober 1938

e. Brief m.U., 1 Bl recto/verso, Briefkopf: HL 3
SUB Hamburg: NLp: Ba: 7 [Teil 1: 1936 - Juni 1941], 22

Liebe Kläre Buchmann,
Barlach ist tot. Ich hörte es im Radio: Der Bildschnitzer Barlach ist im Alter von 61 Jahren in einem Rostocker Krankenhaus gestorben.

Das war alles.

Ob man in Weimar seiner gedenkt? Des größten Norddeutschen Künstlers seit Meister Bertram? Und des großen Dramatikers? Wann ist je so etwas Nervenspaltendes und zutiefst „Humorvolles" geschrieben wie „Der blaue Boll" – humorvoll im Sinne von Lebenserkenntnis, letzter Erkenntnis des armen, vergänglichen Fleisches ... Und: „Die echten Sedemund's". Grausig, erschütternd, auslegend und in das Unvergängliche weisend wie, ach, so weniges, das man heute groß preist. Und die Sprache, die große Schnitzmessersprache! O nein, viel mehr, ein Sturmwind aus Ewigkeit saß ihm im Nakken und bog ihm die Faust und führte sein Messer. Es wäre viel darüber zu sagen. Viel mehr als alles, was sonst in Weimar gesagt werden wird.

Herzlichst Ihr
H.L.

103. Kläre Buchmann – [Hamburg-]Blankenese, 2. November 1938

e. Brief m.U., 3 Bl recto/verso, Briefkopf: HL 3
SUB Hamburg: NLp: Ba: 7 [Teil 1: 1936 - Juni 1941], 23-24

Liebe Kläre Buchmann,
So weiß ich doch: Es war nicht nur Strapaze für Sie. Ich freue mich, meine guten Wünsche so erfüllt zu sehen. Wie sollte es auch anders sein können? Sie als milde, als spendende Göttin, zumindest als – modern gesagt – reizvoller Transformatorenvertreter zwischen Dichtergeist und Buchkraft mußten ja ob dieser freundlichen Herde sternengleich daherschwimmen. Und daß diese Herde sanfter und herdbuchfähiger und marktreifer war – im allgemeinen – als man fürchten mochte, das ist angenehm zu hören. Und auch daß die Hirten und Hirtenhunde Geschrei und Zähneblecken unterließen und das Wort „Ausrotten" hinter höflicher Lebensfreude und Gönnerschaft verborgen blieb – es ist gut.

Dennoch bedaure ich [≈] nur, Sie nicht gesehen zu haben! Und ich bewundere gebührend Ihre Anhänglichkeit an den Erbprinzen! ...

Ich war in Ratzeburg – mein Schwager fuhr mich in seinem netten Wagen hin – und wir haben dort Barlach die letzte Ehre erwiesen. Wenn auch nicht viele dort waren, so waren es nicht die Schlechtesten. Und das wiegt Weimar auf und war auch notwendig. Sie haben mir sehr anschaulich erzählt. Ja, es war besser, es war sicher keine Tarnung. Und wenn ich nächstes Jahr wieder eingeladen werden sollte und Sie wieder dort sein werden, komme ich. Barlach stirbt ja nicht zweimal, obschon er zweimal leben wird. Ich wüßte aber außer ihm keinen in Norddeutschland ~~wes~~dessentwegen ich dann Weimar versäumen müßte.

Hoffentlich lädt man nicht wieder die belanglose Garde der Westerich und Kinau ein. ⌈Selbst Mähl – Sie haben ihn trefflich erkannt – ist ein selbstgefälliger Mundvollnehmer, wenn er allein gelassen wird. Ich schäme mich für ihn, daß er glaubte, sich so plump bei Ihnen in Scene setzen zu können! – Und mit diesen Typen sollte ich gemeinsam fahren

(Herr Westerich, der üble Bursche, pochte sehr darauf)⌉ Sagen Sie dem Verantwortlichen, den Sie so günstig kennen gelernt, gelegentlich eine andere Liste: Edgar Maaß, Beheim-Schwarzbach, ~~ggf. auch~~ Paul Schurek.

Ja, meine Liebe - meine Gesundheit ist fast wieder hergestellt. Ich habe hier einen fabelhaften Arzt kennen gelernt. Ich brauche mich nicht mehr - unberufen - unters Operationsmesser zu legen (wie mir mein ⌈bisheriger⌉ Hausarzt und sein Chirurg geraten hatten!)

Ja, es geht mir wieder besser. Ich blicke gelassen und heiterer in die Zukunft.

Ich möchte noch viel tun.

Vielleicht kauf ich mir bald einen Wagen.

Vielleicht zieh ich nach Holstein in die Nähe der See.

Neubeginn - welch guter Begriff!

Wandlung - oder Entwicklung. Ich weiß es nicht. -

Aber mein Herz wird fröhlicher, wenn ich an Sie denke. Ich danke Ihnen so sehr, daß Sie die Zuversicht nicht verloren haben, liebes Kätzlein!

Liebes Kätzlein, Agnes Miegel hat vollkommen Recht und Pegel auch: Sie werden Gutes schreiben! Wir werden es sehr genießen und werden sicher alle daran lernen können.

Sie machen sich ⌈gewillt⌉ bescheiden , obschon Sie vieles besser wissen, können und ahnen als wir alle!

Sie sind immer sehr freundlich zu mir! (falls ich nicht gröblich aus der Rolle falle) Ich möchte Sie eines Tages nicht allzu sehr enttäuschen und bin sehr vorsichtig geworden. Ich muß das „Schreiben" neu entdecken (wieder einmal) Ich traue mich nicht mehr. Und Sie werden verstehen, das ist ein ekelhafter, aber sicher notwendiger Zustand. Ich geh um mich herum und laure auf die Widerstände, die platzen sollen vor Wut über mein Mißtrauen ... Eben blick ich aus dem Fenster. Die Fahrwasserboje steht senkrecht zwischen Flut und Ebbe: Stauwasser. Bald wird es wieder strömen, seewärts oder Hafen zu.

Liebe Kläre Buchmann, ich bin glücklich, daß Sie über Weimar noch nicht ganz vergessen haben

Ihren Hans Leip

104. Emerentia Krogmann – [Hamburg-]Blankenese, 18. November 1938

e. Brief m.U., 3 Bl recto, Briefkopf: HL 3
Slg. Herbert Lehmitz (Kopie in MHG: Hans-Leip-Archiv: Briefe, Briefentwürfe und Durchschriften F-L: HL an Emerentia Krogmann)

Liebe Frau Emerentia Krogmann,
Ich habe Sie noch nie um einen Gefallen gebeten. Aber in diesen Tagen muß ich es tun. Einer der edelsten Menschen, die ich kenne, einer der wenigen wahrhaft Guten, Dr. Oskar Isey, ist verhaftet worden, weil er - ich hab es nie gewußt und es ist ja auch einerlei - Jüdischer Abstammung ist. Er war Offizier im Kriege, hat das EK II, ist Chemiker und leitet eine große Fabrik in Altona. Und mehr: Er ist es, der vielen Künstlern ermöglicht hat, etwas zu werden. Auch ich wäre in trüben Jahren einfach verhungert, wenn nicht Dr. Isey mir beigestanden hätte (nicht nur geldlich, sondern mit seinem wundervollen klugen und gütigen Zuspruch, mit seinem Glauben an das Gute, ja, daß er an manchen von uns glaubte, ehe andere zu glauben wagten, das hat manchen von uns für das Leben und die Kunst gerettet) Und er glaubte an Deutschland, an die Zukunft dessen, was groß und schön geredet und getan wurde. Nun hat man ihn nach Oranienburg geschafft, ihn,

der lange hätte sein geliebtes Vaterland verlassen können, mit offenen Armen im Ausland erwartet. Aber er wollte bleiben, wo seine Vorfahren viele hunderte von Jahren geachtet lebten.

Seine Frau Astrid ist eben bei mir und erzählt mir den Jammer. Sie werden sich vielleicht an Astrid Roese erinnern, die mit Ihnen die Kreuslerschule besuchte. Nun ist von vielen Seiten gleich etwas unternommen worden, von Dr. Iseys Betriebsgemeinschaft, die ihn über alles liebt und verehrt, auch von dem Münchner Übernehmer der Fabrik, der ohne Dr. Iseys persönliche Anwesenheit den für ihn noch unbekannten Betrieb einfach nicht so weiterleiten kann, wie es für unsere Wirtschaft notwendig ist.

Es gilt nun, liebe Frau Krogmann, das Gesuch zu befürworten, das Frau Astrid Isey geb. Roese an die Geheime Staats-Polizei Hamburg eingereicht hat.

Haben Sie die Möglichkeit? Sehen Sie den rechten Ausweg? Es wäre schön und wichtig! Die Schritte für eine sofortige Auswanderung nach Norwegen sind getan.

Mit herzlichen Grüßen
Ihr sehr ergebener
Hans Leip

105. Kläre Buchmann – [Hamburg-]Blankenese, 23. November 1938

e. Brief m.U., 2 Bl recto/verso, 1 Bl recto, Briefkopf: HL 3
SUB Hamburg: NLp: Ba: 7 [Teil 1: 1936 - Juni 1941], 25-27

Liebes Kätzlein,
Ich wüßte nicht, wann ich einen „schändlichen" Brief von Ihnen bekommen hätte, seit dem 19. 11. hab ich nichts mehr von Ihnen gehört. Jedenfalls ist der „Fieberbrief" den ich heute von Ihnen hab, desto schöner! Ich hab etwas Fieber immer erhebend gefunden, im wahrsten Sinne, man schwebt, es wird vieles leichter. Und das können wir heute gebrauchen.

Eben ruft mich Dr. Isey an, jener gute Mensch, der auch plötzlich verhaftet wurde. Er ist – und ich hab dabei geholfen – wieder frei. Er ist fabelhaft elastisch in sich, preist das gute Essen und die wundervolle Luft in Oranienburg (K.Z.) ...

Irgendwelche Liliencrons haben Einspruch erhoben gegen die „haltlos versickernden" und „in Gelehrtenstuben wieder eindämmernden" Liliencrons. Ich hab ihnen zugesagt, in der 2. Auflage auf das noch Strotzende des Geschlechtes hinzuweisen. Also: Verkaufen Sie die 5000 schnell.

Gestern las ich das Buch über die „Droste". Ich mußte oft an Sie dabei denken, auch heute, Ihre Zeilen beschäftigen die Verwandtschaft mehr als Sie ahnen. Aber hoffentlich sind Sie dennoch dem Schicksal gewachsener; ich glaube, Ihr innerstes Griechentum wird Sie heidnisch froher und widerstandsfähiger erhalten.

Liebes Kätzlein, heut scheint die Sonne über der Elbe, und die Zeit der Lieschen Meiers ist vorbei am kühlen kahlen Strande.

Ich schreib noch immer an der Bergung-Dampfer-Erzählung, die „Seetiger" heißen soll. Ich hab es nicht in der Hand, es wird anders als der Film, ich wünsche, es wird besser. Es geht alles sehr langsam mit mir in dieser Zeit. Aber ich ahne, es wird eines Tages wieder besser. Ich muß erst ganz gesund sein – oder mich an eine halbe Gesundheit gewöhnt haben.

Pläne hab ich genug.

Ja, Kätzlein, Pläne genug!

Hätte ich doch auch die Seidenpfoten und raschen Krallen, nachzutasten und zu halten!

Für die „Tobis" soll ich auch arbeiten. Ich schrieb es schon. Ich hätte lieber abgelehnt. Aber weiß sonst nicht, wovon wir leben werden. Sie wissen wohl, wie viel lieber ich an ernstere Dinge ginge, auch Dramatisches schwebt mir lange vor. Vorläufig schwebt mir sicher zu viel Verschiedenes vor, ich hab eine Mappe, darauf steht: Entwürfe, Sie würden lachen, wenn Sie sähen, was alles darin entworfen ist.

Da heißt der große Roman z.B. schon

Jazz
oder
die zwanzig Jahre
(In Klammern 1918 – 38)

Da ist ein großes satirisches Abenteuerbuch gedacht:

Graf Igelbiers
absonderliche Weltfahrt
(Im Auszug auch so hübsch für Kinder geeignet)

Und auch der Chorjungen-Roman lauert dort unter dem Titel

Drachenkalb

Wie gern hätte ich das alles auf einmal fertig! Statt dessen muß ich mich mit Film-Gesinnung und -Rücksichten abplagen.

Und nun will ich wieder an die Maschine schreiten, um den Herrn „Seetiger" mit seinem zarten Mädchen zu vereinigen.

Nein, die Sonne scheint so sengend durch die Scheibe. Ich will eine halbe Stunde in den kalten Wind laufen.

Und an Sie denken, liebes Kätzlein.

Herzlich
Ihr Hans Leip

Sie sagen, es wird sich bewähren müssen, ob wir untergehen sollen oder nicht ... oder so ähnlich.

Wolle nicht – sagten die weisen Mystiker.

Entweder wir taugen etwas, dann werden wir obsiegen. Ich fürchte, wir werden den Sieg trotzdem nicht genießen. Ich bin immer blind ⌈(ja, doch!)⌉ meinem Weg gefolgt. Ich halte es für besser, ~~die blind~~ die Augen nach innen zu richten. Da muß der Weg sein. Man sollte, müßte ... alles Unsinn!!! –

Und das wird auch!

Ich höre mit Bedauern, Herr H.F. Blunck läßt einen Roman erscheinen „Frauen im Garten".

Nun ist es mit dem Titel „Der schlafende Garten" wohl nicht ganz geheuer, nicht wahr? Sagen wir lieber

„Fenster gen Süd"?

Ich weiß noch nicht.

Vielleicht fällt mir auf Madeira das Geeignete ein.

Mein Schiff reist am 3. 4. aus. Und Mitte Mai bin ich zurück. Ich freue mich sehr auf beides.

Montag, Dienstag bin ich in Berlin, wegen Tobis und wegen Devisen. Es geht alles klar.

Nun, nochmals will ich heimlich danken, daß Sie soweit gesund geblieben sind, und für den guten Verlauf, den Sie der „Bergung" ermöglichten. Also für Ihre und meine Bergung Dank!

Herzlichst
Ihr alter
Hans Leip

Darf ich 20 „Begegnungen zur Nacht" geb. haben? Wie üblich. Ich will sie den Schulkameraden schenken, die mich zu ihrem 25jährigen Schulmeisterjubiläum eingeladen haben. Die übrigen 15 sind im Krieg gefallen.

106. Anna Jacker – [Hamburg-]Blankenese, 30. Dezember 1938

e. Brief m.U. (Kopie), 1 Bl recto, Briefkopf: Cotta Almanach
MHG: Hans-Leip-Archiv: Briefe, Briefentwürfe und Durchschriften A-E: HL an Anna Jacker

Liebe Anna Jacker,
Das war ein sehr rührender Brief von Ihnen, ja, Sie verstehen den Zauber noch immer, Briefe zu schreiben, daß man Herzklopfen dabei hat. Und ich hab alles genossen, „sogar" die herrliche Anführung der Gone with the Wind-Umwelt! Ich hab das Buch ja doch auch sehr gern! – – Dank, Dank!! Und wir freuen uns sehr, daß Ihr Kronprinz gut gedeiht!! Und daß Siegi nun bald Staatsbankdirektor ist. Und daß Sie das Leben noch immer so vorbildlich meistern! – Wir versuchen es auch, trotzdem Gretel Haalck im Augenblick sehr krank ist. – Ich schreib jetzt für die Tobis. – Immer noch die alte Hetze. Aber etwas weniger Kampf und Ärger wie bei der Ufa. – Und daß Sie den Liliencron mögen, das ist mir sehr wertvoll. – Grüßen Sie Ihren Mann! Und alles Gute und Treffliche für das Jahr 1939!

Ihr alter
Hans Leip

107. Kläre Buchmann – [Hamburg-]Blankenese, 20. Januar 1939

typ. Brief m.U., 1 Bl recto/verso, Briefkopf: HL 3
SUB Hamburg: NLp: Ba: 10 [an die Cotta'sche Buchhandlung, Kläre Buchmann, 1936-1942], 8

Liebe Kläre Buchmann,
Ganz recht, ich dachte Der Seidenschal wäre etwas für Cotta, Länge rund 120 Seiten, davon 63 schon vorhanden. Und doch etwas ernsthafter, als Sie zu fürchten meinen.

Wegener werde ich nicht fragen. Für kurze Sachen ist er sowieso nicht zuständig.

Aber den Roman?

Jedenfalls werde ich den Roman oder was auch die Unterbezeichnung sein möge, in gehörigem Umfang, diesen Frühling und Sommer schreiben.

Werde ihn ggf. bei Amelang vorabdrucken lassen.

Wegener muß dann lieb- und gnadenlos ausgebootet werden!

Der Film – das habe ich dieser schweren Tage in stiller Erkenntnis eingesehen – soll mich nicht noch weiter verflachen und zu Grunde richten. Lieber etwas weniger Geld. Ausgegeben wird es so oder so. So oder So, SOS, Sumpf oder System, der Mensch soll seinen besseren Instinkten folgen und nicht dem Mammon.

Sorgen Sie sich nicht auch noch um Gretel Haalck. Sie hat Ca in der saubersten, aber ebenso unbarmherzigsten Form. ~~und~~ Sie ahnten es nicht und wir selber kaum, sie ist seit vier Jahren vom Tode gezeichnet gewesen.

Und kein Mensch weiß, wann die Metastasen ihr das Herz abdrücken und ihren Qualen, die nun endlich mit den richtigen Mischungen Pantopon, Eukodal und Skopolamin verschleiert sind, ein Ende machen. Wir haben uns hier in das Unvermeidliche gefaßt, sogar die Kinder, und die noch, vorläufig [≈] scheinbar, am leichtesten. Die Gute hat ihre Sprößlinge vernünftig und selbständig erzogen, das kommt uns nun [≈] zu statten. Wir haben Ärzte genug bewegt, alles versucht, haben nun gottseidank seit vierzehn Tagen eine treffliche Pflegerin (aus Mitteldeutschland, hier war keine Nichtdrachin aufzutreiben) und meine Schwägerin hat ihren Beruf unterbrochen und ist immer hier. Und ich versuche krampfhaft zu arbeiten, hab auch die Hafen-Einleitung für Ellermann fertig gekriegt, bin nun bei der Brandung hinter Tahiti für die Insel und stürze mich danach auf den Seidenschal. Beides soll Amelung bald sehen.

Ich habe den Tobis-Vertrag nicht unterschrieben, habe Jannings auf später vertröstet. Nein, ich will nicht mehr mit gröblichen Anweisungen und nach Fingerzeigen anderer „dichten." Und Sie haben auch betreffs der Seekadetten Recht! Ich fange gleich nach Abwicklung des Seidenschals eine große Sache an. Und das Grundstück in Kampen gebe ich jetzt zurück. Es war ja letzten Endes am wenigsten für mich gedacht.

Seien Sie herzlichst bedankt, liebes Kätzchen, für Ihr Mitgefühl. Lassen Sie es sich nicht weiter bedrücken. Aber jenes Wort des Schatten Achilles, das Sie anführten: Lieber auf Erden eines armen Mannes Knecht, als ein König im Totenreich ... [≈] geht mir mächtig nach, und so will ich und wollen wir es beherzigen!

Ihr
Hans Leip

108. Kläre Buchmann – [Hamburg-]Blankenese, 8. Februar 1939

e. Brief m.U., 1 Bl recto/verso, Briefkopf: HL 3
SUB Hamburg: NLp: Ba: 7 [Teil 1: 1936 - Juni 1941], 31

Liebe Kläre Buchmann,
Gestern abend habe ich Die Bergung fertig geschrieben.

In der Nacht kam Wind auf und heulte durch die Fenster, alle Vorhänge bewegten sich. Ich schlief wieder ein, sah meine Frau auf einer sommerlichen Fensterbank vor dem Strom sitzen, sehr schön und heiter, und sie gab mir allerlei guten Rat, alles leicht und unbeschwert wie das hübsche Kleid, das sie trug. Ihr Gesicht war jung und die Augen überhell, ja, heller als in ihrem Leben je, aber dann alterte das Gesicht und wurde dunkler und trüber und erlosch.

Zu der Zeit ist sie, ⌈von der Schwester betreut,⌉ sanft eingeschlafen. Ja, sie ist nun erlöst und ist geborgen.

Es hatte gerade die Ebbe eingesetzt, und ein großer, erleuchteter Dampfer kam lautlos vorbei und ging in See.

Ja, vielleicht ist sie mit dem gereist. Sie hat sich immer vor den Seereisen etwas gefürchtet. Nun wird sie nichts mehr zu fürchten haben und weiter reisen als wir je wissen werden.

Liebe Kläre Buchmann. Nun sollen Sie nichts dazu sagen! Ich wollte es Ihnen nur erzählen, und daß die Tote gewartet hat, bis die kleine Erzählung von der Bergung ~~fertig~~ beendet war.

Sie war immer wundervoll.

Herzlich
Ihr
Hans Leip

Sie können den Durchschlag wohl behalten, obschon noch ein paar Änderungen daran sind, die aber ~~wohl~~ in den Fahnen wenig Arbeit machen. Nur zwei Stellen sind einfach in der Abschrift vergessen worden.

109. Kläre Buchmann – Funchal (Madeira), 17. April 1939

e. Brief m.U., 1 Bl recto/verso, Briefkopf: The Vila Lido, Funchal-Madeira
SUB Hamburg: NLp: Ba: 7 [Teil 1: 1936 - Juni 1941], 37

Liebes Frl. Dr. Buchmann,
Schönen Dank. Die 3 Bücher erreichten mich eben. Der Postdampfer kommt nur alle Woche. Der Einband ist hübsch. Der Umschlag ⌈seefahrtstechnisch⌉ und auch die Typen gräßlich! Es geht nicht an, daß ~~Sie~~ dergleichen nochmals hinter meinem Rücken ~~machen lassen!~~ gemacht wird! Bei „Miss Lind" war es schon bitter. Hier ist es peinlich. Aber die Schrift ist hier wenigstens gut! Also doch ein kleiner Trost!

Und angesichts der weiten See, die unbegrenzt ~~bis~~ gen Süd [≈] vor dem Fenster liegt, unbeschreiblich dunkelblau, und silbern zwischen Afrika und Südamerika verschwimmend; und eingehüllt in Blumenduft und Brandungsgetöse, das Ohr ~~taub~~ noch halbwegs ⌈taub⌉ vom Abstieg aus 1400 m Höhe (wo der Ginster blüht und Bickbeeren wachsen wie in der Lüneburger Heide) will ich an keine bitteren Worte denken. Es ist ja alles so gleichgültig und so weit weg! –

Seien Sie herzlich gegrüßt Kätzchen! Hier würden wir uns vertragen –

Ihr
Hans Leip

der hier sehr allein ist. Aber das ist gut.

110. Kläre Buchmann – [Hamburg-]Blankenese, Pfingstsonntag 1939

typ. Brief m.U., 1 Bl recto/verso, Briefkopf: HL 3
SUB Hamburg: NLp: Ba: 10 [an die Cotta'sche Buchhandlung, Kläre Buchmann, 1936-1942], 10

Liebes Frl. Dr. Buchmann,
Ich habe mich, freundlich aufgeschlossen an diesem heiteren, obwohl kühlen Festmorgen, Ihrem langen Briefe gewidmet und gewartet, etwas von dem himmlischen Feuer zu spüren, das den

Jüngern des guten Willens oder denen des einfältigen Gemütes heute Herz und Haupt erleuchten soll.

Weder an gutem Willen noch an Einfalt scheint es mir auf beiden Seiten zu mangeln. Vielleicht ist eben nur das Wetter zu frostig. Ich fühle mich nicht erwärmt und noch weniger erleuchtet.

Ich fühle nur, daß wir einander in viel~~l~~en Punkten mißverstanden haben, soweit wenigstens, als sie den Verlag berühren.

Seien Sie nochmals gewiß, daß allein Ihre liebenswerte Persönlichkeit mich bestimmte, derzeit zu Cotta überzusiedeln. Es waren derzeit folgende Verleger, die sich um mich bemühten: Insel-Verlag, Eugen Diederichs, Universitas, Sponholtz und noch ein paar, die noch weniger wichtig sind als die beiden zuletzt erwähnten, darunter auch Schünemann, der leider noch immer den „Godeke" von mir hat. Auch Dr. Goverts, der damals leise begann, war, mir schon lange privat bekannt, mit einer, mir gänzlich abwegig~~en~~ erscheinenden Anfrage; dabei.

Nun gut! Mein Vertrauen zu Cotta war klein, aber zu Ihnen groß. Ich habe auch sehr wohl gespürt, daß ohne Sie kein letzter~~v~~ Verlaß auf Cotta sein wird. Dr. Port, so nett er sich im Anfang äußerte, hat mich durch seinen ~~letzten~~, von Ihnen sicher nicht gut geheißenen Brief, dessen Beantwortung Sie entgegen nahmen, aufs Tiefste ~~erschreckt~~ besorgt gemacht. Auch kann ich ihm seinen, von niemand herausgeforderten Hieb auf Thomas Mann nicht vergeben (in Ihrer Hauszeitschrift) Die böse Äußerung, so unklug als unedel, hat nicht nur mich verletzt. Wie sehr auch Thomas Mann politisch dahingefällt sein mag, es ist nicht zu leugnen, daß er ein überragender Schriftsteller ist, an dem gemessen, oder vielmehr an seiner Portschen Verdammnis gemessen, von der Cottaschen Erzeugung nicht viel übrig bleibt. Man schmäht den Gast, der fort ist, nicht, ohne selber in ein schiefes Licht zu geraten. Nicht, daß jener Wehrlose im Ausland Schaden davon hätte, nur die andrerseits Gelobten sieht man mit Mißtrauen an.

Sehen Sie, es fehlt bei Cotta weder an Willen noch an Einfalt. Es fehlt an Fingerspitzengefühl. Es fehlt an Geschmack. Ich bin alt genug, um das als unbequem zu empfinden.

Durch Herrn Bollmann erfuhr ich erst eigentlich von der Existenz des jungen Herrn Kröner. Vielleicht wachsen dort die Grundsätze heran, die Sie allein, liebes Frl. Buchmann, trotz Ihrer liebenswerten Person und Tüchtigkeit anscheinend nicht zu unverbrüchlichen Thesen werden erheben können.

Mag sein, daß die Gegensätze zwischen Verfasser und Verleger ewig unüberbrückbar sind. Ich habe es leider immer wieder erfahren, obschon ich glaube, nie zuviel verlangt zu haben.

Ich bin im Augenblick tatsächlich soweit, keine Freude mehr zu empfinden in der Vorstellung, ein neues Buch von mir in mißverständlichem Gewande auftauchen zu sehen. Ich fühle auch kein Vergnügen über Ihr Angebot, in Zukunft die Äußerlichkeiten Ihrer Werbung selber zu begutachten, wenn nicht zu erwägen. Ich sehe kein Verlangen, in Bälde mich an ein Buch zu setzen. Und Sie können mich nicht überzeugen, daß es notwendig wäre, neben der Brandung zu Tahiti noch ein weiteres Werk zu Weihnachten von mir auf dem Markt ~~zu sehen~~ vorzufinden.

Bei der Neu~~gestaltung~~einkleidung der „Bergung" würde ich nebenbei begrüßen wenn die Möven auf dem Einband verschwänden. Es sind keine Möven, sondern eher Papageien. Ich wollte darin großzügig denken, aber ich hörte meine Vermutung leider zu oft bestätigt.

Dann zu Punkt 5.

Hätten Sie sich um die „Brandung" bemüht, wie Wegner es spontan tat, Sie hätten sie haben können. Sie wissen, ich biete nicht gern an; ich hab es – so zufällig es scheinen mag – nie getan.

Wollen wir in Zukunft doch lieber auf beamtliche Maßnahmen verzichten! Ich fürchte, es ist davon schon etwas durchgesickert. Das kann nur böses Blut machen. Ich fühle mich an Wegner nicht mehr gebunden. Er wird auch nie etwas unternehmen, falls ich gänzlich von ihm ginge. Mein Vertrag mit ihm besteht nicht mehr.

Sorgen Sie sich nicht um Vorauszahlungen, die Ihrem Verlage peinlich wären. Noch habe ich den Film. Und meine Hoffnung, ihn gänzlich aufzugeben, habe ich an den Nagel gehängt.

Aber nie wieder werde ich einen längeren Verlagsvertrag eingehen, auch mit Cotta nicht.

Für Ihre Mittelmeerreise schlage ich Ihnen die Deutsche Levante Linie vor Hamburg 1, Ferdinand Str. 56. Dort wird man Ihnen sicherlich die nötigen Hinweise geben.

Seien Sie meiner aufrichtigen, persönlichen Verehrung stets gewiß!

Mit herzlichem Pfingstgruß Ihr
Hans Leip

Anlage.

111. Kläre Buchmann – [Hamburg-]Blankenese, 14. Dezember 1939

e. Brief m.U., 1 Bl recto/verso, Briefkopf: Cap Arcona, von Leip hs hinzugefügt „Dies war einmal!"
SUB Hamburg: NLp: Ba: 7 [Teil 1: 1936 - Juni 1941], 41

Liebe Kläre Buchmann,
Ich bin Ihnen vielen Dank schuldig! Ihr Bericht über die „Geburt der Tragödie" hat mich sehr gefreut, weil ich mich gerade in Aischylos vertieft hatte, und sicher auf Ihre Anregung hin. Ich hab dann aus lauter Vergnügen, und da ich eben Zeit habe - und keinen Nerv für Romane - das verschollene Satyrspiel Proteus aufgrund der Mitteilungen Droysens für mich aufgeschrieben. Es hat mich zutiefst gefesselt, ja, geradezu gebannt.

Der Verlag Felix Bloch Erben, der sowieso Forderungen an mich hatte, (Vorschüsse von 33 her) bekam Wind davon und hat es jetzt in den Fingern. Ob es für die Bühne möglich ist, wenigstens heutzutage, glaube ich nicht. Nunmehr, da ich einmal in Geschmack gekommen bin, schreibe ich eine sehr früher begonnene Hafenkomödie zu Ende. Womöglich ist das alles ein unfruchtbares Zeitvergeuden. Aber mir macht es erstmal Freude, sehr selbstsüchtig gedacht.

Ihre Begegnung mit Cornelius Beymann (wie sollte sein Vorname wohl anders lauten!) hat mir alte Zeiten in Erinnerung gebracht. Gewiß „Heinrich der Löwe" ist ein großes Thema!

Das dicke Buch von Dietz hat einen prächtigen Umschlag und Einband (bis auf den Rücken!) Über den Inhalt kann ich noch nichts sagen.

Das Schneefernerhaus lockt mich nicht. Ich möchte, wenn überhaupt, dann im Februar weiter südwärts.

Lassen Sie sich den Adventszauber nicht ganz unter Arbeit vergraben! Ich bewundere Sie aufrichtig!

Herzlichst
Ihr Hans Leip

112. Kläre Buchmann – [Hamburg-]Blankenese, 27. Mai 1940

typ. Brief m.U., 1 Bl recto
SUB Hamburg: NLp: Ba: 7 [Teil 1: 1936 - Juni 1941], 46

Liebe Kläre Buchmann,
Ich habe Ihnen für vieles zu danken. Erstens für die Glückwünsche und die liebreichen Blumen – und diesem Dank schließt Ilse Haalck sich herzlichst an – und dann für ihre Geduld wegen der Themenfülle und öfteren Absage und Ihrer Zustimmung zu dem Muschelhorn. Und dann für den Nigger auf Scharhörn. ⌈Und für den Cotta-Frühlings-Bericht! Sehr gut!!⌉ Das Buch sieht nett aus,

Busse ist ein großer Gewinn für Cotta! Der Druck innen ist, zumal bei den Klischees nicht gleichmäßig, aber das liegt in der Zeit begründet,deren Druck ja ⌈allerdings⌉ weniger die Gleichmäßigkeit als die Spürbarkeit wechselt. Wir hatten z.B. schon wieder fast vergessen, daß wir Fliegerangriffe so aus nächster Nähe hatten, mußten dafür aber letzte Nacht wieder aus den Betten. Immerhin ist das geringfügig und soll auch keine Klage sein im Hinblick auf die Geschichte, die nun schon wieder einmal für die Lesebücher der nächsten Generation den Stoff macht. Calais ist nach mehr als dreihundert Jahren in fremder Hand. Das ist ein gewaltiges Ereignis und wird Hitler für alle Zeit berühmt machen, wie überhaupt dieser ganze Feldzug ihn neben Hannibal und Napoleon stellen wird.

Der Frühling ist diesmal zauberhaft in der Blankeneser Landschaft. Voriges Jahr hab ich wenig davon gesehen, weil ich teils auf Madeira, teils am Wolfgangsee war. Auch das war schön. Überhaupt ist das Leben schön und die ungeheuerliche Welt und die Menschheit, zum Erschrecken schön!

Vom Muschelhorn hab ich schon Anfang und Ende in Kladde, ich will fleißig nahe daran bleiben, der Ablauf ist mir klar, das Auf und ab, das Blühen und Welken, der Tod der Hanse und der christlichen Einigkeit und der Beginn einer neuen Lebensfreude und was alles, ach, möge es sich anständig aufreihen und kein leerer Fetzen werden, möge es Kraft haben, gute Dinge auszusagen, und möge es nicht langweilig sein. Möge es menschlich richtig sein, so zwischen Bestie und Engel, dann wäre es nicht langweilig.

Ihnen wünsche ich ein sachteres Maß an Arbeit und viel grünende Erholung und gute Nachrichten aus dem Feld! Heitere Unbewegtheit! Immer mehr deucht es mich wie ein weiser Zustand, dem Wasser abgenommen, dem stillen Spiegel, dem Blick in die Tiefe ... der verhaltenen Möglichkeit zu aller Bewegung und Gewalt ...

Man muß dahin gelangen, über nichts mehr gründlich traurig zu sein oder gar zu verzweifeln. Wer lebt, hat Recht.

Liebe Kläre Buchmann, so wollen wir also den Weg weiter wandern.

Mit herzlichen Grüßen
Ihr Hans Leip

113. Kläre Buchmann – [Hamburg-]Blankenese, 11. Juni 1940

typ. Brief m.U., 1 Bl recto/verso, 1 Bl recto
SUB Hamburg: NLp: Ba: 7 [Teil 1: 1936 - Juni 1941], 48

Liebe Kläre Buchmann,
Schönen Dank für die leckeren Schilderungen Ihres Ferienaufenthaltes! Nebst den beiden, mir einiges in Erinnerung zurückrufenden Ansichten des Platzes Salzburg! ~~und~~ Es hat sich seit vorigem Sommer dort sicher weniger verändert als bei uns. Nur gut, daß die Ostmärker bei Narvik gesiegt haben, sonst wäre die Stimmung wohl noch viel weiter vom Krieg entfernt alldort als jetzt. Und das wäre tatsächlich nicht recht, weil es wirklich nun einmal eine Naturkatastrophe zu sein scheint, auf die wir alle Anspruch haben und uns notgedrungen einrichten müssen.

Franz Dietz ist ein bedauernswerter Dickkopf, fürchte ich. Aber nein, er wird schon wissen oder es, was mit ihm zu geschehen hat. Männer können einander darin schlecht raten. Wenn er meint trotz Krankheit an der Front sein zu müssen, um später etwas schreiben zu können, dann in Gottes Namen, dann ist ihm nicht zu helfen. Er weiß nicht, daß das Eigentliche hinter der Front ist wie die Hand des Friseurs hinter der Haarschneidemaschine ~~ist~~, und wenn das auch betreffs des lieben Gottes ein grausiger Vergleich ist, und man lieber von Pflugschar oder wer weiß was für volksgeheiligteren Instrumenten sprechen sollte, so ist Front eben doch nur Instrument. Oder sollte D. von Ihrer Forderung, Handlung zu schreiben, so abenteuerlich beeinflußt worden sein? Er sollte sich damit trösten, daß Zolas „Debacle“ kein schlechtes Buch ist, trotzdem der Verfasser nicht an der Front war. Ich will damit nicht die Wichtigkeit der Front bezweifeln und keineswegs etwas gegen die ungeheure Leistung und die erschütternde Heldenhaftigkeit unserer Soldaten gesagt haben. Ich bewundere die Jungen, mein Herz steht fast still, wenn ich mir die unsäglichen Höllen vorstelle, darin sie aus und eingehen. Wir haben ja nur einen winzigen Abhauch davon gespürt, wenigstens bislang hier in Hamburg, und auch, was ich aus meinem Karpatenfeldzug daneben stellen kann, ist belanglos gegen die ungeheure Mähmaschine. Sie werden die Wochenschauen gesehen haben. Unmöglich, je wieder einen Spielfilm recht genießen zu können, nachdem man das Natürliche und die Wirklichkeit so nackt ⌈gesehen hat⌉ – wenngleich auch nur in Ausschnitten, die dem Publi~~ku~~-kum noch erträglich sind und keine allzu große Sorge um die Lieben da draußen aufkommen lassen sollen – [≈]

Sie sind nicht „intellektuell schnippisch“! [≈]

Peter Scher ist ein müder Genießer. Er kann keine Kritik vertragen, oder, milder gesagt, seine Konstitution verträgt keine noch so freundschaftlich gemeinten Stöße, Anstöße, und nicht mal Stoßseufzer. Ich habe längst aufgegeben, mit ihm Briefpapier zu wechseln, in Anbetracht dessen, ⌈daß das,⌉ was darauf ~~steht~~ stünde, nur [≈] unwesentlich sein kann.

Sie sind ein ganz natürliches Kätzchen mit Menschenverstand. Mit sehr gutem Menschenverstand!

Nun, ich will noch etwas weiter schreiben an meiner vorgefaßten Arbeit. Die großen Ereignisse des Weltbebens, in den letzten Tagen fiebernd erregend – Narvik... [≈] Mussolinis wilde Rede ...(ich hörte seine Stimme durchs Radio,) diese dröhnende, heiser beizend aus einem Vulkan aufrollende Stimme) ⌈und wir schon an Marne und über die Seine ...⌉ das Geschehnis des Lebens, das heute so viel bitteren Tod, Schmerz, Elend und Verzweiflung neben flammender Glorie [≈] bedeutet wie sicherlich noch niemals im Bestehen des Erdballs, der fürchterliche Dualismus allen Daseins ⌈, das alles⌉ steht der zarten Fügung eines Buches wohl nicht so sehr im Wege, wenn ⌈dieses⌉ sich nur beschwingt zu halten vermag wie etwa ein Schmetterling [≈] ⌈über⌉ Maschinengewehrgarben. Aber der Mensch besteht ja nicht aus Bücherschreiben, das wird mir jetzt besonders klar. Ich kann mich nicht abschließen. Ich muß mit erleben. Aber dennoch kehre ich immer wieder zu meinem Muschelhorn zurück, um auf die andere lieblichere Weise zu lauschen, die ja einmal wiedertönen wird, die ja auch jetzt ohne Unterlaß tönt, nur daß man sie im ⌈Panzerschritt⌉ [≈] der Weltgeschichte [≈] nur mit Mühe heraushört. Vielleicht hören sie dort eine der kleinen fernen Melodien dessen, das immer sein wird, die der Sehnsucht in eine schönere, heitere Weite, der Sehnsucht oder der Erfüllung.

Mit herzlichen Grüßen und allen guten Wünschen Ihr
Hans Leip

114. Kläre Buchmann – [Hamburg-]Blankenese, 9. Juli 1940

e. Brief m.U., 1 Bl recto/verso, Briefkopf: HL 3
SUB Hamburg: NLp: Ba: 7 [Teil 1: 1936 - Juni 1941], 50

L. Kl.
Nach Ihrem Anruf heute morgen wird mir klar, daß wir dieses Haus verlassen müssen. Ich danke Ihnen herzlich für den letzten Anstoß dafür und vor allem, daß Sie sich der Töchter annehmen wollen. Voraussichtlich fahre ich allein gleich gen Salzburg, und Ilse Haalck bringt die beiden nach Stuttgart und spricht mit Ihnen und ggf. auch mit Ihrer lieben Mama.

Dann wird meine Frau mir nachkommen, um das Haus weiter abzuschreiben.

Nun, ich gehe nicht gern weg von dem, was ich mir aufgebaut habe, aber dennoch, ich merke mit einem gewissen Glücksgefühl, wie belanglos das alles ist, und daß es mir nicht schwer würde, wieder ganz neu und aus dem Nichts anzufangen.

Wir haben jetzt 30 Nächte nicht mehr durchgeschlafen, und auch das läßt sich ertragen. Aber ich fürchte ein bißchen für den Fortgang der Arbeit, die ich, da Sie zugestimmt haben, für wichtiger ansehen will als das Ausharren auf einem gefährdeten Posten, der nicht einmal ein Posten in dem Sinne ist, daß er ein gewisses Heldentum, zu dem ich bereit wäre, rechtfertigen dürfte.

Nun also!

Herzlichst
Ihr HL

Falls der Verlag, wie ich hoffe, die 1000 RM und meinetwegen in zwei Raten zu je 500 (die 2. im August) zahlt, dann bitte auf mein Postscheck Konto ⌈Hamburg⌉ 43925

115. Kläre Buchmann – [Hamburg-]Blankenese, 6. Oktober 1940

typ. Brief m.U., 1 Bl recto/verso, 1 Bl recto
SUB Hamburg: NLp: Ba: 7 [Teil 1: 1936 - Juni 1941], 58-60

Liebe Kläre Buchmann,
Ich vergaß, gestern hinzuzufügen, daß ich auf unsere Zusammenarbeit sehr stolz bin, und Sie sollten niemals von Anmaßung Ihrerseits reden, Ihnen verdanke ich viel, Sie haben einen unvergleichlichen Spürsinn für Gut und Mäßig und können wundervoll klar gestalten. Ihre beiden griechischen Aufsätze ~~in~~, die Sie mir schickten und die weit über das papierne Geraschel des Blätterwaldes aufrauschten, haben mir recht vor Augen geführt, wie klar und sachlich schön man eigentlich selber sein müßte, wenn man es nur könnte. Und wie großartig sind die Formungen Ihrer Briefe, die sie so flink und edel aus den Fingern entlassen und die keiner Nachschleifung bedürfen! Seien Sie gewiß, ich bin höchst erbaut, wenn Sie meinem Geranke Ihre sichere Stützung gewähren! Und nur Ihnen ist zu verdanken, daß ich – lässig und benommen schon – mich noch einmal aufgerüttelt fand und dem kahlen Gerippe des Romanschlusses noch ein bißchen Fleisch und Puls abgeben konnte; daß ich hier unter dem Getöse der Flak und dem Rauschen der Todesengel noch einmal das Schicksal der Abdenas aufleuchten sah⌈.⌉ – Sollte mir das am Mondsee gefehlt haben? Nein, das wäre undankbar gegen alle guten Geister – Und trotzdem hier vier ausgewachsene große Bagger genau vorm Fenster den Schweinesand – nicht unsere, sondern eine andere Badeinsel – wegen des Wasserflughafens mit ungeheuren urweltlichen Geräuschen wegfressen, haben meine Nerven gut gehalten. Denn wenn die Bagger nachts lärmten, [≈] konnte man ruhig schlafen, aber wenn sie plötzlich still wurden, dann war es bald soweit, dann jaulten plötzlich die Alarmsirenen, indes es in der Ferne schon grummelte und blaffte und unversehens näher kam und da war ⌈und⌉ die Sperrhölle von Blankenese lostobte ⌈,⌉ und das feine bösartige Schnurren ⌈über⌉ dem Strom herauf und übers Haus und die Leuchtkugeln wie neugeschaffene Sonnen über der Weite standen und nichts mehr verborgen war ⌈,⌉ und die Splitter regneten, und die l⌈a⌉ngen Finger der Scheinwerfer hinter Mücken hertasteten und drüben auf der Süd hier und da die Flammen aus der Uferkruste fuhren und ⌈am⌉ [≈] Donner der Abschüsse und der Einschläge die Entfernung zu ahnen war und es da und dort brannte und Ungeheures auch einmal in die Luft flog,

einer feurigen Perücke gleich oder ⌈vielleicht gar⌉ einem abgerissenen blutsträhnigen ⌈Riesen-⌉ Haupte und wohl hundert Meter und mehr hoch in der Luft stand und wieder niedersank auf den glühenden Herd, den die Bombe angeheizt, ein fernes Feuerwerk mit spät nachrollender nur ⌈harmlos⌉ herreichender Erschütterung.

Die Engländer sollen leider neuerdings sehr gefährliche Bomben zur Verfügung haben. Und es ist keine Aussicht, daß wir die lieben Brüder rasch klein kriegen. Was wird uns noch bevorstehen? Alle Kinder bis zum 13. Lebensjahre sollen aus Norddeutschland weg, und wieder lockt es mich, mit der ganzen Familie abzureisen. Sagten Sie nicht von einer gutgelegenen Hotelfreundin in Bayern? Wäre das etwas für den Winter? Zu vier Personen etwa so, daß man sich außer mittags selber verp⌈f⌉legt? Das kann doch keine Unsummen kosten. Falls Sie – das nun ist meine störende Zumutung – ein paar MInuten Zeit finden, können Sie dort mal anfragen?... Sehen Sie, mit der Aussicht, daß wir bis Weihnachten ein paar Tausend von dem Muschelhorn verkaufen, ließe sich doch etwas mehr Ruhe und Sicherheit ~~erkaufen~~ ⌈eintauschen⌉, die ich, nun, nachdem die Arbeitsspannung nachläßt wohl glaube nötig zu haben.

Ein paar Nächte nun hatten wir Ruhe, da es an der Kanalküste heiß herzugehen schien; aber wie lange, dann wird es ⌈hier⌉ womöglich schlimmer denn je. Nicht daß ich Angst habe, nun, da das Muschelhorn soweit ~~zu~~? Gestalt geworden. Aber wenn ich die Wahl haben könnte, wäre ich mehr für friedliche Gefilde.

Übrigens tausend Dank, daß Sie dem leider [≈] leicht pußligen Herrn Busse in den Pinsel gefahren sind! Das wäre das letzte gewesen, medusanische⌈s⌉ oder wahrscheinlich bei ihm sehr schwarzwäldlerisches Haargeschlängel für das metallisch blanklinige Mädchen!

Sollte mein Aufsatz über Lust und Würde des Schreibens für den Almanach genügen, wäre eine Korrekturlesung womöglich gut; aber falls die Zeit nicht reicht, ginge es wohl auch so; denn ganz einwandfrei wird solch halber Hymnus wohl nie. Nur auf Seite 2 und wohl noch auf der ersten Hälfte – einen Durchschlag hab ich wieder einmal nicht, nur eine Kladde – stünde statt Trossen besser Ketten. Und auf Seite 4 oben – oder sollte es noch 3 unten sein – möchte unter der schlichten Formel: Sieh, was du meinst! vielleicht ein kurzer Absatz wie folgt Platz finden:

> Das ist es, was im [≈] äußeren Bereich der Gesittung ~~und~~ ⌈wie⌉ im innern der Gesinnung Sprache zur Sprache macht, obwohl es oft nach Geheimnis aussieht, das nur den Kindern, den Unverbildeten, den Großen und den Weisen enträ⌈t⌉selt scheint.

Und zum Schluß wäre es doch sicher verständiger, wenn wir das deutsche Weltbild nicht dichterisch bestimmen lassen – ich hatte erst vom tönenden Teppich geredet, aber nach all der Vielfalt mich beschieden auf bloße Sicht – und fürchte auch, daß die Meinung, wer das Weltbild bestimmt, heute amtlich eindeutig dem Führer vorbehalten sein wird. Somit greifen wir evangelisch zurück, was auch nicht verfehlt sein dürfte und sagen schlecht und recht als letztes Wort und auch des Klanges wegen: offenbart.

Einverstanden? Im Übrigen ändern und streichen Sie bitte nach Gutdünken.

Und herzlichste Grüße, und mit der Bitte,
diese langatmige Belästigung dennoch als
dürftiges Polster unter Ihre übrigen Lasten
zu legen
bin ich Ihr getreuer
Hans Leip

116. Hugo Sieker – [Hamburg-]Blankenese, 9. November 1940

typ. Brief m.U., 1 Bl recto/verso
StA Hamburg: NL Hugo Sieker

Lieber Hugo Sieker,
ich hörte und staunte. Und freute mich. Von mir aus hätte ich an solche Aufnahme einer alten Verbindung zum Gänsemarkt niemals geglaubt, oder vielmehr an eine Wiederaufnahme. Was meinem Vergnügen die Abrundung leihen würde, wäre nun die Übersendung des „Beleges" alles dessen, was im Zusammenhang mit dem Vorabdruck des Romans „Das Muschelhorn" bei Euch angezeigt wurde und wird, also außer dem Abdruck selber – auf dessen Kürzung ich gespannt bin .– ~~wie~~ auch etwa das „Interview" Carl Albert Langes.

Sollte ich Euern sonstigen Gepflogenheiten damit zu viel zumuten, bin ich natürlich bereit, das geschätzte Blatt für die betreffende Zeit zu halten und die in Betracht kommenden sonstigen Nummern zu bezahlen. Und zwar, aufrichtig gesagt, weniger für mich, da meine Neugierde mit dem Abschluß des Buches völlig befriedigt ist, als für den Verlag Cotta, der dergleichen für sein berühmtes Archiv sammelt. Übrigens bat mich Frl.Dr. Buchmann, die hervorragende Lektorin alldort, doch ~~Sie~~ den Hbg.Anzeiger zu bitten, keinesfalls das übliche

Copyright by J.G. Cotta'sche Buchhandlung Nachf. Stuttgart zu vergessen, und zwar es über jeder Fortsetzung⌊unter⌋dem Titel beizubehalten.

Sehr zu danken, außer für besagter Geneigtheit, hab ich Ihnen und auch Herrn Schramm für die beiden aufschlußreichen Berichte über die Aufgestaltung der Nachfolge jener Neuen Hamburger Zeitung, die zu ihrer Zeit ja nicht schlecht war und daran auch ich mit mailicher Hingabe einige Jahre mittätig war. Sie haben aber die alten Wege erfolgreich neu geharkt und ein ⌈paar⌉ hübsche neue Pfade in das zähe Unterholz gezogen, so vor allem die schönen bebilderten Seiten.

Ich bekam die beiden Hefte, die eine wahrhaft entsprechendere Aufmachung verdient hätten, erst nach meiner Rückkehr vom Mondsee in die Finger, wo ich das Buch zu Ende geschrieben hatte⌈,⌉ und wollte mich gerade bedanken, als denn auch der Dank schon wie ein Ergebnis ihrer Anfrage bei Cotta ausgesehen hätte.

Nun, eigentlich müßten wir das Ereignis, sofern es nicht zu erschreckend für die Leser des Hamburger Anzeigers sich auswirkt, gebührend feiern. Ich will mich gern danach richten, wann Sie nebst den näher Beteiligten, also auch Frl. Thorn, die nötige Zeit und Lust zu einem zeitgemäß sanften Gelage aufzubringen bevorzugen und lade Sie schon jetzt allesamt herzlich nach Blankenese ein oder wohin Sie sonstwo es als angenehm empfinden würden.

Mit verbindlichsten Grüßen und Wünschen
Ihr alter
Hans Leip

117. Kläre Buchmann – [Hamburg-]Blankenese, 21. November 1940

e. Brief m.U., 1 Bl recto/verso
SUB Hamburg: NLp: Ba: 7 [Teil 1: 1936 - Juni 1941], 64

Liebe Kläre,
Den Hbg. Anzeiger habe ich angerufen, und Sieker wird sich nach der endgültigen Fassung richten. Er ringt im Augenblick mit sich, ob er z.B. die Szene von Würzburg mit der Kellnerin und den beiden jungen Leuten in der Zeitung bringen kann oder nicht. Er beginnt mit dem Abdruck am 28.

Vorläufig denke ich keineswegs an einen Seefahrt-Roman, ich denke vorerst überhaupt nichts Rechtes, obwohl wir die letzten 3 Nächte wieder geschlafen haben. Ja, in Hamburg ist was Schauriges passiert, auch ist diesmal ein Bekannter von uns unter den Toten. Bei uns ist außer ⌈dem Außenthermometer⌉ und einigen Fensterscheiben, die von Flaksplittern durchlöchert wurden - gottseidank alles heil geblieben. Wir sind hier wie an der Front gewesen, wo man nicht weiß, wann es einen trifft und wo eine gewisse Gleichgültigkeit anstelle der Furcht, eine gewisse Ermüdung der vormalenden Phantasie, den Zustand eben erträglich macht. (Vor allem wundert mich die heitere Ruhe der Kinder, die bei dem dicksten Lärm weiterschlafen können) Es hat doch der Mensch wohl überall seinen Trost in sich selber, solange er nur noch beisammen ist.

Ja, das allgemein menschliche Thema soll und wird das bleiben, was mich fürderhin zur Erforschung lockt. Die „Spezialgebiete" dürfen da nur zur unwesentlichen Verbrämung dienen.

~~Sie dürfen~~ Du darfst mit „Tita Qualm" machen was Du willst. Ebenso mit dem „Proteus".

Das Haus im Gebirge lockt mich schon. Mir scheint, es müßte südlicher sein als ich bislang vorhatte, vielleicht sogar Kärnten, da es Meran wohl noch lange nicht sein kann. Ich möchte tatsächlich irgendwas an dem Rückhang der Alpen. Warst Du nicht in jenen Gefilden? Ich noch nie, in Kärnten, meine ich.

Im Bestreben, etwas zu tun, bin ich jetzt handwerklich beschäftigt. Ich fertige für viele Fenster unseres Hauses Holzluken an, die teils zur Verdunkelung, teils gegen Splitter geeignet sind.

Ein gewisser Dr. Woydt, der in der „Information" Hauswedells das „Muschelhorn" bespricht, beklagte sich über die vielen Druckfehler. Er hatte nur Fahnen erhalten. Aber sonst war er des Lobes voll und findet es noch besser als „Godekes Knecht", verglich es auch - zu deren Ungunsten mit einem Buch Erika Mitterers, das angeblich dieselbe Zeitspanne behandelt.

Du siehst, ich bin etwas benommen, nicht nur von den Ereignissen, sondern auch von Deinem Brief vom 13.!

Herzlichst Dein HL

118. Kläre Buchmann – [Hamburg-]Blankenese, 28. November 1940

typ. Brief m.U., 1 Bl recto
SUB Hamburg: NLp: Ba: 10 [an die Cotta'sche Buchhandlung, Kläre Buchmann, 1936-1942], 19

Liebe Kläre Buchmann,
Bloch hat sich durchaus nur begeistert über den Proteus geäußert und scheint auch versucht zu haben, Gründgens dafür zu erwärmen. Aber er scheint keinen Erfolg – bislang – damit gehabt zu haben, und ich bin nicht derjenige, der hinter abgetanen Themen hinterher stochert. Einzig Ihr liebenswürdiges Unterfangen, sich einen Einblick oder vielmehr, mir einen solchen zu gönnen, hat meine Beziehung zu dem Geschriebenen wieder aufgeweckt. Gern will ich gelegentlich Bennighoff die gemeinsame Herausgabe mit Cotta vorschlagen. Und dann wäre es genügend an der Zeit, noch ein wenig sprachlich durchzuforsten; obwohl das meiste, auch in seiner wechselnden Rythmik durchaus bedacht ist, ergibt sich im Abstand immer noch diese oder jene mangelhafte Stelle, und da Sie so freundlich zustimmen, hab ich auch kräftig Lust zu solcher Feilung.

Ihr Urteil über Tita Qualm stimmt auch mit meinem völlig überein. Ich bin dafür, das Ding im Orkus verschwinden zu lassen und an bessere Sachen zu gehn, denn es war eben auch nur ein Notbehelf und Übergang und mußte geschrieben werden, um das Böse abzustoßen, damit Besseres, in diesem Fall das Muschelhorn, auftönen konnte. Also selbst wenn der Intendant sich dafür erwärmen sollte, wäre ich für schnellste Zurückziehung.

Da ich vom Proteus kein weiteres Exemplar habe, müßte man es vielleicht noch einmal abschreiben lassen. Aber auch das hat Zeit bis nach Weihnachten. Und dann will ich es ruhig mal an Elisabeth Flickenschild geben.

Übrigens das entsprechende Stück des Euripides kenne ich noch nicht. Ich hab mich in der Erstanlage an das gehalten, was in den Übertragungen Droysens bei Alfred Kröner unter dem Titel „Aischylos: Die Tragödien und Fragmente" mit den Einleitungen von Walter Nestle 1939 herauskam. Darin wird das Satyrspiel als Schluß der dreiteiligen Oresteia erwähnt und beforscht.

Die Meinung des betreffenden Herrn vom Werbeamt über Das Muschelhorn ist entschieden betrüblich, obschon die angeführten Beweissätze für die bezweifelte Wertigkeit nicht überzeugend klingen. Gewiß, man hätte es anders machen können, mit Idee und Auf- oder Abstieg. Ich finde, wir wollten etwas anderes darin, wir wollten einen Bogen, der Auf- und Abstieg in sich beschließt und natürlich als Einzelfall; denn nur aus Einzelfällen atmet die Lebendigkeit der Allgemeinheit und offenbart sich darin. Es wird wohl so sein, daß ein amtlicher Mensch, der ein Haar in der Suppe gefunden zu haben meint, sich nicht gern überzeugen läßt, es sei nur ein Sonnenstrahl gewesen. Er wird auch durch Ihre Verteidigung erst recht einen Harnisch sich angelegen sein lassen, das ist menschlich und durchschnittlich männlich. Wir müssen es eben zu tragen suchen. Und ich will mich inzwischen umsehen, wo denn in der Literatur der „Massenfall ist, der auch den ~~armen~~ Leser mitreißt". Wir werden wohl näher bei als in der Literatur suchen müssen.

Gewiß, für das „XX. Jahrhundert" sollte man gern etwas beisteuern.

Liebe Kläre, ich lege den Erguß des Berufskollegen C.A. Lange bei, er hat es wahrhaft rührend gemeint, denn er meint mich gründlich zu kennen.

Auch lege~~n~~ ich die Karten für die Stücke Muschelhorn bei, die Sie so gütig versenden wollen. Auch an Wiegler, wie Sie meinen. Und nun wohlan, in die Erholung, Liebe! Und herzlichste Wünsche!

Ihr getreuer Hans Leip

119. Kläre Buchmann – [Hamburg-]Blankenese, 13. Dezember 1940

typ. Brief m.U., 1 Bl recto/verso, Briefkopf: HL 3
SUB Hamburg: NLp: Ba: 7 [Teil 1: 1936 - Juni 1941], 74

Liebes Kätzchen,
So gefällst Du mir! Du lebst sichtlich auf! Dein erster Brief aus der Erholung war noch reichlich schwermütig. Jetzt reicht es schon zu zierlichen Purzelbäumen, und man hört die Krallen richtig knistern. Nur zu! Was Du über Proteus wetterst, ist alles reizend richtig. Feilen wir dort also die Krallen richtig ab, am besten wäre es, Du tust es, mir täte es um jede Zacke genau so leid, als sollten sie bei Dir behobelt werden. Ich bin eben von weniger feiner Herkunft als selbst Shakespeare, Shaw garnicht zu rechnen, der immer auf die Salons der Blaustrümpfe und deren zynischen Beifall geschielt hat. Laßt Götter Menschen sein! Und dennoch bin ich Deiner Meinung mit Vergnügen hingegeben und würde begrüßen, wenn es nicht nur so geistig und die Meinung wär, und da⌈ß⌉ alles weniger eilig mir vorkäme, gemessen daran, ⌈es⌉ könnte sich am besten irgendwann

und sollte sich eine Gelegenheit erfiltern, wo ~~d~~Du mir so brav unter vier Augen wie beim Muschelhorn Deine Unverholenheiten zur Abhilfe an Ort und Stelle in Gemeinsamkeit hinbreitest.

Ach, Kätzchen, mir ist wieder recht wohl nach Deinem letzten lieben langen Brief! Du bist doch ein vielgeliebtes Mädchen und mit Recht vielgeliebt, und es wird daraus herzuleiten sein, daß die einen eben mit Dir zu Bett wollen, die anderen aber Dich erschlagen möchten (um vielleicht dann das erstere doch noch zu erreichen) Du bist ja eine hochbegabte Puppenspielerin, o mein Klärchen von Stuttgart!

Laß doch den Proteus bei Dir! Es eilt ja in nichts! Laß doch erstmal Dr. Benninghoff etwas fertig bringen! Er ist selber übrigens kein unbegabter Prosaist, hatte mal ein paar Romane bei meinem Hamburger Verleger und würde sicher eines Tages ein anständiges Buch schreiben, alter Ulanenleutnant und Feldflieger, der er war. Andern Titel für den Zimmet? Mit Helena? Dann nenn es schlicht und recht: Die vertauschte Helena. Oder: <u>Helena auf Pharos</u>. Denn das Pharos kein Mann ist, wird jeder wissen und dann hieße es ja auch umgekehrt.

Liebes kleines Klarissima, liebes Freuedich! Möge Dir der partenkirchner Advent liebreich verstreichen! Ich kann ja schlecht von Dir verlangen, daß Du nur an mich denkst. Sei fröhlich! Welch Wunder doch Schlaf vollbringen kann! Wir haben auch schon 14 Tage ungestört schlafen können, und ich schlafe nur deshalb nicht ganz gut, weil ich mich mit unnötigen Sorgen über das nächste Buch quäle. Von der „Roxane" ist bislang nichts als gute Absicht vorhanden. Ich will lieber doch noch nichts tun als gelegentlich einen kleinen Vers versuchen. Nicht um eines Bandes Gedichte willen, das war nur ebenfalls Dir zuliebe gedacht, weil Du tatsächlich und nicht einmal sehr dunkel solchen Wunsch danach andeute~~st~~test. Laß uns gemeinsam in Fernverbundenheit uns ersteinmal gründlich ausfaulenzen. Es wird sich schon wieder rechtzeitig etwas finden, das uns in Fesseln schlägt und an die Drehbank kettet.

Oder hast ~~d~~Du ernstlich erwogen, im Frühling etwas neues an Prosa von mir zu verlegen? Wäre es angezeigt? Dann eben will ich nicht zögern.

Gestern kam das Fräulein, das mir hier die Abschriften macht, also auch die vom Muschelhorn zum größten Teil bewältigte, mit der Besprechung, die Prof. Petsch im Hbg. Tageblatt – dem Parteiorgan – darüber gestern hatte. Nun, der alte hiesige Literaturpapst hat sich geradezu rührend ausgelassen. Abgesehen von seiner ungewöhnlich leutseligen Würdigung hat er entschieden vom Inhalt und Haltung mehr begriffen oder auszusprechen vermocht als etwa Sieker oder Woydt. Ich bin ganz ergriffen von soviel Wohltat, die so prompt von den 3 hiesigen Hauptblättern auf mich herabgeträufelt ist. Welch Macht hast Du über Menschen, daß Du sie [≈] allein schon zu den Fahnen des Verlages so schön schwören ließest! Verschiedene Leute haben mich schon darauf angerufen und bedauern nur, das Buch noch immer nicht in den Hbg. Buchhandlungen vorzufinden. Ich hab sie vertröstet, es würde bestimmt noch kommen.

Allerliebste, streichle mit dem aufkommenden Südwest und den kleinen Schneeflocken hübsch ein bißchen zu mir herüber, damit ich Dich etwas näher liebhaben kann als übers Papier! Und im Übrigen streiche auf dem Papier von mir was Du willst. Die kleine Göchhausen tat dergleichen mit einem größeren als ich und mit Größerem, und ändere ins Vornehmere wie sie, so Du Lust dazu hast. Ich nehme alles aus Deinen kleinen Händen als pures Ambr~~e~~os~~o~~ia und küsse die kätzlichen Pfötchen, kleine Faucherin, und Dich überall und vor allem Deinen guten Mund und Dein Herz!

Dein
Hans Leip

120. Kläre Buchmann – [Hamburg-]Blankenese, 20. Januar 1941

e. Brief m.U., 1 Bl recto/verso, Briefkopf: HL 3
SUB Hamburg: NLp: Ba: 7 [Teil 1: 1936 - Juni 1941], 83

Liebe, schnell einen Gruß, damit Du nicht wieder so lange trübe Meinungen von mir hegst! Dein prächtiger Brief hat mich fröhlich gestimmt, so sauer mir der Hamburg-Bericht ⌈(in „Das Reich")⌉ auch fällt. Welch schaurige Planken sind beiderseits aufgerichtet (von der Freiheit her und von der Zensur) wenn man zu der heutigen Tatsächlichkeit Stellung nehmen will, und schon, wenn man sie [≈] bloß nennen möchte! Sei froh, daß man Dir dergleichen weniger zumutet! Und daß Du Dich erholt hast anstatt zu schuften, ist ein wahrer Segen! Deine Einstellung von der willenlosen Zwangsläufigkeit des Schöpferischen ist die einzig senkrechte!

Ich muß – ohne Zwangsläufigkeit eine unschöpferische Nebenarbeit schnellstens erledigen; es ist weit belastender als ich mir bei der Zusage habe erträumen lassen –

Anbei eine freundliche Bemerkung Benninghoffs. Sollte der Wunsch wirklich eintreffen? Ich könnte es kaum fassen!

Herzlichst
mit allen heftigen Wünschen für besonders schöne letzte Ferientage
Dein HL

121. Kläre Buchmann – [Hamburg-]Blankenese, 7. April 1941

typ. Brief m.U., 1 Bl recto/verso, 1 Bl recto/verso, Briefkopf: HL 3
SUB Hamburg: NLp: Ba: 7 [Teil 1: 1936 - Juni 1941], 101

Liebe,
Bislang hab ich von der Kammer, geschweige von Schünemann, nichts in meiner Sache gehört. Das wird wohl einen behördlich langsamen Ablauf haben, und es ist ja auch keine Eile erforderlich. Den Godekes hat, glaube ich, dergleichen Äußerliches, Verzögerungen und Hindernisse nie sonderlich ~~zu~~ schaden können, und wann Cotta oder Du es eines Tages wieder hervorzieht, wird weder dem Buch noch mir Sorgen machen. Aber immerhin will ich Dir versprechen, von nun an die nötige Vorsicht walten zu lassen, um nicht von der Möglichkeit abgehalftert zu sein, überhaupt noch etwas zu schreiben und zu sagen, gerade jetzt, wo mir langsam dämmert, daß etwas zu schreiben und zu wirken notwendig sei, und die Bemühung in mir wächst, nicht nur mich am bunten Abbild des Lebens zu erfreuen und darüber Mitteilungen in Buchform herauszugeben, sondern zur Deutung und womöglich zur Aufhellung der Konturen und Farben beizutragen.

Um Leipzig beneide ich Dich nicht, ich bedaure Dich, obwohl ich weiß, daß Du Dich im Getriebe gut behaupten wirst und zwar erschöpft, aber nicht ärmer nach Hause kommst. „Gottes Kindern müssen alle Dinge zum Besten dienen..." Ein geheimnisvoller Satz, der auf Dich bestimmt anzuwenden ist.

Möge unsere Gleichrichtung auf Stille Gelegenheit finden. Ich freue mich ungemein auf den Juni, wo Du Zeit dafür haben wirst. Ich will mich gleich an Ort und Stelle nach der besten Möglichkeit umsehen, und wir werden in Stuttgart das Nähere besprechen. Jedenfalls werde ich Deinem Rat folgen – was Stuttgart betrifft – und erst Mittwoch oder vielleicht noch besser Donnerstagabend dort sein und, falls Du meinst, über Wochenende bleiben, oder aber Du fährst über Wochenende gleich mit gen Überlingen und in die Heidenhöhlen (so dort Platz ist) oder ins Blockhaus. Ich nehme an, daß ggf., wenn andere Möglichkeiten nicht zur Hand sind, einer von uns jedenfalls im Gasthof und der andere im Blockhaus schlafen kann. Ich schreibe Dir noch genau den Zug, mit dem ich am 14. oder am 15. in Stuttgart anlande.

Freitags hat⌈t⌉en wir einen unangenehmen Angriff, und gerade im harmlosen Blankenese hat es allerlei Trauriges gegeben, hat auch hier und da gebrannt, und wenn es auch im allgemeinen rund 1000 m von uns entfernt blieb, die Erschütterungen reichten schon heftig bis in unsere Mauern. Am meisten Lärm machte allerdings ein abstürzendes Flugzeug, das hinterm Schweinesand in der Elbe verschwand. Ich hatte eben vorher noch beobachtet, wie es in der „Sanduhr" unzähliger Scheinwerfer beharkt wurde, den Abschuß selber hab ich nur gehört.

Nun, wir können nicht mehr, als unserm Schicksal vertrauen und uns in die Waschküche begeben, welchselbe unser sogenannter Luftschutzkeller sein muß. Es wird ja immer weiter hart auf hart gehen und sich wahrscheinlich ins Entsetzliche steigern, bis Europa und der weiße Mann zu ihrer Neugeburt aus all den Wehen gelangen und ins Licht der Welt. Von einer nahen Beendigung des Leidens war aus Hitlers letzter Rede ja nichts mehr zu vernehmen, wohl aber von einer „Erlösung der Welt". So wird es wohl allen Ideen ergehen, die sich vom Hergebrachten abwenden, um etwas besseres zu finden und die behaupten, es gefunden zu haben. Wie ⌈in⌉ jenem bescheidenen Kreis der Schwärmer und Fischer am See Genezareth, deren Führer anfangs und zu deren Lebzeiten „eines Zimmermanns Sohn" hieß, ein paar Jahrzehnte später aber, wenn auch noch in kleinem Kreise, schon „der da kommen soll" und ein paar Hundert Jahre später „der Heiland der Welt", der „Erlöser der Menschheit" und „Das Lamm Gottes", und hat noch nicht aufgehört, zu wirken und sein Antlitz zu ändern und kehrt womöglich vom Mythos heim in die nüchterne Erkenntnis der Politiker, daß dieser Christus einer der nutzbarsten und gescheitsten sozialen Reformer abgeben könne. Ich will nicht behaupten, daß Hitler und seine Ideen einen ähnlichen Weg vor sich hätten, aber wissen kann ⌈man⌉ solches vorher nie. Und daß es Ideen sind, die von ihm ausgehen oder um ihn sich ballen, das ist wohl deshalb unleugbar, weil derartige welterschütternde Wirkungen, wie wir sie erleben, nicht durch Gewalt, sondern nur durch Idee erklärbar sind. Und sei er vielleicht nur „Sprachrohr" oder „gesandte Welle", seine Wirkung ist jedenfalls ungeheuerlich. Zumindest mutet es mich faustisch an, was in und durch ihn geschieht, und ein Mephisto ist ja auch dabei, der womöglich auch „das Böse will und das Gute schafft", wie denn überhaupt das Böse der eigentliche grauenvolle Antrieb und Ansporn und Gift und Stachel ~~ist~~⌈ sein mag⌉, um das Gute zu seiner Anstrengung [≈] Läuterung und Wirkung zu bringen. Auch Fauste hat sich des Bösen freimütig bedient, um zum Guten zu gelangen und gelangte so zu seiner Erlösung. Höchst sonderbar einfach erscheint mir im Augenblick die Katastrophe erklärbar⌈,⌉ in die das Abendland geraten ist. Ich mag mich täuschen, aber es ist eine gloriose Täuschung, dem hohen Empfinden nach und dem Erschauern. Das Geheimnis geschichtlichen [≈] Ablaufes werden wir deshalb und damit auch nicht ergründeln, aber es mag – wenigstens mein-⌈erseits⌉ Urteil und ⌈[≈]⌉ Kritik zur Zurückhaltung ermahnen und Geduld und Zuversicht verleihen.

Ich hab mich gestern lange mit meinem Schwager unterhalten, der als Hauptmann in Frankreich haust und eben auf Urlaub war. Ich war höchst betroffen von seiner negativen Einstellung – er ist Rechtsanwalt in Zivil, und das sagt ja eigentlich alles – Es hat mich aber doch sehr bestärkt in meiner Auffassung, daß man mit Zeitungslektüre und der Neigung zum bequemen Leben und allgemeiner Menschenverachtung zu keiner vernünftigen Einstellung zum Leben gelangen kann und daß unserer Zeit bitterlicherweise eines im Durchschnitt zu fehlen scheint, namentlich dem sogenannten Gebildeten, die Kraft zum Glauben, die Fähigkeit zur Verehrung und ganz allgemein der innere [≈] Vorrat, aus dem sich Gefühl und Sinne zu eigener Anschauung und höherer Einsicht speisen.

Möge sich in uns alles das, was nötig ist und immer nötiger sein wird, sammeln und uns stark machen!

Tidemunt wird so gegenwärtig sein wie es irgend angeht und so zeitlos, wie es mit der Gegenwart [≈] sich nur irgend vereinbaren läßt. Max Tidemunt und sein böser Sporn und Widerpart, die Sekretärin Maurita Knolle. Und er wird vom Handelsgeschäft über Technik, Wissenschaft,

Handwerk und Schöpfertum in immer mehr wachsender Menschenliebe bis in die stillste Weisheit vorzudringen haben... Leicht gesagt, wie?

Aber Du hast den Namen gleich schön begriffen und gedacht: Tide=Gezeiten=Ebbe und Flut, aber auch Zeit mut=Schutz und Zoll aber auch Mund.

Herzlichst und auf
Fröhliches Wiedersehen
Dein Hans Leip

122. Kläre Buchmann – [Hamburg-]Blankenese, 8. April 1941

e. Brief m.U., 1 Bl recto/verso
SUB Hamburg: NLp: Ba: 7 [Teil 1: 1936 - Juni 1941], 105

Liebe Kläre, an Die Kapelle in Nonnenhorn hab ich sofort geschrieben. Denn wenn der Goldene Engel mit seinem reizenden Briefbogen und seinem gerühmten Essen auch verlockend ist und ein Privatzimmer oft das Schlechteste nicht, so bleibt letztenendes die Einheitlichkeit von Wohnung und Küche das Ersprießlichere, namentlich bei schlechtem Wetter. Aber an solches wollen wir nicht denken. Ich hab auch wegen des Blockhauses in Süssenmühle bei Überlingen nähere Schilderungen angebahnt. Es soll einer Engländerin gehört haben, gut eingerichtet sein, sogar mit zwei Betten, aber ohne Wasser und sanitäre Gelegenheit, und das ist bedenklich. Auch scheint nichts an Bedienung möglich, und alle Nahrungsbeschaffung wird einem selber obliegen, und davor ist mir, wahrscheinlich mit Recht, etwas bange. Falls Du bei Deiner Suchstreife in die Gegend kommst, es gehört zum Besitz der Frau Maria Schwarze, von der ich bislang nur weiß, daß ihr Mann Opernregisseur sei. Die Lage, [≈] Blick und Einsamkeit soll einzigartig sein. Letzteres ist das Verlockenste, und in Nonnenhorn wird vielleicht alles günstiger sein, nur nicht die Einsamkeit. Die zu teilen mich höchstens mit Dir verlangt, der Überzeugung gewiß: Geteilte Einsamkeit ist doppelte Seligkeit. Wenigstens in diesem unseren Sonderfalle.

Und ich möchte bestimmt Anfang bis Mitte Mai fahren. Nicht ganz sicher bin ich, wie rasch ich zu eindringlicher Arbeit gelangen werde. Hier scheint es mir noch nicht gegeben. Also soll und darf es wohl auch noch nicht sein. Ich fühle mich einfach zu abgespannt. Kärnten war weniger Erholung als ich gehofft habe. Und die allgemein bekannte Frühlingsmüdigkeit wird wohl erst durch das vorerst noch schwer auftreibbare frische Gemüse behoben werden. In Deiner Nähe aber bin ich noch immer auf Idee und Schwung ~~gelangt.~~ gediehen.

Ja, ich bin fröhlich, innerst fröhlich!

Der Aufsatz im „Reich" konnte Dir keineswegs reine Freude bereiten. Er ist von der Schriftleitung willkürlich und an den unversehensten Stellen auf weniger als zwei Drittel gekürzt worden. Ich will Dich nicht damit behelligen, den Durchschlag der Urfassung zu lesen, die mindestens etwas aufrichtiger und freiheitlicher anmuten wird als diese zurechtgestutzte Beinah-Hymne. Trotzdem hab ich nicht noch einmal Lust, auf dem heute wahrhaft bescheidenen Weg der Möglichkeit, den Du so prächtig mir armem Reiter hinterdreinschilderst, Hals und Bein zu riskieren. Bei genauem Hinsehen wird man entdecken, daß – wie den ersten, sehr isoliert gedachten Satz – die Herren auch, ob versehentlich oder nicht, einige weitere Bemerkungen nicht völlig verschnitten haben, so die von dem ~~freien~~ nach dem Kriege wieder freien Unternehmertum und auch von den vorbildlichen Bauten und Zuständen in Hamburg nach einem verlorenen Kriege 1918, also vor 33, wie denn auch die verpönten Namen der Baumeister Schuhmacher und Höger aus der SOS-Zeit nicht gestrichen worden sind. Das kann allerdings nur der Eingeweihte ahnen. Und was ⌈an anderen

Stellen⌉ damals im Januar richtig war, wo denn der Artikel erscheinen sollte, war Ende Februar teils schon überholt. Schwamm drüber!

Auch die Besprechung der Uraufführung im Staatlichen Schauspielhaus hat mir wenig Vergnügen gemacht. Die breite Auseinanderlegung eines Mannes und Helden, der mit seiner Sinnlichkeit nicht fertig werden kann und deswegen die Frauen, die Welt und Gott und Teufel verantwortlich macht, ist selbst auf der Bühne nicht unpeinlich. Zu eigener Einsicht gelangt er nie, dieser dänisch gesehene Don Juan, von dem wir immer gewußt haben, daß er ein Sünder sei. Ihn heilig zu sprechen, blieb dem Protestanten Borberg überlassen. Er hat es fleißig gemacht und es sich manche Sentenz kosten lassen, die zumeist direkt durch den Mund des ebenfalls bemühten Ritters Don Quichote von dem unübertrefflichen Herrn Cervantes bezogen schienen. Die bei dem begründete Dreifalt der geminnten Dulcinea betreffs Geliebte, Tochter und Mutter Gottes, insgemein aber Jungfrau und Madonna, wird hier auch das Idol des Juan, der es mit Recht vergeblich in jedem Weibe zu erjagen [≈] trachtet, nicht bedenkend, das er es zugleich damit erlegt. Erst nachträglich kam ich dazu, die mir von Dir als Beginn empfohlenen Abschnitte über Die Fülle und Die Reinheit bei Nicolai Hartmann zu lesen. Und es will mir nachträglich rührender erscheinen, was der nordische Spintisierer gefühlt haben mag, seinen Helden aus der Reinheit in die Fülle gelangen zu lassen, ohne Genuß der Fülle allerdings, die nur dazu dient, seine Gier nach dem Madonnischen (und nach seiner ungekannten Mutter und später verstärkt, nach seiner ungehabten Geliebten) also wahrscheinlich nach der [≈] Reinheit zu steigern. Sonderbarerweise nicht nach seiner eigenen, die der Autor von Anfang an als unantastbar vorauszusetzen beliebt, deucht mir. Schwamm drüber! Über die kitzliche Mystik ein andermal.

[≈] Hartmann [≈] ist ungeheuer gut! Nicht nur klar, sondern auch klar aus menschlicher Erfahrung und Hellsicht. Ich bin voll herzklopfender Ehrfurcht, wenn ich das Buch aufschlage. Ich las auch über das Edle und einiges schon über die Freiheit. Ja, es ist schwer. ~~Aber~~ Ein endloser Kreuzgang mit unzähligen Türen, [≈] eine hinter der anderen, und eine hinter der anderen wird sich auftun und Fenster dazu, und es wird immer heller werden. Ich werde nicht verzweifeln. Und an Dir und Deiner Begleitung schon gar nicht. Noch ist mir Die Fülle lieber als alles andere, sie schließt fast alles andere in sich, selbst einen Teil Reinheit, glaube ich, wenn auch womöglich in einer vierten Dimension. Sind wir auch aus ihrem eigentlichen Bannkreis heraus, aus dem der Reinheit, und werden wir nie in seinen Schutz und Zaun zurückgelangen, so ist doch die Ahnung ~~sei~~⌈ihr⌉nes unverletzlichen Raumes noch vorhanden und der Erkenntnis zugänglich und damit über die Wertebene hinaus ein Bewegendes und Schöpferisches, das Einfluß gewinnen kann, zu durchdringen vermag und zu läutern. So hoffe ich. Und hoffe daß damit, wenn auch nicht der paradisische Zustand einer wiedergewonnenen ~~Schuldlosigkeit~~ Unschuld ⌈igkeit⌉, so doch die wachsende Fähigkeit der Auswahl [≈] zum Ungemeinen sich in der Fülle ausbreite und sie so beschränke, wie es zu einem edlen Tun und Dasein nötig wäre. Ja, das würde mir als Ziel genügen. Aber niemand weiß, wohin er treibt in den unmessbaren Strömungen des unsichtbaren Meeres, dessen Küsten ~~wohl?~~ uns Nicolai Hartmann so trefflich aufgezeichnet, von dessen Winden er auch eine Menge oder alles weiß, uns auch die Handhabung und den Sinn der Fahrt offenbart...

Nun gut, ich rede laienhaft daher und muß von Dir noch vieles hören.

Lieb⌈e⌉, Liebe, als ich Liebe nicht kannte, war ich ein Kind, eine Kerze am hellen Tag. Liebe schlich sich heran, zündete mich an, und als ich brannte, war ringsum Nacht. Sag, liebe Liebe, wie geht es zu, nun bin ich dunkel und nun leuchtest du.

Dein HL

Benninghoff war im Theater. Er sah verändert aus. Nicht mehr wie Balzac, denn er hat 42 Pfund abgenommen und ist fast ganz ergraut. Aber noch äußerst lebhaft. Ich soll Dich unbekannt grüßen!

Jawohl, Deine Juni-Wiesen locken mich mehr als alle finsteren Höhlen!

123. Kläre Buchmann – [Hamburg-]Blankenese, 22. April 1941

e. Brief m.U., 1 Bl recto/verso, Briefkopf: HL 3
SUB Hamburg: NLp: Ba: 7 [Teil 1: 1936 - Juni 1941], 113

Liebe Zustimmende
Wie bin ich froh über Dein Einverständnis! Ich habe mich nun bei den Heidenhöhlen, die mir ein Zimmer im 3. Stock - wie gewünscht - anbieten, zu Mitte Mai angemeldet. Und wie nett von Dir, mir gleich ein Bilderbuch von Überlingen zu schicken! Es sieht ja verlockend aus. Ich wollte mir einen solchen Prospekt schon gestern besorgen, aber es war im Verkehrsbüro am Jungfernstieg allzu voll, und es sollte mir eben lieber von Dir vorgelegt werden, das sehe ich ein.

Liebe Drachenbändigerin! Möge es auch für Dich eine gelegentliche Zuflucht werden, das kleine, noch uns beiden unbekannte Blockhaus am See!

Daß Dr. Port Dich verläßt, ist wohl bitter! Grüß ihn schön und wünsch ihm alles Dienliche!

Über Herrn Schlechts Meinung hab ich mich sehr gefreut!

Übrigens hat sich Landahl (Goverts) einem Bekannten gegenüber (nicht mir) sehr betrübt geäußert, daß er doch hätte mehr Anstrengung aufbringen sollen, das Buch für sich zu gewinnen. Es sei inhaltlich wie sprachlich ein Dokument, dessen Bedeutung noch nicht abzusehen sei ... und dergleichen, was ich nicht ohne Erröten wiedergeben könnte.

Und nun meinen innersten Dank für Deine Bereitwilligkeit, der „Idothea" ein paar erleuchtende Kerzen vorwegzustecken! Dadurch würde die Buchausgabe erst richtiges ~~wertvoll~~ Gewicht bekommen. Ich las übrigens bei Aristophanes die Veräppelung der euripidischen „Helena", die selber ich noch nicht kenne. Dafür aber kennst Du sie.

An Das Reich habe ich ganz offen geschrieben, warum ich mich gehindert fühle. Ich habe Carl Albert Lange empfohlen.

Ich will immer auf Dich hören, Liebe. Die Tobis war auch schon wieder eilbrieflich hinter mir her. Ich hab durch Ilse Haalck ablehnen lassen, daß ich voriges Jahr dank Deines Ansporns so fleißig war und nun die [≈] zermürbend melkenden Kühe des Films vorübergehen lassen kann!

Sei herzlichst
Dein HL

124. Kläre Buchmann – [Hamburg-]Blankenese, 25. April 1941

e. Brief m.U., 1 Bl recto/verso
SUB Hamburg: NLp: Ba: 7 [Teil 1: 1936 - Juni 1941], 115

Liebe,
schnell einen Sonntagsgruß. Ich mußte den halben Tag mit der Ausgabe von Lebensmittelkarten verbringen. Auch ein Dienst am Volke. Ich bin froh, daß man nicht mehr dergleichen von mir verlangt; der Umgang mit dem Haufen Typen ist allerdings recht nett und keineswegs bedrückend. Die Leute haben sich gewöhnt; sie würden sich auch noch an Schlimmeres gewöhnen. Immerhin sieht es im Augenblick nach dem Fortschritt der Waffen aus, und das versöhnt viele.

Deine Bemerkung von dem Doppelgesicht des ~~neu~~ Angestrebten innerhalb meiner neuen Planung traf mich nicht verwundert. Mir selber ist der äußerliche Rahmen: Welthafen ... nicht mehr sehr wichtig. Er wäre bei aller Weite zu eng. Was ich langsam vorzuhaben beginne, ist eingehender und umfassender und schwebender, ja, noch schwebt es ganz und gar und will sich nicht begreifen lassen. Ich bin zerknirscht über alles das, was ich nicht kann und nicht weiß und möchte mich doch versuchen und wage es nicht. Auch kann man noch nicht recht darüber sprechen, es ist noch zu vage und ⌈ist⌉ wahrscheinlich anmaßend und allzu schwer, ~~und~~ ⌈weil allzu⌉ breit gedacht. Wenn ich Dich sehen werde, ahne ich vielleicht schon etwas mehr davon, vielleicht. Nur eines fühle ich immer brennender, ein rechter Parzival wäre unserer Zeit nötiger und sicher vielerorts keimendes Gewächs, das man nur richtig hüten und aufziehen muß, damit es ein rauschender, blühender, schaffender und fruchttragender Baum werde –

Lächelst Du? Es steht Dir gut, Kätzchen! Du wirst mir schon helfen!

Dein HL

125. Kläre Buchmann – [Hamburg-]Blankenese, 1. Mai 1941

typ. Brief m.U., 1 Bl recto/verso
SUB Hamburg: NLp: Ba: 7 [Teil 1: 1936 - Juni 1941], 118

Liebe Kläre, es hat mich doch sehr angerührt, Deine Bemerkung über die Sinsebal. Daraufhin hab ich selber mal wieder hineingeblickt und konnte manches nicht ohne Bewegung lesen, so fern es in der Entstehung liegt, an zwanzig Jahre wohl. Manches darin ist heute wie damals, wieder wie damals, als es Anlaß war, dies und das zu schreiben oder vielmehr aufzuzeichnen. Es muß oft wunderlich in mir ausgesehen haben. Aber so kleine stille Sachen wie „Övelgönne" und „Kleine Landschaft" werden womöglich vieles andere von mir überdauern und einige Selbst- und Gegenerkenntnisse wie „Die Weltherren" vielleicht auch, falls sie etwa Deiner Nachprüfung standhalten.

Langsam schwant mir, daß wir in einer großen Erschütterung leben, die mehr als einer Abwartung und gar Abkehr von uns fordern darf. Ich mag nicht darüber so nachdenken, wie es nötig wäre, aber vergebens horche ich umher, ob andere nicht für mich die Zeichen der Zeit richtig deuten können. Wahrscheinlich sind sich selbst die höchsten Stellen noch nicht klar, warum eigentlich alles das Ungeheure geschieht und geschehen muß. Denn die schlichte Erklärung, daß wir von dem Reichtum der anderen etwas abhaben wollen, ist allzu kindlich. Wir stehen bestimmt vor einer radikalen Umwertung vieler Begriffe, namentlich dem des Geldes, der Arbeit und des Besitzes. Die Französische Revolution war ein schwacher Beginn, Rußland eine mächtige Auswirkung dessen und wir müßten die Aufgabe der Vollendung haben und haben sie."Und gib uns einen neuen gewissen Geist!" das sollte unser dringlichstes stündliches Gebet und Streben sein.Mein Vertrauen aber wächst, daß dieser Geist und seine Kraft nicht fehlen wird. Das negative ⌈oder platte⌉ Gesäuer, das ich von allen Seiten, namentlich aus Offizierskreisen vernehme , soll mich nicht irre machen. Freilich möchte ich den furchtbaren Unbequemlichkeiten gern ausweichen, [≈] ich möchte die Augen schließen und weiter dumpf und achselzuckend dahintreiben. Und fühle doch mein Gewissen brennen und bin verzweifelt und kleinlaut, so wenig das nötige wilde Feuer zu spüren, das über alle Schranken und Hemmungen und Trägheiten und dumpfe Widerkäuerei und Widerkäuerei ins Jahrhundert schlägt. Ich weiß, weh dem, der Flamme ist und sich selber verzehrt!

Ich möchte lieber still bei Dir sitzen und sein.

Und gestern kam so ein Brief von einem Burschen, der in meinen Knabenjahren für mich ein wahrer Schrecken und Unhold war, ein ⌈schauriger⌉ ~~frecher~~ Brit und Flegel aus den HInterhöfen der Straße, wo ich zwischen 10 und ~~vierzehn Jahren~~ 14 Jahren aufwuchs; der ist über Krieg und

Draufgängerei sein Teil geworden und schrieb neulich ein wenig spöttisch an mich; ich weiß nicht, ob ich ihm, der ich wenig rauflustig und ziemlich blaß und schüchtern war, verächtlich in Erinnerung stand, obwohl er sich, wie er schrieb, Das Muschelhorn gekauft habe, um der Sache mit einem gewissen Loh, einem anderen Buttje und Flunz aus der gleichen Straße, auf den Grund zu gehen. Nun muß auch das ein Ansporn sein, es gut zu machen und nicht nachzugeben.

Herzlichst, Liebe, Dein
Hans Leip

126. Kläre Buchman – Heidenhöhlen, 6. Mai 1941

e. Brief m.U., 2 Bl recto/verso
SUB Hamburg: NLp: Ba: 7 [Teil 1: 1936 - Juni 1941], 120-121

Liebe, das Jahrhundert Hassende, ich tus mit Dir und liebe dafür Dich! Der Sommer hat sich nicht wieder vertragen; denn Du bist ja noch nicht da. Ich entbehre ihn weniger als Dich und laß mich von dem toten Tamerlan spazieren führen; ich hab es trotz Brockhaus nicht lassen können, und es geht, wie's gehen will, auf jeden Fall – es fällt tatsächlich der und jener – bestimmt es mich soweit, daß ich es schreiben muß. Es ist nicht lustig, Menschen, die sich quälen, sich und andre, und es bedrängt mich und ist doch Theater, ich seh es vor mir und es geht durch mich hindurch, ich kanns nicht helfen, es ist ein absonderliches Gefühl wie oft schon. Du wirst vielleicht entsetzt über das, was fertig sein wird, wenn Du kommst, erstmal fertig, und das sind wahrscheinlich dann schon alle 3 Akte, deren Aus- und Einbau überall noch offen; der Atem ging mir manchmal damit durch

Tamerlan
oder
Des Schwertes Zögerung

die zutiefst heitere Tragik eines Würgers, der besinnlich wird und umkehrt und – ja noch weiß ich nicht ganz, was er tun wird mit sich, er bringt sich wahrscheinlich selber lächelnd um, nachdem sein heiterer [¿] Held statt seinem dem Mörder-Rächer-Dolch zum Opfer fiel.

Was soll das? fragst Du mit Recht! Ich hätte lieber zehn Sonette und Choräle und kleine liebe Sachen über Dich machen sollen! Kommt auch noch, liebe, kleine Rausche-Muschel, ach, ich freu mich so auf Dich!

Dein
HL

Am Tisch in der Ecke geschrieben, es dämmert schon. Schlaf schön!

127. Kläre Buchman – [Hamburg-]Blankenese, 10. Mai 1941

typ. Brief m.U., 1 Bl recto/verso
SUB Hamburg: NLp: Ba: 7 [Teil 1: 1936 - Juni 1941], 122

Liebe, mit Dir bin ich zornig auf das gehetzte Jahrhundert! Wann erhebt sich der Mensch endlich über die Rohheit der Eruptiven und der Geburtsweg[h]en und bringt seine Ideen eines neuen Lebens auf erträgliche und sanitäre Art zur Welt? Wann also löst er sich aus den gewalttätigen

Zwängen der Natur? Pilatus konnte seine Hände gewiß mit Recht in Unschuld waschen, nur daß diese Unschuld durch das Waschen getrübt wurde. Dostojewskis Großinquisitor urteilt wie Du und sicher ist es das einzig menschlich richtige Urteil, den Aufrührer, und sei er noch so milde, zu vernichten. Die Menschheit will nicht beglückt sein, sie will Ruhe haben. Und dennoch wird diese Ruhe nur erträglich bleiben, wenn alle gleich gut und vernünftig sein werden. Noch sind wir wie ein gewöhnlicher Garten, der sich selbst überlassen, alles Hübsche und Nette, was wir dort gepflanzt, von im allgemeinen scheußlichen Unkraut überwuchert und erstickt, bald entbehren muß. Wildnis ist gewiß an manchen Orten zauberhaft, Ordnung nicht minder. Möge uns vergönnt sein, beides in und um uns so weit zu bändigen, daß wir ungehindert atmen und genießen können. Wir wollen genießen! So edel wie möglich, selbstverständlich! Aber wir wollen ganz gewiß nicht leiden. Und müssen es leider dennoch lernen. Und uns eine Notwehr aufbauen, um trotzdem, immer bescheidener und immer süchtiger genießen zu können. Wir müssen, um uns behaupten zu können, jeden bitteren Tag neu lernen, uns zu freuen. Und uns an Kleinigkeiten verlieren, um die großen Maßstäbe teils zu vergessen, teils nach wie vor bewundern zu können. Ist es so? Vielleicht, vielleicht auch nicht. Wir sind arme Luder, immer wieder in die Hand hemmungsloser Bösewichter und Beglücker gegeben, also in unsere eigene Hand, in des Menschen Hand, von der wir uns zur Entlastung und dem Menschen zur Dämpfung annehmen, sie sei des Schicksals oder Gottes formende Hand. Hol der Teufel die Erfindung des Gehirns! Würden wir nicht denken wären wir glücklicher. Wir würden den Begierden leben und uns gegenseitig lieben und verschlingen und nichts mehr dabei finden. Aber es gibt kein zurück. Es gibt ja nebenbei auch kein verlorenes Paradies, sondern nur eines, das erobert werden muß, Denn wir haben wohl erkannt, was nötig ist, um dahin zu gelangen, und das wird ~~xi~~ Schritt um~~d~~ Schritt den Weg bereiten. Noch glaube ich daran. Und es werden noch einige Alexander und Napoleons durch Blut zu waten haben und glorios in die Geschichtsbücher eingehen, ehe die Bergpredigt ihre ökonomische, soziale und ethische Anwendung, ich möchte fast sagen: gesetzliche Einführung erfährt. Aber bis dahin und über das hinaus in Ewigkeit wird wohl gelten der Spruch:

Das große Tier
in dir und mir,
Gier
ist sein kleiner Name.

Max ist allerdings kein guter Name, weil er durch einige zeitgenössische Träger bekleckert ist. Aber sonst ist er großartig. Ich wollte auch nur andeuten, daß er schlicht sei, dem Klange nach und bedeutend der Herleitung nach. Aber es wird wohl wieder auf etwas Absonderliches hinausdünsten müssen, auf das unerschöpflich Friesische, auf Uko, Rüt, Rim, Öje, Ulf, Uke, Ger, Iko, Eke, Fre, wenn man es zu drei Buchstaben nehmen will oder auf Olker, Redmer, Winan~~d~~, Wyert, ~~Jasper~~, Debel, Djure, Alger, [≈], Sjurt, Stilf, Teiko, Iwerk, Tjard, Snelk, Neels, Meent, Hassa, Ebel, Haske, Siept, Sibbo, Olker, Loort, Haing usw,. wenn man fünf Buchstaben verwendet, um zu den acht des Tidemunt ein günstiges Verhältnis zu haben. Lächerlich, was?

Ich bin in der letzten Woche mehr im Garten – aus oben angeführten Gründen – als in der vorläufigen Wildnis Tidemunt tätig gewesen. Aber es wird mir innerlich schon klar werden, davor ist mir nicht bange. Geduld! Ein Ausspruch Rilkes hängt seit Jahr und Tag bei mir als Zettel am Wandbrett, und erst jetzt hab ich ihn verstanden:[„] Künstler sein heißt: nicht rechnen und zählen; reifen wie der Baum, der seine Säfte nicht drängt und getrost in den Stürmen des Frühlings steht ohne Angst, daß dahinter kein Sommer kommen könnte. Er kommt doch. Aber er kommt nur zu den Geduldigen, die da sind, als ob die Ewigkeit vor ihnen läge, so sorglos still und weit. Ich lerne es täglich, lerne es unter Schmerzen, denen ich dankbar bin: Geduld ist alles!"

Gestern war Elisabeth Flickenschildt zu kurzem Besuch hier. Sie hat ja das, was sie ist – und sie ist seit kurzem Staatsschauspielerin und ans Staatstheater verpflichtet – auch nur durch diese unfaßliche Geduld unter Schmerzen – unter den Schmerzen ihrer absoluten Häßlichkeit : erreicht.

Übrigens hat sie sich jetzt auch ganz dem Süden zugewandt, der „dort häufigen und uns so notwendigen Dramatik und Heiterkeit der Natur..." wie sie es nannte und hat sich für 33000 RM einen Bauernhof bei Traunstein am Chiemsee gekauft und läßt ihn sich jetzt einrichten. Sie wird dort ja nicht oft sein können, aber es genügt ja auch die Gewißheit. Außerdem denkt sie wie alle, daß ma~~l~~⌈n⌉ anders sein Geld nicht halten kann (oder schon gar nicht halten kann) Und damit wird es auch für Dich Zeit damit, Liebe. Vielleicht kann man auch auf der Überlinger Seite des Bodensees etwas finden! Mich lockt es sehr, für längere Zeit ⌈von⌉ hier zu verschwinden. Die Landschaft vorm Fenster, das reizvolle Haus wird durch das allzu schmutzige Wasser des Stromes getrübt, dahinter die See doch weit entfernt liegt und deren sanfte Horizonte und Heideferne auch nur mit kräftigster Phantasie frei von Tanküburgsplätzen und Fluggelände zu denken ist. Als ich heute Morgen Ilse Haalck andeutete, daß mir ein Abschied von diesen Gefilden für längere Zeit,ja, daß ein Verkauf des Hauses mir nicht schwer fallen würde, gab es Tränen. Auch die Töchter weisen solche Gedanken von sich (und am liebsten auch von mir) so übel vorletzte Nacht auch der Angriff auf Hamburg war, wieder einmal war, §Noch überwiegt das Vergnügen, den Tag darauf nicht zur Schule zu müssen. Stell Dir das vor! Wie schlecht muß die Schule geworden sein! Denn derzeit auf die Rudolf Steiner Schule gingen sie mit anderer Freudigkeit, so viel weiter der Weg auch war.

Nun, ich will auch lieber weite Wege gehen, um zu meiner Freudigkeit zu gelangen. Jedenfalls also treffe ich Mittwoch abend in Stuttgart ein. Ich erkundige mich heute genau, wann der Zug dort – dem Fahrplan nach – wohl eintreffen kann.

Über alles andere sprechen wir und werden uns dann rascher einigen als über die dürftigen Brücken des Papiers und der Post.

Alles irgend Gute in Leipzig und so weiter!

Und auf Wiedersehen!

Dein
Hans Leip

128. Ilse Leip – Vaihingen, 16. Mai 1941

e. Brief, 1 Bl recto/verso, Briefkopf: Hotel-Gaststätte „Filderhof",Vaihingen a. d. Fildern
MHG: Hans-Leip-Archiv: Briefe, Briefentwürfe und Durchschriften F-L: HL an Ilse Haalck-Leip

Lieben zu Hause,
den ganzen Tag bis Göttingen blieb der Himmel bedeckt, und den andern Tag bis Stuttgart regnete es ununterbrochen. Göttingen macht einen sehr freundlichen Eindruck, rote Dächer mit hübschen Gauben und ein paar muntere Türme, und eine Menge behaglicher älterer Häuser, biedermeierlich und nach Studentenleben anmutend, und auch das Hotel einigermaßen (Zur Krone) und hübsch grün war es schon in Park und Gärten. Abends war ich zu müde und den andern Morgen nicht früh genug auf, um den „Barbier" anzurufen. Der Zug fuhr etwas eher als wir aufgeschrieben ⌈(ein Wehrmachtszug)⌉ hatten, aber ich brauchte nirgends umzusteigen, bis hierher. Die Fahrt war beide Tage nicht langweilig, denn alle Leute neigen der Sachlage nach, mitteilsam zu sein. Der mangelnde Speisewagen beide Male hat mich nicht gestört, ~~wenn~~ ich hatte am ersten Tag ja die Apfelsine und konnte auf einem Bahnhof ein trockenes Brötchen dazu kaufen (mehr gab es nirgends) und gestern waren ein paar ältere Damen im Abteil, die reichlich mit Keks und Pralinen versorgt waren, und das nährt ja denn schließlich auch. Jedenfalls habe ich gestern mit gutem Appetit einiges nachgeholt. Hier im Süden wird an manchen Stellen noch sehr gut gegessen. Hoffentlich auch in Überlingen.

Hier ist der Frühling schon fortgeschritten, und teils im wahren Sinne des Wortes, da die Kirschen schon ausgeblüht haben und die Birnen auch und nur noch die späten Äpfel in Flor stehen. Die Kastanien ~~stehen~~ sind hier schon voller Kerzen.

In Mannheim, daran man vorbeifährt, hab ich nichts von Zerstörungen bemerkt, von der Bahn aus.

Kein Mensch unterwegs war der Meinung, daß der Krieg bald aus sei. Alle schimpften (bis auf zwei rührende B.D.M. Führerinnen, die voll tiefen Glaubens an unsern Sieg und Führer waren)

Heute Morgen war ein Kriminalbeamter bei mir im Zimmer (ich lag noch im Bett) um meinen Paß zu sehn. Es scheint, als suchen sie (der langen Liste nach, die er bei sich führte) einige, die wegen der Sache P. G. Hess [¿] womöglich vorziehen, sich verborgen zu halten. Ich war gottseidank unverdächtig und hüte mich auch fernerhin, zuviel zu sagen und zu meinen. Immer aber sind meine Gedanken bei Euch.

Was soll ich Euch an Ratschlägen noch sagen? Ihr wißt ja, wie Ihr Euch verhalten müßt. Vor allem soll Diers nun schnellstens die Waschküche in Ordnung bringen! Geh doch gleich mal bei ihm vor, Isle, und jammere etwas, das hilft mehr, als wenn ein Mann ihm das sagt.

Nun seid allesamt herzlichst gegrüßt und geküßt von Euerm
Hannes und Hannesvater

129. Kläre Buchmann – Föhrenfels, 11. Juni 1941

typ. Brief m.U., 1 Bl recto
SUB Hamburg: NLp: Ba: 7 [Teil 1: 1936 - Juni 1941], 131

Liebe, Liebe, welch Sauwetter! Bring Sonne mit! Ach, bring nichts mit als Dich, das genügt vollauf! Ich sehe auf der Rückseite Deines Briefes die Frage nach dem Häuschen... Armer Betrieb! Nichts, nicht der geringste Fetzen ist auf die Inserate eingegangen und nichts von dem Frisör-Makler, alles Wasser, Wasser, und selbst für Pfahlbauten kriegen nur die Altertums-Vorzeit-Altvorderen-Professoren Erlaubnis und jetzt auch nicht mehr... Nicht wahr~~!~~⌈?⌉ Das ist bitter. Du mußt schon in deinem und meinem Herzen wohnen, wenn es sonst auf Erden nichts gibt für einander. Auch in den Heidenhöhlen... ich meine jetzt nicht das trübe Domizil des an Kopfschmerzen leidenden dicken Karles, sondern den Gasthof, ist das Gedränge unerquicklich, und schon ist das große Zimmer 10, das Dir zugesagt war, ünerflegelt von anderen, ich weiß nicht, Frau John~~w~~ weinte beinahe, als sie es mir beibog, und nun kommst Du doch nebenan auf 9, wie es zuerst gedacht, und obschon die Aussicht und die Enge usw Dir nicht gefallen werden, laß sein, was will, wir werden uns ja doch meistens draußen umhertreiben oder in der Hütte sein, jedenfalls aber ist die kleine [≈] Kammer schöner als meine, und ich bin aus Beharrungsvermögen in meiner Bruchbude wohnen geblieben und geh nur raus, um nach deiner Abreise wenigstens die Wände um mich zu haben, in denen Du geschlafen und dich aufgehalten hast, also werde dann endlich in Nr. 9 ziehen. Inzwischen haben dort jüngere Damen gewohnt, ich habe aber keine Zeit gefunden, mich darum zu bekümmern. Mein Wecker rasselt, es ist zwölf Uhr, und ich soll mich auf die Gummisohlen begeben um auf der Chausse, der nassen, dem vollen Teller zuzustreben, mag aber garnicht recht. Den Morgen hab ich endlich dringendste Post erledigt, auch Jannings geantwortet, und meine kleinere Tochter hat ⌈Freitag⌉ Geburtstag, und dann entdeckte ich, nachdem ich Deinen lieben Apothekenbrief nochmals von allen Seiten betrachtet hatte, noch die leidige Häuschenfrage; und bin froh, einen Grund zu haben, Dir rasch vor Deiner Abreise noch einen Gruß zu senden. Liebe Windfahnen-Federwolke, wie weit und hoch wollen wir miteinander fliegen, wenn Du mich mitnimmst bins reine Blau! Tamerlan habe ich heute nicht angesehen, er muß ablagern und dann zeigen, wie er schmeckt. Ich bin aber dennoch froh, daß er geschrieben wurde, es steht dies und das darin, was vom Herzen mußte, und mir ist wieder viel freier und freudiger. Und bring mir etwas Geld mit, Klärchen, damit wir nicht darben brauchen. Am 1. Juli möchte ich dann auch den Lieben zuhause etwas aufs Konto überweisen lassen können, dann ist es ja doch bald wieder so weit, daß sie nichts mehr haben und bei Euch was fällig wa[i]rd. Verzeih, daß ich das Irdische gleich hinters reine Blau anfüge, du siehst, ich habe dicke Sohlen, und nun ist mir auch darin wieder leichter. Kind, Kind, mein lieblicher[s] Botticelli-Knaben-Mädchen, süßer Himmelschorengel, ich freue mich!

Dein Hans Leip

130. Robert Hohlbaum – Hiddensee, 20. August 1941

typ. Brief m.U., 1 Bl recto, Briefkopf: HL 3
Stadtbibliothek Duisburg: NL Robert Hohlbaum
Der Brief ist auszugsweise veröffentlicht in: Johann Sonnleitner: Die Geschäfte des Herrn Robert Hohlbaum. Die Schriftstellerkarriere eines Österreichers in der Zwischenkriegszeit und im Dritten Reich. (Literatur in der Geschichte. Geschichte in der Literatur, 18). Wien, Köln: Böhlau 1981, S. 250

Sehr veehrter Robert Hohlbaum,
Nach sehr langen Jahren habe ich Gelegenheit, wieder einmal an Sie zu schreiben. Damals hatte ich Ihnen zu danken. Heute komme ich mit einer Bitte.

Ich habe den ehrenamtlichen Auftrag erhalten, für die Wehrmacht eine Anzahl kräftiger Laienspiele zu schreiben oder zusammen zu bringen. Das Bedür[f]nis nach kurzen saftigen heiteren leicht spielbaren Stücken ist vom Nordkap bis zur Biskaya dringend.

Trotz anderer dringender Arbeit habe ich mich selbstverständlich nicht gesträubt und nahm Gelegenheit, den Plan mit Frl. Dr. Buchmann vom Cotta-Verlag zu besprechen und stieß gleich auf lebhafteste Anteilnahme, sodaß ich vorschlug, die geeigneten der mit dem Cotta-Verlag verbundenen Autoren zur Teilnahme zu bitten und das Ergebnis als hübsches Buch zu veröffentlichen. Und so soll es nun geschehen.

Indem ich mich selber mit zwei Stücken beteilige, hoffe ich, daß auch die Verlagskameraden nicht zurückstehen werden, und obwohl mancher[m] solch kleine Beihilfe und Pflicht am Vaterlande nicht recht in sein Schaffen passen wird, so kann sich doch im Nu ein prächtiges Vergnügen daraus entwickeln, einmal wie Hans Sachs sein zu dürfen oder wie der schöpferische Volksmund selber. Auch soll die Mitarbeit nicht ehrenamtlich sein und wird bei vorgesehener hoher Auflage rund 500.-RM für das Stück abwerfen dürfen.

Umfang: 10–20 übliche Maschinenseiten.
Stoff: Unbeschränkt volkstümlich heiter saftig, gereimt oder ungereimt, mit oder ohne Liedeinlagen.
Aber: Leichteste Podium-Spielbarkeit!

Termin: So rasch wie möglich, spätestens 4. September d.J. (entweder man kann und tut sowas gleich oder nie)

Ich zweifle nicht, daß Sie etwas Vernünftiges und erhebend Sinnfälliges beitragen könnten und hoffe nur, daß Sie Lust dazu haben. Die Zeit müssen Sie sich unbedingt stehelen!

Mit herzlichem Gruß
Ihr sehr ergebener
Hans Leip

131. Kläre Buchmann – Hiddensee, 21. August 1941

typ. Brief m.U., 1 Bl recto/verso
SUB Hamburg: NLp: Ba: 7 [Teil 2: Juni 1941-1942], 156

Liebes Kätzchen, ja, wann sag ich das wieder so nahe zu Dir, wie sichs gehört? Statt dessen ertrinkst Du in Arbeit und ich ärgere mich über Ostertag, der niemals ein Frühlingsanfang für mich war, und ich mußte mirs endlich vom Gemüt runterschreiben, was der Kerl mich geärgert hat, dieser üble Händler, und ich habs nicht nur ihm, sondern auch Regierungsrat Dr. Erckmann geschickt, will Dich aber nicht damit behelligen, Du hast genug Ärger und Sorge und leg es nur bei, damit Du es im Notfall hast. O armes kleines Getüm, Du darfst Dich nicht so überschuften! Laß doch liegen was liegt, es erledigt sich das meiste von selber. Den jungen Kröner aber möchte man doch gleich auf der Stelle erschießen, den filzigen Hasen! Am besten meldest Du Dich ab aus dem gräßlichen Käfig, einfach krank, und dann laß sausen was will und schreib selber was, wo schon die alberne Hure W. nicht mal weiß, was Liebe ist und Leben. Ich hab mich selbstredend bis Ende Oktober für Italien angemeldet, und wenn Du schon jetzt fährst, oder in die Schweiz, bleib doch gleich da, laß Cotta sich ins eigne Röcklein vermotten, eh Du selber dort die Motten kriegst. Deine Gesundheit geht über die ganze deutsche Literatur, sie hat nichts mehr zu lachen, wenn Du davon bist, ganz davon bist, so laß sie lieber eine Pause lang merken, wie wertvoll Du auf Deinem Posten stehst und mit Bomben und Granaten die Krönerblase angehen, Dich genügend mit Hofstatt und Handlangern zu versehen, auf daß Du endlich zu Atem und Freude kommst! Welch ungerechte Verteilung aller Plackerei trotz aller angestrebter Volksgemeinschaft! Wie ist es nur möglich, daß ein kenntnisloser Dicksack sich von anderer Leute Fleiß und Geist vollstopft? Nieder mit ihm! Krö[n]er ist das, warum dieser Krieg entbrannt ist, er ist der Dollar in Person, die Geldwährung, das Unternehmertum, der Zinsgroschen, der verruchte Wucherer mit dem Pfunde, von dem das Gleichnis in der Bibel nicht gerade vertrauenerweckend gegen das Christentum stimmt. Liebe, Liebe, ich möchte gleich mit Dir ins Wärmere flüchten, hier ist es schändlich allzu nördlich, mit kurzen Unterbrechungen nur – die Sonne sei gepriesen! – Regen, Regen , Feuchtigkeit, nahende Gicht usw.

Und dennoch bin ich glücklich zu preisen gegen Dich, kann meinen Tag einteilen wie ich mag, faulenzen wie ich Lust hab, wenn ich je Lust dazu gehabt hätte, und darf an Sachen arbeiten, die schließlich mehr Vergnügen machen als das, was Dir aufgehalst ist; sogar die verflixten Laienspiele und deren gräßliche Korrespondenz mit den schwerfälligen Mitarbeitern – o Himmel, eh die einen Funken haben! – sind ja noch Sonnenschein gegen Deine ewigen Traufen und Trübsale.

Meine schwebende Jungfrau kriege ich heute wohl noch fertig gemacht, und dann geh ich an Albert Sägeband, der auch der blutige Hund genannt wurde und der womöglich von krönerscher Hochzüchtung seinen Hauch haben müßte. Ach, es kratzt mich nicht recht, aber es muß sein, ich sehe es ein, es muß etwas für die armen Jungs da draußen mit getan werden, so verraten sie alle dasitzen um ihr bißchen Dasein und Privatfreude.

An Dietz hab ich auch geschrieben, ich vergaß es, Dir mit aufzuzählen. Pegel und Heitmann haben geantwortet und wollen es versuchen, ja, ja, sie sitzen – nein Pegel nicht, aber Heitmann – auf einem mächtig literarischen Roß, deucht mir, ich will Heitmann sagen, die Klaue des Löwen spürt man überall, wenns echt ist.

Nun sei herzlichst gegrüßt und geküßt überall und da auch, und ich möchte wahrhaftig in Gelassenheit und Stille mit Dir vieles bereden wie Du mit mir, der Teufel soll allen irdischen Zwang holen und alle grauen Alltagsschienenwege und das, wohin wir hineingeraten und nicht wieder raus können ohne große Entgleisung und Katastrophe. Mir fällt dabei auch Benninghoff ein. Ob es geglückt ist, ihn herauszuholen? Nun ja, Du bist mir näher als alles andere, wie nur kann ich Dir helfen.

Schick doch ein Muschelhorn hierher, wenn es Dich nicht... ich Esel, ich will Dir nichts auch noch zumuten, laß sausen, laß sausen, bleib bei Dir und tu nichts, nichts als nichts und flüchte südlich! Ich komme nach.

Dein HL

132. Kläre Buchmann – [Hamburg-]Blankenese, 17. September 1941

typ. Brief m.U., 1 Bl recto/verso, Briefkopf: HL 3
SUB Hamburg: NLp: Ba: 7 [Teil 2: Juni 1941-1942], 163

Mein kleines liebes Getüm,
Und immer wieder geht es tröstlich und zauberisch mit Deinen Briefen, und ich wandle beglückt umher, sooft ich an Dich so schwarz auf weiß erinnert bin, und habe große Pläne, alles, was ich vorhabe, trefflich zu vollenden und wahrhaft ein wenig der Unsterblichkeit Erwägung zu tun. Und also noch viel gründlicher zu sein und nichts mehr aus der Hand zu geben, das nicht nach Menschenmöglichkeit geschliffen und zu verantworten wäre. So bist Du mein Sporn und Zügel zugleich. Und für den Eulenspiegel schafft es mir die Gewißheit, daß man ihn eben nicht nur hinhauen dürfe, sondern ihn bis ins Letzte und Tiefste zu durchkauen habe, um nicht feierlich zu sagen und anatomisch: zu durchleuchten. Das Bemerkenswerte daran ist immerhin: Es ist eine von außen herangetragene Aufgabe, die bedingt immer eine~~r~~ gewisse Aufgabe seiner selbst. Beim Liliencron war es auch nicht anders. Manchmal kann solches schrecklich schief gehn. Ganz und gar kann ich mich noch immer nicht von innen her mit dem Eulenspiegel befreunden. Jedermann würde mir bestimmt gern eine innerliche Verwandtschaft zu dem Schalksknecht und Possenreißer zutrauen, das weiß ich wohl, und Du selber hast es auch als recht für mich gelegen empfunden. Es hält aber schwer, den lustigen Spötter zu einem pädagogischen Tänzer hochzuzüchten. Und doch ist es, weniger pädagogisch gesagt, eine lockende Unternehmung, die, wenn sie gelingen soll, ungeheuer viel Umstellung und Einfügung und Mühe erfordert, das wird mir immer klarer. Das Volksbuch ist eigentlich nur unanständig, ich möchte sagen reizlos unflätig. Die späteren Verwässerungen gehen zumeist auf „wörtliche" Mißverständnisse hinaus, um nicht zu sagen, glatte Betrügereien oder milder gesehen auf obsiegende Bauerschläue über Bürgerhochmut oder mindestens bürgerliche Sicherheit und – da kann man endlich einsetzen – Gedankenlosigkeit. Wenn man es also schriebe, so gäbe es zwei Wege:

Man hielte sich an die mys~~z~~⌈t⌉ische Romantik der Radierungen, an die halbvergorenen, aber märchenhaft ungehemmten Lebens-Anschauungen der leiderfahrenen Mädchenseele Roswitha.

Oder aber:

Man gibt seine eigene Weltanschauung in mehr oder minder straffem Aufbau, also sicher nicht ohne Mystik und Phantastik, aber doch der Lo~~k~~⌈g⌉ik des Lesers zugänglich. Und das wird man von mir erwarten.

Wo aber die eigentlichen Streiche des Eulenspiegel, die man ebenso und mit Recht eingebaut wissen will, [≈] bei einer höheren Wertung und Deutung abbleiben, ist mir nebelhaft. Man müßte wahrscheinlich alles neu erfinden. Und warum man es dann noch Eulenspiegel nennen soll, weiß ich nicht recht. Und doch gibt es keinen anderen Namen. Alles ~~n~~⌈N⌉eue auf ähnlicher Grundlage wäre dennoch Abklatsch. Ein Beweis für die noch immer stark wirkende Persönlichkeit jenes „Bürgerschrecks" und Narren, und das nach mehr als 500 Jahren. Nein, das Thema ist und bleibt des edelsten Schweißes wert, und haben sich schon manche daran versucht, wäre es ein hohes Verdienst, der Letzte zu sein. Also, ich will mich weiter damit beschäftigen.

Deine Schweizer Erlebnisse sind ja ungemein reich! Das Verlags-Unterfangen prächtig! Möge es so glücken, wie Du erwartest! Ja, das hätte Hand und Fuß! Und daß Du nun bald Deinen Plato auf der Schenkschen Verlagsebene schreiben wirst – nach unserer Reise – ist hoch ersprießlich. Und auch die Aussicht auf weitere Herstellungen auch des Muschelhorns in~~d~~ der Schweiz. Wie ist doch Deine rasche Geschicklichkeit zu preisen, die nun allen anderen Verlegern so weit vorauf ist! – Auf die Schweizer Autoren freue ich mich sehr, es muß dort bestimmt ein frischer Wind wehen, so gut, wie es die Leute dort in ihrer Freimütigkeit haben. Zwang wirkt sich immer auf die Dauer tötend aus. Allerdings, noch wollen wir nicht klagen und verzagen. Aber schon daß uns solche Autoren wie der Amerikaner Thomas Woolfe kaum zu Gesicht gekommen sind und ~~h~~⌈j⌉etzt wohl auch nicht kommen sollen – Landahl hat mir gerade den empfohlen, und [≈] die Übersetzungen seien in einem Schweizer Verlag erschienen – ist für unsere erstrebte literarische Weltgeltung nicht gut. Leute wie Blunck, Totenohl, Griese, Zillich, Stahl und was von oben geliebt wird und selbst Kolbenheyer, selbst Carossa sind allzu sehr dumpfe Überlieferung (bestens gesagt) und so gut die letzten beiden gewisse Dinge zu sagen wissen und einige der anderen auch, so wenig sind sie weltgültiger frischer Wind. Sie sind mit der Musik – oder mit der von oben bevorzugten Musik in Deutschland und der Malerei stehen geblieben.

Dein vergessener ⌈österreichischer⌉ Antragsteller aus Rußland ist ja rührend. Du siehst wie gefährlich Du auf Männer wirkst, auf geistige besonders, aber wie die Erfahrung lehrte, nicht nur auf die oder ggf. auf solche, die geistigen Anschluß suchten und es ~~mit~~ auf dem lockenden Wege üblichicher oder gesteigerter Handfestigkeit zu erreichen hofften; oder damit zu verknüpfen gedachten, die Schlemmer!

Und daß Du unser Kennwort so gern hast... das ist allerdings noch viel rührender! Deine Vorstellung von der „gewandelten Erscheinung" und dem „Durcheinanderirren der Lieben" läßt mich aufhorchen. Es ist eine hübsche Auffassung. Ist sie griechisch oder eigen? Aber, was Du manchmal schreibst, es sei unzulänglich, was Du mir mitzuteilen vermöchtest, o Liebe, sei nicht so bescheiden. Wieviel Licht und welche webenden Kräfte strömen aus Deinen Zeilen! Schreib Du wie Du willst, sieh es als wirr an oder unvollkommen, es ist immer schön und erregend, was Du mir sagst.

Und meine dürftigen Verse sind nur eine bemühte Gegengabe, und ich hätte sie gern rauschender und blühender und großartiger und viel viel tiefer für Dich als ich es vermag.

Mit mir mußt Du Nachsicht haben und hast es in den privaten Fällen von Herzen, und das ist eben das Tröstliche und Erhebende. In den amtlichen Fällen bist und bleibst und sollst Du mein strenger Erzengel mit dem scharfen Richtschwert sein!

Nun genug der Auseinander-Setzung! Bleiben wir ~~Z~~[z]usammen gefügt, innerlich und – wills der Himmel – auch so oft es das Schicksal denn zuläßt – in unverwelklicher Freude auch äußerlich. Nicht wahr, mein kleines Getüm, liebe Une?

Der Erbprinz hat zwar abgelehnt, von sich aus zu reservieren. Ich habe nun Dr. Henning darum gebeten, allerdings, um nicht aufzufallen, nur für mich selbstredend. Und bin froh, daß auch Du vorgesorgt hast. Ich habe ihm auch mitgeteilt, daß ein „Zusammenschlafen" mit Berufskameraden nicht in Frage käme für mich, da ich wie ein Ungeheuer schnarch⌈t⌉e und selbst abgehärteste Dauerschläfer in meiner Nähe keine Wimper zukriegten.

Hoffentlich nützt das nun alles was. Oder aber wir verzichten auf Weimar und bleiben südlich. Aber das geht wohl auch wieder nicht.

Nun, wir werden einander trotz allem nicht aus den Augen verlieren.

Herzlichst Dein Ungetüm

HL

Die Gedichte will ich Dir gern aufschreiben. Leider hab ich kein gutes Papier, ich muß erst einen Bezugschein bekommen.

133. Kläre Buchmann – [Hamburg-]Blankenese, 19. September 1941

e. Brief m.U., 1 Bl recto/verso, Briefkopf: HL 3
SUB Hamburg: NLp: Ba: 7 [Teil 2: Juni 1941-1942], 164

Mein kleines Getüm,
Deine Zeilen zur Weltlage eben haben mich so aufgepeitscht, daß ich gleich einen Aufruf hinschreiben mußte, der mir wohl schon lange auf dem geheimen Gewissen brannte. Ja, ich bin überzeugt, daß wir ⌈bis zum Sieg⌉ kämpfen müssen oder vernichtet werden.

Und ich wollte Dir doch Sanfteres zum Sonntag schicken, Kadenzen, wo aber heute die Wächterlieder nötiger sind und die Signale der Fanfaren.

Dennoch müssen wir die innere Melodie hüten für später, damit wir dann nicht nackt und arm unter den metallischen, ertastenden [≈] Schlachtenkonzerten hervorkriechen ...

Von den 4 Soldatengedichten hab ich Dir die beiden, die Du - glaube ich - noch nicht kennst („Bereit" und „Erbe") dabeigelegt und das geänderte „Sehnsucht" (für Dich, für Dich!) auch. Ach, laß das alles zerflattern! Wir haben jetzt ungeheuren Mut nötig und nüchterne klare Kraft!

Ja, ich danke Dir für Deine klare Erkenntnis!

Immer
Dein HL

134. Kläre Buchmann – Blankenese, 24. September 1941

typ. Brief m.U., 1 Bl recto
SUB Hamburg: NLp: Ba: 7 [Teil 2: Juni 1941-1942], 165

Liebe Une, mein kleines Getüm, ja, der Engel kam wirklich einen halben Tag früher als Dein Brief, also ganz so, wie Du es gewünscht hast und wie es der Spannung wegen – und auch wegen der wortlos unirdischen Engelhaftigkeit – zu sein hatte. Wir haben hier schönes Wetter, ich lag zu Beginn meines 48.Lebensjahres eine hübsche halbe Stunde lang adamisch in der Sonne, auf unserer dafür so geeigneten Terrasse. Möge es sich gleichnishaft auswirken, betreffs der Sonne. Claudius hat mir noch etwas geschickt, das aber recht mäßig ist. Ich will es ein wenig durcharbeiten, damit es – wenn der Band überhaupt startet – noch mit hineinkommen kann; denn sein Name ist ja gut.

Lerbs hat mir einen freundlichen Brief über „Tinser" geschrieben, er ist stark beeindruckt von dem „Zeitdokument", das er aus dem Nachlaß A.A. Zinns geerbt hat. Und hofft, daß ich bald das Buch vom heutigen Nachkriegsmenschen schreiben ~~könne.~~ möge.

Die neubegründete ~~Film~~ Berlin-Film GmbH hat sich wegen zweier Filme an mich gewandt, darunter ist der „Werwolf" von Löns. Ich hab erstmal beides (das andere ein Seekriegsstoff) abgelehnt.

Die Visum-Angelegenheit ist betrieben und funkt hoffentlich rasch genug. In Blankenese weiß man mit solchen Sachen nicht recht Bescheid, und alles muß erst nach Hamburg und braucht weite Wege. Ich wollte hier am Sonnabend morgens wegfahren und wäre dann also ziemlich spät in München.Dort am anderen Morgen weiter? Oder auch gleich? Mir ist alles recht! Soll ich Zimmer im Bayrischen Hof bestellen? Oder nehmen wir ab München Schlafwagen gen Verona-Mailand? Aber sicher ist es schöner, die Strecke bei Tag zu erleben! Also bleiben wir die Nacht in München. Gestern kam ein kommunistisches Hetzpamphlet per Post, ein scheußlich dummes Machwerk. Ich hab es gleich bei der Polizei abgeliefert.

Nun, allerliebstes Kätzchen, sei nochmals von Herzen bedankt! Der Engel ist sehr schön und zart und wundervoll geschnitzt! Ein kleiner Tilman Riemenschneider fast! Auch sind gestern zehn Muschelhörner angelangt. Großartig!

Dein UG
HL

135. Kläre Buchmann – [Hamburg-]Blankenese, 26. September 1941

typ. Brief m.U., 1 Bl recto, Briefkopf: HL 3
SUB Hamburg: NLp: Ba: 7 [Teil 2: Juni 1941-1942], 166

Liebes kleines Getüm, Dein Brief und Dein Anruf stimmten ziemlich überein, aber es ist immer gut, Deine Stimme dabei zu hören, so selten es auch geschehen kann. Schade, daß der alte Kröner kam, um gebührend die Fernsprechspesen zu begrenzen. Also, ich schicke Leutnant Kraft den Beitrag Claudius erstmal ungeändert. Czibulka hat mir noch nichts geschickt, dort also trifft Dein Schreiben richtig. Meine Stücke beschweren mein Gewissen weiter nicht. Ich wollte mich nicht allzu platterdings in die Reihe einfügen und werde auch nichts daran ändern; mag der Kommis damit treiben, was er will, die Erlaubnis dazu habe ich ihm ja gegeben. Und mehr oder weniger wird es, auf die Dauer hin, sowieso eine verlorene Arbeit gewesen sein, das Ganze. Ich habe nur meiner Pflicht genügen wollen. Mag sein, daß man im Stile Büchners soldatisch näher kommen könnte, dann aber würde es bestimmt verboten werden.

Mit dem Eulenspiegel will ich mich beeilen. Was Anfang Oktober fertig sein wird, geht dann an den Verlag, und vielleicht erreicht es Dich noch. Es will und will mir nicht gelingen, „zeitlos" zu schreiben.

Der „Aufruf", den Deine Zeilen auslösten , ist abwegig und eben nur ein Ventil gewesen. Von höherer Zeitwarte aus ist er verwerflich; denn ~~auch~~ die Verdammten verteidigen schließlich ihr Vaterland, [≈] wenn man gerecht sein will, und wer weiß, ob in solchem Fall nicht auch bei uns jedes Mittel recht geheißen werden würde. (Siehe Kleist Hermannsschlacht) Also wirf das Ding weg. Ich tu es auch.

Meine „Kadenzen" sind mir wesentlicher.

Ich freue mich, daß Du vieles davon gern hast. Denn für Dich sind sie geschrieben.

Von Dr. Erckmann hab ich nichts gehört. Seine Meinung, die er Dir äußerte, ist nicht gerade wacker. Ich hatte doch etwas mehr erhofft gegen den perfiden Ostertag, der keine einzige meiner Anklagen widerlegt hat oder auch widerlegen konnte.

Die „Idothea" sieht gut aus. Soll ich Dir eins mit Widmung schicken oder mitbringen?

~~Postsche~~ Ein Postsparbuch besitze ich auch, guter Gedanke, ich werde es mitnehmen. Und will gleich schriftlich meine Fahrscheinheft im Hapagreisebüro bestellen: München-Verona-Mailand-Genua-Rapallo und zurück München-Weimar, 2.Kl...

Herzlichst Dein HL

136. Kläre Buchmann – [Hamburg-]Blankenese, 13. Oktober 1941

typ. Brief m.U., 1 Bl recto, Briefkopf: HL 3
SUB Hamburg: NLp: Ba: 7 [Teil 2: Juni 1941-1942], 177

Liebes Kätzchen,

Nun ja, nicht verzagen! Dr. Brech hat nochmals Schritte in Berlin anzustreben unternommen. In irgendwas wird es nun wohl gehen müssen und sei es in offene Ablehnung. Schlecht möchte ich wie gesagt erst ganz zuletzt behelligen. Ggf. fahre ich Donnerstag nach Berlin. Meinswegen wieder Exelsior, lieber wäre mir Esplanade. Ansonsten treffen wir uns Sonntag in der uns gemeinsamen Metropole. Zu tun hätte ich in Berlin eine Menge, wenn ich wollte, wie z.B. den Werwolf-Film besprechen, und mir wäre lieb, wenn Du dabei wärst, ich weiß noch immer nicht, ob ich es wirklich tun soll. Dann schreibt mir eben der Apollo-(Musik) Verlag, Lili Marleen wachse sich geradezu zu einem Rummel aus, alle Plattenfirmen hätten es aufgenommen, immer ausverkauft, und die Tobis wolle einen Film daraus drehen, und ob ich das Drehbuch usw....

Die Tobis soll sich gefälligst an mich wenden. Schließlich liegt das Urheberrecht des Stoffes wohl denn doch noch bei mir, so rechtlos der Schriftsteller Musikverlegern sonst auch ausgeliefert zu sein scheint.

An Wegner will ich wegen Jan Himp gleich schreiben. Aber ich fürchte es wird uns wie mit Ostertag ergehen.

Im Übrigen will ich mich mit dem Eulenspiegel, der Spiegeleule, den Spiegelbildern, oder Bildereulen beeulen~~und bespiegeln~~. Übrigens hat der Name weder etwas mit Eule noch mit Spiegel zu tun, das alte Ulenspegel, sondern kommt wahrscheinlich von Ollenpegel das heißt ⌈„⌉Der alte Wasserstandsmesser⌈"⌉ was früher entweder ein Ort oder ein Beruf war, aber das läuft eins wie auf das andere hinaus: Wasser⌈stände⌉ erfahren zu messen oder Eulen zu spiegeln, beides übertragen.

Nun gut, ich muß etwas tun, ich sehe noch keinen Schluß. Die beiden Radierungen anbei oder vielmehr an den Verlag.

Herzlichst, mein kleines Getüm und auf baldiges Wiedersehen
Dein HL UG

137. Kläre Buchmann – [Hamburg-]Blankenese, 26. November 1941

e. Brief m.U., 2 Bl recto/verso
SUB Hamburg: NLp: Ba: 7 [Teil 2: Juni 1941-1942], 182

Liebliches kleines Getüm,
Dein Brief kommt so erfrischend und heiter von Stuttgart, vom Süden herüber in den dicken, immer noch vor jedem Alarm schützenden Nordnebel! Ich konnte wirklich alles ohne Mühe lesen, sei unbesorgt, Du hast allzu viel Reizvolles darin, das zum gründlichste~~n~~ Erforschung lockt~~e~~, ach, es ist das all und eine, das auch mich bewegt, die innerste Verbundenheit mit Dir, die nicht lockerer geworden ist in 5 Wochen, die pflanzlicher umschlungen und verzackt hat und zu gemeinsamen Wurzeln reicht, nun ja, Du weißt das besser zu sagen als ich, klarer und unvernebelter, liebes südliches Geläute. Wie sehr hast Du dort hineingepaßt zwischen Palmen, Zypressen und Pinien! Das salzige Meer und die beschneiten Berge miteinander standen Dir gut als Hintergrund und der liebe Duft, der berauschende Atem der Hänge aus Fenchel und Karamell, wie gehörte das doch zu Dir! – Nun, es ist wieder vorbei und bleibt doch, lebendig ist es bei uns, mehr denn je hat die Ferne Gestalt, und obschon wir ein wenig müde waren von den gemeinsamen Wegen und unseren Gaben, es geht mir wie Dir oder mehr noch wie Dir: Ich entbehre Dich sehr. Da aber mein eremitischer Werdegang ohne Entbehrungen eine verdienstlose Angelegenheit wäre, so muß ich solche, hoffentlich nur gelegentliche Entbehrungen, also wohl noch gar zu preisen suchen. Ich will mich aber vorerst hüten, Kadenzen darüber zu verfassen und über das gehabte Vollauf und Glück; ich muß den Nachgenuß für später verschieben, um erstmal das Notwendigste unters Dach zu bekommen. Und da Gerhart Hauptmann ein wahrhaft gewaltiges Epos „Eulenspiegel" geschrieben hat (das trotzdem ~~nicht~~ kaum bekannt ist) so bin ich ganz zerknirscht wegen meiner paar dürftigen Anläufe und will sie rasch abtun, um wieder zu eigenem und hoffentlich Umfänglicherem zu schreiten. – Herr Prof. Dr. Beißner hat mir sehr nett geantwortet auf jene Weimarer Karte. Welch trefflicher, höflicher Mensch! – Die Nachrichten aus der Schweiz, die Du mitteilst, auch über „Idothea" sind ja recht köstlich. Die

Steuernachzahlung überschreitet jetzt schon 10 000 RM, aber wie ein Wunder extra dafür ist ja der „Lili-Marleen-Rummel". Der Apollo-Verlag schickt mir eben als Tantiemen ~~die von~~ [¿] 30 000 verkauften Simplicissimus 3700.- RM – Wie gewonnen, so zerronnen. Aber viel kaufen könnte man sonst doch nicht dafür, und besser jetzt davon ab als später, wo man es besser verwenden könnte. Falls die Zeiten überhaupt je wieder besser werden.

Sollte man dem lieben Paradiso in Fasano nicht doch einen Gruß schicken? Ein Muschelhorn? Vom Verlag aus? Daß der Gönner verschwiegen sein wird, begreife ich nicht ...

Anbei auch den eben eingetroffenen Brief der Berlin Film AG, den Werwolf betreffend – Ob ich will oder nicht, ich muß wohl, da die Ufa nichts von sich hören läßt –

138. Ubbo-Emmius Struckmann – [Hamburg-]Blankenese, 8.12.1941 [Poststempel]

e. Postkarte m.U., 1 Bl recto/verso
Slg. Hubert Orlowski

Lieber Herr Struckmann,
Tausend Dank für die nette „Ins Licht-Setzung" der „Idothea"! Das haben Sie wirklich reizend gemacht!

Der Verlag Cotta
Stuttgart Cotta Str. 13
hätte nun gern einige Exemplare jener Nr. 271 der Krakauer Zeitung vom 16. X. 41 Seite 9. Würden Sie das veranlassen können? Mit den herzlichsten Grüßen

Ihr
Hans Leip

139. Kläre Buchmann – [Hamburg-]Blankenese, 10. Dezember 1941

e. Brief m.U., 1 Bl recto/verso
SUB Hamburg: NLp: Ba: 7 [Teil 2: Juni 1941-1942], 189

Liebes liebes kleines Getüm,
Dein so unwahrscheinlich süßer Brief kam gestern spät in meine Hand, als ich von einer Begegnung mit Lale Andersen heimkam. Ich hatte sie im Ufa-Palast gehört und gesehen, und sie sieht ja sehr malerisch aufgemacht aus und – obschon sie etwas reichlich mimt – hat auch eine ganz eigene reizvolle Note. Jedoch, sie ist so erschreckend mager und eingefallen mit einem so ungeheuren Mund! Zumal näher bei! O je. Aber als Mensch hinwieder sehr einfach und charmant. Meine Frau wohnte der Zusammenkunft bei und hatte noch ein paar Bekannte mit ins Hotel Vier Jahreszeiten gebeten, wo sie wohnt. Das letzte Mal, als sie hier in Hg. auftrat, wohnte sie noch in einer bescheidenen Pension. Inzwischen ist sie berühmt geworden. Sie erzählte, daß Amerika über Lissabon Elektrola Platten von „Lili Marleen" geschmuggelt habe und daß dort das Lied auch schon gesungen werde. In der Frankf. Ztg. – das erzählte Dr. Brech, mit dem ich in der Stadt frühstückte – habe jemand über Zürich berichtet, daß es dort der Schlager augenblicklich sei. Mit Dr. Brech (vom „Reich") habe ich abgemacht, daß ich über Italien nicht schreiben werde. Dafür muß ich den 3 Seiten „Weihnachtsbrief" über Hamburg schreiben, was mir

insofern gelegen ist, da ich für die Feldpostzeitung im Osten dasselbe machen muß. – Nun also im Gegensatz zu der Lale And. Dein Brief und die Vorstellung Deiner gottseidank nicht so schrecklich vermagerten und abgezehrten Person! Und Dein Satz: „Und ich täte es doch so gern mit Dir!" ... der sich allerdings auf die Übersetzung latein. Lyrik bezieht ... O Du süßes Kätzlein! Liebe Une! Kleiner Schlupfwinkel. Natürlich waren die 8 Zeilen der Geborgenheit für Dich gedacht. Und die Ufa wird Dich darin – unbewußt – verewigen und uns. Ich denke wenigstens, daß diese 8 Zeilen in der Wahl mit 3 x 8 andern, die ich dazu schickte, genommen werden. Auch den Vertrag ~~haben~~ hat mir Dr. Born sehr leise angekündigt. O mein Kätzchen, wie soll ich all die Arbeit bewältigen! Ich wäre viel lieber bei Dir und hörte Dich Catull lesen und meine Kadenzen (anmaßend gesagt!) Und überhaupt! ...

Nun, und daß Kröner fast einen Kuß bekommen hätte ... Daß der Dr. „Eulenspiegel" gut findet, erfüllt mich fast noch mehr mit Bedenken als der Kuß! Oder sollte er Angst gehabt haben, von Dir getadelt zu werden? Oder meinen, es mit „Lili Marleen" in dieselbe Erfolgschance legen zu müssen? ...

Ob ich nach Berlin kommen kann? Ich weiß nicht. Einrichten ließe es sich schon und ich würde mich ungemein freuen, Dich endlich einmal wiederzusehen und ... mein unvergleichliches, liebes liebes kleines Getüm!

Dein HUg. [Hans Ungetüm]

Lale Andersen sagte, L.M. sei das Lieblingslied von Goebbels und seinen Kindern. Aber wie soll ich das auswerten? Ich mag nichts mehr davon hören.

Im Übrigen bin ich völlig vernebelt, wenn auch noch nicht sehr singend. Gestern hab ich, da es nicht anders ging, ein paar „Zusammenkünfte und Ablenkungen" in eins abgemacht, wie schon gesagt. Heute ist mir dumpf vom Wein und Dir und von dem Haufen Post, der da liegt.

140. Lale Andersen – [Hamburg-]Blankenese, 10. Dezember 1941

e. Brief m.U. mit typ. Gedicht, 1 Bl recto/verso
SUB Hamburg:NLp: Nachlaßergänzung: 1992. 1488 : Carmen Litta-Magnus

Große Fahrt

Morgens im Hafen
lag das Schiff am Kai,
viele schöne Mädchen
gingen da vorbei,
trugen bunte Blumen,
die dort blühn an Land,
und die schönste winkte
mit der braunen Hand.

Weit weg, weit weg,
weit weg über Süd,
wo die Sonne glüht
und wo wir heimwärts ziehn.

Abends im Hafen
sangen sie ade,
und das Schiff fuhr weiter
auf die hohe See;
eine rote Blume
lag verwelkt an Deck,
und es kam ein Wind auf
und der blies sie weg

Weit weg, weit weg,
weit weg über Süd,
wo die Sonne glüht
und wo wir heimwärts ziehn.

Was wir auch sehen
von der weiten Welt,
etwas bleibt doch immer,
das uns mehr gefällt;
heimlich in die Ferne
spähn wir danach aus
und sind in Gedanken
glücklich und zu Haus.

Weit weg, weit weg,
weit weg über Süd,
wo die Sonne glüht
und wo wir heimwärts ziehn.

Für Lale Andersen geschrieben und unveröffentlicht und auch noch niemandem gezeigt, damit Sie, je nach Lust und Laune, es an den trefflichen Komponisten Rudolph Zink weitergeben oder es in den Eimer werfen.

Mit allen guten Wünschen und Grüßen Herzlichst Hans Leip
10. Dezember 1941
Hamburg-Blankenese

unter dem großen Eindruck Ihres Auftretens im Ufa-Palast und Ihrer liebreichen Persönlichkeit gestern Abend im Hotel Vier Jahreszeiten.

141. Kläre Buchmann – [Hamburg-]Blankenese, 30. Dezember 1941

e. Brief m.U., 1 Bl recto/verso
SUB Hamburg: NLp: Ba: 7 [Teil 2: Juni 1941-1942], 196

Liebe, Dein kleiner Kalender soll mich das nächste Jahr begleiten, ich bin sehr glücklich darüber, und daß unsere Tierkreiszeichen beieinander liegen im rechten Gegenschein, das hat seine tiefere Bedeutung, womöglich findet sich auch eine nähere Erklärung für die sonderbarlichen Symbole Deiner Fische, die fernöstlich das Zeichen Fu = Glück bedeuten, und meiner Jungfräulichkeit. Aber Deine große Sorge um mich, so wohl sie mir tur, ist unbegründet. Ich schlafe nur schlecht, aber sonst darf ich, unberufen, nicht klagen. Denn daß die Arbeit nicht blühen will, ist zum einen Anzeichen ~~dafür~~ für ihre Schwierigkeit, und die wird überwunden; es ist aber wohl nicht ganz so weit mit mir wie es sein sollte. Ich hab alle möglichen Ablenkungen der Weihnachtszeit, der Geschenkbesorgung und Post, nicht ungern gesehen, nicht gerade mit gutem Gewissen und kaum als Ausrede, es ist nun mal so und war immer so; ich brauche einen langen Anlauf. Nachher pflegt es dann rascher zu gehen. Und wie gesagt, das Weltgeschehen bedrückt mich wie ein Alb manche Nacht, und das wird vielen so ergehen!

Wir haben strahlendes Frostwetter, aber wenig Schnee, und die Schier müssen leider und nicht nur deswegen zu Hause bleiben. Wir müssen sie wohl zwangsläufig noch abliefern. Nach dem Feldberg werden wir sie nicht mitnehmen dürfen. Die Zeit wird jetzt übel ernst. Es stellt sich heraus, daß die Heeresleitung den russischen Feldzug weit unterschätzt hat - Mit Prahlerei und Beschimpfung des Gegners ist es nicht getan, wir sitzen tief in der Verteidigung und im Rückzug und sind schlecht ausgerüstet, z.T. sogar mit schlechteren Waffen als die andren. Und nun noch die Änderung in der Leitung! Hilf Gott und gäbe der Himmel dem Manne, der so weitschweifig und hochherzig glaubte: „Deutschland über alles in der Welt" aus dem Dichterischen in die Wirklichkeit übersetzen zu können, die gigantische Kraft, die dem Genie innewohnt, das dazu nötig ist. Und das Glück. Wenn man die Reden der andern Herrn bedenkt und ihre „wirklichen" Ziele, dann kann man nur sagen: höher und besser denken auch die nicht. Trotz aller Anmaßung und Beschränktheit scheint mir noch immer, daß der Deutsche am „menschlichsten" zu denken vermöchte. Und am ideellsten. Und was dem weißen Manne in Ostasien geschieht, geschieht ja auch uns und ist eine allgemeine Gerechtigkeit für das viele Böse, was wir insgesamt dort getan, Christentum und Technik eingerechnet; jedenfalls haben wir keinen inneren Grund, über den Fall Hongkongs zu jubilieren oder zu trauern. Und politische Gründe sind seit jeher zu [≈] beschränkt um [≈] richtig zu sein.

Sei, wie dem sei, wir wollen nach innen leben, das wird den rechten Abglanz nach außen schon abgeben, wenn nötig. Wir werden immer mehr wieder allgemein menschlich zu denken haben, alles andere ist [≈] nur Vorstufe oder Abweg, allgemein weltlich und himmlisch in dem jeweiligen malerischen Gewand des Heimatgrundes, das wäre wohl das Erstrebenswerte für alle und die Sprache, die alle verstünden. Mehr Liebe im höchsten Sinne überall! Das ist es. Worüber wir die Erde in einfacherem Sinne (der die höchsten und tiefsten Sinne gleichwohl mit umfassen kann) keineswegs vergessen wollen, zumindest nicht von Dir zu mir und mir zu Dir und zwischen und untereinander mit uns beiden. Und nun nochmals: Frohes 1942!

Dein U.G.

Und falls die „Goethe Ausgabe zu 15 Bd.", die ich Mule so gern zu Weihnachten geschenkt hätte, noch nicht irgendwann unterwegs geschickt wurde - dann hätte ich sie doch gern noch.

Soll ich im „Esplanade" Berlin auf Grund des neuen Kalenders vom 19.–22. Januar wie üblich bestellen? ...

142. Kläre Buchmann – [Hamburg-]Blankenese, 10. Januar 1942

e. Brief m.U., 1 Bl recto/verso, Briefkopf: HL 3
SUB Hamburg: NLp: Ba: 7 [Teil 2: Juni 1941-1942], 206

Liebes Kätzelchen,
Es ist bitter, auch das Bristol hat keine Einzelzimmer mehr, und um das Erreichte zu halten, wollte ich zwei Doppelzimmer bezahlen. Der Mann am Telefon aber verlangte die Garantie, daß es für vier Personen sei. Ich hab jetzt an das Exelsior geschrieben, trotzdem ich endlich einmal anderswo wohnen möchte! Ich schreibe auch an den „Kaiserhof", wo ich ja auch bekannt bin. Vielleicht klappt es da, und Du überwindest die Bedenken, dort zu wohnen. Ich konnte ja nirgends eher anmelden, weil die Daten Deinerseits nicht feststanden. Und dann kam ja auch der Goebbels-Vortrag dazwischen. Es ist zum Weinen, wie heute alles schwierig wird, jetzt, wo man es allmählich sich leisten könnte, es ein bißchen vernünftig zu haben und man es auch zu genießen verstünde. Wann endet der Irrsinn der Welt?! Wann lassen sich die Völker nicht mehr bieten, in Ost nicht und in West und inmitten, so schikaniert zu werden? (Schikane ist womöglich ein Ableitung von Schicksal?) Ich bin völlig mürbe, da ich den ganzen Morgen herumtelefoniert habe mit Berlin und immer warten, warten mußte und immer vergeblich anfragte, es ist im Eden, im Central und überall ausverkauft.

143. Kläre Buchmann – [Hamburg-]Blankenese, 15. Januar 1942

typ. Brief m.U., 1 Bl recto, Briefkopf: Hotel Excelsior Galla Milano
SUB Hamburg: NLp: Ba: 7 [Teil 2: Juni 1941-1942], 208

Liebe Une, mein kleines Getüm,
Sei schönstens begrüßt und willkommen in Berlin! Ich hoffe, daß Du eine schöne Reise gehabt haben mögest, so hoch in den Lüften warst Du, erhaben über der grauen winterlichen Erde und ihrem grauslichen Wirrwarr, der immerhin ja hierzulande noch tröstliche Ordnung aufweist, z.B. kommt die Post noch immer regelmäßig, und heute kam denn der Vertrag von Cotta über die BBB-Spiele und die netten Prospekte. Ich hab den Vertrag gleich wieder,unterschrieben, zurückgeschickt. Gestern Abend war es wieder einmal mulmig über Hamburg, und die Tommies haben den Altonaer Hauptbahnhof getroffen, sodaß es schwierig ist, in die Stadt zu kommen und ich eine Stunde früher starten muß, heute zu Goebbels und morgen zu Dir. Ich freue mich, Kätzchen, ich freue mich, trotzdem ich mit leeren Händen komme, in Hinsicht auf jenen vertrackten Roman vom Singenden Nebel. Aber es wird schon noch werden. Nur Geduld!

Wir wollen in Ruhe uns wieder gesprächlich ergehen, ach, ich freue mich, neben Dir zu sitzen und zu essen und zu trinken. Und wir wollen einander liebhaben. Ich bin nicht gut zu wege gewesen die letzten Tage, aber nun gehts wieder in der Vorfreude auf Dich. Und die Sonne scheint auch.

Herzlichst Dein altes Ungetüm

144. Kläre Buchmann – [Hamburg-]Blankenese, 18. März 1942

e. Brief m.U., 1 Bl recto/verso
SUB Hamburg: NLp: Ba: 7 [Teil 2: Juni 1941-1942], 224

Liebes getümliches Kätzelchen, immer Reizvolles ... ich Dich nicht lieb haben? Immer, immer, und immer mehr! Und ich bin fröhlich darüber. Deine Meinungen über die Bilder, die den übergänzlichen Einband anzeigen, der nicht ohne Dich denkbar wäre, sind rührend – nun ja, Renate Kerasser [¿] wollte Dir aus sich schon einige der Aufnahmen schicken. Sie schätzt Dich in wahrer Ehrfurcht, wie es ja auch sein muß.

Du gehst nach Paris, und ich muß in Berlin lesen, ich weiß nicht, was anstrengender sein wird. Ich jedenfalls würde ~~das~~ ein ungelesenes Paris vorziehen. Die neuen Eindrükke werden Dir großartig Spaß machen, das ist gewiß, und ich gönne es Dir von Herzen, alles und alles, das weißt Du; denn so lieb hab ich Dich, daß jede Eifersucht lächerlich wäre! Laß es Dir recht gut gehen und überhetze Dich nicht! Die deutsche Literatur kann warten, Du aber sollst Dich Deines Lebens freuen! Denn daraus ist alles, aus der Lebensfreude, was auch manche Seufzerherzen sagen mögen, daß es anders sei und ihre Trübsal und Verachtung für fruchtbar halten, es ist nur verkappt in ihnen, die Lust am Dasein, da aber sie enden, wie ihnen gebührt –

Im Eden hab ich neu bestellt. Oberr. Schlecht schrieb wegen Karten sehr freundlich, ich hab ihm gleich geantwortet, daß ich für ihn und seine Frau schon längst bestellt ~~hätte~~ habe ... Dr. Goebbels aber – wie er möchte – geb ich nur, wenn es ein wirklicher Erfolg wird mit der Idothea – Das ist klar.

Nun, Liebe, ich soll weiter in den Nebel vordringen; mein Kompaß mag richtig zeigen, aber der Untergrund scheint mir nirgends ungefährlich zu sein, und das ewige Lotsen nimmt elend viel Zeit weg – Aber wir werden und müssen es schaffen, einem freieren Sommer zu

Liebe – Liebe, ich hab Dich lieb!

Dein UG. HL

In der Schweizer Ausgabe des Muschelhorns ist an meiner besten Stelle ein dummer Druckfehler! sah ich gestern! Der letzte Satz vor Diriks Ausweisung! Schade, wie?

145. Kläre Buchmann – Berlin, 24. März 1942

e. Brief m.U., 1 Faltblatt recto/verso, Briefkopf: Hotel Kaiserhof Berlin
SUB Hamburg: NLp: Ba: 7 [Teil 2: Juni 1941-1942], 226

Liebes gutes fernes Kätzelchen und Getüm, vergebens versuche ich seit heute morgen, in Verbindung mit Dir zu kommen, es gelang nicht, und bis es – angeblich – Dich erreicht hatte – war ich im ProMi oder im Rundfunk. Ich mußte dort einen „Stegreif-Bericht" über meine „Liebe zur See" machen, auf irgendwelchen höheren Befehl; ich muß sagen, das geht mir an die Nerven, und ich mach dergleichen nicht wieder, selbst wenn dem guten Schlecht es einfällt. Aber immerhin wird nun auch über die „Idothea" etwas steigen am Tag der Generalprobe – das hab ich wenigstens mit der „Prostitution" dort erreicht. – das Lesen war, glaube ich, soweit geglückt. Etwa 500 Leute, und viele Autogramme. Bei den „Kadenzen" waren sie sehr still – Ja, den „Wanderer" hab ich auch gelesen. Schlecht war zufrieden. Und Lale Andersen auch; sie war anwesend – Aber auf Rundreise lasse ich mich nicht schicken – O Kätzelchen, ohne Dich ist es nicht schön in Berlin! –

Ich weiche dem Diner mit Jannings aus - Was mich einzig tröstet, ist Dein Brief, der heute Morgen sich vorfand - Ja, am Bodensee will ich nur Kadenzen schreiben. Und daß Du im Juni zu Frau John kommst, ich bin glücklich, o liebe Une!!! Zu den „anständigen [¿]" von den Werken bezüglich Stückwunsch! Wie sollte es auch anders sein! Und wegen der Wohnung keine Sorge!

Aus einsamem Berlin sei gegrüßt Du liebes kleines Getüm - Dein HL

Im „Angriff" stand jener Aufsatz von Herrn Memel [¿]: sehr freundlich, besonders wegen des „Muschelhorns" freut es mich. Rührend ist der Brief des Unteroffiziers über das Muschelhorn! -

146. Kläre Buchmann – [Hamburg-]Blankenese, 3. April 1942

typ. Brief m.U., 1 Bl recto, Briefkopf: HL 3
SUB Hamburg: NLp: Ba: 10 [an die Cotta'sche Buchhandlung, Kläre Buchmann, 1936-1942], 27

Liebe Kläre Buchmann,
Die Einnahmen, die wir durch die „Bergung" weiterhin erzielen, sind sehr zu begrüßen. Ich entsinne mich, wie beinah derzeit das Buch nicht zu Cotta, sondern zum Inselverlag gelangt wäre. Ich hab es aber längst nicht mehr bedauert. Die neue Auflage des Muschelhorns sieht ja recht grau im Papier aus, wie ich in Berlin sah, und leider sind die Berichtigungen der Schwei~~t~~[z]er Ausgabe nicht darin. Wird das bei einer – allerdings wohl fraglichen – weiteren Auflage nachgeholt? Nun, diese Schmerzen sind gering gegen das, was eine kleine Stunde Bahnfahrt von hier kürzlich vorgegangen ist. Das gute Lübeck ist fast völlig vernichtet. 35 000 Obdachlose, über 1500 Tote, so hört man, kein Gas, kein Wasser, kein Strom, keine Post. Erst gestern wurde zum ersten Mal seit der Katastrophe warmes Essen ausgeteilt. Hast Du etwas von Heitmann gehört? Er wird ja leben und Genaueres berichten können. Soll man die Engländer anklagen, daß sie drei schöne alte Kirchen vernichteten? Hat unsere Abwehr nicht gereicht? Ich weiß es nicht. Ich weiß nur, es ist Krieg, und wer den Krieg entfesselt hat, darf nicht klagen, wenn es trifft und darf auf keine milden Wunder und ~~auf~~ Rücksichten hoffen. Aber es sollen an der Küste und in Westdeutschland Apfelsinen verteilt werden.
Ich sehne mich nach dem Bodensee.

Herzlichst Ihr Hans Leip

147. Kläre Buchmann – [Hamburg-]Blankenese, 9. April 1942

e. Brief m.U., 1 Bl recto/verso
SUB Hamburg: NLp: Ba: 7 [Teil 2: Juni 1941-1942], 235

Aber liebes betroffenes Kätzchen und Getüm im April, warum sollte das: Sei, Vaterland, O Du der größere Schlächter ... schaden? Die SS wird dem doch sofort zustimmen! Man sollte es richtig veröffentlichen. Die letzte Zeile allerdings habe ich geändert gelesen:

erspießen zu <u>freundlichen</u> Taten ...

Nein, wie ich es nochmals durchlese, finde ich nichts als nur dieser Zeit Zustimmendes. Es richtet sich gegen die <u>Menschheit</u>, nicht gegen uns! (allein) <u>Anruf</u> schicke ich Dir wohl mal so, ich leg es Dir bei. Jedenfalls ist das Urteil Lale Andersens ein guter Ausweis ...

Im Übrigen macht die Frühlingsluft auch mich fürchterlich müde. Die letzte Nacht hatten wir zudem wieder viele Stunden Alarm mit vielem Geschieße, und das bei bedecktem Himmel. reines wildes Sperrfeuer, Schaden wenig und wohl ohne viel beiderseitige Erfolge. Ich sehne mich nach der Ruhe des Bodensees (trotz der Eisenbahn!)

Effi Briest kenne ich nicht, will aber heut abend gleich mal hineinblicken, [¿] von Dir geseelt, und mich nicht unüberwältigt lassen. –

Daß Du das frühe Erzeugnis ⌈Muskat und Muskote⌉ so freundlich aufgenommen hast, ist sehr liebreich von Dir! Ich möchte gar keine Prosa mehr schreiben! Ich vermag es auch nicht mehr, d.h. ich lerne es nicht mehr so, wie es sein sollte: Klar, einfach und reizvoll wie eher die Josephsgeschichten in der Bibel. Es geht über meine Kraft, ich sag es offen, ~~sehr~~ allein technisch die Stofffülle eines Romans zu bewältigen. Es ist zuviel angespannt guter Wille dabei, es fließt nicht von selber, es hat auch gar keine Zeit, sich genügend zu sammeln, es arbeitet unter Druck, unter Überdruck, und dabei müssen die Lager ausleiern und es wird ungenau und unkontrollierbar. Es ist ein wahrer Jammer, daß es so ist. Vor zwanzig Jahren konnte ich es mir nicht leisten, jetzt, wo ich ganz sachlich, überlegt und langsam [≈] schaffen müßte, ist die alte Hetze verderblich. Aber ob hinwieder mein Atem für ein~~e~~ langes Vorarbeiten bei dem gleichen Thema reicht, ist mir ebenso ungewiß wie alles, was ich beginne. Diesmal, hoffe ich, wird das Buch wohl noch einmal fertig werden. Aber danach schreibe ich mindestens 4 Jahre lang keinen Roman mehr! – An meiner Wand hängt ein vergilbter Zettel, der mir vor Jahren schon aus der Seele sprach. Fest setzt sich mein Auge wieder darauf. Hier ist er. Er ist Gift, ich weiß es, aber vielleicht auch Medizin. Wenn wir beide doch endlich danach leben dürften!

Liebe, Liebe, wir haben viel miteinander zu erwägen und zu durchdenken! Und ich freue mich darauf.

Wir haben hier einen prächtigen Weststurm, der tröstet etwas bis dahin, und hier blühen auch schon ein paar Kroküsse

Herzlichst
Dein HL

148. Kläre Buchmann – [Hamburg-]Blankenese, 12. April 1942

e. Brief m.U., 1 Bl recto/verso
SUB Hamburg: NLp: Ba: 7 [Teil 2: Juni 1941-1942], 236

Liebes getüpfeltes Kätzelchen,
Schönen guten Tag in Berlin! Sei es wie im Eden! Die Plätze im Theater sind gesichert, und Du sitzt neben mir, wie und wo denn wohl sonst, Die Einzige, die wegen der Idotheischen Förderung auf die Bühne sollte, den Dank des Publikums entgegenzunehmen (falls das Publikum sich zu diesem Danke bequemt!) Nun also und wohlan und nicht gezittert. Wir wollen so fröhlich sein wie nur immer in dieser heldischen Zeit zerbrechlichster Werte.

Aber wer soll auf der andern Seite neben Dir sitzen? Da doch alle neben Dir sitzen wollen? Geht es so:

~~Walter Pegel~~
~~Herr Pons~~
Dr. Port Anna Jacker P. ORR. Schlecht Klärchen HL Ilse Halck ~~Dr. Port~~ Frau Schlecht
Walter Pegel

Das übrige aber [¿] wird unwichtig, Herr Pons (der Mann von Anna Jacker) meine Ferncusine Ellen (beim Völkischen Beobachter Sekretärin) und ~~Glory~~ [¿] Adler und Tochter werden wahrscheinlich in der Nähe untergebracht sein.

Ich werde die Karten schon am 13. abends holen gehen. Welch Theater! Aber ich freue mich nun doch, nachdem die Begegnung mit den Berlinern neulich nicht so trübe ausfiel wie ich wohl fürchtete. Vielleicht wird es diesmal um so trüber; ganz gleich, auch andere sind schon durchgefallen und bessere als ich.

Daß das Dresdener Staatstheater angenommen hat, ist doch nett!

Mit Stuttgart, Zürich und Düsseldorf würden es dann 11 Bühnen, nun sind es 8 ~~, wel~~ schon bei der Uraufführung, welch herrlicher Umstand. Ich bin für solche Gnade zutiefst dankbar, am meisten Dir, mein Kätzelchen, trotzdem Anna Dammann geäußert haben soll (ich hörte es aus Elmau) die erste Fassung in dem Blochschen Bühnenmanuskript hätte ihr besser gefallen. Sollte diese Dame doch beschränkt sein (wie die meisten Schauspielerinnen?) Heute hörte man sie im Radio Goethe und ⌈die⌉ Droste sprechen –

Nun sei herzlichst Dein HL

Und grüß auch schön Dr. Port! gegen 5 Uhr sind wir auch da

149. Kläre Buchmann – [Hamburg-]Blankenese, 25. April 1942

e. Brief m.U., 1 Bl recto
SUB Hamburg: NLp: Ba: 7 [Teil 2: Juni 1941-1942], 241

Liebes Prager Katze-Kätzelchen,
einen schönen Sonntagsgruß! Möge es Bohnenkaffee geben und Schlagobers und wundervolle Brötchen mit dicker Butter und Honig! – (Laß uns nur erst wieder am Bodensee sein oder am Gardasee!) Eben lese ich im „Reich" die beste der Idothea-Besprechungen. Ich bin sehr froh darüber. – ⌈ORR.⌉ Schlecht schrieb mir in Sachen Stagma, es seien bis jetzt 140 000 Schallplatten „Lili Marleen" verkauft. Aber der Soldatensender Belgrad zahle nichts ... Macht nichts. Der Ruhm genügt mir. Ich möchte lieber bei Dir sein.

Herzlichst Dein U.G. HL

150. Kläre Buchmann – [Hamburg-]Blankenese, 26. April 1942

e. Brief m.U., 1 Bl recto/verso
SUB Hamburg: NLp: Ba: 7 [Teil 2: Juni 1941-1942], 243

Liebes Kätzchen,
einen raschen Gruß, Dir, damit er Dich noch erreiche in der „schmuddligen" Fremde! Die Besprechung der Idothea in der Frankf. Ztg. am Sonnabend war großartig! Dafür hat das Hbg. Fremdenblatt wie üblich dumm und unverschämt geschrieben. Ich hab mich sehr beschwert bei der Redaktion und man ist über den Berliner (neuen) Vertreter sehr ungehalten. Nun sitz ich im und am Singenden Nebel. Es macht mir Mühe und Freude. Wär es doch erst fertig. Wär ich doch erst mit Dir am Bodensee! – Am Freitag ging hier eine Luftmine 100 m von uns im Wasser zu Bruch. Ungeheure Erschütterung des ganzen Süllbergs und Strands. Aber nur 2 Todesopfer und viele Fenster und Dächer dahin. Bei

uns glücklicherweise nur 9 Scheiben ⌈und eine Tür⌉, und eine Menge Dreck (vom Sog) –

Für Berlin hab ich Dir noch zu danken! Daß Du dabei warst, war fröhlich für mich, so wenig ich auch mit Dir reden konnte vielmehr Dich lieb haben. Wir wollen viel nachholen am Bodensee!!! O, ja wir haben viel nachzuholen und viel vor.

Die „Laterne" habe ich im Pfeiferschen Exemplar nochmals durchgesehen und zwar so, daß wir nicht auch Seitenzahlen ändern brauchen. Den „Schlafend Saal" hab ich für eine Seite „zusammengerückt", hab auch ein neues Gedicht, das gerade in der Krakauer Ztg gestanden, über die Meerfrau „Undine" noch hineingegeben, dafür aber „Es zieht ein Schiff gen Westen ⌈trägt einen hellen Schein⌉" weggelassen. Es ist zu „jenseitig" gerichtet, finde ich. Mag es in der Hafenorgel bleiben, in der Laterne ist es nicht gut.

Und sei herzlichst überall –
da auch
und bleibe mein kleines Getüm wie ich Dein Ungetüm
HL

151. Kläre Buchmann – [Hamburg-]Blankenese, 15. Mai 1942

typ. Brief m.U., 1 Bl recto/verso
SUB Hamburg: NLp: Ba: 7 [Teil 2: Juni 1941-1942], 246

Liebes Sonntagskätzchen,
Die ⌈neuen⌉ Cottanachrichten will ich nicht weiter tragisch nehmen. ⌈Aber über neue 10 des Muschelhorns wäre ich sehr glücklich!⌉ Dein Urteil ist mir wichtiger als das der Wehrmacht und das des sogenannten Reichsdramaturgen. Ich habe übrigens damals gleich eine Idothea mit Widmung an diesen wie auch an Dr. Goebbels geschickt, ohne weiteren Kommentar jedoch. Und was die beiden anderen kleinen Sachen angeht, so werden sie ihren Platz auch ohne die Wehrmacht eines Tages womöglich behaupten, den Du ihnen einräumen willst. Vergeblich war die Arbeit bestimmt nicht, und mir ist wichtiger, daß die andern Gnade gefunden haben. Umgekehrt wäre es peinlicher für uns beide.

Anliegend den Brief von Dr. Hennings. Er sagte telefonisch, der „Minister" habe gewünscht, daß ich unter den zehn Lesenden sei, und es seien – sagte Hennings – „große" Namen darunter.

Die Sache Krakauer Zeitung ist übel und hinterhältig. Ich habe Struckmann um Erklärung gebeten. Anbei dessen letztes katzenfreundliches Schreiben an mich. Es war eine Adressenverwechslung seines Büros ausgerechnet mit Jacobi vorgekommen, den ich nicht kenne, soviel ich weiß. Der Brief, den ich zufällig öffnete, ließ auf interne Beziehungen des Herrn von Struckmann schließen und war eine gewundene Absage ⌈Struckmanns⌉ wegen Beschaffung und anscheinend Schiebung von Eßbarem. Eine Reihe Militär-Fettmarken lagen ihm bei. Nun, das nebenbei. Ich habe Str. gebeten oder vielmehr aufgefordert, anläßlich der Münchner Aufführung jene mir noch immer unbekannte Kritik zu berichtigen.

Liebes Kätzchen, ich freue mich auf den Bodensee und schon auf die paar Stunden in Stuttgart, obwohl Du, wie ich fürchte, kaum Zeit haben wirst. Ich rufe ggf. Sonntagmorgen mal an, wie es ist und ob ich nicht lieber doch gleich nach München fahren soll, wo ich jedoch nicht gern sein mag. Es kam nicht anders mit dem Schlafwagen aus, Ich bestelle jedenfalls in Augsburg für den 23. eine Karte für Dich mit.

Mit dem Singenden Nebel hoffe ich soweit ins Helle gediehen ~~zu sein~~ und ihm bis zur Abreise entflohen zu sein. Was es ist, wie und ob überhaupt, sehe ich nicht mehr, ich bin gänzlich vernebelt.

Vor den 1000 BDM-Mädchen wirkte das Präludium sichtlich ein wenig, aber weit weniger als z.B. La Stella und der kleine Kadett. Ein paar gesetztere Damen allerdings waren zutiefst begeistert und auf die Fortsetzung begierig. Vor 1000 ~~BDM-Mädche~~ BDMern zu lesen ist sowieso Unsinn, und ich laß mich auch nie wieder für derartige breitschlagen, so freundlich sie sich auch benehmen. Pflicht am Volke ... Gut, ich habe auch darin mein Opfer gebracht, so wenig ich es gerade in diesen gehetzten Tagen leider dürfte. Ich hoffe, trotzdem fertig zu werden.

Dein HL

Schönen Gruß an Herrn Dr. Port und alle guten Wünsche ihm! Dank auch für die wunderhübschen, gut angekommenen Moser-Bände! Und für die 18 Nigger!

152. Jakob Kinau – [Hamburg-]Blankenese, 11. Juli 1942

typ. Briefentwurf m.U., 1 Bl recto, Briefkopf: HL 3, verso: Gedichtmanuskript „Nachgesang einer greisen Landratte"
MHG: Hans-Leip-Archiv: Briefe, Briefentwürfe und Durchschriften F-L: HL an Jakob Kinau

Sehr geehrter Herr Kinau,
~~Ich bestätige~~ Auf Ihr Schreiben vom 7. Juli habe ich ~~und antworte~~ Folgend ~~darauf~~: zu antworten

Der Hamburger Künstlerverein beauftragte mich derzeit anläßlich seines 100 jährigen Bestehens ~~vor einigen Jahren~~, nach mündlichen Berichten einiger seiner älteren Mitglieder ~~einige~~ ein paar Anekdoten zusammen zu stellen. Eine Nachprüfung ~~der größtenteils mündlichen Überlieferung~~ auf Wahrheit entzieht sich meinem Vermögen ~~konnte nicht meine Aufgabe, sondern~~ hätte höchstens die Aufgabe des Vereins sein können. Die Veröffentlichung geschah in einer Festschrift, die, soviel ich weiß, nicht in den Handel ~~kam~~ gekommen ist. Weitere Veröffentlichungen sind von mir nicht ~~weder ange~~erstrebt ~~noch~~ und auch nicht gestattet worden.

~~Ein~~ Der Nachdruck durch den Hamburger Anzeiger hat weder meine Erlaubnis noch Billigung. Den Durchschlag meines Einspruches sehen Sie anbei. Ihre Annahme, daß ich derartige Gelegenheits-~~und Freundschafts~~arbeiten früherer Jahre an Zeitungen umherschicke, beruht auf Unkenntnis meiner Person, ebenso Ihre Unterstellung, daß ich irgendwie ~~etwa~~ beleidigend gegen Ihren Vater wirken ~~sein~~ wollte~~;. es ist meines Wissens derzeit auch nirgends eine Lächerlichmachung, wie Sie es nennen, empfunden worden.~~

Ihr Ausfall hingegen ist nicht in dem Ton gehalten, den ich als Hamburger und ~~als~~ Berufskamerad wohl ~~hätte~~ erwarten dürf~~en~~.

Heil Hitler!
Hans Leip

153. Kläre Buchmann – [Hamburg-]Blankenese, 18. Oktober 1942

e. Brief m.U., 1 Bl recto/verso
SUB Hamburg: NLp: Ba: 7 [Teil 2: Juni 1941-1942], 266

O liebe Une, mein kleines Getüm,
Wie Du mich wieder morgendlich erfrischt hast mit Deinem Brief, Du Immerfort und Immerdar! Und gerade hab auch ich von Dir geträumt, diese sonderbare und stille dumpfe

Nacht, wir waren in großen Kirchen und bei allerlei [¿] immer in Zärtlichkeit unbemerkt insgeheim verstrickt. Wär es doch so, wieder so und immer! Ich möchte auch in Italien wieder mit Dir sein und überall.

Der Uler [¿] werde ich wirklich gut zureden, und Du wirst Fuchs und Rettich wohl zu einem Übereinkommen bringen, damit Dir Dein Haus am Seeufer gesichert bleibe.

Sind wir die Zeiger an einer Uhr? Der kleine ist wichtiger, und das bist Du und sollst es sein, für meinen wertlosen Umlauf gibst Du die gesetzte Stunde an; ohne Dich wäre ich immer gleich begrenzt oder unbegrenzt – Du erst gibst mir das rechte Maß. Und wie dank ich Dir dafür!

Gestern beim „Bäcker" am Strand, wo Du ja nun auch gewesen bist – und das macht mir den Aufenthalt dort lieber – war es gestern recht lebhaft. Diskussion über Dänemark (Abdankungs~~erklärung~~ und Kriegserklärung des Königs) Italien (Verhandlungen mit Amerika) und den „Waffenstillstandstempel" auf den Urlaubsscheinen. Überall spukt das Wort Friede oder Zusammenbruch. Hjalmar Schacht soll für die ersten Anknüpfungen vorgesehen sein und fürchtet deshalb für sein Leben (Himmler sei für keine Verhandlung) usw. Wir leben alle von Gerüchten, das ist unser Los, ⌈und⌉ nicht nur im Kriege.

Meine Frage nach Horst Lange beantwortete L. ausweichend, aber das Augenlicht scheint gerettet zu sein. Bergengruens Haus ist neulich beim Münchner Angriff zerstört worden, er selber und Familie mit Hautabschürfungen davongekommen. O wildes Wirwarr –

Das milde Geräusch von Frieden wird neue Lawinen ~~los~~ ankündigen, sonst nichts, fürchte ich . –

Wär ich doch nur einen Tag bei Dir –

Dein HL

154. Kläre Buchmann – [Hamburg-]Blankenese, 21. Oktober 1942

e. Brief m.U., 1 Bl recto/verso
SUB Hamburg: NLp: Ba: 7 [Teil 2: Juni 1941-1942], 267

Liebe, Liebe, 2 Briefe auf einmal und sehr viel Süße und Erinnerung dazu, soviel unverwehtes Beieinander. Es wird bleiben, was wir einander sind, es muß bleiben und still immer wieder da sein, nichts kann dazwischen funken, und eben strahlt die Sonne aus düsterm Gewölk siegreich auf dieses Blatt und die krausen Zeichen, die, welch ewiges Wunder, mitzuteilen vermögen, was das Herz sagen möchte. Und ich möchte Deine Überlinger Sorgen alle gern teilen und hinter Holz und Kohlen für Dich herjagen und Dir die Plackerei abnehmen, damit Du zu Deiner innersten Arbeit kämst. Aber manchmal würde ich Dich doch stören so zwischen Flirsch und Montafon zwischen lächeln und Fächeln und Unendlichkeit –

Aber auch ich will etwas gearbeitet haben bis zum nächsten Wiedersehn. – Gestern las ich in einem erschreckenden Buch, das eine Jugendbekannte geschrieben hat, die 5 Jahre (bis 1941) in russischen Gefängnissen gesessen hat und dann abgeschoben wurde eben vorm Kriege, und es nun aufgezeichnet hat. Erschütternd. Wir sollten doch froh sein über jeden Tag des vergangenen Sommers und über jeden Tag [≈], da wir in einigermaßen Freiheit arbeiten dürfen ~~wie wir~~ (aufeinander zu arbeiten –)

Jetzt scheint die Sonne wieder fast stechend heiß durch die schwarzen Wolken „bauschlig" –

Sei herzlichst umfangen, süßes Kätzelchen!

Grüß Dr. Port und sei nicht zu nett zu ihm. Ach, sei so wie Du willst, bleib mir mein kleines Getüm!

Dein HL

155. Emerentia Krogmann – [Hamburg-]Blankenese, 22. Oktober 1942

e. Brief m.U., 2 Bl recto, Briefkopf: HL 3
Slg. Herbert Lehmitz (Kopie in MHG: Hans-Leip-Archiv: Briefe, Briefentwürfe und Durchschriften F-L: HL an Emerentia Krogmann)

Sehr verehrte Frau Emerentia Krogmann,
Ihre freundliche Zustimmung zu dem Eulenspiegelbuch hat mich beglückt. Ich danke Ihnen, auch für die Anregung, Furtwänglers zu gedenken (es war ein schöner Abend bei Ihnen und ist mir in mehr als einer Hinsicht unvergeßlich) Ich hoffe, über den Verlag die beiden Stücke, also auch eins für Richard Strauß, besorgen zu können. Die Auflage ist leider sehr gering, was kein Wunder ist bei solch gutem Papier, und die Vorbestellungen übertrafen weit das Vorhandene.

An der Aufführung der „Idothea" hier bin ich unbeteiligt. Es drängt mich nicht, dem Regisseur ins Handwerk zu reden, selbst auf die Gefahr hin, daß, wie in Berlin, eine von meiner durchaus abweichende Auffassung mit unsinnigen Kürzungen, die von scheußlicher Musik aufgefüllt wurden, dabei herauskäme. In Augsburg, wo ich die Vorstellung zufällig sah, war es bislang am schönsten gelungen, scheint mir; denn auch München hatte sich trotz ungeheurer Prachtentfaltung durch den Reichsbühnenbildner Benno v. Arent, nicht ganz an den Text gehalten. Aber was macht das? Ich bin erfreut, überhaupt soviel Neigung zu dieser meiner ersten ernsthaften Komödie anzutreffen; zehn Bühnen haben sie bisher angenommen.

Ja, wann sieht man einander? Mein Leben ist von Sorgen angefüllt und – gottseidank – von Arbeit. Ihnen wird es nicht viel anders gehen und Ihren Lieben. Mögen geruhigere Zeiten uns bei fröhlicher Gesundheit wieder einmal zusammenbringen!

Mit herzlichen Grüßen
Ihr sehr ergebener
Hans Leip

156. Kläre Buchmann – [Hamburg-]Blankenese, 22. Oktober 1942

e. Brief m.U., 1 Bl recto/verso, Briefkopf: HL 3
SUB Hamburg: NLp: Ba: 7 [Teil 2: Juni 1941-1942], 268

Liebes kleines Kätzelgetüm,
um es zu sagen, es waren 6 Pakete, die ich als dringend nach der Waldrast dirigierte, ich denke, sie werden alle angekommen sein. Ich habe die Belegzettel von der Post in den Händen.

Nun bist Du von München zurück und vom See und wieder bei Deiner Mama. Laß Dich von ihr verwöhnen! Du hast es verdient und verdienst es immer neu.

Und einen schönen Sonntagsgruß. Anbei noch zwei Briefe, die vielleicht aufzubewahren wären. Der eine von der Frau des Regierenden Bürgermeisters zu Hamburg. Laß doch bitte an Furtwängler und Strauß, deren Anschriften ich nicht kenne, je einen Eulenspiegel gelangen zu meiner Last. Zettel anliegend zum Einlegen.

Heute ist das wilde Gewölk zerstoben, der Himmel klar und golden. Meine Mutter hat heute Geburtstag, sie wäre über 80, wenn sie lebte; aber sie hat schon den vorigen Krieg sehr schwer ertragen, sie glaubte allzu sehr an das Gute.

Ich glaube auch an das Gute, ich glaube an Dich.

O mein lieber kleiner Delphin! (es wird von Delphi abgeleitet sein) Sei fröhlich!

Laß die Arbeit Dich nicht aufzehren.

Laß noch etwas übrigbleiben für Dein
Ungetüm

157. Kläre Buchmann – [Hamburg-]Blankenese, 3. November 1942

e. Brief m.U., 1 Bl recto/verso
SUB Hamburg: NLp: Ba: 7 [Teil 2: Juni 1941-1942], 275

Ach, Euridike [¿], allzu rasch hab ich Dir die Kadenzen zurück geschickt. „Das Heimliche" war noch gar nicht ganz fertig. Nimm es denn lieber so wie nun. Sie sind ja alle an Dich gerichtet, daß Du sie sichtest, diese Verse, und diese auch. Wie froh bin ich über unser insgeheimes unmittelbares hold-unholdiges Liebesbrevier! Wie dankbar bin ich Dir! –

Die Kritiken über Idothea, diese Hamburger, sind wie zu erwarten: ~~Auch~~ Am wenigsten wissen die „Freunde und Bekannten" unter den Jounaillen zu sagen. Das Naziblatt (Hbg. Tageblatt) wo ich niemanden kenne, ist am anständigsten und verständnisvollsten ⌈gewesen⌉ und mit [≈] ihm das damit zusammenhängende Mittagsblatt. Das Fremdenblatt soll sich schämen! Aber Meumann hat wenigstens am Sonnabend eine Kadenz gebracht – –

Lies den Krempel erst gar nicht. Ich schicke es Dir (gesondert) der Ordnung halber. Nun wollen wir uns nicht länger dadurch ablenken lassen, Du meine platanisch-platonische liebe Une, mein kleines Getüm!

Dein
HL

158. Kläre Buchmann – [Hamburg-]Blankenese, 10. November 1942

e. Brief m.U., 1 Bl recto/verso
SUB Hamburg: NLp: Ba: 7 [Teil 2: Juni 1941-1942], 281

Liebe, Liebe, wie süß es ist, wie Du mir schreibst und wie brennt mein Herz nach Dir, ja es ist ein körperlicher Schmerz. O, ich verstehe gut, Du Armes; Du sollst gar nicht an mich schreiben, Denken genügt manchmal auch. Du sollst schreiben, was nun sein muß, zu Deinem und unser aller Ruhm! ⌈Belangloses? Du? Das kannst Du ja überhaupt nicht! ⌉

Vor einem Jahr im Süden ... o mein kleines Getüm! Und der Blick vom Patscherkofel!

Und der ⌈Hollunder⌉ Johannisbeerschnaps bei Johns ...

Alles nur Einrahmungen für unsere Liebe ...

Die Nacht dachte ich daran. In Regen und Finsternis und fürchterlichem Sperrfeuer. Ein abstürzender Bomber hat, nicht gerade weit weg, 3 Häuser zerschmettert. Wir fürchten, daß die Frau Dr. Hunck, von dem, der aus USA wiederkam und in Lissabon ist, mit ihren Kindern und ihrer Mutter dabei umgekommen ist. Noch ist nichts Genaues zu erfahren.

Sei fröhlich! Ich bin es auch. Das Gemeine sei uns fern! Neues, ich lieb es nicht, ich fliehe davor, immer mehr. Ich muß mich unklar ausgesprochen haben. Ich meinte, man muß es so ertragen, daß man heute nicht daran zerbricht; man müßte unberührt hindurch gehen können, wenn auch nicht unerschüttert.

Wie bin ich froh, Dich zu kennen.

Dich zu lieben.

Dich wiedersehen zu dürfen.

Immer!

Dein
HL

159. Rudolf Zink – [Hamburg-]Blankenese, 15. Dezember 1942

e. Brief m.U. (Kopie), 2 Bl recto, Briefkopf: HL 3
MHG: Hans-Leip-Archiv: Briefe, Briefentwürfe und Durchschriften M-Z: HL an Rudolf Zink

Lieber Herr Rudolf Zink,

Lale Andersen hatte mir gelegentlich eines – schon länger zurückliegenden – Hamburger Aufenthaltes von Ihnen erzählt und schreibt mir nun, daß sie mir Grüße bestellen soll und daß Sie von einigen Gedichten aus der „Laterne" sehr erbaut seien. Vielen Dank! Ich freue mich darüber und hoffe, daß man Ihnen bald die Anerkennung werde, die Sie längst verdienen und daß man Sie zu Ihrer eigentlichen Aufgabe, die Menschheit mit Ihrer Kunst zu erfreuen, endlich frei lassen möge. Umbringen können viele oder alle, aber Freude bringen können nur wenige, und die sollte man dringend zu erhalten suchen, da wir sie unendlich nötig brauchen.

Also seien Sie getrost! Ihre Vertonung des „Einmal noch nach Bombay..." ist bedeutender als die von Norbert Sch. ~~Ich~~ Wir besitzen die Platte. Lale hat sie meinen Töchtern geschenkt. Mehr kenne ich leider nicht von Ihnen, aber man erkennt den Vogel ja schon an einer einzigen Feder – Glück zu!

Was mit Lale passiert ist, ahne ich nicht. Scheußlich ist jedenfalls, daß sie nicht mehr singen soll.

Zu allen Zeiten sind Unberufene lauter und aufdringlicher gewesen als Berufene, aber nur die Berufenen bleiben bestehn. Ein schlichter Trost, aber kein schlechter. Halten Sie durch: Es muß für die paar, auf die es ankommt, der wahre Frieden immer vorhanden sein, selbst mitten im Krieg (denn anders können sie nicht leben und atmen) der Frieden in ihnen selber – Möge er bald für alle ~~auch~~ sichtbar und segensreich ~~sein~~ aufgehen.

Ihr
Hans Leip

160. Kläre Buchmann – [Hamburg-]Blankenese, 18. Dezember 1942

e. Brief m.U., 1 Bl recto/verso
SUB Hamburg: NLp: Ba: 7 [Teil 2: Juni 1941-1942], 291

Liebes Kätzelchen,
Gestern war ich den ganzen Tag auf einem Uboot, U 139 – der Kapitän hatte mich eingeladen, von Schuppen 44 Hamburger Hafen nach Brunsbüttel-Koog (Kaiser Wilhelm Kanal) mitzufahren. Wir kannten uns von Madeira, und da die Zahlen so nett waren, fuhr ich mit und bereue es nicht, eine solche gigantische und unheimlich verwickelte Mordmaschine so nahebei und gründlich erlebt zu haben und ihre trefflichen treuherzigen Bediener. Welch Wahnsinn hat den Menschen zu seiner abgefeimtesten Erfindungsgabe aufgerufen, sich selber zu zerstören und welche Güte ~~be~~ (oder teuflische Hinterlist) bewahrt ihn vor der eigentlichen Erkenntnis seiner Unvernunft und Lächerlichkeit? Würde der „Geist", der allein in einer U-Boot Einrichtung geronnen ist, zumindest die ~~Energie~~ ⌈dort angewandte⌉ ~~die~~ Forschungs-Energie ~~und der Arbeit~~ der Kultur nutzbar gemacht werden können und ebenso das ⌈aufs Negative⌉ rasch erhobene [¿] Ehrgefühl, wie großartig müßte das Leben sein, wie prächtig die Welt –

Nun kehre ich in die stilleren Gefilde des „Geistes" zurück, um sie durchzusehen, damit Du sie Weihnachten hast –

Herzlichst
Dein HL

161. Kläre Buchmann – [Hamburg-]Blankenese, 18. Januar 1943

e. Brief m.U., 1 Bl recto/verso
SUB Hamburg: NLp: Ba: 7 [Teil 3 : 1943-1945], 296

Liebe, zwei gute Sachen hast Du mir geschickt, und der Brief ist die dritte gute Sache. Was Du aber als Deutung dessen schreibst, was Dr. Schlecht den „Tod des Sokrates" nennt, ist voll ungemeiner Klarheit und Strahlung, sodaß ich noch gar nicht gleich den Blick voll und ruhig darauf legen kann, sondern mich an die unerbittliche Helle gewöhnen muß, die erschreckend in dem Bekenntnis zu sengender Brennpunktschärfe vereint, daß nämlich Gottheit und Staat das gleiche seien und man den Gesetzen des Staates als denen der Gottheit gehorchen müsse in dem festen Vertrauen, daß das Gerechte dabei gerecht und bevorzugt behandelt werde. Schön, wäre es doch so, auch heute! – Menschen Kummer und Tod wäre dann wenigstens zur Anklage gegen – ja, nun, heute gibt es ein drittes, das Sokrates vielleicht ahnte oder aber gleichstellte mit Vaterland: Die Menschheit – also zur Anklage gegen die Menschheit geeignet – Aber die Menschheit hat keine Gesetze, sie hat nur Triebe, und wer weiß, ob die guten Triebe, ob die Ahnung des Guten wirklich in ihr überwiegt. Also können wir die Einschachtelungen und Bändigungen der Menschheit in Vaterländer und Staatsgesetze nicht entbehren, noch nicht? Ist das Vertrauen auf die Götter und auf die Weisheit der Gesetze nicht eines Tages ablösbar durch das größere und aussichtsreichere Vertrauen auf die Menschheit, auf ~~oder auf den Mensch~~ oder auf den Menschen? Die Menschlichkeit? – Ich weiß nicht, ich gerate sicher mit solch unlogischen ~~Fragen~~ Randbemerkungen auf ein~~en~~ abgebrauchtes Humanitäts-Karussel, das immer, wenn der Jahrmarkt ~~mal~~ verboten ist und es still steht, von weitem wie eine Kathedrale aussieht. Du aber schreibst sehr schön und klar. Es ist auch genug in

Deinen Blättern zu lesen! Und es fehlt nicht an klugen Anleuchtungen unsrer Zeit und nicht an beißenden „ Sie, die darauf los töten ..." ~~Das~~ „Man muß das Rechte tun, aber, man muß es bewußt tun" (Und vor allen Dingen nicht aus Angst)

„Es war eine neue Gottheit" ... an die Sokrates glaubte. Nun, brauchten wir nicht auch eine neue, um es glauben zu können, wie er, und mit diesem Glauben fröhlich zuversichtlich streben [¿] zu können? Ist Dein Glaube nicht der an die ~~„neue~~ „Menschheit"?

Wahrscheinlich brauchen wir dringlich bald einen Sokrates ~~oder Plato~~ oder [≈] seine Entdeckung, also einen Plato –

Liebes, und den Briefwechsel hatte ich mir lange gewünscht. Die beiden sokratischen Heroen zu Weimar und Jena ~~und Weimar~~ sollen mir Armen, der es so unverdient wagt, ihnen zu schreiben, ein menschheitliches Labsal sein.

Gestern mußte ich auf einer amtlichen Veranstaltung lesen. Ich las Kadenzen ⌈(unter andern Soldatentod im Winter, Totenehrung, das Lautlose)⌉ und die beiden letzten Gedichte aus der „Laterne", und um vom „Lautlosen" zum „Aufblick" zu kommen, mußte ich eine ungedruckte Kadenz einfügen, trübe genug, aber es gab keinen Aufruhr. Danach mußte ich (Ilse Haalck war dabei) 2x, noch in der Stadt, in den Keller und konnte erst um Mitternacht nach Haus, wo die beiden Kinder sich recht geängstigt hatten bei der wilden Schießerei. In Berlin sollen sie bös gehaust haben ... Hoffentlich ist es dann ruhiger, wenn wir dort sind. Ja, ab 11. 2. oder aber ab 15. 2., wie Du meinst. Ich freue mich!!!

Es tut mir aber leid, daß Du so überhetzt bist und so bedrängt arbeiten mußt, und nun schick ich Dir auch noch einen so unleserlichen und unansprechenden Brief –

Schönen Dank auch für den Gruß des Prof. Andreas!

Mein kleines Getüm, sei aufrecht! wie bisher in allem und Deinem

HL

162. Kläre Buchmann – [Hamburg-]Blankenese, 30. Januar 1943

e. Brief m.U., 1 Bl recto
SUB Hamburg: NLp: Ba: 7 [Teil 3 : 1943-1945], 298

Liebes, nach den griechischen Münzen will ich mich gleich Anfang nächster Woche in der Stadt umsehen – Bisher konnte ich – telefonisch – noch nichts Bestimmtes erreichen – und es scheint hier in Hamburg schwer zu sein – Die wahren Numismatiker sitzen wohl mehr in Berlin und im Süden; hier ist man mehr für gängige Münzen und Wechselgeld. Aber in Berlin werden wir uns gleichfalls umtun. – Wegen der Faustaufführung will ich an die Flickenschildt schreiben. Sie war neulich hier, in frischer Verliebtheit (nicht zu mir, sondern zu einem mitgebrachten Herrn, Dr. Herzog, dem Leiter des Kulturfilms) Du schreibst so liebreizende Sachen mitten in diesen trostlosen Bedrohungen der Zeit. Wer weiß, ob nicht Berlin vorläufig unser letztes freundlich mögliches Beisammen sein wird – Ich wills nicht hoffen und will mit Dir noch oft in Überlingen Weltrast feiern! Ich freue mich darauf, ich kanns gar nicht sagen, Dich mal wieder nahe bei zu haben! – Schönen Dank für die Begegnungen (8 Stück) und Miss Lind. Eben kommen auch Kadenzen und Jungfrauen. Schön von Dir! Die letzten ~~6~~ 4 Bogen der Jungfrau sollte man eigentlich abgetrennt gesondert binden lassen, wenigstens in einigen Exemplaren – Ich denke, morgen früh mit Dir fernzusprechen, das ist doch immerhin eine Verbindungsmöglichkeit begrüßenswerter Art, ~~die wir~~ der fortschreitenden Technik zu verdanken ~~haben~~, die uns anderweitig so grausig betrogen hat –

Nun sei herzlichst überall – Dein HL

163. Kläre Buchmann – Hamburg [Poststempel], 8. März 1943

e. Brief m.U., 1 Bl recto/verso
SUB Hamburg: NLp: Ba: 7 [Teil 3 : 1943-1945], 304

Liebes Kätzelchen und kleines Getüm,
Ich bin wieder daheim und habe ~~und~~ das Haus gottseidank noch heil vorgefunden und die Töchter auch. Blankenese hat diesmal sehr gelitten, das Postamt ist gänzlich zerstört ⌈u.a. auch ~~die~~ beide Buchhandlungen ~~von Frau~~ ausgebrannt und unser gutes Reformhaus –⌉ und wir haben keine Fernsprechmöglichkeit im ganzen Ort die nächsten beiden Monate; sonst hätte ich Dich noch gestern abend, nachdem ich angekommen war, angerufen. Denn mir ist, als hätte eine Ewigkeit sich zwischen uns gelegt. Viele gute Bücher vom Cotta Verlag sind inzwischen angelangt und ich danke von Herzen! Dank auch für Dein Telegramm, das eben kam! – Ja, an Wegner will ich gleich schreiben. ~~Oder besser mal~~ Die Lesung in Braunschweig war ganz nett. Die Leute schienen begeistert. Ich hab viele Kadenzen vorgelesen, dann aber „Stella und der Kadett" und „Das Osterlamm". ⌈Auch „An meine Töchter" und „Osterfrühe"⌉ Gern hätte ich aus dem Eulenspiegel dies und das den biederen Braunschweigern zugemutet, aber das Buch war nirgends zu finden, und Ilse Haalck hatte es leider von Hamburg (mangels telefonischer Verständigung) nicht mitgebracht. Der Stadtrat Mewes erwies sich als umgänglich. Er hat Dr. Port um einige Bücher gebeten, sagte er. Nun ja.

Es ist schönes Wetter, die Elbe sieht prächtig aus, Schneeglöckchen, ein weißer Krokus, ein Veilchen blüht schon im Garten. Ich muß heute „Steuer-Erklärung" machen. Es ist extra solange hinausgeschoben worden, ~~damit~~ bis ich wieder da sei. Ekelhaft! Auch soll ich „Stadtwache" mit beziehen als Hilfspolizist (mit der Berechtigung eine Armbinde und Waffen zu tragen) Gräßlich!! O Kätzelchen, wann sind wir wieder freie Menschen? In Braunschweig lief ungemein viel SA und SS umher, alles stramme Leute und schüttelten die „Bettelbüchse", ein ungeheuer erhebender Anblick – Im Übrigen hat man dort ein Künstlerhaus eingerichtet und auch ein Hotel (wie das Elephant zu Weimar) Es wurde auch Zeit. Noch einmal laß ich mich nicht dorthin locken. Blunck hat vor mir (am ~~Donnerstag~~ Mittwoch gelesen) Griese vor ihm Montag (wenn ich gewußt hätte, daß Blunck hier auch liest, wäre ich nicht gekommen, hat Griese gesagt)

O mein liebes Herz, die Sonne scheint. Ich möchte mit Dir am Bodensee oder im Gebirge sein.

Herzlichst
Dein HL

Grüß die Athener!

164. Kläre Buchmann – O.O., 15. April 1943

e. Brief m.U., 1 Bl recto/verso
SUB Hamburg: NLp: Ba: 7 [Teil 3 : 1943-1945], 313

Liebes kleines gequältes Getüm,
– und kein Entkommen
ist vor dem Lautlosen –

Das ist es, was mir nachgeht, und Dir auch, aber wir wollen uns darüber erheben, nicht mit Lärm, sondern mit Gelassenheit. Das Unabänderliche soll uns vertraut werden, dann wird es uns nicht vernichten. Und was an unserer Zeit daran sein wird, wird sich später erweisen. Keine Gegenwart wurde je der Gegenwart gerecht. Soll man Ilja Ehrenburg als gestrigen Ausdruck unseres Verhängnisses betrachten, der meint, daß ein Jahr genügt, um die 350 Millionen in Europa auszurotten (mit Bomben, Gas und Flammenwerfern; den Rest nach Sibirien ...) Sind wir wirklich reif für dieses „Jüngste Gericht"? So wollen wir im Werden bleiben, im Blühen und Wachsen und Reifwerden, wir wollen es uns betörend vorsagen, daß wir noch eine Zukunft haben, eine, die in nie abgerissener Verbindung steht mit allen guten Geistern der inneren Menschheitswerdung. Und sollten wir für immer ins höchste und einsamste Gebirge flüchten, wir wollen uns auch äußerlich für das Leben zu erhalten suchen! Nein, ich verlaß Dich nicht, mein kleines lebendes Getüm, und wenn Dich friert, sollst Du Dich bei mir wärmen, solang mein bischen Wärme reicht –

Vorerst hab ich bei Frau Hatlich [¿] schon auch den Mai belegt und ihr die 150,- RM für den Monat überwiesen, weil, wie sie schrieb, sie hart bedrängt wird, anderweitig zu vermieten. Und ich kann nun auch bis Mitte Sept. dort bleiben. (Wenn nicht ggf. Gaupps [¿] selbst einziehen wollen)

Das herrlich lodernde Unmaaß, das Du ersehnst – wer hat es denn bei Hölderlin erkannt und gewürdigt zu seiner Zeit? Wer weiß, ob dergleichen nicht auch unter uns wohnt, leidet und lodert und sich verzehrt, spät erst, zu spät entdeckt, vielleicht bei uns, vielleicht in Norwegen oder England oder Holland oder ⌈Afrika oder –⌉ wer weiß schon um der andern als vor hundert und mehr Jahren „gebildeten" und sprachgewandten Welt. Wir dürfen nicht voreilig ungerecht urteilen und verzagen. Die Menschheit hat sich immer noch selber überrascht. Das Gute aber blüht lange verborgen, und erst, wenn das Gestrüpp der Zeit ver~~welkt~~dorrt und ~~versunken ist~~ zusammengefallen ist, dann ragt es, allen sichtbar, über die Ebenen und leuchtet weit –

Nun ja, das brauchst Du keinem zu erzählen! Im Grunde bis Du geistvoller als wir alle. Das große Naturschauspiel der Weltumschichtung dürfte Dich, da Du Großes liebst, nicht auf die Dauer bange machen. Unmaaß genug. Wie geistig es sich auswirken wird, muß die lange lange Zeit lehren! – Ach, und ich soll Dir ein Gedicht, ein Schlummerlied schreiben? Du traust mir viel zu.

Mir ist nach gewaltiger Anklage, nach einer wahren Mitternachtsmesse zumute, nach düsterster Auseinandersetzung, nach Aufschrei und dem bewegungslosen Lächeln des Untergangs [¿] (Aus Un läßt sich leicht ein Nie ändern, wenns nicht unser Un ist ...)

Sei getrost! Dein Platon kommt immer noch zurecht. Und vielleicht ist Deine Verlagssklavenarbeit womöglich nicht weniger wichtig und ein wahrer Molenstein im Tumult der Flut – Wer weiß das alles – Wir leben von Mutmaßungen und Gerüchten, nicht nur in uns selber ...

Herzlichst Dein HL

165. Kläre Buchmann – [Hamburg-]Blankenese, 20. April 1943

e. Brief m.U., 1 Bl recto/verso
SUB Hamburg: NLp: Ba: 7 [Teil 3 : 1943-1945], 316

Liebes Kätzelchen,
Deine Van Gogh-Karte, die Du mir auf den Feldberg schicktest, den flandrischen Frühling mit den glühenden Wiesen und Korbweiden, dieses Lobjauchzen von der Natur ei-

ner innerst ~~B~~ in sich selber bedrängten Kreatur richtet mich des öfteren auf. Eine graue Verzagtheit schleicht mich oftmals an seit ich wieder daheim bin, und es wird die dickere schwerere Luft sein, sodaß kein Aufschwung zu neuer Arbeit gelingen will. Es kommen auch so viel trübe Nachrichten von überall ⌈Siehe Anlage, sodaß nun auch der Leutnant Hermann aus Schw. Gmünd dahin ist⌉, so ruhig auch bislang die Nächte hier waren. O je, warum fühle ich mich so verlassen von allem guten Geist? - Schwing auf, liebes Gemüt! ... Ja, Du scheinst auch nicht heiter, vielleicht wirkt es bis hierher, so eng, wie wir verbunden sind - Sollte man sich nicht ein Beispiel nehmen an der lieben Frau Hermann, die doch wohl unfaßlich Schweres aufgebürdet bekommen hat und es trägt auch ohne Christentum? Hat sie nicht in einem Jahr den Vater, den Mann und den Sohn verloren? Und ich glaube, das was sie da drucken ließ als Todesanzeige, ist nicht gemacht, sondern echt. Wäre es die Sache doch wert, so gläubig sein zu können! Wären aber alle einheitlich so, so würden wir nicht untergehen -

Ich las gestern die Rede ⌈Prof.⌉ Dahlmanns nach der Schlacht bei Waterloo (in dem Inselbuch Deutsche Reden und Briefe) Es ist damals wie heute fürchterlich um die Menschheit bestellt! - Ich las auch den Prinz von Homburg nochmals, eingedenk unserer Weimarer Erinnerung daran. Ein glänzendes Stück, aber mit der gräßlichsten Voraussetzung, daß das kriegerische Handwerk rühmlich sei. Und wie Arthur, da es ihm selber ans magere Gehirn soll, in Todesangst selbst seine Liebe verrät preisgibt, ei, ei, das ist großartig, das ist eine grelle Satyre auf das Heldentum [≈] so übel menschlich wie das wilde Dreinhauen -

Geht Dein Platon vorwärts? Bringst Du ihn uns nahe? Wird das „Wächteramt", das er über alle Künste hochschätzt, nicht doch auch bei ihm, oder trotz seiner, ein „Schlächteramt"? ...

Kätzelchen, wir müssen durchhalten, das Herz durchhalten durch die Weltwirrsal.

Nein, mir ist nicht recht zuwege, Ich wollte lieber in der frischen Luft sein als hier am Schreibtisch knöschn und dröschn. Aber es soll hier wieder ja auch wieder schöpferischer werden. Neues und Großes. Ich armer Tor!

Herzlichst Dein HL

Leg den Frontbrief übers Muschelhorn in eine Mappe im Verlag und das putzige Bild dazu - Bei Wegners glaubt man nicht an die Schließung seines Verlages -

166. Karl Arnold – [Hamburg-]Blankenese, 5. Mai 1943

e. Brief m.U., 1 Bl recto, Briefkopf: HL 3
Germanisches Nationalmuseum Nürnberg: NL Karl Arnold: I, L-160

Lieber Karl Arnold,
Vorerst möchte ich Ihnen baldige und völlige Genesung wünschen. Und daß Sie bald wieder im „Simpl" uns Ihres Geistes erfreuen! Daß Sie meinen bescheidenen Dankvers für würdig befinden, einem Skizzenbuch von Ihnen vorangestellt zu werden, macht mich richtig stolz!

Mit allen guten Grüßen
Herzlich
Ihr Hans Leip

167. Kläre Buchmann – [Hamburg-]Blankenese, 7. Mai 1943

e. Brief m.U., 1 Bl recto/verso
SUB Hamburg: NLp: Ba: 7 [Teil 3 : 1943-1945], 324

Liebes Getüm, daß ich Dir abriet, für München etwas zu unternehmen, geschah rein aus Sorge um Dich. Ich selber wäre in solchem Falle näherer Verbindung und Kenntnis auch nicht müßig geblieben, das habe ich ja hierorts ein paar Mal zu beweisen schon Gelegenheit gehabt. Ob es mir für Lale Andersen gelingt, wird aber fraglich sein und liegt ja sicherlich noch auf einer weniger wichtigen Ebene als die zu München. Feige möchte ich nicht sein, selbst in meinen Ratschlägen an Dich nicht – Die Neigung allerdings zur „indischen Witwenverbrennung" und zum „Schmetterling", der in die Kerzenflamme strebt, habe ich immer bewußt – bei mir unterdrückt, nicht immer mit Erfolg. Das schöne Gedicht der „seligen Sehnsucht" Goethes spricht ja nicht zuletzt von der „Wende" dabei, alles vorher ist nichts als die selbstzerstörerische Neigung zur „höheren Begattung", und es ist die große Lust, eben vor der Vernichtung noch gerettet zu werden, die ihm gegönnt war, ihm, aber nicht Hölderlin. Hat er eine Ahnung gehabt, daß Hölderlin die endgültige Probe auf dieses Gedicht bestand und auch nicht bestand? Trauen wir unserem bescheidenen Schicksal, versuchen wir, warten zu können, es wird uns hinausreißen, hinauf oder nieder, wir wollen nicht mehr als wir können oder müssen – Und doch, und doch, liebe flackernde, blendende Flamme, lock mich nur weiter zu Dir, laß mich sterben und werden und Dir in höherer Begattung zeugend und gezeugt, mein unaufhörliches Nein!

Bist Du wieder wohlauf? Sind die Anfälligkeiten und die Erdbeben und die Straßenbahnunglücke an Dir vorübergegangen? O mein kleines Getüm! Wie bist Du doch gefährdet und wirst [¿] , Brennende, Nie zu Erfüllende und Überbeanspruchte und mußt mir doch erhalten bleiben /,/ auf der dunklen Erde!

Dein HL

Und der Köster hab ich gleichweg die Bücher geschickt –

168. Cläre Popp – [Hamburg-]Blankenese, 18. Mai 1943

e. Brief, 1 Bl recto/verso
MHG: Hans-Leip-Archiv: Briefe, Briefentwürfe und Durchschriften M-Z: HL an Cläre Popp (aus dem Nachlaß Cläre Popps, 1994/320)

Lieben Clair,
lieben Prinzen,
nun sei herzlich beglückwünscht zu Deinem Noch-immer-Vorhandensein und allem Zukünftigen! Möge es immer leichter heiterer und sichtiger werden, immer mehr Dein Eigentliches außen und innen, auf daß Du große Freude habest an diesem merkwüdigen Dasein, dem Du dort in der Heide einen besonderen Zipfel abgewonnen hast, auf dem es sich wohl speisen, schlafen und schnäuzen läßt mit anderem Behagen als der stadtbedrängte Mensch im allgemeinen noch weiß. Schön, schön, genieße es immer tiefer und höher, weiter und breiter und bereiter. Du bist auf gutem Wege, Dich so um vieles besser zu erhalten und dem Frieden aufzusparen und den kommenden Vorgaben [¿] und Fröhlichkeiten! Ilse und ich freuen uns, ein paar Stunden in Deine Einsamkeit hineinschauen zu dürfen und schicken Dir heute unsern Gruß voraus. Ich leg dem Flüssigen nichts Rechtes bei, es ist nichts zu ergattern. Aber die „Handschatulle der Weltklugheit"

des tüchtigen Balthasar Gracian ist immerhin eine erbauliche Lektüre, aber nur als Beigabe zu werten, und ich glaube, die „Nächtezettel", die Du, wenn Du sie noch hast, weitergeben kannst, machen Dir noch einmal etwas Vergnügen, weil sie vor 22 Jahren ohne Dich nicht hätten geschrieben werden können –

Nun also, viel Freude, viel gutes Gedenken und viel gute Zukunft wünschen Dir

Dein Hans Leip
und Ilse Haalck

169. Kläre Buchmann – [Hamburg-]Blankenese, 21. Mai 1943

e. Brief m.U., 1 Bl recto/verso (recto oben links: aufgeklebte gedruckte Oevelgönne-Zeichnung von HL)
SUB Hamburg: NLp: Ba: 7 [Teil 3 : 1943-1945], 331

Liebes Kätzel, kleines Getüm, eben erhalte ich die Einladung zu der Hölderlin-Feier in Stuttgart usw. Die Aufmachung ist vorbildlich und ich hab auch gleich gelesen, was Du darin schreibst! Soll ich denn etwa mitfahren? Ich fürchte, es wird wie alles dergleichen, nur eine rummlige Anstrengung sein. Du mußt ja dabei leuchten, und wirst von allen Seiten gefesselt sein und ich wäre sowieso überflüssig. Ich hab aber auf alle Fälle ein Hotelzimmer auf der Bestellkarte für mich angefordert und auch Karten. Du bist nun aber am See und hast in der Waldrast, hoffentlich selig und ~~un~~nichtgestört, geschlafen. (Das Ungestörte soll ja erst noch kommen, denke ich. Hier ist es sonnig, aber kühl, das Land dürstet nach Regen und wir schweben [¿] von einem Alarm in den andern (ohne daß ⌈es⌉ allhier bislang ernstlicher zuging) Gestern hörte ich das Gerücht, im Vatikan wäge man an Friedensverhandlungen. Wird wohl mehr Schein als Wirklichkeit sein. Denn wenn wirs auch nötig hätten, schleunigst Frieden zu machen, die andern hätten es weniger eilig, so gut wie sie im Augenblick stehen. Jedenfalls soll mich das nicht abhalten, zu Dir zu eilen (eilen! und ich sitze noch hier!) Ich habe meine Fahrkarte I. Güte gestern ergattert (auch das wird schwierig) für den 25. abends. Schlafwagen gibts nicht. Und ich fahre andern Vormittag gegen 12 von Frankfurt weiter und werde wohl gegen 8 Uhr, wenn alles klappt, in Radolfszell sein. O mein liebes [¿], Du wirst mich etwa abholen von dort? Wär es doch schon so weit! Hier wird noch immer aufgeräumt. Unmengen von Papier sind von den Töchtern mit in die Schulsammlungen als Altmaterial geschleppt worden, alte Zeitungsbelege, Briefe und Manus-Durchschläge, und ich hab noch immer reichlich davon. Liebe, Liebste, bist Du sehr erholt? Bist Du froh? Wühlst Du als Putzfrau ~~bei~~ in den hübschen Zimmern umher? Grüß Frau Maren [¿], Grüß Johns, Deine Pächterleute und wen Du willst, und laß Dich auf keine abwegigen Verlockungen ein (ich habe Weimar abgeblasen!) Ich komme! Herzlichst

Dein HL

170. Kläre Buchmann – Überlingen, 25. Juli 1943

e. Brief m.U., 1 Bl recto/verso
SUB Hamburg: NLp: Ba: 7 [Teil 3 : 1943-1945], 333

Liebes Kätzel,
hättest Du uns nicht unterschlagen, daß der Wbericht: „schwere Verluste" der Bevölkerung zugegeben habe, ich wäre sofort mit gefahren, so werde ich wohl morgen alleine fahren und komme einen Tag zu spät. Hättest Du es mir doch ehrlich gesagt! Ich sitze hier ohne Nachricht, es ist sehr spät, kein Gespräch ist möglich, selbst nicht für Wehrmacht. Jetzt wäre ich sonst schon ein Stück näher, und hätte morgen vormittag weiterfahren können und wäre mittags dagewesen. Denn was soll ich jetzt hier allein? Arbeiten kann ich nicht, es sieht ~~und~~ alles lächerlich aus, was ich schreiben will, und auch dieses!

Ich wünsche Dir guten Fortgang in Berlin.

Welch Unsinn von mir, wieder auszusteigen, nur um hier Telefonate, eventuelle, von Herrn Palm entgegenzunehmen und an dem Wörthersee-Widerschein zu pusseln!

O mein Herzens-Getüm!

Herzlichst Dein UG.

171. Gustav Frenssen – O.O., 9. September 1943

e. Brief m.U., 1 Bl recto [Faksimile auf S.224]
Schleswig-Holsteinische Landesbibliothek Kiel: NL Gustav Frenssen: Cb 21.56 : 1200.20

Besinnung

Dort im Koog,
wo das Vieh blank
im fetten Grase steht,
in den reichlichen Lüften verzog
sich der Schwalch der Not.

Was denn wartest Du unterm Sonnenblut
Auf dem Deich
Und blickst so sehnsüchtig fern
Nach dem dunkeln Boot?

Das hob sich
und versank.
Und vom Hof her
Klagt der Hund um den gefallenen Herrn.

Wie schwer ~~ist~~
ist der Weg, der ins Trostlose geht –
O Seele, Seele, bewahre dich,
Seeschwalben gleich,
über der steigenden Flut!

Für Gustav Frenssen, in Verehrung von Jugend auf, geschrieben an dem Tage, da Deutschland allein blieb, 9. September 1943

Hans Leip

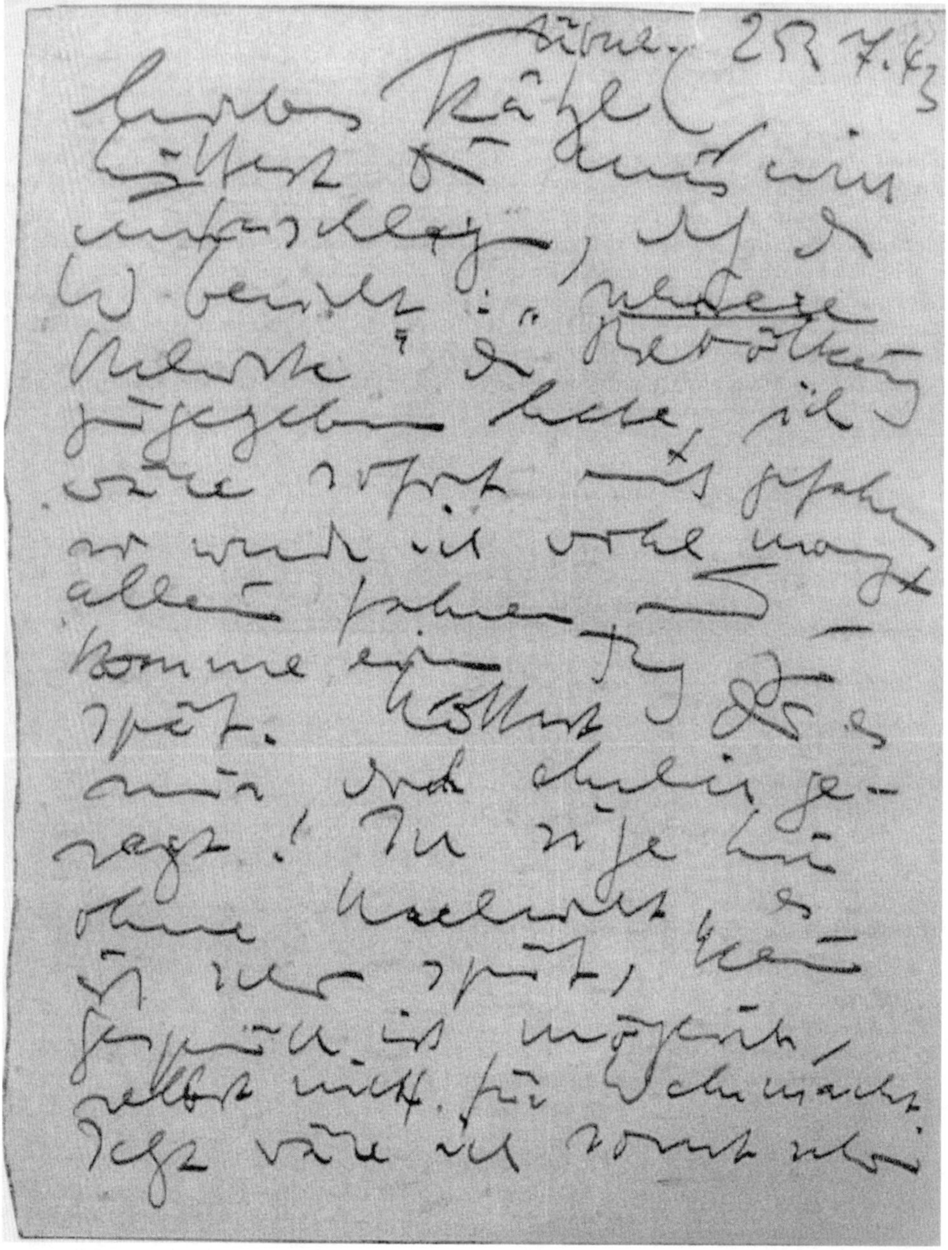

Brief 170: Hans Leip an Kläre Buchmann, 25.7.1943.

172. Kläre Buchmann – Stuttgart, 17. September 1943

e. Brief m.U., 1 Bl recto/verso, Briefkopf: HL 3
SUB Hamburg: NLp: Ba: 7 [Teil 3 : 1943-1945], 334

Liebe Une, mein kleines Getüm, kleiner süßer Torkel, wir sind gut und sitzend hierher gelangt – die Fahrt war mir nicht lang, da ich das Manus „Widerschein" noch einmal durchgesehen hab. Es war fast notwendig, da viele Tippfehler darin waren. Leider ist beim Abschreiben gerade die Erwähnung der „Gastmahl-Vorlesung" im Lazarett vergessen worden. Kerdel wird es einfügen. Er nahm das Ganze freundlich auf und trank viel Bier. (Wein gab es zu <u>ersten Mal</u> nicht im Marquard) Das „Bibliographische" wird er einem bewährten „Basler" seiner Offiziere übertragen – Ich schreibe mit Blei, weil ich zuguterletzt zu tanken vergessen hab – O, mein Kätzelchen, genieße den B.see, den ich so ~~ungern~~ wenig gern, verlassen habe! –

Kerdel zeigte mir auch Andrucke der Zeichnungen, die <u>sehr hübsch</u> aussehen! In 3 Wochen, scheint es, sind die Fahnen da, dann werde ich wieder hinzueilen wollen, um mit Dir gemeinsam den Umbruch zu machen. Sei herzlichst, mein Überall, mein kleines liebes Seepferdchen –

Dein Ungetüm

173. Kläre Buchmann – [Hamburg-]Blankenese, 19. September 1943

e. Brief m.U., 1 Bl recto/verso
SUB Hamburg: NLp: Ba: 7 [Teil 3 : 1943-1945], 335

Lieber kleiner süßer Torkel, kleines liebes Getüm und Kätzelchen, weit weit weg war ich nun wieder und es war zuletzt noch eine längere Fahrt – In Weimar schon um 5 Uhr auf – o je! Wir waren nur den Nachmittag in Buttelstedt, wo es sehr gute Torte gab und Bohnenkaffee und Schinkenbrote und – bei dem Apotheker – Samoswein. Ich wollte nicht über Nacht bleiben, denn dann wären wir anderntags mit Pferd und Wagen nach Tiefurt gefahren worden (und ich wollte die Erinnerung an unseren Felix Leo nicht trüben –) So war es natürlich alles im Hetztempo. Das Essen und das Augusta mäßig, im Elephant gut wie je, aber überfüllt ~~und~~ von schlechtem Publikum die schönen Räume, und wir saßen nicht unter dem Runge-Bild –

Die Fahrt durch das zerstörte Hamburg war schaurig –

In Blankenese ist alles friedlich – Hilke war sehr vergnügt.

Mule macht mir Sorgen – Die Schule wird abgeblasen – die Arbeit liegt in nebeliger Ferne, irgendein Einsatz winkt – sie ist zutiefst verdunkelt ...

Henning wollte laut Telegramm nichts weiter von mir – Ich muß wohl zusagen, 4–5 Stunden Fahrt hin – 4–5 zurück – Am 10. los nach Königsberg – schaurig. Wie still war es am Bodensee gegen das, was ich nun soll. Ein paar Wochen aber will ich noch für mich sein und arbeiten –

Karl Lerbs will auch mal wieder was. Sollen die nicht den „Tinser" bringen? Am besten aber <u>nichts!</u> –

Anbei noch ein Brief von der Mönckeberg – d.h. ich will ihn erst kurz beantworten. Leider finde ich vorläufig kein feineres Papier in meinem Schreibtisch –

Meine Welt ist sehr gelüftet – Die Hartlebs sind vor ein paar Tagen hinaus – sie sollen sich aber benommen haben.

Und überall stehen Blumen. Unser Apfelbaum hat fast 100 große „Pflaumenkuchenäpfel" - Toll, was? Fast wie am Bodensee. Und von Buttelstedt haben wir die Ernte, die es dort heute zu Mittag geben sollte, mitbekommen. -

O mein Süßes, sei gegrüßt! -
Dein Ungetüm -

174. Kläre Buchmann – [Hamburg-]Blankenese, 23. September 1943

e. Brief m.U., 1 Bl recto/verso
SUB Hamburg: NLp: Ba: 7 [Teil 3 : 1943-1945], 338

Liebes kleines süßes Getüm, es war ganz ordentlich, und ich war vor lauter Menschenscheu schon am Vormittag blau, ja, es gab noch eine Menge Trinkbares in unserm Keller, sogar Burgunder. Viele Leute waren da, auch einige, die ich lieber nicht gesehen hätte. Von meinen Verwandten keiner. Mancherlei Bücher und Alkohol ward mir geschenkt, Obst auch und ~~etwas~~ Gebäck und von einem unbekannten Verehrer meiner Bücher: 4 fette Spickaale, armlang! ⌈Hätten wir noch einen übrig, wäre ich damit auf die Post gegangen, ihn Dir zu schicken, obschon „dauernde" Sendungen nicht angenommen werden – Er hätte sich wohl gehalten –⌉ Welche Wonne! ⌈Welch allgemeiner Schmaus!⌉ Einen hab ich ganz dem Adolph Wittmaack geschenkt (der so nett vor 20 Jahren über mich geschrieben hat. Er hat sich unbändig gefreut und war überhaupt sehr jung mit seinen 65 Jahren. Was ich dann ihm nachzueifern nicht unterlassen werde – Vom ProMi und von Hagelstange und Henneberger, [≈] auch von der Reichsschrifttumskammer kamen gesonderte Glückwünsche, herzliche auch vom Hbg. Bürgermeister. Diese Sachen erledige ich Di.morgen.

Anbei die 3 Hbg. Zeitungen. Das Nazi Blatt hat es wohl am Besten gemeint –

Um ½ 11 Uhr hatten wir Alarm, eben wollte man aufbrechen. Es dauerte eine Stunde, und es muß ein Angriff auf Hannover oder so gewesen sein, man sah den Vorgang [¿] deutlich über dem jenseitigen Ufer, ohne das Geringste zu hören – das Platzen der Abwehrraketen, die Leuchtkugeln über Tannenbäumen, brennende und abstürzende Flugzeuge, den großen Feuerschein –

Welch Gnade, daß es ansonsten gut ging mit uns –

Montag hat Mule Geburtstag, und sie ist sehr fröhlich nun wieder und hat sich über Deine „Stimmungsprägung" [¿] innig erbaut!

Herzlichst

175. Carl Vincent Krogmann – [Hamburg-]Blankenese, 27. September 1943

typ. Brief m.U., 1 Bl recto, Briefkopf: HL 3
Slg. Herbert Lehmitz (Kopie in MHG: Hans-Leip-Archiv: Briefe, Briefentwürfe und Durchschriften F-L: HL an Carl Vincent Krogmann)

Lieber Herr Bürgermeister Krogmann,
Haben Sie herzlichen Dank für die Glückwünsche, die Sie als Stadtvater und als Betreuer der Gesellschaft der Freunde Hamburgs mir gesandt haben! Ihre freundlichen Worte sollen mir wahr-

haftig ein Ansporn sein, nicht müde zu werden, so betäubend auch das Schicksal unserer Vaterstadt auf mir lastet. Wohl kann ich persönlich von Glück sagen, Haus und Familie blieben mir bislang unversehrt (und meine Geschwister haben alle wenigstens das nackte Leben gerettet) Um so mehr fühle ich das Leid der vielen Zehntausenden, ja Hunderttausenden, und auch Sie haben, wie ich hörte, Heim und Habe verloren. Wir sind alle diese Zeit auf Abschied gestellt. Und wenn wir eines Tages den Frieden erleben sollten und die neue Sicherheit des Daseins, wie wird uns sein? Möge das Schicksal uns die gehörige Spannkraft bewahren und die Kraft, uns wahrhaft und innerst zu freuen; denn das Unzerstörbare ist größer als das Zerstörbare, und immer gewaltiger in ihrer schöpferischen Stille offenbart sich mir allerorts Landschaft und Natur; und so wird es vielen von uns ergehen. Das äußere Glück ist nichts, das innere alles.

Mit allen guten Grüßen
von Haus zu Haus
Ihr
Hans Leip

176. Emerentia Krogmann – [Hamburg-]Blankenese, 3. Oktober 1943

e. Brief m.U., Bl recto
Slg. Herbert Lehmitz (Kopie in MHG: Hans-Leip-Archiv: Briefe, Briefentwürfe und Durchschriften F-L: HL an Emerentia Krogmann)

Liebe Frau Bürgermeisterin,
Haben Sie schönen Dank für Ihre „zuträglichen guten Gedanken"! Ich hoffe, daß Sie angesichts des bewegten Stromes die liebliche Alster nicht zu sehr vermissen. Wir sind ja überall aus dem Freundlichen ins Bewegtere geraten; möge es uns nicht verschlingen!

Was ich an Büchern meiner Hand noch irgend zur Verfügung haben werde, sollen Sie, so Sie wieder Platz dafür ~~haben~~ finden, gerne nochmals bekommen.

Demnächst muß ich auf Lesereise nach Mecklenburg, dann nach Ostpreußen, dann wieder nach dem Süden –

Sie irgendwann inzwischen dennoch zu sehen, würde mich, wie immer, herzlich freuen –

Von Haus zu Haus
Ihr
Hans Leip

177. Kläre Buchmann – [Hamburg-]Blankenese, 12. Oktober 1943

typ. Brief m.U., 1 Bl recto/verso
SUB Hamburg: NLp: Ba: 7 [Teil 3 : 1943-1945], 343

Allerliebstes kleines Getüm, unheimliche unstete Une,
mein Werweißwo-Torkel, das Letzte, was ich von Dir hörte, war die Nachricht über Marta Schwarz, daß Du dem Angriff in Stuttgart wie durch ein Wunder entronnen seist, indem Du die Nacht in Urach geweilt. Ich war bestürzt und erleichtert zugleich, da ich den Morgen noch nichts von Stuttgart ahnte, und nun kam auch Deine Abendkarte aus Stuttgart, wo Du Deine Abreise nach

[≈] Urach andeutest und die Last der Besprechungsarbeit und was und daß Du von Überlingen mehr schreiben würdest, o ja, o ja, ich warte sehnsüchtig, aber es kann noch nichts hier sein bei der Schneckenpost unserer Fortgeschrittenheit und Beklammerung. Und der Cotta-Stammverlag soll dahin sein? Du warst da? Traurig, traurig schaurig wird es aussehen dort, und Dir wird leichter sein und voller Genugtuung, Dir und Dr. Port über Eure weise Voraussicht. Hoffentlich ist nicht zu viel vernichtet! Und Du bist von Überlingen wieder weiter gereist und deutest nicht an, wohin? Muß ich also Unwahrscheinlich-Wahrscheinliches annehmen und mein armes Herz in Zaun und Zügel legen (ZAUM wohl eher!, die Tippse!) und mich mit zugepreßter Kehle wegwenden, ich ewiger Tor, der noch nicht gelernt hat, frei von Eifersucht zu sein (genauso wenig wie Du!) Was Du tust, wird allemal richtig sein, das muß und will ich mir tausendmal sagen und hineintrommeln und hineinschmeicheln, Du, Du bist eine vollkommen frei wehende züngelnde schöne brennende sengende zehrende und wärmende und leuchtende, ja leuchtende Flamme, die darf niemand hindern, zu mal niemand, der Dich lieb hat. Und ich hab Dich lieb und liebe Dich, wenn denn Liebhaben und Lieben Unterschiede bedeuten, so lieb ich Dich herzinniglich und herzaußentlich, daß es schmer~~t~~[z]t innen und außen, so sehr. Und ich schreibe es nicht mit der Hand, damit Du nicht zu lange daran verschwenden brauchst, das Gestammel zu entziffern, indem Du sicher weit Besseres zu tun vorfindest und geleitet bist, ach, von Dir selber geleitet und nicht wie ein Ungetüm. Und nun lächle wieder gnädig oder ungnädig, aber innerst gütig, denn wie könntest Du anders, Du allgütige Natur. Du sollst Deinem Wesen gemäß leben, nach Deinem Maas und Unmaas, ich will Dich nicht behindern wollen, wollen und möchte es können, Dich nie zu behindern.

Hörte gestern von Scheck und seinen lieben holden Spielerinnen wieder die unsägliche Musik, das 5. Brandenburgische von Bach, hätte laut schreien mögen, brüllen, fauchen und mich zerschmettert hinwälzen vor der göttlichen Gewalt und Schönheit, hätte über die Ruinenschluchten und Schroffen im gespenstischen Mond hinwehen mögen aufwärts ins Überirdische Nichtmehrwissen und Alle[s]fühlen, hätte Dich bei mir haben mögen, allein mit Dir und in der geduckten leidvollen Menge. Vor mir saß der Maler Stegemann, dem sein Lebenswerk, sechzig große Bilder und alle Zeichnungen, vernichtet ~~sind~~[ist] (bis auf das wenige, was in den Museen und Galerien noch gerettet liegt) Er weinte still vor sich hin und war doch sonst eine Bulle an Robustheit. Und Leid, Leid überall, es qualmte zur Decke und hindurch in den empfindungslosen Himmel, Leid, Leid und ungeheuerliche Anklage und hinwiederum die Beschwichtigung, nicht vom Himmel, von Menschen gemacht wie das Leid, diese Musik, die wieder an die Menschheit glauben läßt, daß sie immer wieder den Genius gebäre uns zum Trost, wie sie den satanischen Zerstörer gebiert uns zur Vernichtung. Und wenn es nur Vernichtung wäre! Diese langsame sickernde Hinrichtung alles [~~G~~]guten und [~~F~~]freundlichen Äußeren, das gänzlich abzutun und asketisch abzulegen und wegzuläugnen doch auch nicht angeht, das wir doch mitlieben, das doch dazugehört, um ganz und gar da zu sein auf der strotzenden Erde. Recht so, es muß entbehrbar sein, es wird entbehrbar sein müssen, immer mehr, immer grausiger, und wir müssen uns dennoch aufrecht halten, um der inneren Lieblichkeiten willen, die hinübergerettet werden müssen in das wieder Bequemere und Lustigere, darin es manchmal zu kurz gekommen sein mag, das innere Liebliche. Worte. Worte! Wie wird es uns tatsächlich ergehen?

Wie werden wir zerbrechen oder zermürbt verflackern oder trostlos umsinken und verzagen? Oder werden wir es aushalten, das ewige Zerschlagen und Entsagen? Immer will ich an Deine Liebe gedenken und was wir Gutes miteinander gehabt, das soll mir alle kommende Qual vergolden und leichter machen, was auch geschieht. Liebe, Liebe, es war so unendlich schön, manche Tage und Nächte bis zum Rande voll Glück! Wer kann das wohl leicht von seinem Dasein behaupten, daß es schon viel an Glück gehabt? Ich kann es wohl, dankbar will ich es mir oft vorsagen, daß viel Gutes auf Vorrat da war, daran ich zehren kann, lange, lange, wenn es not tut. Und hab doch noch nicht genug, das ist klar, ich bin noch hungrig, liebes Schicksal, und durstig nach ihr, die ich lieb habe über alles, laß sie mir noch, laß noch vieles Gute aufgespart sein, liebes Schicksal, es ist ja erst

Anfang Herbst und noch zu früh für den tötenden Frost des Jahrhunderts!

Ich schicke Dir das Lied im Schutt, das ich vor ein paar Tagen aufschrieb und es in Bützow schon vorgelesen hab, so daß die Armen dort ganz ängstlich wurden, ob man dergleichen wohl so offen sagen darf. Hab es auch an den Simplicissimus geschickt und bin kaum neugierig, ob er es druckt für viele Augen und Ohren. Dich soll es nicht erschrecken, laß es, laß es, ich mußte es so schlicht und recht von der bedrückten Seele schreiben, hab auch für das Hamburger Tageblatt, das etwas haben wollte für seine Soldaten-Feldpost, über den trüben Gang geschrieben, den ich mit dem Polizeileutnant Hans Friedrich, der mein Schulkamerad war vor 40 Jahren, zu den Stätten meiner und seiner Kinderjahre getan. Aber über den Neuenwall, über das Wilkensche Haus hab ich noch nichts gesagt, denn die zerstörten Käfige (die Ruinen sehen aus wie zerschlagene Käfige, aber das hab ich dem Tageblatt nicht erzählt) meiner Jugend haben mich weniger erschüttert, als der Schutthaufen Ecke Jungfernstieg, wo ich zehn meiner besten Jahre begraben sah... Und doch nicht begraben, nicht wahr, mein kleines Getüm? Das unzerstörbare ist größer als das Zerstörbare, solange Menschen leben.

Nun hast Du genug zu lesen gehabt! Nun schlaf wohl, lebe wohl, schaffe wohl und sei getrost, solange Du lebst!

Es ist ein schöner laulich kühler besonnter Oktober hier zu Blankenese und die Nacht war ohne Alarm nach dem schönen Konzert. Ilse Haalck war wohl mit, und Landahl hat uns die Karten verschafft in der völligen Ausverkauftheit, und wir haben mit ihm und seiner dicken Frau einen Dankcocktail (Cocktail gleich Hahnenschwanz, etwas anderes gab es, außer Bier, nicht in der immer noch offenen Moritzbar, und ich weiß nicht, welchen Morgenruf ein Hahnenschwanz schon bedeuten soll) und er sprach lang und bewegt über das Cottasche Archiv in Stuttgart und daß er zu Dr. Schiller gesagt habe, er möchte dort wohl mit ihm (mit ihm!) vier Wochen lang einmal gründlich arbeiten [≈] können...

Diese ungeheuerliche, höllisch gaukelnde Stadt! Die falsche Gotik der Nikolaikirche sieht so ausgebrannt und dünn und filigran plötzlich erschauernd großartig aus, und im finstersten Abbruzzen-Steinweg über einem flachgesprengten Trümmerfeld erheben sich niegesehene italische Paläste, die im Verborgenen geblüht und ohne Fehl aus den Höllenkatarakte sich erhalten haben. Frostige schaurige Mondluft darüber und hohl gaffende fensternackte Brandmauern als Kulissen...

Nichts mehr davon! Alle noch blühenden Blumen Dir, Rosen noch und sonnengroße Dahlien und das spritzige Himmelsfunkenblaugesprenkel der kleinen Bergastern!

Dein Ungetüm

178. Kläre Buchmann – O.O., 17. Oktober 1943

typ. Brief m.U., 1 Bl recto
SUB Hamburg: NLp: Ba: 7 [Teil 3 : 1943-1945], 345

Liebes kleines Getüm, Es ist Sonntag, und ich will Deiner auch auf der Maschine gedenken, träume oft von Dir und gedenke hin und her nur an Dich in allem Unterbewußtsein und oft auch bewußt genug. Nun ist es bald nicht mehr lange hin, daß ich Dich wiedersehe. Für Danzii⌈g⌉, Tilsit und Thorn hab ich jetzt die Lese-Abschlußscheine, für Stettin, Gotenhafen und Königsberg noch nicht. Mir soll es gr⌈l⌉eich sein. Es ist alles ein Weg zu Dir. Ich will noch eine kleine Erzählung schreiben, „Frau Uwerkink", eine traurige Geschichte von einer gutgestellten Dame, deren Mann im Felde und deren Kind auf Landverschickung (-verschleppung nennen sie es hier) ist und die in einem Amt einsatztätig ist und einsam und in eine Verirrung gerät und in die „tote Stadt" und zu Grunde geht aus lauter Verzweiflung und Anständigkeit...das wollte ich zum Vorlesen haben neben dem Präludium; denn alles Frühere kommt mir unkräftig vor und so, als ginge es keinen mehr recht etwas an. Das Erhebende darf darin nicht gan~~t~~[z] fehlen, aber das soll hauptsächlich von den Kadenzen ausgehen. Und als ich nun anfangen wollte, hab ich erstmal noch eine Kadenz abgespult, die schon die Grundstimmung gibt von der beabsichtigten Prosa.

Vorbedacht

Entfremde Dich
von allem, was du hast,
laß nur als Gast
es noch in dir verweilen,
der schon Abschied nahm

Und, ohne sich zu eilen,
in der Tür noch steht und nicht
von dannen mag und freundlich spricht
von dem gewesenen Fest.

Dann sammle, eh er dich verläßt,
den schönen Abglanz inniglich
in dich! Es wächst die Finsternis,
und bald bist du allein.

Nur das Verlorene ist uns gewiß.
[≈] ~~doch wie glücklich war~~
~~nimmt niemand~~ [≈]~~Und die Gefahr,~~
~~die uns verschlingen kam,~~
~~wird klein.~~

Nein, ich krieg es heute nicht mehr gut zu Ende, verzeih, und sei gegrüßt von Deinem spintisierendem Ungetüm

179. Kläre Buchmann – Thorn an der Weichsel, 26. Oktober 1943

e. Brief m.U., 1 Bl recto/verso, Briefkopf: HL 3
SUB Hamburg: NLp: Ba: 7 [Teil 3 : 1943-1945], 348

Thorn an der Weichsel

Liebes kleines Getüm,
es ist wahrhaft strapaziös, diese überfüllten Bahnabteile, dieses Hinstürzen zum Zug ohne Frühstück oder Mittagessen (da die Fahrzeiten alle ungünstig zu liegen pflegen) In Naugard bei Stettin, wo Ochsen und Hühner die Straßen malerisch bevölkern, war nicht das Geringste vorbereitet, und man hatte Leute aus dem Lazarett herbeigeholt, damit Publikum da sei – Der Bürgermeister redete politisch auf uns ein und wollte Parteigenossen heißen. Nachdem wurde (~~schon~~ vormittags) umgehend viel Alkohol aufgefahren, um

den schlechten Eindruck zu verwischen, und der Kulturlandesleiter Diebenvor [¿], ein alter Seemann und Trottel, möchte es in Stettin am 1. 11. ganz groß wieder gut machen – aber ich verzichte telegraphisch – Auch hier in Thorn, obwohl die einzige Buchhandlung (Westphal) eine freundliche Fensterecke ~~ausgestatt~~ staffiert hat, ist es nicht schön. Im Hotel gibt es weder Handtuch noch Kleiderbügel noch Messer und Gabel und Löffel. Man muß alles mitbringen! ... Der Kulturleiter Dr. Schrammberger hat sowas wie sein Name, ein junger Bietschen [¿] – Östreicher, scheint mir. Zugleich mit uns ist der Hbg. Reichsstadthalter Kaufmann hier, der wohnt aber außerhalb in einem Landhaus (sicher mit Handtuch, Bügel und Besteck) aber für die Dichter ~~ist~~ wäre das zu weit weg wegen des nötigen Wagens ... ⌈(sagte Herr Dr. Schrammberger)⌉ Ach, Getüm, man sollte auf den Tisch [≈] hauen und sagen .... ! Und in meine Vorlesung wird Herr Kaufmann wohl auch nicht kommen. Er hat heute morgen zu den hier evakuierten Hamburgern gesprochen, hörte ich (Es wird wohl nötig gewesen sein) Hier werde ich das „Lied im Schutt" bestimmt lesen und etwas aus der Bergung und den Schluß von Godekes Knecht und ein paar Kadenzen –

Wärst Du hier, wäre mir vielleicht weniger traurig. Es kommt aber auch von der mangelhaften Ernährung – Leute im Zug gen Ost, wie z.B. ein dicker Getreide-Kommissar aus Lodz, hatten viel bei sich, und tranken alle halbe Stunde ein Glas Wodka und gaben groß an und schimpften auf die pol. Leitung in der Ukraine wie überall – Und Mädchen, die in die Krim sollten als Heeresbetreuerinnen oder so, werden wohl nicht mehr ganz bis dahin kommen –

Nun ja, ich fahre direkt von Tilsit über Posen und Leipzig zu Dir, rund 1200 Kilometer diagonal durchs Vaterland, zu Dir, zu Dir!

Dein Ungetüm –

Von Tilsit telegraphiere ich, wann ich wohl eintreffen könnte – Am 30. fahre ich in Tilsit ab, ahne aber nicht, wie lange ich brauche, Tag und Nacht, um bis Radolfszell zu gelangen –

180. Kläre Buchmann – [Hamburg-]Blankenese, 13. Januar 1944

e. Brief m.U., 1 Bl recto/verso, Briefkopf: HL 3
SUB Hamburg: NLp: Ba: 7 [Teil 3 : 1943-1945], 363

Mein allerliebstes kleines Getüm, sei froh, daß Du ein kleines Getüm bist, ein andres möchte ich gar nicht, und genau so wie Du bist, sollst Du sein und hab ich Dich lieb! Deine Traum-Begrüßung meiner langen Person in der Strebeler [¿] entzückt mich, und ich möchte sie bald in Wirklichkeit erleben! Will auch gern alles schreiben, was Du willst; jedenfalls wird es besser gehen als hier, wo ich nicht von der Stelle komme mit jener „Gegengeschichte" zu „Frau Uwerkink" – Die Zeit ekelt mich an, immer mehr, diese grausige Wirrnis der Stadt, diese Beschränkung und Beschränktheit, dieses ganze würdelose und verlogene und dumme Vernichtungsspiel des weißen Mannes. Leider sind wir hundertfach darein verstrickt und es gibt kein Entrinnen als an Deinem Herzen, Atem an Atem mit Dir, ein vorübergehendes Versickern und das Eigentliche, und die wahre einzige Wirklichkeit. Wenn man das schreiben dürfte – vielleicht darf mans. Aber es lockt so sehr nicht, es zu schreiben, es lockt mehr, es zu leben – Ergrimmst Du sehr, wenn ich mit leeren Händen komme? Ich will den „Singenden Nebel" so bearbeiten, daß er im Umfang „Der Gast" ein freundliches vertretbares Buch ergibt. Und dann an den Tamerlan und dann nichts als für die Bühne, damit ich es endlich noch lerne, bevor es zu spät ist. Das ziehige malende Geplausche der Prosa hab ich gänzlich satt. Zürne nicht, mein Liebstes, ich werde schon noch zu mir kommen, wenn ich nicht erst zu Dir kommen könnte. – Die beiden in Gaenzelle [¿] wollen ggf. über Überlingen zurück; da sollte Frau Lohmayr [¿] lieber nichts sagen über Deine Anmeldung, na ja, Du weißt es selber alles gut – (Und ich freue mich auf alles, was wir vorhaben, was es auch sei, nur mit Dir, mit Dir! – In die Goldbacher Str. habe ich, glaube ich, zwei Briefe geschickt – Es soll nicht wieder vorkommen. Du hast recht, denen dort ist nicht zu trauen. O liebe Waldrast! Lieber Torkel!

Dein Ungetüm

181. Kläre Buchmann – [Hamburg-]Blankenese, 18. Januar 1944

e. Brief m.U., 1 Bl recto/verso, Briefkopf: HL 3
SUB Hamburg: NLp: Ba: 7 [Teil 3 : 1943-1945], 364

Mein liebes kleines Getüm, liebe Dame, wie witzig ⌈Nein, wie süß und rührend⌉ hast Du mich parodiert oder vielmehr in die selbe Kerbe gehauen! ⌈Wie Du das auch kannst!⌉ O, ich weiß Deine Ungeduld ungeheuer zu schätzen, hab sie doch noch ein wenig! Ich muß sie ja auch haben, ich kenne es gar nicht mehr, das wahre Ungeschehen seit ich von Dir weg bin, es ist höchst merkwürdig und wahrscheinlich wahrhaft unsinnig, daß es so ist. Findest Du es nicht auch sonderbar? Ging es Dir etwa auch so? I.H. muß mich für völlig vergeistigt und eremitisch verwandelt und verklärt halten ⌈oder verkalkt und steril⌉, und ich kann mir nicht helfen, es ist wie eine Aura um mich, durch die ich nur mit furchtbarer Mühe hindurchkommen könnte. Doch allein mit meinen Gedanken an Dich, o je, welche Unmöglichkeit, Du würdest Dein Vergnügen daran haben, mein liebliches Schnurre Kätzchen, meine Unendlichkeit, meine „heitere Unbewegtheit" (hatte ich nicht recht, das einmal als den weisesten Zustand zu bezeichnen, ohne Ahnung, daß sich die wahre Deutung erst durch Dich finden würde? Du mein innerstes und äußerstes und mittleres und überalles Maaß und Unmaaß! Und was war mit Paris?! Wolltest Du und wer mit Dir auf Abenteuer? Ich präferiere die ~~Wahrheit~~ Wirklichkeit zugunsten der Phantasie (eben wird im Radio vom „Rattenfänger" gesungen ...) Nun, entgegen Herrn Johann halte ich mich, wenigstens im Schreiben, doch an das Schillersche – Was sich nie und nirgends begeben ... (auch „Die Bergung" ist glatte Erfindung) Wenn J. Besitzer ~~jenes~~ eines Muschelhorns gewesen wäre und einer Galione, würde er womöglich auch Das Muschelhorn für wahr halten. So sind diese Herrn „Wahrsager". Ich finde es lustig. Du auch? – Die Geschichte schreibe ich wohl bestimmt hier noch fertig, so wahr es geht. Meine Ungeduld ist verdammt am Rande, o mein Torkel, mein Tor! –

Ob man von Norwegen aus an die Deutsche Ztg. „Frau Uwerkink" schicken sollte? D.h. Buchabdruck dort kommt sowieso nicht in Frage. (siehe Anlage)

Was sagst Du zu Schünemanns Abrechnung? ...

Ich hab den beiden geschrieben, sie wohnten bequemer im Badhotel.

Wär ich doch erst bei Dir!

Dein Ungetüm

182. Kläre Buchmann – [Hamburg-]Blankenese, 23. Januar 1944

e. Brief m.U., 1 Bl recto/verso
SUB Hamburg: NLp: Ba: 7 [Teil 3 : 1943-1945], 367

Mein kleines Getüm,
Der sonntägliche Anruf von Dir läßt auf sich warten; nun, vielleicht geht es wegen des schweren Sturmes nicht, der hier von See bläst. Meine Frau wollte auch anrufen, um mitzuteilen, wann sie denn nach Haus käme, aber auch das scheint nicht geglückt zu sein. Ich warte weiter, warte auf Deine erste Stimme, mein Kätzelchen; denn auch Post hab ich lange nicht mehr von Dir (obschon Dein letzter Brief, ~~den~~ der von Montag, an Innigkeit noch lange nachwirken wird) Was sollst Du mir noch schreiben, wenn endlich statt Worten, Taten zu geschehen hätten. Ich habe nun für den 1. Februar einen Schlafwagenplatz über Frankfurt und komme also, wenn alles klappt, am Mittwoch wohl gegen Abend endlich endlich zu Dir. O Freude, Freude. Ja, ich brauche wieder Freude und viel frische Luft, brauche Dich, mein innigliches Getüm, mein zärtliches Armband [¿]. Und nun will ich weiter an der Geschichte des Herrn Pambell arbeiten, wie der Mann heißt, der sich durch die Katastrophe eines Luftangriffs wacker hindurchfindet – Denn ich will doch nicht mit leerer Hand ankommen, da es nun so lange gedauert hat, daß ich allein bin, und Du die Geschichte ja auch brauchst für diesen Erzählband. –

Ilse Haalck nannte ein anderes Gasthaus in Gazellen [¿], das besser liegt, als die Alpenrose und wohl besser für Dich und mich in Frage käme: erkunde es doch so harmlos es geht – Ich sehne mich im Augenblick weniger nach Schnee, sondern noch nach Sonne und Sommer und nach Deiner Wärme, die Sommer und Sonne in sich einschließt und das vielleicht auch im Schnee –

Sind die beiden nun im Badhotel untergekommen? Sie müßten Sonnabend spätestens hier sein, da wegen ev. Einquartierung wohl einiges zu besprechen, bzw. ~~wäre~~ etwas zu unternehmen wäre, ehe ich davon bin. – Und Hille muß endlich auch wieder zur Schule und wird den Montag dort erwartet.

Mein liebes einziges fernes kleines Getüm, der Sturm heult übers Dach und poltert wie ein Eisenbahnzug – Wie lang die Woche wieder werden wird! – Dann aber geht es schnell, schnell, und ich bin bei Dir!

Dein Ungetüm.

~~Von~~ Über Wegner hörte ich Genaueres. Es war ein Oberleutnant, der die Schweinerei gemacht hat, und W. ist noch immer Hauptmann, obschon noch in Untersuchungshaft. Ein neues Verfahren ist eingeleitet – Der Verlag ist von seiner Frau und seinem Prokuristen übernommen. Die 50 000 Jan Himp sind bislang nicht in Angriff genommen, da dafür 25 000 finnisches, die andere Hälfte italien. Papier genommen werden sollte und nirgends aufzutreiben ist. Frickmann [¿] aber hüllt sich in Schweigen wie alle anderen Stellen auch – Also, die Freude für W. war kurz!

183. Carl Vincent Krogmann – Überlingen, 14. Februar 1944

e. Brief m.U., 1 Bl recto, Briefkopf: J.G. Cotta'sche Buchhandlung Nachfolger
Slg. Herbert Lehmitz (Kopie in MHG: Hans-Leip-Archiv: Briefe, Briefentwürfe und Durchschriften F-L: HL an Carl Vincent Krogmann)

Sehr verehrter Herr Bürgermeister,
Zur Zeit bin ich im lit. Betriebe des Cotta-Verlages eingesetzt. Der Verlag wurde in Stutt-

gart im Herbst gänzlich ausgebombt, arbeitet aber, nunmehr verlagert, munter weiter. Leider ist von meinen Büchern kaum etwas gerettet. Ein „Muschelhorn" und eine „Bergung" konnte ich noch für Sie ~~retten~~ beiseite legen und füge dem ein kleines neues Buch an.

Mit allen herzlichen Grüßen
Ihren Lieben, Ihrem und unserem Hamburg
Ihr sehr ergebener
Hans Leip

184. Kläre Buchmann – O.O., 28. März 1944

e. Brief m.U., 1 Bl recto/verso
SUB Hamburg: NLp: Ba: 7 [Teil 3 : 1943-1945], 376

Liebes Kätzelchen,
Anbei der von Sieker gebrachte Kadenzen-Beitrag und die für Garnzell notwendige Reise-Bescheinigung –

Gestern Nachmittag war auf der Nachbarschaft Hauskonzert, irgend ein Komponist hatte Gedichte von Hamburgern vertont (so zwischen Strauß – Reger – Schumann und viel Krach; also nichts Bedeutendes! –) von H. Claudius (den großen „Pan") und andern ⌈(Otto Ernst z.B)⌉, und von mir den „Meerstern" und eine Kadenz (die 1. aus den Kadenzen) Nein, nichts Besonderes, und wie üblich mit willkürlichen Textänderungen durch die Sängerin, die mehr laut als schön sang. Claudius war auch da ~~und Sieker~~, wieder sehr munter (er könne 6x in einem Rutsch sagte er, und ein Arzt habe ihn mit allerlei Spritzen ~~wieder~~ so weit hoch gekriegt!!!! –) und Sieker war da und die ⌈Tochter und⌉ Enkelin von Otto Ernst und dies und das – ich hatte bald genug und bin lieb in die regnerisch frühlingsfrische Luft gegangen (~~mit~~ zwischen Isle und Hille) indes Mule bei Gesa mit der ganzen Klasse und Nachbarschaft Abschied feierte und Ibel die Hölderlin-Ausgabe überreicht hat, und Ibel soll vor Rührung fast geweint haben – (hat dann aber doch fertig gebracht, danach „Wilhelm Busch" vorzulesen!!!) – Im Übrigen fürchtet man hier die Invasion ⌈~~Fallschirmspringer~~ (durch Fallschirmtruppen)⌉, und es werden hier und da Schützenlöcher ausgehoben – Nun, inzwischen werde ich wohl wieder in Überlingen und bei Dir sein, mein kleiner Torkel, mein süßes Getüm. Und wie gehts denn? Ich bin in Unruhe! –

Dein Ungetüm –

185. Kläre Buchmann – [Hamburg-]Blankenese, 15. April 1944

e. Brief m.U., 1 Bl recto/verso
SUB Hamburg: NLp: Ba: 7 [Teil 3 : 1943-1945], 379

Mein liebes kleines Getüm, wieder schreib ich Dir mitten im Alarm – feindliche Flugzeuge über dem „erweiterten" Stadtbereich – (wie der Ansager Staatsrat Ahrens ~~sagt~~ mit ärgerlich trüber Stimme und deutsch gemeint sagt) Möge es auch diesmal gut gehen wie fast immer in letzter Zeit, wo wir von Sirenengeheul durchflochten leben – Drei Briefe sind eben von Dir gekommen, einer am Karfreitag, kurz und – ach mein armer kleiner Torkelchen – und zwei von Ostern, einer kurz, die anderen hübsch lang – (eben sagt die trübe Stimme: Weiterhin die Gefahr unvermindert groß, weitere Flugzeuge sind eingeflogen und befinden sich am Stadtrand –) Nun also wirst Du ein kleiner Indianer? Das ist gut, ein gutes Zeichen für Deine Gesundung, denn sonst würdest Du die ganze Zeit trauern – Und machst Dir viele Gedanken und wirst langsam klar? Das ist auch gut, es hilft kein Versteckspielen vor dem Unentrinnbaren. (Stimme: Die Gefahr scheint sich jetzt etwas zu verringern...) Wie ich aber die bittere Pille an Ilse Haalck heranbringen soll, ist mir noch nicht klar. Ich hab in der letzten Zeit mich nicht gut mit ihr verstanden. Sie ist überreizt durch die viele Hausarbeit und Einkaufs- und Verpflegungsschwierigkeiten (Stimme: Noch Gruppen feindlicher Flugzeuge am Stadtrande ...) und ich selber bin noch nicht ganz erholt von den Grippenachwirkungen, schlafe wenig und bin schlechter Laune von Kopfschmerzen. Ich darf im Augenblick auf kein „liebendes Verständnis" hoffen; es würde nur schaurigen Krach geben und ggf. (darin scheint sie ihrem Bruder nachzukommen) sogar eine Neigung ihrerseits zu juristischen Drohungen. Der Schmerz, daß statt ihrer jemand anderes jetzt ein Kind von mir kriegen soll, würde sie zu den unvernünftigsten Handlungen hinreißen, das ist mir – für den Augenblick wenigstens – völlig klar. Ich muß eine freundlichere Gelegenheit abwarten, und es eilt ja schließlich auch nicht. Wichtiger ist jedenfalls, daß wir beide den Sommer noch unbehelligt von fremder Einmischung verbringen. Und Deine Vorsicht betreffs der Berghütte ist richtig und prächtig. Und schließlich sind auch 800 m nicht zu verachten und vielleicht auf die Dauer sogar angenehmer als über 1000 – Wollen sehen, was Palm zu bieten hat; ich hab ihm nochmals freundlichst geschrieben. Ebenso an Kühne, der bislang verreist war. Und daß Du dort am Ochsenjoch Faust gelesen hast, ist rührend. Von wem denn? Und wer ist Herr Loos [¿]? und welche Geschichte von mir? – süßes Kätzelchen?

Ich hoffe, bald wieder soweit zu sein, daß ich reisen kann. Wann denn fährst Du in die Schweiz? Ich möchte spätestens am 1. Mai wieder in Überlingen sein und ganz gesund, um nicht auch Deiner Laune noch zuzusetzen.

(Stimme: Nur noch einzelne Flugzeuge in der Nähe, deshalb [≈] Umwandlung des [≈] Fliegeralarms in öffentliche Luftwarnung) Und nun heulen die Sirenen. Erleichterung. – Auch Mules Buch ist heut angelangt, sie freut sich sehr, und Du hast ihr so süß geschrieben! – Und daß Du solch tüchtige Skikanone bist! Ach, genieße es recht, mein liebes liebes Getüm, mein kleiner süßer Torkel!

186. Kläre Buchmann – Inneralpach bei Brixlegg, 19. Oktober 1944

e. Brief m.U., 1 Bl recto/verso
SUB Hamburg: NLp: Ba: 7 [Teil 3 : 1943-1945], 398

Mein liebes kleines gutes Getüm und Kätzelchen, Du hast mir so lang und weit und anschaulich geschrieben und bist hoffentlich inzwischen [¿] von Deiner Erkältung genesen. Wie dumm, daß wir so brutal am Telefon getrennt wurden! Sonst hätten wir aber wohl bis in die Nacht hinein nicht aufgehängt, und Dein lieber Brief ist immerhin ein Ersatz oder ein Ausgleich, ein liebreicher, und die [¿]stücke hab ich alle selber und ganz ohne Fluchen geknotet und überhaupt auch das Paket eingewickelt, auch teils (nur teils) gepackt; denn das hat Frl. N. selber wegen der Schoko, die sie eben sehr geheimnisvoll hineingetan hat, als ob ich so scharf darauf wäre – Ich hab nun wirklich alles ohne Lupe gelesen, zweimal und auch alles herausgekriegt, von den vielen kleinen Jungen bis zum französischen Doppelbett und dem ~~einsamen~~ leeren Nebenan, vom Rehbraten bis zur Harmonie in der Seehalde (sie sei gesegnet!) Meine Couch hat dort in Frau Mathies Mief wahrhaftig nichts zu tun; ich danke Dir für die Umzugsidee! Du hast also jetzt ~~eine~~ ein Zimmer in der Göring Str.? Auch gut! – Und wenn Wollschläger sein Haus gekriegt hat, warum solltest nicht Du auch eins kriegen? – Geduld, Geduld, es wird schon alles werden! – Von hier ist zu berichten, daß Rother plötzlich ankam, ohne jede Vormeldung, aber auch nach kurzer Nacht wieder davon geradelt ist. Er hätte gern den Hyperion Aufsatz mitgenommen, aber in allem Geschäftlichen hab ich ihn auf Urach verwiesen. Papier hat er, holzfrei, kann auch geheftet binden, würde auch „schwarz" drucken. Ich hab ihm die hier eingetroffene Formel von Goethes letzter Hand gezeigt und ihn auf [¿] Faust von Kreidel [¿] vertröstet, die gewissermaßen auch für den Hyperion Vorbild sein sollen. Er will Papierproben schicken. Er hatte ein Reklam-Hyperion bei sich (von Will Vesper herausgegeben) und will ihn nachts ⌈lesen⌉, wenn er, über das Schicksal Deutschlands nachdenkend, nicht schlafen kann; denn er kennt ihn noch nicht. („Hölderlin kann ich nicht lesen, wills aber noch mal versuchen ...") Sein Geschmack ist unterm Durchschnitt, das wurde ganz klar, auch seine kalte dürftige nackte Geschäftsmännigkeit. Er erzählte von Roswitha Bitterlich, hält sie für armselig und krank ⌈Er wird ihr auf die Nerven gegangen sein wie ein Wachtmeister. Sie könne nichts für ihn tun, habe sie gesagt, sie müsse ihre kranken Eltern pflegen ... Sie freue sich aber, Hans Leip in der Nähe zu wissen ...(!) Von letzterem merke ich nichts; ich hab 2x an sie geschrieben, ohne Antwort ~~bis heute~~ bislang!⌉ Ihre Radierungen zum Eulenspiegel, die sie ihm gezeigt, ~~für~~ als für seine Zwecke unbrauchbar ... („das Mädchen denkt zu viel" ...) auch sei sie zu teuer, er zahle so höchstens 15 RM für ein Reproduktionsrecht. Ja, er ist ein kleiner Mann. Und wie er so in seinem Aktendeckel schnüffelte, Blättchen um Blättchen Bericht um Bericht wendend, sah er aus, wie eine ⌈eilig⌉ schlürfende Ratte. Ich habe an Port berichtet. Er ist stolz (im Grunde) mit dem „großen reichen" Cotta zusammengekommen zu sein, möchte ihn aber auch ausmisten, das ist sicher. Nun, wir sitzen erstmal gut im Grünen. Die Verpflegung ist hier noch ganz ordentlich, Butter gesichert, Marmelade und <u>Honig</u> auch. Hast Du Honig von Dorfer [¿] gekriegt? Ich hab Dir von hier Marken für ein Viertel Pfund Butter geschickt ⌈auch Milchmarken!⌉ Frl. N. Dir schon vor längerem für ½ Pfund. Hoffentlich erreichen sie Dich! Damit Du nicht darben brauchst. Sind die Äpfel von U. Schwarz angekommen? Die 1000 RM sind an Dich unterwegs. Der Briefträger brachte den Beleg erst heute.

Von zu Haus eine fröhliche Schilderung der [¿]hochzeit anbei (Nachbarstochter) Nun, mein armes Getüm, meine schaurige Schrift wird Dir mehr Mühe gemacht haben als Deine mir. Aber ich hab gar keine Ruhe mehr beim Schreiben.

Sei gegrüßt viel tausendmal. Bald höre ich wohl, was Dr. Heinze [¿] gesagt hat, bin doch unruhig.

Hab auch ein paar neue Blätter gezeichnet, bin aber meistens nach der ausgestandenen gräßlichen Erkältung [≈] sehr müde. Nun wird es wohl überstanden sein. Bist Du nun auch dort versorgt erstmal? Grüße Agathen (Gatje) schön,

Sei von Herzen ebenfalls [≈] geküßt von Deinem Ungetüm

Frl. Will ist hier weg, die Lehrerin, und die andern beiden KLV-Damen sind eingetroffen, „Mami" und „Hanni" (denn der Nachname Protzodowski ist zu unaussprechlich) Gräßliche Weiber! Sie haben Zimmer 2 als Wohnraum beschlagnahmt. Ich bin vorsichtig und höflich gegen sie.

187. Kläre Buchmann – Inneralpach bei Brixlegg, 25. Oktober 1944

e. Brief m.U., 2 Bl (1. Bl recto/verso, 2. Bl recto), Briefkopf: J.G. Cotta'sche Buchhandlung Nachfolger, Lektorat SUB Hamburg: NLp: Ba: 7 [Teil 3 : 1943-1945], 403-404

Liebes, mein liebes kleines Getüm, das war ja endlich ein ausführliches und doch so kurzes Gespräch. Gerade hatte ich eine Stunde vorher durch Frl. N. die Nummer anfordern lassen, die gestern abend in Deinem langen ~~und~~ Brief stand; ach, was stand doch alles darin an Liebe und Güte. Nun, der Volkssturm soll mich nicht umblasen. Zum rechten Standschützen allhier in Tirol werde ich sowieso nicht taugen, ich merke immer wieder, wie ich mit allem vorsichtig sein muß, besonders mit Essen und Trinken, seit ich von der Alm und von Dir getrennt bin, wie mich auch die elende Erkältung noch nicht verlassen hat; ich dachte es heute morgen bestimmt, und sie hindert mich bei jeder Anstrengung, geistig oder körperlich, sodaß mir selbst der sonnige Spaziergang im Zillertal, allerdings ein Marsch von insgesamt 6 Stunden, scheints, einen kleinen Rückfall gebracht hat. Mag auch sein, daß die 1000 m ⌈Höhe⌉ ~~dauernd~~ jetzt ihre letzte Eingewöhnung erfordern von einem, der auf 0–10 m Höhe geboren und aufgewachsen ist – Wie dem auch sei, das Schaffen fällt mir schwer; kein einziger Vers ist entstanden, seitdem Du weg bist. Ich habe versucht, meine Gedichte zu ordnen, bin aber noch lange nicht zu Ende gediehen, hab auch versucht, die großen Linien des „Jazz" festzulegen, aber es zerrinnt noch ins Undurchsichtige und Ordnungslose – einige der Kadenzen habe ich nun fertig durchgesehen (fertig, d.h. es wird sich sicher noch hier und da ein Mangel finden –) Beim Godeke bin ich nur, um überhaupt etwas fertig zu bekommen, und es ist mehr Arbeit, als ich dachte. Es wird wenigstens geheizt, sodaß ich nicht mehr frieren brauche beim Arbeiten.

Deine Wünsche betreffs Handtücher usw. werden morgen erfüllt, weil dann ein paar Nüsse mit eingepackt werden können. Der Schmelzer hat den Rucksack von Brixlegg weiterbefördert; ich war froh, daß ich ihn nicht auch noch bis ins Galtenberghaus tragen brauchte, ich bin doch ein rechter Schwachmatikus im Augenblick!

Die Kadenzen sind abgeschickt und ich schick sie Dir mit der Zeichnung. Was wolltest Du mit der? Ich dachte schon, sie in Deiner Abwesenheit heimlich drucken zu lassen –

Nun, sei zärtlich gestreichelt und geküßt, Du und Agathe, die ja doch brav zu sein scheint bei allem Temperament!

Dein Ungetüm

188. Kläre Buchmann – Zwischen Hannover und Celle, 16. November 1944

e. Brief m.U., 1 Bl recto/verso), Briefkopf: J.G. Cotta'sche Buchhandlung Nachfolger, Lektorat SUB Hamburg: NLp: Ba: 7 [Teil 3 : 1943-1945], 418

Liebstes Herzchen und Getüme und Torkelchen und Kätzelchen,
(Oder sollte man alle die lieben Kosenamen nicht auf Agathe mit anwenden, solange Ihr beiden noch so eins und innig beieinander seid? Also bis hierher in die Lüneburger Heide bin ich vorgefahren. Es ist Nachmittag gegen 4 Uhr oder mehr; es wird schon dämmrig, und es ist ein graues Nieselwetter. Nichts von Schnee hier, aber die Birken sind auch schon zumeist kahl bis auf ein bischen Goldgesprenkel. Der Zug hat bislang nur 5-6 Stunden Verspätung. Alarm war bislang, so viel ich weiß, keiner in der Nähe – In München sah es traurig aus, zumal so im Finsteren und Taudreck aber die Bahnsteige trotz

Demolierung zumeist wohl benutzbar. Der Hbg. Zug stand schon da und, wie auf dem Fahrplan verzeichnet, auf Bahnsteig 8. Ich suchte mir gleich einen Platz, 2 Stunden vor Abfahrt, in völliger Düsternis, hatte ja aber auch alles bei mir zum Essen und eine Schnabeltasse voll Früchtetee. Das Abteil wurde später wie üblich voll. Mein Gegenüber war (und ist noch) ein gut aussehender weißhaariger höherer Offizier der „holländischen" SS in Uniform. Dunkelgrau und ~~viel~~ „ein bischen zu viel Rot und Grau" wie er selber meinte. Im Grunde ist sein Gesicht dennoch grausig brutal, wie bei allen, auch bei jüngeren SS Offizieren. Und er fühlte sich sicher nicht ganz wohl in seiner Haut, war in München im Brauhaus (das noch immer unbeschädigt sei) und wird nun in Lüneburg Station machen. In Gent (woher er zu sein scheint) habe die „Weiße Brigade" entsetzlich gewütet, den Prof So und so ⌈Fühner oder Flüman⌉ an den Laternenpfahl und wohl den Dr. Dächern aufgehängt; Felix Timmermanns sollen sie erschossen haben, weil er den „Hamburger Literaturpreis" angenommen – (den von Blunck angeregten) – Nun genug von solchem Wirrsal. Die Nacht war es kühl, jetzt ist geheizt. Ich dank Dir nochmals für alles [¿] und was Du mir mir gegeben (die beiden Herzen ♥♥ hab ich immer in mir) Es waren doch sehr schöne Tage mit Dir, gerade so eben davor, und Du sahst so gut und rührend aus und hast lauter kluge Sachen gesagt. Welch Labsal für mich, wo ich solange nichts kluges gehört hatte –

Seid tausend und einmal geküßt, ganz zart, Ihr beiden Süßen von Eurem Hannes und Ungetüm

189. Kläre Buchmann – [Hamburg-]Blankenese, 17. November 1944

e. Brief m.U., 2 Bl recto/verso (Blatt 1 recto: TS Gedicht: Der Seemann und die Windsbraut), Briefkopf auf Blatt 1: HG 2, Briefkopf auf Blatt 2: HL 3
SUB Hamburg: NLp: Ba: 7 [Teil 3 : 1943-1945], 420, 423

Liebes Kätzelchen, mein kleines Getüm, mein ferner Torkel und Almrausch, ich finde im Augenblick kein besseres Briefpapier als diesen alten Bogen vergangener Sonderbarkeit, der auf der andern Seite die wohl erste Maschinenniederschrift der „Windsbraut" stehen hat. Hier zu Haus ist alles noch wunderbar in Ordnung, warm und sauber. Ich konnte gleich in die Badewanne hüpfen, das Wasser war klar und heiß – In Hamburg selbst soll das Wasser weniger klar sein, da dort die großen Wasserkläranlagen getroffen sein sollen – Und auf dem Tisch noch wie sonst 6 Sorten Brot, 4 Sorten Marmelade – jawohl, die haben hier noch keine Not gelitten. Und Imme ist so richtig rund geworden, was ihr leider wenig zu Gesicht steht, da nun herauskommt, daß ihre Großeltern Hirschfeld heißen. (Das haben wir vorher auch nicht geahnt) Mule und Lille dagegen sind wieder recht schlank. Lille hat mir schon Brahms und Händel vorgegeigt, und zu dritt haben sie ein Trio von dem modernen Frankfurter

(Da entdecke ich doch noch Briefpapier von mir –)

Hessenberg, mit dem Imme sich als entfernt verwandt bezeichnet –

Johannes Drach [¿] hat sich noch nicht sehen lassen, das wird erst Sonntag geschehen, und er wird am 20. Dez. endgültig zur Wehrmacht eingezogen (42 Jahre alt, verheiratet, aber getrennt lebend ...) Über seine Kavaliersgesten scheint er in diesem 4 Mädchenhause kaum hinausgelangt zu sein. „Ach, dies weiche Taschenformat! ..." war alles, was mir Ilse Haalck auf eine Andeutung hin erwiderte – Und das Wetter ist grau und vergneischt, die Flieger haben mich bisher verschont. In München waren sie einen Tag später als ich (und in Innsbruck) Und Du? Und Du? Wie mag es Dir gehen? Ich versuche, am Mittwoch hier weg zu fahren, nur so es möglich ist, wieder bei Dir zu sein und bei Agathe oder Alke = Alkuin [¿] Johann Christian - Alkuin lebte von 735 - 804, geb. Engländer, Gelehrter, Schulengründer, Ratgeber Karls des Großen - Nun laß es Dir so glänzend gehen wie es Dir nur gehen kann! Sei fröhlich und getrost und grüß das Kleine schön, falls es schon von Dir getrennt seine Weltbahn begonnen und grüß es ebenso schön, falls es noch vorzieht, bei Dir zu verweilen - O mein süßes Getüm !!

Sei herzlichst geküßt von Deinem U.

190. Kläre Buchmann – [Hamburg-]Blankenese, 18. November 1944

e. Brief m.U., 1 Bl recto, Briefkopf: HL 3
SUB Hamburg: NLp: Ba: 7 [Teil 3 : 1943-1945], 421

Liebes Kätzelchen,
Immer meine ich, es müsse ein Anruf vom Telegraphenamt kommen - aber es ist wohl noch nicht so weit.

Gestern sah ich noch Dr. Küper und Landahl, beide sehr im Bilde der Zeit und in großer Sorge um Hitler, von dem kein Mensch außer den nächsten Beteiligten ahnt, wo er steckt und was mit ihm ist -

O mein kleines Getüm, einen raschen Gruß! Ich soll hundertlei Hausarbeit bewältigen, vom Boden bis zum Keller und den Garten - Aber ich hoffe, Mittwoch fahren zu können -

Herzlichst
Dein Ungetüm und Agathens Hannesvater

191. Kläre Buchmann – [Hamburg-]Blankenese, 20. November 1944

e. Brief m.U., 1 Bl recto/verso, Briefkopf: HL 3
SUB Hamburg: NLp: Ba: 7 [Teil 3 : 1943-1945], 422

Liebes Kätzelchen, mein kleines Getüm, und noch immer kein Telegramm!? - Die Stunden gehen hier rasch dahin, aber ich warte, warte. Landahl und Küper hab ich schon gesehen, beide sehr blaß und abgefallen, aber Landahl raucht schon gelegentlich wieder etwas, war nicht so sehr schlimm mit ihm, hauptsächlich Aufregung, weil sein bester Staatsfreund verhaftet worden ist - Johann Schacht [¿] war auch schon hier, kleiner als ich gedacht, fast kleiner als Mule und ziemlich schmächtig und ganz nett, malt auch ganz nett - Und auch Dr. Baumann war hier, nachdem uns den Abend vorher ein Alarm (der kam schon von tief unten) auseinandergejagt, und er war wieder einmal unbeschreiblich köstlich in seinen Berichten aus dem Bayrischen Wald und aus Nauheim, wo er zur Herzkur gewesen - Und Du? Und Du? Ich hab eben meine Fahrkarte für Mittwoch besorgt und sogar, nach einiger Lauferei und Rederei, Schlafwagen I. bekommen. Abfahrt nachmittags 17 Uhr von Altona am Mittwoch, 22. 11.44 [≈] Bettplatz Nr. 22, lustig, wie? - Wagen Nr. 148, Fahrpreis 71.50,- Möge es gut gelingen mit Anschluß zu Dir, zu Dir und der kleinen Agathe -

kleiner Torkel! Dein Ungetüm

Hier 12 ° Wärme - Regenwetter -

192. Kläre Buchmann – [Hamburg-]Blankenese, 22. November 1944

e. Brief m.U., 1 Bl recto/verso, Briefkopf: HL 3
SUB Hamburg: NLp: Ba: 7 [Teil 3 : 1943-1945], 425

Mein süßes Kätzelchen, noch immer keine Nachricht von Dir! – Wir hatten gestern viel Alarm, darunter ein Großangriff, der aber ⌈zur Hauptsache⌉ auf Harburg jenseits der Elbe ging – Der Zugverkehr über dort ist unterbrochen. Ich hoffe, daß die Umleitung über die Berliner Strecke mich heute Dir wieder näher bringt. Die paar Tage hier sind im Nu davon; es hätte viel getan werden sollen, aber man kann nicht alles, z.B. für Winterholz sorgen, in so kurzer Zeit. Im Hirschpark (wo die große Lindenallee ist) sind zahlreiche Bomben hineingegangen, aber unsere Platane ist unversehrt – Bei Witkorfs (Hansawerkstätten) sind dabei 1 Gans, eine Ente und ein Schaf umgekommen und verspeist worden. Alle Leute, die ich hier wiedersehe, ~~sind~~ scheinen mir inzwischen um Jahre gealtert. Mein Aussehen wurde allgemein gelobt. – Und Du? Und Agathchen? Ich bin sehr in Sorge. Herzlichst Euer Hannes und Ungetüm

Um 17 Uhr soll der Zug fahren. Hoffentlich kommt bis dahin kein neuer Angriff!

193. Kläre Buchmann – Inneralpach bei Brixlegg, 30. November 1944

typ. Brief, 1 Bl recto/verso
SUB Hamburg: NLp: Ba: 7 [Teil 3 : 1943-1945], 427

Liebes kleines Getüm und Torkelkätzelchen und Agathengehäus, da will ich Dir rasch genau berichten, wie ich übers Gebirg vom Bayrischen ins Österreichsche ⌈Es war doch nur wieder ins Bayrische, d.h. ich hatte, nach [¿] Fahrt, ab Brixlegg, endlich den Fuß auf österreichischen Boden und war 3 Stunden aufgestiegen, ehe ich wieder dort war, wo wir uns seit sem Sommer eine Zuflucht gesichert haben.⌉ gewandert bin. Also Punkt acht war ich in der frischen Kälte draußen, es war schon ganz hell, der Wendelstein hatte eine goldenen Saum, der Himmel im Osten war noch brandig vom Sonnenaufgang, die Sonne aber noch hinter den Waldkämmen. Ich kam über den knupprig [≈] gefrorenen Trampelschnee den kleinen Weg am Raschelbach entlang (das Rascheln hab ich die Tage wie Du bis in den Schlaf hinein gehört) bald auf die große Alpenstraße, die dunkelgrau und sauber und breit aufwärts mein harter Teppichläufer sein sollte. Über die Kreuzung grüßte ich hin zum Tannerhof, wo Du wohl schon wach, gewaschen und gefrühstückt beim Grünen Heinrich, bei Dichtung und Wahrheit oder beim Neuen Testament ~~i~~⌈n⌉och ~~g~~⌈b⌉ehaglich in den Kissen liegen mochtest. Mein Rucksack war doch geschwollener als ich vorgehabt, ich ächzte und schnaufte vor mich hin, hatte auch Platz genug dafür, kein Mensch begegnete mir, kein Wagen überholte mich, mein Atem wehte wie eine Friedensfahne vor mir her. Ach, hier waren wir gemeinsam gegangen, Du und ich, ein gelinderes Tempo als ich hier einschlug, und das Tal hatte freundlich uns zu Füssen gelegen, und die Ferne war groß und wandelbar über den Jochen und wir hatten viel zu erzählen und zu bedenken und waren zu dritt und ganz zufrieden. Nun war ich bald hinaus über die erste große Kurve, bis dahin wir gelangt, und ich ersah noch einmal tief unten den Tannerhof und auch den Ort, wie er doch gut geborgen lag, und zeichnete schnell ein bißchen vom Blick mit blassem Blei auf unzureichendem Papier, des Verschnaufens froh, und mir war warm ums Herz und unterm Hut, hatte ja auch den schweren Mantel an, der dennoch sich als nicht zu kräftig erwies in der schneidenden Luft bis auf das letzte Ende, wo es sowieso sauer war. Nun, ich mühte mich weiter, der unermüdlichen Steigung, den wie für die Ewigkeit gefügten Kurven und Viadukten nach. Der Wald begleitete mich eine Weile. In den Durchblicken wuchs das Gebirge höher, bislang ungesehene [≈] ⌈Grate⌉ und Spitzen schoben sich auf, morgendlich glühend. Der Himmel war diesig vorerst, aber ~~di~~ die Sonne mußte unterhalb ihre Lücke finden, wie hätte sie sonst die Grate so ~~leuchtend~~ ⌈brennend⌉ bemalt. [≈] Als ich die langen Bögen durchseufzt hatte, die uns auf der Karte schon riesig genug und erschreckend vorgekommen waren, war ich bald an das berühmte Sudelfeld gelangt, wo der Wald zurückblieb und der Schnee sich über weite sänfliche Hänge breitete, auch Skispuren die Menge aufwies. Es kam mir aber nur ein einzelner fröstelnder Soldat entgegen, der auf Urlaub oder ins Lazarett zu streben schien, zu Fuß wie ich. Ein Schild stand mächtig da, auf einen Wachposten hindeutend, der hier zu andrer Zeit gestanden haben mußte, und es war das Verbot ausgesprochen, sich mit ihm zu unterhalten. Hier wird ⌈vor Zeiten⌉ die alte Grenze gewesen sein zwischen zwei Monarchien und deutschen Stämmen, der Wind ging beißend und wehte nichts als Ungerührtheit. Das große Hotel in diesem gepriesenen Skiparadies lag grau und stumm. Die Straße führte noch ein [≈] paar hundert Meter weiter so sauber vom Schneepflug gefegt bis an eine Baracke, deren mehrere in der Einsamkeit standen, rechte Kommisbaracken, diese aber war mit Stacheldraht besonders gesichert, hatte auch einen etwa acht Quadratmeter großen Auslauf, hühnerhof~~groß~~⌈artig⌉, von zweimannshohem Stacheldrahtgef~~e~~⌈l⌉echt eingezäunt, so wie es für Gefangenenlager üblich ist. Zwei bärtige anscheinend russische Gestalten befanden sich aber außerhalb solchen menschenunwürdigen Käfigs und stocherten am Schnee herum, der von hier ab die Straße einen viertel bis ein⌈en⌉ halben Meter hoch bedeckt hielt. Die beiden Typen, sehr zerlumpt, wären wohl geeignet gewesen, einen Einzelgänger zu bedrücken, sie blickten auch recht keck und lächelnd darein, erwiderten ⌈aber⌉ den Gruß Grüß Gott mit einem ⌈freundlichen⌉ unverständlichen Gemurmel; vielleicht hätten sie ein Heil Hitler besser verstanden. Ich ging ohne Aufenthalt vorüber in die weiße Weite, die nun keine Steigung mehr hatte, sondern eine Zeitlang eben dahin lief. Der Schnee war harschig gefroren und trug gut, was, älteren ~~Fußspu~~ tief eingesunkenen Fußspuren nach, [≈] erst durch die Kälte der vergangenen Nacht ~~er~~mögli⌈g⌉~~cht~~⌈ge⌉worden. Zur Rechten brach der Straßenrand tief hinab und ~~s~~⌈d⌉as verschneite Gelände stieg über sanfte Almböden und ~~Buk-kel~~[≈] waldige, reifbepuderte Buckel zu der steinern kahlen Rotwandel auf, deren leicht geschartete ⌈rosige⌉ Schneide fädig beglitzert war, als habe sie Wolkenflaum geschnippelt. Der Himmel darüber ~~war~~ quirr~~lig~~ von feinstem Grau. Die Sonne war nun hoch genug, um hervorscheinen zu können, aber sie vermochte nur ~~eine~~ als eine ziehende milchige Helle ihren Stand anzudeuten, und so sehr ich sie sonst zu ersehnen pflege, jetzt war mirs recht, da mir bei meinem eingehaltenen langen Schritt ein Mehr an Wärme nicht hätte willkommen sein können. Auch blendete der Schnee auf die Dauer ~~auch so~~ ⌈schon so⌉ genug. Die Ferne ~~began(paßte nicht mehr auf die Seite!~~ begann zu flimmern, ferne Baumstümpfe am Wege sich zu beleben, als solle mir dieser oder jener begegnen. An einer Biegung nun tat sich das hohe Gezacke überm Inntal auf, in dessen Richtung ich ging, und es war ein erhabenes Schaustück da ganz absonderliche schroffe und geborgene Formen, in allen Graden und Schattungen beschneit, sich jäh ~~erhoben~~ auftaten, in wunderbarem kräftigen Farbenspiel der Hintereinander, die Nähe düster braun in [≈] ⌈betontestem⌉ Sepia mit grellen Weißsp⌈r⌉itzern, die nächsten Hänge, schon ~~übersilbert sich rosa~~ von den dazwischen liegenden Lüften durchsilbert, die steilere Kulisse dahinter schon ~~rosa~~ ⌈rötlich⌉ behaucht, ~~die~~ darüber dann ein Band steinigerer Höhe in einem reinen matten Türkisblau, darüber dann ein einsamer riefliger Gipfel in geschlossenem E~~s~~⌈i⌉skremrosa, aufragend in einem unendlich fein gepinselten aus wahrhaften Unendlichkeiten leuchtendem perlgrünen Himmel, der hinauf zu kräftiger sich tönte, an [≈] den großartigen Abendhimmel gemahnend, den wir gemeinsam, vom Scha~~z~~⌈t⌉zberg zur Wurmeggalpe hinabsteigend, in unserm schönen Sommer einmal erlebt haben, der aber sich damals in ungehinderte~~n~~⌈m⌉ Rausche bis über den Zenith hinauf ungetrübt erstreckt, hier jedoch bald die goldene Kante des lockigen flockigen allgemeinen grauen Wolkenflores über sich fand.

Ich war eifrig, so sehr meine Augen dem Zauber angebannt hingen, den Weg in das schluchtig ~~sich~~ und dunkel sich anzeigende Tal meines Zieles zu gewinnen. Die Straße verlor nun ihren kunstvollen Bau, hier war noch der alte Karrenweg eben zu seiner Umwandlung in Angriff genommen und bei Einsetzen ungünstigen Wetters aufgewül~~z~~⌈t⌉ liegen geblieben, nun vom Schnee überhöht, der sich gletscherartig mit Schrunden, Zungen und blanken Eisflächen in weiter Kurve abwärts schwang. Die hohe Sicht verschwand hinter aufsteigendem Wald. Ich ⌈w⌉ar nun an zwei Stunden unterwegs, spürte aber kaum noch Mühsal und Last, aß einen Apfel, eine Walnuß, ein kleines lang aufgespartes Stück Schokolade und gelangte ~~munter~~ die endlos am Mühlberg sich hinwindende kaum erkennbare Straße hinab bis an ein⌈e⌉ ~~Schild~~ ⌈Tafel⌉ ~~das~~⌈ie⌉ auf ein Gasthaus namens Tatzelwurm hinwies, welchselbes Sagen~~tiepaßte nicht~~tier vor etlichen Jahren hier gesehen worden sein soll und derzeit, wie ich mich entsann, der Berliner Illustrierten ⌈zu⌉ eine⌈r⌉ billige⌈n⌉ Sensation ge[≈]⌈reicht⌉ hatte. Es ging zu besagtem Lokal ein vielbetretener Beiweg hinab, und es lockte mich nicht, dort Zeit zu verlieren. Ich war der rechten Spur und Straße so sicher und ⌈daher⌉ mächtig erstaunt, nach geraumen Kilometern, indes sich der Schnee verzogen hatte und ein rechter schlichter Landweg zutage getreten war, ein Schild zu entdecken, darauf für alle Donnerstage ein Halt ausgesprochen war wegen Scharfschießens in dieser Gegend; ~~und~~ es war unterzeichnet ~~vopaßte nicht~~ vom Standortältesten in Brannenburg, und das war der Ort, wohin ich nicht eigentlich wollte. Ich war von der großen Alpenstraße links ab geraten, über große und kleine Tatzelwürmer und Ungetüme spintiesierend und, zwischen undurchsichtigen Wäldern forttrottend, nun schon zu weit vom Gabelpunkt, um umzukehren; es war auch Mittwoch und nicht Donnerstag, und so konnte ich unbehelligt weiter. Der Bach, der Anfangs ~~irreführe~~ wie er sollte zur Rechten neben mir hingemurmelt, wechselte nach links hinüber, es war kein Zweifel, die Karte zeichnete es nach, ich mußte nach Brannenburg, und so, fast im Ebenen, ohne große Ausblicke, zog sich der Schritt immer saurer ~~und~~ hin. Erst hinter dem langen Felsentunnel wurde die Landschaft wieder reizvoller, doch schien sie mehr aus Thüringen, denn aus Bayern zu sein, und die Tannen zuseit, mit kleinen

[*Rest fehlt*]

194. Kläre Buchmann – Inneralpach bei Brixlegg, 4. Dezember 1944

e. Brief m.U., 1 Bl recto/verso
SUB Hamburg: NLp: Ba: 7 [Teil 3 : 1943-1945], 430

Liebes Kätzelchen, Dein Advents Anruf war sehr erfreuend und rührend; leider war das Büro voller Leute, die Frl. Neumayr vor allem wegen ein Viertel Weins zu sprechen wünschten, aber ich habe Dich gut verstehen können, Deine Stimme war etwas schwebend, es waren wohl Adventsengelsflügel darin und ein wenig Seufzer über unser Getrenntsein. Ich hab den ganzen Tag gearbeitet, erst an einer großen Steinzeichnung (Umdruckpapier) für die Griffelkunst-Vereinigung, nachdem ich gestern und vorgestern schon das erste Blatt fertig gemacht habe (Blick auf den Groß Venediger) das 2. nun wird „Hirtenkinder auf Madeira", das dritte wird ein „Erleuchteter", einem seemännischen Paare in einer Bier-Wirtschaft predigend, das 4. ⌈wohl⌉ ein „Feuerschiff", das 5. wohl etwas vom Bodensee. Du wunderst Dich, daß ich nicht mehr Alm – und Wurmegg dabei habe, aber ich weiß, daß die Leute in Hamburg von mir lieber nichts Gebirgliches sehen wollen, die glauben es mir noch nicht, und dafür ist mir unsere Erinnerung zu schade –
[≈] Warum Dr. Port eigentlich die große Strapaze des Heimwegs über Alpach auf sich

genommen, ist mir nicht klar geworden, zumal er keine Ladung Briefdokumente hier gelassen hat. War es nur wegen der Unterbringung der Kröners? Frl. Neumayr hat sehr emsig herumtelefoniert den Morgen, aber da die Partei alles für Wien belegt hat im weiten Umkreis, wird es sehr schwer helfen. Die guten Herrschaften kommen auch etwas spät mit ihrem Vorhaben. Möge es gern dennoch glücken. Dr. Port braucht diese Dinge aber gar nicht so geheimnisvoll hinter meinem Rücken zu besprechen. Frl. Neumayr ist Dir und mir viel zu sehr verbunden, als daß sie es bei sich behalten möchte, und im Grunde auch viel zu ratlos solchem Ansinnen gegenüber. – Er will übrigens nun (wie er ja auch längst schriftlich festgelegt) das Zimmer bezahlen –

Auch hab ich gestern Abend noch einen Adventsengel gemacht, der Dich hier erwartet. Er ist ein rechter Agathenengel (aus [¿]farbenen Aktendeckel) und leider zu zerbrechlich, als daß man ihn Dir schicken könnte. Der Brief von Dr. Frey, den P. Dir mitbrachte, ist doch nett. Einen anderen leg ich Dir bei ⌈Zeig ihn Dir später, weil der Mann krank gewesen ist⌉ (Italiaander ist ein tätiger Jugend- und Sportschriftsteller geworden ~~10 Bücher über Segelflug usw.~~) – O je, jetzt hab ich vergessen, mich für Deine lieben Briefe zu bedanken (vom 10. 11. und den vom 29. in eins) Ja, meine süßen beiden „Ineinander" und „Wohlbehüteten", seid innigst gegrüßt. Und grüßt das Mausilein auch! –

Dein und Euer Hannes und Ungetüm

Hier taut es wieder, leider! –
Der Brief von Deiner Mutter ist gleich weitergegangen. Von Erna kam ein Brief –

195. Kläre Buchmann – Inneralpach bei Brixlegg, 9. Dezember 1944

e. Brief m.U., 1 Bl recto/verso
SUB Hamburg: NLp: Ba: 7 [Teil 3 : 1943-1945], 431

Liebes kleines Agathengetüm, Almkätzelchen, liebreicher Torkel und tapfere Gegenwärtigkeit, Keine Post von Dir ist gestern durchgekommen und das Telefon ging nicht und geht nicht wegen der ungeheuren Schneemassen, die hier herniedergerauscht sind, 30 cm und mehr; gestern war es tiefste Winterlandschaft, alle Zäune und Bäume mit Schlafmützen. ⌈Aber es begann gleich zu tauen.⌉

Rother war den Abend vorher gekommen und ist ~~geradelt~~ gestern abend wieder von dannen ⌈geradelt (im Schneedreck)⌉ War ekelhaft muffig und überpatriotisch und hat „Inventur" gemacht, wie eine Ratte überall hineingeschnüffelt und die Neumayrin wohl hart geärgert; denn sie schien dauernd eben vorm [¿] zu stehn wegen seines Mißtrauens und Undanks, wo sie doch alles so tadellos in Ordnung hat (das gibt er selber zu, aber dies sei ja weiter nicht der Rede wert ...) Papierproben hatte er noch keine, hat wohl überhaupt weniger Papier als zugesagt, ist wohl überhaupt wenig aufrichtig! Über den Ausdruck „Fürstenzimmer", den er ja nicht etwa in Gänsefüßchen gesetzt hatte, und den ich ihm gehörig hinrieb, meinte er: Wenn die in Schwaben keinen Humor verstehen, schreib ich ihnen überhaupt keine Briefe mehr. Ich hab ihm gebührend darauf geantwortet, er dürfe die Verlagsleitung Cotta nicht unterschätzen. Wenn seine Briefe scherzhaft seien, so wären vielleicht ~~auch~~ besser die ~~sonstigen~~ ernst gemeinten Angaben von nun an rot zu unterstreichen. – Nun, er weigerte sich einfach einzusehen, daß ihm ein~~r~~ Ausrutscher passiert sei. Aber das scheint typisch an ihm zu sein. Und daß er uns eine, wie sich letztlich herausstellte, unbewohnbare Baracke vermietet hat, wird er uns als Fehler anzurechnen suchen, das ist klar. Wir dürfen es weiter gelassen betrachten; denn im Grunde regiert ja doch nicht er im Galtenberghaus, sondern die ihm unentbehrliche Neumayrin. –

Inzwischen bin ich eifrig bei Durchsicht des „Godeke". Es ist allerhand Arbeit, hätte ich nicht geglaubt, aber es ist auch wieder sehr anrührend, und ich wundere mich über manches darin. Hoffentlich erreiche ich Dich heute am Telefon auch noch.

Herzlichst Dein
Ungetüm

196. Kläre Buchmann – Inneralpach bei Brixlegg, 16. Dezember 1944

e. Brief m.U., 1 Bl recto/verso
SUB Hamburg: NLp: Ba: 7 [Teil 3 : 1943-1945], 437

Mein liebes kleines Agathengetüm und Mütterchen, kein Anruf geht zur Zeit durch, ich versuche seit gestern Vormittag, aber dauernd sind Alarme dazwischen und wohl auch Störungen um Rosenheim herum. Sollten doch diese Sauflieger zu gegen Weihnachten ihr elend menschenunwürdiges Handwerk lassen!

Welch dumme widerliche Bestie ist aus dem Gros der weißen Menschheit geworden (oder auch ein brutaler Kleinteil, der die anderen Kraft übelsten Gewaltmißbrauchs in den Jammer jagt ...) Geduld, Geduld! Vielleicht höre ich über die Schwarz, wie es Dir geht. Hoffentlich ist sie gut unter den Alarmen durchgerutscht und zu Dir gelangt. Hat sie Pflaumen mitgebracht? Sie stammen aus Brixlegg, telef. von M.K. bestellt, die es nicht fertig gebracht hat wegen Versagen der Dienstboten, von hier noch rechtzeitig welche hinab zu befördern, und auch ein paar Röschen hätte ich gern mitgegeben. – Die Manuskripte hab ich bis auf 3 Pack (in den Koffern der Köchin Anny) in 2 Koffern gelassen, und sie stehen auf meinem Schrank, weil mir die Baracke zu unsicher scheint vorläufig und der Speicherboden auch. (und die aus den Köchinnenkoffern liegen bei mir im Schrank) Leider finde ich noch keine Zeit, mir etwa die Büste der Therese Huber anzusehen; täte es auch lieber in Deiner Gesellschaft.

Hier ist Schnee und Sonne. Vielleicht kann ich heute eine Stunde auf Ski. Gestern war ich wohl recht erschlagen von dem Gebirgsmarsch, aber diesmal fuhr wenigstens der Autobus abends. –

[¿] stehen ⌈wie⌉ silberne Großmücken [¿] im schönsten reinsten Himmelblau, der [¿] taucht sich malerisch (ohne Absicht)

2 Briefe von Deiner Mama kommen eben –

O mein kleiner Torkel, wie gehts wie stehts? Laß es Dir bald besser gehen! Auf Wiedersehen

Dein Ungetüm

Und laß Agathen einen zarten Gruß sagen!
In Eile, der Brief soll noch mit dem Briefträger!

197. Kläre Buchmann – Inneralpach bei Brixlegg, 11. Februar 1945

e. Brief m.U., 1 Bl recto/verso, Briefpapier: Galtenberghaus Inneralpach-Tirol
SUB Hamburg: NLp: Ba: 7 [Teil 3 : 1943-1945], 441

Mein liebes kleines Getüm, diesen Sonntagmorgen hab ich endlich wieder Bayrisch Zell erreichen können ⌈Freitag gings schon mal, aber ganz kurz nur –⌉, aber Schwester Maria hat nichts verstanden, was ich alles fragte; ich hörte aber, daß es Dir so weit geht, und daß Du Deine Schihose haben willst, auch daß Du - wegen Verlagen Überlingen - die Neuhäuserin aufgefordert hast, Dich zu besuchen. Ich habe nicht das Geringste von Überlingen vernommen. Dr. Port schrieb mir einen sachlichen Geschäftsbrief, der in seiner Art sogar liebenswürdig genannt werden könnte. Ich bin jedoch weiter mißtrauisch (als Hanseat) Ich habe ihm sachlich und freundlich auf die an und für sich belanglosen Sachen geantwortet. In einer Rundschrift-Beilage war dann das [≈] Hinscheiden des alten Kröner mitgeteilt. Ich habe Gattin und Sohn ~~teilnahmsvoll~~ meine Teilnahme ausgedrückt. Und ihnen gelobt, „dem guten Willen des Verlages verbündet" zu bleiben – ⌈Hab noch als „rührende Erinnerung" erwähnt, daß der alte Robert beim zweiten und letzten Mal der Begegnung Lili Marleen aufgesagt hat –⌉

Ich habe ein bischen auf der Nase gelegen; die Bergwanderung hatte es diesmal ja in und außer sich, aber ich rapple mich schon wieder auf, habe an den 5 großen Steindruckblättern weitergearbeitet. Die Auftraggeber haben sich ungeduldig gemeldet (aber sehr nett) Nun habe ich als 3 Blatt die Wurmegg-Alpe mit dem Blick auf Karwendel fertig. Es folgen 2 Blätter norddeutscher Prägung (Matrosen und Mädchen. Elbmündung) Die beiden ersten Blätter, die schon im Dezember fertig geworden, sind ein Blick auf den Groß-Venediger und Hirtenkinder auf Madeira. Ich bin sehr froh über diese Arbeit, sie nimmt mich mächtig gefangen und lenkt mich ab von den schwankenden Tagesereignissen, die mich manchmal mehr bedrängen als recht ist. Sei Deiner Klause froh! Grüß das süße Agathenkind!

Heute kamen die Korrekturfahnen Liliencron-Gedichte –

Grüß alle guten Leute doch und sei herzlichst gegrüßt und geküßt von Deinem Ungetüm.

198. Kläre Buchmann – Inneralpach bei Brixlegg, 15. Februar 1945

e. Brief m.U., 1 Bl recto/verso, Briefpapier: Galtenberghaus Inneralpach-Tirol
SUB Hamburg: NLp: Ba: 7 [Teil 3 : 1943-1945], 442

Mein kleines Getüm,
Gestern sagte mir Schwester Emma am Telefon, Frl. Neuhäuser käme zu Dir. Das ist ja ein netter Besuch. Hoffentlich konnte sie Äpfel mitbringen. - Ja, Dein Agathen-Deklinations-Brief ist auch gekommen, der vom 9. 2. und, Kraft des Bürgermeister-Stempels eingeschrieben, hat er nur 5 Tage gebraucht; erstaunlich! Heute ist kein Anruf durchgegangen, darum schreibe ich Dir ein paar Worte und will Dir danken für Deine freundliche Meinung über die drei neuen Kadenzen. Ich hatte eigentlich keine Kadenzen mehr schreiben wollen, aber diese sind sozusagen nicht recht abzuweisen gewesen, und so mögen sie denn hingehen. War die liebe Agathe am Sonntag wieder bei Dir? Das süße Kind! Ich hab rechte Sehnsucht nach Euch beiden, muß aber noch etwas warten, eh ich die Wanderung übers Gebirg wiederholen kann. Ggf. will auch Frl. Neumayer mit, weil

sie Sorge hat mich allein gehen zu lassen und weil dann ggf. schon etwas gepackt und abtransportiert werden kann. Oder nicht? Am besten fahren wir dann schon allesamt mit Dir und dem Kindchen und Gepäck per Schlitten über Sande, Kufstein nach hier –

Gestern hab ich stramm die Liliencron Feldaus~~gabe~~wahl durchgesehen. Es war noch eine Menge zu kürzen. Das Nachwort lege ich diesem bei, auch einen „Brief mit Briefen" von Deiner Mutter. Ich hab nur in dem einen etwas entdeckt, was reizvoll ist und ich gern hätte: Die Übersetzungen der „Jazz-Schriften" ...

Nun sei herzlichst gegrüßt und geküßt von Deinem
Ungetüm

199. Kläre Buchmann – Inneralpach bei Brixlegg, 17. Februar 1945

e. Brief m.U., 1 Bl recto/verso, Briefpapier: J.G. Cotta'sche Buchhandlung Nachfolger, Lektorat
SUB Hamburg: NLp: Ba: 7 [Teil 3 : 1943-1945], 443

Mein kleiner Torkel, süßes Getüm und Kätzelchen, anbei wieder ein Brief der Mama. Leider ist seit Tagen kein Anruf in Bayr. Zell möglich. Die Bomben haben wieder auf der ganzen Strecke gehaust. Wann mag auch dieser Brief, wann überhaupt Post durchkommen. Von Dir zuletzt vom 9. 2. – Auch von Hbg. kommt nichts an. Meine Lebnsmittelmarken sind seit dem 2. Febr. unterwegs, eingeschrieben, und noch nicht hier. Aber hier kann ich noch eine Weile auf Pump leben. Ist Erika Neuhäuserin bei Dir gelandet? Ich beneide sie. Zosl [¿], Agathens zukünftige Pflegemutter, war hier und machte mir immer einen sehr netten Eindruck, hat wohl auch noch allerlei Windeln über, hat auch eine Schwester in Innsbruck in der Konfektion, die auf Punkte noch einiges besorgen kann. Und für die Ernährung mit Kindergries usw. ist über die gute Maria Neumayrin auch bestens vorgesorgt. Und die Sonne scheint hier auch schon schön. –

Fast jeden Tag jetzt gönne ich mir eine kleine Stunde am Schihang und über „Klistln" [¿] Es sieht sicher zum Lachen aus, aber es tut mir gut. Und was übst Du auf dem sanfteren Gelände des weißen Bettlakens? Wird das Beinchen schon bewegt? Weiter gute gute Besserung! Und ein paar zarte Küsse rings um von Herzen

Dein Ungetüm

200. Fritz Hasinger – Inneralpach bei Brixlegg, 23. April 1945

typ. Brief m.U., 1 Bl recto/verso
MHG: Hans-Leip-Archiv: Briefe, Briefentwürfe und Durchschriften F-L: HL an Fritz Hasinger

Lieber Fritz Hasinger,
Ihr Brief vom 4. hat mich sehr angerührt, und daß auch Sie nun liebe Anverwandte verloren haben in dieser furchtbaren Zeit. Wer weiß, ob nicht die meisten der Entschlafenen glücklich zu preisen sind, gemessen an dem, was Ihnen an Leid noch hätte bevorgestanden. Obwohl nun Nürnberg wohl das Schlimmste schon hinter sich haben wird, wie auch schon Überlingen am Bodensee, wo ich noch ein Zimmer habe und viele Sachen und Bücher und gute Freunde. Möge es dort glimpflich zugehen! Es scheint, als sei die Besetzung ohne Kampf erfolgt. Auch soll Konstanz von Truppen geräumt

und zur unbefestigten Stadt erklärt worden sein, und das wäre für den Verlag Cotta – abgesehen von dem Segen für die Bevölkerung – sehr günstig; denn wir haben dort ein neues Verlagshaus gekauft, nachdem wir eine Rückkehr nach Stuttgart nicht mehr als erwägbar angesehen.

Nun wird München eins der nächsten Ziele der Alliierten sein, und ich kann nur wünschen, ~~daß die vernünftigste Einsicht der Bevölkerung den nutzlosen Widerstand ≈, der Volkswille, der eigentliche, der wohl nirgends mehr zweifelsfrei ist, endlich nach so vielen Jahren der Knebelung und Mundtotmachung zu seinem Rechte kommt. Möchten doch auch die Feinde erkennen, daß das deutsche Volk und seine Regierung, seine noch jetzige, niemals dasselbe waren!~~ ⌈Hab ich selber gestrichen – Ich möchte einer möglichen Zensur nicht Gelegenheit geben, den Brief zu beschlagnahmen.⌉

Hier im Gebirge und Tirolischen ist die Stimmung der Bevölkerung eben vorm Explodieren. Ich halte mich, schon weil ich Norddeutscher bin, hier von jeder Meinungsäußerung zurück. Als Gast hat man sich dem Bestehenden zu fügen, und noch besteht hier die Ortsgruppe, wenn sie auch nicht mehr gewagt hat, zu Hitlers Geburtstag die Fahne herauszuhängen. Auf den Gebirgskämmen und einsamsten Almhütten scheinen Partisanen zu lauern. Kürzlich ist unser, übrigens ausgezeichneter Gendarm abends von vier irgendwelchen Wehrmachtsuniformierten, die sich nicht recht ausweisen konnten (auf dem Wege von seiner Freundin) und die er mitgehen hieß, angeschossen worden, und die Kerls sind ent~~kommen~~wetzt, haben auf der Flucht aber einen Rucksack voll amerikanischer Munition verloren. Man will wohl eine Streife ansetzen, aber bislang ist es noch nicht soweit gekommen. Auch sah ich, wie zwei Mosquitoflugzeuge, ganz niedrig über den Bergkamm hinstreichend, zwei riesige bombenähnliche Behälter abwarfen, die wohl Nahrung und Schießbedarf enthalten haben mögen. Jedenfalls ist eine Explosion nicht erfolgt.

Über die Vorgänge im Reich, zumal im besetzten Teil und in Berlin, hört man hier nicht viel, d.h. unser Hausradio vermittelt nur streng unsere Berichte, die allerdings bald schwer zu finden sind. Dafür wissen aber Leute, die man auf dem Wege trifft, meistens gut Bescheid. Mag auch sein, daß Flugblätter von Hand zu Hand gehen, namentlich in Innsbruck, wo der Gauleiter Hofer, den ich übrigens nicht kenne und nicht beurteilen kann, anscheinend fanatisch gehaßt wird. Und wie haben gerade die Innsbrucker ganz allgemein dem Hakenkreuz zugejubelt. Sie scheinen, so behaupten sie wenigstens, bitterer enttäuscht worden zu sein als alle anderen. Ich stehe dem allen fern, ich habe nie etwas von Politik verstanden. Ich liebe mein Vaterland und habe es im Ausland immer verteidigt, sogar noch Anfang 1939, wo doch wir Hamburger das Unheil unabänderlich sich erfüllen sahen.

Und Hamburg liegt unter britischem [≈] Geschützfeuer, von Land aus! So weit ist es gediehen! Ich habe von meinen Lieben seit sechs Wochen keine Nachricht mehr. Buxtehude, dessen Turm ⌈, dessen Dächer⌉ ich von meinem Arbeitszimmer immer so gut sah, ist eingeommen. Mein Herz bebt vor Sorge.

Aber diese Ängste um seine Angehörigen hatte jeder mehr oder minder durchzustehen und mit sich selber abzumachen. Da gibt es keinen Trost von außen. Sie haben Recht, nur der innere Fond ~~hat~~ kann da helfen und das Bewußtsein, so weit es in Deutschland möglich war, frei zu sein von Schuld.

Hoffentlich erreicht Sie dieser Brief noch ⌈Die [≈] Bahnstrecke von Innsbruck bis Rosenheim ist vorläufig gründlichst gebombt⌉. Ja, ich wollte Ihnen sagen, bevor wir fürs erste oder für immer einander aus den Augen entschwänden, wie sehr ich Sie schätze, wie freundlich in dieser Wirrniss des Unterganges die Erinnerung mich befällt an unsere gemeinsame Arbeit friedlicher weltweiter ~~und~~ aufbauender und freudebringender Art. Wie auch manches gütige und kluge Wort von Ihnen in mir nachhallt und mich stärkt. Haben Sie Dank dafür! Und mögen Sie uns erhalten bleiben samt Ihren Lieben!

Herzlichst Ihr
Hans Leip

201. Kläre Buchmann – [Hamburg-]Blankenese, 7. Novermber 1945

typ. Brief m.U., 1 Bl recto/verso, Briefpapier: HL 3
SUB Hamburg: NLp: Ba: 7 [Teil 3 : 1943-1945], 455

mein allerliebstes Kätzelchen, mein Un und alles, mein Tor~~j~~⌈k⌉el, kleines Getüm und mein Klär, mein Strudel, mein Sprudel, mein Schnudel, ach mein gutes Fernes und Nächstes, eben bin ich hier, möcht ich doch gleich wieder zu Dir, so geht es hin und her, das arme Herz, es gibt ~~j~~⌈k⌉eine Ruhe, keinen bequemen Aufenthalt, alles ist immer im Werden und Fließen und voller Verlangen, bald wieder da zu sein, woher man gerade gekommen, zumal, wenn Du es bist, woher man gerade gekommen ist. Nein, hier ist es nicht sehr behaglich für mich und für keinen, und so dünn hab ich die Butter noch seit langem nicht mehr gestrichen, man sieht sie kaum, und es ist hier nichts mit dem sagenhaften Schwarzen Markt, nicht mal für 400 Emm das Pfund. Das bißchen Speck war bis zu Tränen hochwillkommen , und ich hab auch schon ein Fitzelchen mit Bohnen, Birnen und Kartoffeln serviert erhalten, oho, es muß viele Wochen reichen. Denn aus Dithmarschen ist nichts zu ersichten, es wird alles abgeknöpft und beschlagnahmt und bestraft. Soweit das Essen (und der Weinkeller ist ratzekahl leer; wir haben die letzte Flasche – und es war roter Sekt – am Abend meiner Ankunft getrunken, mit dem Arzt zusammen) Das Wohnen hab ich Dir schon beschrieben, und es wird demnächst noch enger, da der Architekt nebst Frau Samstag zwei Kindlein dazuholen wollen und sie nicht anders werden unterbringen können als in meinem Schlafzimmer, sodaß ich dann unten auf der großen Kautsch schlafen muß. Nun gut, die Not ist überall groß, Die englische Zivilverwaltung naht überdies mit Kind und Kegel und möchte in ~~Bl paßte nicht~~ Blankenese quartieren. So trefflich mein bisheriger Eindruck von der hiesigen Besatzung ist, es wird aber leider sehr eng. Am besten würden wir ein britisches Dominion, Heiliges römisches Reich britischer Nation, auf daß der Rettung des Abendlandes nichts mehr im Wege stehe. Ich will nicht klagen, alle sind nett zu mir, ich sitze in warmer Stube – der win~~d~~⌈z⌉ige Ofenherd mit einem gefällten Baum ge~~he~~⌈sp⌉eist, tuts redlich – und es sieht hier aus wie in einem Zigeunerlager. Almerinnerungen wehen mich~~h~~ an, schon vom Holzgeruch her (aber Lärche ist nicht dabei) Nun, zu berichten wäre, daß gestern die Uni hier eröffnet hat, Senator Landahl hat ausgezeichnet gesprochen, sogar ein wenig Latein und Englisch eingemengt und recht hanseatisch, obschon der Rektor Prof.Dr. Wolf (der Anglist) noch ein bißchen weltweiter humanistisch und human gesprochen hat und wirklich in der Anschauung der Freiheit aller Forschung und der Wahrhaftigkeit aller Wissenschaft recht eindringlich wurde, auch in dem Satz gipfelte (er hätte gipfeln können, wenn er nicht so trocken ablesend auf gleicher Ebene geblieben wäre) daß die europäische Kultur nur unter angelsächsischer Führung Aussicht habe, bestehen zu bleiben. (Leider schlief in der Länge der Veranstaltung an dieser Stelle schon fast d~~a~~⌈i⌉e ganze festliche Versammlung, sonst hätte man dem anwesenden englischen Oberkommando wohl mit einigem Beifall nicht nur die Würde, sondern auch die Verantwortung bekräftigen sollen) Ilse Haalck und ich aßen danach in der Halali-Bar, allwo ~~d~~⌈w⌉ie ein Plakat besagt, die am Aufbau Hamburgs beteiligten Kaufleute und Wirtschaftler verkehren dürfen und wegen Platzmangels ohne Damen... Aber wir erreichten es doch einen deutschen Dichter mit seiner Angetrau~~n~~⌈t⌉en in den Commerz einzuschmuggeln, hatten auch unsern Tisch allein und wurden höflichst bedient mit teuren mageren Sachen ohne Kartoffeln, jedoch war eine trefflich gebratene Seezunge zu haben, und die haben wir höchlichst genossen. Es ist die beste Möglichkeit in Hamburg, von der jener Herr Hopp [≈] gekränkt äußerte, sie sei dem Kreis um Bürgermeister Petersen vorbehalten. Betreff~~e~~s Konditoreien ist zu berichten, daß sie überfüllt und bes~~h~~⌈c⌉heiden sind wie alles hier. Zu kaufen ist nichts von irgendwelchem Belang. Das heißt, bei Christian Wegner hab ich dessen erstes Druckerzeugnis gekauft, 4,50 RM ein englisches ⌈in Ganzleinen⌉ Wörterbuch, das von Tauchnitz in Lizenz photokopiert, 100 000 Auflage. Er ist der große Verlagsmann hier und ist stolz auf 1 Million Bogen Holzpapier. Ich sagte ihm die solle er nur schnell verbrauchen, aber nichts von mir darauf tun. Außer ihm haben Lizenz erhalten: Goverts, Hofmann & Campe, Marion Schröder, Braun (Alster Verlag) und ein Herrn Wegner unbekannter KZler. Hat Cotta nun auch? Ich hoffe und glaube. Und liebe Dich. Ja, ja, spätestens Anfang Januar bin ich wieder bei Dir, länger halt ichs nicht aus ohne Dich. – Eben war Herr Bauer hier und erzählte, er habe Dich munter in Alpbach gesehen, o mein Herz, und Du wärest den Abend beim Wein eingenickt, kein Wunder nach all den Strapazen. Hast Du Dich erholt? Und wie gehts dem Agathlein? Wär ich doch bei Dir! Die paar Wochen gehen bald dahin. Bleib mir treu! Ich werde bald gesund. Der Arzt, die Ärzte meinen, mein Gehör links retten zu können. Die Ursachen in den Kiefernhöhlen müssen beseitigt werden.

Ich hab Dich lieb, lieb, lieb und muß Dich wiedersehen
Dein U
Dein Hannes von Herzen und Ungetüm

202. Kläre Buchmann – [Hamburg-]Blankenese, 7. Novermber 1945

typ. Brief m.U., 1 Bl recto/verso, Briefpapier: HL 3
SUB Hamburg: NLp: Ba: 7 [Teil 3 : 1943-1945], 456

Er sagte, die Engländer hätten in diesem Kriege kein eignes Soldatenlied gehabt, das so populär gewesen wäre wie eben Lili Marleen.

Mein liebes kleines fernes Getüm, schon war ein Engländer hier bei mir, um sich des Näheren nach Lili Marleen zu erkundigen, ein ~~ganz~~ ⌈netter⌉ einfacher Mann, schlichter Soldat, im Privatberuf allerdings Organist irgendwo in Wales, spielte dann auf dem kleinen Flügel unten im Bücherzimmer Bach und Mendelssohn, bewunderte beim Weggehen noch rasch auch das Cembalo und will in irgendwelchen Zeitungen schreiben und es mir schicken ⌈Das Agathenbild hab ich ihnen gezeigt, sie fanden es süß, noch ohne Ahnung!!!⌉ Ich konnte ihm nur einen „Nigger auf Scharhörn" schenken, er mir als Gegengabe ein paar Zigaretten. Weder einen Abdruck der Noten zu Lili Marleen (Klavierausgabe, die dolle vom Apolloverlag) noch ein Widerschein ist allhier aufzufinden; und so wird denn wohl allerlei Sonderbares in den beabsichtigten Bericht gelangen... wenns überhaupt soweit kommt. Ansonst hat sich, dem Himmel Dank, noch niemand um mich bekümmert. Wegen der Finanz und Steuer warte ich die Antwort aus Urbach ab. Die Schädeldurchleuchtung soll Montag oder Dienstag geschehen, und wenn die Ärzte in meinem Hirn lesen können, werden sie eine Unmenge Erinnerungen finden, alle gruppiert um ein gewisses Kätzelchen; fehlt nur noch, daß ich Sperlinge unterm Hut habe, es zu füttern. Und ich hoffe, ~~Cotta wird sie~~ es auch so satt zu bekommen und seiner nie satt werden. So schön auch die Hausmusik ist – und gestern abend hat man mir mein Geburtstagsständchen vorgespielt, eine Sonata von Jean Mari Leclair, einem Franzosen eben vor Mozart, großartig und leichtnotig zugleich; Lille spielte es ungemein beschwingt und klar auf ihrer Vio~~o~~⌈l⌉ine zum Cembalo... Im Übrigen ist hier immer etwas los, entweder im Haus oder außerhalb, meistens Konzert, aber auch Vorträge. Gestern wurde hier Gyges und sein Ring mit verteilten Rollen gelesen mit sämtlichen Hausbewohnern dabei außer mir, der zuhörte, und jene Stelle, ~~wie~~ ⌈wo⌉ Kandaules vom angetasteten Scho~~o~~⌈l⌉af der Welt spricht und mit der ahnungsvollen Abfertigung ihrer, selbst im Schlaf festgehaltenen Insignien, Schleier, Krone und Schwert, das merkwürdig übersteigerte Unterfangen des Stoffes dichterseits ⌈sich⌉ zu rechtfertigen scheint, hat mich doch ~~recht~~ ⌈sehr⌉ angerührt, wie überhaupt die meisterliche Bauart... Und bald wohl möchte ich Lust zu spüren meinen, selber wieder ans Werk zu gehen... Nur wird es hier nicht leicht werden mit dem Arbeiten, fürchte ich. Es ist zu eng im Haus. Der junge Doktor ist zum Beispiel ganz nett und klug und humanistisch sehr gebildet, gibt Mule auch Lateinstunden und sorgt für dies und das und wird entsprechend geliebt, obschon in Ehren, ist auch ein hübscher guter Junge und sicher ein wahrer Segen den Sommer über gewesen und ist es noch. Aber wo zwei Männer ~~nun~~ verwöhnt werden, ist einer ein bischen zu viel. Ich seh es milde an, immer gespannter in der Erwartung, wieder zu Dir zu stoßen. Der junge Herr Stehr – übrigens verheiratet mit zwei Kindern – soll hier auch sich trefflich eingefügt haben und durch dauerndes Mokkarösten sich beliebt gemacht haben. Er lebt jetzt auf dem lande, soll aber durch den Film viel Geld verdient haben (war bei der Tobis Dramaturg) Er hat den Damen bei unzähligen Kostümfesten im Hause Swing und Rumba beigebracht, erfolgreich, wie ich gleich den zweiten Abend meines Hierseins bei einer Tanzerei allhier (der jungen Leute) erleben durfte. Es waren zwei weitere Paare und ein Herr von außer Haus dabei, alles angehende Mediziner und Blankeneser Gesellschaft. Ich kam mir mächtig abseits vor. Mei Ruh möcht i ham! – Heut hab ich die Äpfel vom Bodensee säuberlich auf die aus den Luftschutzbetten gefertigten Hürden gepackt. Es waren wenig schlechte dabei. Sag Frau John nochmals meinen Dank. Ob Ernst Gußmann seine bekommen, weiß ich noch nicht, ich denke aber, er wird. Ich mochte bei Herrn Hopp noch nicht anrufen (wegen seiner traurigen Hausbegebenheit)

Wann nun höre ich von Dir? Wann wirst Du die Briefe lesen, die ich von der Reise und von hier an Dich geschrieben? Wenn Du von Tirol kommst, wird da gleich ein Haufen Post liegen. Ach, laß liegen, es ist alles nebensächlich, wenn Du nur erholt und fröhlich bist und weißt, daß ich Dich lieb hab, Dich und das Agathlein und alle beide und Dich, mein Torkel und Strudelpudelknudel, und habe großes Verlangen nach Euch und Dir, möchte Dich gleich in die Arme schließen, denn davon verstehst Du mehr als in Blankenese je verstanden wurde. Es waren doch wunderschöne Herbsttage am Bodensee mit uns beiden. Ich möchte keine Sekunde davon missen und verzeih mir, daß ich dort ungeduldig und undankbar war!

Ich soll Dich herzlichst grüßen von Ilse Haalck, Mule und Hilke.
Dein Hannes und Ung.

203. Kläre Buchmann – [Hamburg-]Blankenese, I. Advent 1945

e. Brief m.U., 1 Bl recto/verso
SUB Hamburg: NLp: Ba: 7 [Teil 3 : 1943-1945], 462

O mein liebes kleines Getüm,
jetzt ist schon der 1. Advent und ich habe noch immer keine Nachricht von Dir. Und bald hat Agathlein den 1. Geburtstag. Wie gern hätte ich dem Kindchen ein Blatt gemalt zum Übers-Bett-Hängen, so wie Mule und Hilke eins zu ihrem Geburtstag bekommen haben und es noch in Ehren halten. Aber hier ist so wenig Raum für solcherlei innigere Arbeit, und wie auch sollte es nach Österreich gelangen. Am besten bring ich es mit, wenns bis dahin fertig wird oder aber ich mach es in Überlingen, das wird das beste sein, und wir bringen es gemeinsam nach Alpbach. ich freue mich sehr darauf. Wie gern doch wäre ich am 6. Dezember, dem Nikolaustage dort (nein, es ist ein Tag nach Nikolaus, sonst würde Agathchen Nikola heißen) Und am St. Niklas würde ich gern wieder mit Dir in die „Zündel"-Andacht zu Überlingen ins Münster gehen. Du hast mir ein Foto davon geschenkt, das muß hier sein, und ich werde es suchen und am 5. 12. vor mich hinstellen und der fernen Tage gedenken und der ferneren, Deiner gedenken, mein Uns und Alles. Wann nur höre ich von Dir? Wie gehts Dir denn nur? Hast Du meine vielen Briefe erhalten? Ist es noch warm bei Kühnbaums? Hast Du einen Adventskranz? Oder wenigstens einen

Adventszweig? Ich habe eine wohlriechende Tanne vom Bismarckstein (dem Park in unserer Nähe, wo wir einander versprochen haben, zusammen zu halten für alle Zukunft!) heimlich weggeholt, groß genug, daß - sie soll für Weihnachten bleiben - ein paar Adventszweige dabei abfielen. Lille ist dabei, sie hübsch im Haus anzubringen und schon etwas Christbaumschmuck hineinzuhängen, und es duftet festlich. Auch schon [¿] gute alte Musik im Radio diesen Morgen! Und soweit gut zu essen, ja, wir haben ⌈vor⌉gestern Schellfisch gegessen und ⌈gestern⌉ abends geräucherte Makrele (seit langem das erste Mal; es ist hier nicht so glänzend selbst mit Fisch, wie man außerhalb vernommen hatte) Und es geht mir gesundheitlich besser und besser. Mich friert auch nicht mehr so elend; man gewöhnt sich an alles, und ich werde allem Anschein nach nicht mehr ins Krankenhaus brauchen, darüber bin ich recht innerst froh, hört man doch von dort nur wenig Erbauliches, alles überfüllt bei mäßiger Kost. Schurek war ein paar Wochen in Wedel (Magensache) hat aber nur 2 Pfund zugenommen und sieht mächtig mager aus (wie alle die alten Bekannten) Wer diesen Winter übersteht, darf getrost das Weitere abwarten. Ich werde ihn, so der Himmel will, überstehen. Ich hätte noch viel vor und möchte noch sehr viel Freude mit Dir zusammen erleben. Und so überstehe auch Du diese bittere Mangelzeit und Trennung. Ich denke immer an das Wiedersehen mit Dir, o mein Torkel, und daß wir dann eine Menge nachholen wollen und werden!

Von Herzen Dein Ungetüm

Oberlandesgerichtspräsident R. Johannes Meyer hat micht besucht, damit ich ihm 3 in seinem Besitz befindliche „Widerscheine" signiere. Er ist nach wie vor des Lobes voll über Deine Arbeit. Auch zeigte ich ihm das kleine Skizzenbuch vom Bodensee, und er war sehr begeistert, dachte auch gleich an Veröffentlichen, aber ich bin bei Cotta mit allem, was ich kann und habe - Dr. Meyer ist übrigens wieder im Amt und hat die Finger überall drin, will (möchte) die Frankf. Ztg. nach Hamburg verlegen, möchte auch, daß ich einen Gesamt-Lichtwark herausgebe usw. Im übrigen aber hab ich ihm gesagt, daß ich gänzlich ohne Posten und freizügig bleiben will! - Nicht wahr, mein Torkel? ...

204. Ernst Sander – [Hamburg-]Blankenese, 8. Januar 1946

typ. Brief m.U., 1 Bl recto/verso
Stadtarchiv Braunschweig: NL Ernst Sander: G IX 27 : 210 L

Lieber Ernst Sander,
Haben Sie Vielen Dank für die freundliche Einladung zu sich aufs Land. Konrad Tegtmeier war der Vermittler und Bote und wir konnten uns keinen besseren wünschen, auch für meine Anfrage, den Platen in der Reihe Dichter der Deutschen betreffend. Ich bin sehr froh, daß Sie nicht abgeneigt sind und Ihre so treffliche venezianische Platenrede zur Grundlage nehmen würden, hoffe auch, bald die Zustimmung des Verlages Cotta zu erhalten.

Unsere flüchtigen Begegnungen vormals sind mir doch alle in guter Erinnerung. Sie sind einer der wenigen in unseren Breiten, die ein sehr empfindlich wägendes Herz haben, das sicher oft in Gefahr ist, verletzt zu werden und das Sie mit ungewöhnlichem Verstande sozusagen notgedrungen ein wenig eingebaut haben; und diese tadellosen gutgeformten Festungswälle ~~bepflanzen~~ ⌈verdecken⌉ Sie denn gelegentlich mit höchst geistreichem Blütenflor. Es war immer genußreich, mit Ihnen zu sprechen, und das, was Sie schrieben, hat mir immer gefallen in seinem Wissen, seiner Formung und seiner – Empfindsamkeit. Darum war ich sehr gerührt, von Ihnen ab und an ausgerechnet über meine bescheidenen Versuche schriftlicher Gestaltung so freundliches zu lesen, und bin Ihnen auch jetzt zutiefst verbunden über Ihre reizenden Bemerkungen zu den paar Versen, die ich Ihnen als dürftigen Gruß zu den Festen schicken ließ. Ich habe in den letzten beiden Jahren nicht viel Neues arbeiten können und auch, wann das Wenige erscheinen kann, ist noch nicht abzusehen. Aber noch sind wir in der Zeit des Wartens, des innersten Horchens und Sammelns. Möge uns die Kraft verliehen sein, der Verantwortung gerecht zu werden, die uns auferlegt ist. Ihre ländliche Stille wird Ihnen sicher löblich zustatten kommen; alles laute Treiben ist heute nichts als Ablenkung von dem inneren Weg, den wir zu gehen haben, nach dem jedermann fragt und zagt und man doch keine Auskunft geben kann, noch nicht oder überhaupt nicht. Denn die Antwort: Du mußt ihn in Dir gehen ... als in Dich gehen ... will keinem behagen. Jeder wartet angestrengt noch auf die äußere Seligkeit, die doch niemandem zu dienen vermag ohne die innere Voraussetzung. So werden anfangs auch nicht allzu viele das genießen können, was neu – an Wichtigem neu – geschrieben werden wird. Es soll uns deshalb nicht bange sein. Wir können nur wie wir müssen, ganz vegetatorisch, und so wir die Zeit nicht verdaut haben, werden wir auch keinen goldenen Dung liefern für eine neue Saat und Ernte.

Fast bin ich nun auch ins Ländliche geraten; denn alles ist Bild, was man aussagt. Vor mir schaukelt eine Forsythienblüte im leisen Ofenwind, vorzeitig erweckt; am Barbaratag sind die längst knospenden Zweige aus dem kleinen Garten geholt worden, nun brechen die gelben Flämmchen hervor, vorzeitig, aber tröstlich. Und so sollte auch manches schon jetzt den Gemütern gereicht werden müssen an früher, verfrühter Blüte, was aber, wie die Vasenzweige, nur in engem Zirkel und privater Stube Platz haben wird, kaum mehr als ein Gespräch unter Freunden, und so wollen wir es halten, wenn die Gnade es will, und uns freuen, daß wir noch leben und das Schauen nicht verlernt haben, oder, da Schauen küstenlängs fremd klingt, uns die Sicht noch nicht gänzlich verhangen sei.

Mit allen guten Grüßen und Wünschen
Ihr Hans Leip

205. Ernst Sander – [Hamburg-]Blankenese, 7. Februar 1946

typ. Brief m.U., 1 Bl recto/verso, Briefpapier: HL 3
Stadtarchiv Braunschweig: NL Ernst Sander: G IX 27 : 210 L

Lieber Ernst Sander,
Immer wird mir der gastliche Aufenthalt in dem Hause Ihrer Zuflucht unvergeßlich bleiben, die Hausherrin zumal, deren Eltern und Töchter, die Räume, die Möbel, die Bilder, der Garten, die Landschaft, unsere Gespräche, Ihre Vorlesung, ja, Ihre köstlich geformten meisterlichen Anekdoten, die ganze gehobene behagliche Stimmung abseits einer noch verwirrten Welt, dazu die treffliche Bewirtung... und der scharfe Frost außerhalb und die Heimfahrt auf einem offenen mit riesigen Baumstämmen beladenen Güterwagen. (In Gesellschaft des unverwüstlichen zutiefst heiteren und lebensgläubigen Konrad ließ auch das sich gut ertragen; er geriet alsbald in wärmende Poussage mit zwei munteren Kölnerinnen, und ich durfte einer neuerlichen Bewahrung seines uns allen teuren Daseins beiwohnen, indem er, der Temperatur zuliebe, seine Mitreisende in ein paar Tanzschritten inniger an sich drückend, fast, bei jäh anrückender Fahrt, zwischen die Wagons auf die Schienen gekippt wäre)

Daheim fand ich Briefschaften vor, die rasch erledigt sein wollten, darunter auch – welch Wunder – schon ein paar Korrekturbogen aus dem Süden. Cotta darf also schon drucken. Es handelt sich um die vermehrte Neuauflage der „Kadenzen“ und um zwei neue kleine Erzählungen, welch letztere zusammen etwa sechs Bogen ausmachen und schon fertig gesetzt sind, allerdings mit mancherlei Schnitzern; somit mußte rasch und gründlich gehandelt werden. Möge es noch zurecht kommen!

Möchten nun auch Ihre Planungen rasch in Erscheinung treten!

Auch hatte ich mit dem Ohren- und mit dem Zahnarzt zu tun und zeitraubende Fahrten in die Stadt. Dabei traf ich zufällig Dr. Lovis Lorenz, den vormals vom Fremdenblatt. Er sitzt, wo derzeit Schiefler und davor Broschek saßen. Und es soll die neue große Hamburger Tageszeitung nun bald steigen... Zerer und Tüngel sollen in der Hauptschriftleitung walten.

Auch hat die erste Neusitzung des Vereins der Hamburger Künstlerfeste stattgefunden, den ich vor 26 Jahren mit gegründet habe. Und die Leute – von den alten ist keiner mehr dabei bis auf Wenderoth und der hat sechs politische Punkte minus – gedenken schon im April einen Karneval zu begehen. Sehr zum Wohl! Und: Prost... mit was?

Heute gründet sich im „Moorweidenkasino" ein Hamburger Künstlerklub. Die Einladung ist hauptsächlich von Berliner „displaced persons" (displayed persons") meistenteils Schau- und Flimmerspielern, aber auch von Niels Graf Stenbock und dem musischen höchsten Jusbeamten, Oberlandesgerichtspräsidenten Joh. R. Meyer unterzeichnet. Glück auf!

Das wäre das Neueste.

Mit allen guten Grüßen, Ihren Lieben dort und Ihnen
herzlich Ihr
Hans Leip

206. Erich Lüth – [Hamburg-]Blankenese, 16. November 1946

typ. Brief m.U., 1 Bl recto/verso
StA Hamburg: Familienarchiv Lüth
Auszugsweise veröffentlicht in: Walter Tormin: Der schwere Weg zur Demokratie. Politischer Neuaufbau in Hamburg 1945/46. Hamburg: Dölling und Galitz 1995, S. 135

Lieber Erich Lüth,
Anbei die erste meiner Sachen, die nach Waffenstillstand neu gedruckt wurde, die vermehrte 2. Auflage der „Kadenzen". (zuerst erschienen 1942)

Du siehst, ich hab mich mit „Lili Marleen" nicht zufrieden gegeben. Es ist dieses eine ganz neue Gedichtform geworden, die schon – in der weiträumigen Reimverteilung wenigstens – schon Schule zu machen beginnt. Auch siehst Du, daß ich nicht bange war. Ein Segen, daß die Gestapo von Lyrik nichts verstand. (etwa S. 50, 56, 82, 49 ...)

Eben hörte ich von Paul Mechlen, dem Maler, er habe in der Oldenburger Zeitung Abbildungen jener Aufnahmen von der Gründung des Presseklubs gesehen, darunter Dich, Ivo Hauptmann und mich. Davon hätte ich sehr gern einen Beleg oder gar einen Abzug des Fotos selber. Geht das?

Hat Herr ~~Barmann~~ Barmann (ich nehme an, daß er sich so auf Englisch schreibt) schon Nachricht von der Zeitschrift „The Adelphi"? Ich hätte sonst gern die an mich von der Schriftleitung an mich gerichtete Postkarte zurück, um mein Heil nochmals selber zu versuchen.

Ach, mein Lieber, ich möchte viel arbeiten, aber ich sitze noch ohne Ofen, ich hungere und friere und komme ganz von Kräften. Trotz Bezugschein – und auch den mußte ich mir hintenherum mit wochenlanger Lauferei erwerben – kann ich, seit Wochen wiederum, keinen Ofen bekommen für mein Arbeitszimmer, das zugleich auch das Arbeitszimmer meiner Frau sein muß, (die ja Pianistin ist) und das auch nach Ratschluß des Wohnungsamtes mein Schlafzimmer zu sein hat, und das in meinem eignen Haus. Ich habe übrigens auch noch so gut wie keine Feurung erreichen können trotz aller amtlichen Markenabgabe. Nun, ohne Ofen würde die mir ja auch nichts nützen. So ist es. Aber die Engländer singen nach wie vor Lili Marleen, hier wie in England, und die Amerikaner auch und haben Vergnügen daran und gehabt, obwohl es, grausig genug, nichts als einen „Totentanz" meint, dieses harmlos aussehende Lied. (aber vielleicht erklärt das seine Verbreitung) Und ich möchte das fertig schreiben, was die gehörige Ergänzung in Prosa dazu wäre und lange begonnen wurde, aber da ich weder Geld noch Talent für den Schwarzen Markt habe und nirgends betteln mag, werde ich wohl krepiert sein, bevor ichs beende.

Verzeih diesen Erguß! Es ist das erste Mal, daß mirs in die Maschine rinnt. Du hast anderes zu tun, als Dich daran zu ärgern. Weg damit!

Dein alter
Hans Leip

Von USA soll vor 8 Monaten ein Paket an mich geschickt worden sein. Es ist nie angekommen. Pech!

207. Heinrich Landahl – [Hamburg-]Blankenese, 07.01.1947 [datiert: 07.01.1946]

typ. Brief m.U., 1 Bl recto/verso
StA Hamburg: Familienarchiv Landahl
Auszugsweise veröffentlicht in: Walter Tormin: Der schwere Weg zur Demokratie. Politischer Neuaufbau in Hamburg 1945/46. Hamburg: Dölling und Galitz 1995, S. 135f.

Lieber Heinrich,
Von der ersten Auflage des Bilderbuches Das Zauberschiff hättest Du gern ein Exemplar haben sollen, mit Widmung, aber der eilige Druck hatte einige Mängel zur Folge; so will ich Dir lieber eins von der in Angriff genommenen Neu-Auflage geben. Das Original darf man nun nicht im Gedächtnis haben. Die fotomechanische Technik, die heute erstaunlich genau zu arbeiten vermag, war leider nicht anwendbar gewesen; weder Apparate noch Platten standen zur Verfügung. Wie in den Zeiten des ersten Struwwelpeters mußte Blatt für Blatt und Farbe für Farbe mit der Hand auf die Walzflächen gepaust werden, und da es rasch geschehen sollte, kannst Du Dir denken, was dabei verloren gehen mußte. Es ist ein schieres Wunder, wieviel trotzdem noch herausgekommen ist, ja, einzelne Blätter können kaum mit Klischee besser werden, und der Erfolg oder vielmehr das, was dem Verleger und mir zu Ohren gelangt ist, scheint nicht weniger erstaunlich zu sein. Selbst der alte gewiegte Illustrations-Sammler und Kenner, Dr. Werner Jakstein, der ~~einst~~⌈ehe⌉malige Altonaer Stadtbaumeister, der vor allem die skandinavische, englische und amerikanische Erscheinungslage kennt, behauptet, nichts Heranreichendes gesehen zu haben. Wohlan! Freuen wir uns dessen. Ich hab es in der Fremde verfaßt und geschaffen aus purem Heimweh und als Dank für die liebe Vaterstadt, als Dank auch an die Unergründlichkeit des Schicksals für meine vier Töchter, die sich bislang brav und wacker ins Dasein gefügt haben. Nein, wir wollen nicht untergehen, wir wollen schon noch beweisen, daß wir vorhanden sind, wenn man uns nur nicht verhungern und erfrieren läßt. Jedermann unter meinen zahlreichen Freunden scheint zu glauben, daß ich von vielen Seiten verehrend mit Notwendigem unterstützt werde und alle scheuen genau wie ich selber das Materielle als Wesentliches auch nur anzudeuten in Hochachtung vor dem Geistigen und Künstlerischen, bis ich denn vor Weihnachten tatsächlich dem Selbstmord nahe war – ach, ich glaube, ich wäre auch ohne Strick eingegangen – wenn nicht Erich Lüth im letzten Moment mir ein kleines aber kräftiges Rotes Kreuz Paket hätte zugeleitet. Er weiß garnicht, was er damit Tüchtiges geleistet hat und wird es nie ermessen können, was diese Gabe mir nicht nur an Kalorie und Vitamin, sondern an Auftrieb bedeutete ~~hat~~. Somit und nur dadurch zum Beispiel konnte ich dem Auftrag der „Zeit" nachkommen und die Weihnachtsgeschichte schreiben. Hab auch wieder Mut, größere

Arbeit aufzunehmen und will versuchen, nicht wieder zu verzagen. Was mich nur wundert ist, daß nicht mal irgendeiner den Engländern oder Amerikanern, die doch immer noch Gefallen an der Lili Marleen haben, eine Andeutung macht: Hier sitzt der Verfasser in Hamburg und es geht ihm dürftig, er hat kein Talent zum Schwarzen Markt und mag auch nicht betteln gehn... Verzeih, lieber Heinrich, es rutscht mir zum zweiten Mal der Unsinn in die Maschine, aber Du bist Mensch genug, es nachzufühlen. Nichts für ungut!

Und nun seien Deine guten Wünsche allesamt von uns allen hier erwidert,

von Haus zu Haus

herzlichst Dein

Hans Leip

208. Hans Friedrich Blunck – [Hamburg-]Blankenese, 15. Februar 1947

e. Brief m.U., 1 Bl recto
Schleswig-Holsteinische-Landesbibliothek Kiel: NL Hans Friedrich Blunck: Cb 91.56 :52, 22

Lieber Hans Friedrich Blunck,
Sie haben meine Anschrift an die Quäker gegeben, und die haben mir eine kleines aber treffliches Care Paket geschickt, das erste, was mich erreicht hat. Denn ich habe mich bislang an niemanden wenden mögen, so schlimm es uns auch ging, dachte wohl auch, es sollte von alten Bekannten in England oder USA mal selbst einer auf die Idee kommen, dem Verfasser der Lili Marleen, die sie ja noch gern haben, etwas zu schicken. Nun ist es durch Ihre Güte geschehen, und ich danke Ihnen von Herzen. Wir hocken zu 6 Personen und einer Katze in unserm einzigen heizbaren Zimmer, da ist es zur Zeit mit dem Arbeiten schlecht; aber ich bin wenigstens wieder soweit gesund.

Mit allen guten Grüßen

Ihr

Hans Leip

209. Hermann Friedmann – [Hamburg-]Blankenese, 3. März 1947

typ. Brief m.U., 1 Bl recto/verso
Deutsche Bibliothek Frankfurt am Main, Deutsches Exilarchiv 1933-1945: PEN, Deutsche Gruppe London: EB 77/27

Sehr verehrter Herr Professor,
Ihre Anschrift verdanke ich Herrn Professor Dr. Werner Milch, Dozenten am Germanistischen Seminar der Universität Marburg, und er bittet mich, Sie zu grüßen.

Im Einvernehmen mit der neu beabsichtigten süddeutschen Gruppe des PEN (Johannes Tralow) habe ich die von den norddeutschen Mitgliedern, die noch tragbar sind, von der Absicht verständigt, den vormaligen Hansischen Kreis des PEN wieder aufzumachen. Der letzte Vorsitzende 1933 war Max Alexander Meumann. Er hat sich tapfer im Sinne des PEN gehalten, ist aber inzwischen verstorben. Ich war sein Stellvertreter, war auch einmal, 1930, Abgesandter der deutschen Gruppe zu einer Exekutiv-Sitzung nach London. Darüber wird Ihnen wahrscheinlich Hermon Ould noch berichten können. Ich schreibe mit gleicher Post auch an ihn.

1931 habe ich zuletzt einen Vortrag in Deutschland gehalten und zwar das Schlußwort auf einer Nordisch-Deutschen Schriftstellertagung zu Lübeck (nach Peter Freuchen, Johannes V. Jensen,

Selma Lagerlöf, Barbara Ring) Ich malte die Zukunft des deutschen Schriftstellers (so hieß mein Thema) in düstersten Farben, was mir sehr übel genommen wurde (von deutscher Seite) Ich hab leider Recht behalten. Abgedruckt wurde dieser Vortrag in Leopold Schwarzschildts „Tagebuch". Er war einer der Gründe mit, daß ich 1933 zum „Asphaltliteraten" erklärt wurde. Meine Bücher verschwanden aus den Auslagen. Eins (Die Blondjäger) wurde zu Greifswald mit verbrannt, aus „rassischen" Gründen. Aber ich hatte Verehrer meiner Bücher im Auswärtigen Amt, sogar im Propaganda Ministerium. Ins Ausland konnte und wollte ich nicht. ich hatte weder das Reisegeld, noch wollte ich das Feld räumen. Ich wollte bleiben und helfen, so gut es ging, denen, die Hilfe noch nötiger hatten als ich. Es gelang mir, wenigstens einem meiner jüdischen Freunde, den Chemiker Dr. Oskar Isey, aus dem KZ zu holen, und zwar durch die Hamburger Bürgermeisterin Emerentia Krogmann. Später setzte sich der Verlag Cotta für mich ein, der durch die geschickte Leitung der fabelhaften Dr. Kläre Buchmann von jedem Parteizugriff verschont blieb. Eine weitere Zeit lang rettete mich der zufällige Erfolg des Liedes Lili Marleen, dessen Text ich schon 1915 geschrieben hatte. Nachdem allerdings mein „Lied im Schutt" offen die deutsche Lage gezeichnet hatte, interessierte sich die Gestapo so sehr für mich, daß ich – durch den Verlag Cotta – nach Österreich verschwinden mußte, wo ich im einsamsten Tiroler Gebirge weiter arbeiten konnte. Einer Verhaftung war ich durch eine Magenblutung entgangen. Ich wurde auch nicht Soldat, hab auch abgelehnt, vor Soldaten oder gar im besetzten Gebiet zu lesen. Der Waffenstillstand traf mich in Tirol. Nach Lösung der ungeheuren Spannung wurde ich wieder krank und war lange nicht reisefähig. Erst letzten Herbst konnte ich wieder nach Hamburg zurückkehren und erwache langsam zu Leben zurück, so gut es in den Mängeln aller Sorte gehen will.

Ich will mit diesen Angaben nur bescheidentlich besagen, daß ich mich bemüht habe, im Sinne des PEN Clubs und meiner pazifistischen Überzeugung gemäß in Deutschland auszuhalten. Ich hoffe, auch von Ihnen für würdig befunden zu werden, die Hansische Gruppe des PEN für Norddeutschland wieder ins Leben zu rufen.

Die augenblickliche amtliche Vertretung der Schriftsteller hier ist der Schutzverband deutscher Autoren. Der Vorsitzende, Harry Reuß-Löwenstein, hat angeregt, zu der Pen Tagung in Zürich diesen Sommer auch einen norddeutschen Vertreter einladen zu lassen und mich gebeten, diese Vertretung ev. zu übernehmen. Ich würde es gerne tun. Am 10.Mai d.J. lese ich auf Einladung des Freien Deutschen Hochstiftes in Frankfurt am Main ein pazifitisches Oratorium, das ich während meiner Verbannung in Tirol geschrieben habe (Der Mitternachtsreigen) und von dort fahre ich an den Bodensee und nach Österreich, sodaß die Schweiz fast auf dem Weg läge.

Mit verbindlichem Gruß
Ihr sehr ergebener
Hans Leip

Ende dieser Woche treffe ich mit Martin Behaim-Schwarzbach zusammen, vormals Mitglied unseres Hansischen Kreises des PEN, jetzt britischer Zensuroffizier. Er wie auch etwa Erich Kästner werden Ihnen gern Auskunft über mich erteilen.

210. Axel Eggebrecht – [Hamburg-]Blankenese, 3. Mai 1947

typ. Brief m.U., 1 Bl recto/verso
SUB Hamburg: NL Axel Eggebrecht: NE: B 260

Lieber Axel Eggebrecht,
Dein Hörpamflet und Hymnus auf die Vernunft Wenn wir wollten... hat mir mächtig gefallen, genau

wie Dein Was wäre, wenn... Du bist heute unser aller wichtiger Pionier! Du hast das Zeug zu diesen notwendigen, not – wenden – müssenden literarisch fundierten zündenden Aufrufen. Man muß Dir sehr dankbar sein.

Vielleicht wirst Du zur PEN-Tagung in die Schweiz fahren. Berlin hat Dich gern. Mich weniger ⌈glaube ich⌉, obschon ich als einer der wenigen Unbelasteten ~~von~~ der Norddeutschen Gruppe (des Hansischen Kreises) und als vormals 2. Vorsitzender (der 1., Max Alexander Meumann ist tot) und als vielleicht allmählich in der Literatur zu gelindem Ansehen gelangend, ganz gern auf mich genommen hätte, die norddeutschen Belange zu vertreten. Zumal ich geborener Hamburger bin, indes weder Hausmann noch Thieß, die ansonst wohl in Betracht kämen, und Hans Henny Jahnn sich verflüchtigt hatte, als es galt, hier anständig trotz allem durchzuhalten ⌈und⌉ ohne zu verbräunen.

Ich gedenke, die PEN-Gruppe wird wieder aufmachen und hoffe Dich als Mitglied begrüßen zu dürfen. Solltest Du in die Schweiz gelangen, so sieh doch zu, daß die Neigung, uns unter Berlin zentralisiert zu finden, nicht durchdringt. Einheit ist großartig, aber allzu große Weiträumigkeit ist genauso lähmend wie kleinliche Enge.

Döblin wird der französischen Zone vorsitzen, höre ich. In der amerikanischen macht es Tralow.

Wie dem auch sei, im Grunde will ich meine Ruhe zum Arbeiten haben, so gern ich die Schweiz erleben möchte. Du bist geeigneter als ich zum Diskutieren. Darum sei Dir an Dein kluges Herz gelegt, was ich eben gemeint habe, daß wir nämlich – obschon meinetwegen unter Berliner Mitleitung, eine Norddeutsche Sondergruppe haben möchten. Deren Mitglieder sind (oder sollen sein):

Appel
Borchert
Eggebrecht,
Hausmann,
Hollander,
Jahn,
Lehmann (Wilhelm, der Lyriker),
Leip,
Lüth,
Nossack,
Quindt
Reuß,
Sander (Dr. Ernst),
Springer (der Verleger),
Snell (Prof. Dr.),
Sidow,
Walter,
Wegner (der Verleger),
Wittmaack.

Diese Liste ist vorläufig. Es sind allesamt unbelastete Leute soviel ich weiß. Die meisten sind auch militärisch unbelastet. Und es sind in ihrer Art alles tüchtige Leute.

Hab meinen Segen, wenn Du fährst. Ich weiß, Dir sind viele nicht grün, ich meine von den Norddeutschen. Aber Du hast mein abgründiges Vertrauen, und wir sind ja auch, ohne viel Worte, immer befreundet geblieben. Und sag Hermon Ould, dem in den Vorsitz aufgerückten Sekretär der englischen Gründergruppe, daß ich ihn grüßen lasse. Wir kennen uns von einer Exekutiv-Sitzung in London her, wo ich ein paar scharfe Worte zu einem Programmpunkt „Pen and war" habe fallen lassen, nämlich in dem gleichen Sinne, wie Du jetzt, daß es eine verdammte Pflicht der Geistigen sei, Kriege nicht als wahrscheinlich zu erwägen (wie damals geschah, indem man besprechen wollte, wie sich die Geistigen in einem ev. Kriege über die Grenzen hin verständigen sollten! 1930!) sondern mit allen Mitteln den Krieg zu entlarven, lächerlich zu machen und gegen ihn zu Felde zu ziehen mit der Kraft des Geistes, die auf die Dauer unüberwindlich ist. Man hat den Punkt darauf ~~von der Tagesordnung~~ (auf Anraten Galsworthys unter dem Wutschnauben Crémieuxs) von der Tagesordnung gestrichen

Schöne Grüße Deiner lieben Frau!
Höre ich von Dir?
Dein Hans Leip

211. Wilhelm Sternfeld – Hamburg, 10. Mai 1947

typ. Brief, 1 Bl recto
Deutsche Bibliothek Frankfurt am Main, Deutsches Exilarchiv 1933-1945: NL Wilhelm Sternfeld: D.I. 5.a

Von Hans Leip, Hamburg, aufgestellt Liste fuer einen PEN in Hamburg, eingesandt am 10. Mai 1947 von Joh. Tralow.

Paul Appel, Lyriker, politisch verfolgt.
Martin Behaim-Schwarzbach, migrant.
Wolfgang Borchert, junger Nachwuchs, KZ gewesen
Hans Henny Jahn, frueher PEN-Mitglied, Kleistpreis, Emigrant
Axel Eggebrecht, KZ gewesen, jetzt Norwestd. Rundfunk.
Manfred Hausmann, Lizenztraeger der Weserzeitung, frueher PEN-Mitglied
Walter von Hollander, frueher PEN-Mitglied
Wilhelm Lehmann, Lyriker, PEN-Mitglied.
Hans Leip, politisch verfolgt gewesen, frueher PEN
Senatsdirektor Erich Lüth, Hamburgischer Presse-Chef.
William Quint, Romanschriftsteller, politisch verfolgt gewesen.
Harry Reuss, Vorsitzd. d. Schutzverbands, polit. verfolgt gewesen
Ernst Sander, frueher PEN, unter Nazis wegen polit. Unzuverlaessigkeit degradiert.
Max Sidow, frueher PEN, frueher Schriftfuehrer d. Hambgr. Zentrums.
Axel Springer, Verleger
Christian Wegner, Vorstand d. hamburger Verleger, degradiert gewesen
Adolf Wittmack, frueher PEN-Mitglied.

212. Ernst Sander – [Hamburg-]Blankenese, 25. Juni 1947

typ. Brief m.U., 1 Bl recto/verso, gestrichener gedruckter Briefkopf: Hans Leip, Überlingen (Bodensee), Seehalde 11
Stadtarchiv Braunschweig: NL Ernst Sander: G IX 27 : 210 L

Lieber Ernst Sander,
Es ist bitter, gestehen zu müssen, daß ich neulich aus rein kulinarischen Gründen voreilig das Gästehaus verließ und eben ohne Ihren so begierig erwarteten Vortrag über die Kunst des Übersetzens vernommen zu haben. Kapt. Schröder, der vormalige Kommandant des schwergeprüften

und ruhmreichen Fahrzeuges, hatte meine Frau und mich auf die M.S. St. Louis geladen, welchselbes das letzte und wiederum erste Schiff der Hapag ist und als Hotelschiff sein Dasein belegt. Ein andrer Tag war nicht zu vereinbaren gewesen, und wir haben Ihnen noch nicht einmal die Hand drücken können wegen der liebenswürdigen Bereitstellung der erdentsprungenen Tafelknollen. Wir waren schon fast jeden Tag der letzten Woche gleichsam in Anmarsch, sie zu holen, aber es kam immer wieder dieses Unterfangen Abwürgendes dazwischen. Wir sind nunmehr fest entschlossen, Mitte nächster Woche auf eine Zwischenpause bei Ihnen einzufallen, um uns auf den Rücken zu schwingen, was tragbar ist mangels Beibringung eines dienlichen Gefährtes.

Es ist umsomehr von uns beiden bedauert worden, Sie nicht ihr eigentliches Thema darlegen zu hören, als das, was Sie spontan über Grabbes Vorstufen (des englischen Grabbe) zu Brittons Grimes zum Besten gaben, ~~uns~~ ungemein erquicklich klug und glänzend geformt war, wie denn auch Ihr großer Vortrag uns nachträglich als außerordentlich genußreich geschildert worden ist. Es ist uns viel entgangen. Wir hoffen, es wenigstens gedruckt zu lesen. Obschon Ihre bestechende Art zu sprechen dabei vermißt werden muß.

Indem wir Ihnen ein gesegnetes Weiterschaffen wünschen und – wie oft denken wir daran – Ihrer Gattin eine baldige und völlige Genesung

bin ich mit den schönsten Grüßen von Haus zu Haus
herzlichst Ihr
Hans Leip

213. Maria Neumayr – [Hamburg-]Blankenese, 10. Juni 1947

typ. Brief m.U., 1 Bl recto/verso
SUB Hamburg: NLp: Nachlaßergänzung: 1995.525,56

Wann endlich darf man mehr
als zwanzig Gramm und wann darf
man Dir Bücher schicken?

Liebste Maudi,
Hier rauschen die Tage in Arbeit und Anspannung dahin, und ich habe wieder einiges hinter mir an Vorträgen und Kleinkram, denn hier fand eine „Woche der Dichtung" statt; ich hatte einmal mit einer längeren Rede einige unbekannte junge Schriftsteller und Schriftstellerinnen einzuführen und konnte dabei nicht umhin, die Gesamtlage in unserer Stadt als recht musenfremd zu bezeichnen – war doch allerelei Ärgerliches voraufgegeangen – hab aber den jungen Leuten auch stark ins Gewissen geredet, nicht nachzulassen und dem Frieden der Welt mit aller Kraft der Worte und Visionen zu dienen in der Erkenntnis, daß die lyrische Erfassung des Daseins das letzte und einzige Mittel sein wird gegen die Atombombe. Gestern mußte ich eine Lesung einleiten, die Vilma Mönckeberg aus meinem „Eulenspiegel" im vornehmen Rahmen des Gästehauses des Senats darbot. Es ist die berühmte Rezitatorin, die damals bei der großen Hölderlinfeier in Stuttgart gesprochen hatte und so auch mit Kläre Buchmann bekannt geworden ist. Sie hat seit Jahren den Wunsch gehabt, aus dem Eulenspiegel zu lesen, und sie hat die vier Gesänge „Haus am Wind", „Das dürstende Feld", „Das zerbrochene Dach", „Die gleitende Schwelle" gewählt und zu großer Wirkung gebracht. Alles in allem ist nun, wie das Schicksal es eben fügt in seiner verborgenen Weisheit, vielleicht richtig gewesen, hier zu sein. Denn als ich weg war haben einige, die mir nicht hold sind und von gräßlichem Ehrgeiz gefoltert, versucht, den Hansischen Kreis des Internationalen PEN Klubs wieder ins Leben zu rufen. (P.E.N., das ist abgekürzt aus Englisch

Poets, Essayists und Novellists, was Dichter, Verfasser von mehr wissenschaftlichen Abhandlungen und Romanschriftsteller bedeutet. Statt Essayists wird auch Editors gemeint, das heißt dann Verleger, also eine rechte Vereinigung des Schrifttums. Zugleich will es das Wortspiel, daß Pen ~~eben~~ auch ~~Feder~~ Schreibfeder bedeutet, also ein sehr geistreicher Vereinstitel) Ich gehörte dieser ursprünglich Londoner Gründung seit Anbeginn an, und ich hatte auch schon wieder Verbindung mit London und der süddeutschen versuchten Zweigstelle aufgenommen gehabt, wußte aber, daß man erstmal die Ergebnisse der Züricher Zusammenkunft abwarten mußte, von der Du sicher gelesen hast. Es hat sich um ein höchst voreiliges Unterfangen gehandelt, was die sogenannten Kollegen hinter meinem Rücken sogar mit Staatshilfe zu starten gemeint hatten, indem sie mich – nach rechter Nazimethode mit vagen Vermutungen verdächtigend – erstmal in ihren Zirkel nicht aufzunehmen gedachten, wohl wissend, daß mir der eigentliche Vorsitz hätte zufallen müssen, aber auch, daß ich gewisse querulante und unbegabte Herren, nur weil sie im KZ gesessen haben, bestimmt nicht aufgefordert hätte, diese aber dem Treibenden, der sich sogar den Titel Präsident zulegte, die dienlichsten Speichellecker abgaben. Nun, das ist nun alles in einer elenden Blamage geendet, ⌈und leider als⌉ ~~in~~ einer nicht nur für die Anstifter und Mitläufer, sondern für das ganze deutsche Schrifttum peinliche Anschmeißerei ausdeutbar. Nur gut, daß ich nichts damit zu tun habe. Die Perfiden hatten, um mich bei Seite schieben zu können, ausgegraben, daß ich derzeit auf dem Weimarer Dichtertreffen gewesen sei. Gut, da bin ich gewesen wie jeder, der in Deutschland bekannt genug war und nicht Jude oder jüdisch verheiratet, und ich hab da sowohl Ernst Wiechert als auch Carossa, Goes wie Hausmann getroffen, aber geredet hab ich dort nicht, das waren wieder andere, und bei der ersten Einladung hab ich sogar die übersandten Fahr- und Theaterkarten wieder zurückgeschickt, weil ich dem Begräbnis des großen Bildhauers Ernst Barlach beiwohnen wollte und auch beigewohnt habe, so verpönt er bei den Nazisten auch war. ⌈Dergleichen hätten wohl wenige gewagt.⌉ Bei der zweiten Einladung ~~durfte das~~ aber hätte eine Absage, wie der Cotta Verlag mir mitteilte, den Entzug sämtlichen Papiers für Neu-Auflagen zur Folge gehabt, was einem Selbstmord gleichgekommen wäre. Später bin ich dann nicht mehr nach Weimar gefahren, das mich auch nur wegen der Anwesenheit Kläre Buchmanns gelockt hat, später waren sowohl sie als ich mit dem Regierungsrat Schlecht ⌈(Leiter der Abt. Schrifttum im Propaganda Ministerium)⌉ innerst einig über den Unfug solcher Tagungen, und Schlecht, rechte Hand von Goebbels, war eben so schlecht nicht, sondern ein klarer Kopf, voller Achtung vor dem, was meine Person betrifft, und allerdings überdies in Kläre Buchmann verliebt.

Liebe Maudi, es ist gut, Dir solches mal zu erzählen, denn es hat seine historischen und merkwürdigen Werte, und Du darfst es auch an Alma Holgersen weiterreichen.

Gestern nun, im Gästehaus kamen die beiden Hauptsünder denn auch angekrochen. Hans Henny Jahnn voran, der „aufgeplusterte Desertör" zweier Weltkriege, wie ihn hier neulich jemand nannte, der ab 33 nach Bornholm ins Dänische emigriert war und dort auf einem Bauernhof gesessen hat, bis er denn voriges Jahr fett und anmaßend wieder auftauchte und gedachte, die deutsche Literatur und Kultur neu zu ordnen. Er ist ein Kauz und kann auch schreiben, wenn auch immer wirrer; ich hatte ihn gern. Aber sowas geht zu weit.

Liebste Maudi, hier war schon prächtiger Sommer. Nun ist es wieder kühl. Ach, die Heimat am Strom ist auch schön, aber mein Herz ist oft im Gebirge, bei Dir, und was dort lieb und gut ist. – Soll ich an die Schweizer Adresse schreiben und mich bedanken und nach dem zweiten noch nicht gekommenen Paket fragen?

Herzlichst grüßt Dich Dein
Hans Leip

214. Axel Springer – [Hamburg-]Blankenese, 21. August 1947

typ. Brief m.U., 1 Bl recto/verso, gestrichener gedruckter Briefkopf: Hans Leip, Überlingen (Bodensee), Seehalde 1 l Axel Springer Unternehmensarchiv Hamburg

Lieber Axel Springer,
Eben bin ich beim Drucker Schmidt gewesen. Die Leute tun sicher ihr Bestes. Aber es bleibt dennoch ein Jammer, daß in der langen Zwischenzeit nicht eine photomechanische Möglichkeit hat aufgetrieben werden können. Und es wird dort behauptet, daß die bedauerliche Beschneidung der Originalgröße der Blätter auf Anordnung des Verlages geschehen sei. Du weißt, diese Unverantwortlichkeit gegenüber einer schöpferischen Arbeit ist bislang noch niemals in der Kulturgeschichte vorgekommen. Ich hab damals vor Wut geweint. Du schobst es auf den Drucker. Dieser behauptet nach wie vor, Anordnungen vom Verlag, und zwar von Deinem Buchbinder empfangen zu haben. Nun war doch zwischen ihm und mir und zwischen Dir und mir die unbedingte Vergrößerung des Formats ~~abges~~ besprochen worden. Und siehe da: Man zeigte mir Anweisungen Deines Herrn Laklberger, die völlig unzureichende Maße befehlen. Das ist entweder ein Versehen, das unentschuldbar ist, oder aber eine unerhörte Unverschämtheit. Ich lasse mir das jedenfalls nicht gefallen. Und Du Dir hoffentlich auch nicht! Ich verlange die originalgetreue Wiedergabe der Zeichnungen zumindest in ihrem Umfange. Es darf auch nicht der Hauch eines Milimeters daran fehlen! Die Maße haben demnach, unter Berücksichtigung des Falzes zu sein: 26 zu 27,6 cm. Die Maße haben sich nach dem größten und nicht nach dem kleinsten Blatt zu richten. Ich denke wir sind uns darin völlig einig. Und somit wünsche ich gute Verrichtung. Hätte ich nicht hinterhergebohrt, so hätten wir den Unfug zum zweiten Mal erlebt. Aber Du kannst sicher sein, diesmal hätte ich die Auflage einstampfen lassen, nach meiner Auffassung in völligstem Einverständnis mit Dir. In den Handel hätte sie nicht kommen dürfen. Denn es geht nicht an, von heutigen Handwerkern sich dergleichen Ehrfurchtslosigkeit gegen künstlerische Werke bieten zu lassen. Es ist, als ob einem – sagen wir handgearbeitetem Goldschmiedsteller einfach ein Stück vom Rand abgesäbelt wird und ⌈man⌉ es dann als vollwertig abzusetzen versucht.

Ich weiß, Du bist ganz meines Sinnes und freue mich, Dich am Sonnabend zu sehen. (Mein Farbband streikt)

Herzlichst Dein
Hans Leip

215. Ernst Sander – [Hamburg-]Blankenese, 7. Oktober 1947

typ. Postkarte m.U., 1 Bl recto
Stadtarchiv Braunschweig: NL Ernst Sander: G IX 27 : 210 L

Lieber Ernst Sander,
Sehr schön, ja, das nehme ich, und die nautischen Fachlichkeiten darf ich, wie Sie mir gestatten, der trefflichen Übertragung vorsichtig einschmiegen.

Sagte Konrad nicht, Sie hätten auch bei Voltaire etwas Seetüchtiges entdeckt? Das wäre munter!

Haben Sie auch Dank für die Lerbssche Auswahl. Daraus ist manches höchst passend. Daß er aber weder Dauthendey noch Josef Winkler – ach so, es ist ja nur Nordsee, was er besingen läßt. Und nun seien Sie herzlichst gegrüßt von Haus zu Haus.

Ihr
Hans Leip

216. Ernst Sander – [Hamburg-]Blankenese, 6. November 1947

e. Brief m.U., 1 Bl recto/verso, Briefkopf: HL 3
Stadtarchiv Braunschweig: NL Ernst Sander: G IX 27 : 210 L

Lieber Ernst Sander,
Für mancherlei hab ich Ihnen zu danken, für die neuliche Sendung zum „Meer" die mir hoch willkommen ist (weil ich das von Ihnen so liebreich Empfohlene nun nicht selber abzuschreiben brauche; ich hatte, zumal den Liliencron, beides im Auge) und zu danken auch für einige mir bestellte Grüße. Leider kann ich Freitag nicht zur Engl. Gesellschaft kommen, die Ihnen, falls Sie da sind, recht himmlisch gefallen möge!

Anbei leg ich Ihnen eine schmächtige Neu-Erscheinung mit bei und füge ein 2. Ex. zum Verschenken hinzu. Es handelt sich um einen ausgebauten kleinen Vortrag, der im Radio mir fast mißlungen war und dennoch eine Menge Zuschriften eingebrachr hatte. Wolff war ohne mein Zutun begierig, ihn zu veröffentlichen, und somit möge er hier und da etwas tröstlich wirken.

Mit allen guten Grüßen, zumal Ihrer lieben Frau
Herzlichst Ihr Hans Leip

Die eingeklebte Zeichnung stammt aus der kommenden „Hafenorgel"

217. Cotta Verlag – [Hamburg-]Blankenese, 3. März 1948

typ. Postkarte m.U., 1 Bl recto/verso
MHG: Hans-Leip-Archiv: Briefe, Briefentwürfe und Durchschriften A-E: HL an den Cotta Verlag

Sehr geehrter Verlag,
Ich erhielt die Nachricht der amerikanischen Militärregierung, daß alle Verdächtigungen betreffs Frau Dr. Kläre Buchmann, bzw. der Deutschen Akademie seitens des Verlegers bzw. dessen Rechtsbeistandes völlig haltlos seien, und der Verlagsleiter Herr P.Fr. Höhne hat sich daraufhin ⌈inzwischen⌉ mit mir über die Herausgabe der „Dichter der Deutschen" entsprechend geeinigt, sodaß nach wie vor der Name Kläre Buchmanns als Begründerin und Herausgeberin der Reihe in jedem Bändchen genannt werden muß.

Mit besten Grüßen
Ihr ergebener
Hans Leip

218. Axel Springer – [Hamburg-]Blankenese, 6. März 1948

typ. Brief m.U., 1 Bl recto
Axel Springer Unternehmensarchiv Hamburg

Lieber Axel,
Auf dem Kurs nach Utopia haben wir einander nicht gesehen, aber unser Kompaß zeigt trotzdem richtig. Ich für mein Teil fahre ein paar Wochen nach Österreich, um mich aufzufuttern und in Ruhe

etwas Neues zu beginnen. Zu Hamburg staatlicherseits sieht man immer noch nicht ein, daß ein Schriftsteller von einiger Laufbahn ein eigenes Arbeitszimmer haben muß oder noch gar eins, wo seine Schreibkraft sitzen kann, ohne ihn zu stören. Und das in meinem eigenen Hause. Nun, es ist wohl angebracht überhaupt froh zu sein, noch ein Dach und sogar das eigene überm Kopf zu haben, aber der Mensch ist seltsam, zumal in dem empfindlichen Beruf, der sich mir langsam anentwickelt hat: Ich kann nicht arbeiten, ohne völlig allein zu sein. Und in der Heide, wo ich war als Ilse Haalck zu einer Kur nach Berchtesgaden (zu Prof. Zabel) mußte, hab ich hilflose Tränen vergossen vor Rührung,.endlich mal wieder ein eigenes abschließbares Zimmer zu bewohnen.

Also ich reise erstmal. Eine Bitte nun: Kannst Du Deinen hervorragenden Betrieb veranlassen, an meine Anschrift in Tirol 12 Zauberschiffe und 10 Mitternachtsreigen zu schicken, zu meinen Lasten und gib der Packerin 10.-RM extra. Ganz gleich, was es an Porto kostet... Es ist ja auch zum Lobe Deines Verlages.

Über neue Pläne werde ich Dir von dort aus berichten. Gestern war übrigens Norbert Schultze bei mir. Das erste Mal, daß ich ihn persönlich gesehen habe. Er ist dick und munter und siedelt – ab von Berlin –. nach Braunschweig über, seine alte Heimat.

Sei herzlichst gegrüßt
von Deinem
Hans Leip

Deine beiden neuen Zeitschrift-Unterfangen, die Neugestalt der Nordwestdeutschen Hefte und Herbert Fritsches „Merlin"-Idee halte ich für ganz ausgezeichnet.

Nochmals der Deine

219. Margit Freud – Prien, 5. Juni 1948

typ. Briefdurchschlag, 1 Bl recto
MHG: Hans-Leip-Archiv: Briefe, Briefentwürfe und Durchschriften F-L: HL an Margit Freud

Sehr geehrte gnädige Frau,
Sie haben in der „Neuen Zürcher Zeitung" vom 23. Mai 1948 (Fernausgabe) unter der Überschrift „Zur Geschichte eines Schlagers" einige Bemerkungen zu dem Liede „Lili Marleen" gemacht, die ich als der Verfasser höflich ein wenig berichtigen möchte.

Abgesehen davon, daß Sie eine von mir nie angewandte Schreibweise des Namens wählen und auch zwei Verse sehr eigenwillig zitieren, ist wesentlicher Folgendes: Ihre Annahme, das Lied sei in Hamburg entstanden, beruht auf einem Irrtum. – Ich schrieb das Lied in Berlin als Gardefüsilier vor dem Ausmarsch nach Rußland im April 1915. – Es ist weder einer Tänzerin noch einer Diseuse gewidmet gewesen, sondern zwei schlichten Mädchen, von denen die eine Lili benannt war, die andere Marleen, welche Namen in der Abschiedsstimmung den Abend auf der Wache an der Kesselstraße sich in eins zusammenfanden, wie es die Freiheit poetischer Gestaltung vermag. Damals entstand sogar eine eigene Melodie dazu, und das Lied wurde im engen Kreise der abschiednehmenden Soldaten gesungen. – 1937 wurde der Text in meiner ersten Gedichtsammlung „Die kleine Hafenorgel" gedruckt und geriet zufällig in die Hände des Berliner Komponisten Norbert Schultze. Ebenso ohne mein Zutun brachte der Belgrader Sender es zu seiner bekannten Verbreitung. Von einer „Nazipropaganda am Belgrader Radio" meinerseits kann keine Rede sein. Leider habe ich an dem Liede auch keine „Millionen" verdient, wie Sie meinen, denn die Militärsender pflegten nichts zu zahlen. Ich habe auch abgelehnt, trotz der Aufforderung Goebbels, einen Film über den Lili Marleen-Stoff zu schreiben.

Vielleicht ist es für Sie von Interesse zu erfahren, daß dieses Lied keineswegs als Schlager gedacht war (ich war damals viel zu harmlos, um so etwas zu denken) sondern es sollte nichts als der Ausdruck einer dumpfen Vision des „Nicht-mehr-Wiederkehrens" sein, die mich damals befiel. Es handelt sich darin auch weniger um „Frieden und Frauenschönheit", obwohl mir beides seit je am Herzen liegt, als vielmehr um das Selbstgespräch eines sich schon gefallen Wähnenden. – Goebbels, eben nach Stalingrad, auf den eigentlichen Sinn des Liedes aufmerksam gemacht, auf seinen – wie er sich ausdrückte – „~~Totentanz-Geruch~~", ließ es, wie ich hörte, bei der Truppe und für öffentliche Aufführungen verbieten, wenn auch nicht mit vollem Erfolg.

Dieses ist die einfache Wahrheit. Alle anderen Versionen (bisher sind es etwa siebenundzwanzig) über die Entstehung des Liedes „Lili Marleen" und über sein Urbild beruhen auf unbewußtem und bewußtem Irrtum, also auch Ihre Annahme, daß Frau Lilly Freud-Marlé die Anregerin sei oder daß ich es dieser gewiß sehr beachtlichen, mir indessen kaum bekannten Rezitatorin gewidmet habe.

Die Bemerkung, ich sei „vor 1933 judenfreundlich gewesen" stimmt nur insoweit, als ich genauso und auch nach 1933 christen-, buddhisten-, mohamedaner- usw.-freundlich gesonnen bin, sobald es sich um wertvolle und anständige Menschen handelt.

Mir wäre lieb, den Namen des „Briefschreibers aus Hamburg" zu erfahren, den Sie als Gewährsmann Ihrer Ausführungen nennen. Ich möchte auch ihn über seinen Irrtum aufklären. Und da er sich bemüßigt gefühlt hat, seine Ansicht dem Londoner PEN-Club mitzuteilen, ist es wohl entsprechend, wenn ich einen Durchschlag meines Briefes an die gleiche Anschrift und zu Händen des Generalsekretärs Hermon Ould leite.

Sollten aber meine bescheidenen Verse Frau Freud Marlé, obgleich sie diese versehentlich und erst im Jahre 1948 auf sich bezog, dazu gedient haben, eine ihr wünschenswerte Aufmerksamkeit zu erregen, würde es mich aufrichtig freuen. –

Mit verbindlicher Empfehlung
Ihr sehr ergebener
(Hans Leip)

220. Johann Fladung – Breitbrunn, 15. Juli 1950

typ. Briefdurchschlag, 1 Bl recto
MHG: Hans-Leip-Archiv: Briefe, Briefentwürfe und Durchschriften M-Z: HL an die Westdeutsche Kulturtagung, Johann Fladung

Sehr geehrter Herr Fladung,
Ihre freundliche Einladung erreicht mich erst am 13. Juli, da ich inzwischen nach Breitbrunn verzogen bin. Haben Sie besten Dank. Gern wäre ich Ihrer Aufforderung gefolgt; denn die Themen Ihrer Tagung sind die, die uns alle zu bewegen haben, aber weder gesundheitlich noch finanziell wäre mir die Reise selbst bei rechtzeitiger Benachrichtigung möglich gewesen. Sie kennen mich als unbedingten Pazifisten, Sie kennen mich als den Verfasser des „Mitternachtsreigens". Aus übervollem Herzen stimme ich in den Ruf der Tagung nach Frieden ein, nach Frieden überall. Ich bin für eine freundliche Verständigung zwischen Ost und West sogar um den Preis der sogenannten Oder-Neiße-Linie und für die Möglichkeit einer friedlichen Rücksiedlung der dazu Bereiten in den polnischen bzw. russischen Staatsverband. Denn was heißt völkische Grenzen? Was heißt Nationalismus? Es ist zur Zeit außerhalb Westdeutschlands mehr Nazismus und Nazitum zu finden als jemals in Europa, das werden Sie leider selbst zugeben müssen. Halten wir uns frei davon! Bewahren wir unsere geistige Freiheit, die Freiheit, nicht zu marschieren, nicht in

vorgeschriebenen Doktrinen zu denken, nicht aus bespitzelter Beengung, Bedrohung und Angst gewissen Programmen zuliebe, sie mögen herrühren aus welcher Himmelsrichtung es ~~auch~~ sei, unser Gewissen und unsere Meinung~~b~~ über Kultur, Kunst und Anständigkeit zu verbiegen. Wir wollen – darin bin ich mir mit vielen einig und wahrscheinlich mit fast allen Tagungsteilnehmern – gar nicht so gräßlich sehr erstmal Deutsche sein, sondern Menschen! (In Bayern dann, wenn nicht Menschen, lieber noch Bayern als so penetrant nur Deutsche!) (Oder in Hamburg Hamburger... usw.) Wir wollen Menschen sein, Kinder dieser vielfältigen, so segensreichen als heimtückischen Erde, fleißig, heiter und anständig Menschen und in erträglichen äußeren Bedingungen, und wollen in Ruh gelassen werden und in Frieden! Das wollen wir!

Mit allen guten Wünschen
Ihr

221. Johannes R. Becher – Breitbrunn, 18. Januar 1951

typ. Brief m.U., 1 Bl recto
Akademie der Künste, Berlin: J.R. Becher-Archiv: Sign. K 11772

Sehr geehrter Herr Becher,
Als altes Mitglied des PEN schätze ich weder parteiliche noch nationale Schranken und Beschränkungen. Darum sind mir alle betont vaterländisch sich gebenden Bemühungen um eine Vereinigung von Ost- und Westdeutschland weit weniger erfolgverheißend und wichtig als die Verständigungsversuche der großen Wirtschafts- und Waffenkomplexe, die für die Spaltung Deutschlands verantwortlich sind. Unser liebes Vaterland ist nach außen und innen noch so rekonvaleszent, daß es ~~noch~~ für eine ganze Weile nichts als Ruhe nötig hätte. Was zusammen gehört, wird naturgemäß auch wieder zusammenwachsen, falls es lebensfähig ist. Das erstrebenswerte Ziel ist ja das Fallen aller Grenzen in ganz Europa und in der ganzen Welt. Man wird es nur ohne Gewalt erreichen, wenn es dauern soll. Ich glaube nun einmal an die langsam voranschreitende menschliche Vernunft und freue mich schon – für meine Enkel und Urenkel – auf den unbehinderten friedlichen zollfreien und – ich möchte es sagen heiteren unbegrenzten grenzenlosen Weltverkehr.

Bis dahin wird voraussichtlich leider noch viel Unsinn getrieben werden, gegen den wir uns mit allen unseren Kräften stemmen sollten. Wir sollten die völlige Abrüstung aller Staaten so west als ost verlangen und nicht nur den Verzicht auf etliche Spezialmordmaßnahmen. Der PEN hat im letzten Kriege die Verbindung mit Deutschland abgebrochen, weil es den Frieden störte. Er sollte in letzter Konsequenz mit jedem seiner Zentren brechen, die in einem Bereiche leben, der militärisch aufrüstet. Gewiß wäre das ungerecht gegen die meisten der Mitglieder; denn ich kann mir keinen anständigen Schriftsteller denken, der den Krieg befürwortet (und das war selbst in Hitlerdeutschland so) Ich glaube leidenschaftlich nach wie vor an die freie Gemeinschaft und innerste Verbundenheit aller schöpferisch Geistigen als an die einzige Kirche über allen Kirchen. In diesem weiteren als nur nationalen Sinne seien Sie meiner Bereitschaft zur Äußerung und zur Mitarbeit stets gewiß.

Mit freundlichem Gruß
Hans Leip

222. *Frieda Lange-Dudler – Fruthwilen, 20. März 1963*

typ. Brief m.U., 1 Bl recto
MHG: Hans-Leip-Archiv: Briefe, Briefentwürfe und Durchschriften F-L: HL an Frieda Lange-Dudler

Liebe Frieda Lange-Dudler,
Du schicktest mir den Brief, den C.A.L. 1948 nach London gerichtet, in Deiner Abschrift. Beim Lesen überkam mich nun doch ein gewisses Mitleid mit Deinem guten Manne. Hermon Ould nannte diesen Brief: „hobnobbing and backbitting". Und: „typical german". Das letztere habe ich zurückweisen müssen. Denn es handelt sich wohl eher um eine typische Nachkriegspsychose. Dieses „sich anbieten, indem man den anderen herabsetzt" (ich übertreibe milde) ist doch gewiß hamburgischer als deutsch. Benjamin Carr sagte mir später, es seien viele solcher Briefe an den Londoner PEN gelangt und zumeist im Stile der Commis voyageurs. Sie alle wurden entsprechend gewertet. Das hat ja auch C.A.L. erfahren müssen. Er war sicher ein Opfer von Klatsch, Neid und Mißgunst. Sein „Ausschuß" hatte überdies nur teils je etwas mit dem PEN zu tun gehabt.

Ould, den ich persönlich kannte, bat mich schon 1947 um eine Liste der überlebenden deutschen PEN-Mitglieder. Ich wandte mich deswegen an die zuständigen Herren der vormaligen Hamburger PEN Gruppe, dem federführenden Vorsitzenden Tralow und dessen Nachfolger Wittmaack. Das war alles. Das Weitere besorgten dann Tralow und Eggebrecht. Ich selber habe zu Vereinssachen weder Lust noch Begabung.

Du betonst mit sichtlichem Genuß des öfteren meinen Bericht über Hamburg aus der Zeitung DAS REICH vom März 1941. Gern erwidere ich Dir, daß ich mich durchaus nicht schäme, ihn geschrieben zu haben. Er wurde dann von einem sich anonym haltenden Hamburger Kollegen, sobald die Engländer eingerückt waren, deren „Kulturstelle" zugespielt. Ein Offizier dieser Einrichtung sprach mich im Presseklub Lüths daraufhin an. Ich stand zu meiner Angelegenheit, und er sagte mir: „Well, I did the same in England." Und gab mir die Hand.

Das wars. Ich war Deutscher und lebte in Deutschland und wollte dort leben, und die Regierung, die von allen Staaten anerkannt war, forderte mich 1941 dringend auf, über die Lage in Hamburg zu berichten. Notgedrungen mußte ich folgen. Ich war freier Schriftsteller und hatte eine Familie zu ernähren. Gerade auch hatte ein Anonymus – wahrscheinlich derselbe Kollege wie oben – meine in der WELTBÜHNE gedruckte Rede vor der Nordischen Gesellschaft 1931 an die Reichsschrifttumskammer geschickt. Der Leiter dort, Regierungsrat Schlecht, der meine Bücher schätzte und die Macht hatte, Druckpapier zu bewilligen und zu versagen, riet mir heftig zu. Desgleichen tat es Dr. Brauweiler vom Auswärtigen Amt (Seine Frau ist heute Mitglied der Hamburger Bürgerschaft, er selber von den Russen ermordet). Und letzten Endes mußte ichs dem Verlag Cotta zuliebe tun, dessen Autor ich war. Der Artikel, nach besten Gewissen verfaßt, (1941 ahnte ich noch nichts vom Ausmaß der nazistischen Schandtaten) wurde dann von der Redaktion durch einige Streichungen auf völlig positiv frisiert. Daß es aber ohne fulminante fremde Zutat ablief, habe ich dem damaligen Redakteur (er blieb es nicht lange) Dr. John Brech zu verdanken, einem geborenen Hamburger und tadellosem Charakter (heute Sender Köln). Weitere Artikel habe ich nie geschrieben, geschweige denn je eine Propagandarede gehalten. Hab auch abgelehnt, vor der Wehrmacht oder gar im besetzten Gebiet zu lesen. Mich aber bei den paar zivilen Lesungen nicht gescheut, gerade die KADENZEN „Die Stillen" und „Zerbrechendes Jahrhundert" vorzutragen, auch mal im Hamburger Rathaus.

Gern stehe ich Dir noch zu näheren Auskünften zur Verfügung. Verweise im übrigen auf meinen Brief an Dich vom 21. Januar 1962.

Mit besten Grüßen:
Hans Leip

Da Deine Anschrift mir nur ungenau im Gedächtnis war, kam der Brief mit „Adressat unbekannt" zurück. Ich schicke ihn nun über die Schulbehörde.

3. Chronologisches Verzeichnis der Briefe Hans Leips

1. **Margarethe Leip**
   Berlin, 25. Februar 1915
2. **Anny Wehrenberg**
   Berlin, 16. November 1915
3. **Anny Wehrenberg**
   Hamburg, 7. Januar 1916
4. **Gustav Schiefler**
   Hamburg, 31. Dezember 1918
5. **Unbekannt**
   Hamburg, 14. April 1919
6. **Lina Stellmann**
   O.O., 9. Juli 1919
7. **Lina Stellmann**
   O.O., 9. Juli 1919
8. **Peter Kruse**
   Hamburg, 29. Januar 1920
9. **Carl Albert Lange**
   [*Hamburg*-]Oevelgönne, 24. Juni 1920
10. **Atlantic Hotel zu Hamburg, Direktion**
    Hamburg, 23. April 1921
11. **Bruno Sachse**
    Hamburg, 17. September 1921
12. **Ida Dehmel**
    Hamburg, 9. Januar 1922
13. **Carl Albert Lange**
    Hamburg, 22. Oktober 1924 [Poststempel]
14. **Alexander Zinn**
    Hamburg, 27. Oktober 1925
15. **Alexander Zinn**
    Hamburg, 10. Dezember 1925
16. **Hans Friedrich Blunck**
    Hamburg, 20. Dezember 1925
17. **Hans Friedrich Blunck**
    Hamburg, 14. Januar 1926
18. **Fritz Höger**
    Hamburg, 8. März 1926
19. **Alexander Zinn**
    Hamburg, 17. März 1926
20. **Alexander Zinn**
    Hamburg, 9. April 1926
21. **Alexander Zinn**
    Hamburg, 12. Juni 1926
22. **Hans Friedrich Blunck**
    Hamburg, 17. Juli 1926
23. **Hans Friedrich Blunck**
    Hamburg, 11. August 1926
24. **Gerhart Hauptmann**
    New York, o.D. [Oktober 1926]
25. **„Simplicissimus", Schriftleitung**
    Hamburg, 14. November 1926
26. **Wilhelm v. Schramm**
    Hamburg, 24. November 1926
27. **Paul de Chapeaurouge**
    Hamburg, 2. Dezember 1926
28. **Werner Mahrholz**
    O.O., 21. Dezember 1926
29. **Willy Seidel**
    O.O., 7. Januar 1927
30. **Hans Henny Jahnn**
    Hamburg, 9. Januar 1927
31. **Carl Petersen**
    Hamburg, 9. Januar 1927
32. **Carl Albert Lange**
    Hamburg, 1. März 1927
33. **Hans Friedrich Blunck**
    Hamburg, 27. Juni 1927
34. **Willy Seidel**
    Hamburg, 12. Oktober 1927
35. **Carl Albert Lange**
    Hamburg, 24. Oktober 1927
36. **Alexander Zinn**
    Hamburg, 28. Oktober 1927
37. **Willy Seidel**
    Hamburg, 28. Oktober 1927
38. **Gustav Wahl**
    Hamburg, 5. November 1927
39. **Hans Friedrich Blunck**
    Hamburg, 9. Dezember 1927
40. **Willy Seidel**
    Hamburg, 12. Dezember 1927
41. **Hans Friedrich Blunck**
    Hamburg, 15. Dezember 1927
42. **Gustav Wahl**
    Hamburg, 26. Januar 1928
43. **Ilse Haalck**
    Berlin, 29. Januar 1928
44. **Hermann Sinsheimer**
    Mittelberg/Kleines Walsertal, 17. Februar 1928

45. **Hans Friedrich Blunck**
Hamburg, 12. März 1928

46. **Robert Neumann**
O.O., [vermutlich Juni/Juli 1928]

47. **Lina Petersen**
Hamburg, 11. Juli 1928

48. **Rudolf Ross**
Hamburg, o.D. [Anfang August 1928]

49. **Hans Friedrich Blunck**
Hamburg, 3. September 1928

50. **Alexander Zinn**
Hamburg, 1. Oktober 1928

51. **Kurt Broschek**
Hamburg, 2. Oktober 1928

52. **Alexander Zinn**
Hamburg, 24. November 1928

53. **Hans Henny Jahnn**
Hamburg, 5. Februar 1929

54. **Hans Henny Jahnn**
Hamburg, 11. März 1929

55. **Hans Henny Jahnn**
Hamburg, o.D. [vermutlich April 1929]

56. **Hans Friedrich Blunck**
London, 18. November 1929 [Poststempel: Paddington, 19. 11. 1929]

57. **Unbekannt**
O.O., 8. März 1930

58. **Unbekannt**
O.O., 11. März 1930 [Nachsatz von 1974]

59. **Gustav Wahl**
O.O., 5. Mai 1930

60. **Willy Seidel**
Hamburg, o.D. [Anfang Oktober 1930]

61. **Ludwig Benninghoff, z. Hd. Hans Henny Jahnn**
München, 17. März 1931

62. **Emmy Ruben**
O.O., 13. Dezember 1931

63. **Carl Georg von Maassen**
Hamburg, 26. Januar 1932

64. **Emmy Ruben**
[*Hamburg*-]Altona, 5. April 1932

65. **Emmy Ruben**
[*Hamburg*-]Altona, 10. April 1932

66. **Emmy Ruben**
[*Hamburg*-]Blankenese, 19. Mai 1932

67. **Emmy Ruben**
[*Hamburg*-]Blankenese, 8. Juni 1932

68. **Will Vesper**
O.O., o.D. [11. Oktober 1932]

69. **Carl Vincent Krogmann**
[*Hamburg*-]Blankenese, 12. März 1933

70. **Hans Friedrich Blunck**
[*Hamburg*-]Blankenese, 9. Mai 1933

71. **Emmy Ruben**
[*Hamburg*-]Blankenese, 25. September 1933

72. **Emmy Ruben**
[*Hamburg*-]Blankenese, 1. bis 2. Advent 1933

73. **Hans Friedrich Blunck**
[*Hamburg*-]Blankenese, 23. Dezember 1933

74. **Emmy Ruben**
[*Hamburg*-]Blankenese, 25. März 1934

75. **Broschek-Verlag**
[*Hamburg*-]Blankenese, 29. Juli 1934

76. **Hans Friedrich Blunck**
[*Hamburg*-]Blankenese, 22. August 1934

77. **Emmy Ruben**
Pension Bollows „Forsthaus Friedrichsruh", 22. Februar 1935

78. **Kippenberg, Anton**
[*Hamburg*-]Blankenese, 16. Juni 1935

79. **Emerentia Krogmann**
[*Hamburg*-]Blankenese, 22. August 1935

80. **Emerentia Krogmann**
[*Hamburg*-]Blankenese, 30. August 1935

81. **Emerentia Krogmann**
Hamburg, 12. September 1935

82. **Olaf Gulbransson**
[*Hamburg*-]Blankenese, 27. November 1935

83. **Hans Friedrich Blunck**
[*Hamburg*-]Blankenese, 3. Dezember 1935

84. **Gerhart Hauptmann**
[*Hamburg*-]Blankenese, 3. Dezember 1935

85. **Ernst Sander**
[*Hamburg*-]Blankenese, 5. Dezember 1935

86. **Alfred Kubin**
Hamburg, 9. Dezember 1935

87. **Emmy Ruben**
Hamburg, 17. März 1936

88. **Fritz Podehl,**
Uhlenbusch., 4. Juli 1936

89. **Kläre Buchmann**
[*Hamburg*-]Blankenese, 20. Dezember 1936

90. **Christian Hallig, Universum-Film AG**
O.O., 16. April 1937

91. **Kläre Buchmann**
Hamburg, 27. Juli 1937

92. **Behörde für Handel, Schiffahrt und Gewerbe, Hamburg**
O.O., 18. Januar 1938

93. **Kläre Buchmann**
[*Hamburg*-]Blankenese, 16. Mai 1938

94. **Emerentia Krogmann**
[*Hamburg*-]Blankenese, 29. Mai 1938

95. **Ilse Haalck**
Berlin, 13. Juli 1938

96. **Kläre Buchmann**
[*Hamburg*-]Blankenese, 18. August 1938

97. **Kläre Buchmann**
[*Hamburg*-]Blankenese, 21. September 1938

98. **Kläre Buchmann**
[*Hamburg*-]Blankenese, 12. Oktober 1938

99. **Kläre Buchmann**
[*Hamburg*-]Blankenese, 21. Oktober 1938

100. **Kläre Buchmann**
[*Hamburg*-]Blankenese, 24. Oktober 1938

101. **Kläre Buchmann**
[*Hamburg*-]Blankenese, 26. Oktober 1938

102. **Kläre Buchmann**
[*Hamburg*-]Blankenese, 27. Oktober 1938

103. **Kläre Buchmann**
[*Hamburg*-]Blankenese, 2. November 1938

104. **Emerentia Krogmann**
[*Hamburg*-]Blankenese, 18. November 1938

105. **Kläre Buchmann**
[*Hamburg*-]Blankenese, 23. November 1938

106. **Anna Jacker**
[*Hamburg*-]Blankenese, 30. Dezember 1938

107. **Kläre Buchmann**
[*Hamburg*-]Blankenese, 20. Januar 1939

108. **Kläre Buchmann**
[*Hamburg*-]Blankenese, 8. Februar 1939

109. **Kläre Buchmann**
Funchal (Madeira), 17. April 1939

110. **Kläre Buchmann**
[*Hamburg*-]Blankenese, Pfingstsonntag 1939

111. **Kläre Buchmann**
[*Hamburg*-]Blankenese, 14. Dezember 1939

112. **Kläre Buchmann**
[*Hamburg*-]Blankenese, 27. Mai 1940

113. **Kläre Buchmann**
[*Hamburg*-]Blankenese, 11. Juni 1940

114. **Kläre Buchmann**
[*Hamburg*-]Blankenese, 9. Juli 1940

115. **Kläre Buchmann**
[*Hamburg*-]Blankenese, 6. Oktober 1940

116. **Hugo Sieker**
[*Hamburg*-]Blankenese, 9. November 1940

117. **Kläre Buchmann**
[*Hamburg*-]Blankenese, 21. November 1940

118. **Kläre Buchmann**
[*Hamburg*-]Blankenese, 28. November 1940

119. **Kläre Buchmann**
[*Hamburg*-]Blankenese, 13. Dezember 1940

120. **Kläre Buchmann**
[*Hamburg*-]Blankenese, 20. Januar 1941

121. **Kläre Buchmann**
[*Hamburg*-]Blankenese, 7. April 1941

122. **Kläre Buchmann**
[*Hamburg*-]Blankenese, 8. April 1941

123. **Kläre Buchmann**
[*Hamburg*-]Blankenese, 22. April 1941

124. **Kläre Buchmann**
[*Hamburg*-]Blankenese, 25. April 1941

125. **Kläre Buchmann**
[*Hamburg*-]Blankenese, 1. Mai 1941

126. **Kläre Buchman**
Heidenhöhlen, 6. Mai 1941

127. **Kläre Buchman**
[*Hamburg*-]Blankenese, 10. Mai 1941

128. **Ilse Leip**
Vaihingen, 16. Mai 1941

129. **Kläre Buchmann**
Föhrenfels, 11. Juni 1941

130. **Robert Hohlbaum**
Hiddensee, 20. August 1941

131. **Kläre Buchmann**
Hiddensee, 21. August 1941

132. **Kläre Buchmann**
[*Hamburg*-]Blankenese, 17. September 1941

133. **Kläre Buchmann**
[*Hamburg*-]Blankenese, 19. September 1941

134. **Kläre Buchmann**
[*Hamburg*-]Blankenese, 24. September 1941

135. **Kläre Buchmann**
[*Hamburg*-]Blankenese, 26. September 1941

136. **Kläre Buchmann**
[*Hamburg*-]Blankenese, 13. Oktober 1941

137. **Kläre Buchmann**
[*Hamburg*-]Blankenese, 26. November 1941

138. **Ubbo-Emmius Struckmann**
[*Hamburg-*]Blankenese, 8. Dezember 1941 [Poststempel]

139. **Kläre Buchmann**
[*Hamburg-*]Blankenese, 10. Dezember 1941

140. **Lale Andersen**
[*Hamburg-*]Blankenese, 10. Dezember 1941

141. **Kläre Buchmann**
[*Hamburg-*]Blankenese, 30. Dezember 1941

142. **Kläre Buchmann**
[*Hamburg-*]Blankenese, 10. Januar 1942

143. **Kläre Buchmann**
[*Hamburg-*]Blankenese, 15. Januar 1942

144. **Kläre Buchmann**
[*Hamburg-*]Blankenese, 18. März 1942

145. **Kläre Buchmann**
Berlin, 24. März 1942

146. **Kläre Buchmann**
[*Hamburg-*]Blankenese, 3. April 1942

147. **Kläre Buchmann**
[*Hamburg-*]Blankenese, 9. April 1942

148. **Kläre Buchmann**
[*Hamburg-*]Blankenese, 12. April 1942

149. **Kläre Buchmann**
[*Hamburg-*]Blankenese, 25. April 1942 [Poststempel auf Briefumschlag]

150. **Kläre Buchmann**
[*Hamburg-*]Blankenese, 26. April 1942 [Poststempel auf Briefumschlag]

151. **Kläre Buchmann**
[*Hamburg-*]Blankenese, 15. Mai 1942

152. **Jakob Kinau**
[*Hamburg-*]Blankenese, 11. Juli 1942

153. **Kläre Buchmann**
[*Hamburg-*]Blankenese, 18. Oktober 1942

154. **Kläre Buchmann**
[*Hamburg-*]Blankenese, 21. Oktober 1942

155. **Emerentia Krogmann**
[*Hamburg-*]Blankenese, 22. Oktober 1942

156. **Kläre Buchmann**
[*Hamburg-*]Blankenese, 22. Oktober 1942

157. **Kläre Buchmann**
[*Hamburg-*]Blankenese, 3. November 1942

158. **Kläre Buchmann**
[*Hamburg-*]Blankenese, 10. November 1942

159. **Rudolf Zink**
[*Hamburg-*]Blankenese, 15. Dezember 1942

160. **Kläre Buchmann**
[*Hamburg-*]Blankenese, 18. Dezember 1942

161. **Kläre Buchmann**
[*Hamburg-*]Blankenese, 18. Januar 1943

162. **Kläre Buchmann**
[*Hamburg-*]Blankenese, 30. Januar 1943

163. **Kläre Buchmann**
Hamburg [Poststempel], 8. März 1943

164. **Kläre Buchmann**
O.O., 15. April 1943

165. **Kläre Buchmann**
[*Hamburg-*]Blankenese, 20. April 1943

166. **Karl Arnold**
[*Hamburg-*]Blankenese, 5. Mai 1943

167. **Kläre Buchmann**
[*Hamburg-*]Blankenese, 7. Mai 1943

168. **Cläre Popp**
[*Hamburg-*]Blankenese, 18. Mai 1943

169. **Kläre Buchmann**
[*Hamburg-*]Blankenese, 21. Mai 1943

170. **Kläre Buchmann**
Überlingen, 25. Juli 1943

171. **Gustav Frenssen**
O.O., 9. September 1943

172. **Kläre Buchmann**
Stuttgart, 17. September 1943

173. **Kläre Buchmann**
[*Hamburg-*]Blankenese, 19. September 1943

174. **Kläre Buchmann**
[*Hamburg-*]Blankenese, 23. September 1943

175. **Carl Vincent Krogmann**
[*Hamburg-*]Blankenese, 27. September 1943

176. **Emerentia Krogmann**
[*Hamburg-*]Blankenese, 3. Oktober 1943

177. **Kläre Buchmann**
[*Hamburg-*]Blankenese, 12. Oktober 1943

178. **Kläre Buchmann**
O.O., 17. Oktober 1943

179. **Kläre Buchmann**
Thorn an der Weichsel, 26. Oktober 1943

180. **Kläre Buchmann**
[*Hamburg-*]Blankenese, 13. Januar 1944

181. **Kläre Buchmann**
[*Hamburg-*]Blankenese, 18. Januar 1944

182. **Kläre Buchmann**
[*Hamburg-*]Blankenese, 23. Januar 1944

183. **Carl Vincent Krogmann**
Überlingen, 14. Februar 1944

184. **Kläre Buchmann**
O.O., 28. März 1944

185. **Kläre Buchmann**
[*Hamburg-*]Blankenese, 15. April 1944

186. **Kläre Buchmann**
Inneralpach bei Brixlegg, 19. Oktober 1944

187. **Kläre Buchmann**
Inneralpach bei Brixlegg, 25. Oktober 1944

188. **Kläre Buchmann**
Zwischen Hannover und Celle, 16.11.1944

189. **Kläre Buchmann**
[*Hamburg-*]Blankenese, 17. November 1944

190. **Kläre Buchmann**
[*Hamburg-*]Blankenese, 18. November 1944

191. **Kläre Buchmann**
[*Hamburg-*]Blankenese, 20. November 1944

192. **Kläre Buchmann**
[*Hamburg-*]Blankenese, 22. November 1944

193. **Kläre Buchmann**
Inneralpach bei Brixlegg, 30. November 1944

194. **Kläre Buchmann**
Inneralpach bei Brixlegg, 4. Dezember 1944

195. **Kläre Buchmann**
Inneralpach bei Brixlegg, 9. Dezember 1944

196. **Kläre Buchmann**
Inneralpach bei Brixlegg, 16. Dezember 1944

197. **Kläre Buchmann**
Inneralpach bei Brixlegg, 11. Februar 1945

198. **Kläre Buchmann**
Inneralpach bei Brixlegg, 15. Februar 1945

199. **Kläre Buchmann**
Inneralpach bei Brixlegg, 17. Februar 1945

200. **Fritz Hasinger**
Inneralpach bei Brixlegg, 23. April 1945

201. **Kläre Buchmann**
[*Hamburg-*]Blankenese, 7. Novermber 1945

202. **Kläre Buchmann**
[*Hamburg-*]Blankenese, 7. Novermber 1945

203. **Kläre Buchmann**
[*Hamburg-*]Blankenese, 1. Advent 1945

204. **Ernst Sander**
[*Hamburg-*]Blankenese, 8. Januar 1946

205. **Ernst Sander**
[*Hamburg-*]Blankenese, 7. Februar 1946

206. **Erich Lüth**
[*Hamburg-*]Blankenese, 16. November 1946

207. **Heinrich Landahl**
[*Hamburg-*]Blankenese, 7. Januar 1947 [datiert: 07.01.1946].

208. **Hans Friedrich Blunck**
[*Hamburg-*]Blankenese, 15. Februar 1947

209. **Hermann Friedmann**
[*Hamburg-*]Blankenese, 3. März 1947

210. **Axel Eggebrecht**
[*Hamburg-*]Blankenese, 3. Mai 1947

211. **Wilhelm Sternfeld**
Hamburg, 10. Mai 1947

212. **Ernst Sander**
[*Hamburg-*]Blankenese, 25. Juni 1947

213. **Maria Neumayr**
[*Hamburg-*]Blankenese, 10. Juni 1947

214. **Axel Springer**
[*Hamburg-*]Blankenese, 21. August 1947

215. **Ernst Sander**
[*Hamburg-*]Blankenese, 7. Oktober 1947

216. **Ernst Sander**
[*Hamburg-*]Blankenese, 6. November 1947

217. **Cotta Verlag**
[*Hamburg-*]Blankenese, 3. März 1948

218. **Axel Springer**
[*Hamburg-*]Blankenese, 6. März 1948

219. **Margit Freud**
Prien, 5. Juni 1948

220. **Johann Fladung**
Breitbrunn, 15. Juli 1950

221. **Johannes R. Becher**
Breitbrunn, 18. Januar 1951

222. **Frieda Lange-Dudler**
Fruthwilen, 20. März 1963

4. Alphabetisches Verzeichnis der Briefempfänger

Andersen, Lale
140) 10.12.1941

Arnold, Karl
166) 5.5.1943

Atlantic Hotel zu Hamburg, Direktion
10) 23.4.1921

Becher, Johannes R.
221) 18.1.1951

Behörde für Handel, Schiffahrt und Gewerbe, Hamburg
92) 18.1.1938

Benninghoff, Ludwig
61) 17.3.1931

Blunck, Hans Friedrich
16) 20.12.1925; **17**) 14.1.1926; **22**) 17.7.1926; **23**) 11.8.1926; **33**) 27.6.1927; **39**) 9.12.1927; **41**) 15.12.1927; **45**) 12.3.1928; **49**) 3.9.1928; **56**) 18.11.1929; **70**) 9.5.1933; **73**) 23.12.1933; **76**) 22.8.1934; **83**) 3.12.1935; **208**) 15.2.1947

Broschek, Kurt
51) 2.10.1928

Broschek-Verlag
75) 29.7.1934

Buchmann, Kläre
89) 20.12.1936; **91**) 27.7.1937; **93**) 16.5.1938; **96**) 18.8.1938; **97**) 21.9.1938; **98**) 12.10.1938; **99**) 21.10.1938; **100**) 24.10.1938; **101**) 26.10.1938; **102**) 27.10.1938; **103**) 2.11.1938; **105**) 23.11.1938; **107**) 20.1.1939; **108**) 8.2.1939; **109**) 17.4.1939; **110**) Pfingstsonntag 1939; **111**) 14.12.1939; **112**) 27.5.1940; **113**) 11.6.1940; **114**) 9.7.1940; **115**) 6.10.1940; **117**) 21.11.1940; **118**) 28.11.1940; **119**) 13.12.1940; **120**) 20.1.1941; **121**) 7.4.1941; **122**) 8.4.1941; **123**) 22.4.1941; **124**) 25.4.1941; **125**) 1.5.1941; **126**) 6.5.1941; **127**) 10.5.1941; **129**) 11.6.1941; **131**) 21.8.1941; **132**) 17.9.1941; **133**) 19.9.1941; **134**) 24.9.1941; **135**) 26.9.1941; **136**) 13.10.1941; **137**) 26.11.1941; **139**) 10.12.1941; **141**) 30.12.1941; **142**) 10.1.1942; **143**) 15.1.1942; **144**) 18.3.1942; **145**) 24.3.1942; **146**) 3.4.1942; **147**) 9.4.1942; **148**) 12.4.1942; **149**) 25.4.1942; **150**) 26.4.1942; **151**) 15.5.1942; **153**) 18.10.1942; **154**) 21.10.1942; **156**) 22.10.1942; **157**) 3.11.1942; **158**) 10.11.1942; **160**) 18.12.1942; **161**) 18.1.1943; **162**) 30.1.1943; **163**) 8.3.1943; **164**) 15.4.1943; **165**) 20.4.1943; **167**) 7.5.1943; **169**) 21.5.1943; **170**) 25.7.1943; **172**) 17.9.1943; **173**) 19.9.1943; **174**) 23.9.1943; **177**) 12.10.1943; **178**) 17.10.1943; **179**) 26.10.1943; **180**) 13.1.1944; **181**) 18.1.1944; **182**) 23.1.1944; **184**) 28.3.1944; **185**) 15.4.1944; **186**) 19.10.1944; **187**) 25.10.1944; **188**) 16.11.1944; **189**) 17.11.1944; **190**) 18.11.1944; **191**) 20.11.1944; **192**) 22.11.1944; **193**) 30.11.1944; **194**) 4.12.1944; **195**) 9.12.1944; **196**) 16.12.1944; **197**) 11.2.1945; **198**) 15.2.1945; **199**) 17.2.1945; **201**) 7.11.1945; **202**) 7.11.1945; **203**) 1. Advent 1945

Chapeaurouge, Paul de
27) 2.12.1926

Cotta-Verlag
217) 3.3.1948

Dehmel, Ida
12) 9.1.1922

Eggebrecht, Axel
210) 3.5.1947

Fladung, Johann
220) 15.7.1950

Frenssen, Gustav
171) 9.9.1943

Freud, Margit
219) 5.6.1948

Friedmann, Hermann
209) 3.3.1947

Gulbransson, Olaf
82) 27.11.1935

Hallig, Christian (siehe Universum-Film AG)
90) 16.4.1937

Hasinger, Fritz
200) 23.4.1945

Hauptmann, Gerhart
24) [Oktober 1926]; **84**) 3.12.1935

Hohlbaum, Robert
130) 20.8.1941

Höger, Fritz
18) 8.3.1926

Jacker, Anna
106) 30.12.1938

Jahnn, Hans Henny
30) 9.1.1927; **53**) 5.2.1929; **54**) 11.3.1929; **55**) [vermutlich April 1929]; **61**) 17.3.1931

Kinau, Jakob
152) 11.7.1942

Kippenberg, Anton
78) 11.6.1935

5. Verzeichnis der Abkürzungen und Siglen

5.1. Werktitel

RdF	Hans Leip: Rette die Freude. Betrachtungen zum gegenwärtigen Leben. Flensburg, Hamburg: Wolff 1947
GK	Hans Leip: Godekes Knecht. Leipzig, Zürich: Grethlein 1925
HLB	Hans Leip: Das Jans Leip Buch. Erinnerungen, Gedichte, Gedanken, Erzählungen. Zusammengestellt von Joachim Jessen und Detlef Lerch. Hamburg: Ernst Kabel Verlag 1983.
Idothea	Hans Leip: Idothea oder Die ehrenwerte Täuschung. Stuttgart: Cotta 1941
KDZ	Hans Leip: Kadenzen. Neue Gedichte. Stuttgart: Cotta 1942
LK	Hans Leip: Der betrunkene Lebenskelch oder Wider Willen ins Grab zurück. Ein Puppenspiel, jedoch nicht nur für Kinder, Spießer, Gouvernanten und Ofengreise. Altona: Hammerich & Lesser 1921
ML	Hans Leip: Miß Lind und der Matrose. Ein kleiner Roman. Müchen: Simplicissimus-Verlag 1928
MR	Hans Leip: Mitternachtsreigen. Ein Oratorium. Hamburg: Hammerich & Lesser 1947
NZ	Hans Leip: Die Nächtezettel der Sinsebal. Hamburg: Kreis-Verlag 1927 (Kreis-Bücher, 1)
Pfuhl	Hans Leip: Der Pfuhl. München: Langen 1923
SF	Hans Leip: Die Segelfähre. Altona: Hammerich & Lesser 1920
TAV	Hans Leip: Die Taverne zum musischen Schellfisch. Aus dem Leben des John Corbus. München: List 1963
TI	Hans Leip: Tinser. Roman einer Heimkehr. Leipzig, Zürich: Grethlein 1926
TR	Hans Leip: Das Tanzrad oder Die Lust und Mühe eines Daseins. Frankfurt am Main, Berlin: Ullstein 1979
WS	Hans Leip: Der Widerschein. Eine Rückschau. 1893-1943. Zusammenstellung und Zwischenbemerkungen von Kläre Buchmann. Stuttgart: Cotta 1943
ZS	Hans Leip: Das Zauberschiff. The magic ship. Ein Bilderbuch. A children's book. Hamburg: Hammerich & Lesser 1946

5.2. Archive und Publikationsorgane

BStB	Bayerische Staatsbibliothek München
DLA	Deutsches Literatur Archiv Marbach
MHG	Museum für hamburgische Geschichte
SHL	Schleswig-Holsteinische Landesbibliothek Kiel
StA	Staatsarchiv Hamburg
SUB	Staats- und Universitätsbibliothek Hamburg Carl von Ossietzky

5.3. von Leip benutzte Abkürzungen aus der Briefedition

Bayr. Zell	Bayrisch Zell
B.D.M.	Bund Deutscher Mädchen
Blank.	Blankenese
B.see	Bodensee
Ca	Cancer/Krebs
C.A.L.	Carl Albert Lange
Ch.	Chiemsee
D.	Deutsch/Deutsches (auch für Franz Dietz)
Di.	Dienstag

EK	Eisernes Kreuz
Emm	Mark
engl.	englisch
ev.	eventuell
Frankf.	Frankfurt/Frankfurter
G.	John Galsworthy
Hbg.	Hamburg/Hamburger
Hbg. N.	Hamburger Nachrichten
Hg.	Hamburg/Hamburger
H. Gr.	Hamburger Gruppe
H.I.	Hamburger Illustrierte
I.H.	Ilse Haalck
I. St.	Irma Stein
Kl.	Klasse
Kr.	Hermann Krieger
L. Kl.	Liebe Kläre Buchmann
L.M.	*Lili Marleen*
M.	Mark
Manus	Manuskript
M.S.	Motorschiff
N.	Maria Neumayr
Norbert Sch.	Norbert Schultze
N.S.	Nationalsozialismus/nationalsozialistisch
Obb.	Oberbayern
Oberr.	Oberregierungsrat
ORR	Oberregierungsrat
P.	Kurt Port
Pg	Parteimitglied
pol.	politisch
ProMi	Propagandaministerium
Reg.	Regierender
Rep. Ch.	Republik China
RM	Reichsmark
S.D.S.	Schutzverband Deutscher Schriftsteller
Simpl	*Simplicissimus*
telef.	telefonisch
Überl.	Überlingen
U.G.	Ungetüm
Ung.	Ungetüm
WA.	Wohnungsamt
Ztg.	Zeitung

5.4. Sonstige

a.a.O.	als angegeben Oben
Bd.	Band
ders.	derselbe
e.	eigenhändig
ebd.	ebenda
geb.	geboren
H.	Heft
HL	Hans Leip
hrsg.	herausgegeben
hs	handschriftlich

i.A.	im Auftrag
Jg.	Jahrgang
KB	Kläre Buchmann
m.U.	mit Unterschrift
Nr.	Nummer
NL	Nachlaß
NLp	Nachlaß Hans Leip
o.D.	ohne Datum
o.J.	ohne Jahr
o.O.	ohne Ort
S.	Seite
Slg.	Sammlung
typ.	typoskribiert
u.	und
UB	Universitätsbibliothek
v.	von
vgl.	vergleiche
z.B.	zum Beispiel

6. Quellen- und Literaturverzeichnis

Zum Themenkomplex ‚Hans Leip' sind einige grundlegende Arbeiten vorhanden. Allerdings ist allen gemein, daß sie lediglich einzelne biographische oder künstlerische Teilaspekte aufgreifen. Die einzige wirkliche Hans-Leip-Biographie, die anläßlich Leips 50. Geburtstag von Kläre Buchmann herausgegebene „Rückschau" *Der Widerschein* ist ihrem Charakter nach viel eher eine Festschrift, als eine kritische Untersuchung. Durch eine ähnlich ehrfurchtsvolle Herangehensweise zeichnen sich auch die meisten der späteren Schriften über den Autor und sein Werk aus. Hierzu zählt die 1958 anläßlich Leips 65. Geburtstag erschienene Festschrift *Hans Leip – Leben und Werk*; außerdem eine zum 75. Geburtstag zusammengestellte Leip-Bibliographie mit Beiträgen von Rolf Italiaander und Wilhelm Duwe. Vor allem in Katalogen und Begleitbüchern zu Ausstellungen finden sich biographische Untersuchungen zu Leip. 25 Jahre nachdem das Altonaer Museum 1968/69 eine Ausstellung zu *Hans Leip als Maler und Zeichner* veranstaltet hatte, richtete das Museum für Hamburgische Geschichte noch in Leips Todesjahr eine Gedächtnisausstellung aus, zu der ein von Helmut Glagla verfaßter *Biographischer Leitfaden* erschien. Hier wurde erstmals eine gut recherchierte und verläßliche Übersicht zu Leips Leben und Werk präsentiert. Als Betreuer des Hans-Leip-Archivs im Museum für Hamburgische Geschichte widmete sich Glagla auch anderen Themen, wie der Zeit, in der Leip im Geschäftshaus des Juweliers Carl M. H. Wilkens lebte und arbeitete. Als Publikationen der Hans-Leip-Gesellschaft erschienen in jüngster Zeit zwei von Ortwin Pelc verfaßte Texte: 1998 eine Analyse zum Thema *Hans Leip als Buchgestalter* und 1999 eine biographische Untersuchung zu Leips Amerikareise 1926. Während Pelcs kunsthistorischer Exkurs zwar sehr verdienstvoll einen bisher wenig beachteten Aspekt ins Licht rückt, konzentriert er sich dabei insgesamt doch weitgehend auf bloßes Referieren. Dagegen wartet die Rekonstruktion der Amerikareise mit zahlreichen neuen Erkenntnissen auf. Auf Basis von Leips Reisetagebüchern ist eine aufschlußreiche Darstellung gelungen, die durch gut recherchierte Hintergrundinformationen zusätzlich belebt wird.

Zu Leips 100. Geburtstag veranstaltete die Staats- und Universitätsbibliothek Hamburg Carl von Ossietzky eine Präsentation über *Hans Leip und die Hamburger Künstlerfeste*, zu der in einem ausführlichen Begleitbuch Leip in seiner Rolle als Organisator und ‚Herold' dieser legendären Veranstaltungen vorgestellt wurde. Aus gleichem Anlaß erschien 1993 eine kritische Würdigung Leips von Arno Surminski, die vor allem die Zeit zwischen 1933 und 1945 beleuchtet. Sie stellt einen der seltenen Versuche dar, Leips Leben und Werk aus einer kritischen Distanz heraus zu betrachten. Über die von Hans Leip mitbegründete *Hamburger Gruppe* fand in der Staats- und Universitätsbibliothek 1996 die Ausstellung *Bohemiens und Biedermänner* statt. In dem gleichnamigen Buch ist erstmals der Versuch unternommen worden, die Geschichte der *Hamburger Gruppe* anhand von bislang unbekannten Dokumenten - Briefen und Protokollen - detailliert zu rekonstruieren und ihrer Bedeutung für die hamburgische Kulturpolitik in den 20er Jahren nachzugehen.

Herausragende Untersuchungen von Leips literarischem Werk gibt es kaum. Die Mehrzahl sind in der oben erwähnten Festschrift *Leben und Werk* versammelt, wobei die Qualität der Beiträge erheblich divergiert. 1989 hat Frank Westenfelder zwei Romane Leips, *Godekes Knecht* und *Das Muschelhorn*, im Kontext ‚historischer Roman' untersucht. Westenfelder vergleicht *Das Muschelhorn* mit anderen während des ‚Dritten Reichs' entstandenen historischen Romanen und kommt dabei - in Abgrenzung zur Literatur der ‚Inneren Emigration', zu der er Leips Texte nicht rechnet! - zu dem Schluß, daß das *Das Muschelhorn* „inhaltlich und formal eine wesentlich adäquatere Reaktion auf die gesellschaftliche Realität" darstelle, „als die Romane der ‚Inneren Emigration'."[10] In den *Horen* veröffentlichte Jörg Deuter 1985 einen aufschlußreichen Beitrag über den *Pfuhl*; ein ausführlicher Artikel über *Godekes Knecht* findet sich in *Kindlers Literaturlexikon*.[11] Daneben gibt es die ebenfalls schon erwähnte Untersuchung von Friedrich Beißner zu *Hans Leip in seinen Kadenzen*.

Einzelne Werke und Texte Leips aus den 40er Jahren fanden Eingang in Untersuchungen englischsprachiger Literaturwissenschaftler innerhalb des Themenkomplexes ‚Literatur und Opposition'. Hier steht das *Lied im Schutt* im Mittelpunkt wissenschaftlichen Interesses, wie in Leonard Forsters 1950 erschienenem Überblickswerk *German Poetry 1944–1948*. Mit Leips *Mitternachtsreigen* beschäftigte sich der amerikanische Literarhistoriker Charles W. Hoffmann in seiner Publikation *Opposition Poetry in Nazi German* von 1962.

Darüber hinaus gibt es natürlich zahlreiche Veröffentlichungen zu Leips bekanntestem Text *Lili Marleen*, von denen aber nur einige wenige von Bedeutung sind. Die beste literatur- beziehungsweise musikwissenschaftliche Untersuchung, *Der Fall Lili Marleen*, stammt von Wilhelm Schepping. Sehr kenntnisreich untersucht der Verfasser, auf welche Weise *Lili Marleen* so populär werden konnte. Dabei bezieht er sich auf einschlägige Arbeiten zum Thema Schlager. Hinsichtlich der Lied-Historie hat Schepping Lale Andersens Biographie herangezogen, um mit ihrer Hilfe die Geschichte *Lili Marleens* zu rekonstruieren.[12]

Die neueste Untersuchung über *Lili Marleen* stammt vom Verfasser der vorliegenden Arbeit und geht der Frage nach, inwieweit dieser Text aufgrund seiner enormen Popularität Einfluß auf das Leben Hans Leips genommen hat. Der Beitrag *Deplaziert im literarischen Feld?* in dem 1999 von Thomas Bleitner herausgegebenen Sammelband *Praxisorientierte Literaturtheorie* knüpft an die Überlegungen des französischen Kultursoziologen Pierre Bourdieu an. Vor dem Hintergrund der Bourdieuschen Vorstellung von der Literatur als einem Kräfte- und Kampffeld wird untersucht, wie sich Leip in den literarischen Feldern seiner Zeit behauptet hat und inwiefern *Lili Marleen* für die Plazierungen und Deplazierungen seines Verfassers in verschiedenen Kontexten verantwortlich ist.

6.1. Ungedrucke Quellen und Verzeichnisse

6.1.1. Archive, Bibliotheken

Staats- und Universitätsbibliothek Hamburg Carl von Ossiezky, Handschriftenabteilung: Nachlaß Ida Dehmel, Nachlaß Axel Eggebrecht, Nachlaß Hans Henny Jahnn, Nachlaß Carl Albert Lange, Literatur-Archiv: Hans Leip, Nachlaß Hans Leip, Nachlaß Emmy Ruben

Museum für Hamburgische Geschichte: Hans-Leip-Archiv

Staatsarchiv Hamburg: Senatskommission für die Kunstpflege, Staatliche Pressestelle, Nachlaß Heinrich Landahl, Nachlaß Erich Lüth, Nachlaß Hugo Sieker

Bayerische Staatsbibliothek München: Autographen Hans Leip

Landesbibliothek Schleswig-Holstein, Kiel: Nachlaß Hans Friedrich Blunck, Nachlaß Gustav Frenssen

Akademie der Künste, Berlin: Johannes R. Becher Archiv

Germanisches Nationalmuseum Nürnberg: Nachlaß Karl Arnold, Nachlaß Olaf Gulbransson

Staatsbibliothek zu Berlin Preußischer Kulturbesitz: Nachlaß Gerhart Hauptmann

Stadtbibliothek Duisburg: Nachlaß Robert Hohlbaum

Forschungsstelle für die Geschichte des Nationalsozialismus in Hamburg: Carl Vincent Krogmann, Tagebücher

Städtische Galerie im Lenbachhaus, München: Nachlaß Alfred Kubin

Universitätsbibliothek München: Nachlaß Carl Georg von Maassen

Stadtarchiv Braunschweig: Nachlaß Ernst Sander

Deutsche Bibliothek, Frankfurt am Main, Deutsches Exilarchiv 1933-1945: PEN Deutsche Gruppe (London), Nachlaß Wilhelm Sternfeld

Deutsches Literaturarchiv Marbach: Nachlaß Willy Seidel, Nachlaß Will Vesper

Sammlung Herbert Lehmitz, Hamburg

Sammlung Hubert Orlowski, Poznan (Posen)

6.1.2. Repertorien

FRICKE, KARIN: Der Teilnachlaß Hans Leip in der Staats- und Universitätsbibliothek Hamburg Carl von Ossietzky. Nachlieferungen bis 1992. Hausarbeit zur Diplomprüfung an der Fachhochschule Hamburg Fachbereich Bibliothek und Information November 1993

KORDES, GISELA: Bearbeitung des Teilnachlasses und der Sammlung des Hamburger Schriftstellers und bildenden Künstlers Hans Leip (1893–1983) in der Staats- und Universitätsbibliothek Hamburg Carl von Ossietzky. Hausarbeit zur Diplomprüfung an der Fachhochschule Hamburg Fachbereich Bibliothekswesen. Februar 1991

6.2. Gedruckte Quellen

6.2.1. Selbständig und unselbständig erschienene Texte Hans Leips

ABER DIE LIEBE. Aus der Westwindkartei des Herrn Toppendrall. Hamburg: Verlag Die Brigantine 1969

DER ALMANACH DER GÖTZENPAUKE. Zum Kostüm-, Künstler- und Mäzenatenfest der Hamburgischen Künstlerschaft im Februar 1921. Schriftleitung Hans Leip. Altona und Hamburg: Hammerich & Lesser 1921

ANMERKUNGEN ZU EINER NEUYORKER REISE. In: Der Kreis. Jg. 4, 1926, S. 10–17, 85–90, 271–275

ANSPRACHE AN JUNGE DICHTER. In: Nordwestdeutsche Hefte, Jg. 2, Nr. 7, Juli 1947, S. 55–57

AUFSCHREI. In: HL: Kadenzen. Neue Gedichte. Stuttgart: Cotta 1942, S. 34

BEMERKUNGEN darüber, ob ein Künstler in Hamburg glücklich sein kann. In: Ein November-Almanach. Hrsg. v. Hans Haalck. Hamburg: Asmus 1928, S. 12–21

BESCHEIDUNG. In: De Profundis. Deutsche Lyrik in dieser Zeit. Eine Anthologie aus zwölf Jahren. Hrsg. v. Gunter Groll. München: Desch 1946, S. 245f.

DER BETRUNKENE LEBENSKELCH oder Wider Willen ins Grab zurück. Ein Puppenspiel, jedoch nicht nur für Kinder, Spießer Gouvernanten und Ofengreise. Altona und Hamburg: Hammerich & Lesser 1921

EIN BILDERBUCH ZU MACHEN. In: Hamburger Allgemeine Zeitung, Nr. 25, 28.03.1947

DIE BLONDJÄGER. Ein Roman von Negern, weißen Mädchen, Gentlemen und Halunken. Berlin: Propyläen 1929 [Vorabdruck Vossische Zeitung]

DRÜCKENDER TAG. In: Hamburger Kalender 1920. Hrsg. v. Kunstverein in Hamburg. Hamburg: Paul Hartung 1920, S. 19

EDUARD THÖNY. Eröffnungsansprache zur Ausstellung im Kunstverein Konstanz gehalten am 19. Januar 1969. Privatdruck für die Mitglieder und Freunde des Kunstverein Konstanz [ohne Seitenzählung]

[Dr. L. B., d.i. HL]: ERNST BARLACH. In: Hamburger Illustrierte, Jg. 17, Nr. 2, 08.01.1935, S. 22f.

ERNST SANDER - der Freund. In: Sprachkunst und Übersetzung. Gedenkschrift Ernst Sander. Bern u.a.: Lang 1983, S. 38-40

EULENSPIEGEL. Abwandlungen eines alten Themas. Stuttgart: Cotta 1941

FRIEDRICH WIELD. In: Hamburger Illustrierte. Jg. 17, Nr. 24, 08.06.1935, S. 22f.

FRÜHE LIEDER. Hamburg: Verlag Hamburgische Bücherei 1948

GODEKES KNECHT. Leipzig und Zürich: Grethlein 1925 [Vorabdruck Kölnische Zeitung]

GÖTZENPAUKE (Sinsebal ist mit ihrem Liebsten auf einem Fest). In: HL: Die Nächtezettel der Sinsebal. Hamburg: Kreis-Verlag 1927 (Kreis-Bücher, 1), S. 23

GRAPHIK DER KAMPFBÜHNE. Bei Commeter. In: Neue Hamburger Zeitung, 30.05.1919

HAMBURG. JULI 1943. Zehn Kreidezeichnungen und das Lied im Schutt. Hamburg: Axel Springer 1963

HAMBURGER KÜNSTLER IN IHREN WERKSTÄTTEN. [Folge 1]: Willi Davidson. In: Neue Hamburger Zeitung, 13.07.1918

DAS HANS LEIP BUCH. Erinnerungen, Gedichte, Gedanken, Erzählungen. Zusammengestellt von Joachim Jessen und Detlef Lerch. Hamburg: Ernst Kabel Verlag 1983

HANS LEIP. DER WIDERSCHEIN. Eine Rückschau 1893-1943. Herausgegeben und verlegt vom Cotta-Verlag Stuttgart. [Zusammenstellung und Zwischenbemerkungen von Kläre Buchmann]. Stuttgart: Cotta 1943

[Otto Lenz, d.i. HL]: DER HAUSSCHLÜSSEL IM REGENSCHIRM. In: Der Fernblick, Nr. 5, 27.12.1931

HEERESBERICHT ODER LIEBESBRIEF? In: HL: Rette die Freude. Betrachtungen zum gegenwärtigen Leben. Flensburg, Hamburg: Wolff 1947, S. 11–13

HIMMEL ÜBER PELLWORM. Siebzehn Inselbilder. Hamburg 1993 (Zweite Jahresgabe 1993 für die Mitglieder der Hans-Leip-Gesellschaft e.V., Hamburg)
HYMNE AUF LESSING. In: Hamburger Anzeiger, 23.01.1929
IDOTHEA oder die ehrenwerte Täuschung. Stuttgart: Cotta 1941
IM GRAUEN EIN HOLDER SCHEIN. Erstveröffentlichung in: Hamburger Feldpost. Oktober 1943, S. 17–22.
DIE INNERE WEHRMACHT. In: HL: Rette die Freude. Betrachtungen zum gegenwärtigen Leben. Flensburg, Hamburg: Wolff 1947, S. 9f.
JAN HIMP UND DIE KLEINE BRISE. Hamburg: Enoch 1934 [Vorabdruck Hamburger Fremdenblatt]
JOACHIM RINGELNATZ ZUM GEDENKEN. In: Hamburger Illustrierte, Jg. 16, Nr. 49, 04.12.1934, S. 18
KADENZEN. Neue Gedichte. Stuttgart: Cotta 1942
KLEINES BEKENNTNIS. In: Altonaer Nachrichten, 16.05.1934
DIE KLEINE HAFENORGEL. Gedichte und Zeichnungen. Hamburg: Wegner 1937
KLEINES BEKENNTNIS. In: Altonaer Nachrichten, 16.05.1934
DIE LADY UND DER ADMIRAL. Hamburg: Hoffman & Campe 1933
LALE ADE. Erinnerungen an Lale Andersen. In: Thurgauer Zeitung, 23.09.1972
DIE LATERNE. Lieder und Gedichte. Die Auswahl besorgte Kläre Buchmann. Stuttgart: Cotta 1942
LATERNEN, DIE SICH SPIEGELN. Altona und Hamburg: Hammerich & Lesser 1920
LIED IM SCHUTT. In: Simplicissimus, Jg. 48, Nr. 44, 03.11.1943, S. 573
LIED IM SCHUTT. In: De Profundis. Deutsche Lyrik in dieser Zeit. Eine Anthologie aus zwölf Jahren. Hrsg. v. Gunter Groll. München: Desch 1946, S. 241–244
LIED IM SCHUTT. In: Welt ohne Krieg. Ein Lese- und Volksbuch für junge Europäer. Eingeleitet v. Axel Eggebrecht. Im Auftrag des Komet-Verlages bearbeitet v. Otto Gollin. Düsseldorf: Komet-Verlag 1948, S. 59–61
LILIENCRON. Stuttgart: Cotta 1938 (Die Dichter der Deutschen, 2)
LULA-HO. Ein Scherenschnitzel zwischen Krieg und Frieden. In: Hamburger Theaterzeitung (Sonderheft), Jg. 1, Mai 1919, S. 10f.
MADONNA IM DRECK. In: Der Gelben Posaune der Sieben gewidmet von der Baurundschau. Hrsg. v. Hugo Koch, Emil Maetzel. Hamburg: Hanf 1920, [ohne Seitenzählung]
MAX UND ANNY. Romantischer Bericht vom Aufstieg zweier Sterne. Hamburg: Broschek 1935
MAX UND ANNY. [Werkstattbericht]. In: Hamburger Illustrierte, Jg. 17, Nr. 14, 02.04.1935, S. 12
MEINE BEZIEHUNG ZU DEN KÜNSTEN. (Rede zur Eröffnung der Ausstellung im Altonaer Museum am 25. Oktober 1968). In: Zwanzig. Jahrbuch der Freien Akademie der Künste in Hamburg. Hamburg 1968, S. 371–374
MEIN VERHÄLTNIS ZUR BILDENDEN KUNST. In: Christian Küster: Hans Leip als Zeichner und Maler. Zum 75. Geburtstag, Altonaer Museum in Hamburg 1968, ohne Seitenzählung
DAS MUSCHELHORN. Schicksal und Vollendung der Abdenas. Stuttgart: Cotta 1940
MIß LIND UND DER MATROSE. Ein kleiner Roman. München: Simplicissimus-Verlag 1928
MITTERNACHTSREIGEN. Ein Oratorium. Hamburg: Hammerich & Lesser 1947
DIE NÄCHTEZETTEL DER SINSEBAL. Hamburg: Kreis-Verlag 1927 (Kreis-Bücher, 1)
EIN NEUES LEBEN. Stuttgart: Cotta 1946
NEUGOTIK UND COMMETER. In: Neue Hamburger Zeitung, 14.01.1918
DER NIGGER AUF SCHARHÖRN. Hamburg: Enoch 1927
[Über die Zeit in ÖVELGÖNNE]. In: Hildegard Hudemann, Christel Schulz-Hudemann: Oevelgönne-Neumühlen. Ein Bilderbogen. Hamburg: Christians 1972, S. 52f.
ÖVELGÖNNE (Sinsebal denkt an einen Ort, der nahe Hamburg an der Elbe liegt). In: HL: Die Nächtezettel der Sinsebal. Hamburg: Kreis-Verlag 1927 (Kreis-Bücher, 1), S. 44
DIE OFFENE STAATSHAND. Ein Wort zur Hamburger Buch- und Schriftstellerwoche im besonderen und zur Lage der deutschen Kunst überhaupt. In: Hamburger Anzeiger, 24.10.1925

DER PELIKAN. In: HL: Frühe Lieder. Hamburg: Verlag Hamburgische Bücherei 1948, S. 29
DER PFUHL. München: Langen 1923
ZUR PHYSIOLOGIE DES DICHTERISCHEN SCHAFFENS. Ein Fragebogen. In: Die literarische Welt, Jg.4, Nr. 41, 12.10.1928, S. 3
POEM. Translated from the German of Hans Leip by Christobel Fowler. In: The Adelphi, London October-December 1945, S. 24f.
PROF. DR. LEHMANN: Rod und blau un arftengeel. Schleswig-holsteinische Frauentrachten. In: Neue Hamburger Zeitung, 16.10.1917
REPORTAGE UND DICHTUNG. Eine Rundfrage. Veranstaltet von Hans Tasiemka. In: Die literarische Welt, Jg. 2, Nr. 26, 26.06.1926, S. 2
RETTE DIE FREUDE. Betrachtungen zum gegenwärtigen Leben. Flensburg und Hamburg: Christian Wolff 1947
ROTE FLAMME. In: HL: Die Segelfähre. Altona: Hammerich & Lesser 1920, S. 125–129
SANTA KATHRIN STOPFT SOCKEN. In: Delphin Almanach. Hrsg. v. Alfred M. Stamer. Hamburg: Richard Hermes 1947, S. 30–32.
DIE SCHWEBENDE JUNGFRAU und andere Spiele. Hrsg. v. Hans Leip. Stuttgart: Cotta 1942
DIE SEGELFÄHRE. Altona und Hamburg: Hammerich & Lesser 1920
DER SOLDATENGARTEN (Sinsebal erinnert sich eines Straßenaufruhrs). In: HL: Die Nächtezettel der Sinsebal. Hamburg: Kreis-Verlag 1927 (Kreis-Bücher, 1), S. 12
SOLDATENTOD IM WINTER. In: HL: Kadenzen. Neue Gedichte. Stuttgart: Cotta 1942, S. 72
DIE TAGESPRESSE ALS ERLEBNIS. Eine Frage an Deutsche Dichter. In: Die literarische Welt, Jg.5, Nr. 39, 27.09.1929, S. 3
DAS TANZRAD oder die Lust und Mühe eines Daseins. Berlin u.a.: Ullstein 1979
DIE TAVERNE ZUM MUSISCHEN SCHELLFISCH. Aus dem Leben des John Corbus. München: List 1963
THOMAS THEODOR HEINE. In: ... und ließ eine Taube fliegen. Ein Almanach für Kunst und Dichtung. Hrsg. v. Rolf Italiaander u. Ludwig Benninghoff. Reinbek bei Hamburg: Parus Verlag 1948, S. 109–118
TINSER. Roman einer Heimkehr. Leipzig und Zürich: Grethlein 1926 [Vorabdruck Hamburger Fremdenblatt]
TRADITION ABSEITS. In: Traditionen. Jahrbuch der Freien Akademie der Künste. Hamburg 1961, S. 84–86
TRUNKENE LITANEI. In: Hans W. Fischer. Ein Buch des Gedenkens. Hrsg. v. Hugo Sieker. Hamburg: Verlag Hamburgische Bücherei 1948, S. 123–138
ÜBER DIE KUNST DES ERZÄHLENS. In: HL: Über die Kunst des Erzählens und weitere Vorträge. Jahresgabe für 1990 der Hans-Leip-Gesellschaft e.V. Hrsg. v. Herbert Lehmitz. Hamburg 1990, S. 9–19
ÜBER WILLY SEIDEL. In: Hamburger Fremdenblatt, 19.09.1927
DAS UNSÄGLICHE ZU FANGEN. In: Hamburger Anzeiger, 18./19.03.1944
VORWIRBEL. In: Der Almanach der Götzenpauke. Zum Kostüm- Künstler- und Mäzenatenfest der Hamburgischen Künstlerschaft im Februar 1920. Schriftleitung: Hans Leip. Altona: Hammerich & Lesser 1921, S. 8
WAHRHEIT. Zur Rede von Hans Erich Nossack. In: Die horen 103, Jg. 21, H. 3, Herbst 1976, S. 72–76
WEIHNACHTSLIED IN ARMER ZEIT. In: Delphin Almanach. Hrsg. v. Alfred M. Stamer. Hamburg: Richard Hermes 1947, S. 9
WO WERT NUR DAS WÄGBARE HAT. In: Hans Henny Jahnn. Buch der Freunde. Zum ersten Todestag Jahnns im Auftrag der Freien Akademie der Künste in Hamburg hrsg. v. Rolf Italiaander. Hamburg 1960, S. 35–40
DAS ZAUBERSCHIFF. The magic ship. Ein Bilderbuch. A children's book. Hamburg: Hammerich & Lesser 1946

ZUKUNFT DES SCHRIFTSTELLERS. Schlußrede bei der nordisch-deutschen Schriftsteller-Tagung zu Lübeck am 3. September. In: Das Tagebuch, Jg. 12, H. 37, 12.09.1931, S. 1449–1453
ZWISCHEN PALETTE UND SCHREIBTISCH. Ein Lebensabriß. In: Das Hans Leip Buch. Erinnerungen, Gedichte, Gedanken, Erzählungen. Zusammengestellt von Joachim Jessen und Detlef Lerch. Hamburg: Ernst Kabel Verlag 1983, S. 32–44

6.2.2. Selbständig und unselbständig erschienene Sekundär-Schriften und -Texte

100 JAHRE SCHULE IN ST. GEORG. Eine Chronik der Heinrich-Wolgast-Schule Borgesch, Koppel, Greifswalder Straße. Hrsg. v. der Heinrich-Wolgast-Schule. Hamburg o.J.
ABRET, HELGA: Albert Langen. Ein europäischer Verleger. München: Langen Müller 1993
ALKER, ERNST: Über Hans Leip. In: Antworten. Jahrbuch der Freien Akademie der Künste in Hamburg 1963, S. 152–160
Der ALMANACH DER GÖTZENPAUKE. Zum Kostüm- Künstler- und Mäzenatenfest der Hamburgischen Künstlerschaft im Februar 1920. Schriftleitung: Hans Leip. Altona: Hammerich & Lesser 1921
„ALS DER KRIEG ZU ENDE WAR". Literarisch-politische Publizistik 1945-1950. Eine Ausstellung des Deutschn Literaturarchivs im Schiller-Nationalmuseum Marbach a. N. Ausstellung und Katalog von Gerhard Hay, Hartmut Rambaldo, Joachim W. Storck. München: Kösel 1973. (Sonderausstellungen des Schiller-Nationalmuseums Katalog Nr. 23)
AMERIKA IN DER DEUTSCHEN LITERATUR. Hrsg. v. Sigrid Bauschinger, Horst Denkler, Wilfried Malsch. Stuttgart: Philipp Reclam jun. 1975
ANDERSCH, ALFRED: Deutsche Literatur in der Entscheidung. Ein Beitrag zur Analyse der literarischen Situation. In: Das Alfred Andersch Lesebuch. Hrsg. v. Gerd Haffmanns. Zürich: Diogenes 1979, S. 111–134
AUF DER GROẞEN STRAẞE. Jean Weidts Erinnerungen. Nach Tonbandprotokollen aufgezeichnet und herausgegeben von Marion Reinisch. Berlin: Henschelverlag 1984
BAADER, JOHANNES: „Intertellurischer" Wahnsinn verbreitet. In: Hamburger Fremdenblatt, 7.2.1920
BARON, ULRICH: 40 Jahre Freie Akademie der Künste in Hamburg. Hamburg: Christians 1990
BARTELS, ADOLF: Die deutsche Dichtung der Gegenwart. Leipzig 1918
BARTELS, ADOLF: Zur Geschichte der Heimatkunst. In: Eckart 3 (1908/09), S. 355–360
BEIẞNER, FRIEDRICH: Der Lyriker Hans Leip in seinen Kadenzen. Begründung einer Sympathie. In: Zwanzig. Jahrbuch der Freien Akademie der Künste in Hamburg. Hamburg 1968, S. 269–276
BENNINGHOFF, LUDWIG: Die silbergrüne Dschunke. In: Der Kreis, März 1927, S. 184
BENNINGHOFF, LUDWIG: Hans Leip. In: Der neue Weg, H. 15, 1933/34, S. 1–6
BESEELTE BRÜDERLICHE WELT. Gedenkschrift für Hans Friedrich Blunck 1888-1988. Hrsg. v. Jürgen Blunck. Husum: Husumer Druck- und Verlagsgesellschaft 1988
BIERMANN-RATJEN, HANS HARDER: Zum Geleit. In: Hans Leip. Leben und Werk. Zum 65. Geburtstag Hans Leips im Auftrag der Freien Akademie der Künste in Hamburg herausgegeben von Rolf Italiaander. Hamburg: Christians-Verlag 1958
BLUM, DORIS: Zum Rendevous der „Swing Kids" ins Streits: Thomas Carters Spielfilm über ein Kapitel hamburgischer Geschichte hat heute abend Premiere. In: Die Welt, Nr. 120, 26.05.1993, S. H3
BOSCH, MANFRED: Bohème am Bodensee. Literarisches Leben am See von 1900–1950. Lengwil: Libelle Verlag 1997
BOURDIEU, PIERRE: Die biographische Illusion. In: Bios. Zeitschrift für Biographieforschung und oral history, Jg. 3, 1990, H. 1, S. 80–87

Burte, Hermann: Die europäische Sendung der deutschen Dichtung. In: Die Dichtung im kommenden Europa. Weimarer Reden 1941. Hamburg: Hanseatische Verlagsanstalt 1942, S. 69–75

Butzenbacher Autorenbefragung. Hrsg. v. Hans Joachim Müller. Briefe zur Deutschstunde. München 1973

Dada. Eine Groteske. In: Hamburger Fremdenblatt, 19.02.1920

Dahrendorf, Malte: Die Bedeutung Heinrich Wolgasts für die Jugendbuchkritik und Jugendbuchdidaktik. In: Auskunft. Mitteilungsblatt Hamburger Bibliotheken. Jg. 9, H. 3, 1989, S. 183–188

Dampf, Hans: Lili Marleen ... In: Hamburger Tageblatt, 11.10.1941

„Dann waren die Sieger da". Studien zur literarischen Kultur in Hamburg 1945–1950. Hrsg. v. Ludwig Fischer u.a. (Schriftenreihe der Hamburgischen Kulturstiftung, 7). Hamburg: Dölling und Galitz 1999

„... daß ich ein Dichter bin, fühle ich Tag und Nacht. Carl Albert Lange 1892–1952. Hrsg. v. der Projektgruppe Nachlaßbearbeitung am Literaturwissenschaftlichen Seminar der Universiät Hamburg. Herzberg: Traugott Bautz 1993

Denk, Friedrich: Die Zensur der Nachgeborenen. Zur regimekritischen Literatur im Dritten Reich. Weilheim: Denk-Verlag 1995

Deppisch, Walter: „Das schönste Liebeslied aller Zeiten". Zuwachs der Bibliothek: Die Nachlässe von Hans Leip und Manfred Gurlitt. In: Die Welt, 05.10.1989

Deuter, Jörg: „Der Pfuhl", seit 60 Jahren ungedruckt. Über Hans Leip (1893-1983). In: Die horen 137, Jg. 30, Bd. 1 (1985), S. 119–121

Deutsches Land. Das Buch von Volk und Heimat. Unter Mitarbeit von Schriftstellern aller deutschen Stämme. Hrsg. v. Eugen Schmahl. Mit einem Geleitwort von Hans Steinacher und einem Geleitschreiben von Hans Grimm. Berlin: Der Büchermarkt 1933

Die Dichtung im Kampf des Reiches. Weimarer Reden. Hamburg: Hanseatische Verlagsanstalt 1941

Die Dichtung im kommenden Europa. Weimarer Reden 1941. Hamburg: Hanseatische Verlagsanstalt 1942

Donner, Wolf: Propaganda und Film im „Dritten Reich". Berlin: TIP-Verlag 1995

Duwe, Wilhelm: Hans Leip, literarkritisch gesehen. In: Hans Leip. Eingeleitet von Wilhelm Duwe. Hrsg. v. der Freien Akademie der Künste in Hamburg. Hamburg: Christians 1968 (Hamburger Bibliograhien, 1), S. 12–28

Eggebrecht, Axel: Hans Leip, Die getreue Windsbraut. In: Die literarische Welt, Jg. 5, Nr. 51/52, 19.12.1929, S. 12

Eggebrecht, Axel: Hans Leip: Godekes Knecht. In: Die literarische Welt, Jg. 2, Nr. 2, Januar 1926, S. 5

Eggebrecht, Axel: Ist der Nazismus in der Literatur noch virulent. [Rede, gehalten auf dem ersten Deutschen Schriftstellerkongress am 6.10.1947]. In: Erster Deutscher Schriftstellerkongress 4.–8. Oktober 1947. Protokoll und Dokumente. Hrsg. v. Ursula Reinhold, Dieter Schlenstedt und Horst Tanneberger. Berlin: Aufbau-Verlag 1997, S. 200

Eggebrecht, Axel: Literarischer Streifzug nach Hamburg. In: Die literarische Welt, Jg. 2, Nr. 45, 05.11.1926, S. 5f.

Ehrke-Rotermund, Heidrun; Rotermund, Erwin: Zwischenreiche und Gegenwelten. Texte und Vorstudien zur ‚Verdeckten Schreibweise' im „Dritten Reich". München: Wilhelm Fink 1999

Ekert-Rotholz, Alice: Das Himmelreich annonciert. In: Himmel auf Zeit. Kleines Brevier für Festbesucher. Hrsg. v. Harry Reuß-Löwenstein. Hamburg: Sachse 1933, [in einem Sonderteil ohne Seitenzählung]

ELOESSER, ARTHUR: Einkreisung des Schriftstellers. In: Der Schriftsteller, Jg. 12, H. 5, November 1925, S. 27–30
ENOCH, KURT: Memoirs of Kurt Enoch. Written for his Family. Edited by Margret M. Enoch. New York: Privately printed 1984
ERCKMANN, RUDOLF: Sinn und Aufgaben des Großdeutschen Dichtertreffens 1940. In: Die Dichtung im kommenden Europa. Weimarer Reden 1941. Hamburg: Hanseatische Verlagsanstalt 1942, S. 5–7
ES WAR JA KRIEG. Zeitzeugen erinnern sich an die Luftangriffe auf London-Holborn und Hamburg-Hamm. Hrsg. v. Stadtteilarchiv Hamm. Hamburg: Freydanck 1993
EYRING, GEORG: Lose Blätter. Ausdem Tagebuch eines Büchernarren. (Quod Libet Schriften, 4). Hamburg 1997
FELDMANN, SIEGMUND: Die hansische Extrawurst. In: Berliner Tageblatt, 07.04.1931
FISCHER, HANS W.: Die gelbe Posaune der Sieben. In: Neue Hamburger Zeitung, 09.02.1920
FISCHER, HANS W.: Götzenpauke. In: Neue Hamburger Zeitung, 14.02.1921
FISCHER, HANS W.: Hamburger Kulturbilderbogen. Eine Kulturgeschichte 1909-1922. (Schriftenreihe der Hamburgischen Kulturstiftung, 8) Hrsg. v. Kai-Uwe Scholz, Mathias Mainholz, Rüdiger Schütt. Hamburg: Dölling und Galitz 1998
FORSTER, LEONARD: German Poetry 1944-1948. Cambridge: Bowes & Bowes 1950
FOUCAULT, MICHEL: Was ist ein Autor. In: Schriften zur Literatur. Frankfurt am Main: Fischer-Taschenbuch-Verlag 1988
FREEMAN, THOMAS: Hans Henny Jahnn. Eine Biographie. Hamburg: Hoffmann und Campe 1986
FRENZEL, HERBERT A. UND ELISABETH: Daten Deutscher Dichtung. 2 Bände. München: Deutscher Taschenbuch Verlag 1986, Bd. 1
FREUD, MARGIT: Zur Geschichte eines Schlagers. In: Neue Zürcher Zeitung, 23.05.1948
FRISTER, ROMAN: Die Mütze oder Der Preis des Lebens. Ein Lebensbericht. Berlin: Siedler 1997
GLAGLA, HELMUT: Hans Leip. Schriftsteller, Maler, Graphiker. 1893-1983. Biographischer Leitfaden zur Gedächtnisausstellung im Museum für Hamburgische Geschichte 22.9.–27.11.1983. Hamburg: 1983
GLAGLA, HELMUT: Impressionen von der „Himmelsecke". Zur Jahresgabe 1997 der Hans-Leip-Gesellschaft. Hrsg. v. der Hans-Leip-Gesellschaft. Text: Helmut Glagla. Hamburg 1997
GLAGLA, HELMUT: „Zum Bronze-Abguß der Hans-Leip-Büste von Cläre Popp". Hrsg. v. der Hans-Leip-Gesellschaft. Hamburg: 1996
GROLLE, JOIST: Lichtwark als Ermutiger. In: Auskunft. Mitteilungsblatt Hamburger Bibliotheken. Jg. 9, H. 3, 1989, 176–182
GUSTAV SCHIEFLER. Der schriftliche Nachlaß. Hrsg. v. der Kulturstiftung der Länder in Verbindung mit der Staats- und Universitätsbibliothek Hamburg Carl von Ossietzky. Berlin, Hamburg 1999 (Patrimonia, 149)
HAALCK, HANS: Heinz Daniel. Bühnenbildner zu Hamburg. In: Hamburger Illustrierte, Jg. 17, Nr. 7, 12.02.1935, S. 24
HAEGERT, WILHELM: Zum Dichtertreffen 1941. In: Die Dichtung im kommenden Europa. Weimarer Reden 1941. Hamburg: Hanseatische Verlagsanstalt 1942, S. 8f.
HÄRTLING, PETER: Friedrich Percyval Reck-Malleczewen. Tagebuch eines Verzweifelten. In: Ders.: Zwischen Untergang und Aufbruch. Berlin, Weimar: Aufbau-Verlag 1990, S. 153–156
HÄTTE ICH DAS KINO! Die Schriftsteller und der Stummfilm. Ausstellungskatalog des Schiller-Nationalmuseums Marbach. Bearbeitet von L. Grewe, M. Pehle, H. Westhoff. München: Kösel 1976
HALBEY, ADOLF: Das Bilderbuch in Deutschland im 20. Jahrhundert. Versuch einer kunstgeschichtlichen Orientierung. In: Aspekte der gemalten Welt. 12 Kapitel über das Bilderbuch von heute. Hrsg. v. Julius Beltz. Weinheim, Berlin: Verlag Julius Beltz 1968

HAMBURGER KALENDER 1920. Hrsg. v. Kunstverein in Hamburg. Hamburg: Paul Hartung 1920
HAMMOND-NORDEN, WILHELM: Norddeutsche Dichterportraits. In: Deutsche Zukunft, 04.02.1934, S. 7
HANS HENNY JAHNN. Buch der Freunde. Zum ersten Todestag Jahnns im Auftrag der Freien Akademie der Künste in Hamburg. Hrsg. v. Rolf Italiaander. Hamburg 1960
HANS LEIP. Eingeleitet von Wilhelm Duwe. Hrsg. v. der Freien Akademie der Künste in Hamburg. Hamburg: Christians 1968 (Hamburger Bibliographien, 1)
HANS LEIP. Leben und Werk. Zum 65. Geburtstag Hans Leips im Auftrag der Freien Akademie der Künste in Hamburg herausgegeben von Rolf Italiaander. Hamburg: Christians 1958
HANS LEIP ALS ZEICHNER UND MALER. Zum 75. Geburtstag. Katalogbearbeitung: Christian L. Küster. Hamburg: Th. Dingwort & Co 1969
HANS W. FISCHER. Ein Buch des Gedenkens. Hrsg. v. Hugo Sieker. Hamburg: Verlag Hamburgische Bücherei 1948
HANSEN, LARS; Karl Holter: Bären. Schauspiel in drei Aufzügen. Aus dem Norwegischen übersetzt von Per Schwenzen. Unverkäufliches [Bühnen-] Manuskript, Berlin: S. Fischer Verlag 1933 [Norwegischer Originaltitel: Ishavsfolk (Eismeervolk)]
HANUSCHEK, SVEN: „Eine Kreuzung aus Eier- und Schleiertanz". Erich Kästner als Funktionär des PEN: 1946-1962. In: „Die Zeit fährt Auto". Erich Kästner zum 100. Geburtstag. Hrsg. v. Manfred Wegner. Berlin: Deutsches Historisches Museum Berlin und Münchner Stadtmuseum 1999, S. 182–192
HARBECK, HANS: Das junge Hamburg. In: Hamburger Theaterzeitung (Sonderheft), Jg. 1, Mai 1919, S. 1-12
HECHT, INGEBORG: Als unsichtbare Mauern wuchsen. Hamburg: Hoffmann und Campe 1984
HEIDSIECK, ARNOLD: Das Groteske und das Absurde im modernen Drama. Stuttgart: Kohlhammer 1969
HESSEL, FRANZ: Hans Leip: Der Nigger auf Scharhörn. In: Die literarische Welt, Jg. 3, Nr. 49, 09.12.1927, S. 14. – Wiederveröffentlicht in Franz Hessel: Sämtliche Werke in fünf Bänden. Hrsg. v. Hartmut Vollmer und Bernd Witte, Bd. 5, Verstreute Prosa, Kritiken. Oldenburg: Igel Verlag 1999, S. 151f.
HILLER, KURT: Geistige Grundlagen eines schöpferischen Deutschlands der Zukunft. In: Ders.: Ratioaktiv. Reden 1914–1964. Ein Buch der Rechenschaft. Wiesbaden: Limes Verlag 1966, S. 187–220
HIRSCH, SANDRA u.a.: Hans Leip und die Hamburger Künstlerfeste. Herzberg: Traugott Bautz 1993 (bibliothemata, 8)
HITLER'S WARTIME PICTURE MAGAZINE „SIGNAL". Edited by Sidney Louis Mayer. Englewood Cliffs, N.J.: Prentice-Hall 1978
HOLTZ, FRIEDRICH CARL, Hanns Prehn-Drewitz: Die hamburgische Revolution. Hamburg: Die Hamburger Warte 1919
HOLZEM, JOHANN: Der lange Weg zum Ruhm. Lili Marleen und Belgrad 1941. Meckenheim: Wahrlich 1997 [Zuerst veröffentlicht in: Soldat im Volk. Zeitschrift des Verbandes deutscher Soldaten Hefte 10/1990–1/1991]
HOFFMANN, CHARLES W.: Opposition poetry in nazi german. Berkely and Los Angeles: University of California Press 1962 (University of California publications in modern philology, LXVII)
HUBER, OTTMAR: Mythos und Groteske. Die Problematik des Mythischen und ihre Darstellung in der Dichtung des Expressionismus. Meisenheim am Glan: Anton Hain 1979 (Deutsche Studien, 33)
HUNCK, JOSEPH: Anrecht der Öffentlichkeit auf unbekannte Kostbarkeiten in Staats- und Privatsammlungen. In: Hamburger Illustrierte, Jg. 16, Nr. 50, 11.12.1934, S. 16

IBEL, RUDOLF: Zur Lyrik Hans Leips. In: Hans Leip. Leben und Werk. Zum 65. Geburtstag Hans Leips im Auftrag der Freien Akademie der Künste in Hamburg herausgegeben von Rolf Italiaander. Hamburg: Christians 1958, S. 31–41

EIN I FÜR EIN Y. In Sachen Lili Marleen. In: Der Spiegel, Jg. 2, Nr. 46, 13.11.1948, S. 22

JACOBI, CLAUS: 50 Jahre Axel Springer Verlag. 1946-1996. Berlin, Hamburg: Axel Springer 1996

JAEGER, ROLAND: Hamburgs Künstlerfeste der zwanziger Jahre. [Magisterarbeit] Hamburg 1985

JAEGER, ROLAND, Steckner, Cornelius: Zinnober: Kunstszene Hamburg 1919–1933. Hamburg: Szene Verlag 1983

JANNINGS, EMIL: Theater. Film. Das Leben und ich. Bearbeitet von C. C. Bergius. Berlin, Darmstadt: Deutsche Buch-Gemeinschaft 1952

JENSSEN, CHRISTIAN: Die Persönlichkeit Hans Friedrich Bluncks. In: Beseelte brüderliche Welt. Gedenkschrift für Hans Friedrich Blunck 1888–1988. Hrsg. v. Jürgen Blunck. Husum: Husumer Druck- und Verlagsgesellschaft, S. 18–22

JOHST, HANNS: Der Dichter in der Zeit. Zum Kriegsdichtertreffen 1940. In: Die Dichtung im Kampf des Reiches. Weimarer Reden. Hamburg: Hanseatische Verlagsanstalt 1941, S. 10–14

JUREIT, ULRIKE: Jugendopposition im Dritten Reich. Die Swing-Jugend. Münster: Universität 1988. (Staatsexamensarbeit FB. Geschichte an der Universität Münster)

KÄSTNER, ERICH: Die Groteske als Zeitgefühl. Joachim Ringelnatz. In: Ders.: Splitter und Balken. Publizistik. Hrsg. v. Hans Sarkowicz u. Franz Josef Görtz. Frankfurt am Main, Wien: Büchergilde Gutenberg 1999, S. 16

KÄSTNER, ERICH: Hans Leip, „Der Nigger auf Scharhörn". In: Neue Leipziger Zeitung, 24.03.1928. Wiederveröffentlicht in: Erich Kästner: Gemischte Gefühle. Literarische Publizistik aus der „Neuen Leipziger Zeitung" 1923–1933. Bd. 1. Hrsg. v. Alfred Klein. Zürich: Atrium 1989, S. 123f.

KAFKA, FRANZ: Amerika. Hrsg. v. Max Brod. Frankfurt am Main: S. Fischer 1986

KAMINSKI, WINFRIED: Kinder- und Jugendliteratur in der Zeit von 1945 bis 1960. In: Zwischen Trümmern und Wohlstand. Literatur der Jugend 1945–1960. Hrsg. v. Klaus Doderer. Weinheim, Basel: Beltz Verlag, S. 60

KANKELEIT, OTTO: Die schöpferische Macht des Unbewußten. Ihre Auswirkungen auf die Kunst und in der modernen Psychotherapie. Berlin: W. de Gruyter 1933

KEEGAN, JOHN: Das Geheimnis der Gräben. In: Der Spiegel, Nr. 3, 18.01.1999, S. 104

KELLERSMANN, CHRISTIAN: Jazz in Deutschland von 1933–1945. Eine wissenschaftliche Untersuchung. Menden: Jazzfreund 1990 (Jazzfreund-Publikation; 40)

KLEIST, HEINRICH VON: Über das Marionettentheater. In: Kleists Aufsatz über das Marionettentheater. Studien und Interpretation. Mit einem Nachwort hrsg. v. Helmut Sembdner. Berlin: Erich Schmidt Verlag 1967. (Jahresgabe der Heinrich-von-Kleist-Gesellschaft 1965/66)

KOEPPEN, WOLFGANG: Die Last der verlorenen Jahre: [Volker Wehdeking im] Gespräch mit Wolfgang Koeppen. In: Volker Wehdeking: Anfänge Westdeutscher Nachkriegsliteratur. Aufsätze, Interviews, Materialien. Aachen: Alano-Verlag 1989, S. 141–156

KRANZ, JOACHIM: Der Poet und die Fakultäten. Warum Hans Leip nicht Ehrendoktor der Uni werden konnte. In: Die Welt, Nr. 22, 26.01.1974

KRAUSE, TILMAN: Charmante Banalität des Bösen. [Über Norbert Schultze]. In: Der Tagesspiegel, Nr. 14671, 09.09.1993

KROGMANN, CARL VINCENT: Es ging um Deutschlands Zukunft. Leonie: Druffel Verlag 1976

KRUG, HANS-JÜRGEN: Und zum Sendeschluss Lili Marleen. Streifzug durch die Radio- und TV-Landschaft des Kosovo, wo jetzt auch Deutsches läuft. In: Hamburger Abendblatt, 17.11.1999

KUCKELSBERG, ERNST: Deutsche Nordlandreise. Ein Reisetagebuch. Berlin, Dresden: Wilhelm Limpert-Verlag 1937

Kühlmann, Wilhelm: Die Vernunft der Musen. In: Ders.: Literarische Miniaturen. Heidelberg: Manutius 1996, S. 7

Küster, Christian: Hans Leip als Zeichner und Maler. Zum 75. Geburtstag, Altonaer Museum in Hamburg 1969

Lange, Carl Albert: Krankheit der Kritik. In: Der Kreis, Jg. 6, H. 1, Januar 1929, S. 16

Leonardt, Rudolf Walter: Integrierte Jugendsünden. Robert Neumann bekennt sich wieder zu seinen Parodien. In: Die Zeit, Nr. 41/1969, 10.10.1969, S. LIT 6

Leo Perutz 1882-1957. Hrsg. v. Klaus-Dieter Lehmann. Wien, Darmstadt 1989. (Sonderveröffentlichungen der Deutschen Bibliothek, 17)

Leppien, Paul [Rezension zu *Laternen die sich spiegeln*]. In: Das literarische Echo, 15.07.1920, S. 1260

„Liebe, die im Abgrund Anker wirft". Autoren und literarisches Feld im Hamburg der 20. Jahrhunderts. Hrsg. v. Inge Stephan und Hans-Gerd Winter. Hamburg: Argument Verlag 1990

Loest, Erich: Völkerschlachtdenkmal. München: Deutscher Taschenbuch-Verlag 1987

Lohrer, Liselotte: Cotta. Geschichte eines Verlags. 1659–1959. Stuttgart: Cotta 1959

Lüth, Erich: Erinnerungen an den jungen Hans Leip. – Typoskript in der SUB: NLp: Db 3, S. 3 [Veröffentlichung nicht nachgewiesen]

Lüth, Erich: Ein Hamburger schwimmt gegen den Strom. Hamburg: Conrad Kayser 1981

Lüth, Erich: Viel Steine lagen am Weg. Ein Querkopf berichtet. Hamburg: Marion von Schröder 1966

Lukács, Georg: Deutsche Literatur im Zeitalter des Imperialismus. Eine Übersicht ihrer Hauptströmungen. Berlin: Aufbau-Verlag 1946

Magnus-Andersen, Litta: Lale Andersen. Die Lili Marleen. Das Lebensbild einer Künstlerin. Mit Auszügen aus bisher unveröffentlichten Tagebüchern. München: Universitas 1981

Mainholz, Mathias; Schütt, Rüdiger; Walter, Sabine: Artist, Royalist, Anarchist. Das abenteuerliche Leben des Baron Detlev Freiherr von Liliencron. Herzberg: Traugott Bautz 1994 (bibliothemata, 12)

Mainholz, Mathias, Rüdiger Schütt, Sabine Walter: Hamburger Künstlerfeste 1914–1933. Eine Künstlerfestchronik anläßlich der Friedrich-Adler-Ausstellung im Museum für Kunst und Gewerbe Hamburg vom 23. September bis 6. November 1993. Hamburg 1993

Malende, Christine: Berlin und der P.E.N.-Club. Zur Geschichte der deutschen Sektion einer internationalen Schriftstellervereinigung. In: Unterm Notdach. Nachkriegsliteratur in Berlin 1945–1949. Hrsg. v. Ursula Heukenkamp. Berlin: Erich Schmidt 1996, S. 89-128

Mann, Thomas: Meine Goethereise. In: Ders.: Gesammelte Werke in dreizehn Bänden, Bd. 13. Frankfurt am Main 1974, S. 71

Mattenklott, Gundel: Zauberkreide. Kinderliteratur seit 1945. Frankfurt am Main: Fischer Taschenbuch-Verlag 1994, S. 18

Mauersberger, Volker: Hitler in Weimar. Der Fall einer deutschen Kulturstadt. Berlin: Rowohlt 1999

Mayer, Hans: Theodor Lessing. Bericht über ein politisches Trauma. In: Ders.: Der Repräsentant und der Märtyrer. Konstellationen der Literatur. Frankfurt am Main: Suhrkamp 1971, S. 94-120

Meyer-Marwitz, Bernhard: Was erwarten wir vom „Roten Ünnerrock". In: Hamburger Anzeiger, 01.07.1939

Müller, Erika: Kinder sind doch bessere Menschen. Betrachtung zur Internationalen Jugendbuchausstellung in Hamburg. In: Die Zeit, 03.04.1947

Mumm, Michel: An einen Dichter. In: Schwarzes Korps, 12.05.1938

Muschg, Walter: Gespräche mit Hans Henny Jahnn. Frankfurt am Main: Europäische Verlagsanstalt 1967

NADLER, JOSEF: Literaturgeschichte des Deutschen Volkes. Dichtung und Schrifttum der deutschen Stämme und Landschaften. Vierter Band: Reich (1914-1940). Berlin: Propyläen 1941

NEUMANN, ROBERT: Ein leichtes Leben. Bericht über mich selbst und Zeitgenossen. Wien u.a.: Kurt Desch 1963, S. 418

NEUMANN, ROBERT: Aus dem Preisroman „Godekes Knecht". Nach Hans Leip. In: Ders.: Mit fremden Federn. Parodien von Robert Neumann. Stuttgart: J. Engelhorns Nachf. 1927, S. 47f.

NEUMANN, ROBERT: Ein leichtes Leben. Bericht über mich selbst und Zeitgenossen. Wien u. a.: Kurt Desch 1963

NEUMANN, ROBERT: Vielleicht das Heitere. Tagebuch aus einem andern Jahr. München, Wien, Basel: Desch 1968

NEUMANN, ROBERT: Vorsicht Bücher. Parodien – samt einem Leseleitfaden für Fortgeschrittene. Wien u.a.: Kurt Desch, S. 76–78

NIEDERDEUTSCH IM NATIONALSOZIALISMUS. Studien zur Rolle regionaler Kultur im Faschismus. Hrsg. v. Kay Dohnke, Norbert Hopster, Jan Wirrer. Hildesheim u.a.: Georg Olms 1994

ORLOWSKI, HUBERT: Geboren neunzehnhunderttraurig. Generationsbewußtsein und ‚Innere Emigration'. [Nicht veröffentlichtes Typoskript]

ORLOWSKI, HUBERT: „Krakauer Zeitung" 1939-1945. Nichtnationalsozialistische Literatur im Generalgouvernement. In: „Das war ein Vorspiel nur ...". Berliner Colloquium zur Literaturpolitik im ‚Dritten Reich'. Hrsg. v. Horst Denkler, Eberhard Lämmert. (Schriftenreihe der Akademie der Künste, 15). Berlin 1985, S. 136–162

[PELC, ORTWIN]: Hans Leip als Buchgestalter. Zur Jahresgabe der Hans-Leip-Gesellschaft 1998. Hrsg. v. der Hans-Leip-Gesellschaft e.V., Text: Ortwin Pelc. Hamburg 1998 (Jahresgabe der Hans-Leip-Gesellschaft 1999)

[PELC, ORTWIN]: Hans Leip in Amerika. Hrsg. v. der Hans-Leip-Gesellschaft e.V., Text: Ortwin Pelc. Hamburg 1999 (Jahresgabe der Hans-Leip-Gesellschaft 1999)

PETERSEN, KLAUS: Die „Gruppe 1925". Geschichte und Soziologie einer Schriftstellervereinigung. Heidelberg: Winter 1981 (Reihe Siegen, 34)

PETSCH, ROBERT: Schicksal und Vollendung der Abdenas. Hans Leip schreibt mit seinem „Muschelhorn" ein niedersächsisches Epos. In: Hamburger Tageblatt, 12.12.1940

[Ohne Verfasserangabe]: PINOCHET FEIERTE MIT LILI MARLEEN. In: Hamburger Abendblatt, 27.11.1995

PIRSICH, VOLKER: Verlage, Pressen und Zeitschriften des Hamburger Expressionismus. Frankfurt am Main: Buchhändler Vereinigung 1988 (Archiv für die Geschichte des Buchwesens, 30)

POHL, FRIEDRICH-WILHELM: Lord Nelson. Ein Triumphzug durch Europa. Hamburg: Koehler 2000

POPERT, HERMANN: Hamburg und der Schundkampf. Erstes Buch: Schmutz- und Schundliteratur. Hrsg. v. Ausschuß beim Jugendamt Hamburg gegen Schmutz und Schund in Wort und Bild. Hamburg-Großborstel: Verlag der Deutschen Dichter-Gedächtnis-Stiftung 1926

POPP, CLÄRE: Prinzessin Heidekraut. Ein Kasperle-Spiel. In: Der Fernblick, Nr. 2, 1931

PORT, KURT: Auf der Bühne. In: Hans Leip. Leben und Werk. Zum 65. Geburtstag Hans Leips im Auftrag der Freien Akademie der Künste in Hamburg herausgegeben von Rolf Italiaander. Hamburg: Christians 1958, S. 59–68

QUEST, HANS: Seine Generation stand draußen vor der Tür. In: Münchner Merkur, 20.05.1981

REIMERS, BRITA: Emmy Ruben. In: Stadt der toten Frauen. Frauenportraits und Lebensbilder vom Friedhof Hamburg Ohlsdorf. Hrsg. v. Rita Bake, Brita Reimers. Hamburg: Dölling und Galitz 1997

REINDL, LUDWIG EMANUEL: Komödien auf Berliner Bühnen. [Rezension *Idothea*] In: Das Reich, Nr. 17, 26.04.1942, S. 12

RICHARDS, DONALD RAY: The German Bestseller in the 20th Century. A complete Bibliography

and Analysis 1915–1940. Berne: Herbert Lang 1968. (German Studies in America, 2)
RINGELNATZ, JOACHIM. Briefe. Hrsg. v. Walter Pape. Berlin: Henssel 1989
RINGELNATZ, JOACHIM: München - Hamburg - Altona - Amerika. In: Ders.: Reisebriefe eines Artisten. Berlin: Rowohlt 1928, S. 49.
RÖSCH, GERTRUD MARIA: Exzellenz Goethe. Dichterjubiläen im Simplicissimus 1918–1933. In: Simplicissimus. Glanz und Elend der Satire in Deutschland. Hrsg. v. Gertrud Maria Rösch. (Schriftenreihe der Universität Regensburg, 23). Regensburg: Universitätsverlag Regensburg 1996, S. 190
RÜHMKORF, PETER: Wolfgang Borchert. Reinbek bei Hamburg: Rowohlt 1997 (rowohlts monographien), S. 103
SAUERLANDT, MAX: Im Kampf um die moderne Kunst. Briefe 1902–1933. Hrsg. v. Kurt Dingelstedt. München: Albert Langen, Georg Müller 1957
SCHABBEL, OTTO: Sieg des Dadaismus. In: Hamburger Nachrichten, 19.02.1920 (Abend-Ausgabe)
SCHIEFLER, GUSTAV: Eine Hamburgische Kulturgeschichte 1890-1920. Beobachtungen eines Zeitgenossen. Bearbeitet von Gerhard Ahrens, Hans Wilhelm Eckardt, Renate Hauschild-Thiessen. Hamburg: Verlag für Hamburgische Geschichte 1985
SCHIEFLER, GUSTAV: [Rezension der Leip-Ausstellung bei Maria Kunde]. In: Die literarische Gesellschaft, Jg. 5, H. 1, Januar 1919, S. 32
SCHEPPING, WILHELM: Zeitgeschichte im Spiegel eines Liedes. Der Fall „Lili Marleen" - Versuch einer Summierung. In: Festschrift für Ernst Klusen zum 75. Geburtstag. Hrsg. v. Günther Noll u. Marianne Bröcker. (Musikalische Volkskunde - aktuell). Bonn: Peter Wegener 1984, S. 435–464
SCHOLZ, KAI-UWE: Chamäleon oder Die vielen Gesichter des Hans Friedrich Blunck. Anpassungsstrategien eines prominenten NS-Kulturfunktionärs vor und nach 1945. In: „Dann waren die Sieger da". Studien zur literarischen Kultur in Hamburg 1945-1950. Hrsg. v. Ludwig Fischer u.a. (Schriftenreihe der Hamburgischen Kulturstiftung, 7). Hamburg: Dölling und Galitz 1999, S. 131–167
SCHOLZ, KAI-UWE: Sonderling und Syndikus, Kadenzendichter, Klinkerfürst. Hans Henny Jahnn, Hans Frierich Blunck, Hans Leip, Fritz Höger. In: Schütt, Rüdiger: Bohemiens und Biedermänner. Die Hamburger Gruppe 1925 bis 1931. Hamburg: edition fliehkraft 1996, S. 201-228
SCHÖMEL, WOLFGANG: Hamburg vertreibt seine Künstler, z.B. Hans Henny Jahnn. In: Hamburger Ziegel. Jahrbuch für Literatur II 1993/94. Hrsg. im Auftrag der Kulturbehörde Hamburg von Jürgen Abel, Robert Galitz, Wolfgang Schömel. Hamburg: Dölling und Galitz 1993, S. 443
SCHRÖDER, CLAUS B.: Draußen vor der Tür. Eine Wolfgang-Borchert-Biographie. Berlin: Henschelverlag Kunst und Gesellschaft 1989
SCHRÖDER, GUSTAV: Ein Seemann spricht. In: Hans Leip. Leben und Werk. Zum 65. Geburtstag Hans Leips im Auftrag der Freien Akademie der Künste in Hamburg herausgegeben von Rolf Italiaander. Hamburg: Christians 1958, S. 50–59
SCHRÖDER, GUSTAV: Heimatlos auf hoher See. Berlin: Beckerdruck 1949
SCHÜTT, RÜDIGER: Bohemiens und Biedermänner. Die Hamburger Gruppe 1925 bis 1931. Hamburg: edition fliehkraft 1996
SCHÜTT; RÜDIGER: Deplaziert im literarischen Feld? Warum „Lili Marleen" seinen Verfasser nicht immer glücklich machte. In: Praxisorientierte Literaturtheorie. Annäherungen an Texte der Moderne. Hrsg. v. Thomas Bleitner, Joachim Gerdes, Nicole Selmer. Bielefeld: Aisthesis 1999, S. 45–55
SCHÜTT; RÜDIGER: Künstlerfeste zwischen Protest und Ohnmacht. In: Mathias Mainholz, Rüdiger Schütt, Sabine Walter: Hamburger Künstlerfeste 1914–1933. Eine Künstlerfestchronik anläßlich der Friedrich-Adler-Ausstellung im Museum für Kunst und Ge-

werbe Hamburg vom 23. September bis 6. November 1993. Hamburg 1993, S. 36–43
SCHULTZE, NORBERT: Mit dir, Lili Marleen. Die Lebenserinnerungen des Komponisten Norbert Schultze. Zürich/Mainz: Atlantis Musikbuch 1995.
SCHULZ, RICHARD: Hans Leip und St. Georg. In: Blätter aus St. Georg. Hrsg. v. Bürgerverein zu St. Georg von 1880. Hamburg, September 1993, S. 7-9
SCHUTZVERBAND DEUTSCHER SCHRIFTSTELLER: Protest-Erklärung an den Reichsjustizminister und den Oberreichsanwalt zu den gerichtlichen Verfolgungen deutscher Schriftsteller. In: Der Schriftsteller, Jg. 12, H. 5., November 1925, S. 35–37
SCHWITTERS, KURT: Wir spielen, bis uns der Tod abholt. Briefe aus fünf Jahrzehnten. Hrsg. v. Ernst Nändel. Frankfurt am Main, Berlin: Ullstein 1975
SEIDEL, WILLY: Hans Leip, der Hamburger Dichter. In: Hamburger Fremdenblatt, 18.02.1928
SIDOW, MAX: Hans Leip und sein Schaffen. In: Das Wort. Ein Wegweiser durch das Schrifttum der Gegenwart, Jg. 5, H. 2, Juni 1931, S. 25–29
SIEKER, HUGO: Hans W. Fischer. Gruß. In: Junge Menschen 8, 1927, H. 1, S. 2
SIEMER, HEINRICH: Hermann Krieger und sein Werk. In: Hermann Krieger: Die Höllenmühle. Ein Landschaftsroman von Tieren und Menschen. Berlin: Deutsche Buch-Gemeinschaft 1929, S. 5–10
SINSHEIMER, CHRIS: Begegnung mit einem Gedicht in London. In: Hans Leip. Leben und Werk. Zum 65. Geburtstag Hans Leips im Auftrag der Freien Akademie der Künste in Hamburg herausgegeben von Rolf Italiaander. Hamburg: Christians 1958, S. 71f.
SONNLEITNER, JOHANN: Die Geschäfte des Herrn Robert Hohlbaum. Die Schriftstellerkarriere eines Österreichers in der Zwischenkriegszeit und im Dritten Reich. (Literatur in der Geschichte. Geschichte in der Literatur, 18). Wien, Köln: Böhlau 1981
SPECHT, OTTO: Carsten Wulf. [Rezension]. In: Mitteilungen aus dem Quickborn, Jg. 32, H. 1–2, S. 46
STAPEL, WILHELM: Hans Leip, [Rezension zu] Tinser. In: Deutsches Volkstum, H. 8, 1927, S. 45f.
STAPEL, WILHELM: Schnittdrucke und Zeichnungen von Hans Leip bei Maria Kunde. In: Neue Hamburger Zeitung, 12.12.1918
STREMPEL, ALEXANDER: Seils inne Nacht. In: Mitteilungen aus dem Quickborn, Jg. 20, Nr. 1, Winter 1927, S. 22f.
STROTHMANN, DIETRICH: Nationalsozialistische Literaturpolitik. Ein Beitrag zur Publizistik im Dritten Reich. Bonn: Bouvier 1968. (Abhandlungen zur Kunst-, Musik- und Literaturwissenschaft, 13), S. 237, 247, 249, 374, 383, 445, 449
SURMINSKI, ARNO: Hans Leip zum 100jährigen Geburtstag. In: Auskunft, Jg. 13, H. 4, 1993, S. 373
Die TAGEBÜCHER VON JOSEPH GOEBBELS. Im Auftrag des Instituts für Zeitgeschichte und mit Unterstützung des Staatlichen Archivdienstes Rußlands hrsg. v. Elke Fröhlich. Teil II: Diktate 1941–1945, Band 2: Oktober-Dezember 1941. München u.a.: Saur 1996
TEGTMEIER, KONRAD: Blankeneser Tafelrunde. In: Unter Hamburgs Türmen. Ein Almanach. Hrsg. v. Conrad Kayser, Bernhard Meyer-Marwitz. Hamburg: Hamburgische Bücherei 1948, S. 51–61
TORMIN, WALTER: Der schwere Weg zur Demokratie. Politischer Neuaufbau in Hamburg 1945/46. Hamburg: Dölling und Galitz 1995
TRALOW, JOHANNES: Das Gesicht des Deutschen PEN. In: Die Neue Zeitung, 21.11.1949
[Ohne Verfasserangabe]: TRAUERFEIER FÜR GRETEL HAALCK-LEIP. In: Norddeutsche Nachrichten, 13.02.1939
UNWIRSCH, HANNS: Besuch bei Hans Leip. Hamburger Impressionen. In: Der Standpunkt, Juli-Heft 1946
WALTER, SABINE: „Ein unternehmungslustiger junger Verleger in Hamburg". Klaus Mann und Kurt Enoch. In: Ders.: „Wir sind so jung – so sonderbar". Klaus Mann und die Hamburger Kammerspiele. Hamburg: edition fliehkraft 1999, S. 39–43

WEGE NACH WEIMAR. Auf der Suche nach der Einheit von Kunst und Politik. Hrsg. v. Hans Wilderotter u. Michael Dorrmann. Berlin: Jovis 1999

WELLERSHOFF, KLAUS: Unabsehbarkeit. In: Ders.: Das geordnete Chaos. Essays zur Literatur. Köln: Kiepenheuer & Witsch 1992

WERFEL, FRANZ: Das lyrische Werk. Hrsg. v. Adolf D. Klarmann. Berlin: S. Fischer 1967

WESTENFELDER, FRANK: Genese, Problematik und Wirkung nationalsozialistischer Literatur am Beispiel des historischen Romans zwischen 1890 und 1945. Frankfurt am Main: Peter Lang 1989 (Europäische Hochschulschriften, Reihe I: Deutsche Sprache und Literatur, 1101)

WINTER, HANS-GERD: „Lokalgrößen" und „Zugereiste" auf der Suche nach der Macht des „Geistes" - Zur Neukonstituierung des literarischen Feldes in Hamburg 1945-1950. In: Hamburger Arbeitskreis für Regionalgeschichte. Mitteilungen 34, Mai 1999. Hrsg. von der Arbeitsstelle für Hamburgische Geschichte, S. 26-36

„WIR SIND DIE KRAFT". Arbeiterbewegung in Hamburg von den Anfängen bis 1945. Katalogbuch zu Ausstellungen des Museums für Hamburgische Geschichte. Hrsg. v. Ulrich Bauche u.a. Hamburg: VSA-Verlag 1988

WIRRER, JAN: „Die Rassenseele ist des Volkes Sprache". In: Niederdeutsch im Nationalsozialismus. Studien zur Rolle regionaler Kultur im Faschismus. Hrsg. v. Kay Dohnke, Norbert Hopster, Jan Wirrer. Hildesheim, Zürich, New York: Georg Olms 1994, S. 207–261

WITTMAACK, ADOLPH: Adam! Wo bist Du? Als Typoskript vervielfältigt und hrsg. v. Franz Schilling. Hamburg 1960

WITTMAACK, ADOLPH: Konsul Möllers Erben. Der Roman einer Hamburger Familie. Hamburg: Hammerich & Lesser 1950

WORBS, HANS CHRISTIAN: Der Schlager. Bestandsaufnahme, Analyse, Dokumentation. Bremen: Schünemann 1963

WULF, JOSEPH: Theater und Film im Dritten Reich. Eine Dokumentation. Frankfurt am Main u.a.: Ullstein 1989 (Kultur im Dritten Reich, 4)

ZAUBERSCHIFF AUF GROßER FAHRT. Mit Hans Leip ins Wunderland. In: Der Spiegel, Nr. 6, 08.02.1947

ZELLER, BERHARD: Klassiker in finsteren Zeiten 1933–1945. Eine Ausstellung des Deutschen Literaturarchivs im Schiller-Nationalmuseum Marbach am Neckar, Band 2. Marbach 1983. (Marbacher Kataloge, 38)

7. Personenregister

Kursive Seitenzahlen sind Verweise auf Briefe

mitische Weltanschauung zugrundeliegt. S.102, 104, 106, 108

Baumann, Egbert (1885–1969) Direktor des Altonaer Wohlfahrtamtes. Der promovierte Jurist und Freizeitmaler gab 1928 zusammen mit Leip und Paul Theodor Hoffmann den *Almanach zur Altonaer-Blankeneser Woche* heraus. 1933 wegen politischer Gründe (Mitglied der DDP) aus der Verwaltung entlassen. Gehörte Leips *Bulln-Runde* an. S.419

Bäumer, Gertrud (1873–1954) Autorin, Politikerin, Pädagogin, Frauenrechtlerin. Verfaßte in der Reihe *Dichter der Deutschen* des Cotta-Verlages eine Monographie über Wolfram von Eschenbach. S.180

Bebel, August (auch Ferdinand August, 1840–1913) Politiker. Mitbegründer (1869) und Vorsitzender der Sozialdemokratischen Arbeiterpartei (später SPD). S.21

Becher, Johannes R. (1891–1958) Autor und Politiker. Seit 1954 Minister für Kultur der DDR. Leip und Becher kamen sich nach dem Krieg während der Schwierigkeiten bei der Neugründung des deutschen PEN-Clubs näher. S.248, *445*

Beckmann, Max (1884–1950) Maler und Graphiker. S.42

Beheim-Schwarzbach, Martin (1900–1985) Autor, geboren in London. Veröffentlichte 1927 seinen ersten Erzählband bei Reclam in Leipzig. Mitglied im *Hansischen Kreis* des PEN-Clubs. 1946 Zensor für Literatur der Britischen Militärregierung in Hamburg, wo es zwischen Leip und ihm zu Verstimmungen kam. Leip bedachte seinen Kollegen deshalb mit dem Namen ‚Martin-Beheim-Dreckwasser' (Auskunft →Herbert Lehmitz). S.170, 213, 348, 436, 438

Beil, Ludwig (1890–1961) Autor, Journalist. Geboren in Gießen. Publizierte in der *Neuen Hamburger Zeitung* und später in der Zeitschrift *Der Kreis*. 1919 erschien sein Roman *Martin* bei S.Fischer. Zog Anfang der 30er Jahre nach Frankfurt am Main. Mitglied der *Hamburger Gruppe*. S.75, 96, 117f., 120, 127, 297

Beißner, Friedrich (geb. 1905) Philologe. Habilitierte sich 1940 für deutsche Philologie und neuere deutsche Literaturgeschichte. 1942 Dozent in Tübingen, 1944 Professor in Gießen und seit 1945 in Tübingen. Herausgeber der Stuttgarter Hölderlin-Ausgabe. S.13, 216f., 380, 457

Beneckendorff, Wolf von (eigentlich Wolf von Beneckendorff-Hindenburg, 1889–1961) Schauspieler, Regisseur. Mitglied der *Tafelrunde*. 1919–1922 und 1929–1931 an den Hamburger Kammerspielen, 1939–1947 am Thalia-Theater. Ab 1949 in Berlin am Theater am Schiffbauerdamm (Berliner Ensemble). Befreundet mit Klaus Mann. S.83

Benn, Gottfried (1886–1956) Autor. 1934 Generalsekretär der *Union Nationaler Schriftsteller* (UNS). S.167

Benninghoff, Ludwig (1890–1966) Autor und Journalist. Geboren am Niederrhein. Mitbegründer und Vorstandsmitglied der Deutschen Bühne, der späteren Hamburger Bühne. Herausgeber der Hamburger „Zeitschrift für künstlerische Kultur" *Der Kreis*. Ab 1935 Leitung des Bühnenverlags Felix Bloch Erben. S.127f., 182, 309, *320*, 363, 367, 375

Berens-Totenohl, Josefa (eigentlich Josefa Berens, 1891–1969) Autorin. Erzielte mit ihrem Romandebüt *Der Femhof* (1934) und den sich anschließenden historischen Romanen beachtliche Erfolge. Vertreterin der Blut- und Boden-Literatur. S.195, 377

Bergengruen, Werner (1892–1964) Autor, Journalist. Wurde vor allem als Verfasser historischer Romane bekannt. Der *Himmel auf Erden* (1940) durfte nur mit Sondergenehmigung ein Jahr lang erscheinen, da Bergengruen schon 1937 aus der Reichsschrifttumskammer ausgeschlossen worden war. S.180, 185, 213, 392

Beymann, Cornelius. S.355

Biermann-Ratjen, Hans Harder (1901–1969) Schriftsteller, Jurist. Ab 1945 Kultursenator in Hamburg (FDP). S.13, 253

Bitterlich, Roswitha (auch Bitterlich-Brink, geb. 1920) Österreichische Malerin und Schriftstellerin. S.202, 416

Blasco Ibanez, Vincente (1867–1928) Spanischer Schriftsteller. S.117

Blomberg, Werner von (1878–1946) 1933–1935

Luksch. 1919 Mitglied der Berliner *Novembergruppe* und der *Hamburgischen Sezession*. 1937 Beschlagnahme der in der Hamburger Kunsthalle befindlichen Werke. Schuf u.a. die Monumentalfiguren am heutigen DAG-Haus am Karl-Muck-Platz. S.56, 148f.

Orlowski, Hubert. Literaturwissenschaftler. Professor an der Universität in Poznan. S.213

Otte, Kurt (geb. 1902) Apotheker, Maler, Sammler. Der in Hamburg lebende Otte war mit Alfred Kubin befreundet und leidenschaftlicher Sammler seiner Werke. Baute ab 1926 ein Kubin-Archiv auf, das über seiner Apotheke am Fischmarkt 3 untergebracht war. S.333

Ould, Hermon (1866–1951) Englischer Theaterschriftsteller und Kinderbuchautor. Im Ersten Weltkrieg Kriegsdienstverweigerer. Von 1926 bis zu seinem Tod Generalsekretär des Internationalen PEN-Clubs. Setzte sich nach 1933 für die exilierten deutschen Schriftsteller ein und ermöglichte ihnen die Gründung der Deutschen Gruppe beim Internationalen PEN-Club. Nach 1945 zusammen mit →Hermann Friedmann, → Wilhelm Sternfeld u.a. Förderer der Wiedererrichtung eines PEN-Zentrums in Deutschland. S.148, 245, 435, 437, 444, 446

Palm Mitarbeiter des Cotta-Verlages. S.403

Pauli, Gustav (1866–1938) Kunsthistoriker. Geboren in Bremen. 1894 Privatbibliothekar des Königs Albert von Sachsen und der Dresdner Akademie. 1899–1914 Direktor der Kunsthalle Bremen, 1914–1933 der Hamburger Kunsthalle. 1936 erschien: *Erinnerungen aus sieben Jahrzehnten*. S.48, 51

Pegel, Walter (1899–?) Schriftsteller, Taubstummenlehrer und Direktor der Taubstummenanstalt in Ludwigslust. Veröffentlichte bei Cotta u.a. den Roman *Insel im Strom* (1942). Mitarbeiter an Leips Laienspiel-Band *Die schwebende Jungfrau*. S.194, 215, 348, 375, 388

Perutz, Leo (1884–1958) Schriftsteller. S.144

Petersen, Barbara. Schwester von →Carl Petersen. S.154, 319

Petersen, Carl (1868–1933) Rechtsanwalt. Von 1924–1929 und von 1932–1933 Erster Bürgermeister von Hamburg. Vorsitzender der Senatskommission für die Kunstpflege. S.154, 159, 230, *306*, 319

Petersen, Lina →Leip, Lina

Petersen, Rudolf (1879–1962) Bruder →Carl Petersens. 1945/46 Erster Bürgermeister von Hamburg. S.230, 428

Petsch, Robert (1875–1945) Literaturwissenschaftler. Ab 1919 Professor für deutsche Literaturgeschichte und allgemeine Literaturwissenschaft sowie Mitdirektor des Germanischen Seminars an der Universität Hamburg. S.148, 192, 363

Philips, Ellinor (1893–1970) Gymnastiklehrerin. Seit 1926 mit →Hans Henny Jahnn verheiratet. S.112

Pilatus, Pontius (gest. 39 n. Chr.) Fünfter römischer Prokurator von Judäa (26–36 n. Chr.) S.371

Pinelli, Aldo von (geb. 1912) Filmautor, Filmproduzent. Verfaßte gemeinsam mit → Katrin Holland und Leip das Drehbuch zu *Florentine*. S.175

Piper, Carl Anton (1874–1938) Journalist und Politiker. Geboren in Neubrandenburg. Ab 1901 Redakteur der Zeitschrift *Über Land und Meer*, Korrespondent in London und Paris, dann Feuilletonredakteur der *Hamburger Nachrichten*. Mitglied der Bürgerschaft, 1920–1924 Mitglied des Reichstages, ab 1929 Hamburgischer Gesandter in Berlin. S.318

Piscator, Erwin (1893–1966) Deutscher Regisseur. S.228

Platon (427–347 v. Chr.) S.399

Podehl, Fritz (1892 – nach 1956) Filmdramaturg, Leiter der Freiwilligen Selbstkontrolle der Filmwirtschaft. Seit Mitte der 30er Jahre Ufa-Chefdramaturg. S.*334*

Podeyn, Hans (1894–1965) Diplomat. Besuchte gemeinsam mit Leip das Lehrerseminar Steinhauerdamm. Spielte in der 1912 von Leip inszenierten Aufführung von Hans Sachs *Der Kaiser und der Abt* den Mundschenk. War seit 1914 als Volksschullehrer in Hamburg tätig. Seit 1928 Vorsitzender der SPD-Fraktion in der Hamburger Bürgerschaft, der er seit 1924 angehörte. 1933 in Schutzhaft genommen. 1934 aus dem Schuldienst entlassen (Berufsbeamtengesetz). Seit 1936 Angestellter (Kohlengroßhandel) in Hannover, Magdeburg, Berlin. 1936 in Hamburg erneut vorübergehend festgenommen. 1948/49 stellv. Direktor der Verwaltung für Ernährung, Landwirtschaft und Forsten der Bizone, später im auswärtigen Dienst (Botschafter). Veröffentlichung: *Das politische Gesicht Hamburgs* (1931). S.110

Poe, Edgar Allen (1809–1849). S.72

Pongs, Siegfried. In den 40er Jahren in der Führungsspitze der Deutschen Reichsbank beschäftigt. Ehemann von →Anna Jacker. S.388

Popp, Cläre (1896–1978) Puppenspielerin. Im Ersten Weltkrieg Flugzeugtechnikerin. Lebensgefährtin von Hans Leip und →Carl M. H. Wilkens. S.62, 64, 70, 72f., 75, 78, 82f., 86, 149, 295, *401*

Port, Kurt (1896–1979) Verlagsleiter, Schriftsteller, Philosoph. Promovierte 1929 in Philosophie. Seit 1934 Mitarbeit beim Cotta-Verlag, dessen Geschäftsführung er schließlich übernahm. Welche Schwierigkeiten Port und →Kläre Buchmann, die ihn während seiner Einberufung vertrat, das Verlegergeschäft in den letzten Jahren des ‚Dritten Reichs' bereitete, hat Leip im *Tanzrad* beschrieben. 1946 wurde Port die Leitung des Verlages gekündigt. Er gründete den Port-Verlag für Mystik, Philosophie und Kultur. Hier erschien die *Quelle*, eine Zeitschrift für Theater, Musik und Film und, seit 1947, *Die Pforte. Monatsschrift für Kultur*, in der all „diejenigen Kräfte" zusammengeführt werden sollten, „die uns vor der großen Leere unserer kulturellen Wende erretten können." Leip arbeitete an beiden Zeitschriften mit. Im Buchprogramm des Verlages erschien u.a. die noch von → Kläre Buchmann angeregte Schriftenreihe *Erbe und Schöpfung*, die dann von ihren eigenen, postum erschienenen Betrachtungen zur griechischen Religiosität unter dem Titel *Der Mensch und die Götter* (1946) eingeleitet wurde. Seit 1993 erscheint die Gesamtausgabe von Ports philosophischen Schriften. S.183f., 215, 354, 368, 388f., 391, 393, 398, 408, 416, 422f., 425

Postulart, Wilhelm. Autor und Journalist. Mitbegründer und Vorsitzender der *Deutschen Bühne*, der späteren *Hamburger Bühne*. Zusammen mit →Ludwig Benninghoff Herausgeber der Zeitschrift *Der Kreis*. S.128

Preußler, Ottfried (geb. 1923) Kinder- und Jugendbuchautor. S.132f.

Quest, Hans (1920–1997) Schauspieler. Spielte in der Uraufführung von →Borcherts *Draußen vor der Tür* 1947 an den Hamburger Kammerspielen den Kriegsheimkehrer Beckmann. S.236

Quindt, William (auch Hermann Herbert William Quindt, 1899–1969) Schriftsteller, Journalist. Verfasser von Tierromanen. Viele seiner Texte sind bis heute sehr erfolgreich: *Der Tiger Akbar* von 1933 hatte 1955 eine Gesamtauflage von 150.000 Exemplaren. Gehörte Leips *Bulln-Runde* an. S.437f.

Reck-Malleczewen, Friedrich Percyval (1884–1945) Schriftsteller, Kritiker. Erregte durch seine Geschichtsstudie *Bockelsohn. Geschichte eines Massenwahns* (1937) das Mißtrauen der Nationalsozialisten, wurde 1944 verhaftet und im KZ Dachau ermordet. S.143f., 167, 283

Reger, Max (1873–1916) Deutscher Komponist und Generalmusikdirektor. S.20, 414

Reiser, Hans (1888–1946) Autor, Zeichner. Veröffentliche 1923 eine euphorische Rezension zu Leips Romandebüt *Der Pfuhl* in der Zeitschrift *Die neue Literatur*: „Szenen des modernen Lebens mit grimmelhausen'scher Wucht dargestellt." S.144

Remarque, Erich Maria (eigentlich Erich Paul Remark, 1898–1970) Schriftsteller. Remarques Roman *Im Westen nichts Neues* von 1929 zählt mit einer Gesamtauflage von weit über zwölf Millionen zu den größten Erfolgen der Buchgeschichte. 1933 wurden Remarques Bücher verbrannt. Nach Entzug der deutschen Staatsbürgerschaft 1938 geht er 1939 in die USA, wo er 1947 amerikanischer Staatsbürger wird. S.158

Reuß-Löwenstein, Harry (1880–1966) Autor und Journalist. Geboren in Fulda. Arbeitete als Kunstkritiker für den *Hamburger Anzeiger*. Nach 1945 Vorsitzender des Schutzverbands Deutscher Schriftsteller in Hamburg. 1922 erschien: *Zwischen Süllberg und Chimborasso*. Erinnerungen: *Kreuzfahrt mei-*

8. Bildnachweis

Deutsches Literaturarchiv Marbach am Nackar (Nachlaß Willy Seidel, Will Vesper): S.310, 324
Max Gerntke, Hamburg: S.77o.
Museum für Hamburgische Geschichte (Hans-Leip-Archiv): S.44f., 50, 53o., 54u., 63o.l., 66o., 77u., 79f., 84f., 95, 97, 105, 111, 121f., 124f., 135f., 138, 140, 153, 169u.
Museum für Kunst und Gewerbe Hamburg: S.66u., 74
Kunsthalle Hamburg: S.150u.
Herbert Lehmitz, Hamburg: S.16, 19, 22, 24, 26o., 28, 31, 37f., 49, 54o., 57, 61, 65, 69, 81, 90u., 129, 150o., 163, 165, 203, 229, 234f., 243, 250, 252
Maria Luksch, Hamburg: S.156
Udo Matzen, Heide/Holst.: S.90o.
Schleswig-Holsteinische Landesbibliothek Kiel (Nachlaß Gustav Frenssen): S. 224
Staatsbibliothek zu Berlin Stiftung Preußischer Kulturbesitz (Nachlaß Gerhart Hauptmann): S.332
Staats- und Universitätsbibliothek Hamburg Carl von Ossietzky (Nachlaß Carl Albert Lange, Hans Leip, Gustav Schiefler): S.26u., 113, 205u., 214u., 293, 298, 345f., 404

Bilder aus Publikationen

Baurundschau, Nr. 6, März 1921: S.76
Berliner Theater-Almanach 1942, a.a.O.: S.214o.
Hamburger Woche, 5.3.1914, S.3: S.53u.
Hans W. Fischer: Buch des Gedenkens, a.a.O., S.122: S. 63u.
Hans Leip: Juli 1943, a.a.O.: S.221
Hans Leip: Widerschein, a.a.O., S.65: S.92
November-Almanach, aa.O.: S.146f.

Die Buchstaben hinter den Seitenzahlen geben an, wo sich das Bild auf der Seite befindet: l.=links, r.=rechts, o.=oben, u.=unten.
Hier nicht aufgeführte Bilder befinden sich entweder im Besitz des Verfassers oder von Personen, die nicht genannt werden wollen.

Dichter gibt es nur im Himmel

Leben und Werk von Hans Leip –

Biographie und Briefedition 1893 – 1948